청춘의 십자로 青春の十字路　미몽 迷夢(死の子守歌)　집없는 천사 家なき天使
반도의 봄 半島の春　자유만세 自由万歳　마음의 고향 心の故郷
운명의 손 運命の手　피아골 ピアゴル　자유부인 自由夫人
시집가는날 嫁入りの日　돈 お金　지옥화 地獄花　로맨스빠빠 ロマンス・パパ
박서방 朴さん　하녀 下女　성춘향 成春香　마부 荷馬車
오발탄 誤発弾　삼등과장 三等課長
사랑방 손님과 어머니 離れの客とお母さん　서울의 지붕밑 ソウルの屋根の下
고려장 高麗葬　돌아오지 않는 해병 帰らざる海兵　김약국의 딸들 金薬局の娘たち
혈맥 血脈　맨발의 청춘 裸足の青春　마의 계단 魔の階段　검은머리 黒髪
갯마을 浜辺の村　비무장지대 非武装地帯　초우 雨のめぐり逢い
산불 山火事　귀로 帰路　안개 霧
미워도 다시한번 憎くてももう一度　장군의 수염 将軍の髭
휴일 休日　화녀 火女　화분 花粉　별들의 고향 星たちの故郷
경자의 전성시대 ヨンジャの全盛時代
삼포가는 길 森浦(サンポ)への道
바보들의 행진 馬鹿たちの行進　겨울여자 冬の女　이어도 異魚島
장마 長雨　최후의 증인 最後の証人　바람불어 좋은 날 風吹く良き日
피막 避幕　짝코 チャッコ　만다라 曼陀羅

The 100 Best Korean Movies
韓国映画
100選

난장이가 쏘아올린 작은공 小さなボール
꼬방동네 사람들 コバン村の人々
여인잔혹사 물레야 물레야 糸車よ糸車よ
바보선언 馬鹿宣言　고래사냥 鯨とり
깊고 푸른 밤 ディープ・ブルー・ナイト
길소뜸 キルソドム～再会のとき　티켓 チケット　씨받이 シバジ
나그네는 길에서도 쉬지 않는다 旅人は休まない
칠수와 만수 チルスとマンス　개그맨 ギャグマン
달마가 동쪽으로 간 까닭은? 達磨はなぜ東へ行ったのか
우묵배미의 사랑 ウムクペミの愛
파업전야 ストライキ前夜　남부군 南部軍 愛と幻想のパルチザン
그들도 우리처럼 追われし者の挽歌
나의 사랑 나의 신부 私の愛、私の花嫁
경마장 가는 길 競馬場へ行く道　결혼이야기 結婚物語
하얀전쟁 ホワイト・バッジ　우리들의 일그러진 영웅 われらの歪んだ英雄
서편제 風の丘を越えて～西便制
낮은 목소리 - 아시아에서 여성으로 산다는 것 ナヌムの家
아름다운 청년 전태일 美しき青年、チョン・テイル
꽃잎 つぼみ　돼지가 우물에 빠진날 豚が井戸に落ちた日
넘버 3 ナンバー・スリー　8월의 크리스마스 8月のクリスマス
강원도의 힘 カンウォンドの恋　쉬리 シュリ
인정사정 볼 것 없다 NOWHERE ～情け容赦なし～　박하사탕 ペパーミント・キャンディー
춘향뎐 春香伝　죽거나 혹은 나쁘거나 タイ・バッド 死ぬか、もしくは悪になるか
공동경비구역 JSA JSA　소름 鳥肌
복수는 나의 것 復讐者に憐れみを　지구를 지켜라! 地球を守れ!
살인의 추억 殺人の追憶　바람난 가족 浮気な家族　올드보이 オールド・ボーイ
송환 送還日記　빈집 うつせみ　가족의 탄생 家族の誕生
괴물 グエムル―漢江の怪物―　밀양 シークレット・サンシャイン
마더 母なる証明　시 ポエトリー アグネスの詩　피에타 嘆きのピエタ
수상한 그녀 怪しい彼女　국제시장에서 만납시다 国際市場で逢いましょう
부산행 新感染 ファイナル・エクスプレス
택시 운전사 タクシー運転手～約束は海を越えて～　기생충 パラサイト 半地下の家族

한국영화 100 선
ⓒ Korean Film Archive (한국영상자료원) 2013
Original Korean edition published by Korean Film Archive.
Japanese translation rights arranged with Korean Film Archive through K-Book Shinkokai.
Japanese translation copyright © 2019 by CUON Inc.

The Korea Foundation has provided financial assistance for the undertaking
of this publication project.

まえがき

「韓国映画100選」は、韓国映像資料院が開院40周年（2013年）を迎えるにあたり、韓国映画の歴史を整理し代表的な作品を紹介することで、韓国映画の価値を顧みようという、ささやかな願いから始まったものです。結果、現存する最古の韓国映画から現代の作品まで、バラエティに富んだ101作品（同率順位を含む）がリストに並びました。選定された101作品には、過去から現代に至るまで、韓国映画の美学のために心血を注いだ映画関係者の苦心と努力、そして観客の笑いと涙が刻まれています。この「韓国映画100選」は、我が国の映画が歩んだ足跡を振り返る契機になると同時に、未来へ進む道を示す礎となることでしょう。

本書の意義を実現するために、多くの執筆者が玉稿を寄せてくれました。映画が製作された当時の社会と映画界の風景を点描したコラムや、現在の視点から過去の社会を振り返って韓国映画を回顧した評論文など。読み応えのある文章の数々によって、本書で紹介している映画のみならず、韓国映画の歴史全体を見渡す視野が、いっそう豊かになることを期待してます。

厳密にいえば、今回の「韓国映画100選」は、韓国映画史の「正伝」を意味するものではありません。現在も活発に製作されている映画と、これから作られる無数の作品、そして将来発見されるであろう失われた映画の数々が積み重なり、新たな「韓国映画100選」が生まれるからです。したがって本書は、2013年という時点で論じた韓国映画史の一部であり、将来にわたって追加・補完されていくものです。いつかまた異なる作品が「100選」の名の下に選定され、書き換えられたリストが未来の韓国映画史における重要な記録になると想像すると、感興を覚えます。なお、日本語版を出版するにあたり、5作品を追加しました。

この誌面を借りて、「韓国映画100選」選定のために大切な時間を割き、多大なお力添えをいただいた選定委員と貴重な原稿を寄稿してくださった執筆者、本書を出版するために尽力されたみなさまにお礼を申し上げます。この1冊の本が、多くの方々にとって、韓国映画の歴史と向き合い、理解を深め、思いを共有する一助となることを望んでいます。

2019年12月
韓国映像資料院長　チュ・ジンスク

韓国映像資料院（KOFA）
貴重な文化遺産である映像資料を国家が収集・復元する韓国で唯一の機構として、1974年に設立された。国の映像文化遺産が最適な環境で保存・復元され、後代に永遠に伝えるための基盤の造成に全力を注いでいる。多くの人々が映像文化を積極的に享受できるように映画館「シネマテークKOFA」と映画博物館、映像図書館を運営。デジタル映像資料の収集、デジタル技術を利用した復元、アナログ資料のデジタル化など、デジタルアーカイブ化作業も進めている。映画史研究および出版を通じて韓国映画研究と普及を推進する拠点となるべく、努力を続けている。

目　次

まえがき	003
凡例	006
韓国映画100選 選定にあたって	007
選定作品から見る韓国映画の歴史	012

日本統治時代　1919年～1945年

青春の十字路	024
迷夢（死の子守歌）	026
家なき天使	028
半島の春	030

日本統治からの解放　1945年～1950年代

自由万歳	034
心の故郷	036
運命の手	038
ピアゴル	040
自由夫人	042
嫁入りの日	044
お金	046
地獄花	048

1960年代

ロマンス・パパ	052
朴さん	054
下女	056
成春香	058
荷馬車	060
誤発弾	062
三等課長	064
離れの客とお母さん	066
ソウルの屋根の下	068
高麗葬	070
帰らざる海兵	072

金薬局の娘たち	074
血脈	076
裸足の青春	078
魔の階段	080
黒髪	082
浜辺の村	084
非武装地帯	086
雨のめぐり逢い（草雨）	088
山火事	090
帰路	092
霧	094
憎くてももう一度	096
将軍の髭	098
休日	100

1970年代

火女	104
花粉	106
星たちの故郷	108
ヨンジャの全盛時代	110
森浦への道	112
馬鹿たちの行進	114
冬の女	116
異魚島	118
長雨	120

1980年代

最後の証人	124
風吹く良き日	126
避幕	128
チャッコ	130
曼陀羅	132
小さなボール	134
コバン村の人々	136
糸車よ糸車よ	138

馬鹿宣言	140
鯨とり	142
ディープ・ブルー・ナイト	144
キルソドム〜再会のとき	146
チケット	148
シバジ	150
旅人は休まない	152
チルスとマンス	154
ギャグマン	156
達磨はなぜ東へ行ったのか	158

1990年代

ウムクペミの愛	162
ストライキ前夜	164
南部軍　愛と幻想のパルチザン	166
追われし者の挽歌	168
私の愛、私の花嫁	170
競馬場へ行く道	172
結婚物語	174
ホワイト・バッジ	176
われらの歪んだ英雄	178
風の丘を越えて〜西便制	180
ナヌムの家	182
美しき青年、チョン・テイル	184
つぼみ	186
豚が井戸に落ちた日	188
ナンバー・スリー	190
8月のクリスマス	192
カンウォンドの恋	194
シュリ	196
NOWHERE 〜情け容赦なし〜	198
ペパーミント・キャンディー	200

2000年代以降

春香伝	204

ダイ・バッド　死ぬか、もしくは悪になるか	206
JSA	208
鳥肌	210
復讐者に憐れみを	212
地球を守れ！	214
殺人の追憶	216
浮気な家族	218
オールド・ボーイ	220
送還日記	222
うつせみ	224
家族の誕生	226
グエムル─漢江の怪物─	228
シークレット・サンシャイン	230
母なる証明	232
ポエトリー　アグネスの詩	234
嘆きのピエタ	236

失われた韓国映画

失われた韓国映画、映画史復元のための欠片を探して	240
失われた韓国映画 100作品	243

韓国映画100選 監督一覧	246
韓国映画100選 選定委員／執筆者	253

日本語版 あとがき	254

2014年以降

怪しい彼女	255
国際市場で逢いましょう	256
新感染　ファイナル・エクスプレス	257
タクシー運転手　約束は海を越えて	258
パラサイト　半地下の家族	259

凡　例

1. 本書は、2014年に韓国映像資料院が創立40周年を迎えるにあたり、2013年に新たに選定した「韓国映画100選」を紹介するものです。「韓国映画100選」は、国内外の韓国映画を愛する人たちに代表的な作品を紹介し、優れた魅力を伝えるために企画されました。

2. 2013年4月末から6月末まで選定委員62人を対象にアンケート投票を行った結果、同率順位を含む計101本の映画が選ばれました。本書は、この101作品について、映画研究者や評論家など52人による文章を掲載したものです。

3. 作品は、韓国映像資料院のデータベース（KMDb）に記載された製作年順に掲載しています。製作年が同じ場合は、映画の公開時期を優先しました。※製作年と公開年は多少の差がありえます。文中の年度は製作年を表しています。

4. 作品情報の「35mm、ベータSP、DCP」などは、韓国映像資料院が所蔵している映像メディアの形態を意味します。

5. 作品情報の「スタンダード」は画面比1.33:1、「シネマスコープ」は2.35:1、「ビスタビジョンは」1.85:1です。その他の画面比の場合は詳細を併記しました。

6. スペースの都合上、製作および出演者情報には主なスタッフと俳優を掲載しています。受賞歴も国内外の主要な映画祭での受賞（作品賞、監督賞など）を記しています。

7. 本書に掲載された写真資料の大部分は韓国映像資料院が所蔵するものです。一部、場面をキャプチャーしたものや日本の権利元から提供を受けた画像を使用しています。

8. 映画・演劇・小説などの作品名は『　』、新聞や雑誌名、曲名などは「　」で表記しています。

9. 日本語版では、訳注を［　］で記載し、原書に記載されているものは［原注］として各文末に掲載しました。各映画の作品名は、日本で上映あるいはソフト化された際のタイトルを使用しています（日本未公開作は原題の直訳）。また、人名などは、発音に基づき、一般性を考慮したうえで表記しています。年齢は韓国式に数え年で記しています。

10. 日本語版では、原書の101作品に加え、日本語版編集部が韓国映像資料院の了承を得て2014年〜2019年を代表する5作品を選び、解説を加えました。

韓国映画100選
選定にあたって

本書は、2013年に韓国映像資料院が選定作業を行った"韓国映画100選"の結果をまとめたものである。101作品が選定されているのは、同率順位の作品があったためだ。韓国映画100選は、韓国映像資料院が2014年に開院40周年を迎えるにあたり、国内外の韓国映画ファンに向けて韓国を代表する作品を紹介し、韓国映画の優秀さを伝える事業として企画された。また、韓国映像資料院が2006年に最初の韓国映画100選を発表してから約7年という時間が経過した今、この間に変化を繰り返してきた韓国映画を見つめ直す一方、100年にわたる韓国映画製作の歴史を振り返るという趣旨もある。

2006年当時の韓国映画100選は、フィルムの保存・復元、DVDや海外用パッケージ［ビデオやDVDといった商用メディア媒体］の制作の際に優先順位をつける必要が韓国映像資料院内で生じたために行われた。よって、やや簡素な選定方法をとり（12名の選定委員による選定）、古典映画を中心に優先順位を決める必要があったため、対象を選定年から10年さかのぼる1996年までの作品に限定していた。しかし今回は、正式な意味で韓国映画を代表する作品を選定しようという趣旨に沿って、2012年に公開された最近作までを対象に含めた。

事業プロセス

2013年1月から3月まで、韓国映画100選を選定するための基盤となる作業を行った。国内外の類似した事例を調査し、これらを基に韓国映画100選の選定方針を策定した。韓国映画資料院内の職員と外部の韓国映画専門家で構成された諮問委員会を開催し、選定作業全般に対する意見を交換、対象となる作品の期間と選定基準、選定方式などを検討した。4月からは本格的に選定委員の選任をスタートした。韓国（古典）映画に造形が深い映画研究者、映画評論家、映画業界従事者などを選ぶ過程が4月の1ヶ月間に行われた。

その後、2013年4月26日～6月23日の2ヶ月間、韓国映画100選推薦アンケートが実施された。対象となる作品は、草創期から2012年12月31日までに劇場で公開された現存するすべての韓国長編映画（フィクション、ドキュメンタリー、アニメーション問わず）。映画研究者、映画評論家、映画業界従事者などで構成された62名の選定委員がこの期間、電子メールとファクス、書留郵便などを使って推薦アンケートに参加した。

時　期	内　容
2013 年 1 月	・事業計画構築
2013 年 2 月～ 3 月	・内部／外部の韓国映画専門家 4 名で構成された諮問委員会を開催。事業全般に関する意見交換 ・対象作品の時期、選定基準、選定方法を決定 ・選定のための参考作品リストを作成
2013 年 4 月 1 日～ 4 月 15 日	・映画団体およびマスコミなど 13 機関に選定委員の推薦を依頼、最終的に 9 機関による推薦を承諾
2013 年 4 月 16 日 ～ 4 月 23 日	・機関の推薦リストと韓国映像資料院で作成した選任対象者リストを基に選定委員 62 名を選任
2013 年 4 月 24 日 ～ 6 月 23 日	・投票アンケートを実施
2013 年 6 月 24 日 ～ 7 月 12 日	・投票アンケート結果を集計

1. 選定委員の構成

選定委員は、韓国（古典）映画に造詣が深い映画研究者、映画評論家、映画業界従事者を中心に構成された。まず、発表されている書籍と論文、評論文などを調査し、人選を整理しつつ、映画評論家と映画史研究者以外に、長く現場に携わった映画人を含めるため、2013年4月1日から15日までの間、映画関連団体およびマスコミ各社など、13機関に選定委員の推薦を依頼した。推薦は、機関ごとに3名以下とし、そのなかからひとりを韓国映画資料院が選任するという方式で進めた。選定委員の推薦を依頼した13機関中、韓国映画人総連合会は傘下の機関の推薦と重複する可能性があるため、別途推薦はしない、と伝えてきた。韓国映画監督協会には推薦依頼期間中に連絡がつかず、韓国映画監督組合と映像芸術学会からは期限内に回答がなく推薦機関から除外された。結果、最終的に9機関が推薦依頼を承諾した。

選定委員の推薦を承諾した機関は以下の通りである。

韓国映画製作家協会、韓国映画撮影監督協会、韓国映画俳優協会、韓国シナリオ作家協会、女性映画人の集い、韓国映

選定にあたって　007

画評論家協会、釜山映画評論家協会、韓国映画学会、シネ21
［映画専門誌］

　韓国映画資料院内で作成した選任対象リストと各機関から
推薦されたリストを取りまとめた後、韓国映画を専門的に保
存、研究して上映プログラミングを行う韓国映像資料院内部
の研究員およびプログラマー5名が選定委員として追加され
た。こうして計62名の選定委員団が構成され、この後、個別
に韓国映画100選の選定を依頼した（選定委員リストは
p253）。

2. 推薦アンケートのプロセス

　作品を推薦する際の自律性を高めるため、候補作リストは
別途提示しなかった。作品の公開時期、現存するかどうか、
長編かどうかというガイドラインのみを提示し、"草創期か
ら2012年12月31日までに劇場で公開された現存するすべての
韓国長編映画（フィクション、ドキュメンタリー、アニメー
ション問わず）"を対象として推薦アンケートを行った。た
だ参照用に、韓国映像資料院が作成した約1000本の"参考作
品一覧"を提示した。参考作品一覧の作成基準は次の通りで
ある。

　　参考作品一覧作成基準
　　草創期から2012年12月31日までに公開された現存する
　　韓国長編映画のなかで、以下の項目にひとつ以上該当する
　　作品
　　・2006年度に韓国映像資料院が選定した韓国映画100選、お
　　　よび選定当時の候補作
　　・主な映画祭の出品作または受賞作
　　・その他の国際映画祭における受賞作
　　・海外で開催された韓国映画特別展または韓国映画週間で
　　　の上映作
　　・国内の映画授賞式における受賞作（大鐘賞、百想芸術大
　　　賞、青龍映画賞の作品賞・（新人）監督賞・特別賞に限る）
　　・当該年度で興行1～10位になった作品
　　・主要な媒体および映画振興公社［1999年からは韓国映画
　　　振興委員会］が選ぶ韓国映画ベスト
　　・韓国映像資料院より既発売のDVD作品
　　・韓国映像資料院がYouTubeで公開している作品

　選定委員各人に、順位不問で100本以内の作品推薦を依頼
した。推薦基準は以下のように提示し、厳しい制約は設けな
かった。

　　推薦基準
　　・韓国映画史を代表する作品
　　・当時の大衆意識を反映、あるいは韓国社会特有の背景か
　　　ら製作され、歴史的研究価値の高い作品
　　・ジャンル的あるいは芸術的完成度が高い作品
　　・美学的・ジャンル的に新たな手法を試み、当時の映画に
　　　新しい傾向を生み出した作品
　　・テーマ、内容面から韓国社会に影響を与えた作品
　　・主な映画祭および評論家、大衆から注目された作品
　　・積極的に紹介し、発掘する必要性のある作品

　推薦アンケート期間中、選定委員の熟考をサポートするた
め、韓国映像資料院のオンラインVOD［動画配信サービス］
を自由に閲覧できる権限を付与した。

　一方、韓国映画100選選定のための推薦アンケート期間中、
"失われた韓国映画"についてのアンケートも同時に行った。
フィルムが流失し、現存しない韓国映画（フィクション、ド
キュメンタリー、アニメーション問わず）を対象に、必ず発
掘し、収集しなければならないフィルムを"失われた韓国映
画"という名の下に推薦してもらった。韓国映画100選と同
じ推薦基準で、選定委員ごとに10本以下の作品リストが提出
された。

3. アンケートの集計結果および選定作品に対する分析

　2013年6月24日から7月12日までの3週間でアンケート集計
を行った。誤集計を防ぐため、数回にわたって重複確認を
行った。最終集計の結果、4本が同点で98位になったため、計
101本が選定された。

　100選の選定は、主催側として若干の危惧を伴う事業だ。
すべての人が100％同意する結果というのはありえないから
だ。したがって、多少の論争が発生しうることを覚悟して進
めるしかない。ただその結果によっては、より明確なジレン
マに陥る可能性もある。つまり、バランスよく相当数の人々
が認めるリストになった場合、主催側として安堵はできるも
のの面白味に欠けることもある。逆に、意外な結果になった
場合、やはり選定リストの信頼度が損なわれるという点で喜

ばしいことでもない。

この韓国映像資料院の100選には、ある程度、実績のある作品が並び、相対的にバランスがとれていると見られる。主催側が特に意図したものではなかったが、公共機関であり、韓国の映像資料を保存する機関である韓国映像資料院がこの事業を主管しているという意味を各選定委員らが尊重した結果と考えられる。それに加え、1930年代以降の韓国古典映画に造詣の深い専門家を選定委員として委託したため、昨今の評論家よりも映画史研究者の比重が高くなったことも、このような慎重な結果をもたらした背景にあると見られる。要するに、個人的な価値判断で左右されかねない批評家的な観点よりも、おおむね歴史的な観点からみたリストになったということだ。にもかかわらず、最近作の場合、『ダイ・バッド　死ぬか、もしくは悪になるか』(2000、リュ・スンワン監督)のような独立映画や、『鳥肌』(2001、ユン・ジョンチャン監督)のようなホラー映画など、やや目新しい作品が選ばれていたりもする。

当初、韓国映像資料院の担当者と諮問委員は、2000年代以降に公開された最近作に集中するのではないかと懸念していた。だが、予想とは異なり、選ばれた101本は年代別に比較的均等に分布する形となった。予想よりも最近作の比重が低いのは、すでに名作という定説が確立している古典映画に比べると最近作は票が分散してしまったためだと思われる。つまり、『自由夫人』(1956、ハン・ヒョンモ監督)や『誤発弾』(1961、ユ・ヒョンモク監督)、『星たちの故郷』(1974、イ・ジャンホ監督)といった映画が、すでに過去数十年にわたり、韓国映画の代表作としてある程度不動の地位を得ているのに比べ、最近作の場合はまだその評価を確定できる期間を経過できていないからだ。これは、2010年から2012年までの最近作が、わずか2本しか選ばれなかったという点からも推察することができる。

また、もうひとつ目立った点は、1970年代の作品が9本しか含まれていないという事実だ。これは、1970年代が韓国映画の衰退期に該当し、B級映画が多数量産されたことを考慮しても、年間100本を超える映画が製作された期間であることを考えると、やや意外な結果といえる。これまで1960年代に集中していた韓国映画史研究の成果が、1970年代にまでは拡大されていないということが部分的に作用したためではないかと思われる。韓国映画史研究が1970年代にまで本格的に拡大され、我々がこれまで見落としていた映画が新たに発見さ

年代別作品分布状況

時　　期	本　　数
日本統治時代	4本
1945年～1950年代	8本
1960年代	25本
1970年代	9本
1980年代	18本
1990年代	20本
2000年代	15本
2010年代	2本
総　計	101本

れる時が来ることを願う。

監督別分布を見てみると、イム・グォンテク監督とイ・マニ監督の作品が多く選ばれている。イム・グォンテク監督が最多の7本を記録し、イ・マニ監督が6本でそれに続いた。これは2006年の選定結果とさほど変わらない。ただ、対象期間が1996年までから2012年までに拡張されたため、監督別の選定本数は減ってしかるべきだったにもかかわらず、イ・マニ監督作品が依然として6本も選ばれたという事実は興味深い(2013年度版では『休日』(1968)が選ばれ、2006年の選定作品『水車小屋』(1965)がランク外となった)。2005年の釜山国際映画祭での回顧展と、2006年の韓国映像資料院の全作品展以降、途切れることがないイ・マニ監督に対する評論家と研究家たちの愛情を確認することができる。イ・マニ監督以外には、いわゆる韓国映画史"ビッグ5"に属するキム・ギョン監督、キム・スヨン監督、シン・サンオク監督の映画が4本ずつ、ユ・ヒョンモク監督の映画が3本選ばれている。

パク・チャヌク監督、ポン・ジュノ監督、イ・チャンドン監督など、近年の監督たちの映画も3本ずつ選ばれた。特に、ポン・ジュノ監督は、2013年の公開だったため選定対象から外れた『スノーピアサー』を除くと4本の長編を演出しているが、そのうち3本が選ばれている。一方で、ホン・サンス監督やキム・ギドク監督の作品が製作本数や完成度に比べると少ない本数だったのがやや意外だった。これは、比較的数は少ないものの明確な代表作をもつ監督とは違い、両監督の映画は全体的に平均した完成度があるため票が分散したことが要因かもしれない。

監督別作品分布状況

監督名	本数	タイトル
イム・グォンテク	7本	『チャッコ』（1980）『曼陀羅』（1981）『キルソドム』（1985）『チケット』（1986）『シバジ』（1986）『風の丘を越えて〜西便制』（1993）『春香伝』（2000）
イ・マニ	6本	『帰らざる海兵』（1963）『黒髪』（1964）『魔の階段』（1964）『帰路』（1967）『休日』（1968）『森浦への道』（1975）
キム・ギヨン	4本	『下女』（1960）『高麗葬』（1963）『火女』（1971）『異魚島』（1977）
キム・スヨン	4本	『血脈』（1963）『浜辺の村』（1965）『山火事』（1967）『霧』（1967）
シン・サンオク	4本	『地獄花』（1958）『ロマンス・パパ』（1960）『成春香』（1961）『離れの客とお母さん』（1961）
イ・ジャンホ	4本	『星たちの故郷』（1974）『風吹く良き日』（1980）『馬鹿宣言』（1983）『旅人は休まない』（1987）
パク・グァンス	3本	『チルスとマンス』（1988）『追われし者の挽歌』（1990）『美しき青年、チョン・テイル』（1996）
パク・チャヌク	3本	『JSA』（2000）『復讐者に憐れみを』（2002）『オールド・ボーイ』（2003）
ペ・チャンホ	3本	『コバン村の人々』（1981）『鯨とり』（1984）『ディープ・ブルー・ナイト』（1985）
ポン・ジュノ	3本	『殺人の追憶』（2003）『グエムル―漢江の怪物―』（2006）『母なる証明』（2009）
ユ・ヒョンモク	3本	『誤発弾』（1961）『金薬局の娘たち』（1963）『長雨』（1979）
イ・ドゥヨン	3本	『最後の証人』（1980）『避幕』（1980）『糸車よ糸車よ』（1983）
イ・ミョンセ	3本	『ギャグマン』（1988）『私の愛、私の花嫁』（1990）『NOWHERE 〜情け容赦なし〜』（1999）
イ・チャンドン	3本	『ペパーミント・キャンディー』（1999）『シークレット・サンシャイン』（2007）『ポエトリー　アグネスの詩』（2010）
チャン・ソヌ	3本	『ウムクペミの愛』（1990）『競馬場へ行く道』（1991）『つぼみ』（1996）
カン・デジン	2本	『朴さん』（1960）『荷馬車』（1961）
キム・ギドク	2本	『うつせみ』（2004）『嘆きのピエタ』（2012）
キム・ホソン	2本	『ヨンジャの全盛時代』（1975）『冬の女』（1977）
イ・ビョンイル	2本	『半島の春』（1941）『嫁入りの日』（1956）
チョン・ジヨン	2本	『南部軍　愛と幻想のパルチザン』（1990）『ホワイト・バッジ』（1992）
チェ・インギュ	2本	『家なき天使』（1941）『自由万歳』（1946）
ハ・ギルチョン	2本	『花粉』（1972）『馬鹿たちの行進』（1975）
ハン・ヒョンモ	2本	『運命の手』（1954）『自由夫人』（1956）
ホン・サンス	2本	『豚が井戸に落ちた日』（1996）『カンウォンドの恋』（1998）
	74本	

※その他の27本は監督ごとに1作品ずつ選ばれたため上の表では割愛した。すべての監督別100選選定作品はp246に掲載

100選は、順位は伏せて発表することになったが、選定委員による協議の結果、歴史的な参考資料として活用できるよう、10位までの作品については公表することにした。これも同点の作品があったため、上位9位までの計12本が集計された。9位までの作品は次のとおりである。

上位1〜9位作品

順位	製作年	タイトル	監督
1位	1960	『下女』	キム・ギヨン
	1961	『誤発弾』	ユ・ヒョンモク
	1975	『馬鹿たちの行進』	ハ・ギルチョン
4位	1956	『自由夫人』	ハン・ヒョンモ
5位	1961	『荷馬車』	カン・デジン
6位	1974	『星たちの故郷』	イ・ジャンホ
7位	1980	『風吹く良き日』	イ・ジャンホ
	2003	『殺人の追憶』	ポン・ジュノ
9位	1961	『離れの客とお母さん』	シン・サンオク
	1975	『ヨンジャの全盛時代』	キム・ホソン
	1983	『馬鹿宣言』	イ・ジャンホ
	1993	『風の丘を越えて〜西便制』	イム・グォンテク

　1993年の『風の丘を越えて〜西便制』と2003年の『殺人の追憶』を除けば、ほぼ1980年代以前の作品が並んでいる。これまで名画として確立されてきた定説の影響が及んでいるようだ。そのなかでも特筆すべき点がいくつかある。まず、『下女』『誤発弾』『馬鹿たちの行進』という3本が同点1位に選ばれたことだ。およそ数十年にわたり、さまざまな調査で圧倒的に1位を占めていた『誤発弾』の独走に、2本の映画が待ったをかけた形だ。これは、これまでのリアリズム重視の伝統と1960年代に重点を置いた評価が経年変化し、関心事が多方面にわたっていることを示す証だ。
　また、もうひとつ興味深い点は、イ・ジャンホ監督の場合、4本が101本に選ばれているが、そのなかでも3本が上位12位内にランクインしているという事実だ。彼が1970年代と1980年代前半まで他の追随を許さない存在だったことが推察される。また一方で、イム・グォンテク監督の場合、あまりにも数多くの映画を演出してきたためか、101本に7本が含まれた

ので票が分散してしまったためか、『風の丘を越えて〜西便制』のみが上位12本に選ばれた。イ・マニ監督の映画が上位12位内に入っていない点も、類似した理由で説明がつきそうだ。

　今回の100選は、その選定にあたり、韓国の主な評論家と研究者が投票という形で多数参加しただけに、その結果には評論界や研究界が選定段階で向き合っている韓国映画（史）に対する価値評価基準が平均値としておのずと投影されている。将来、100選が再び選定されるとき、この基準が変われば選定リストも変わるだろう。そして、こうして蓄積されるリストは、それ自体が韓国映画史の重要な参考資料となるに違いない。

選定作品から見る韓国映画の歴史

この項では、本書の本文となるそれぞれの作品について読むに先立ち、作品の背景的な情報を紹介する。100年の韓国映画史を短い文章で要約することはできないため、選定作品を中心に韓国映画史を見渡してみることにしよう。

映画の到来から日本統治時代まで

韓国に初めて映画が入ってきたのはいつだろうか？　さまざまな議論はあるものの、エリアス・バートン・ホームズ（Elias Burton Holmes, 1870-1958）というアメリカ人旅行家が1901年に朝鮮の地を訪れ、京城［現在のソウル］一帯を撮影したものを高宗［第26代国王。1892-1919］の前で上映したのが最初という説が有力視されている。断続的ではあったものの大衆向けに映画の上映が始まったのは1903年前後のことで、初めて映画と出会った朝鮮の人々は「写真が飛び跳ねている」と不思議がってやまず、しばらくの間、映画は西洋文化の特異な技術として好奇心と驚嘆の的となった。

その後、1910年前後に京城の日本人居留地に映画常設館が設置され、優美館が1912年から朝鮮人を対象に上映し、本格的に朝鮮で映画が定期的に上映されはじめた。1918年に団成社、1922年には朝鮮劇場がオープンし、朝鮮人を相手にした3つの映画常設館が精力的に営業を展開しながら映画ファンを生み出していった。

ところが、1920年前後まで、これらの劇場で上映された映画はハリウッドやヨーロッパ各国の洋画で、朝鮮映画はまだ作られてはいなかった。1919年、朝鮮で最初の映画とされている『義理的仇討』（キム・ドサン監督）が10月27日に公開された。しかし、『義理的仇討』は、演劇の公演中、一部の場面をスクリーンに映して見せる演劇に近い形（これを連鎖劇と呼ぶ）であるという点で、完全な映画というには多少無理がある。

とすると、最初の劇映画は何になるのだろうか？　これもまた議論の余地はあるが、1923年に朝鮮総督府逓信局の支援を受けてユン・ベンナムが作った、貯蓄を促す啓蒙映画『月下の誓い』であるというのが定説だ。1923年に日本人の早川狐舟監督が朝鮮人俳優を起用して作った最初の長編劇映画『春香伝』が大ヒットを記録してからは、『薔花紅蓮伝』（1924、パク・ジョンヒョン監督）、『雲英伝』（1925、ユン・ベンナム監督）、『開拓者』（1925、イ・ギョンソン監督）などの映画が作られていった。

1926年、『アリラン』（ナ・ウンギュ監督）の成功は、朝鮮のサイレント映画製作業界にこれまでとは異なる可能性や活力を与えた。地主に虐げられてきた小作農の家族と彼らの復讐を描いたこの映画は、朝鮮の人々から熱狂的に支持され、これまで十分に検証されることがなかった朝鮮映画の興行の可能性を確認するきっかけとなった。この映画はたんに興行的に成功しただけでなく、幻想的なモンタージュ［シーンをつなぎ合わせて意味をもたせる映画の技法］場面など、朝鮮映画の新しい美学を定着させたと評価された。以降、1930年代初頭にかけて朝鮮のサイレント映画は活況を呈した。今回選ばれた101本の映画のなかでもっとも古い年代に属する映画であり、韓国映像資料院が保有する最古の劇映画フィルムである『青春の十字路』（アン・ジョンファ監督）は、1935年にイ・ミョンウ監督による最初のトーキー『春香伝』が発表される前年である1934年に作られた。サイレント映画末期に属する作品として、日本の統治下にあった朝鮮でサイレント映画がどのように作られたのかを垣間見ることができる貴重な資料である。特にこの映画は、2007年に韓国映像資料院によって発見された後、2008年にキム・テヨン監督の演出によって活動弁士と音楽をつけて上演され、国内外で注目を集め、古典映画をクリエイティブに活用したモデルにもなっている。

1927年、世界初の長編トーキーとされる『ジャズ・シンガー』（アラン・クロスランド監督）が発表されてから、全世界の映画界にトーキーブームが巻き起こったが、朝鮮には多少遅れて導入された。トーキーはサイレント映画とは比べものにならないほどの機材と設備、製作費を要したためだ。1935年に最初のトーキー『春香伝』（イ・ミョンウ監督）が製作されてから、朝鮮映画界は産業化への道を歩みはじめる。『青春の十字路』が発見されるまで韓国映像資料院が保有するもっとも古い劇映画だったヤン・ジュナム監督の『迷夢（死の子守歌）』は、トーキー初期に属する作品である。映画自体の完成度は高いとはいえないが、日本統治時代の京城のさまざまな風景と生活様式、そして、何よりも自我をもつ新しいスタイルの女性に対する批判的な視線を併せ持つこの映画

『青春の十字路』（1934、アン・ジョンファ監督）

は、当時の風俗と精神的な価値観を確認する機会を与えてくれる。

1937年に日中戦争が勃発し、1942年には日本とアメリカとの戦争が激化するなか、日本と朝鮮では急速に軍国主義化が進んでいった。戦時中、大衆に対して強い波及力をもつ映画は統制の主な対象になった。大日本帝国はこの期間、映画人を登録制にし、朝鮮映画令［1940年に朝鮮総督府が施行した映画法］の下、厳しい検閲を行い、さらに1942年から1943年の間に朝鮮の映画製作会社をすべて統合し、社団法人朝鮮映画製作株式会社を設立した。同社は日本統治時代の末期、"親日御用映画"の拠点になった。この過程で多くの映画人が日本に協力し、1930年代末以降の韓国映画史は深い闇に葬られることになった。

この期間に発表されたイ・ビョンイル監督の『半島の春』（1941）は、低劣な状態におかれていた朝鮮映画界に対する自嘲の念を日本の映画産業への羨望とオーバーラップさせる映画として、翌年から設立準備に入った社団法人朝鮮映画製作株式会社の正当性を擁護するニュアンスを含んでいる。そういった面でこの映画は親日映画の範疇に入れることができるだろう。にもかかわらず、映画に関する映画という実験的な試みと高い完成度は、このこととは別に評価される余地がある。

チェ・インギュ監督の『家なき天使』（1941）は、韓国映像資料院が2005年に中国からフィルムを持ち帰って一般公開する前までは、韓国リアリズムの傑作の系譜に連なる作品とされていた。ところが、いざ映画が公開されてみると、ラストに主人公たちが"皇国臣民ノ誓詞［朝鮮総督府が1937年に公布し朝鮮人に覚えさせた誓いの言葉］"を斉唱するシーンがあるなど親日的なメッセージが含まれていることが明らかになり、評価を見直す対象になった。チェ・インギュ監督は、この映画以降も『太陽の子どもたち』（1944）、『愛と誓い』（1945）など、露骨な親日映画を撮っている。『半島の春』と『家なき天使』が"韓国映画100選"に選ばれたのは、過去の恥ずべき記憶まで韓国映画史の一部として反省を込めて思惟することを望む選定委員たちの苦悩の表れだと思われる。

解放と戦争、そして1950年代
：韓国映画復興の始まり

1945年、朝鮮は日本による統治からの解放を迎えた。分断、右翼・左翼の激しい葛藤、アメリカ軍政、敵産財産となった日本人所有の劇場や設備の分配問題などで不安定だった映画界は、チェ・インギュ監督とイ・ギュファン監督、そしてユン・ボンチュン監督ら、日本統治時代から活動していた数人の監督が少数の映画を作ったものの、本格的な軌道に乗るには至らなかった。チェ・インギュ監督は独立運動家たちのヒロイックな行跡を扱った『自由万歳』（1946）と『独立前夜』（1948）を演出することで、日本統治時代末期の親日という痕跡の汚点を覆い隠そうと試みた。

1940年代末になると、1年に20本前後の映画が作られるようになり、正常な姿を取り戻しつつあった映画産業だが、朝鮮戦争の勃発によって事実上3～4年間の休止期に突入することになる。1949年、ユン・ヨンギュ監督が演出した『心の故郷』は、小さな山寺を舞台に童僧が抱く母への恋しさを淡泊で美しい映像のなかに映し出した。20代前半だった若きチェ・ウニの姿を見ることができるのも、この映画の楽しみのひとつだ。

戦争が終わると、韓国映画は急激な成長ムードの様相を呈する。戦後の国民の喪失感を埋める娯楽アイテムが映画以外には特になかったせいでもあり、1954年、政府の韓国映画に対する免税措置［韓国映画の観覧料金には税金をかけないというもの。1960年まで維持された］がとられ、韓国映画の収益性が高くなったためでもある。1954年に14本だった韓国映画の製作本数は、1959年になると111本を記録するまでになる。驚くべき成長ぶりだった。

1950年代半ばから後半にかけて、韓国映画最高のヒット作は1955年の新年に公開されたイ・ギュファン監督の『春香伝』と、1956年のハン・ヒョンモ監督作『自由夫人』だった。ダンスに没頭する教授夫人を主人公とする、当時の韓国社会でかなりの物議を醸したチョン・ビソクの同名小説が原作の『自由夫人』は、キスシーンと若干のベッドシーンまで含み、原作以上に関心を集めた。この映画は一躍、現代的な韓国映画のスタンダードを提示する作品として、以降に作られる映画のひな形となり、ハン・ヒョンモ監督は1950年代を代表する映画監督として浮上した。彼は、1年前の1955年1月に、女性スパイと陸軍防諜隊大尉との悲劇的な愛を描いた『運命の手』（1945）を公開したが、同時期に公開された『春香伝』のヒットに押されて日の目を見ることができなかった（この映画には韓国映画で最初のキスシーンが含まれる）。だが、この映画は後年になってあらためて評価され、再び注目を集めている。

『運命の手』と共に一種の反共産主義映画の代表作として、当時も、また後年にも高い評価を受けている映画が、イ・ガンチョン監督の1955年作『ピアゴル』だ。この映画は、パル

選定作品から見る韓国映画の歴史 013

チザン［朝鮮戦争前後に韓国各地で活動した共産主義非正規軍・ゲリラ］たちの蛮行をパルチザン内部の観察者の目線で描いた秀作だが、当時は"容共論争［パルチザンを人間的に描いたため、当時の文教部に「韓国を軍隊も警察も存在しない国のように描いた」と上映が禁止されたが、一部の場面を再編集して上映が許可された］"に巻き込まれたりもした。また、当時の劣悪な農村の実態を驚くほど具体的に、また現実的に描いたキム・ソドン監督の『お金』（1958）は、1950年代後半で注目すべき作品のひとつだ。一方、当時の拝金主義的な風潮を批判し、ロマンティックな愛を寓話的な表現で擁護したイ・ビョンイル監督の『嫁入りの日』（1956）は、アジア映画祭［現・アジア太平洋映画祭］で受賞［最優秀喜劇賞］し、韓国映画史上初の海外映画祭受賞作というタイトルを冠した。

『自由夫人』（1956、ハン・ヒョンモ監督）

　1950年代は、好景気の波に乗って新しい人材が映画界に進出してきた時期でもあった。なかでも、シン・サンオク監督、ユ・ヒョンモク監督、キム・ギヨン監督、チョン・チャンファ監督ら韓国映画史に長く名を残す名監督が、それぞれの初期作品を通じて大衆性を試し、また技術を発展させていった。特に、シン・サンオク監督は、1958年に『地獄花』で兄弟を同時に誘惑するという韓国映画史に残る記念碑的なファムファタールのキャラクターを完成させた。米軍基地のある村を背景に、ギャング団と外国人相手の娼婦たちの話を描いたこの映画には、イタリアのネオレアリズモやフランス印象派、ハリウッドの西部劇など、シン・サンオク監督に影響を与えたと思われるさまざまなジャンルが混在し、興味深い。当時はさほど評価されなかったが、後年には絶えず再評価される映画のひとつとなっている。

革命と共に始まった1960年代、そして、韓国映画の最盛期

　1960年の四月革命［1960年4月に起こった政治革命。市民や学生による大規模デモにより、李承晩大統領が辞任した］は、韓国映画にも大きな影響を及ぼした。もっとも重要な要因は、政府による検閲がなくなったことだ。5・16軍事クーデター［1961年5月16日に朴正煕がクーデターを起こし、政権を掌握した］によって検閲が復活する前までの約1年という短い期間は、韓国映画界にとってある種の"解放区"であり、その期間に相当数の問題作が輩出された。韓国映画監督のなかでもっとも奇怪な個性と創造力をもつキム・ギヨン監督の『下女』（1960）、当時の韓国社会の現実を厳しく分析し、5・16軍事クーデターの直後に上映が中止され、1963年に解禁になったユ・ヒョンモク監督の『誤発弾』（1961）、韓国映画の永遠なるクラシックであるシン・サンオク監督の『離れの客とお母さん』（1961）、四月革命に対する失望感が映画の随所に感じられるイ・ボンネ監督の『三等課長』といった韓国映画の傑作が出現した時期だ。

　1960年代初め、韓国映画の新しい傾向として急浮上したジャンルが家族ドラマだ。庶民の生活を緻密なエピソードで綴るこのジャンルは、四月革命と5・16軍事クーデター以降の新しい国家建設への希望と過去の清算の意思を示すことにより、私的な問題と公的な問題を家庭ドラマのなかに絶妙に描き出す傑作を生んだ。『ロマンス・パパ』（1960、シン・サンオク監督）から始まるこのジャンルは、ほとんどの映画にキム・スンホという俳優が父親役で主演し、通称"キム・スンホ印"映画と呼ばれたりもした。今回の韓国映画100選には、『ロマンス・パパ』を含め、『朴さん』（1960、カン・デジン監督）、『荷馬車』（1961、カン・デジン監督）、『三等課長』（1963、イ・ボンネ監督）、『ソウルの屋根の下』（1961、イ・ヒョンピョ監督）、『血脈』（1963、キム・スヨン監督）と、なんと6本もの家族ドラマが選ばれている。

　父親の時代が終わると、青春の時代が到来した。1960年代半ば、日本の"太陽族"映画［石原慎太郎の小説『太陽の季節』などを原作に作られた映画］から影響を受けて作られたこの外国産ジャンルは、韓国を舞台に置き換えて当時の若者たちから人気を集め、青春映画を上映していたアカデミー劇場は大学生たちがもっとも好む映画館となった。出口のない青春の欲望と挫折を主に描き出したこのジャンルの代表作として、『裸足の青春』（1964、キム・ギドク監督）、『雨のめぐり逢い』（1966、チョン・ジヌ監督）などが挙げられる。

『朴さん』(1960、カン・デジン監督)

5・16軍事クーデターを経て新しく始まった軍事政権は、1962年に制定され、1963年に改正された新しい映画法で、一定の規模と人材を備えて年間15本製作しなければ映画業者として登録できないよう規定した。これは『成春香』(1961、シン・サンオク監督)の記録的な成功以降、シン・サンオク監督が作った"申フィルム"のような大型映画会社を計画的に養成しようという、いわゆる"メジャー企業化"政策の一環だった。しかし、このような政府主導の大量生産体制は、当時の韓国映画産業の自然な市場の秩序を人為的に再編すると共に、映画会社の登録と取り消しが繰り返されるようになるなど、業界を攪乱した。特に、韓国映画の製作実績に従って1本あたりの収益性が高い洋画を輸入できる数が割り当てられるという政策がとられたせいで、長期的に韓国映画は、洋画輸入割当数を確保するための手段に転落することになる。

それにもかかわらず、全体的に見ると1960年代は韓国映画の全盛期といえる。1969年になると製作本数は200本を超え、国民ひとりあたりの平均観覧回数は年5回を上まわった。今また新たな全盛期を迎えている今日のそれを凌駕する数値だ。もちろん、刮目に値する成長があったのは、量的なものにとどまらない。質的にも韓国映画史を彩る作品がこの時期に数多く作られた。

このうち、キム・ギヨン、イ・マニ、ユ・ヒョンモク、シン・サンオク、キム・スヨンら韓国を代表する映画監督が、自らの最高傑作を生み出した。彼らは、大量生産体制の下、場合によっては1年に10本もの作品を作らなければならない不利な状況のなかでも、それぞれの芸術的なスタイルを維持し、軍事政権下という制限内でも韓国社会に対する批判の手を緩めなかった。

ユ・ヒョンモク監督は『誤発弾』以降、『金薬局の娘たち』(1963)『カインの後裔』(1968)『長雨』(1979)などの作品で韓国現代史のもつ悲劇の根源とその克服を執拗に追求していった。シン・サンオク監督は『離れの客とお母さん』『聾唖の三竜（サムニョン）』(1964)といったメロドラマだけでなく、『燕山君』シリーズ(1961)、『大院君』(1969)など骨太な正統派時代劇のジャンルを開拓した。イ・マニ監督は1960年代半ばまで、ジャンル映画という括りのなかで自分なりの独特な個性とメッセージを印象づける『帰らざる海兵』(1963)、『黒髪』(1964)、『魔の階段』(1964)などの傑作を作った。

特に、1960年代中後半の3〜4年は一時的に文芸映画のジャンルが興隆した時期だった。洋画輸入割当を獲得するために文芸映画が有利に働くと、流行のように文芸映画が量産された。当初、純文学を原作とする映画を指していた文芸映画という呼称は、その後、たんに文学を原作にした映画だけでなく、芸術性の高い映画一般を指す言葉へと変化した。キム・スヨン監督は『浜辺の村』(1965)で文芸映画ブームをリードし、以降、『山火事』(1967)『霧』(1967)『カササギの声』(1967)『春、春』(1969)などを発表して代表的な文芸映画監督としてその名を刻んだ。計109本の映画を演出したキム・スヨン監督は、商業的な娯楽映画から実験的な映画に至るまで、広い振り幅をもつ監督だ。この時期にイ・マニ監督は、文学を原作としない独自路線を行く文芸映画監督としての地位を構築していった。残念ながらフィルムが消失している『晩秋』(1966)をはじめ、『帰路』(1967)『休日』(1968)などの映画は、当時の韓国映画芸術におけるもっとも秀でた成果と

『浜辺の村』(1965、キム・スヨン監督)

いっても過言ではない。その他、イ・オリョンの小説を原作にしたイ・ソング監督の『将軍の髭』(1968)、ユ・ヒョンモク監督の『終電で来た客たち』(1967)、チェ・ハウォン監督の『甕をつくる老人』(1969)など、数多くの名作がこの時期に文芸映画という名の下で製作されていった。

一方でキム・ギヨン監督は、韓国映画史のどんなジャンル、どんなカテゴリーにも収めることができない。彼の映画はほかのいかなる映画とも違っていた。韓国社会内に潜む無意識を下流層の女性に対する独特な恐怖に置き換えて表現した1960年の『下女』は、『火女』(1971)『虫女』(1972)『火女'82』(1982)『肉食動物』(1984)と続く連作を通じてバリエーションを広げていった。説話的な世界から近代資本主義、国家の誕生を寓話的に描いた『高麗葬』(1963)、現代文明と出会って再び蘇る前近代のシャーマニズム、そしてエロスとタナトスが複雑に絡み合った問題作『異魚島』(1977)もまた彼の代表作のひとつである。

テレビの普及と映画産業の没落：1970～1980年代半ば

1960年代まで全盛期を謳歌していた韓国映画産業は、1970年代に入って完全な衰退期を迎えることになる。もっとも重要な要因はテレビの普及だった。急速に広範囲に普及しはじめたテレビは、既存の観客を"お茶の間劇場"に釘付けにした。総観客数が急速に減りはじめ、製作本数も減り、劇場数も減少した。さらに、10月維新[1972年10月17日に当時の朴正煕大統領が特別宣言を発し、憲法を改正した非常措置]以降、政府の検閲が強化されることによって映画界は進退きわまる困難に直面する。1970年代初めに衰退しはじめた映画産業は、1990年代初盤まで20余年にわたって長期的な不況を経験することになる。

1970年代の韓国映画界では低予算のジャンル映画が主に作られていたが、そのなかでも新しい傾向が現れてきていた。"青年映画"がそれだ。当時、アコースティックギター・ブームをもたらした若者文化の映画バージョンともいえる新しいスタイルの映画界をリードしていたのは、イ・ジャンホ、ハ・ギルチョン、キム・ホソンといった監督、そしてその原作を提供したチェ・イノ、小説家から脚本家に転身したキム・スンオクらだった。

イ・ジャンホ監督は『星たちの故郷』(1974)という衝撃的なデビュー作を通じて一躍、韓国映画界の恐るべき新人として浮上した。チェ・イノのベストセラー小説を原作にしたこの映画は、『憎くてももう一度』(1968、チョン・ソヨン監督)がもっていた韓国映画の最高興行記録(ソウル公開館基準37万人)を圧倒し(ソウル公開館基準46万5000人)、全国的なシンドロームを生んだ。そして、韓国人で初めてアメリカの大学院で映画を専攻し、帰国前から話題になっていたハ・ギルチョンは、帰国直後に実験的なデビュー作『花粉』(1972)を発表し、韓国では希少な政治的モダニズム系列の映画を披露した。彼はその後も実験性の強い一連の映画を発表する。『馬鹿たちの行進』(1975)は評論と興行の両面から高く評価され、若者文化のひとつの軸として確固たる地位を築いた。イ・ジャンホ、ハ・ギルチョンと共に青年映画集団"映像時代"を結成したキム・ホソンは、『ヨンジャの全盛時代』(1975)と『冬の女』(1977)を相次いでヒットさせた。特に、イファという女子大生が性に目覚めていく過程を描いたチョ・ヘイルの小説が原作の『冬の女』は、ソウル公開館だけで59万人の観客を動員し、1993年に『風の丘を越えて～西便制』によってその記録が破られるまでの16年間、もっとも多くの観客を動員した韓国映画として記録された。これらの映画は、1970年代における下層女性の悲劇や若者の苦悩と憂鬱を、歪んだ貞操観念に置き換えて描いたという共通点をもつ。

"憂鬱"の一方で"明朗"も存在していた。1970年代中盤が青年映画の時代だったとするなら、1970年代後半はハイティーンコメディの時代だった。このジャンルの映画は今回の韓国映画100選に選ばれなかったが、『高校ヤルゲ』(1976、ソク・レミョン監督)をはじめとするさまざまな「ヤルゲ」シリーズと、ムン・ヨソン監督の「本当に、本当に」シリーズなど、主に高校生の悩みと生活を(ともすれば過度に)明るいトーンで再現して大きな人気を博した。

『冬の女』(1977、キム・ホソン監督)

1980年代は"ソウルの春［1979年10月26日から1980年5月17日までの民主化運動が多く行われた時期］"と共に始まった。1970年代なら表に出ることのなかったいくつかの問題作が、この短い政治的空白状態の時期に発表された。自分の人生を破壊したパルチザンを追う元警察官の追跡と2人の和解を綴る『チャッコ』（1980）は、イム・グォンテク監督が長い"レッドコンプレックス［共産主義に対する恐怖感、過敏反応］"から抜け出しつつあることを見せてくれる映画だ。同じ頃にイ・ドゥヨン監督は『最後の証人』（1980）という大作を通して、朝鮮戦争時の人間の残虐性と貪欲さを告発した。また彼は土俗的シャーマニズムとエロティシズムを融合させた独特な問題作『避幕』（1980）でベネチア国際映画祭特別賞を受賞し、『糸車よ糸車よ』（1983）はカンヌ国際映画祭「ある視点」部門で招聘上映され、イム・グォンテク監督に先立って1980年代に韓国映画が海外の主な映画祭に進出する口火を切った。

　1980年に発表されたもうひとつの問題作はイ・ジャンホ監督の『風吹く良き日』だ。ソウルに上京した社会の底辺に生きる3人の青年の日常を通して、開発の嵐と韓国社会の成金根性を批判したこの映画も、1970年代であれば禁止されたはずだった。その後、彼は新軍部の検閲政策に反抗するかのごとく発表した『馬鹿宣言』（1983）と『旅人は休まない』（1987）といった一連の実験的な傑作を発表することにより、1980年代半ばの韓国映画界を代表する監督の列に加わった。イ・ジャンホ監督の助監督出身であるペ・チャンホ監督は、『コバン村の人々』（1982）『赤道の花』（1984）『鯨とり』（1984）『ディープ・ブルー・ナイト』（1985）など、ジャンルやスタイルがそれぞれ違う一連の作品を通して現代韓国社会の闇をさまざまな面から時には告発し、時には風刺した。

　イム・グォンテク監督は、『雑草』（1972）『往十里（ワンシムニ）』（1975）『族譜』（1977）などで自らの作家意識と方法論を研磨し、『チャッコ』（1980）に続く『曼荼羅』（1981）で自分の映画世界に奥行きを加えていった。『キルソドム』（1985）では朝鮮戦争が生んだ離散の痛みを、『チケット』（1986）では社会の底辺で生きる女性たちの悲劇を、クールに、そしてリアルに描き出した。1980年代後半、イム・グォンテク監督は、韓国的な（または東洋的な）テーマを映画化した一連の作品［『シバジ』（1986）『アダダ』（1987）『ハラギャティ』（1988）］で、世界の主要映画祭で次々に受賞し、国際的な映画界に真価を認められただけでなく、ソウル公開館だけで100万人を超える記録的な興行結果を生み出した『風の丘を越えて〜西便制』（1993）によって名実ともに"国民監督"になった。

新しい時代、新しい映画

　1980年代初中盤に希望的な兆しがあったにもかかわらず、1980年代の韓国映画産業は、全体的に依然として衰退の一途にあった。だが、突破口を開くきっかけは、外側からやって来た。1987年の6月民主抗争［1987年6月10日から29日まで繰り広げられた民主化を要求するデモ］によって韓国社会に民主化の波が押し寄せ、映画業界もこの流れを共にしながら、進歩的で才能豊かな若い人材が映画業界に入りはじめた。若手映画人の進出には、1961年以降の軍事政権による映画製作が1985年に施行された新しい映画法によって大きく方向転換し、製作と輸入が自由化されたことも深く関わっている。新しい時代の到来と共に新しい表現が可能になったためだ。

　フランスで映画を学んで帰国したパク・グァンス監督は、1988年にデビュー作『チルスとマンス』で韓国社会に深く根づいたレッドコンプレックスとアメリカへの憧れを風刺した。パク・グァンス監督はその後も、『追われし者の挽歌』（1990）『ベルリン・リポート』（1992）『あの島に行きたい』（1994）『美しき青年、チョン・テイル』（1995）『イ・ジェスの乱』（1998）などを通じて韓国社会の矛盾を歴史的な観点から見つめながら、そのなかで知識人の役割について葛藤する真摯かつ省察的な映画を発表した。チャン・ソヌ監督は、資本主義がもたらした成功に対する脅迫観念を風刺した『成功時代』（1988）を発表後、『ウムクペミの愛』（1990）でそれぞれ家庭をもつ労働者階級の男女の不倫を諧謔的かつ感動的に描き出した。この後、彼は『競馬場へ行く道』（1991）『私からあな

『鯨とり』（1984、ペ・チャンホ監督）

選定作品から見る韓国映画の歴史　017

『ウムクペミの愛』(1990、チャン・ソヌ監督)

たへ』(1994)『LIES/嘘』といった作品で知識人と芸術家の地位を覆し、彼らの偽善を告発して論争の的になった。そんななか、光州事件[1980年5月18日から27日まで韓国全羅南道光州市(現・光州広域市)で起こった民主化運動]の悲劇を哀悼する『つぼみ』(1996)を発表した。

チョン・ジヨン監督は、『南部軍　愛と幻想のパルチザン』(1990)でパルチザンの苦難に満ちた一代記を写実的に描き出し、『ホワイト・バッジ』(1992)ではベトナム戦争中の韓国軍の蛮行を告発し、この戦争の本質をあらためて人々に問うた。この2本の映画は6月抗争以降に進展した民主化がなかったなら、世に出ることはなかっただろう。1994年に公開された『ハリウッド・キッズの生涯』では、1980年代末、ハリウッド直配(アメリカの映画会社が韓国国内で直接配給すること)に反対する闘争に誰よりも率先して参加した監督自身の経歴が投影されている。

前出の3名の監督が政治や社会的なメッセージを色濃くもつ映画を作ったとすると、ペ・チャンホ監督の助監督出身のイ・ミョンセ監督は、彼なりの独創的な世界を見せてくれた。1988年、真夏の夜の夢のような気だるい空気感をうまく描写した『ギャグマン』(1988)でデビューした彼は、『私の愛、私の花嫁』(1990)『初恋』(1993)『至極の愛』(1996)などで、デフォルメされた人工的な作為性の美学を構築した。このようなスタイルは『デュエリスト』(2005)『M』(2007)といった近作でより際立っている。

これらの監督たちの映画以外にも、シン・スンス監督の『雄鶏』(1990)、ホン・ギソン監督の『胸に芽生えた刀で悲しみを断ち切って』(1992)、パク・ジョンウォン監督の『われらの歪んだ英雄』(1992)など、比較的進歩的で新しい美学を備えた若手映画人たちが、1990年代後半まで着実に作品を発表し続け、韓国社会を批判し読み解くことで新しい活気をもたらした。パク・グァンス、チャン・ソヌをはじめ、前出の監督らと作品群は、1990年代中後半に"コリアンニューウェーブ"と名づけられた。

同時期、韓国映画産業は早い速度で合理化の道を歩んでいった。1990年代初めに到来した大衆消費社会のなかで、映画産業に進出した大企業と、彼らと協力関係を維持した忠武路(チュンムロ)[映画館や製作会社が多く集まった街。韓国映画界の代名詞]の製作者は、大衆の変化する感覚に合わせた、いわゆる"企画映画"を生み出した。キム・ウィソク監督の『結婚物語』(1992)を皮切りにロマンティックコメディのジャンルがブームになり、1990年代半ばにはミョンフィルムとウノフィルムといった製作会社各社が、『接続 ザ・コンタクト』(1997、チャン・ユニョン監督)『ビート』(1997、キム・ソンス監督)『太陽はない』(1998、キム・ソンス監督)『クワイエット・ファミリー』(1998、キム・ジウン監督)『ハッピーエンド』(1999、チョン・ジウ監督)など、大衆性と作品性を兼ね備えた"ウェルメイド"映画を作った。

『結婚物語』(1992、キム・ウィソク監督)

もう一方で独立映画も作られていった。1980年代初中盤から文化運動の一環として作られていた非合法の独立映画は、1987年以降もしばらくの間、露骨に、あるいは暗黙に国家の取り締まりを受ける対象となった。劣悪な労働現実と労働者たちの団結を促すチャンサンコンメ[1987年に民族映画を製作・上映・配給する社会運動のために結成された映画団体]の『ストライキ前夜』(1990)はこの時期を代表する映画だ。政府は、この映画が映画法および公演法に違反しているという理由で上映を阻止した。進歩的なテーマに比べると映画の

形式には新しさがないという批判もあったが、『ストライキ前夜』は労働の現場や大学といった場所で非合法に上映され、大きな反響を呼んだ。

韓国独立ドキュメンタリー映画の歴史でもっとも重要な監督は『上渓洞オリンピック』のキム・ドンウォン監督といえるだろう（上映時間が27分であるため、長編映画を対象にした今回の100選には含まれなかった）。オリンピックを契機に都市再開発事業が起こり、立ち退きを迫られる上渓洞の住民たちの悲惨な状況を、彼らに密着し、数年にわたって撮り続けたこの作品は、ドキュメンタリー映画の実践的なモデルを提示した。彼はその後、"プルン映像"という実践的なドキュメンタリー創作集団を立ち上げ、韓国社会の現実を告発する多くのドキュメンタリーを作り出した。今回の100選に選ばれたキム・ドンウォン監督の『送還日記』（2003）は、1992年から2001年まで非転向長期囚の老人たちと共に過ごした10年間の記録を通じ、理念以前に存在する人間愛を示すと同時に社会への参加意識の声を伝えている。

そして、大日本帝国によって強制動員された元慰安婦たちをドキュメンタリーで描いたピョン・ヨンジュ監督の『ナヌムの家』3部作は（韓国映画100選では1995年に上映された第1作が選ばれた）、たんに素材であるからというだけでなく、ドキュメンタリー作家と取材対象である人物と交流がどのような発見と感動をもたらすかを見せてくれる。特にこの映画は、強制動員された元慰安婦たちに対する関心を社会に呼び覚ますことで、今日までその問題意識が継続される重要なきっかけを作った。

初期には強い社会的なメッセージをもっていた独立映画は、時間が経つにつれ、次第に完成度の高いジャンル映画の形態を帯びていった。リュ・スンワン監督が演出した『ダイ・バッド 死ぬか、もしくは悪になるか』（2000）は、独立映画界で作られた低予算のジャンル映画が商業映画に劣らない完成度と大衆的な感受性をもつことが可能であると示し、2000年以降、大衆的独立映画のモデルとなった。

韓国型ブロックバスターの登場とグローバル韓国映画

1997年と1998年は、韓国映画産業だけでなく、韓国社会で重要な変化が起きた時期だ。まず、1997年末のIFM危機［1997年のアジア通貨危機により、韓国は国家破綻の危機に直面。同年12月、国際通貨基金（IMF）から資金支援の覚書を締結した。合意内容には、外国資本投資の自由化や、労働市場改革などが含まれる］は、これまで世界経済発展の神話と考えられてきた韓国式の経済発展モデルが虚像にすぎなかったことを示した事件であり、これに続く新自由主義的経済社会政策は、韓国社会を構成する人々を果てしない競争に追い込んだ。IMF危機以降、映画産業に進出した大手企業が一斉に撤退し、一時的に映画製作資本の空白期が発生した。一方、韓国政治で初めて選挙による水平的政権交代［与野党間の平和的政権交代］が起きたのもこの時期だ。新たに登場した金大中政権下で表現の自由が飛躍的に増大し、抜本的な映画産業支援政策が続く。1998年には初めてシネマコンプレックスが登場した。ショッピングモールを拠点にしたシネマコンプレックスは、早々に映画の上映スタイルと鑑賞文化を根本から変えた。1990年代後半は1990年代半ばから徐々に回復の兆しを見せていた韓国映画が本格的な成長を謳歌した時期だ。

1999年に韓国映画界の地殻変動を知らせる1本の映画が公開された。カン・ジェギュ監督の『シュリ』だ。当時の平均製作費をはるかに上まわる高予算で、ハリウッド映画に劣らないアクションシーンと映画的なトーンを見せてくれたこの作品は、全国で600万人に上る観客を動員、それまでの韓国映画の興行記録を矮小化してしまった。これ以降、韓国映画の興行記録は、『JSA』（2000、パク・チャヌク監督）『友へ チング』（2001、クァク・キョンテク監督）『シルミド』（2003、カン・ウソク監督）『ブラザーフッド』（2004、カン・ジェギュ監督）『グエムル－漢江の怪物－』（2006、ポン・ジュノ監督）と続き、毎年記録を更新した。これらの映画はおおむね当代の製作費規模を超える高予算と、急速に増殖していたシネマコンプレックスのスクリーン数を最大限確保して上映する、いわゆる"ワイドリリース"戦略で"韓国型ブロックバスター"

『シュリ』（1999、カン・ジェギュ監督）

と名づけられた。ハリウッドに由来する用語に"韓国型"という修飾語をつけたこの名称は、韓国の商業映画に対する自信とハリウッド的な普遍性に追従するアンビバレントな呼び方だった。

2000年代初めは、"韓国型ブロックバスター"以外にも、映画的に優れた完成度を備え、IMF危機と初の水平的政権交代後の韓国式社会・経済発展の虚像を批判する個性的な作品が多数作られたという点で、韓国映画の"ルネサンス期"と呼ぶに値する。ホラー映画の形態をとりつつ韓国現代史がもつ暗い無意識を狂気じみたエネルギーでとらえた『鳥肌』(2001、ユン・ジョンチャン監督)、依然として続く労働搾取の現実を世界にも類をみない奇怪なSF映画で告発した恐るべき想像力の『地球を守れ!』(2003、チャン・ジュナン監督)、韓国社会の聖域として残っていた血縁中心の家族主義を過激に破壊し批判した『浮気な家族』(2003、イム・サンス監督)、ばらばらになった家族の新しい代案となるようなモデルを提示した『家族の誕生』(2006、キム・テヨン監督)などが、2000年代初中盤の韓国映画界を豊かに彩った。

そして、1990年代末から2000年代初めにかけて、世界の映画芸術の流れをリードする作家たちが登場したことで、韓国映画界はさらに自信を深めた。これらの監督は海外の主要な映画祭を通じて自分の作品を世界に知らしめ、ひいてはハリウッドなどとの共同製作によって国際的な名声を得ていく。その先鋒にはやはりイム・グォンテク監督がいた。パンソリと映画という異種メディアの融合ともいうべき実験作『春香伝』(2000)は、カンヌ国際映画祭コンペティション部門に招待された初の韓国映画として記録され、朝鮮時代の画家チャン・スンオプの生涯から芸術の本質を問う『酔画仙』(2002)では、カンヌ国際映画祭の監督賞を受賞した最初の韓国人監督になった。

1992年にデビューしたパク・チャヌク監督は、2000年に『JSA』で注目され、2002年の『復讐者に憐れみを』では複雑な社会問題を衝撃的なイメージに重ね合わせた独特な映像美を披露した。2003年には『オールド・ボーイ』で、韓国映画監督として初めてカンヌ国際映画祭でグランプリを受賞した。その後、『親切なクムジャさん』(2005)を発表していわゆる"復讐3部作"を完成させ、『渇き』(2009)以降はハリウッドに進出し、『イノセント・ガーデン』(2013)を演出した。

ホン・サンス監督は、1996年の『豚が井戸に落ちた日』というタイトル同様、独特のスタイルと世界観をもつ映画で韓国映画の新しい流れを作り出した。彼は、『カンウォンドの恋』(1998)『気まぐれな唇』(2002)『映画館の恋』(2005)『ハハハ』(2010)『次の朝は他人』(2011)『ソニはご機嫌ななめ』(2013)など、2000年以降ほぼ毎年のように映画を発表した。日常に潜む暴力性とアイロニーを独自のスタイルで綴る彼の映画世界は、絶えず変化し続けている。

『嘆きのピエタ』(2012、キム・ギドク監督)

ホン・サンス監督と同じ年にデビューしたキム・ギドク監督もまた、短期間で20本近くの作品を演出するという驚くべき生産力を見せた。彼は、1996年のデビュー作『鰐〜ワニ〜』でイメージから受ける衝撃を極大化した彼の世界観の一端を見せ、その後、『悪い女〜青い門〜』(1998)『魚と寝る女』(2000)『悪い男』(2001)などを発表する。これらの映画は、女性に対する加虐的なイメージでフェミニズム論争を巻き起こした。おそらくキム・ギドク監督は、海外の主要映画祭からもっとも愛される韓国の監督のひとりだ。『春夏秋冬そして春』(2003)でロカルノ国際映画祭青年批評家賞を、『サマリア』(2004)でベルリン国際映画祭銀熊賞監督賞を、『うつせみ』(2004)でベネチア国際映画祭銀獅子賞を、『アリラン』(2011)でカンヌ国際映画祭「ある視点」部門グランプリを受賞した。そして2012年に『嘆きのピエタ』でついにベネチア国際映画祭金獅子賞を受賞した。これでキム・ギドク監督は、いわゆる"世界三大映画祭"すべてにおいて受賞経験をもつ初の韓国人監督になった。彼の映画は、常に倫理を超える極端な行動とイメージを提供することで、我々に新しい映画を体験させてくれる。

小説家からパク・グァンス監督の助監督を経て、1997年に『グリーンフィッシュ』でデビューしたイ・チャンドン監督は、『ペパーミント・キャンディー』(1999)『オアシス』(2002)『シークレット・サンシャイン』(2007)『ポエトリー アグネスの詩』(2010)などで徹底した社会意識と倫理観を表現した。『シークレット・サンシャイン』はカンヌ国際映画祭主演女優賞を、『ポエトリー』はカンヌ国際映画祭脚本賞を受賞し

ている。

　2000年に『ほえる犬は噛まない』でデビューしたポン・ジュノ監督は、2003年に『殺人の追憶』で映画的な娯楽性と歴史性、社会的メッセージを精巧に組み立て、驚くべき演出力を見せてくれた。その後、彼は『10人の泥棒たち』（2012、チェ・ドンフン監督）が興行記録を塗り替えるまで韓国最多観客動員数の記録をもっていた『グエムル－漢江の怪物－』を発表し、一見すると怪獣映画でありながら、そのなかに創意あふれる想像力と独特なユーモア、社会批判的メッセージまでを盛り込んだ。フィルムノワールのジャンルを借りて母性神話を覆す『母なる証明』（2009）以降、多国籍プロジェクトである『スノーピアサー』（2013）を発表し、世界の映画界を舞台に自身の地位を築いている。

　依然として映画産業の独寡占問題や経済格差の問題、現場で働く人材の処遇問題など、解決していかなければならない多くの悩みを抱えているが、本書が作られている2013年末現在、（2006年から2009年の一時的な沈滞期から回復して）韓国映画は、新たな全盛期に入ったといえる。2012年、韓国映画のシェアは約60％に達し、7年ぶりに黒字転換した。昨年1年間に発表された映画は174本にのぼる。2013年もやはり前年と同レベルの好況を享受するものと予想されている。数多くの映画と数多くの監督が輩出され続け、これからもそうだろう。そして、彼らが韓国映画史を作っていくのであり、"韓国映画100選"も時代の流れによって入れ替わっていく。より素晴らしい映画が作られ、うしろ髪を引かれつつも古いリストから差し替える映画が増えることを願う。

チョ・ジュニョン（韓国映像資料院研究員）

『家なき天使』(1941、チェ・インギュ監督)

日本統治時代
1919年～1945年

青春の十字路

迷夢（死の子守歌）

家なき天使

半島の春

青春の十字路 청춘의 십자로

1934年／アン・ジョンファ監督／35mm／モノクロ／スタンダード／サイレント

製作会社:金剛キネマ（クムガン）　企画:イ・ウォニョン　監督:アン・ジョンファ　脚本:アン・ジョンファ　撮影:イ・ミョンウ　編集:アン・ジョンファ
出演:イ・ウォニョン、シン・イルソン、パク・ヨン、キム・ヨンシル、ヤン・チョル、ムン・ギョンシム　韓国公開:1934年9月

トンネルを抜け、京城（現ソウル）駅に到着した汽車から乗客の母娘が降りてくると、客を待っていたひとりの青年が近づいてきて母娘に手を貸す。彼が回想する田舎の風景が映し出され、そのなかに薪を背負って丘を下ってくる韓服姿の男が見える。ヨンボク（イ・ウォニョン）だ。根っから愚直で善良な気性のヨンボクは、ボンソンの家の入り婿になって7年も働いてきたが、チュ・ミョング（ヤン・チョル）にボンソン（ムン・ギョンシム）を奪われてしまい、年老いた母と妹を残して故郷を離れる。

その後、故郷に残っていたヨンボクの妹ヨンオク（シン・イルソン）も、母の死後、京城に上京する。兄を捜し、広い都会をさまよいながら見つけた職はカフェの女給。ヨンオクは、同じ田舎から上京してきたミョングの企みにはまり、彼の友人であるチャン・ゲチョル（パク・ヨン）に貞操を奪われる。鉄道局所属の手荷物運搬員になったヨンボクは、ガソリンスタンドで給油の仕事をするゲスン（キム・ヨンシル）と付き合う。病気の父親と幼い弟たちの面倒を見なければならない身の上で借金に苦しむゲスンは、裕福な家の息子であるゲチョルの慰み者になる境遇に陥る。この事実を知ったヨンボクは、ゲチョルの家を訪ね、そこで期せずして妹

に再会、自ずとゲチョルとの関係も知ることになる。妹を苦しめ、恋人までも卑しめるこの男に対して憤りを感じたヨンボクは、ちょうど酒宴の最中だったゲチョル一派のもとを訪れ、抑えていた怒りの拳を振りかざす。平常心を取り戻したヨンボクは、ヨンオクに祝福されつつゲスンとの再出発を心に誓う。

アン・ジョンファ監督の3作目にあたる映画『青春の十字路』は、ひときわ意義深い作品だ。まず第一に挙げられるのは、韓国に保存されている映画で最古の作品であること。第二に、サイレント時代における韓国映画の水準を推測しえるナイトレートフィルム［ナイトレートセルロース（硝酸）を使用した35mm用フィルム。1950年代まで使用された］であるという希少性。第三に、フィルムが現存しないためタイトルだけが語り次がれている『アリラン』（1926、ナ・ウンギュ監督）のヒロインであるシン・イルソンと、『落花流水』（1927、イ・グヨン監督）のイ・ウォニョン、『元気でいろよ』（1927、ナ・ウンギュ監督）のキム・ヨンシルら、サイレント時代の初期に名を馳せた俳優たちの演技を見ることができる点。第四に、デビュー作の『花商売』（1930）から『彦星織姫』（1960）まで全12作を演出したアン・ジョンファ監督の現存する唯一の作品である点。第五に、文献としての重要性と共に、記憶に頼った記録の限界を同時に知らしめたという事実である。『青春の十字路』は、韓国初のトーキー『春香伝』（1935、イ・ミョンウ監督）が発表される前年に、京城撮影所の『洪吉童伝』（1934、キム・ソボン監督）、『前科者』（1934、キム・ソボン監督）、西鮮キネマの『帰ってくる魂』（1934、

イ・チャングン監督）と共に製作された5本のうちの1本だ。

サイレント映画は、フィルムが発見されたとしても、解説用の台本やこれに匹敵する記録がなければ活動弁士による口演は不可能だ。だが、幸いなことに本作はアン・ジョンファ監督が生前に記した『韓国映画側面秘史』（1962、春秋閣）［邦訳は青弓社『韓国映画を作った男たち　一九〇五−四五年』］にその内容が残されていたため、ここまで復元することが可能となった。とはいえ、主人公の恋人として登場するガソリンスタンドの女性職員の名前がヨンヒ（英姫）になっていたりするなど、登場人物の名前が一致しない部分が見て取れる。インサートショットに映る、彼女がヨンボクに送った手紙では、彼女の名前は明らかにゲスン（桂順）となっているのだ。また、ゲチョルの友人であるチュ・ミョング（朱命九）の名前も、画面に映る名刺には名前の最後の漢字が数字の"九"ではなく求めるの"求"という文字になっている。これが、文献としての重要性と共に記憶に頼った記録の限界と前述した理由でもある。

サイレント映画が18フレームレート［動画の1秒間に表示されるフレーム数。現在は24、60などが一般的］であるという点を考慮したとしても、ヨンボクが背負子を背負って歩い

024　韓国映画100選

だからこそ、本作は現在の観点から見るよりも80数年前に上映された当時の状態に照準を合わせて見るのが妥当だと判断した。

てくる導入部分の動き、ヨンオクがひざまずいた兄とゲスンの肩に手を置いて祈りの十字を切るラストシーンなど、不自然な場面も目に付く。さらに、ゲスンが立っている玄関の前にゲチョル一派の乗った車が到着する場面が重複するなど、編集上の問題も顕著に表れている。だからこそ、本作は現在の観点から見るよりも80数年前に上映された当時の状態に照準を合わせて見るのが妥当だと判断した。

『青春の十字路』の公開当時の反応はおおむね好評だった。イ・ギュファン監督は、「原作の思想をそのままもってこなかったこと、脚色した場面のつながりだとか、俳優の気持ちのぶれを見せない心の演技だとか、評価できる部分が数え切れないほど多い。ところどころに欠点は見えるが、それは完全無欠などということはあり得ない世の中にあって是非もないこと」と前置きをして、「過去の朝鮮映画に比べ、独特な手法を見いだすことができる。これこそまさにアン・ジョンファ監督の熱意であり積極性なのだ」と評した[原注1]。「この映画を見るに、脚色、監督、演技、撮影、編集、すべてにおいて従来の映画よりも一歩抜きんでた点を発見できたことは、朝鮮映画界にとっていっそう喜ぶべきことである」と言及したパク・スンゴルの見解[原注2]も、イ・ギュファン監督と大差なかった。

しかし、細かく見ていくとその評価には多少の違いがあった。イ・ギュファン監督はイ・ウォニョンの演技に対して「農村から都会に移ってくる間、全編を通して脱線しない筋の通った様」を、パク・ヨンに対しては「初出演にもかかわらず、動きに縛られない表情のさりげなさと、カメラレンズも恐れない生まれ持った立体美」を、キム・ヨンシルに対しては「働く女性がもつべき性格、しかも"ガソリンガール"という興味深い職業をもつ若い女性が、手荷物運搬員に恋してしまうという無邪気な性格の表現が過去のどの映画よりも見事」だったことを挙げて高く評価した。

反面、シン・イルソンについては批判的だった。パク・スンゴルは「往年の演技力を信じて出演したのだろうが、少女役には老けすぎ」とし、「東亜日報」は貧しい農村の少女の衣装が"モダンガール"そのものである点を指摘した[原注3]。その一方、結論として「これらは小さな欠点であり、全体として見れば技術的にはるかに進歩した撮影（イ・ミョンウ、ソン・ヨンジン）と、ほどよいテンポの編集など従来の映画よりは一歩抜きんでた点を発見することができる」と肯定的に評価した。

1938年、韓国初の映画祭である朝鮮日報映画祭（11月26日〜28日、京城・府民館にて開催）で、一般観客らの投票でサイレント部門の6位に選定された『青春の十字路』（2175票）[原注4]は、別れた兄妹が紆余曲折を経て再会し、新たな出発をする姿を描いた典型的なメロドラマではあるが、1930年代の京城の風景と文化を垣間見ることができるのが特徴的だ。例えば、ソウル駅周辺、プラットホーム、エレベーター、ガソリンスタンド、誇らしげに西洋ファッションに身を包みゴルフに興じる遊び人たち（＝ゲチョル一派）の姿がそれだ。同時に、この映画が農民にとってソウルが憧れの対象であり、敬して遠ざけたい都市であることを示している。アン・ジョンファ監督は、前作『歌う季節』（1930）ですでに、田舎の青年が金持ちの誘いに乗り、ソウルに行った恋人を捜して連れ戻す話を描いている。

しかし、発見された本作のフィルムには、いくつかの資料に見られる場面が見当たらない。例えば、ボンソンが井戸端で恋人の戯れ言に「子どもみたいに変なことを言うわね」というくだり（イ・ギュファン監督）、ヨンボクを中心にして、両側にシン・イルソンとムン・ギョンシムが座っている田舎の家の風景[原注5]、そして、ヨンオクが失恋した兄と別れる場面（パク・スンゴル）などがそれだ。これは映画のフィルムの8巻中1巻が画質不良のため欠落し、7巻分（73分の長さ）だけが復元された過程で生じた結果だと推測される。

特別出演の名目で出演したチュ・ミョング役のヤン・チョルは、キム・ヨンシルとナ・ウンギュを起用した『海と戦う人々』（1930）、『鍾路』（1933）の2本を残した監督であり、ゲチョル役のパク・ヨンはプロデューサーであるパク・チャンスの芸名だ。アン・ジョンファ監督はこの映画の興行（朝鮮劇場にて公開）に成功したため、4作目の映画『銀河に流れる情熱』（1935）を撮ることになった。

キム・ジョンウォン（映画評論家）

[原注1] イ・ギュファン「[映画時評]『青春の十字路』を見て」、「朝鮮日報」、1934年9月28日〜10月3日付
[原注2] パク・スンゴル「[映画時評]『青春の十字路』人物配列に欠点あり」、「朝鮮中央日報」、1934年12月1日〜3日付
[原注3] 「[新映画]佳作の朝鮮映画『青春の十字路』」、「東亜日報」、1934年9月21日付
[原注4] 朝鮮日報映画祭の朝鮮名画鑑賞会のために行われた投票で、サイレント映画部門1位は『アリラン』（1926、ナ・ウンギュ監督）、2位は『主なき渡し舟』（1932、イ・ギュファン監督）だった。
[原注5] アン・ジョンファ『韓国映画側面秘史』、春秋閣、1962、p191掲載写真

日本統治時代（〜1945年）　025

迷夢(死の子守歌) 미몽

1936年／ヤン・ジュナム監督／35mm／モノクロ／スタンダード

製作会社:朝鮮映画株式会社 京城撮影所　製作:分島周次郎　監督:ヤン・ジュナム　脚本:チェ・ドッキョン　撮影:ファン・ウンジョ　照明:パク・ヨン
録音:イ・ピルウ　編集:ヤン・ジュナム　出演:イ・グムリョン、ムン・イェボン、ユ・ソノク、キム・インギュ、チョ・テグォン　韓国公開:1936年10月

エスン(ムン・イェボン)は中流家庭の妻だが、虚栄心が強く、家庭を顧みない。耐えられなくなった夫(イ・グムリョン)はエスンを追い出し、エスンは夫と娘のジョンヒ(ユ・ソノク)を捨て、情夫であるチャンゴン(キム・インギュ)と一緒にホテルで暮らす。ある日、エスンはチャンゴンが金持ちの名士ではなく、貧しい下宿人で犯罪者だということを知ってしまう。チャンゴン一味はホテルで何度も強盗をはたらき、そのことに気づいたエスンは警察に通報する。舞台で見た舞踏家(チョ・テグォン)に関心をもったエスンは、彼を追うためにタクシーに乗る。タクシーは舞踏家が乗った汽車を追ってスピードを上げ、道を渡っていたエスンの娘ジョンヒをはねる。病院に運ばれたジョンヒは無事に目を覚ますが、エスンは罪悪感にさいなまれ、薬を飲んで自殺する。

21世紀の私たちにとって『迷夢』は、日本統治時代の朝鮮映画のリアルな様子を推測させてくれる貴重な資料だ。韓国人を皇民化するための国策映画の製作が盛んになったのは1937年。本作はその前年の1936年に作られた。日本による皇民化のプロパガンダが強く吹き荒れる直前であるためか、『迷夢』は植民地化によって近代化した都市の風景と、"新女性"[日本統治時代に新たな教育を受けたり新たな文明に影響を受けたりした女性]に脚光を当てたメロドラマであると解釈することができる。

急激に変化する都市空間(デパート、ホテル、カフェ、劇場など)と、その空間に近代文化と欲望を運ぶ汽車やタクシーなどが街角を行き来する景色がふんだんに映し出される。近代化されていく1930年代の都市・京城を舞台に、良妻賢母という儒教的な美徳から抜け出ようとする、従来の経験や価値観とは異なるエスンの欲望のドラマが繰り広げられる。社会学者ゲオルク・ジンメルの表現を借りれば、近代都市の"巨大な競演場"へ入ったエスンは、俗っぽい新女性に対する反感を極端に表現しているのだ。

娘と夫と一緒に暮らすエスンは、欲望の化身だ。家事に専念することよりも街を歩きまわり、百貨店で高価な服を購入して身にまとう。恋人とホテルで密会を楽しんだかと思えば、チョ・テグォン(チョ・テグォン本人が出演)の舞踏公演を観覧し、彼に惹かれて家を出る。このようなエスンの行動は、自由恋愛を追い求めて良妻賢母から抜け出そうとする新女性を封建的な道徳概念の視点から表現している。例えば新女性は"モダンガール"と呼ばれたりもするが、モダンガールを"モッテンガール"と解釈したドラマの筋書きは、結局、エスンが母性愛による罪悪感から自殺し、自らを罰するという結末で幕を下ろす。

当時、男性の知識人たちは、道を闊歩する女性たち、すなわち封建的な道徳概念の中で主体的な存在であろうとする"新女性"は"危険な女性"だと批判する論調を、ほとんどのメディアで立て続けに訴えた。本作もその流れの一例だといえる。例えば「朝鮮日報」1930年1月14日付に掲載された「家賃の何倍も値が張るこの服……孔雀だ、鉄格子の中で華麗なあの尾を広げて満足している動物園の檻の中の孔雀だ」という文章は、まるでエスンのイメージを描写しているかのようだ(華麗な羽根のショーをするのは、実際はオスだという点を混同していることは問題だが)。

実際に、エスンの欲望、すなわち封建的な夫から離れて自

エスンという人物解釈の正当性いかんではなく、欲望と絶望の両極である放蕩と高慢、封建的な道徳概念から逃れようとする女性の渇きを鋭く強烈に演じたムン・イェボンの存在からは、当時の女優の力量を垣間見ることもできる。

由恋愛をし、高価な服を手に入れておしゃれをして街を散歩したい、という欲望を「迷妄［誤りを真実と思い込むこと］」と解釈する巧みな映像表現が強烈にスクリーンを支配する。夫の権威的な態度に反感を抱いて言い争うとき、夫が映った化粧台の鏡を強く揺らすことで崩れていく夫の映像。家に閉じ込められたエスンの立場を象徴する籠の中の鳥。デパートで高価な服を買い求めている横柄な態度。ホテルで一緒に過ごしている恋人は身分を偽った詐欺師という事実の発覚。彼を警察に告発するという勇敢さ。これらはその描写の代表例だ。しかし、エスンは自由をつかんで羽ばたく鳥ではなかった。ストーリーが進展するにつれ、彼女は欲望の迷夢にはまり、結局は詐欺師に翻弄される "モッテンガール" に成り下がってしまう。それでも、彼女は脱出することを諦めなかった。

当時、女性を虜にした最高の舞踏家チョ・テグォンの公演は、詐欺師である恋人に翻弄されるエスンの心の捌け口だ。セクシーで身体そのものの美学を表現するチョ・テグォンの公演は、身体の欲望と自由な身ぶりが興味深く、視覚の快楽を刺激するように演出されている。破滅的な結末は舞踏家への欲望を追求することによる対価だ。彼を駅まで追いかけようと、エスンはタクシーを見つけて飛び乗る。タクシーの運転手に急いで汽車を追うよう催促するエスンの激しい叫び。だが、タクシーはひとりの少女を轢いてしまう。結局、交通事故で倒れた娘の前で、エスンは母性愛に目覚める。これまで、自分の欲望におぼれ、母性愛を忘れていたエスンに、母性愛が強烈によみがえる。自分の欲望が「迷妄」であることが表れる、思いがけない出来事だ。

前半部分で、ひとりの女性としてエスンの自分勝手な欲望、特に性的な欲望の心理的な描写に終始したヤン・ジュナム監督は、娘の事故が起きた後、ぼろぼろになった母エスンの心理描写に焦点を当てる。エスンが母性愛を失った自分を激しく悔やみ、自殺する場面の長回しのクロースアップは、エスンの切実な内面の慟哭を表している。このような意味から、この映画が『死の子守歌』という別のタイトルで呼ばれる理由がわかる。

一方、エスンという人物解釈の正当性いかんではなく、欲望と絶望の両極である放蕩と高慢、封建的な道徳概念から逃れようとする女性の渇きを鋭く強烈に演じたムン・イェボンの存在からは、当時の女優の力量を垣間見ることもできる。いずれにせよ、極端な脱走と懲罰を受けるエスンが登場した

のは、ハン・ヒョンモ監督が『自由夫人』（p42）で奔放なヒロインを描く20年も前のことだ。エスンの存在は、当時の "新女性" 現象に衝撃を与え、その影響力に対して大きな批判を受けたであろうと察することができる。

チョ・テグォンの誕生100周年を記念し、舞踊界では『迷夢』のフィルムが発見されたのをきっかけに映画鑑賞会を開催。彼を韓国における20世紀最高の男性舞踊家として称えた。劇中に登場するチョ・テグォンの公演を、また別の意味で資料として活用したことは、映画を保存することの文化的な価値を証明する点で注目に値する。

当時、「新女性」は既婚を含む女性に、「モダンガール」は主に未婚の女性に対して使われたが、混用されることもあった。

ユ・ジナ（映画評論家、東国大学教授）

家なき天使　집없는 천사

1941年／チェ・イングュ監督／35mm／モノクロ／スタンダード

製作会社:高麗映画協会　製作:イ・チャンヨン　企画:チェ・ワンギュ、キム・ジョンヒョク　監督:チェ・イングュ　原作・脚色:西亀元貞　撮影:キム・ハクソン
照明:チェ・ジン　録音:ヤン・ジュナム　編集:イ・イク　音楽:伊藤宣二、キム・ジュニョン　出演:キム・イレ、ムン・イェボン、キム・シンジェ、イ・サンハ、カン・ホンシク
韓国公開:1941年2月

　ミョンジャ（キム・シンジェ）とヨンギル（イ・サンハ）姉弟は、幼い頃に浮浪者に売られ、物乞いをして暮らしていた。ある日、ヨンギルは浮浪者たちから逃げて、孤児たちと暮らす。孤児にいじめられるヨンギルを見たパン・ソンビン（キム・イレ）は、ヨンギルを家に連れていく。彼の家には4、5人の孤児が共に過ごしていた。孤児のための事業を構想していたソンビンは、義理の兄で医師のアン・イングュ（カン・ホンシク）の助けを得て土地を手に入れ、香隣園（ヒャンリンウォン）と名づけて本格的に孤児院事業を始める。一方、イングュは偶然に出会ったミョンジャを浮浪者たちから救い出し、自分の元で看護師として働かせる。

　香隣園の子どもたちのうち、ヨンパルとファサムは生活に不満を抱いて脱出を試みるが、これを止めたヨンギルが氾濫した川に落ち、瀕死の状態に陥る。ヨンパルはヨンギルを治療するために川を渡り、イングュと看護師のミョンジャを香隣園へ連れてくる。ついに姉弟の感動的な再会が叶い、ヨンギルは一命を取り止める。しかし、ヨンギルとミョンジャを追っていた浮浪者たちが香隣園へ現れる。香隣園にいた全員が力を合わせて浮浪者を追い出し、日章旗の下に集まって皇国臣民として忠誠を尽くすことを誓う。

　『家なき天使』は韓国近代史の矛盾が重なっている映画だ。韓国映画史で長い間、リアリズム的な観点で社会問題に光を当てた秀作とされてきた本作は、製作から60年以上を経て2005年についにフィルムが発見され、実際の内容を確認することが可能となった。公開されたフィルムのラストシーンには、登場人物たちが「私たちは日本帝国の臣民です」と皇国臣民の誓詞を日本語で斉唱するシーンが出てくる。すなわち、親日映画［韓国語でいう「親日」は、日本語とは意味が異なり、戦前や戦中に日本に協力した関係者を批判する用語］だったということだ。それまでは、親日映画はプロパガンダ映画であるため、芸術的な完成度が不足している（であろう）と評価されとてきた。フィルムも残っていなかったゆえに、そのような固定概念が定説となってしまっていた。ところが『家なき天使』は違った。怒りと軽蔑の意味が含まれる"親日映画"という用語で切り捨てるには値しない。なぜなら、現存する同時代のいかなる映画よりも、この作品の完成度は飛び抜けていたからだ。まるでナチズムのむごたらしい大義名分を代弁しながらも映像美の饗宴を見せてくれたレニ・リーフェンシュタールの映画［ナチス党大会の記録映画『意志の勝利』（1934）など］のように、『家なき天使』は反動的イデオロギーと芸術性がひとつの作品に共存できるということを証明してくれた。

　出来映えだけで判断するならば、『家なき天使』は古典的ハリウッド映画の文法に従い、よどみなく自然な編集がされたウェルメイドな映画だ。ストーリーは、ソウルの繁華街である鍾路（チョンノ）の浮浪児たちの世話をして、孤児院を設立したパン・スウォン牧師の実話を基にしている。パン牧師が香隣園を設立し、孤児たちと苦楽を共にしていたという実話の中に、ミョンジャとヨンギルという孤児の姉弟が悪党に搾取されてついには生き別れてしまうが、香隣園で再会するというフィクションが挿入されたことで、映画としての面白さが倍増した。この時代の朝鮮映画がみなそうであったように製作環境は劣悪だったが、チェ・イングュ監督はそのような障壁をものともしない情熱と才能を見せた。『家なき天使』に出演した香隣園の孤児たちの無邪気な魅力は、チャールズ・チャップリンが監督・主演を務めた『キッド』（1921）のように笑顔と涙があふれる感動を生み、スタジオがないために道端で撮影したことが、かえってドキュメンタリーのような現実味を感じさせる。

　ところがこの映画は"家なき天使たちに家と家庭を与えた

まるでナチズムのむごたらしい大義名分を代弁しながらも映像美の饗宴を見せてくれたレニ・リーフェンシュタールの映画のように、『家なき天使』は反動的イデオロギーと芸術性がひとつの作品に共存できるということを証明してくれた。

博愛精神に満ちあふれたひとりの指導者の物語"として終わることはできない。ラストシーンでわかるように、キリスト教の博愛精神がそれともっとも相反する戦争イデオロギーでまとめられているということが、ひとつめの矛盾だ。再び映画のオープニングシーンに戻ってみると、鍾路の夜道を映し出していたカメラが「アラワシヂュウケイヲバクゲキス［日本の空軍機・荒鷲が重慶を爆撃した］」というニュースを流す電光掲示板を3つのショットで捉えている点に気づく。つまり『家なき天使』の舞台は、大日本帝国が引き起こした戦争の渦中にある植民地・朝鮮なのである。当時、朝鮮人志願兵制度に続き、朝鮮人徴兵制を考慮していた朝鮮総督府は、朝鮮人の民族意識を弱化させるため、より徹底した内鮮一体［大日本帝国が掲げた、朝鮮と日本を一体化（＝朝鮮を内地化）するというスローガン］イデオロギーを導入しようとし、文化人・芸術家たちにも作品や講演を通じて"翼賛"するよう要求した。まさにその頃、朝鮮語を媒介とする朝鮮文学が日本語で書かれた国民文学として再編されていったのと同様に、朝鮮映画もまた事実上存廃の岐路に立っていた。1940年8月、朝鮮映画令［朝鮮を統治していた朝鮮総督府が制定した法令。日本の政治を支持する政治的、軍国主義的な宣伝映画以外は取り締まりの対象となり、事実上製作できなくなった］が施行され、朝鮮映画は戦争を宣伝する道具へと転落した。1942年には朝鮮内のすべての映画会社が国策会社である朝鮮映画製作株式会社（通称・朝映）へ強制的に廃合されてからは、もっぱら日本語の国策映画だけが生産された。すなわち『家なき天使』は『半島の春』（p30）と共に、民間の映画会社が朝鮮語で映画を製作することができた、ほぼ最後の時期の作品だ。それにより"神の子どもたち"は"日本の天皇の嫡子"として描かれざるをえなくなったのだ。

　『家なき天使』を取り巻く2つめの矛盾は、日本人が書いたシナリオに沿って内鮮一体イデオロギーを忠実に宣伝するという名分を前面に押し出して製作されたにもかかわらず、日本での公開を前に上映禁止に近い処分を受けたという点である。文部省が推薦した最初の朝鮮映画として日本に輸入されたが、検閲を通過して公開を控えた時点で突然、内務省の指示で推薦が取り消された。内務省はなぜこの映画が日本の内政の妨害になると判断したのだろうか？　このような異例の措置に対して、日本政府がいかなる説明も示さなかったため、当時の関係者と評論家たちの間でもさまざまな憶測が飛び交った。そのなかで説得力があったものは、劇中の孤児た

ちの姿がとても悲惨だったために推薦が取り消されたという説である。子どもたちのぼろぼろな姿が、日本の朝鮮統治が成功しなかった印象を国民（＝日本人）に与えうるというものだった。それだけでなく日本の政治家たちは、ラストシーンで朝鮮人の孤児たちが自ら「天皇陛下の臣民」と称する姿を見て国民が感じる違和感と、その違和感が結局は内鮮一体イデオロギーの矛盾のせいであるという点を見破られるかもしれないと懸念したのではないだろうか。

　最後に、『家なき天使』をめぐる評論のあり方にも矛盾がある。冒頭で明らかにしたように、本作は親日的な面がイメージされ、長い間、リアリズム映画として記憶されてきた。もちろんここには"民族映画"に対する記憶を"反日＝リアリズム"という物差しで考えようとしていた、独立以降の韓国映画の批評における欲望が、ある程度は関与している。それでも、この映画が植民地の孤児たちをきちんと教育して"忠実な皇国臣民"に育て上げるという製作者の意図を超え、社会告発映画として受け入れられた可能性もまた完全に排除することはできない。親を失った孤児の悲しみが、祖国を失った国民の悲しみと重なり合い、"孤児の物語"が日本統治時代の朝鮮文学の重要なモチーフになったように、当時の観客の目に『家なき天使』は、民族が"孤児"になったような現実を視覚化したたとえ話に映ったのかもしれない。現在ですら、京城の夜道をさまよい、物乞いする幼い命たちの姿に重苦しい痛みを感じるのに、ましてや植民地の朝鮮人たちはどうだったのだろうか。

キム・リョシル（釜山大学教授）

半島の春 반도의 봄

1941年／イ・ビョンイル監督／35mm／モノクロ／スタンダード

製作会社：明宝映画社　製作：イ・ビョンイル　企画：イ・ギジン　監督：イ・ビョンイル　原作：キム・ソンミン　脚本：ハム・ギョンホ、イ・ビョンイル　撮影：ヤン・セウン　照明：キム・ソンチュン　編集：ヤン・セウン　美術：ユン・サンリョル　出演：キム・イレ、キム・ソヨン、ソ・ウォリョン、ペク・ラン、キム・ハン、ポク・ヘスク　韓国公開：1941年11月

映画『春香伝』を製作していたイ・ヨンイル（キム・イレ）の元に友人の妹で映画女優志望のキム・ジョンヒ（キム・ソヨン）が訪ねてくる。ヨンイルは、映画にちょうどいい役がないので、ジョンヒをレコード会社に紹介して面倒をみる。『春香伝』の主役を演じるアンナ（ペク・ラン）はヨンイルに好意を寄せているが、肝心のヨンイルはアンナに関心がない。そして、アンナの恋人でありパトロンでもあるレコード会社の文芸部長ハン・ゲス（キム・ハン）もまた、ジョンヒに関心を示す。一方、ヨンイルと一緒に映画『春香伝』を撮影していた監督のホ・フン（ソ・ウォリョン）は、アンナがトラブルを起こすと言い争いの末に彼女を追い出し、代わりにジョンヒを春香（チュニャン）役に起用する。撮影はジョンヒを投入することで順調に進んでいたが、ヨンイルとフンは製作費不足の窮地に陥り、ヨンイルは公金横領の罪で投獄される。ジョンヒはヨンイルに面会に行くも、ヨンイルはアンナの手助けですでに釈放されていたので会うことができない。ヨンイルは刑務所暮らしで身も心も弱り果てていたが、アンナの手厚い看護を受けて健康を回復する。その間に映画業界の関係者が意気投合して半島映画株式会社が設立され、この会社から十分な支援を受けて『春香伝』が完成。映画

は大成功を収める。『春香伝』の封切りを祝うためにヨンイルが戻ってくるが、ヨンイルの行方を密かに心配していたジョンヒは、彼のそばにアンナがいるのを見て悔しさのあまり卒倒する。その後、ジョンヒはヨンイルに対する誤解を解き、2人は同僚に見送られて日本映画界を視察するために列車に乗る。

　日本統治時代の映画のなかで驚くべき発見は『半島の春』である。通常、1940年代の朝鮮映画界は暗黒期と呼ばれている。1937年の日中戦争以降、戦時体制が強化されつつある時期に、日本では1939年に映画法［台本の検閲、映画会社の許認可制、ニュース映画の強制上映など、軍国主義政策の一環で映画から娯楽色を排除し、国策・軍国主義にのっとった映画を強制的に製作させられるようになった］が公布され、朝鮮では1940年8月に朝鮮映画令［朝鮮総督府による法令。これ以後、日本の政策を支持する政治的、軍国主義的な宣伝映画以外は事実上作ることができなくなった］が公布される。ナ・ウンギュ監督の映画に階級意識がないと強烈に批判したソ・グァンジェ［日本統治時代の映画監督・俳優。1940年代は親日映画を作った。1948年に北朝鮮に渡ったと伝えられる］が『軍用列車』（1938）のようなプロパガンダ映画を製作した時期に、『半島の春』は半島映画社や東亜レコードのような当時の大衆文化の製作現場を映画に持ち込み、映画『春香伝』を製作する過程に介入する資本と新しいスターの誕生、それに伴う男女関係の誤解と和解などを描いている。特筆すべきは、『半島の春』は映画『春香伝』を完成させるために奮闘する話を、自らの姿を投影するような形で描写しているということだ。

　総合月刊誌「三千里」［1929～1942年の間、日本統治下の京城府で発行された、趣味や時事を中心とする雑誌］にチェ・ジョンヒ［朝鮮・韓国の小説家。朝鮮戦争では従軍記者としても活躍］が進行役を務めた座談（ムン・イェボン、キム・ソヨン、キム・シンジェ、チ・ギョンスンらが出席）が掲載されている。「ソヨン氏の演技はどうですか？」という質問に、当時の女優ムン・イェボンは「『半島の春』でもソヨンさんは並外れた演技をしたと思います」と答える。それに続く『半島の春』に関する対話で、キム・シンジェは「画面がとてもきれいですね」と評し、記者として参加していたチェ・ジョンヒは「画面に映る雲がとてもよかったです。ずっと見ていても飽きない雲ですね。西洋映画でもあまり見かけない雲ではないですか」と感嘆する。それに対し、キム・シンジェは「『駅馬車』（1939、ジョン・フォード監督）にもいい雲がありますよ。何かがすぐに起こりそうな雲が」と答える。

　座談でキム・シンジェが指摘するように、『半島の春』は、被写界深度の深い撮影や、顔のクローズアップ、街を歩く人々を追いかけるトラッキングショット、フレーミングなどがたいへん精緻に盛り込まれた映画である。街を歩く2人を

こうしたあらゆることと並び、『半島の春』のもっとも意味深長な場面は、まさに二重に自らを省みる瞬間にある。

追いかけるトラッキングショットや脚のクロースアップで表現される人物関係と心理描写、被写界深度の深い撮影で捉えられた室内風景、そして心理的風景としての雲のインサートなどは、のちのシン・サンオク監督とイ・マニ監督の作品を十分に予見させる。また、劇中で撮影が進行する『春香伝』で俳優たちが見せる体の記号学（春香と香丹が親密さを表現するために抱きあう場面、東屋の柱に寄りかかって待ちわびる春香の姿、伽耶琴（カヤグム）の演奏場面、手鏡と玉の指輪を交換するときの春香と夢龍（モンニョン）の姿）と、空間の記号論（東屋周辺の人物と空間の配置、室内で3人の男女が座っているときの配列など）は、テレビや映画の時代劇の参考になるような、体と空間を表現する独特の文化的特異性を有する。そして映画会社のシーンで壁に貼られている各種映画ポスターのなかにドイツファシズムのアイコンであったツァラー・レアンダー［1907〜1981、スウェーデン出身の歌手・女優。ナチ時代のドイツ最大の映画会社ウーファ社の専属女優として映画に出演した］の姿があるのは、当時の朝鮮文化界にもファシズム文化が浸透していたことを物語っている。

こうしたあらゆることと並び、『半島の春』のもっとも意味深長な場面は、まさに二重に自らを省みる瞬間にある。財政難で『春香伝』が危機に直面すると、公金横領という方法で資金を手に入れ、ヒロインの春香役をアンナからジョンヒに代えて映画製作を続けることになる。南原にある廣寒楼に設定された東屋で春香と夢龍、春香の下女である香丹と夢龍の下男である房子（パンジャ）のやりとりの後に、カメラはうしろに下がりながら照明のためのレフ板を手に持っている捕吏の衣裳を着た男性スタッフを映し出す。スタッフ、製作者、俳優には韓服と洋服を着た人々が混在している。撮影が終了し、人々が機材を片づけて廣寒楼を後にするシーンでは、驚くべきことにカメラは去っていく人々のうしろ姿をしばらく映し出す。うしろから観察される、映画撮影を終えて歩いて帰る一群の人々の姿。私はまさにこの瞬間が植民地的近代性に対する省察の瞬間であると考える。映画はずっと日本語と朝鮮語が混じっていて、韓服と洋服が共存しており、近代的な株式会社に変わる半島映画社の内情と『春香伝』の話が同時に進行する。このように二重、三重に構成されたストーリーの配列のなかで、捕吏の衣裳のスタッフ（エキストラや脇役で出演）が照明を担当している。韓服と洋服を着た人々が入り混じって廣寒楼を後にして現場を抜け出す姿をカメラがうしろからずっと観察する場面を、60余年ぶりに中国を経て韓国映像資料院に戻ってきた『半島の春』で見るのは、実にある種の微妙な興味を呼び起こす。そしてこれは米国の黒人公民権運動指導者であったW.E.B.デュボイス［アメリカ合衆国の社会学者・公民権運動指導者。全米黒人地位向上協会を創立した］が1903年の古典『黒人のたましい（The Souls of Black Folk）』で述べた「ある種の微妙な感興」と感応する。この微妙な感興をデュボイスは「二重の意識」であると見極めながら、他者の目を通じて自分自身を見つめ、米国人であり黒人である二重性と闘わなければならない黒い肉体という戦場について語るのだ。フランツ・ファノン［フランス植民地マルティニーク島出身の思想家・精神科医・革命家。植民地主義を批判し、アルジェリア独立運動で指導的な役割を果たした］もまた、植民地支配を受けた黒人に付加された二重の枠組みという存在論的困窮について述べている。

映画としてうまく作られている『半島の春』を観る際に観客に深く入り込む二重の意識、そして映画の二重、三重の仕掛け（映画製作の表面と裏面で展開される映画、劇中のミラー構造：ミザナビーム［紋中紋。フランス語で「深淵に入る」という意味で、入れ子構造のこと］、半島映画株式会社という劇中の成功談が完成する瞬間が、日本資本が朝鮮映画界に完璧に浸透する朝鮮映画界の失敗の瞬間であるというパラドックス、映画の公開が成功し、最後に内地＝日本の映画界を視察するために出発する主人公の男女を見つめる人々の顔に漂う錯綜した表情）は、現代の観客をも深く引きつける。また当時、「三千里」誌で『沈清伝』の女優キム・シンジェと作家チェ・ジョンヒがあたかも浮き雲をつかむかのように「『半島の春』に出てくる雲がとてもいいんですよ。ずっと見ていても飽きない雲なんです。西洋映画でもあまり見かけない雲ではないでしょうか」という言葉を交わしたとき、チェ・ジョンヒは、反日（イ・ギュファン監督は巻き込まれるのを避けるために満州に逃亡した）と親日に二分されるしかない当時の状況において、また異なる意味で何らかの微妙な感興を起こす雲に視線を送ったのではないだろうか？　だが、誰が雲のように生きることができただろうか。それは叶うことのない願いだった。

キム・ソヨン（映画評論家、韓国芸術総合学校映像院教授）

※この文章は「シネ21」545号（2006年3月29日）に掲載された文を改稿したものである

日本統治時代（〜1945年）　031

『自由夫人』(1956、ハン・ヒョンモ監督)

日本統治からの解放
1945年〜1950年代

自由万歳

心の故郷

運命の手

ピアゴル

自由夫人

嫁入りの日

お金

地獄花

自由万歳 자유만세

1946年／チェ・イングィ監督／35mm／モノクロ／スタンダード

製作会社:高麗映画株式会社　製作:チェ・ワンギュ　監督:チェ・イングィ　脚本:チョン・チャングン、チェ・イングィ　撮影:ハン・ヒョンモ　照明:キム・ソンチュン
録音:チョ・ジョングク　編集:ヤン・ジュナム　美術:チョン・ギョンジュン　音楽:チョ・ベクポン
出演:チョン・チャングン、ユ・ゲソン、ファン・リョヒ、キム・スンホ、トク・ウンギ　韓国公開:1946年10月

　1945年8月、京城。チェ・ハンジュン(チョン・チャングン)は独立運動をしていたが、朝鮮総督府の手先である南部(トク・ウンギ)の裏切りによって逮捕され、監獄にいた。彼は脱獄に成功し、大学病院の看護師ヘジャ(ファン・リョヒ)の家に潜む。ハンジュンの地下組織は予定通り武装蜂起を起こすため準備をしていたが、パク(キム・スンホ)がダイナマイトを持ってくる途中で日本の憲兵に捕まってしまう。ハンジュンはパクを救出し、南部の恋人であるミヒャン(ユ・ゲソン)のアパートに身を隠す。ハンジュンをかくまったミヒャンは、彼に魅了され、ハンジュンの地下組織がある地下室に行き、情報と資金を渡す。ミヒャンは後をつけた南部と憲兵によって銃に撃たれて死に、負傷したハンジュンは大学病院に運ばれる。ハンジュンに想いを寄せていたヘジャは、憲兵が眠った隙に彼を脱出させる。

　『自由万歳』は、日本による統治からの独立、いわゆる"解放"の喜びに初めて呼応した韓国映画だった。作品にはチェ・イングィ(演出)、ハン・ヒョンモ(撮影)、キム・ソンチュン(照明)、ヤン・ジュナム(編集)、チョン・チャングン(脚本・主演)などが参加した。公募で選ばれた主演女優のファン・リョヒは、京畿女子高校[当時の名称は京畿公立高等女学校]出身で、新鮮な魅力を披露した。解放以後、韓国映画において新世代が本格的に現れたことを知らせる作品だ。チェ・イングィ監督(1911～?)は1933年、事業の手腕があった兄チェ・ワンギュに高麗映画社の設立を提案し、配給業として映画活動を始めた。『圖生録』(1938、ユン・ボンチュン監督)『無情』(1939、パク・ギチェ監督)などの録音を担当し、ジュリアン・デュヴィヴィエ監督の『望郷』(1937)を念頭において作った活劇映画『国境』(1939)で初の映画演出の機会を得た彼は、この作品で監督・脚本・編集・録音をすべて担当した。続いて『授業料』(1940)『家なき天使』(p28)など、貧しい少年たちの話を背景にした、多くの人が共感する社会映画を演出して好評を博した。日本統治時代末期には『太陽の子どもたち』(1944)『愛と誓い』(1945)『神風の息子たち』(1945)など、内鮮一体[朝鮮を内地(＝日本本土)と一体化しよう」という意味の日本統治時代のスローガン]を擁護し、志願兵制度を奨励する親日映画を作ることもあった。

　それゆえに『自由万歳』は思いがけない作品だった。日本の帝国主義末期に軍国主義の宣伝映画と合作映画を作ったチェ・イングィ監督が、革命的独立闘士の死を乗り越え、宣言するかのように解放された祖国に戻ってきたのだ。本作に漂う悲壮感や厳粛さは、解放期に自己反省し更生しようとするチェ・イングィ監督の態度の表れである。『自由万歳』は、彼にとっていわば免罪符のような作品だった。祖国の解放のために活動した革命家が、解放の前日に死を迎えるという結末は、解放の感激と植民地支配の鬱憤を同時に晴らした。『自由万歳』は国際劇場で封切られ、興行的にも大きな成功を収めた。

　『自由万歳』は不完全ながら現存することにより、現在残っている解放期の映画の起源であると同時に、韓国の歴史における"光復映画"あるいは"抗日映画"の記念碑的存在となった。本作は、序盤の一部と後半部の20分ほどが失われ、現存しているフィルムは約50分だ。主人公のハンジュン役を演じたチョン・チャングンの回顧によると、『自由万歳』の現在残っていないラストシーンで、ハンジュンは脱出に成功するが、すぐに日本軍憲兵隊の追撃を受ける。そして銃撃戦の果てに亡くなり、その時間がまさに1945年8月15日の夜明け前だという。

　解放直後の混乱を収拾した映画人たちは、1946年に『安重根史記』(イ・グヨン監督)のような歴史映画や『済州島風土記』(イ・ヨンミン監督)のような文化映画、『トルトリの冒

観客に解釈の余地を与えずに狂気ともいえる感情を剥きだしに描く手法は、日本の統治時代と解放期に一貫して見られ、民族主義的な情緒を活性化させる触媒のように作用した。この点がおそらく『自由万歳』のもっとも強烈な特徴のひとつであろう。

険』（イ・ギュファン監督）のような児童劇映画を公開したが、真の解放期の映画の起源として人々の記憶に残っているのは、『自由万歳』である。この映画は翌1947年の光復節に解放を記念して再上映されたこともあり、1949年に開催された国都新聞映画祭で『城壁を貫いて』（1949、ハン・ヒョンモ監督）『心の故郷』（p36）とともに、解放以後の韓国映画ベスト3に選ばれたこともある。

　一方、1975年に再編集された『自由万歳』を、反共を国是としている維新体制［1972年に強行的に改正された憲法のもと、朴正煕大統領が独裁を敷いた体制］時代に"作られた"抗日映画であると同時に、民族映画だとする見方もある。復元というよりも毀損に近い再編集を通して、『自由万歳』が「民族の物語の想像力が道徳化された視点」を創り出し、韓国映画史における正典になったというのだ［原注1］。1975年の復元当時には、映画のオープニングとエンディングに字幕と音楽が挿入され、アフレコを通して登場人物の会話の一部が変えられたこともあった。例えば、日本語が韓国語に変えられたり、当時の「朝鮮」という名称を「韓国」としつこいほど変更されたりした。また、左翼系だったとして、解放期に軍事境界線を越えて北に行ったトク・ウンギ（南部役）の登場場面を削除し、タイトルロールからも名前を排除した。

　チェ・インギュ監督が解放期に製作した映画のうち、『自由万歳』『独立前夜』（1948）『国民投票』（1948）は、作品的な完成度はさておき、植民地支配から解放された自由、信託統治からの独立、投票による政府樹立という大韓民国建国の過程を共にしていった。『自由万歳』で真の革命家として描かれるハンジュン、そして彼の大義に従ったミヒャンが解放を迎えず死ぬという設定は、『独立前夜』で改心したミンガが南朝鮮単独政府が樹立される前日に死を遂げたのと同様に、植民地時代の責任論と解放期の世代論を熱望した結果であろう。この映画を積極的な光復映画というより、時代背景と人物設定を通して時流に迎合した大衆映画とする見方もある。悲壮感あふれる結末によってテーマが強調されているが、本作の展開の大部分は複雑に絡まる愛情関係や逃走と追撃で組み立てられていて、メロドラマ［原注2］やアクション的［原注3］性格が濃い。当時の愛国的独立闘士を披露したハンジュンの演技は「眼光の芸術」［原注4］を見せたとも評価された。多少無謀なまでに大義に身を投じたハンジュンというキャラクターは、『アリラン』（1926、ナ・ウンギュ監督）以来、狂気と抵抗を結びつける韓国ナショナルシネマの共通分母でもあ

る。観客に解釈の余地を与えずに狂気ともいえる感情を剥きだしに描く手法は、日本の統治時代と解放期に一貫して見られ、民族主義的な情緒を活性化させる触媒のように作用した。この点がおそらく『自由万歳』のもっとも強烈な特徴のひとつであろう。［原注5］

　　　ソン・ヒョジョン（映画評論家、ソウル市立大学研究教授）

［原注1］キム・リョシル「『自由万歳』の脱正典化のための試論」、「韓国文芸批評研究」28集、2009、p302
［原注2］オ・ヨンジン「芸術の欲の減退（下）」、「京郷新聞」1949年12月22日付。オ・ヨンジンは解放以後の作品ベスト3のひとつに『自由万歳』を選び、「メロドラマでは最高」と理由を明かしている。
［原注3］チャン・ユンファン「『芸能手帳』半世紀の映画界（22）──光復映画時代」、「東亜日報」1972年11月22日付。チャン・ユンファンは『自由万歳』を拳銃を振りまわす西部劇の亜流にすぎないと評価する。
［原注4］L生「『自由万歳』を見て」、「京郷新聞」1946年10月24日付
［原注5］革命闘士の荘厳な死は、ナ・ウンギュ監督の『アリラン』（1926）、イ・ギュファン監督の『主なき渡し船』（1932）が見せた結末の破局性を連想させ、韓国ナショナルシネマの内的な関連性を見せていたという評価になる。イ・スンジン「植民地経験と解放直後の映画作り」、「大衆叙事研究」14、2005、p120〜122

心の故郷 마음의 고향

1949年／ユン・ヨンギュ監督／35mm／モノクロ／スタンダード

製作会社：東西映画企業社　製作：イ・ガンス　監督：ユン・ヨンギュ　原作：ハム・セドク　脚本：クァク・イルビョン　撮影：ハン・ヒョンモ　照明：コ・ヘジン
編集・録音：ヤン・ジュナム　音楽：パク・ヘイル　出演：ピョン・ギジョン、ユ・ミン、オ・ホニョン、チェ・ウニ、キム・ソニョン　韓国公開：1949年2月
主な受賞：第1回ソウル市文化賞 映画部門 最優秀賞

　ドソン（ユ・ミン）は、幼い頃に母親に捨てられ、遠い親戚にあたる住職（ピョン・ギジョン）の手で育てられた童僧だ。ドソンは一度も会ったことがない母親をいつも恋しがっていた。ある日、ドソンは、自分と同年代の子を失い、供養にやって来た若い未亡人（チェ・ウニ）を見て、母親のような愛情を感じる。未亡人もドソンを自分の子のようにかわいがり、養子として引き取りたいと住職に申し出るが、ドソンは業が深いため世俗の世界に送り出すことはできないと断られる。ある日、幼いドソンを捨て、男と逃げたドソンの母親（キム・ソニョン）が訪ねてくる。母親は、住職にドソンを渡してほしいと頼む。しかし住職はこの申し出を断り、ドソンが未亡人の養子になることを許す。母親は身元を明かさずにドソンに会った後、悲しみながら立ち去る。ところが、ドソンが未亡人とソウルに行こうとしたとき、母親に鳩の羽の扇子を作ろうと鳩を捕まえたことがわかると、住職は激しく怒り、ドソンを養子に出さないことにする。しばらくしてドソンは、母親が寺に来たものの自分が母親に気づかなかったことを知り、母親を捜すために寺を去る。

　韓国近代文学には孤児、養子、オプトゥンイ［福を背負ってやって来た子どもという意味。家の前で拾った子や偶然から養子になった子］など実の親の元で育ててもらえなかった子どもたちの話がかなり多い。最初の新小説［20世紀初頭、西欧近代思想の刺激を受けて現れた朝鮮文学における新しい小説形式。開化期を背景として現れた啓蒙主義的な小説を指し、開化期小説ともいわれる］『血の涙』（1907）の主人公オクリョンは日清戦争で家族と生き別れ、軍医官・井上の養女になる。最初の近代小説『無情』（1917）の主人公ヒョンシクは、作者のイ・グァンスと同様に、幼くして父母と死別し、孤児として育った青年だ。開化期［1876年の日朝修好条規を契機とする朝鮮の開港から日本植民地政策が本格的に展開した1910年頃まで］の人物であるオクリョンとヒョンシクは養父母に出会い、婿養子に入って自分の家庭をもち、当時、そしてその後も長い間、理想の国と思われた米国に留学もする。しかし脱走の欲望さえも不可能だった時期、日本統治下の孤児たちは他人の家庭で世話になり、苦しめられながら現実に対する幻滅だけを味わうことになる。例えるなら、イ・グァンスの啓蒙主義を批判的に見ていたキム・ドンインは『弱者の悲しみ』（1919）で『無情』のハッピーエンドを徹底した幻滅でパロディ化した。ヒョンシクと同じように家庭教師として男爵の家に住み込みで暮らしていた孤児のカン・エリザベートは男爵にもてあそばれ、妊娠して捨てられ、流産し、男爵を訴えた裁判でも敗訴する。このように日本統治時代の作家たちの"孤児の叙事"には、亡国の孤児となり、新文明帝国という他人の家庭に住み込みで暮らすしかなかった植民地の知識人の孤児的な無意識が反映されている。

　『心の故郷』は日本統治時代の孤児の叙事の延長線上にある映画だ。1939年度に発表されたハム・セドクの戯曲『童僧』がその原作だが、1949年に作られた映画は脚色の過程を経て必然的に時代の成長物語に変わらざるをえなかった。この時期の韓国映画はイデオロギーとしては左派と右派に分かれ、混乱していたが、日本による植民地支配と戦争の経験を克服するため、刷新と建設の道に踏み出そうという情熱を表していた。そのような脈絡から原作と微妙に異なるこの映画の結末は、独立国家建設と結びついていると分析できる。

　ドソン（道成）は尼僧と猟師の間に生まれ、3歳のときに寺に捨てられたオプトゥンイで、住職は母の業と戦争の罪を洗い流すため彼を沙弥僧［髪を剃って仏門に入ったものの正式な僧侶ではない子どもの修行僧］として育てる。しかし、少

明るい表情で夜明けの道に旅立つ少年の姿を通して、この1本の解放期の映画は、長い暗闇の終焉と新時代に対する変革の欲望を示したのではないだろうか。

年は廊下磨きには関心がなく、いつも寺の山門を見て住職から怒られてばかりいた。いつか母親と再会するという一念でつらい仕事と寂しさに耐えていたドソンは、ある日、亡くなった息子の49日法要を行うため寺を訪ねてきたソウルの若い未亡人を見て、母親に似ていると想像し、母性愛を強く求める。未亡人も亡くなった息子に似ているところがあるドソンをかわいがり、養子にしようと考える。しかし、住職は最初からドソンの養子縁組に反対し、ついに住職が許したときには実の母親が現れ、ドソンを連れていこうとする。息子の将来のため実の母親が身を引いたときには、ドソンが母親への扇子を作るため山鳩を殺したことがわかり、養子の話は取り消される。

このように家族をもとうとするドソンの希望は、他者によって何度も挫折してしまう。この映画をドソンという少年の成長物語として見るならば、未亡人の家族づくりは、彼が象徴界［フランスの哲学者ジャック・ラカンの精神分析理論で用いられる人間世界の在り方の分類で、人間存在を根本的に規定する言語活動の場］から抜け出し、実在界［人間が触れたり所有したりできない、世界の客体的な現実］へと脱出するきっかけとして分析できる。ドソンは父親が誰かも知らないオプトゥンイだが、住職はオイディプス［ギリシア悲劇のオイディプス（＝エディプス王）は父親を殺し、母親と結婚する。このオイディプスになぞらえ、心理学では父親に対して強い対抗心を抱くことをオイディプス（＝エディプス）コンプレックスと呼ぶ］的父親として彼に因果と運命の足かせをはめた。映画の序盤に縁側からドソンを見下ろしたり、何度も中腰のショットで撮影される住職に比べ、ドソンは坂道の下にいたり、上からのアングルで縮んだ姿になる。怒られ、母親に会いたくなると裏山に登り、松の木に寄りかかって背比べするドソンの行為は、父親の背を超える大人になろうという息子の欲望にほかならず、ソウルの未亡人の養子になることを望むのは、オイディプス的な家族関係を抜け出し、自分の家族をもとうという欲望を意味する。結局、少年は母親を捜しに山寺を去ることによって住職のタブーに全面的に挑戦し、象徴界を脱出することになるが、このとき、村の入口を見下ろす目線からのショットの後、クロースアップで映ったドソンの顔には微かな笑みが浮かんでいる。続くロングショットで彼が黙って歩いていく終わりのない道は、これから少年がぶつかる苦難の道であり、世の中に出ていく前に経験しなければならない成長の関門を意味する。

一方、すでに述べたように日本統治時代の孤児の物語が亡国の比喩ならば、解放期の映画『心の故郷』に表れた家族をもとうとする望みは、オイディプス的な植民地主義の構造を抜け出そうとする非オイディプス的な欲望の連帯を意味するといえる。未亡人の母は、夫も息子も亡くした彼女に再婚を勧めるが、未亡人はドソンと家族になることを望む。一方、ドソンの生母は夫と別れ、ドソンの弟が死ぬと、ドソンと再び家族になろうと山寺を訪れる。住職は、実の母は業が深く、未亡人はドソンをもてあそぼうとしていると非難し、2人の母親を否定する。殺生の罪を問い、少年が家族をもとうとすることを阻止する。しかし結局、ドソンは母親を捜しにソウルへと旅立つ。これはオイディプス的な方法、すなわち植民地からの解放を意味すると解釈できる。

原作で主人公の少年ドニョム（道念）は暗い夜に山寺を去るが、住職のためにリスの巣から集めたチョウセンマツの実を山門の前に置いていく。ドニョムの行為からはオイディプス的な父親に対する反抗心と愛情という両極の感情を読み取ることができる。反面、映画は、一日で起きた話を数日間の話に変えて、ドソンが夜明けに旅立つ設定にし、少年の未来に朝日のように昇る希望だけを示した。明るい表情で夜明けの道に旅立つ少年の姿を通して、この1本の解放期の映画は、長い暗闇の終焉と新時代に対する変革の欲望を示したのではないだろうか。

キム・リョシル（釜山大学教授）

運命の手 운명의 손

1954年／ハン・ヒョンモ監督／35mm／モノクロ／スタンダード

製作会社:ハン・ヒョンモ プロダクション　製作:ハン・ヒョンモ　監督:ハン・ヒョンモ　脚本:キム・ソンミン　撮影:イ・ソンフィ　照明:イ・ハンチャン　編集:ハン・ヒョンモ
音楽:パク・シチュン　美術:イ・ボンソン　出演:イ・ヒャン、ユン・インジャ、チュ・ソンテ　韓国公開:1955年1月

　バーでホステスとして働きながら北朝鮮のスパイとして活動するマーガレット(ユン・インジャ)は、泥棒と疑われて追われる苦学生のシン・ヨンチョル(イ・ヒャン)を助け、自分の部屋に招き入れて傷を手当てし、食事をさせてから帰した。波止場で荷役労働者として働くヨンチョルと再会したマーガレットは、彼に背広や革靴を買い与えるなど好意を示し、さりげなく自分の気持ちを告白する。マーガレットはヨンチョルと楽しく過ごしながらも、スパイであるという自分のアイデンティティと、ヨンチョルへの愛との狭間で煩悶する。ヨンチョルが陸軍防諜隊の大尉であることを知ったマーガレットは意識的に彼を避け、ヨンチョルはマーガレットが自分と会ってくれないことに苦悩する。ある日、北のスパイがある女性と接触するという情報を入手したヨンチョルは、スパイを尾行し、銃の撃ち合いになる。接触場所で待っていたマーガレットは、自分たちを捕まえにやって来たヨンチョルに気づいて身を隠す。スパイ団の頭目パク(チュ・ソンテ)は、マーガレットを利用してヨンチョルを始末しようと決め、マーガレットは苦しみながらもヨンチョルを誘い出す任務を引き受けることに。誘いに乗る途中でマーガレットの正体を知ったヨンチョルは、裏切られたと感じながらも、愛する彼女のために死ぬ覚悟を決め

る。ところが、マーガレットはヨンチョルを撃つことなどどうしてもできず、彼の代わりにパクの銃弾を受け、ヨンチョルはパクとの格闘の末にパクを殺す。撃たれて負傷したマーガレットは、ヨンチョルの手によって死ぬことを望み、ヨンチョルは涙を流しながらマーガレットを撃つ。

　1955年は、韓国映画史において重要なターニングポイントになった年だ。光復［1945年8月15日の植民地支配からの解放、主権の回復を指す言葉］以後、初めて10本以上の劇映画が公開され、16mmで製作されていた映画が35mmに切り替わった年でもあった。何よりもイ・ギュファン監督の『春香伝』が商業的に大成功を収め、韓国映画への産業的あるいは商業的な期待が膨らんだ時期でもある。日本統治時代が終わり、アメリカの軍政が始まると、それまで制限されていたアメリカ映画の輸入が再開され、映画館はアメリカ映画で活況を呈し、大衆の人気を集めた。当時、外国映画に圧倒的に水をあけられていた韓国映画界において『春香伝』の成功は、自国の作品への希望と期待を呼び覚ました。ところが、すべての人にとって嬉しいニュースだったわけではない。折悪しく『春香伝』と公開時期が重なった『運命の手』のハン・ヒョンモ監督は、以下のように穏やかではない心境を露わにした。「韓国映画の再出発を図って製作された2本の映画が、新年早々から首都劇場［日本統治時代の1935年に若草劇場の名で開館した映画館。解放後の1946年に首都劇場、1962年にスカラ劇場と改称し、2005年に閉館・解体された］と國都劇場

［1913年に黄金演芸館として開館。1948年に改称し、1999年に閉館・解体］の2ヶ所で同時に公開されたことは、いまだ外国映画と競争段階に至れず、互いに助け合いながら発展しなければならない韓国映画界の実情からすれば、不幸だったといえる。結果的に『春香伝』はロングラン上映を続け、私の『運命の手』はそのあおりを受けて興行的に惨敗してしまった」［原注］。

　『運命の手』は、日本統治時代から撮影監督として名声を築いてきたハン・ヒョンモの2本目の監督作だ。ハン・ヒョンモ監督は21歳という若さでチェ・インギュ監督の誘いで映画界に入門して以後、『自由万歳』(p34)『心の故郷』(p36)といった解放期の代表的な作品で撮影監督としての実力を遺憾なく発揮した。監督として初めての作品である1949年の『城壁を貫いて』で、当時深まっていたイデオロギー対立を描き、監督としての力量が認められる。ところが朝鮮戦争が休戦となり、ハン・ヒョンモ自身の言葉によれば「韓国映画の再出発」を企図した『運命の手』は、ひときわ期待を集めた初監督作に比べ、あまりよい評価を得られなかった。興行の失敗はたんに『春香伝』と公開時期が重なったからだとはいいがた

マーガレットのこのような人物設定を現在の視点から見直すと、彼女は、南北間の葛藤を南北のどちらがいいとか悪いとかではなく、体制間の葛藤と分断自体が招く、より根本的な問題として見つめる、現代的人物なのだと解釈することができる。

い。確かに新年早々の1955年1月6日、同時に公開されたのは事実だが、『運命の手』の運命は、1954年12月14日、15日の2日間の試写会ですでに決まっていたといえるからだ。本作の公開後、評論家たちは、この映画に対する失望を明かした。シナリオが雑で、人物設定が中途半端であると指摘され、韓国映画界の"オリジナル脚本"の劣悪な実体を批判することに繋がった。『運命の手』が首都劇場で本格的に公開されたのはわずか4日間の期間限定だが、その理由は映画に対する否定的な反応が多かったためかもしれない。

『運命の手』は、ユン・インジャという魅力的な女優を誕生させ、韓国映画史上"初めてのキスシーン"を盛り込んだというエピソードを除けば、あまり注目されなかったのも事実だ。この映画が再び大衆の関心を集めることになったのには『シュリ』（p196）が一役買ったといえる。韓国と北朝鮮の工作員の間に生まれた愛を描き、1999年に韓国映画史上最高の興行記録を打ち立て、韓国映画産業の勢力図を塗り替えた『シュリ』の登場によって、再び注目を浴びることになったのだ。現代の視点であらためて見ると、『運命の手』は当時評価されなかった、あるいは評価されるに至らなかった優れた点を備えている。

まず『運命の手』がもつ社会文化的側面での史料的価値を挙げることができる。日本留学とアメリカ広報部活動［ハン・ヒョンモ監督は日本の東宝映画社に入社し、撮影技術を4年間学んだ。1950年に朝鮮戦争が勃発すると、国防部政訓局撮影隊として従軍し、ニュース、ドキュメンタリー映画製作に従事した］を通じて当時の流行と大衆文化に精通したハン・ヒョンモ監督は、1950年代中盤の作品においてどの監督よりも積極的に当時の社会や文化を映画に取り入れた。『青春双曲線』（1956）では大衆音楽を、『自由夫人』（p42）では当時のダンスホール文化を、『純愛譜』（1957）では、フライトアテンダントとバカンス文化を描写するなど、当時の韓国社会と大衆文化のトレンドや問題点を積極的に映し出した。『運命の手』もまた、密輸入品を販売する洋品店、洋風の酒場、ゴルフ場などの風景を見せてくれる。洗練された洋装や派手なドレスを身につけて登場するユン・インジャは、洋公主［在韓米軍を相手に売春をする女性の蔑称］に偽装して韓国内の軍事作戦の秘密を探り出す北朝鮮の工作員というキャラクターを表現しているが、同時にその時代のファッションの最先端をいく都会の女性の姿をも反映している。

ユン・インジャが演じるマーガレットは、この作品を再評価させるもうひとつの重要な理由でもある。当時、ある評論家は映画に失望した理由として、マーガレットのキャラクター設定の失敗を挙げている。彼は、マーガレットが北の"スパイ団の頭目"に十分な"憎しみと反抗"を見せないという点と、"工作員として答えの出しようのない深い精神的苦悩"が見られないという点を失敗の理由だと見なした。これは、北朝鮮の工作員であるというアイデンティティにあまり疑問を感じず、北の非人間的行為に対して当然表すべき怒りを表現していないという、多分にイデオロギー的な批判に繋がる。ところが、マーガレットのこのような人物設定を現在の視点から見直すと、彼女は、南北間の葛藤を南北のどちらがいいとか悪いとかではなく、体制間の葛藤と分断自体が招く、より根本的な問題として見つめる、現代的人物なのだと解釈することができる。

また、製作の技術的な試みも、やはり再評価されるにふさわしい。『運命の手』は、おそらく同時代の韓国映画でもっとも独特なスタイルを備えた映画のひとつといえる。映画の導入部で2人の主人公、マーガレットとシン大尉を紹介する際に使われる洗練されたクロスカッティング［異なる場所で同時に起こる2つ以上のシーンについて、それぞれのショットを交互につなぐことで臨場感や緊張感の演出効果を出す手法］、スパイ団の頭目の正体を見せないクロースアップ、話の流れをコンパクトにまとめるモンタージュシークエンス［短い映像を繋げて、ある状況を説明する手法］、雰囲気と人物の美しさを強調する撮影法をはじめとする多様な映画的技法が全編にわたって活用されている。もちろんこれらの試みは当時流行した欧米フィルムノワールの影響下で試みられたもので、これらをもって独創的だというのは難しい。それにもかかわらず「韓国映画の再出発」を図った1950年代の中盤に、ハン・ヒョンモ監督が選んだこうした"モダン"な試みは十分に認められるに値する。これは『運命の手』が、映画史的な側面以外にも、映画言語の面で韓国映画中興期の出発点に位置するということを意味しているからだ。

チョ・ヨンジョン（釜山国際映画祭プログラマー）

［原注］ハン・ヒョンモ「"55年想映画"私の芸術を擁護」、「京郷新聞」1955年1月23日付

ピアゴル 피아골

1955年／イ・ガンチョン監督／35mm／モノクロ／スタンダード

製作会社：ペク・ホ プロダクション　製作：キム・ビョンギ　監督：イ・ガンチョン　脚本：キム・ジョンファン　撮影：カン・ヨンファ　照明：クァク・ゴン　編集：ヤン・ジュナム　音楽：チョン・フェガプ　出演：ノ・ギョンヒ、イ・イェチュン、キム・ジンギュ、ホ・ジャンガン　韓国公開：1955年9月　主な受賞：第1回錦龍映画賞 作品賞・監督賞

　朝鮮戦争の休戦後も智異山のピアゴル渓谷に残る少数のパルチザンのなかで、アガリと呼ばれる男（イ・イェチュン）が隊長を務める部隊が、蛮行の限りを尽くしている。共産主義の理念に疑いを感じはじめたチョルス（キム・ジンギュ）は、党への忠誠心が高く冷徹な女性隊員のエラン（ノ・ギョンヒ）に想いを寄せられて悩む。ある日、他の部隊に選ばれて行っていた女性隊員のソジュが、肩を銃で撃たれて傷を負い、ピアゴルに戻ってくる。マンス（ホ・ジャンガン）は負傷したソジュを暴行し、その最中にソジュは息を引き取る。マンスは自分の罪を隠すために同僚のパルチザンを殺し、タルソクにすべての罪をなすりつけた後、タルソクさえも殺す。智異山のパルチザン討伐が始まると、パルチザンたちは皆殺しの危機に直面する。エランとチョルスはパルチザン生活に幻滅を感じ、投降することを話しているのをアガリに知られる。チョルスと対決したアガリがチョルスを刺し、エランはアガリを射殺する。負傷したチョルスを背負ってエランが山を下りたところでチョルスが死ぬ。

　朝鮮戦争の休戦協定が結ばれた翌年の1954年に製作され、1955年に公開された『ピアゴル』は、韓国映画史における特殊なジャンルである"反共映画"の初期代表作のひとつであり、それは分断という特殊な政治的状況が生み出したものだ。同時にこの映画は、ナ・ウンギュ監督、イ・ギュファン監督、チェ・インギュ監督などに代表される、日本統治時代の民族主義リアリズム映画の流れを受け継ぐ、戦後リアリズム映画の問題作のひとつでもある。『ピアゴル』は、反共という理念の偏向性と、リアリズムがもつ"現実の迫真性"という、相反する観点が互いに緊張関係を作り上げ、1950年代という時空間の複雑さを豊かに再現している。「『ピアゴル』の誕生はひとつの事件のようでもあった」と語る映画史研究者のイ・ヨンイルが、この映画で大衆は初めて「戦争に巻き込まれた韓国人、歴史的な側面に存在する人間性の姿を見つけた」と強調するのはこのためだ。つまり『ピアゴル』が反共映画として優れている点は、共産主義という理念に当てはめることのできない普遍的なヒューマニズムをうまく形にして見せたということだ。「共産主義者も人間だ」と力説した監督自身の言葉は、この映画が目指そうとしていた理念の幅の広さを示すと同時に、"反共"という支配イデオロギーがまだ定着していなかった1950年代において、大衆の情緒や経験を現実的に反映したものでもある。

　『ピアゴル』はまず、パルチザン集団内部の分裂や葛藤を一目瞭然に描き出すことにより、パルチザンというひとつの理念集団についての公式的な"イメージ"を提供し、その集団の威力を失わせようとする。このために本作は、イデオロギーと人間性の対立という二分法を貫き通している。伝統的な家族関係に反するパルチザン隊員たちの非人道的な凶悪性や暴力性、女性に対する搾取などは、彼らの理念が人間本来の心や欲求に対峙する自然に反したものの上に築かれていることを示している。特に、この理念集団のボスといえるアガリは、いきすぎるほど否定的な象徴として描かれている。また、思慮深くてインテリのパルチザンであるチョルスは、理念的には反省したにもかかわらず、アガリと同じように死をもって排除される。このように理念的な人間を再現して描き出すことは、イデオロギー的に脅威となる敵のイメージをはっきりと提示し、同時にそれを無力化させようとしたことを表している。『ピアゴル』は、実際にパルチザンが智異山に出没していた時期に智異山現地で撮影されたが、当時はまだパルチザンに対する具体的な"イメージ"がない時期だった。

「共産主義者も人間だ」と力説した監督自身の言葉は、この映画が目指そうとしていた理念の幅の広さを示すと同時に、"反共"という支配イデオロギーがまだ定着していなかった1950年代において、大衆の情緒や経験を現実的に反映したものでもある。

パルチザンについての部分的な経験を"まとめて典型化した初めてのパルチザン像"は、その後、多くの反共映画でキャラクターのイメージを作る際の見本になり、それは、35年後に公開された『南部軍 愛と幻想のパルチザン』（p166）でも同じだ。［原注1］

しかし、一方で『ピアゴル』は"反共映画"という狭くて理念的な枠だけにはめられない、豊かな複合性やリアリティをもった映画でもある。『ピアゴル』が"反共映画"としての条件を満たしていないという理由で一部の場面が削除され、ラストシーンの背景に太極旗［韓国国旗］を挿入することで、女性主人公の投降をわかりやすく暗示してようやく上映が許されたというのは、有名なエピソードだ。劇中には彼らと理念的な対立を引き起こす存在やその活動はほとんど現れない。文字通りの"パルチザン映画"として、パルチザンの生活、隊員それぞれの考え、情緒、行動がはっきりと現実的に再現されているだけだ。こういう点が反共映画としての宣伝に逆効果をもたらす可能性があるということを、当時の検閲で指摘されたのだった。

本作は、正義と善を表す国軍の討伐隊と、悪の源泉であるパルチザンの対立という善悪の二分法を避け、孤立する残留パルチザンたちの具体的な再現にひたすら集中することで、まるで「人間一般の欲望や暴力性について語る一種のアレゴリー」［原注2］のように読み取れる余地を残している。それだけでなく、パルチザン一人ひとりが、凝り固まった理念の操り人形ではない、複雑な人間的欲望、感情、思考能力をもつ、生きた存在として描かれている。

例えば、ノ・ギョンヒが演じたエランは理念や党への忠誠心で武装されているが、アガリのように盲目的に追従するわけではなく、能動的で、主体的に考えて決断する。劇中で起こる主な事件の全体を眺める一種の観察者の役割を果たすのも彼女だ。このように積極的で主体的であり、自己を冷静に見つめる女性のスタイルは、1950年代後半前後の復興期の韓国映画で見られる能動的な女性像と結びつく。こういう複合的で立体的なキャラクターは、本作のほとんどすべての人物に当てはまる。残虐な共産主義理念の化身といえるアガリは、罪の意識や恐怖にとらわれやすい弱い人間でもあり、インテリ育ちのパルチザンのチョルスは自分を振り返り続けて疑いをもつ姿を見せている。他の隊員たちもまた、単純に理念の操り人形ではない、独自の意志や欲望をもった個人として描かれている。

このように、本作はパルチザン一人ひとりを欲望をもって葛藤する人間として描き出すことで、理念で築き上げられた集団の構成員たちに、それぞれのもつ普遍的な人間らしさを自然に経験させる。『ピアゴル』のパルチザンは私たちと同じで、一時の間違った判断で取り返しのつかない過ちを犯した普通の人間だ。彼らが例え根本的に悪人だとしても、彼らもまた考えたり感じたりすることができる存在だ。本作は、彼らを獣のように変えさせた理念の暴力性を告発しているが、これもまた逆説的に、パルチザンが私たちと同じ人間であることを証明している。『ピアゴル』がいわんとしているのは、パルチザンが理念的だから非人間的なのではなく、むしろ人間的だから理念的になりえるのであり、また、理念的だから人間的になりえる存在であるということであろう。

イ・ジョンハ（檀国大学教授）

［原注1］キム・ソヨン「戦後韓国の映画論におけるリアリズムの意味について：『ピアゴル』のメタ批評を通したアプローチ」、『魅惑と混沌の時代：50年代韓国映画』、ソド、2003年、p45
［原注2］同上、p54

自由夫人 자유부인

1956年／ハン・ヒョンモ監督／35mm／モノクロ／スタンダード

製作会社：三星(サムソン)映画社、ハン・ヒョンモ プロダクション　製作：パン・デフン　監督：ハン・ヒョンモ　原作：チョン・ビソク　脚色：キム・ソンミン　撮影：イ・ソンフィ
照明：イ・ハンチャン　編集：ハン・ヒョンモ　録音：イ・ギョンスン　音楽：キム・ヨンファン　美術：イ・ボンソン
出演：パク・アム、キム・ジョンニム、ノ・ギョンヒ、チュ・ソンテ、キム・ドンウォン、ヤン・ミヒ、イ・ミン　韓国公開：1956年6月

大学教授のチャン・テユン（パク・アム）とオ・ソニョン（キム・ジョンニム）は、息子のギョンスと暮らしている。ソニョンは家計を助けるために洋品店で働きはじめた。ソニョンは偶然、道で同窓生のチェ・ユンジュ（ノ・ギョンヒ）に会って意気投合し、ダンスパーティーに行くようになる。ユンジュは友人から資金を集め、密輸品事業に手を出し、ソニョンは隣の青年シン・チュノ（イ・ミン）に好意を抱き、彼にダンスを習う。チャン教授は、ハングルを教える会で出会ったタイピストのミス・パク（ヤン・ミヒ）に惹かれるが、家庭を守るために彼女と会うのをやめる。一方、洋品店のハン・テソク社長（キム・ドンウォン）はソニョンによこしまな気持ちを抱いて近づき、ハン社長の妻はチャン教授に匿名で手紙を送ってソニョンの不貞を暴露する。著名人の妻であるユンジュは、愛人ペク・グァンジン（チュ・ソンテ）の詐欺容疑で警察に立件され、記者たちからフラッシュを浴びる。そして、これまでの悪事が一つひとつ暴かれると、自殺してしまう。ソニョンはハン社長とホテルで抱き合う。そこへ突然押しかけたハン社長の妻に頬をぶたれ、ソニョンは通りに飛び出す。ソニョンは過ちを悔い

て家に帰るが、チャン教授はドアを開けてくれない。しかし、息子ギョンスに請われてチャン教授はかんぬきを開け、ギョンスは家の前に立っているソニョンに駆け寄って抱きつく。彼女はすべて自分の過ちだとすすり泣き、反省する。

映画『自由夫人』は、1954年に「ソウル新聞」に連載されたチョン・ビソクの同名小説を脚色したものである。当時、小説で表現された逸脱した性倫理と作品の商業性について、作家や大学教授、文学評論家、弁護士などが激しい論戦を繰り広げたことは、有名な話だ。

映画史研究者イ・ヨンイルは、この作品が無力な大学教授、道徳的に揺れる彼の妻、彼に恋心を抱いた規範にとらわれない戦後世代のタイピスト、拝金主義の化身である貿易商などを中心に"自由主義の俗っぽい波が大衆に及んだ"1956〜57年の世相を描いた「時代の風潮を映すメロドラマ」と定義する。この映画を作ったハン・ヒョンモ監督は、1950年代においてもっとも優れたリアリティ感覚をもつメロドラマ監督のひとりでもある。ハン・ヒョンモ監督は、本作が関心を集めると共に叩かれる原因となった"大学教授夫人の性的な逸脱"というセンセーショナルな素材を、1950年代後半の繊細な社会や文化の縮図のなかに据え、世相と感情、倫理意識の変化を総体的に描き出している。当時の繊細な社会・文化が映し出す韓国社会とは、朝鮮戦争中に一気に輸入されたアメリカ個人主義と生活様式、そして資本主義的な価値と消費文化が伝統的習慣、文化、価値観と激しく衝突する混沌と変化

の場である。『自由夫人』が見せる女性の欲望と逸脱は、まさに古いものと新しいものが混ざり合い、交差する時代の変化と流れから派生したものだ。本作は結末で"家庭に戻った"自由夫人ことソニョンの懺悔の涙を見せることで、既存の価値を回復するとともに、その意味を再確認しているように見える。だが、『自由夫人』が終始一貫して映し出しているのは、既存の社会秩序と価値体系の根幹を揺さぶり、まさに進行中である変化の動き、特に女性の性の役割について根本的な変化をもたらす新しい感覚の数々だ。

『自由夫人』が描いているのは、忍耐と従順、家族のための犠牲という伝統的な美徳から"自由"になった"夫人"という時代のトレンドだ。映画のタイトルは、作家と監督の特定の道徳的価値判断を反映している。"自由夫人"の行動を追いながら当時の虚偽意識と虚栄心を描き、これらが支配する環境を通して価値観の混乱と物質主義の蔓延を示している。しかし、欲望と行為に道徳的"判断"を下すストーリーの論理と、欲望を描く具体的な再現の論理の間には、逆説的な緊張が存在する。

『自由夫人』では、女性はみな欲望と社会的な承認欲求をもった個体である。その一方で、西欧的かつ個人的な消費主

> **『自由夫人』が終始一貫して映し出しているのは、既存の社会秩序と価値体系の根幹を揺さぶり、まさに進行中である変化の動き、特に女性の性の役割について根本的な変化をもたらす新しい感覚の数々だ。**

義の登場によって、既存の家父長制社会で無視され、抑圧されてきた女性の私的な欲望、欲求、自己認識などが、資本主義的に歪められ、媒介される過程を示す。しかし同時に本作は、商品の需要と満足によって媒介された女性が新たな主体となっていく過程も見せる。たとえ、その過程が虚偽意識に基づいたものであったとしても。ヒロインが、妻・主婦の役割や母性の実現に限定された人生を拒否して、性的な自由とその誘惑に陥る道徳的な逸脱の過程は、同時に彼女が経済的に自由で物欲に走る世界に突入する過程でもある。つまり、ヒロインのソニョンが伝統社会の支配的な男性主義・家族主義的自己モデルから抜け出すことと、個人主義的な考え方で欲望を満たして今までの価値観を作り変えること、言い換えれば物欲中心の資本主義社会で消費の主体となることが同時に起きる。女性は、すでに伝統的な男性の消費"対象"ではなく"物質主義と快楽主義"に基づく近代的な行為の主体、すなわち商品を能動的に消費する主体という地位に変化していくようになったのだ。[原注]

　もちろん、この消費主体の欲望は、徹底的に資本主義の交換回路によって媒介され、その回路の中で動いているものである。また、非伝統的な欲望の主体となる可能性と、女性のセクシュアリティを売り物にする大衆文化は、引き続き拮抗する。そのような意味で、本作の自由夫人は、資本主義的近代性の受益者であると同時に、資本の論理に支配され、従う犠牲者でもある。しかし、都市化された大衆文化との関わり、近代的な性的主体としての"自由夫人"が形作った感覚的経験は、家父長的な家族構造と男女の関係の根底にずっと潜んでおり、それらを転覆させ、破壊する力として残る。女性はいまだに結婚制度に縛られており、『自由夫人』の倫理は誠実にそこに帰結するが、伝統に縛られた拘束から脱し、体験した感覚的記憶は、新たな社会的身体を構成する潜在的なパワーとして残っているのだ。劇中で路上や喫茶店、ダンスホールなど公の空間を自由に歩きまわりながら社会的空間を占有する女性の姿を見て、女性の観客たちは、公の場所に対する新たな感覚と主体的に生きる意味を自分のことのように楽しんだ。近代的な都市文化と消費文化が与える快楽を大っぴらに享受するヒロインの姿は、女性が個人的な欲望と快楽を自由に楽しむことを自然に正当化しているのだ。

　ヒロインは、最終的に伝統的な結婚制度の権威と性的な階級の秩序内に戻り、既存の価値観と秩序を妨害した、いわゆる"自由夫人"は処分され、削除される。しかし、繊細でリア

ルに描かれた時代の風潮には、すでに変化した社会構造と意識を感覚的に身につけた新たな社会的身体が現れている。周知のとおり、『自由夫人』は同名の続編を含む女性の欲望を再現した数多くの"〜夫人風"という亜流映画を生んだ。しかし、『自由夫人』がたんなるメロドラマではなく、"時代の風潮を映した"メロドラマとして定義されうる決定的な理由は、この作品が亜流には見られない急進的な時代感覚で女性の欲望とその失敗のドラマを描いているためである。

イ・ジョンハ（檀国大学教授）

[原注] チュ・ユシン『韓国映画と近代性』、ソド、2001年、p27

日本統治からの解放（1945年）〜 1950年代　　043

嫁入りの日 시집가는 날

1956年／イ・ビョンイル監督／35mm／モノクロ／スタンダード

製作会社:東亜映画社　製作:イ・ビョンイル　監督:イ・ビョンイル　脚本:オ・ヨンジン　撮影:イム・ビョンホ　照明:キム・ソンチュン　音楽:イム・ウォンシク
美術:イム・ミョンソン　出演:チョ・ミリョン、キム・スンホ、チェ・ヒョン、キム・ユヒ、チュ・ソンテ、ファン・ナム　韓国公開:1957年2月
主な受賞:第4回アジア映画祭 最優秀喜劇賞

　メン進士［朝鮮時代の下級役人の役職］（キム・スンホ）は、桔梗村の判書［高級官吏の役職］の息子ミオンを娘婿に迎えることになり、政治的に力をもつ家と姻戚関係を結ぶことをたいそう自慢していた。娘のカップン（キム・ユヒ）も判書の家に嫁ぐことを内心喜んでいた。ある日、村を通りかかった貧しい書生（チュ・ソンテ）がメン進士に何日かの宿を求めた。はじめメン進士は書生を追い払おうとしたが、桔梗村から来たと聞くと態度を変え、丁重にもてなした。書生はうっかりキム判書の息子ミオンの足が不自由であることを口にし、この噂は瞬く間に村中に広まった。有力者の姻戚になるのはよいのだが、娘のカップンを足の悪い男に嫁がせることはできないと考えたメン進士は、小細工をする。娘の小間使い、イップン（チョ・ミリョン）を花嫁の代わりに仕立てるのだ。ところが婚礼の日、挙式の場に現れたミオン（チェ・ヒョン）の足は実は何ともなく、凛々しく立派な男性であった。数日前にメン進士の家に逗留していた桔梗村の書生は、実はキム判書の弟であり、メン進士の人となりを探るために偽の噂話を広めたことがわかる。メン進士は、この事態を収拾するため、いつもイップンを慕っている作男のサムドル（ファン・ナム）に、山奥の村に隠れているカップンを連れてきたらイップンと結婚させてやると約束する。これに応えてサムドルは、大急ぎでカップンを連れてくる。しかし時すでに遅く、まさにイップンとミオンは婚礼を執り行っている。初夜の場で、イップンはすべての事実をミオンに告白したが、ミオンはむしろイップンの誠実な心持を嬉しく思う。翌日、イップンはミオンと桔梗村に向かい、カップンとメン進士はその姿を見つめて涙を流す。

　韓国映画の新たな地平を拓いた作品として『嫁入りの日』が挙げられる、いくつかの理由がある。初めて世界の映画界で認められたという点、何よりも当時では非常に珍しかったコメディの走りとして記念碑的映画であるという事実である。映画の草創期から解放後の1950年代初頭まで、韓国映画といえば悲しいストーリーの作品が主流で、大多数が涙を誘う感情と結びついていたことは周知の事実だ。こうした風潮に初めて逆らったのは、1950年代中盤、正確には1956年のことだった。この頃になって、笑いを誘う表現を前面に出した映画が本格的に登場しはじめたのだが、『嫁入りの日』がその筆頭である。

　1950年代に新しく登場したコメディ映画のレベルはさまざまで、作品によって出来不出来はあった。だが、共通の特徴があるとしたら、当時の社会の問題を日常生活の風景を通じて描いた点だ。『嫁入りの日』は朝鮮時代を舞台に、やや土着的な趣きはあるが、現代的な生活様式と価値観をさらけ出すことに比重を置いている点で、同時期の他の映画と相通ずる面がある。とはいっても1950年代に製作されたコメディ映画の大多数が、セットや衣装、小道具までアメリカ映画をはじめとする西洋映画をかなり模倣していた。『嫁入りの日』はそうした模倣とは距離を置いた点で優れている。おかげで我が国ではめったに目にしたことのない"韓国的風俗喜劇"という異例の称号を評論家たちから受けることができた。また、第4回アジア映画祭をはじめ、一連の国際映画祭に出品、受賞したことで、国内外で認められた初の韓国映画となった。以後、コメディ映画の製作に火をつける導火線になったのはもちろんのことだ。

　タイトルから推察できるように、心根のよい献身的なイップンの結婚式が重要な出来事となっている。しかし、実際に物語を引っ張る中心軸は、心の優しいイップンではなく、欲深いメン進士に置かれている。メン進士というキャラクターには、従来の典型的な悪役の面持ちではなく、むしろ平凡な俗物であり至極現実的な人間臭さがある。単純な悪の代弁者ではなく、中人階級［官僚機構を担う階級身分。専門職だが、社会的上昇には限界があり、両班からは差別されていた］の物質的な価値観を代弁する、現実主義的だが個性的な人物といえる。さらにこうした価値観は、1950年代の韓国社会に急速に拡まった現代的思考の一面を言い表しているともいえ

こうした点が、この映画が前時代的な重々しい啓蒙から脱し、健康的な笑いを誘う要因であり、1950年代の時代感覚を獲得するパワーになっている。

る。メン進士の性格こそ物語を牽引する中心であり、「キム・スンホの映画」と呼んでもいいほど、この役を演じた彼の熱演と個性は見応えがある。個性的なキャラクターを豊かに、そしてリアリティたっぷりに描写している点で、『嫁入りの日』は卓越している。観客がこの映画に共感を示したのも、彼の人となりがうまく表現されているおかげである。

　もちろん本作の物語は、メン進士の欲に対して肩をもったりはしていない。最後は、欲深い彼が苦杯をなめることになる。しかし、欲を見せることと、欲の対象を獲得できる、ということは別の問題だ。彼は欲深くはあるが、何よりもその欲に対して正直で積極的だ。軽快に自分の胸の内や思いを打ち明ける溌剌とした語り口や言葉には、いかなる重苦しい観念も入り込む余地がない。たとえ欲の対象を獲得することができないとしても、自分の欲について正直な態度をとることこそ、大切なのだ。こうした点が、この映画が前時代的な重々しい啓蒙から脱し、健康的な笑いを誘う要因であり、1950年代の時代感覚を獲得するパワーになっている。

　印象的なのは、映画全体を包んでいる叙情的で温かい雰囲気だ。温かみを感じられない登場人物はほとんどいない。仮にも教訓的な見地から完全に脱皮しているとはいえないが、登場人物たちは旧態依然たる山あいで起こる意識の対立状態から抜け出し、もはや通俗的なモラルやしきたりを前面に出すことはなかった。イップンが善良であることが際立つが、善悪の二分法や自己犠牲といった、常套化されたモラルが無条件に理想化されているわけではない。代わりに描かれているのは、現実の生活に対する具体的で生き生きとした感覚だ。日常の風俗や暮らしぶりの俗っぽさを抱き込みつつ、倫理や概念に簡単にとらわれないユニークな経験が入り混じるなかで、人間としての現実を見いだす風俗喜劇に近い。

　もちろん世相を描くだけに、新旧世代の対立もあり、階級間の葛藤もある。だが、そうした葛藤や対立は深刻には扱われておらず、最終的にはやすやすと解決されている。俗物根性や利己心は風刺され、鋭い批判や戒めよりも、人々の欠点を隠さない寛容さと温かみがそこには存在している。作品全体に柔軟に駆使されているユーモアも、こうした大らかさを保つ重要な助けとなっている。

　『嫁入りの日』が前時代の映画と区別される本質的なポイントは、過去の重々しさや悲哀たっぷりの作品とは異なり、明るく軽快に物語を表現した点だ。一方では去りゆくものへの惜別の情も残ってはいるが、その一方では、登場人物たち

が発揮する明朗さが映画全体を包み込んでいる。こうした明るさがコメディ特有の活気や寛容さであり、この映画独特の正直だが軽快な笑いのコードこそ、かつてはあまり見られなかったものである。また、1950年代の韓国映画に新しく導入された情緒としての風景であるといえる。もちろん、こうした特性がこの作品に限られたものではないことはいうまでもない。コメディの出現には、映画製作者本人の好みや能力を超える何らかの普遍性が関係している。笑いを描く長編物語が将来についてのビジョンが存在する場合にのみ生まれることを思えば、『嫁入りの日』の楽天性や活気が究極的にベースにしていたものも、やはり、新しい時代が拓かれた1950年代特有の希望と期待という感情であったといえよう。

オ・ヨンスク（聖公会大学東アジア研究所 HK研究教授）

お金 돈

1958年／キム・ソドン監督／35mm／モノクロ／スタンダード

製作会社:キム プロダクション　製作:キム・ソドン、キム・スンホ　監督:キム・ソドン　原作:ソン・ギヒョン　脚色:キム・ソドン　撮影:シム・ジェホン　照明:コ・ヘジン　音楽:ハン・サンギ　録音:イ・キョンスン　美術:カン・ソンボム　出演:キム・スンホ、チェ・ナミョン、チェ・ウニ、キム・ジンギュ、ファン・ジョンスン、チョン・エラン、チョン・テギ、ノ・ギョンヒ　韓国公開:1958年3月

ボンス（キム・スンホ）は純朴な農夫だ。しかし、どんなに農業に精を出しても暮らし向きはよくならず、金がないために娘スニの結婚を延期していた。軍隊を除隊し、村へ戻ってきた息子のヨンホ（キム・ジンギュ）は、オッキョン（チェ・ウニ）と恋仲だ。ボンスの家で育ったオッキョンは、オクチョ（チェ・ナミョン）の妻（ファン・ジョンスン）の酒場の仕事を手伝っていた。

貧しさに疲れたボンスは、高利貸を営むオクチョに金を借りたが、オクチョの口車に乗り、詐欺賭博で金をすべて失っていた。最後の手段として、牛を売り払い、救済品の商売［リサイクル業。1950年代は米軍からの放出品などを扱うことも多かった］に飛び込むが、ソウルで出会った詐欺師一味（ノ・ギョンヒ、チョン・テギ）に金を盗まれてしまう。ボンスはある晩、オクチョがオッキョンを強姦しようとして落とした金を見つけ、オクチョと争いになる。そして、ボンスは誤ってオクチョを殺してしまう。

オッキョンはオクチョの金を拾い、一部をヨンホに与えて2人でソウルに向かおうとする。しかし、ヨンホとオツキョンは、オ

クチョの殺人事件を捜査している警察に捕らえられ、取り調べを受ける。警察はオクチョの金をもっていたオッキョンとヨンホが殺人犯だと確信し、汽車に乗せ、本署に連れて行く。ボンスは動きはじめた汽車を追いかけ、自分を捕まえろと叫ぶ。

1950年代の韓国映画の傑作のひとつである『お金』は、舞台化されたこともあるソン・ギヒョン原作の戯曲を、芸術家として多彩な人生を送ったキム・ソドンが自ら製作・脚色・監督をした作品だ。キム・ソドン監督は1931年に日本に留学する前に、天才文学者イ・サンと1年半のあいだ同居。日本大学（予科）の仏文学科から中央音楽学校の作曲科に編入した後、1933年に再び日本大学法文学部で法学を専攻した秀才だった。1947年に本人が製作も手がけた『牡丹燈記』で監督デビューをする以前に、彼はイ・ビョンイル監督とコリアレコード社を創立し、パク・ギチェ監督の映画『春風』（1935）の主題歌を担当するなど、本格的な音楽活動もしていた。彼は1955年3月からソラボル芸術専門学校の演劇映画学科の教授に就任し、彼にもっとも大きな影響を与えたナ・ウンギュ監督の『アリラン』（1926）をリメイクした後、韓国の農村の暗い現実を扱った『お金』を演出することになる。

貧しい農夫であるボンスの息子ヨンホが、高利貸のオクチョと一緒に汽車から降りる場面から始まる『お金』は、"ひどい奴ら"である金のせいで起こる、とんでもない事件を描いている。金がないために、ヨンホと妹のスニはそれぞれ結婚を延期していた。「骨身を惜しまず働いてもどうにもならないことは、どうしたらいいのか」とつぶやくボンスに、ヨンホは「今まで何の計画もなく農業をしていたからだ」と非難するが、ヨンホも金がないために、酒場で仕事をしている恋人のオッキョンを助けることができない。また、ヨンホは金を「悪魔のようだ」と言うが、オッキョンは「お金のおかげで死なずに生きられるのに」「私はお金がいちばん大切」と反論する。

そんななか、高利貸のオクチョは、友人のボンスが米を売った金を花札でだましとり、あきれたことにボンスは牛を売った金までも詐欺に遭い、失ってしまう。また、オッキョンは、オクチョに強姦されそうになる。あまりにも切迫した状況に直面したボンスがオクチョを殺してしまい、オッキョンがオクチョの金を持って逃げる過程と、その事件が解明される過程の描写は、やや過酷だ。夢を抱いて帰郷したヨンホは、オッキョンと共に殺人の容疑をかけられ、汽車で本署へ連れていかれる。どうすることもできないボンスは彼らを乗せた汽車に向かって「おまえでもなく、俺でもない。オクチョが死んだのは金のせいだ」と泣き叫ぶ。ボンスはヨンホが言ったように「無謀で決断力のない」人間で、オクチョと共にこの農村を貧困にしている人物だ。ボンスは「春、秋、夏に牛のように働いた」が、見方を変えれば「豚のようにのろま」で、オクチョは「たぬき」のように浅ましい。しかし、

046　韓国映画100選

彼の魂が抜けた顔に、ソウルの自動車、電車、汽車の騒音が重なる。映画の前半部に流れるバックミュージックと音響はとてもしっくりとくるが、それは音に対して監督が特別な関心を寄せているためであろう。

彼らは結局のところ強欲な人間だ。なぜなら、賭博を通して、そして金を貸し借りする過程で、金を儲けて失うからだ。

『お金』は、第5回アジア映画祭で韓国代表作品として選出されたにもかかわらず、当時の教育当局の「テーマが非常に暗く、適切ではない」［原注1］という理由から、出品の決定を覆された。それほど「米を三升売ってもゴム靴一足の価格」という絶望を生む1950年代後半の農村の現実を赤裸々に描いていたのだ。産業社会に横たわる腐敗が蔓延したこの時代、金を稼ぐためには、酒や救済品を売って賭博や高利貸、詐欺で大儲けしなければならないが、そうするにはボンスはあまりにも純朴で愚かだ。中盤に登場する詐欺の場面は、慌ただしい世の中と、世情に疎いボンスを印象的に描いている。ボンスが救済品を求めて上京したソウルは、電車と自動車の騒音、市場にひしめく人々の声でこのうえなく騒がしい。詐欺師の夫婦が缶ビールで、ボンスの牛を売った5万ウォンをいとも簡単にちょろまかす間ずっと、車の騒音は途切れない。お人好しのボンスは、実は新聞の切れ端にすぎなかった10万ウォンを持って逃げ、たやすく金を稼げたと妻に自慢するが、すぐに奈落の底へと突き落とされる。そして、彼の魂が抜けた顔に、ソウルの自動車、電車、汽車の騒音が重なる。映画の全編にわたって流れるバックミュージックと音響はとてもしっくりとくるが、それは音に対して監督が特別な関心を寄せているためであろう。

公開当時、「韓国映画が目指すべき明確な道」［原注2］を見せてくれたという評価と共に、イタリアのネオリアリズム（新写実主義）映画と比較されたこの作品は、「産業主義への迎合を排除して、比較的真剣に真実に対して努力」［原注3］し、「農村や漁村を舞台にした独特な情緒のある作品が生まれてほしいと願っていたときに、映画『お金』は、貧しい農村にもたらされる物語が比較的真剣に描かれ（中略）このように"リアル"に映画として作品化しようと苦心したことは、賞賛に値する」［原注4］という高い評価を受けた。本作を盛り上げたもうひとつの力は、キム・スンホの熱演と、チェ・ナミョン、ファン・ジョンスン、チョン・エランなどの助演俳優たちの好演だが、1955年に『ピアゴル』（p40）でデビューした若きキム・ジンギュと美しいチェ・ウニの姿を見ることも大きな楽しみである。

オ・ソンジ（韓国映像資料院プログラマー）

［原注1］「けちのついた『お金』、思いがけない『青春双曲線』──アジア映画祭出品作選定の不思議」、「東亜日報」1958年3月7日付
［原注2］「映画祭出品と私の意見──『お金』のリアリズムをイタリアのリアリズムと比較した」、「韓国日報」1958年3月9日付
［原注3］同上、「東亜日報」1958年3月7日付
［原注4］「〈新たな映画〉比較的真剣な作品『お金』」、「京郷新聞」1958年3月18日付

地獄花 지옥화

1958年／シン・サンオク監督／35mm／モノクロ／スタンダード

製作会社:ソウル映画社　製作:シン・サンオク　企画:ファン・ナム　監督:シン・サンオク　脚本:イ・ジョンソン　撮影:カン・ボムグ　照明:イ・ギュチャン　編集:キム・ヨンヒ　録音:イ・ギョンスン　音楽:ソン・モギン　美術:ソン・ベッキュ　出演:チェ・ウニ、キム・ハク、チョ・ヘウォン、カン・ソニ　公開:1958年4月

ヨンシク(キム・ハク)は、いわゆる基地村[在韓米軍基地周辺に形成された集落。主に米軍相手のサービス業に携わる人々が移り住んでいた]の住民だ。徒党を組んで米軍の倉庫から盗み出した物品を市場で売ることを生業としていた。ヨンシクの弟であるトンシク(チョ・ヘウォン)は、兄ヨンシクを故郷に帰るよう説得するためソウルにやって来た。人でごった返す市場でヨンシクを発見したトンシクは、彼を追いかけて基地村に辿り着く。トンシクはヨンシクを幾度となく説得するが、ヨンシクは弟に対して「先に田舎に帰れ」と言うだけだ。その一方で同棲相手のソーニャ(チェ・ウニ)には「ひと山当てたら故郷に帰って一緒になろう」と告げる。しかし、トンシクに心惹かれるソーニャは、ダンスパーティーのある夜、ヨンシク一団が品物を盗み出している間にトンシクを誘惑する。やがて、ソーニャとトンシクが川のほとりで密会を楽しんでいるところ、ヨンシクに2人の関係がばれてしまう。そんななか、ヨンシクらは米軍の輸送列車に狙いを定めて出発する。ソーニャはトンシクとヨンシクの元から逃げだすことを企て、ヨンシク一団の犯罪計画を憲兵隊に密告する。憲兵隊の追跡を受けたヨンシクは銃撃戦の末、ひっくり返ったトラックからやっとのことで脱出する。トンシクを追いかけていったソーニャは、ヨンシク

に刺されて命を落とす。そして、銃撃戦で瀕死の重傷を負ったヨンシクも「母さんを頼む」とトンシクに言葉を残し、絶命する。トンシクは「あなたと結婚したい」と自分に好意を寄せる女性、洋公主[米軍相手の娼婦]のジュリー(カン・ソニ)と共に故郷に帰っていく。

チェ・ウニほど、韓服を品よく艶やかに着こなす女優は珍しい。その人なりの美しさ、容姿を誇る女優は数多くいるが、韓服のもつ形態美を完璧に体現する女優といえば、やはりチェ・ウニではないだろうか。『心の故郷』(p36)、『離れの客とお母さん』(p66)のイメージが鮮烈だったからだろうか。チェ・ウニには、いつも韓国女性のしとやかさや控えめな魅力を表現する女優のイメージがつきまとった。

しかしチェ・ウニは、時に挑発的で強烈な性的魅力も自分の一部であると見せつけた。『地獄花』のソーニャは、その最たるものだ。基地村に生きる洋公主であるソーニャは、濃い化粧に胸元の深く開いた黒いドレス、低く柔らかな声色と誘惑するような素振りで周囲の男たちを心のままに翻弄する存在だ。また、ソーニャは同棲相手であるヨンシクの弟のトンシクを誘惑し、その愛を成し遂げるのに邪魔となったヨンシクを憲兵隊に密告するほど自分の欲望に忠実である。『地獄花』のソーニャのイメージは、強烈で魅惑的であり、名匠シン・サンオク監督作品ではあるが、チェ・ウニの存在なくしては語れない仕上がりとなった。この作品で、ソーニャはもっとも能動的かつ主体的に行動を起こす人物として描かれている。彼女は自身のもつ強力な性的魅力を自覚しつつ、自分の欲望に誰よりも正直であり、かつ忠実に近づこうとするのだ。

面白いことに、1950年代は、後に続く1960年代よりも大胆で開放的な価値観を前面に打ち出した作品が多い。つまり、近代と前近代、都市と農村、外来(西欧)文化と伝統文化などが共存、あるいは衝突を繰り返しながら、緊張と葛藤関係が形成されているのだ。その最中、伝統的な女性像から変化しつつある新しい女性たち、いわゆる"アプレガール(après-guerre girl)"[原注1]が登場する。彼女たちの存在が当時の韓国映画の中心となり、流れをリードしていくことになる。"アプレ"は、古典的な純情女・純情男とは違う性格をもつ、現代的な人物を指す名称であった[原注2]。この指摘を踏まえ、アプレガールとは、開放的な性意識とモラルを受け入れ、犠牲や献身といった美徳よりも感情や欲望を追い求める人種であるとさらに深く踏み込んでいる。彼女たちは、近代と西欧、伝統と韓国、互いの価値観や文化のぶつかりあいを体現する存在なのだ。一方、欲望の実現を追い求める女性たちを目にした男性たちが抱く恐怖心は、この映画ではアプレガー

この映画のテーマをずば抜けた表現力によって空間に具象化している場面、それはまさに最後の沼地の場面だ。ソーニャが死を迎え、ヨンシクもまもなく息絶えようとしているこの場面は、沼や泥沼という空間がもつイメージを用いて、必死にもがき苦しみながら抜け出すことのできない現実の暗喩、そして、感情の地獄を卓越した表現で視覚化している。

ルに処罰を与えることによって終止符を打つ。『地獄花』に登場するソーニャは、アプレガールの典型であり、はるかに危険な"ファムファタール"そのものである。したがって当然、その罰から免れることはできなかった。

実は、チェ・ウニからファムファタールのイメージを引き出したのは、本作の監督、シン・サンオク、まさにその人である。シン・サンオク監督はすでに『悪夜』(1952)で洋公主を登場させている。彼は実際に、その職に携わる女性と6ヶ月間、同棲した経験があるという[原注3]。洋公主が登場するという点において『悪夜』と『地獄花』が同列の扱いで言及されることがあるが、『悪夜』とは異なり、『地獄花』では、ソーニャの欲望と並外れたセクシュアリティを表現することに、より強く焦点が当てられている。彼女は数多くの男性の欲望の対象でありながら、彼女自身、"欲望の主体"、つまり自ら欲望に対する自覚と意思をもつ存在である。そして、欲望の実現において能動的であり、その行動は伝統的な倫理意識と大きくかけ離れている。

『地獄花』は、朝鮮戦争後の混乱を生き抜く群衆たち、そのなかでも、米軍基地付近に形成された集落、基地村を取り巻く人々の姿を中心に描いた作品だ。米軍兵士たちと交わる洋公主たち、基地に忍び込んで盗み出した物品を売りさばくチンピラたちの姿を通して、当時の暗澹とした現実を浮き彫りにしている。基地村は、西欧文化のなかでも"GI文化"と呼ばれる、アメリカ大衆文化を象徴するポップミュージックやダンス、ウィスキーに洋煙草、そして洋公主たちが集まる、魅惑と幻滅、不安が交差する空間として描かれている。

この映画のテーマをずば抜けた表現力によって空間に具象化している場面、それはまさに最後の沼地の場面だ。自身の愛と欲望のため、同棲相手の犯罪計画を米軍憲兵隊に密告するソーニャ。彼女に制裁を与えるべく後を追う同棲相手のヨンシク。泥沼で足を取られながら、追いつ追われつの攻防を繰り返す2人。そして最後、ヨンシクに刺されたソーニャは死を迎え、ヨンシクもまもなく息絶えようとしている。沼地に2人が横たわるこのシーンは、沼や泥沼という空間がもつイメージを用いて、必死にもがき苦しみながら抜け出すことのできない現実の暗喩、そして、感情の地獄を卓越した表現で視覚化しているのだ。

シン・サンオク監督は、世間から"映画に命を捧げた男"、あるいはチェ・ウニの言葉を借りて"映画しか知らない暴れ馬"などと称される。シン・サンオク監督自身も、自分の人生自体が映画のようだとして『僕は、映画だった』という本を著している。このように、映画にすべてを賭ける、シン・サンオク監督の無謀なほどの情熱が発揮されているのが、まさに『地獄花』での沼地の場面なのである。

この場面は、現在、ソウル市内の漢江にかかる聖水大橋の近く、サルコジ橋の上流側の沼地で撮影された。そこは葦が生い茂り、泥地のため腐敗した水が溜まる場所だったという。さらに、おびただしい数の蛭(ひる)に、監督、俳優、スタッフなど全員が苦しめられたが、特に、チェ・ウニはぬかるみに倒れ込み、横たわった姿勢のままいなければならず、撮影が終わる頃には全身びっしりと蛭に覆われており、たいへんな目に遭ったという。シン・サンオク監督は「映画のためならば、どんな愚かで馬鹿ばかしいこともやった。何も怖くなかった」と回想している[原注4]。監督と俳優の映画に対する並外れた情熱と気概が『地獄花』の傑出した名場面を生み出したのだ。

チョ・ヘジョン(映画評論家、中央大学教授)

[原注1]戦後派を意味するフランス語のaprès-guerre(アプレゲール)と英語のgirl(ガール)を組み合わせた合成語。朝鮮戦争後に登場した伝統的価値や考え方とは異なる、新たな倫理意識や価値観を体現する女性たちを指す。

[原注2]「映画週評」、「韓国日報」1956年1月7日付／オ・ヨンスク『1950年代、韓国映画と文化談論』、ソミョン出版、2007年、p173

[原注3]シン・サンオク『僕は、映画だった』、ランダムハウス、2007年、p49

[原注4]同上、p51

『下女』(1960、キム・ギヨン監督)

1960年代

ロマンス・パパ

朴さん

下女

成春香

荷馬車

誤発弾

三等課長

離れの客とお母さん

ソウルの屋根の下

高麗葬

帰らざる海兵

金薬局の娘たち

血脈

裸足の青春

魔の階段

黒髪

浜辺の村

非武装地帯

雨のめぐり逢い（草雨）

山火事

帰路

霧

憎くてももう一度

将軍の髭

休日

ロマンス・パパ 로맨스빠빠

1960年／シン・サンオク監督／35mm／モノクロ／スタンダード

製作会社:申フィルム　製作:シン・サンオク　企画:ファン・ナム　監督:シン・サンオク　原作・脚色:キム・ヒチャン　撮影:チョン・ヘジュン　照明:イ・ゲチャン　編集:キム・ヨンヒ　音楽:キム・ソンデ　美術:チョン・ウテク　録音:ソン・イノ　出演:キム・スンホ、チュ・ジュンニョ、チェ・ウニ、キム・ジンギュ、ナムグン・ウォン、ト・グムボン、シン・ソンイル、オム・エンナン　韓国公開:1960年1月　主な受賞:第7回アジア映画祭 主演男優賞、第1回公報部国産映画 最優秀作品賞

　保険会社の社員であるロマンス・パパ（キム・スンホ）は、妻（チュ・ジュンニョ）と2男3女の子どもたちと円満な家庭を築いていた。長女のウムジョン（チェ・ウニ）は大学を卒業し、気象台で働くチョン・ウテク（キム・ジンギュ）と結婚する。長男のオジン（ナムグン・ウォン）は大学に通うと両親を騙し、映画監督になるために撮影現場で働く。次女のゴプタン（ト・グムボン）は女子大生で、次男のバルン（シン・ソンイル）と末娘のイップン（オム・エンナン）は高校生だ。大家族の生活を支えるには、パパの給料は極端に足りないが、パパのおかげで家族はいつも笑顔だった。保険会社にリストラの風が吹き、彼は年配だという理由でリストラの対象になり、退職するが、家族ががっかりすることを心配して職を失った事実を明らかにできず、時計を売って給料として持ってくる。後になってこの事実を知った子どもたちは、父親の失職後どうやって暮らしていくか相談する。家族は父親の誕生日にパーティーを開き、長女の婿は父親の時計を取り戻し、誕生日プレゼントとして渡す。

　『ロマンス・パパ』は、1959年に制作された同名の人気ラジオドラマを脚色したもので、原作者キム・ヒチャンが自らシナリオを執筆した。1950年代と1960年代には、ラジオドラマの映画化や楽劇のドラマ化および映画化など、メディアの転換が活発で、『ロマンス・パパ』もそのひとつだ。1960年1月に公開されたが、父親を"家庭内の最高の権力者"と表現し、「最高権力と戦い、勝つ」と表現する次男バルンの台詞が検閲で問題になったというエピソードもある。多くの研究者たちは、バルンのこのような台詞や登場人物たちの関係を、四月革命［1960年3月に実施された大統領選挙における不正に反発した学生や市民による民衆運動。李承晩（イ・スンマン）が下野した］の気運の高まりを告げる気配として読み取ったりもする。みながすべてのことに対し、平等権を主張し、対話と討論で家族の葛藤を解決し、平和を維持しようとする『ロマンス・パパ』の"民主的雰囲気"は、この後に登場する1960年代の他の家族ドラマに見られる、家父長を中心に和合するお決まりのタテ構造のヒエラルキーとは、また異なる地点が見られるはずだからだ。このように『ロマンス・パパ』は1950年代後半と1960年代を結ぶ架け橋として、社会的なテキストであり、風俗の教科書として読まれる象徴性をもっている。同時に、全盛期を迎えていたシン・サンオク監督の素晴らしい演出力、当時最高の俳優であったキム・スンホの好演、若い俳優たちの魅力と独特な形式の特性を垣間見ることができる、とても面白い作品であることは明らかだ。

　この映画の特徴的な場面をいくつか見てみよう。まず、オープニングシークエンスは、黒い背景画面に照明だけが光るなか、登場人物が一人ずつ登場し、本人のキャラクターを説明することから始まる。例えば、パパが登場し、「私がロマンス・パパです。まだまだ52歳の私に、ボケたようなことを言うからと、子どもたちがつけてくれたあだ名です。人生のロマンをもっているということ、なぜそれをボケだというのでしょうか？」と観客たちと対話をするように話をつないでいくと、彼を押しのけながら夫人が登場する。「私の夫がボケていないというのは嘘です。（中略）みなさん、ご覧のように私のどこが老いぼれているのでしょう？　まだ魅力的でしょう？」と観客たちの同意を求めたりもする。それから長女ウムジョンとその恋人チョン・ウテク、長男オジンとその恋人マリ、次女ゴプタン、次男バルン、末娘イップンが登場すると、再びパパがスクリーンに映り、その他の登場人物を紹介する。実に4分を超えるオープニングを通し、観客たち

家父長的な秩序を解体し、家族共同体のなかで全員が平等な関係を目指す結末を見せるという点で、独特であるといえるだろう。

は登場人物に対して親近感を覚え、感情移入をする準備と共に、それぞれの性格と職業、家族内での位置とこれから起こる事件までおおよそ把握することができる。とても経済的な導入部分というわけだ。

一方で、オジンが書いたシナリオの後半を家族それぞれが想像するくだりも、この映画の独特な形式を見せる場面だ。オジンが書いたシナリオは、1950年代のメロドラマの典型、また、1960年代後半に流行する"新派劇"メロドラマ『憎くてももう一度』（p96）を見るようだ。オジンは既婚男性と恋に落ちた未婚女性の話を無理心中で終わらせようとするが、パパは自分自身を主人公の男性役に重ね、若い女性が彼に年輪を刻んだ男の魅力と温かさを感じて敬慕する内容に変えようとし、母は『春香伝』［朝鮮の代表的な古典小説。唱劇（歌劇の一種）としても有名］を想像しながら自分の娘を捨てようとする李夢龍（イ・モンニョン）を責める内容に変える。彼らそれぞれのシナリオは、劇中劇として表現され、想像シーンとして挿入される。特に、母の想像シーンに登場する長女役のチェ・ウニと婚役のキム・ジンギュは、翌年公開されるシン・サンオク監督の映画『成春香（チュニャン）』（p58）で実際に春香と李夢龍に扮する。そのため『ロマンス・パパ』のこの場面は、未来を予見するような興味深い設定といえる。現実の時空間を抜け出し、対話に登場する時空間が挿入される別の場面としては、母がパパに妓生（キーセン）の家を説明するシーンを挙げることができる。母の説明に従って、カメラはパパの主観的な視点になり、道を探す。トラッキング、ズームイン、パンなどさまざまな動きを見せながら、ボイスオーバーのナレーションで流れる母の声についていったカメラは、母の説明が突然止まると同時に、再び現実の時空間に戻ってくる。このような場面の転換や視点ショットの活用、劇中劇などの技法は、『ロマンス・パパ』でユーモアとして活用され、本作の構成をいっそう豊かにする。

最後に『ロマンス・パパ』のホームコメディ、または家族ドラマとしての性格について言及する必要がある。この映画は、家族を中心に彼らの日常をエピソードとして羅列し、最後に家族に迫ってきた危機を家族の団結と愛で解決するという点で、この後に流行するホームコメディまたは家族メロドラマの原型を見せる作品だといえる。特に当時の社会の現実問題、つまり、失業、貧困、世代交代などの問題を提示しているという点、このような社会的な問題を家族単位で解決しようとする点で、この時期の家族ドラマの問題意識と限界を共

有する。ところで、『ロマンス・パパ』は、意外な亀裂を見せる点でも注目に値する。失業し、家族の生計にこれ以上責任をもつことのできないパパの位置は、次に家長になるであろう有力な長男オジンが受け継ぐのではなく、パパの妻、結婚した長女、女子大生の次女、女子高校生の末娘、そして次男によって補われる。パパの失業の事実を唯一あらかじめ知っていたオジンは、パパに自分の秘密を打ち明けて、彼と秘密を共有する。だがオジンは、パパに小遣いをあげるだけで、家族に迫った問題を解決しようとする意思は見られない。代わりに生計の責任を負うと乗り出したのは、彼以外の家族だ。縫い物の仕事、家庭教師、タイピング、犬の販売などで金を稼ごうと誓う家族と比べ、オジンは唯一、家計を助けようという意思を表明することもなく、その席で一緒に論議することもなく、だからといって自分の夢や仕事、恋人を家族に打ち明けたり支持されたりすることもないまま自分の世界にとどまる。『ロマンス・パパ』の家族再建は、世代交代を通して新しい家父長を擁立する他の家族ドラマとは違い、家父長的な秩序を解体し、家族共同体のなかで全員が平等な関係を目指す結末を見せるという点で、独特であるといえるだろう。

パク・ソニョン（高麗大学研究教授）

朴さん 박서방

1960年／カン・デジン監督／35mm／モノクロ／スタンダード

製作会社:華盛映画社　製作:イ・ファリョン　監督:カン・デジン　原作:キム・ヨンス　脚色:チョ・ナムサ　撮影:イ・ムンベク　照明:ユ・ヨンソン　編集:キム・ヒス　音楽:イ・イングォン　美術:ウォン・ジェレ　出演:キム・スンホ、ファン・ジョンスン、キム・ジンギュ、チョ・ミリョン、オム・エンナン、キム・ヘジョン、ファン・ヘ、パン・スイル、キム・ヒガプ　韓国公開:1960年10月　主な受賞:第8回アジア映画祭 主演男優賞

朴さん(キム・スンホ)はオンドルの焚き口を修理する左官で、娘2人と息子1人を育てている。学識がなく頑固だが、善良な父親である朴さんは、長女のヨンスン(チョ・ミリョン)がチンピラ青年のジェチョン(ファン・ヘ)と親密なのが気に入らない。航空会社に勤める次女のミョンスン(オム・エンナン)が同僚のジュシク(パク・スイル)と付き合っているのも初めは嬉しくなかったが、ジュシクの人柄を知り、彼らの結婚を認める。ただ、長男のヨンボム(キム・ジンギュ)にだけは文句を言わず、彼が好きなジョムネ(キム・ヘジョン)との結婚を許す。ヨンスンは父親が強く反対すると家を出てジェチョンと暮らす。さらに泣きっ面に蜂のように、信じていた長男のヨンボムが結婚後、タイの支社に行くといい、朴さんに許しを求めるが、朴さんは強く反対する。ある日、朴さんはジュシクの叔母に呼び出される。叔母は両家の格が違いすぎるので結婚はさせられないと朴さんを侮辱する。そんな侮辱を受けて家に帰った朴さんは「必ず成功しろ」と長男のタイ行きを許し、ジェチョンを受け入れる。

『朴さん』は1960年前後のいわゆる"キム・スンホ印"と呼ばれた家族ドラマのひとつだ。都市で暮らす庶民家族の物語で、頑固だが真面目で優しい中年の父親(キム・スンホ)が、時代に適応できず取り残される代わり、誠実で能力豊かな息子と婿が家父長の危機を克服し、家父長的な家族をよみがえらせるハッピーエンドの映画が、1960年から数年間、相次いで公開されて注目を浴びた。『朴さん』はこの流れに属する代表的な作品だ。本作は、1960年代の最初の市民革命である四月革命［1960年3月に実施された大統領選挙における不正に反発した学生や市民による民衆運動。李承晩が下野した］と、その後の5・16軍事クーデター［1961年5月16日、のちの大統領で当時少将だった朴正熙などが軍事革命委員会の名の下に起こした］による巨大な社会政変のなかで、当時、都市の大衆がもっていた希望的な姿を要約して表現する。映画『自由夫人』(p42)で認められたように、1950年代の韓国映画に吹いた米国の自由主義の風は、自由の魅惑と共に享楽と無秩序に対する憂慮と不安感を感じさせた。1960年前後の家族ドラマは、このような急激な変化に揺らぐ家父長制的な家族と社会の秩序を近代的な合理性と産業化に努力する誠実な若者を中心に回復しようとする、保守的でありながらも希望に満ちあふれた姿を描いている。

"キム・スンホ印"の家族ドラマで父親役を演じるキム・スンホのキャラクターは2つに分類される。ひとつは『ロマンス・パパ』(p52)『三等課長』(p64)などスーツにソフト帽をかぶった中産階級のサラリーマンというキャラクター、もうひとつは『荷馬車』(p60)に代表される下流階級の父親で、馬夫や左官のような高学歴ではない職業で、安っぽい韓服や作業服を着た人物だ。"キム・スンホ印"の家族ドラマの原点である『ロマンス・パパ』は前者のキャラクターを作り上げた作品で、その後に公開される『朴さん』は後者のキャラクターを作り上げた最初の作品だ。キム・スンホの演技は、中産階級のサラリーマンの父親役に比べ、学力が低い下流階級の父親役でさらに光り輝く。彼の牛のような純粋な瞳、感情が先立つようにはっきりものを言えず口ごもるような発音、無愛想の果てに、礼儀正しく恥ずかしそうな笑顔を浮かべる独特な表情には、自分の意志や意見を論理的かつまっすぐ述べることに自信がない下流階級のキャラクターがより似合う。韓国人の父親像を表したといわれるキム・スンホの演技はまさに『朴さん』で完成され、"キム・スンホ印"の家族ドラマの代表作『荷馬車』は『朴さん』の成功を土台に生まれ

『朴さん』は、笑いと涙がたびたび交差するという点でも注目すべき作品だ。父親と家族が繰り広げる物語をコメディのように描く一方、時には胸が詰まるほど悲しい。

た。

この時期における"キム・スンホ印"の家族ドラマのなかでも、『朴さん』の事件はすべて子どもたちの結婚と進路をめぐるもので、ほかの作品に比べ、かなり単純明快だ。父親は結婚適齢期の娘たちが自由に出かけるのはいけないことで、娘は必ず親が決めた相手と結婚しなければならないという古い考えをもっている。そのため町の元チンピラで自動車学校に勤めるジェチョンと付き合っている長女はもちろん、中卒にもかかわらず航空会社のタイピストとして働き、事務職の同僚と付き合っている次女さえ気に入らない。もっとも信頼している息子の自由恋愛にはとても寛大だが、職場の同僚のジョムネとの結婚後、海外支社に派遣され、親元を離れるという事実には必死で反対する。長女の胸ぐらをつかんで怒り、次女のデートに意地悪くもついていき、長男には海外支社に行くなと涙ながらに訴えてみるが、結局、子どもたちは自ら選んだ道を進み、父親は合理的な子どもたちの選択をすべて認めざるをえなくなる。これは時代の流れであり、古い時代のやり方で生きる父親としては止められないことだ。

そのため、この映画のラストの場面、すなわち父親が長男とその嫁を金浦国際空港で見送り、ひとり涙を流し、大通りをとぼとぼと歩くうしろ姿は、かなり寂しく感じられる。子どもたちが両親をこのうえなく大事に思い、子どもたちの未来も希望に満ちているのでハッピーエンドには違いない。だが、子どものいなくなった老夫婦だけが残された寂しさは、仲睦まじい大家族を当然と考えてきたこの時代では悲しい結末だ。そのような点から、本作は父親が招いた家族の経済的な危機を長男と婿が克服する他の"キム・スンホ印"の家族ドラマに比べ、憂鬱な現実をよりはっきりと表現している。そしてこの場面はまた、父親世代の世の中は終わりを告げ、映画が示す希望に満ちあふれた未来は、父親にではなく、子どもたちに向かって開けているのだということを、ストレートに示している。1960年代初めの"キム・スンホ印"の家族ドラマでは、それでも希望的な雰囲気が残っていて、1960年代後半の作品が、老夫婦の没落はもちろん、幸福な立身出世に失敗した子ども世代の悲しみを古臭い新派的なセンスで再現していることを考えると、『朴さん』のラストシーンは多くのことを考えさせる。

『朴さん』は、笑いと涙がたびたび交差するという点でも注目すべき作品だ。父親と家族が繰り広げる物語をコメディのように描く一方、時には胸が詰まるほど悲しい。特に、次

女の結婚を相談しに行く父親が、恋人の叔母から「父親が左官で、中卒の娘は我が家の嫁になる資格はない」と露骨に馬鹿にした言葉を言われ、帰ってきた直後、次女に「俺の爪がなくなるほど働いて稼ぐから、おまえは大学に行け」と泣き叫ぶ場面は、学校に行けないため貧しく、馬鹿にされて生きてきた韓国の下流階級の典型的な悔しさと悲しさをはっきりと描いた場面だ。一方、次女のカップルの登山に父親がついていく場面は、爆笑を誘うほど大げさでコミカルだ。最後の場面をはじめ多くのシーンで父親の姿は滑稽でありながら悲しい。学がなく時代に取り残された人物であるため滑稽に見えるが、誠実で純朴なために無視される状況が、切なく感じられる人物。コミカルな欠陥はあるが、愛情で包み込むほどの（このような喜劇の感覚がまさにユーモアだ）人物の姿をしているからだ。悲哀とユーモアの混在は、パンソリやタルチュム［伝統的な仮面劇］、民謡など韓国の伝統芸術がもつ特徴的なセンスで、韓国映画ではまさにこの時期のキム・スンホの父親演技に特性が表れている。『朴さん』で完成された"キム・スンホ印"の父親の姿が韓国的であるといわれるのは、まさにこのような理由からだ。

イ・ヨンミ（大衆芸術評論家）

下女 하녀

1960年／キム・ギヨン監督／35mm／モノクロ／スタンダード

製作会社:韓国文芸映画会社、キム・ギヨン プロダクション　製作:キム・ギヨン　監督:キム・ギヨン　脚本:キム・ギヨン　撮影:キム・ドクチン　照明:コ・ヘジン　編集:オ・ヨングン　音楽:ハン・サンギ　美術:パク・ソギン　出演:キム・ジンギュ、チュ・ジュンニョ、イ・ウンシム、オム・エンナン、イ・ユリ、アン・ソンギ　韓国公開:1960年11月　主な受賞:第1回広報部国産映画 監督賞

　紡織工場の音楽部教師ドンシク（キム・ジンギュ）は、ある街で起きた殺人事件の記事に興味を示す。ある日、女工のクァク・ソニョン（オク・ギョンヒ）からラブレターを受け取ったドンシクは、ラブレターのことを工場の寄宿舎の舎監に伝え、ソニョンは仕事を辞めてしまう。一方、ソニョンに手紙を書くようにけしかけた友人のチョ・ギョンヒ（オム・エンナン）は、ピアノのレッスンを理由に、ドンシクの新築の家に足しげく通い始める。ドンシクの妻（チュ・ジュンニョ）は、新築の家を建てるために無理をして裁縫の仕事をしたことで身体が衰弱してしまう。ドンシクはギョンヒに頼んで、下女（イ・ウンシム）を紹介してもらうことにする。妊娠した妻が実家に帰っていたある日、ギョンヒはドンシクに愛を告白するが、軽蔑され、追い返される。その様子を窓の外からこっそり見ていた下女は、ドンシクを誘惑して関係を結ぶ。
　下女は妊娠してしまう。その事実を知った妻に下女は説得され、自ら階段から落ちて流産する。子どもを失った下女は、だんだん凶暴になり、ついにはドンシク夫婦の息子チャンスン（アン・ソンギ）を階段から落ちて死ぬように仕向ける。下女がすべての事実を工場にばらすと脅迫すると、ドンシクの妻は家と家族を守るため、ドンシクを2階にある下女の寝室へ行かせる。そして、ドンシク

は下女と心中するために殺鼠剤を飲み、瀕死の下女を振り払い、妻の元に戻って息を引きとる。
　映画は再び、最初の新聞記事を読むドンシクと妻の場面に戻る。ドンシクは観客たちに向かって「このような出来事は誰にでも起こりうるのだ」と語る。

　キム・ギヨン監督の『下女』は、実話（下女による主人の家の幼児殺害事件）をモチーフとする劇中劇の構成になっている。そのラストシーンは、かなり型破りだ。
　映画を通して描かれる中流家庭の悲劇を新聞記事の内容に見立て、ラスト近くで突然、劇中劇が終わる。その後に展開する夫婦の対話シーンで、妻は「男性たちの不倫を到底理解できない」と話す。すると、夫は「それが男の弱点なんだ。高い山を見ると登りたくなり、深い水を見たら石を投げ入れたくなり、女性を見たら原始に戻りたくなる」と応酬する。そして、夫は体と視線をスクリーンの外の観客たちに向け、「あなたも例外ではない」と声をかける。『下女』のこうしたエンディングは、映画と現実の境界を消すだけでない。広い背景を映し出し、主人公が映画の撮影現場に立っていることを明かすのだ。
　『下女』は1960年代、ずば抜けて独創的なスタイルと技法で、キム・ギヨンという"黒い魔性の監督"の登場を知らせるきっかけとなった。そして、この魔性の核心には、家父長制と近代化によって追いやられる男性、性的エネルギーを怪物として表現した、セクシャリティの奇怪な噴出があった。

『下女』の最後の台詞で、キム・ギヨン監督は女性を原始的な熱情と結びつける。キム・ギヨン監督のこうした女性に対する描写は、同時代の日本の今村昌平監督による自然主義的な群像劇とも似ている。そして、鈴木清順監督が描く、戦争によって機能不全に陥った日本の軍国主義社会のなかで、動物的なエネルギーによって男性を圧倒する女性たちとも似ている。しかし、これらの監督と違いがあるとすれば、キム・ギヨン監督は断固として、もっとも表現主義的な手法で、時代に合った怪物性を暴露するという点だ。
　『下女』はキム・ギヨン監督のフィルモグラフィにおいてターニングポイントに値する作品だ。『屍の箱』（1955）でデビューして以降、彼はリアリズムの観点から、戦後の韓国社会をテーマとして描写した。『下女』もまた、悲惨な現実社会をテーマとしている。しかし、キム・ギヨン監督はそのテーマを"中流家庭の2階建ての家"に持ち込んだ。近代化と抑圧、階級と権力、支配と暴力、女性の性欲と怪物性の問題を圧縮した、閉ざされた空間で表現したのだ。この過程が興味深いのは、映画に描かれている主な空間や行為が、1960年代の韓国社会の実体とは一定の距離があり、暗喩的な手法だけ

キム・ギヨン監督にとって、女性は最後まで原始的欲望の化身であり、男性を支配する危険な快楽であり、同時に近代の男性の欲望や抑圧を投影する鏡のようなイメージでもあった。

で現実を思い起こさせることだ。ドイツ表現主義の美学を連想させる2階建ての家という演出はもちろん、西欧的なワンピースで着飾っている女工たちが、工場を訪れるピアノ教師にレッスンを受けている風景などは、1960年代の韓国社会には存在しなかった。キム・ギヨン監督は、明らかに1960年代の近代化のレールに乗った韓国社会の資本主義における経済的な安定をイメージしているが、その内部では、人間の欲望と抑圧、恐怖と不安、タブーと処罰を考察していて、それをまるで室内劇のような閉鎖的な空間として表現した。

すべては中流家庭の欲望が実現した2階建ての家から始まる。生活レベルを維持するため、妻はより多くの針仕事をこなさなければならず、家長である夫は女工たちを家の中に入れ、ピアノのレッスンを始める。そのことが結局、家事労働を代行する女工がこの家に下女として入るきっかけとなる。『下女』は表面的には、2人の女性（夫人と下女）がひとりの男性を独占するために性的に対立する映画であると同時に、下流の女性がのし上がるために、家父長の男性を独占しようとする心理的スリラーの体裁をとっている。特に階段を舞台にするキム・ギヨン監督の空間の政治学は、非常に残酷で破壊的だ。階段は、下女が一家の主である男性を誘惑して"妻"の座へとのし上がる、という階級を上がる暗喩でもあり、階段自体が近代化した中流家庭を代弁するイメージとして用いられたりもする。しかし、階段は妻に強制的に中絶させられた下女が、その鬱憤から一家の息子に殺鼠剤を飲ませて殺害した空間でもあり、最終的には無理心中することで終わりを遂げる、男性と下女の死闘が繰り広げられる空間でもある。

『下女』は、女性の欲望と凝視（下女はいつも2階のベランダから居間を盗み見て、支配することへの欲望と権力をもつことになる）としてだけではなく、男性の欲望とタブーに関する問題提起としても読み取ることができる。『下女』に登場する家父長の男性は、いやらしく、軟弱なキャラクターとして描かれている。彼は資本主義の教養と倫理をもった人間だが、結局誘惑に負ける。そして、破られたタブーがもたらす結果（処罰——社会的評判の悪化によって職を失い、中流の地位を喪失すること）に対する恐怖のなかで、最終的に自滅に走る。しかし、キム・ギヨン監督はそこで劇中劇という二重構造の手法を取る。つまり、映画の冒頭とエンディングで新聞記事を引用することで、現実とファンタジーを区切り、理性的な家父長と軟弱な家父長の間に境界を引く。したがって、映画のエンディングは一見すると劇中劇が終わるこ

とで平和に戻ったかのように見える。しかし、このファンタジーの構造のなかで偽善的な安定を保つためには、どのような抑圧とタブーを受け入れるべきなのかを示している。

もっとも象徴的な演出は、この家の長女が障害者として描写されていることだ。脚が麻痺している長女のために、父親はリスをプレゼントする。回し車をまわし、絶え間なく疾走するにもかかわらず、抑圧された世界から脱出できないリスの宿命のように（外部は死を意味する）、この家は彼らにとって不毛であり、不自由な人生を強要する抑圧の構造となんら変わりない。そのような社会で欲望を実現することは"近代的怪物"との同居が前提となる。『下女』（1960）の成功は『火女』（1971）『虫女』（1972）そして未完の映画の企画として終わった『悪女』へと連なる。キム・ギヨン監督にとって、女性は最後まで原始的欲望の化身であり、男性を支配する危険な快楽であり、同時に近代の男性の欲望や抑圧を投影する鏡のようなイメージでもあった。『下女』で描かれた、たくましく原始的な女性像は、韓国映画史でもっとも独創的な女性＝主体＝怪物の象徴だ。そして、ずっと記憶されるもっとも恐ろしい魅力をもった存在となった。

チョン・ジヨン（映画評論家）

1960年代　057

成春香 성춘향

1961年／シン・サンオク監督／35mm／カラー／シネマスコープ

製作会社：申フィルム　製作：シン・サンオク　企画：ファン・ナム　監督：シン・サンオク　脚本：イム・ヒジェ　撮影：イ・ヒョンピョ　照明：イ・ゲチャン　編集：キム・ヨンヒ　音楽：チョン・ユンジュ　美術：カン・ソンボム　衣装：イ・ジョンス　出演：チェ・ウニ、キム・ジンギュ、ト・グムボン、ホ・ジャンガン、イ・イェチュン、ハン・ウンジン　韓国公開：1961年1月

南原〔全羅北道南東部の町〕の使道〔中央政府から地方に派遣された官吏〕の息子である李道令〔未婚男性に対する敬称〕（キム・ジンギュ）は、端午の節句の日に広寒楼に上り、ぶらんこに乗る春香（チェ・ウニ）の姿を目にして、召使いの房子（ホ・ジャンガン）に彼女を連れてくるよう命じる。春香の母は妓生だが、父は参判〔次官級の役人〕だ。春香は妓生のすることが嫌いで、本を読んだり書画に夢中になったりする勝ち気なところがある。内心は嬉しくても素振りを見せず、よその家の娘を気ままに呼びつけるのかと言い、李道令の誘いを断る。ある晩、春香の家にやって来た李道令は、彼女の母の月梅（ハン・ウンジン）に春香を妻にすると誓い、初夜を迎える。幸せな新婚生活を過ごすうち、李道令は、漢陽〔現在のソウル〕に赴任することになった父についていかなければならない状況になる。一緒に漢陽に行く夢をふくらませる春香だが、妓生の家に出入りしていることを父にきつく叱られた李道令は、帰ってくることを約束して漢陽に旅立った。新たな使道として赴任した卞学道（イ・イェチュン）は春香の美しさに惹かれ、そばに仕えるよう命じる。妓生は人間でもなく節操もないとでも思っているのかと断った春香は、投獄されて厳しい扱いを受ける。一方、首席で科挙に合格した李道令は、暗行御史〔地方役人の監察を秘密裏に行う王直属の官吏〕としての命を受けて南原に

下るが、わざと落ちぶれた身なりをして月梅に会い、「科挙に落ちて運が尽き、お金を乞うために会いに来た」と嘘をつく。獄中で李道令に会った春香は、自分の状況も忘れ、彼を手厚くもてなしてくれるよう月梅と香丹（ト・グムボン）に頼む。翌日、卞学道の誕生日を祝う宴で春香が処刑されそうになると、暗行御史として登場した李道令が卞学道を罷免して春香を救う。

韓国人にもっとも愛されている古典小説は、何といっても『春香伝』だ。これが飛び抜けて愛されているということは、映画化された作品数でも確かめられる。映画史研究者のチョ・ヒムンは2007年の論文で、春香伝を映画化した作品数が実に24本にもなると記した。ただし、この数には連続ドラマ、楽曲や女性国劇〔韓国で1940〜60年代に流行した女性だけで演じる音楽劇〕の記録作品、『春香伝』の映画撮影をテーマにした作品、未完成作、北朝鮮製作の作品、後日談、アニメーションなどが含まれているが、それを除いても驚くべき数だ。さらに、2010年にも『春香秘伝 The Servant』（キム・デウ監督）が製作されているので、この数は相変わらず増える傾向にあると見てもよい。

こうして製作された作品の相当数が興行的に大きな成功を収めた。最初に映画化した早川孤舟監督の『春香伝』（1923）、韓国初のトーキー映画として記録されているイ・ミョンウ監督の『春香伝』（1935）、朝鮮戦争以後に実に18万人という観客を動員することで韓国映画産業の中興期を牽引したイ・ギュファン監督の『春香伝』（1955）などが代表的だ。

だが、これらは興行の成功という側面から見ると、シン・サンオク監督の『成春香』の比較対象にはとうていなりえない。当時の日刊紙の記事によると、『成春香』はソウルのある映画館だけで74日間で296回も連続上映されて40万人もの観客を動員し、全国規模では約400万人の観客を集め、その税金だけで約10億ファン〔1953年から使用された通貨の単位。1962年にウォンが発行され、10ファン＝1ウォンで交換された〕に達するほどだった。このような数値は、韓国映画産業史上でまさに空前絶後の大興行記録だった。

『成春香』の興行の成功については、競合作だった『春香伝』（1961）が常に話題に上る。当時、『成春香』の監督であるシン・サンオクと『春香伝』の監督であるホン・ソンギは恋愛ドラマのジャンルで最高のライバルであり、シン・サンオク監督の妻のチェ・ウニとホン・ソンギ監督の妻のキム・ジミは最高の美人女優としてライバルだった。2組の夫婦が同じ時期に『春香伝』を映画化する頃から興行の明暗が分かれるまで、マスコミは彼らの競争を興味本位のゴシップとして取り上げ続けた。2作品とも、韓国で初めて試みられたカラー

こうして、この映画のミザンセーヌは、いつの間にか、人物の内面を描く表現がぶつかりあうモンタージュに取って代わったりもしている。

ワイド画面映画だという点も興味を高める要素だった。

　シン・サンオク監督の記憶によると、おそらくもっとも悪意に満ちていながらも刺激的な表現は、「20代の春香」（キム・ジミ）と「40代の春香」（チェ・ウニ）というフレーズだろう。シン・サンオク監督の記憶が間違っているのか、そうではなく、記事を作成した記者が誤認したのかはよくわからない。だが、チェ・ウニの自叙伝にも、当時、キム・ジミが19歳、自分が30歳だと書いており、春香役を演じた2人の女優の歳の差がかなり大きかったことが世間の注目を集めたのは確かなようだ。単純に考えれば、幼く見えるキム・ジミの春香のほうが原作により近い年齢なので、『春香伝』のほうが魅力的な作品のように思える。だが、興行の成果にも歴然とした差が現れたように、実際に2作品を比較してみると、30代にもかかわらず原作の月梅と同じくらい円熟していたチェ・ウニの『成春香』のほうがはるかに魅力的だ。

　ホン・ソンギ監督の『春香伝』が、見た目を抑える演劇的な感覚や、画面が平面的なスタイルを好んだとすれば、シン・サンオク監督の『成春香』は、春香の感情を描く洗練された映画的な表現技法や、画面の立体的な見え方をうまく活用していた。その結果、『成春香』は、観客が感情面で夢中になるよう積極的に誘導して大衆の共感を引き出すことに成功する。例として、春香と夢龍［李道令の名前］が別れについて話を交わす場面を比べてみよう。両作品の共通点として、この場面を3分以上の長回しで撮影している。だがこの長回しを比べてみると、2作品のスタイルがどれほど決定的に違うかが如実に表れる。ホン・ソンギ監督の長回しは、画面の構図上の造形美を追求しながら、平面的な構図で人物の対話をフルショットで捉えている。その結果、画面は演劇の場面を記録したように平坦だ。春香や夢龍の顔はよく見えず、感情が容易に読みとれない。反対にシン・サンオク監督の長回しは、カメラと人物が柔軟な動きを見せている。画面はとっくりのクロースショットで始まり、徐々に後退しながら2人の人物の感情が読み取れるように顔を見せた後、春香が伽耶琴を弾くシーンでカメラが彼女に寄っていく。カメラははっきりと計算され、意図された動線に沿って動きながら、まず夢龍の顔に漂う憂いを暗示させ、その後で春香のほうに移動して、彼女の顔から手へ関心の対象を移しながら、春香の悲しい心と寂しさに打ちひしがれる手を見せる。この手はチョゴリの懐から小さな刃物を取り出し、いきなり伽耶琴の弦を切ってしまう。このあまりにも突発的な行為には、伽耶琴の

弦が切られたときの鋭い効果音が伴う。すぐに夢龍の姿が画面に入り込み、春香の名を呼びながら抱きしめる。ここで画面を占めるのは、しっかりと抱き合いながら別れの悲しみに号泣する春香と夢龍だ。このようなカメラと人物の動きは、カットの代わりに長回しを活用しながらも、必要な情景描写の情報をタイムリーに観客に提供し、人物の感情に集中させる。水が流れるように滑らかなカメラの動きは、ジャン・ルノワール監督の『ゲームの規則』（1939）や、アルフレッド・ヒッチコック監督の『ロープ』（1948）に比べても、まったく遜色がない。

　『成春香』の演出が見せる驚きは、これだけにとどまらない。春香が獄中に閉じ込められている場面で、この映画は青系と赤系の照明を対照的に活用しながら、現実と夢の境界を壊して自由に行き来する柔軟性を披露する。そしてその過程で春香の不安と恐怖は、カラスの鳴き声や舞い散る梅の花びら、割れた鏡、そして門にぶら下がった案山子などを通して感覚的に表現される。春香がショックを受けて悲鳴を上げると、それに続いてカメラが素早くパンする。すると、青系の照明の下で、春香が驚いて眠りから覚める。これはすべて春香の意識と内面を形にしたものだ。こうして、この映画のミザンセーヌ［Mise-en-Scene、視覚的要素］は、いつの間にか、人物の内面を描く表現がぶつかりあうモンタージュ［複数のカットを組み合わせる映画の技法］に取って代わったりもしている。

チャン・ウジン（亜洲大学教授）

荷馬車 마부

1961年／カン・デジン監督／35mm／モノクロ／スタンダード

製作会社:華盛映画社　製作:イ・ファリョン　監督:カン・デジン　脚本:イム・ヒジェ　撮影:イ・ムンベク　照明:ユン・ヨンソン　編集:キム・ヒス　音楽:イ・イングォン
録音:ソン・イノ　美術:ソ・パンス　出演:キム・スンホ、シン・ヨンギュン、ファン・ジョンスン、チョ・ミリョン、ファン・ヘ、オム・エンナン、キム・ヒガプ、チュ・ソンテ
韓国公開:1961年2月　主な受賞:第11回ベルリン国際映画祭 審査員特別賞

男やもめで荷馬車を引く馬夫のチュンサム(キム・スンホ)は、法曹界を目指して司法試験の勉強をする長男のスオプ(シン・ヨンギュン)、言語障害があるためにいつも夫に殴られ、逃げてばかりいる長女のオンネ(チョ・ミリョン)、貧しい家庭状況に不満をもち、上流階級に憧れる次女オクヒ(オム・エンナン)、盗みを働く次男デオプという4人の子と一緒に暮らしている。馬主(チュ・ソンテ)の家の女中奉公をしている水原宅(ス ウォンテク)(ファン・ジョンスン)は、貧しい馬夫のチュンサムを物質的にも精神的にも支え、両者の間には切ない感情が行き交う。長男は3度も司法試験に落ち、長女は夫の虐待に耐えられず漢江(ハンガン)に身を投じて自殺し、次女も金持ちの息子に翻弄されるなど、家族全員が試練を経験する。

そんななか、ファン社長の車がチュンサムの馬にぶつかり、馬が驚いたはずみでチュンサムは馬車の車輪に轢かれて足に怪我をする。そのうえ、馬主が馬を売ろうと言いだし、馬夫の仕事をやめることになった。

水原宅は女中の仕事をしながら貯めておいたお金でその馬をこっそり買って、チュンサムの元に戻す。ついに長男が司法試験に合格した日、家族全員が集まり、水原宅を母として迎える。新たな希望にふくらむチュンサムの家族は、雪が降る官庁街を一緒に歩く。

映画史における傑作とは、壮大で深遠なるテーマや広く認められた巨匠の監督からのみ生まれるわけではない。自身の4本目の映画として『荷馬車』を演出した20代後半の若い監督は、本作が運よくベルリン国際映画祭コンペティション部門に選出され、銀熊賞である審査員特別賞を受賞し、後日、韓国映画史における傑作に君臨するということを予想できただろうか。1933年生まれのカン・デジン監督は1953年に開校したソラボル芸術大学演劇映画科を卒業後、シン・サンオク監督の演出部に入門し、映画界に足を踏み入れる。経歴が物語るように、彼は映画の演出を学校で学んだ朝鮮戦争後の監督である。喜劇『父伝子伝』(1959)でデビューした彼は、メロドラマ『陽が沈まないうちに』(1960)を経て、3作目の『朴さん』(p54)で有能な新人監督として映画界に名を知らしめ、『荷馬車』で一躍、韓国映画史における重要な監督へと成長する。

『荷馬車』が製作されたのは、1960年の四月革命[1960年3月に実施された大統領選挙における不正に反発した学生や市民による民衆運動。李承晩(イ・スンマン)が下野した]と1961年の5・16軍事クーデター[1961年5月16日、のちの大統領で当時少将だった朴正熙(パク・チョンヒ)らが軍事革命委員会の名の下に起こした]のはざま。韓国社会に希望を感じるエネルギーが凝縮した政治的激変期だった。だが若き監督は、疲れた日常を生きる庶民の姿をじっくり見据える。『荷馬車』は、前近代と近代が共存し、それぞれの価値で競い合う1960年代初期の韓国社会の姿を巧みに捉える。前近代と近代がぶつかり合う激しい流れのなかでいちばん苦労するのは、当然、庶民である。タイトルバックの馬車の車輪が物語るように、映画は下層民を象徴する馬車と上流層の自動車を対比させ、前近代と近代の衝突を階級の次元に落とし込むと同時に、世相の変化まで凝縮して映し出す。

選挙の垂れ幕があちこちに掲げられた交差点のシーンで、金持ちの息子とオクヒが乗った自動車がチュンサムの馬車に遮られて停止する。だが結局、ファン社長の車にぶつかって馬が驚いたせいで、チュンサムは、馬車の車輪に轢かれて足に怪我をしてしまう。そして車が壊れたことのほうが大問題だと考える傍若無人なファン社長にチュンサムは何も言うことができず、馬夫の仕事を奪われることになってしまう。チュンサムが足を引きずって長男スオプと馬主の家に馬を返しに行くシーンは、当時の社会の雰囲気を映像的に巧みに描写した場面である。チュンサムは馬車を引く仲間たちと一人ひとり挨拶しながら歩き、馬車は遠ざかって消えていく。切ない音楽が終わるとき、俵をいっぱいに積んだずっしりした

チュンサムが足を引きずって長男スオプと馬主の家に馬を返しに行くシーンは、当時の社会の雰囲気を映像的に巧みに描写した場面である。

トラックが馬車を追い越し、蹄の音までかき消す。

　韓国映画史の研究においては、『荷馬車』を監督の前作である『朴さん』と結びつけ、庶民の家庭を描いた"ホームドラマ"のジャンルとして読み解くのが一般的だ。家族という単位において父と長男、すなわち現在および将来の家父長を前面に押し出し、彼らは近代化と国民国家再建の主体であると説明するものだ。『荷馬車』の家族でも、無能な父と司法試験に3回落ちても勉強を続ける長男を中心に据える。そのような点で、この映画でクローズアップされる人物が父のチュンサムと長男のスオプ、そして馬であるということには、奥深い意味が含まれている。映画で中間層として描写されているキム書記ほどの虚勢も張れないチュンサムの権威は、彼がかぶる帽子でどうにか保たれている。水原宅とのデートの場面でも、チュンサムは終始一貫、帽子を脱ぐことができない。劇場で後部座席の客に帽子を脱いでくれと言われてしまうほどで、彼はソルロンタンの店でご飯を食べながらも帽子をかぶったままである。翌日、仕事に出るチュンサムに帽子を用意するのは、長男だ。そして、スオプは帽子をかぶる瞬間、怪我をした父の代わりとなる。つまり、チュンサムの代わりに馬夫としての役割を果たすときが来たことを意味するのだ。そして、キム書記が借金の代わりに馬を引いていくシーンの最後は、遠くから見守っていたチュンサムがしょんぼりと向き直る姿をロングショットで捉えている。足を引きずったチュンサムの後ろ姿、彼の頭には帽子がない。

　『荷馬車』は喜劇と結びついた当時のホームドラマの傾向とは少し異なる。いわば悲劇にも喜劇にも属さない社会的、現実的な内容の"正劇"に近く、その後、カン・デジン監督がメロドラマを多く作ったことも同じ流れとして理解することができる。1950年代後半の韓国映画はいわゆる新派が人気ジャンルだったが、カン・デジン監督は、その流行にもとらわれなかった。『荷馬車』は、もっとも悲劇的な人物であるオンネの涙さえけっして長くは見せない。新派の感情とは距離を置く監督のスタイルが現れる代表的なシーンは、オンネが自殺する前に母の墓を訪ねた場面だ。墓の前で泣いた彼女は再び立ち上がり、雑草を抜く。その姿をカメラははるか遠くから映し出す。

　結果的に『荷馬車』は近代社会にふさわしい"一人前の人間になる"物語である。作品開始後1時間ほど経った時点で、すべての不運な出来事が一気にチュンサムの家族に押し寄せる。チュンサムと水原宅の仲に気づいたキム書記が悪心

を抱いたことは始まりに過ぎなかった。長女のオンネが冬の漢江に身を投げて凍死し、馬車の車輪でチュンサムのすねが折れ、馬も失われてしまう。オクヒは身の上がばれ、金持ちの息子に叩かれ、末っ子のデオプは盗みでまた警察に捕まる。しかし、人生つらいことばかりではなく、無能な父の家族によいことも相次いで起きる。母の役割をしていた水原宅は、貯めたお金で馬を買い戻し、オクヒは製菓工場に就職し、"一人前の人間になる"と約束したデオプは姉の代わりに家事をしながら学業に励む。そして、合格発表を待ちながら父の代わりに荷馬車を引いていた長男のスオプも、ついに試験に合格する。

　映画の最後、合格結果が信じられないとしきりに張り紙を見返すスオプが、遠くから見ているチュンサムを発見する。「スオプ、合格したのか？」と叫ぶチュンサムに、スオプは「お父さん」と叫びながら駆けつけ、抱き合う。韓国で縁起がよいとされる牡丹雪が積もった道の上で2人は抱き合って泣き、喜びを分かち合う。そこへ水原宅、そしてオクヒとデオプもやって来る。これからは、彼らは下層民である馬夫の子ではなく、司法考試に合格した長男のきょうだいとして、よりよい人生への希望を夢見るのだ。『荷馬車』は非常につらくても、それでも希望をもつことができた時代における庶民たちの童話である。そうだとすれば、今の韓国社会はよりよくなったと言うことができるだろうか。

チョン・ジョンファ（韓国映像資料院研究員）

1960年代　061

誤発弾 오발탄

1961年／ユ・ヒョンモク監督／35mm／モノクロ／スタンダード

製作会社:大韓映画社　製作:キム・ソンチュン　監督:ユ・ヒョンモク　原作:イ・ボムソン　脚色:イ・ジュンギ、イ・オリョン　撮影:キム・ハクソン　照明:キム・ソンチュン　編集:キム・ヒス　音楽:キム・ソンテ　出演:キム・ジンギュ、チェ・ムリョン、ソ・エジャ、キム・ヘジョン、ノ・ジェシン、ムン・ジョンスク、ユン・イルボン、ムン・ヘラン　韓国公開:1961年4月

　経理事務所で働くソン・チョロ(キム・ジンギュ)は、朝鮮戦争のために心を病み「行こう！」と叫ぶ母(ノ・ジェシン)、栄養失調になった臨月の妻(ムン・ジョンスク)と幼い娘、米兵相手の娼婦になった妹ミョンスク(ソ・エジャ)、失業者で退役軍人の弟ヨンホ(チェ・ムリョン)、学業を諦めて新聞売りをする末弟ミノを抱える家長だ。しかし経理士の月給では家族を養うには苦しく、チョロは歯が痛くても歯医者に行こうとしない。ヨンホは先が見えない現実を打開するために銀行強盗をはたらくが、失敗する。警察からの電話で、チョロは、ヨンホが銀行で盗みをはたらいたことを知る。ヨンホに面会をして帰宅したチョロは、妻が出産したという知らせを聞いて病院に行くが、すでに息を引き取っていた。相次ぐ不幸に打ちのめされたチョロは妻の亡き骸を見もせず、病院を出て道をさまよった末に歯医者へ行き、歯を抜く。抜歯による出血と痛みでふらつくチョロは、タクシーに乗り込み、力なく「行こう」とつぶやいた。

　『アリラン』(1926)と『主なき小舟』(1931)がそれぞれナ・ウンギュ監督とイ・ギュファン監督の代表作であるのと同様に、『誤発弾』はやはりユ・ヒュンモク監督の代表作だ。これらの作品の共通点は時代精神の産物であるということだ。『アリラン』『主なき小舟』が日本の植民地支配の下で逼迫した状況にあった韓民族の鬱憤を狂気の青年や渡し船の船頭をと通して表現する。一方『誤発弾』は、朝鮮戦争を経験した失郷民［戦争で北朝鮮から韓国に渡って戻れなくなった人々］の家族の絶望的な状況を借りて、南北の分断の悲哀を描く。「人間は神の誤発弾だ」という内容の文章を書いたためにミッション系学校の教職の座を退職せざるをえなかったイ・ボムソンの短編小説を映画化したユ・ヒュンモク監督の『誤発弾』は、解放後の韓国映画のリアリズムを継承した問題作といえる。

　腐敗した自由党［1951年、李承晩によって結成されたが、1960年に解散した］の政権末期に企画され、四月革命［1960年3月に実施された大統領選挙における不正に反発した学生や市民による民衆運動。李承晩が下野した］の激動のなかで製作された『誤発弾』は、翌1961年4月13日、光化門国際劇場で封切されたが、軍事クーデターにより政権を握った軍事政府のために上映を中断されるという試練を経ざるをえなかった。映画の暗い内容が明るい社会を目指す"革命公約"に反するという理由からだった。北から韓国に来た老母が朝鮮戦争で受けたショックから正気を失い「行こう！」と叫ぶシーン、解放村［朝鮮戦争期に北から逃げてきた人々が暮らす村。元々は日本統治後、海外から帰国して住みはじめた人もいた。ソウル市の龍山地区などにある］の山間にある貧民窟、子どもをおぶった女性が清渓川の橋の下で首を吊って死んでいる姿、韓国銀行の前の放尿シーンなどが論争を巻き起こした。結局、この映画は「李承晩政権下の貧しい社会像を描いた」という字幕を入れ、2年後にやっと陽の目を見ることができた。

　北朝鮮からの避難民たちが暮らす解放村の丘の上にある板張りの家には、経理事務所職員のチョロの7人の家族が住んでいた。心を病んだ母と臨月の妻、傷痍軍人の弟ヨンホ、娼婦になった妹のミョンスク、学業を諦めて新聞売りになる末弟ミノ、そして大人のいうことを信用しない娘ヘオク。薄給に悩まされるチョロは、歯がひどく痛んでも金を惜しんで歯医者に行こうとしないが、現実を肯定的に受け入れる家長である。しかし、彼とは対照的に戦友たちと付き合い、愚痴を

> **リアリズムは真実を伝えようとする作家にとって、拒むことができない束縛であり、羅針盤だ。（中略）こうした観点から、カメラをとおして分断の現実を表現したうえで克服しようとしたユ・ヒョンモク監督の時代精神とテーマに対する強烈な意識は、高く評価するべきだろう。**

こぼす日々を送るヨンホは、社会に適応できず、いつも不満を抱きながら暮らしている。

　原作は主人公チョロの視点で物語を展開させるが、映画ではヨンホに大きな役割を与える。そのためかヨンホの周囲には、原作には存在しないミランやソリが登場し、ミョンスクはギョンシクという傷痍軍人の恋人と付き合うようになる。こうした設定は、人物同士の摩擦を刺激することで、離散や貧困、絶望という、分断による現実を浮き彫りにさせる原動力となっている。

　『誤発弾』では、さまざまな記号が登場する。鼓膜をつんざく戦闘機編隊の騒音、車の音、夜間の外出禁止時間［1950年、朝鮮戦争の勃発直後に禁止令が全国規模に拡大され、0時から4時までは医師を除いて民間人の外出は禁止された］を知らせるサイレン音、退職金の保障を求めるデモ隊の叫びなど、不安な戦後の社会像を表す音響効果。そして、ヨンホの犯行前後に登場する少年信徒たちの十字架と行列、みすぼらしいテント村の上にそびえる教会の屋根などの救いの暗示、ジャズとパンソリで対比される米軍兵士と娼婦の関係性という分断が招いた状況、不吉な結末を予告するかのようにヨンホがソリに会うときに遮る踏切の信号などが、まさにその例である。

　特に、画面中央を垂直に降下する編隊を組む戦闘機の騒音に続き、老母が絶叫するシーン、さらにカメラが移動すると、臨月の妻が無表情にかまどに火をくべて、幼い娘が母親の顔色を見ながら釜にへばりついたごはんをやっとのことで食べているイントロダクションは、分断で追われ、故郷を失った民の悲哀と実情をたった3つのカットで表す優れた構成だ。さらに給料をもらったチョロが娘の靴を買おうとするものの諦めて戻る途中で聞こえてくる教会の讃美歌、ヘオクが縄跳びをして歌う「故郷の春」にまさに応えるように「行こう、行こう！」と叫ぶ老母の声、ヨンホが銀行強盗をしようという危機的状況のなかで破裂する子どもの風船、相次ぐ銃声。これらは救いのしるしや、離れた故郷への渇望、犯行現場の緊張感などを高めるために、巧みに編集された効果音として深い印象を植えつけた。

　『誤発弾』に映し出されるユ・ヒョンモク監督の現実認識は、非常に暗いものだ。これらは、生活苦のために、父の役目、息子の役目、年長者の役目を果たせないチョロが、出産した妻さえ栄養失調で亡くしてしまい、弟のヨンホが銀行強盗を犯して逮捕され、彼と交際していたソリまでも3階から転落して死んでしまう、という局面でよく現れている。結局、本作は、たとえ主人公のチョロが、虫歯を抜いて妻の代わりに新たに生きるための活路を見つけたとしても、さまよえる挫折のシチュエーションから抜け出せない状況に行きつくしかない。しかし前作の『失われた青春』（1957）やその後の『剰余人間』（1964）『殉教者』（1965）などで垣間見られるように、撮影と監督を務めたユ・ヒョンモクは、シチュエーションのなかで人間を観念的に追求しつつも、技巧主義や物語中心に陥らず、同時代的な痛みを形にするうえで並外れた器量を見せた。

　また、この映画で目を引くのは、閉鎖的な空間に置かれたロダンの彫刻だ。タイトルバックから何度も登場するこの『考える人』は、チョロの日常にはそぐわない"唐突な小道具"に見える。あえて意味はもたせないが、絶望的な現実をどう切り抜けるべきか悩む姿、そんな監督の分身としての存在であるといえよう。

　リアリズムは真実を伝えようとする作家にとって、拒むことができない束縛であり、羅針盤だ。銃の代わりにカメラで人間の悪と闘う米国人主人公を描いた『サルバドル／遥かなる日々』（1986）のオリバー・ストーン監督は、その映画で「リアリズムで描く真実のストーリー」という言葉を使った。こうした観点から、カメラをとおして分断の現実を表現したうえで克服しようとしたユ・ヒョンモク監督の時代精神とテーマに対する強烈な意識は、高く評価するべきだろう。兄弟がせめぎ合うシークエンスの観念的な文語体の言い回し、エピソードなどがやや気になるものの、『誤発弾』こそ、国籍不明の映画が登場した時期に浮かび上がる韓国映画の秀作であり、リアリズムの代名詞としてけっして無視されてはならない作品なのである。

キム・ジョンウォン（映画評論家）

三等課長 삼등과장

1961年／イ・ボンネ監督／35mm／モノクロ／スタンダード

製作会社：後半紀プロダクション　製作：イ・ボンネ　監督：イ・ボンネ　脚本：チョン・ボムソン　撮影：イ・ビョンサム　照明：パク・チャンホ　編集：キム・ヒス
音楽：キム・ヨンファン　美術：ソ・ウォン　出演：キム・スンホ、ト・グムボン、ファン・ジョンスン、キム・ヒガプ、パン・スイル、ユン・インジャ、ポク・ヘスク、パク・ソンデ、チュ・ジュンニョ　韓国公開：1961年5月

三千里運輸株式会社の東部営業所で所長を務めるク・ジュンテク（キム・スンホ）は、父、母（ポク・ヘスク）、妻（チュ・ジュンニョ）、息子のヨング（パク・ソンデ）、娘のヨンヒ（ト・グムボン）たち大家族を率いる家長だ。娘が三千里運輸で一緒に働くようになった初日から、ク所長は娘の前でソン専務（キム・ヒガプ）から大目玉を食らうなど、恥をかいている。ある日、ク所長は、ソン専務から愛人ミョンオク（ユン・インジャ）のために、営業所の2階にダンス教室をつくるよう頼まれる。ク所長はダンス教室を準備し、本社の厚生課長に昇進した。一方、ク所長の娘であるヨンヒは、同じ会社の厚生課に勤務しているクォン・オチョル（パン・スイル）と、ソン専務の愛人ミョンオクが喫茶店で会っているのを目撃し、会社で2人の関係を言いふらす。しかし、オチョルとミョンオクは親戚の間柄で、オチョルはミョンオクに専務との関係を清算しろと言うために会っていただけだった。ソン専務は妻と口論の末に、ミョンオクはク課長の愛人だと嘘をつく。怒った課長の妻は家を飛び出し、ソン専務の妻と酒を飲み、ミョンオクの家に押しかけた。ちょうどそのとき、ソン専務はミョンオク宅で入浴中だっ

たため、ソン専務の妻は2人が愛人関係であることを知ってしまう。ク課長の妻は誤解が解けたので家庭に戻り、ミョンオクは専務との関係を清算して田舎に戻ることを決めた。こうした事実を知ったヨンヒは、オチョルに謝罪し、和解する。

5・16軍事クーデター［のちに大統領となる当時の少将だった朴正熙らが軍事革命委員会の名の下に起こした］が起きる直前の1961年5月4日に、国都劇場で公開された映画『三等課長』は、タイトルからわかるように、安月給のサラリーマン課長が家族と職場で経験する、さまざまな事件を描写した作品だ。イ・ボンネ監督は、以前はメロドラマで名声を得たが、既存の固定されたジャンルの慣習を破り、センスある台詞と現代的で感覚的な構成、ユニークなキャラクター設定で注目を集めた。『三等課長』もやはり、コメディ映画にありがちな人物像や無理のある状況設定をせず、健全な商業主義を感じさせる作品だ。

『三等課長』は、三千里運輸会社の出張所所長であるク・ジュンテクが、上司に頼まれて出張所の2階に上司の情婦ミョンオクのためのダンスホールをつくり、本社の課長に昇進し、そこで起こるさまざまな出来事を軽快に描いている。主人公の芳しくない選択は、職場でも家庭でも問題を起こす。小心者のク課長はその問題を解決するのではなく、ただ右往左往し、さらに問題を複雑にする。ついに、ミョンオクをク課長の不倫の相手だと勘違いした妻は家を飛び出すが、誤解が解けて家族はさらに幸せになるという結末で映画は終わる。

『三等課長』は当時流行っていたホームドラマ系の作品と類似しているが、当時、新聞の批評ではコメディ映画として分類されていた。おそらく、この作品で起きる問題の程度が軽く、明快な結末だったからだ。

『ロマンス・パパ』（p52）『朴さん』（p54）『荷馬車』（p60）などのホームドラマに登場する悲劇的な事件は、この映画では排除されている。大部分の映画で破局を迎える原因は、家長の経済力や不倫だが、重く垂れこめた問題は完全には解決されず、家族間のセンチメンタルな和解で最後を締めくくる。しかし、『三等課長』は経済的にさして問題のない典型的な中流家庭で、ク所長の不倫もやはり誤解だと明らかになるため、そのほかの映画がもつ暗さははなく、コメディの要素が目立つ。

強い家父長ではなく恐妻家を主人公にしたこの映画は、気の弱い父と、妻に頭の上がらない祖父のおかげで、三世代が住む家庭であるにもかかわらず、家族全員が円卓に座って自由に会話ができるという、民主主義的な家族の姿を見ることができる。当時、ホームドラマが描写する和やかな家庭の条件として、気弱な、あるいは恐妻家である父親を提示していることは興味深い部分だ。家長として威厳を示して自身の権威を笠に着るよりは、同等の権利をもつ家族のひとりとし

『三等課長』はジャンルとしての初期作だが、ホームドラマの頂点をなす映画のひとつであり、四月革命が鋳造した民主主義的な社会環境の恩恵を最大限に享受しているといえる。

て、自らを認識している父親たち。子どもたちに過度な干渉もせず、出世欲や物欲で家族を窮地に陥れることはない。本作はこのような関係を、火鉢を取り囲んでいる家族の姿で強調する。上下関係ではなく同等であることを表す、みんなで円になる構図は、お互いに親しみやすい会話をしていることが自然に見える風景を作り出した。そのため、父が右往左往したことによって失敗するにもかかわらず、家族たちは家長を非難せず理解してかばい、抱きしめる。娘が言うように、父親たちは"善良"で"不憫"に見えるからだ。このように、当時のホームドラマは、お互いに対する寛容さと愛情のみが家族を結びつける力であると主張する。

しかし、家族を支える力になるのは、父親たちの善良さだけではない。1960年代序盤のホームドラマのハッピーエンドを構成する要因のひとつは、しっかりした新世代の存在だ。善良だが無力な父親たちの欠点を埋めるのは、誠実で健全な息子世代だ。『ロマンス・パパ』の堅実な娘婿と前向き思考の息子たち、『荷馬車』の司法試験に合格した長男のように、この映画も健全な倫理意識をもった未来の婿候補が登場する。優秀な会社員で運動神経のいいオチョルは、従妹であるミョンオクを叱って田舎へ返し、過ちを犯した父親を厳しく説教し、心を入れ替えさせる。

同じく、この作品でコメディらしいユーモアが際立つのは、各登場人物が織りなす事件が暗示する社会風刺である。映画は旧世代を代表する祖父、孫娘の恋愛相談にのってくれるモダンな考えの祖母、無力な夫の代わりに上司の妻に賄賂を渡し、公務員に根回しをして危機を免れる生活力のある母、多少、悲観主義だがユーモアセンスのある大学生の息子、溌剌とした新卒の娘、そして小心者の恐妻家だが善良な父で構成された家族たちが繰り広げるエピソードを羅列する。韓国は小さな国だと愚痴をいう息子と「お金さえあれば、どれだけ広い国なことか」と返す恋人の会話は、当時蔓延していた拝金主義を風刺し、専務のおならの音に「すっきりされたでしょう」という有名な台詞でごまを擦る部下の会話は、第一共和国［1948年8月15日の大韓民国建国から1960年の四月革命による李承晩の大統領辞任までの期間に存在した政体。李承晩が大統領を務め、独裁政治体制を構築した］の横暴な様子を遠回しに批判する。公務員に賄賂を渡して危機を脱した妻は「政治家はみんな泥棒」と、祖母は「四月革命［1960年3月に実施された大統領選挙における不正に反発した学生や市民による民衆運動。李承晩が下野した］も無意味だった」

と愚痴をこぼした。

こうした政治風刺が可能だったのは、検閲制度が廃止され、民間主導の映画倫理委員会が成立した時期に製作された映画だったからだ。四月革命が起きてから1年が過ぎた時点で、生活苦は解消されておらず、革命は色あせたかに見えたが、皮肉にもこの映画を可能にしたのは、革命の成果である映画倫理委員会の存在だった。公開直後の5月16日に軍事クーデターが起こり、上映は中止されたが、約20日後に再開された。同年末に公開された『ソウルの屋根の下』（p68）や、翌年に製作された『サラリーマン』（1962、イ・ボンネ監督）などのホームドラマでは、世相に批判的な台詞や風刺的な事件は、ほとんど削除された。ホームドラマは1964年まで地道に作られたが、1960年と1961年に作られた作品が見せてくれる鋭い批判や風刺を超えることはできなかった。そして、次第に家長の不倫や旧世代の専横などが中心テーマを占めるようになり、ホームドラマというジャンルのもっとも大きな長所である庶民たちの生活、感性と悲哀は次第に消えていくことになる。このような点で、『三等課長』はジャンルとしての初期作だが、ホームドラマの頂点をなす映画のひとつであり、四月革命が鋳造した民主主義的な社会環境の恩恵を最大限に享受しているといえる。

イ・ギルソン（中央大学講師）

離れの客とお母さん　사랑방 손님과 어머니

1961年／シン・サンオク監督／35mm／モノクロ／シネマスコープ

製作会社：申フィルム　企画：ファン・ナム　監督：シン・サンオク　原作：チュ・ヨソプ　脚本：イム・ヒジェ　撮影：チェ・スヨン　照明：イ・ゲチャン　編集：ヤン・ソンナン
音楽：チョン・ユンジュ　美術：カン・ソンボム　出演：チェ・ウニ、チョン・ヨンソン、キム・ジンギュ、ハン・ウンジン、ト・グムボン、キム・ヒガブ、シン・ヨンギュン
韓国公開：1961年8月　主な受賞：第9回アジア映画祭 最優秀作品賞、第1回大鐘賞 監督賞

おばあさん（ハン・ウンジン）、お母さん（チェ・ウニ）、家政婦（ト・グムボン）がみな未亡人のため"寡婦の家"と呼ばれるオクヒ（チョン・ヨンソン）の家に、母方の伯父（シン・ヨンギュン）の友人であるハン先生（キム・ジンギュ）が下宿することになった。お父さんを一度も見たことがない6歳のオクヒは、ハン先生を父親のように慕う。オクヒのお母さんとハン先生は互いに密かに恋心を抱き、オクヒはそんな2人の間をとりもち、気持ちを伝える。オクヒからハン先生はゆで卵が好きだと聞き、お母さんは彼の食卓に毎日ゆで卵を置くことに。その日から連日家に立ち寄るようになった寡夫の卵商人（キム・ヒガブ）は、家政婦と互いの立場を慰め合って絆を深める。そして、やがて卵商人の子どもを妊娠した家政婦は、彼と再婚してオクヒの家を去る。ある日、伯父が訪ねてきてお母さんに再婚を勧める。おばあさんは心労で倒れるが、最終的にお母さんの再婚を許す。折しも、ハン先生はオクヒを介してお母さんに愛を告白する手紙を送るが、お母さんは姑とオクヒを気遣い、ハン先生の告白を断る。ハン先生はソウルにいる自分の母が危篤だという知らせを受け、ソウルに帰省す

る準備をする。彼が去る日、お母さんは食器棚に残った卵を茹で、オクヒを介して彼に渡す。そしてオクヒと裏山に登り、ハン先生の乗った汽車が去るのを見守る。

6歳の少女オクヒを一人称の語り手とし、母と舎廊房（サランバン）［主人の居室であり、客人の接待を行う部屋］の客との切ない愛を効果的に描いたチュ・ヨソプの小説『舎廊の客とお母さん』（「朝光（チョグァン）」1号、1935年11月）を映画化した『離れの客とお母さん』は「1960年代の最高傑作であると同時にシン・サンオク監督の代表作であり、映画史に残る作品」などと称され、かなりの賞賛を受けた作品として知られている。本作は「『夢』（1955）で実らせた文芸映画の思考を美学的に、より高い次元に引き上げた作品」であり、「映画『成春香』（p58）で見せた洗練されたシン・サンオク監督の腕前」が申フィルム［シン・サンオク監督が設立した韓国初の企業型映画会社］のわずかな資金によって大成功を収めた映画である。さらに「一幅の淡々とした水彩画のような作品」「しんみりとしつつも節度のある演出で、静かな感動を与えた作品」「子役俳優チョン・ヨンソンの明るい演技が観客の視線を集めた珠玉のような映画」として記憶された。また原作で起きる出来事の間に因果関係を設定し、事件を部分的に再配置したり、脚色して加えたりすることにより、文芸映画の性格を帯びながらもメロドラマの構造をうまく活かした映画でもある。つまり、原作とこの映画が製作された1960年代初期のさまざまな視点が、映画のストーリー内でぶつかりあっている。当時、

申フィルムが飛ぶ鳥を落とす勢いを見せていたシン・サンオク監督の意向をよく映し出すものであり、その重層的な構造は、本作を興味深いものにしている。

特筆すべきことは、『同心草』（1959）以来、貞節と忍耐のイメージで大衆に愛されたチェ・ウニが、再び"未亡人"役で登場することだ。彼女は現実とかけ離れた閉鎖的な時空間を背景に、結婚ができない運命的な障壁があるがゆえに、もっとも美しい存在である女性のロマンスを見せてくれる。離れと家の中という別々の空間にいるお母さんとハン先生がオクヒを介して近づき、オクヒの行動に従って代わるがわる映し出されることで、互いに対する感情が浮き彫りになっていく。カメラを通して示されるお母さんとハン先生の真意と、オクヒの言葉を介して伝達される内容は、ずれている。だが、それがこの映画の面白さを生み出している。また、原作にない家政婦と卵商人のロマンスを、お母さんとハン先生のロマンスに織り交ぜながら描く。これは、『成春香』（1961）における"春香（チュニャン）－夢龍（モンニョン）－香丹（ヒャンダン）－房子（パンジャ）"の人物構成と同じだ。家政婦と卵商人のコミカルなロマンスは、お母さんとハン先生の愛が帯びている別れる運命の高尚なロマンスと対照をなし、お母さんの貞節を際立たせる。

本作が最初から追求する美しさは、白い服を着て、端正に

本作は、主人公の男女の愛の成就や伝統の勝利を見せるというよりも、欲望が表現され、その欲望が回り道して達成される瞬間を描き、そこに注目する。

髪を束ねてかんざしを挿す母の姿である。自分の欲望を内面に隠し、貞操を守る未亡人のイメージ、よくある"伝統的な"韓国女性のイメージである。しかし、教会に通い、ピアノを弾く近代的な姿を見せながらも、未亡人としての自分の立場に与えられた社会的な制約に妥協する姿は、近代的な教育は受けたものの当時の社会的規範によって良妻賢母にならざるをえない女性像と重なる。本作は、姑の登場で浮き彫りになるように、自分に覆いかぶさる伝統的慣習に明らかに抑圧されており、耐えずそこに屈するように見えるが、実際は近代的な意味の愛とアイデンティティの自覚を随所に示し、伝統的慣習がいかに抑圧的であるかを見せている。美容院を営む友人や後半部の家政婦とは対照的に、韓服を着て髪を束ねたチェ・ウニが扮するお母さんは"伝統的な"韓国女性として描かれている。しかし、そんなお母さんがハン先生に抱くロマンティックな愛という感情自体が、すでに近代的なものだということができるのである。

　これはお母さんの家を実兄が訪れ、お母さんを再婚させるために連れ出そうとするや"出嫁外人"［嫁いだ家族は他人同然という意味。したがって再婚に口を出すのは筋違いであるという主張］という伝統的倫理を掲げて拒んだ姑が、そのことで病んでしまった数日後には嫁に再婚を勧め、互いに未亡人である姑と嫁が手を取り合って泣くという場面でクライマックスを迎える。彼女たちの泣き声は、伝統的な道徳が2人の未亡人に与えた痛みが爆発する瞬間であり、未亡人の再婚に対する世間の目と抑圧を表す瞬間でもある。このシーンによって本作は、離れの客に対する気持ちを整理するお母さんの伝統的圧力への屈服というよりも、若いときから未亡人として生きてきた姑という、もうひとりの女性の生き方に対する共鳴、そしてキリスト教の試練を耐え抜き、主体的な選択をする近代性との新たな関係を見せる。

　すなわち、本作は、主人公の男女の愛の成就や伝統の勝利を見せるというよりも、欲望が表現され、その欲望が回り道して達成される瞬間を描き、そこに注目する。離れの客間に入って帽子をかぶってみる瞬間、オクヒの嘘ではあったが離れの客が送った花に幸せを感じた姿、井戸での短い抱擁、そよ風が吹く丘での切ない求婚、オクヒが高熱を出したとき一緒にいた瞬間、抜きつ抜かれつオクヒと共に2人が歩いたこと。その記憶の数々が、古い儒教的家父長制の文化と新たに浮上する近代文化が交錯するメロドラマの世界に彼女を導いていく。本作は、儒教的文化と近代文化が"未亡人の再婚"

という事案をめぐって激しくぶつかる瞬間を描いている。だが、以前のように近代の女性に対する儒教の家父長的な秩序に関係づけたり、少し後の時代のように新しい近代的家父長制の秩序への統合に結びつけたりはしていない。また"諦めと従順の物語"のなかで揺れ動きつつ、伝統的な韓国女性でありながら同時に近代女性である姿を表現している。これらの点によって、この映画は特別なものになっているのだ。"韓国的な"女性のイメージとは、偏った伝統的な見方を表現したものではけっしてなく、むしろ朝鮮戦争以降、新たに押し寄せる西欧的な近代と伝統のはざまで、近代性、家父長制、女性の主体性の課題を解決しなければならなかった韓国の近代女性の負担と、その負担のなかで心の折り合いをつけようとした女性のイメージが潜んでいることを物語っている。

ピョン・ジェラン（順天郷大学教授）

ソウルの屋根の下 서울의 지붕밑

1961年／イ・ヒョンピョ監督／35mm／モノクロ／シネマスコープ

製作会社:申(シン)フィルム　製作:シン・サンオク　監督:イ・ヒョンピョ　原作:チョ・フンパ　脚色:キム・ジホン　撮影:チェ・スヨン　照明:マ・ヨンチョン　編集:キム・ヨンヒ　音楽:チョン・ユンジュ　美術:チョン・ウテク　出演:キム・スンホ、ホ・ジャンガン、キム・ヒガプ、チェ・ウニ、キム・ジンギュ、シン・ヨンギュン、ト・グムボン、ハン・ウンジン、ファン・ジョンスン　韓国公開:1961年12月

ソウルの小さな路地の最古参である韓方医キム・ハッキュ（キム・スンホ）は、無駄な意地を張っては妻（ハン・ウンジン）や子どもたちといざこざを起こしている。ひとりで美容院を切り盛りする娘のキム・ヒョノク（チェ・ウニ）は若き未亡人で、真向かいの産婦人科医チェ・ドゥヨル（キム・ジンギュ）と相思相愛の仲である。しかし、西洋医学を認めないハッキュはドゥヨルを羨み、嫉妬心から事あるごとに妨害する。一方、息子のキム・ヒョング（シン・ヨンギュン）は、近所の飲み屋の女主人（ファン・ジョンスン）の娘であるジョムネ（ト・グムボン）と付き合っていて、妊娠が発覚して結婚を決意する。しかし、ハッキュは息子の結婚に反対し、ついには息子を追い出してしまう。人相占いを生業とするパク主事（ホ・ジャンガン）、不動産仲介業を営むノ・モンヒョン（キム・ヒガプ）と悠々自適な生活を送るハッキュは、ドゥヨルをなんとか邪魔しようと思いめぐらす。ドゥヨルが市議会議員選挙に出馬するという噂を聞くと、自身も立候補することを決め、全財産を投げうって選挙活動に没頭する。結局、落選の憂き目にあったハッキュは、意地っ張りで強情な自らが招いた結果であると悔やみ、自責の念に囚われる。家を出て通りを彷徨っていたハッキュは交

通事故に遭ってしまう。病院で目を覚ましたハッキュは、その間、献身的に支えてくれたドゥヨルをとうとう婿として迎え入れることにする。また、時を同じくして、自分の孫を産んでくれたジョムネを嫁として認めることにする。

『ソウルの屋根の下』は、映画の脚本や撮影などに携わっていたイ・ヒョンピョの監督デビュー作で、チョ・フンパの小説『横丁の人々』を原作として作られた心温まる家族ドラマである。ソウルのとある横丁で、最古参のハッキュを中心に、彼の穏やかな日常と細やかな葛藤が繰り広げられる。主人公のハッキュと長い友人であるパク主事、モンヒョンの日常は、終始ずっと観る者の笑いを誘う一方で、まったく根拠のない自信をもって全財産を投じ、あっという間に落ちぶれた老人に成り下がったハッキュの窮状は、深い憐憫を呼び起こす。四月革命や5・16軍事クーデターなど政治が激変したこの時期、1961年のソウルを描いた『ソウルの屋根の下』は、さまざまな事情を抱えた人々の姿を通じて、笑いとその裏にある哀しみの感情を伝えている。

1960年代初頭から中盤にかけて、韓国映画界では、家族ドラマ、あるいはホームドラマと呼ばれるジャンルがひとつの流れとして形成された。1960年の『ロマンス・パパ』（p52）を皮切りに『朴さん』（p54）『荷馬車』（p60）などの作品がこの流れを主導した。『ソウルの屋根の下』も、1960年代初期に作られたホームドラマに分類される。このような作品に共通する特徴は、旧世代と新世代の対立と和解を描写している点

だ。これは作品が製作された時代の状況、特に、旧世代を象徴する李承晩(イ・スンマン)政権が退陣に追い込まれた1960年の四月革命と密接な関係がある。四月革命は社会をリードする世代が変わることを端的に表した事件だった。社会において世代交代が進む時期に、大衆文化のなかでも世代間の葛藤が描かれることは至極当然のことである。ところで、このような映画に出てくる世代間の対立がそれほど厳しく激しいものではなく、よって、さほど悲劇的な結末にも至らないというのは興味深いことだ。映画に出てくる父親たちは、年をとって職場から追い出される、時代に取り残された職業にいまだ従事しているといった理由で、収入を失ったり相応の収入を得ることができなかったりする。しかし、若い世代の子どもたちは、そんな父母世代に反旗を翻したり、つまはじきにしたりすることはない。むしろ、彼らを温かく包みこみ、新しい未来を誓う。そして、もう一度、尊敬を受ける家長として父親を立ち上がらせ、支えようとするのだ。結果的に、旧世代と若い世代の和解への道を大きな激しい衝突を描くことなく、淡々と導いていく内容となっている。

『ソウルの屋根の下』に登場する父母世代を理解するには、映画の中心にいる人物たちの職業に注目してみるとよい。横

ひとつ屋根の下で生活をともにする家族のように、『ソウルの屋根の下』は"ソウル"というひとつの"屋根"の下に集まって仲睦まじく暮らす隣人たちの姿を通し、新しい理想的な共同体像を見せている。

丁の最古参であるハッキュとパク主事、モンヒョンはそれぞれ、韓方医、人相専門の占い師、不動産仲介業を営んでいる。ハッキュの韓方薬局は、生活の場である母屋と繋がっており、その隣の部屋ではパク主事が人相を占っている。モンヒョンに至っては、不動産屋の主人といえば聞こえがいいが、仕事場どころかそれらしい空間もない。当然、やって来る客もいない。モンヒョンはハッキュの韓方薬局に居着いて、一日一日時間を潰しているだけだ。たいした仕事もなく、手持ち無沙汰な毎日を過ごしているのはハッキュとパク主事も同じである。彼らの元を訪れる客といえば、脈を測って妊娠だと診断するなり、やぶ医者呼ばわりして大声でわめき散らす飲み屋を営む女性や、お金を渡して嘘の相性診断をお願いする結婚を控えた若いカップルのみだ。彼らの職業は、それこそ社会から必要とされていない、誰からも尊敬されない、ただの"旧式"のものに過ぎない。それゆえ、向かいの産婦人科の医師であるドゥヨルは、ハッキュにとって目の敵でしかないのだ。ハッキュの立場から見ると、ドゥヨルは自分の客（それだけでなく自分の娘まで）を根こそぎ奪っていく商売道に反する恥知らずというわけである。ハッキュは面と向かって馬鹿にしたり、警察に嘘の通報をしたりするなど嫌がらせをしても、いつも通り礼儀正しく接するドゥヨルの態度が気に食わない。

しかし、前述したように本作が表現する世代間の葛藤とは、さほど深刻なものではなく、深刻といっても解決の糸口はそれほど複雑ではない。父母世代を代表するハッキュは子ども世代であり、かつ新しい世代の人間であるドゥヨルに対抗心を燃やして市議会議員選挙に出馬する。選挙活動にすべての財産を注ぎ込むが、ドゥヨルは彼に対する同情と尊重する気持ちから、自ら進んで市議会議員候補を辞退する。そして、ハッキュの長女であるヒョノクと結婚することで膨大な借金を抱えたハッキュ一家の救世主になろうと自分から申し出る。映画のなかで、いちばん激しくぶつかり合うのがハッキュとその息子ヒョングである。父が結婚に反対しているため家を出た息子の反抗は、親子の縁が切れてしまうほど深刻なものだった。しかし、彼らの衝突も子どもの誕生によって雪が解けるように跡形もなく消え去る。また、あるケースでは世代間の葛藤がすべて削除されたかのように存在しない。モンヒョンと再婚した女性の連れ子である、すでに成人した息子との間にはいかなる葛藤もない。戦争によって夫を失い、ひとりで息子を育てあげた苦労を思いやり、母の再婚を

祝福する息子は、親孝行の心があふれる人物である。しかし、これという稼ぎもなく、ただ毎日ぶらぶら過ごしているモンヒョンを自分の父親として、母親の再婚相手としてたやすく受け入れるということを、現実的にすぐ納得するのは難しい。それにもかかわらず、本作ではたいした葛藤もなく、彼らの間には和やかな関係が形成される。結局、対立の繰り返しを絶ち、和解して仲睦まじく調和する結末につなげるのは、子ども世代、特に若い男性の役割なのだ。

ひとつ屋根の下で生活を共にする家族のように、『ソウルの屋根の下』は"ソウル"というひとつの"屋根"の下に集まって仲睦まじく暮らす隣人たちの姿を通し、新しい理想的な共同体像を見せている。家族間の溝がどんなに深くても家族という名の下で解決できるのと同じように、ソウルの屋根の下に集う人々は、根深い誤解や互いにいがみ合うことがあっても最後はひとつになる。この意味では、映画のオープニングでソウルの風景をカメラが上空から捉える、中央の庭を四方が取り囲む伝統的な韓屋の屋根が寄り添って立ち並ぶ風景は意味深長である。

このように『ソウルの屋根の下』は、再建の希望と新しい結びつきを導き出している。朝鮮戦争による喪失感（劇中ではハッキュの長女であり、ドゥヨルと新たな家庭を築こうとするヒョノク、モンヒョンと再婚した女性が戦争未亡人として登場する）を、ソウルの空の下に集まる人々の調和が満たしていく。そして、前に進み、新しい世の中を築き上げようという希望、腐敗や無能化した既存世代に対し、新しい社会を牽引する若い世代は違うのだという希望のメッセージが映画全体を貫いている。しかもとても心温まる描き方で。

イ・ジユン（韓国映像資料院研究員）

1960年代　069

高麗葬 고려장

1963年／キム・ギヨン監督／35mm／モノクロ／シネマスコープ

製作会社:韓国芸術映画社　製作:キム・ギヨン　監督:キム・ギヨン　脚本:キム・ギヨン　撮影:キム・ドクチン　照明:ソ・ビョンス　編集:キム・ギヨン　音楽:ハン・サンギ
美術:キム・ヒョンギュン、パク・ソギン　出演:キム・ジンギュ、チュ・ジュンニョ、キム・ボエ、キム・ドンウォン、イ・イェチュン、パク・アム、チョン・オク　韓国公開:1963年3月

高麗葬[老境極まって働けなくなった老人を山に捨てる風習、または墓に生きたまま閉じ込めて葬ること]の習慣がある町に、ひとりの未亡人(チュ・ジュンニョ)が幼い息子グリョンを連れて嫁いだ。彼女を迎えた男には、何度か結婚を繰り返し、前妻たちが産んだ10人の子どもがいた。巫女はこの10人兄弟がグリョンの手によって死ぬだろうと予言する。この事実を知った兄弟たちはグリョンを殺そうと毒蛇を仕向けるが、グリョンは死なずに足が不自由になった。そのためグリョンの母は土地をもらい、家を出ていく。それから30年後、グリョン(キム・ジンギュ)は言語障害者と結婚する。10人兄弟がグリョンの妻を強姦すると、妻は彼らのうちの1人を殺し、グリョンも兄弟の他の1人を殺した。それからまた15年後、町はひどい旱魃に襲われる。巫女(チョン・オク)はグリョンの母が息子の背中におぶられて山に登ると雨が降るだろうと予言したが、グリョンは同意しなかった。しかし、異母兄弟のせいで、かつての恋人であるガンナン(キム・ボエ)と一緒に殺人の濡れ衣を着せられ、死の危機に瀕すると、母を背負い、山に登っていく。雨が降ればグリョンとガンナンを生かしてやるという異母兄弟の約束を信じたためだ。グリョンが母を山に置き去り

にし、下りてくると、雨が降る。しかし兄弟たちは約束を守らず、ガンナンを殺す。グリョンはすべては巫女のせいだと泣き喚きながら、神聖視されていた老木を切り倒し、この木の下敷きになって巫女も死ぬ。グリョンはガンナンの子どもたちを連れて種を撒きにいく。

『高麗葬』は1963年に登場した。後日、韓国映画史上もっとも独歩的なスタイリストとされるキム・ギヨン監督が、映画史に残る名作『下女』を作ったのは1960年。この3年の間には、もうひとつの野心作『玄海灘は知っている』(1961)も製作された。ここで作品を時系列ではない順番で並べてみたのには意図がある。1950年代中盤に映画を作りはじめ、1990年代序盤まで映画を撮っていたひとりの監督の長い年代記で、もっとも創造力あふれる時間がこの3年間であり、そのなかでも『高麗葬』は作品のトライアングルを完成させる最後の一本だからだ。実際、この後のキム・ギヨン映画は、これら3本の映画をベースに系譜を形成する。『下女』についての言及なしに『火女』(p104)と『虫女』(1972)『肉食動物』(1984)の奇異な男女関係を分析するのは難しく、『玄海灘は知っている』は、『兵士は死して語る』(1966)『レンの哀歌』(1969)などと同時代のトレンドストーリーという関連性をもっている。『高麗葬』は『異魚島』(p118)の神話的時空間に影響を与えている。キム・ギヨン監督の代表作を挙げるとき、3本の映画がよく言及されるのも1960年から1963年までの時間がもっとも根源的だということの証明である。

伝説や民話から来た『高麗葬』の物語は、キム・ギヨン監督のフィルモグラフィにおいてもっとも遠い過去の時制と超現実的な空間を扱っている。そのため、原始的な呪術とトーテム[ある集団と特別の関係をもつと信じられている特定の動植物や自然現象]が支配的だ。"高麗葬"について斗山(トゥサン)百科事典は次のように説明する。「老いて衰弱した両親を山に捨てたという葬儀の風習で、孝を強調する一部の説話から伝わっているが、歴史的な事実ではない。朝鮮時代に民間では縁故を確認することができない"古墳"を指す言葉として使われたりもした」。この定義で目を引くのは、古い墓である"古墳"に含まれている意味だ。いつもキム・ギヨン監督がもう一度作りたい映画として挙げていた『陽山道』(1955)は、やはり黄海道(ファンヘド)地方の伝説をベースにしたが、身分の差から愛を実らせることができなかった男女が結局は死に、墓の中で合葬されることで終わる。『高麗葬』でもっとも心血を注いだ場面も、老母を捨てるために登った山の上の巨大な墓だ。結局、2つの映画で重要なことは、現在を遡った時間の問題よりも、墓としての空間だと推し量ることができる。

キム・ギヨン監督が書いた『高麗葬』の企画コメントでは「四月革命のとき、学生たちは古木を打ち倒そうとして104の命を失った」というくだりがある。ここでの"古木"は、劇中

結局、重要なことは、現在を遡った時間の問題よりも、墓としての空間だと推し量ることができる。

で町を支配している巫女の神殿として登場するが、結局は処断の対象となる。"古墳"と"古木"という言葉に含まれた"古い"という意味を通して、『高麗葬』では既存の古いものとの対立というメッセージを伝えようとする。ところでここで面白いのは、同時代的イベントをストーリーの意識に潜ませるキム・ギヨン監督の手法だ。1960年に四月革命があり、翌1961年には5・16軍事クーデターがあった。前者が革命であったとすれば、後者は軍事クーデターである。本作は1963年に作られたため、四月革命の精神に言及するとしても、5・16軍事クーデター効果を排除することはできない。これについて『高麗葬』はどのような方法で対応するのか？

『下女』と『虫女』がそうであったように、実際の事件さえ（2つの映画は、新聞の社会面に載った実際の殺人事件がきっかけで製作された）極度のファンタジーへ転換させる特徴を見せるキム・ギヨン監督は、歴史と一時代をそのまま表現しようとしたことが一度もない。しかし、逆に想像の自由を謳歌するいかなる映画も、当代の時代精神と無関係なことはないと主張するのもまた、キム・ギヨン監督自身である。『高麗葬』を満たす寓話的なアレゴリー、捻じ曲げられた語法、象徴的なミザンセーヌ［フランス語で「演出」を意味する］は、そのうえもっとも政治的でストレートでもある。再び映画の外の時間、1963年に目を向けてみよう。国家の法が過度に干渉していたとき、韓国社会は家父長制的統治者による近代化プロジェクトを推進し、映画界は確固とした時代劇映画のトレンドが確立された。そのなかでもっとも強力な流れを形成したのは、『成春香』（p58）の成功以降、シン・サンオク監督が確立した朝鮮王朝の時代劇だ。特に統治者の徳目を問う『燕山君』（1961）と『暴君燕山』（1962）の相次ぐ成功は、時代の要請に合っていたためと考えられる。ここで映画が思い出させる過去のイメージは、大きな意味をもつ。"過去を背景にした映画"を通称して時代劇と呼ぶとき、時代劇が作り上げる過去のイメージは、当時の人たちの歴史認識を構成することでもある。つまり、すべての時代劇映画は、それが製作され、消費された時代の周辺的な歴史認識を構成するのだ。このような点から1963年に選択された『高麗葬』の遥かに遠い過去は、実に異質である。

巫女の信託統治があった古代という時間。このなかで『高麗葬』は強力な父親を早く退場させ、息子たちの分裂に焦点を合わせる。この息子たちは足の不自由なグリョンと10人の兄弟に分かれる。グリョンの足が不自由になったのは、巫女の予言のせいだ。結局は巫女がグリョンが10人兄弟を殺すという予言をしたため、10人兄弟は義理の弟であるグリョンを蛇に噛ませた。この後、身体的に弱者になったグリョンは、言語障害をもつ妻をめとるなど、アウトサイダーの人生を生きざるをえなくなり、町の井戸を独占した10人兄弟は、経済力と暴力を武器に権力を振りかざす。旱魃と飢餓に苦しむ共同体には、巫女という精神的指導者と10人兄弟という物理的執行者の二重の足かせが重くのしかかる。

グリョンと母が孝の徳目として結ばれた善の軸なら、権力を強化するために二元化させた巫女と10人兄弟は悪の軸である。父が不在のこの町では、善悪に分けられた2つの軸は、それぞれ古いものと新しいものであるという2項に配置されている。このなかで老母を生き埋めにしなければならない"高麗葬"は、グリョンにとっては倫理的な問題、巫女と10人兄弟にとっては統治イデオロギーの問題になる。結局、本作は巫女の予言が実現することで幕を閉じるが、なかなか消え去らない前近代性と、そのために苦しむ近代性の衝突がアンビバレントに絡み合っている。『高麗葬』は、たとえ20分間あまりのビジュアルが失われたというハンディキャップがあるとしても、キム・ギヨン監督のすべての映画を貫通するテーマがもっとも熾烈に表れるという点で重要な作品だ。また、徐々に怪物になっていくキム・ギヨン監督の女たちがどこから来るものなのかを明らかにするという点で、『高麗葬』は「女」シリーズ全体と呼応する作品だ。

イ・ヨノ（映画評論家）

帰らざる海兵 돌아오지 않는 해병

1963年／イ・マニ監督／35mm／モノクロ／シネマスコープ

製作会社:大元(デウォン)映画社　製作:ウォン・ソン　監督:イ・マニ　脚本:チャン・グクチン　脚色:ハン・ウジョン、ユ・ハンチョル　撮影:ソ・ジョンミン　照明:チャン・ギジョン
編集:キム・ヒス　音楽:チョン・ジョングン　出演:チャン・ドンフィ、チェ・ムリョン、イ・デヨプ、キム・ウナ、トッコ・ソン、チャン・ヒョク、チョン・ヨンソン、チョン・ゲヒョン
韓国公開:1963年4月　主な受賞:第3回大鐘賞 監督賞、第1回青龍映画賞 監督賞、集団演技賞

　朝鮮戦争中、海兵隊の部隊が仁川(インチョン)上陸作戦に参加する。"虎"と呼ばれる分隊長(チャン・ドンフィ)が率いる隊員たちは廃墟になった市街地に入り、北朝鮮軍と銃撃戦を繰り広げる。とある母娘が建物から逃げ出してくるが、少女だけが生き残る。建物の中で、虐殺された住民たちのなかに妹を見つけたクー等兵(イ・デヨプ)は絶叫する。ソウルを奪還した後、部隊は北進し、分隊員は孤児になった少女ヨンヒ(チョン・ヨンソン)を軍隊の袋の中に隠して行軍する。チェ海兵(チェ・ムリョン)が配属されると、クー等兵は彼の兄が妹を殺したと殴りかかる。ヨンヒが部隊に正式に所属することになり、分隊員たちは騎馬戦で勝った賞金でマッコリパーティーを開く。

　クリスマスを2日後に控えたある日、外泊に出かけ、飲み屋の女たちと時間を過ごしていた隊員に部隊復帰命令が下り、隊員たちは中国人民志願軍の人海戦術で被害を受けた前線に投入される。隊員たちはヨンヒが送ったクリスマスの手紙を読み、分隊長は最後の一戦を控えた隊員を激励する。人海戦術を繰り広げながら押し寄せる中国人民志願軍によって隊員たちは1人、2人と命を落とし、通信兵のキム海兵(キム・ウナ)が援軍を求めに行ってい

る間も隊員たちは、残った中国人民志願軍と戦闘を繰り広げる。キム海兵はヨンヒに会い、クー等兵に頼まれたとおり「全員無事だ」と嘘をつく。中国人民志願軍が後退し、クー等兵の死体の前で生き残った分隊長とチェ海兵がすすり泣く。

　『帰らざる海兵』は朝鮮戦争時の戦場で悪戦苦闘する海兵隊員の姿を写実的に、そして荘厳に描いた韓国映画史に残る記念碑的な戦争映画だ。この映画はイ・マニ監督の出世作であり、その後の戦争映画製作の活性化に大きな役割を果たした。

　当代最高の人気俳優だったチャン・ドンフィをはじめ、チェ・ムリョン、チャン・ヒョク、ク・ボンソ、イ・デヨプ、キム・ウナ、トッコ・ソンなど超豪華なキャストで作られたこの映画は、第1回青龍映画賞で監督賞と共に集団演技賞という名で特別賞を受賞した。これは1963年当時、この映画の人気ぶりと、本作が描いた男たちの世界がいかに人々の心にアピールしたかを推測させる。

　『帰らざる海兵』で海兵隊員は、仁川上陸作戦で助けたヨンヒと苦楽を共にしながら、熱い人間愛を見せる。彼らは全員、生きて帰ることを望みながらも、戦場という極限状況に壮絶に立ち向かう人物たちだ。イ・マニ監督は、生と死の岐路に投げ込まれた海兵隊の姿を通して、戦争の悲劇をヒューマニズムに昇華させた。韓国の既存の戦争映画が、悲劇的な実像や人物たちの敵対的な関係を平面的に描写していたことに比べ、『帰らざる海兵』の人物たちは、それぞれ個性を備えた立体的な性格をもっている。

　イ・マニ監督は、この映画でさまざまな人物像を見せようとしながら、男性の義理堅い世界と写実的な戦闘シーンに多くの気を配った。本作は、当時としては壮大なスケールとスペクタクルを見せる。韓国映画の平均製作費が200～300万ウォンだった時代に、『帰らざる海兵』は880万ウォンの製作費をかけた。海兵隊から大規模な支援を受けて撮影した戦闘シーンは危険を顧みずに、リアリティを活かすためにM1小銃、戦車、実弾にダイナマイト、TNT爆薬などすべて実際の軍事装備を使用した。映画に登場する約3000人の兵士も大部分は本物の軍人たちだ。仁川上陸作戦で橋を爆破する場面で水柱が上がるように途方もない量の爆薬を使用し、いちいちタイヤを燃やして戦場の白い煙の効果を作り出しもした。そして当時はズームレンズがなく、毎回、クレーンを動かしながらクロースアップとロングショットを撮影した。

　『帰らざる海兵』の戦闘シーンでは実際に実弾と爆弾を使用したため、大なり小なり事故も多かった。クー等兵役のイ・デヨプは、目に破片が刺さり、片方の目が今でも見づらく、ある中国人民志願軍役のエキストラは、爆弾で片足が吹き飛ばされた。そしてソ・ジョンミン撮影監督は爆弾がカメラ近くで爆発したため、顔中あざだらけになったこともあ

072　韓国映画100選

イ・マニ監督は、生と死の岐路に投げ込まれた海兵隊の姿を通して、戦争の悲劇をヒューマニズムに昇華させた。

る。多くの爆発場面でカメラレンズに土と破片が飛び、この映画の撮影が終わるとレンズを捨てなければならなかった。

人海戦術で押し寄せる中国人民志願軍との最後の激戦で生き残った分隊長役のチャン・ドンフィの「シャベルを持って土と戦う優しい父親、優しい夫になりたい」という涙まじりの告白は大袈裟ではあるが、戦争の悲劇を我々の心に刻みつける。一方、『帰らざる海兵』は当時の他の戦争映画のように反共思想やイデオロギー対立をあおる台詞がほとんどない。凍りついた尾根を行軍し、溶けた大地を見たク・ボンソが「戦場にも日の当たる場所があるんだな」と言ったり、中国人民志願軍との熾烈な肉弾戦が終わった後、「殺さなければ、肉弾戦もやりがいのある運動だな」と語ったりするように、素朴なヒューマニズムを吐露する台詞が多い。これらの台詞には新派的な要素もあるが、ヨンヒが海兵隊の一部隊のマスコットになるという設定から、登場人物と観客の共感に訴えているということがわかる。

ナレーションが伝えるシーンは、海兵隊員の活躍する姿を幼いヨンヒの目で見つめるように描く。さらに、隊員たちが吐き出す最後の台詞は、悲壮感を誇張する。銃に撃たれて倒れた兵士は、自分の過去と故郷の両親と恋人を思い浮かべながら、長い死の時間を迎える。そのなかでク・ボンソはたやすく目を閉じることができず、死の直前「俺が面白いことを言えば、おまえら笑ってくれるか？ 俺が死ねば、誰がおまえらを笑わせるんだろう」と言いながら、自分の役割と使命について語りながら息を引き取る。これはおしゃべりで、ひょうきんな登場人物の内面にも、他の人物と同じくらい深い世界と悩みが隠されていることを告白する瞬間であり、悲壮感を加える常套句でもある。

イ・マニ監督の作品には朝鮮戦争を題材にした映画が多いが、これは主に戦争の意味を執拗に探りながらヒューマニズムを強調する作品だ。イ・マニ監督はけっして少数の戦争の英雄を描こうとはしない。むしろ戦争のなかで疎外された人間とその関係を扱おうとした。朝鮮戦争の期間を含め、5年間を軍で過ごしたイ・マニ監督は、自分の戦争に対する記憶と経験を自らの人間観と結合させた。イ・マニ監督の戦争映画は、同じ民族が相争う悲劇と反戦意識を土台にしていると同時に、戦争のスペクタクルと極限の状況、男性たちの絆という家族的な観点を内在させている。

シン・ガンホ（大眞大学教授）

1960年代　073

金薬局の娘たち 김약국의 딸들

1963年／ユ・ヒョンモク監督／35mm／モノクロ／シネマスコープ

製作会社:極東興業　製作:チャ・テジン　企画:チョン・ヨンギョ　監督:ユ・ヒョンモク　原作:パク・キョンニ　脚本:ユ・ハンチョル　撮影:ピョン・インジプ　照明:パク・ジンス　編集:ユ・ヒョンモク　音楽:キム・ソンテ　美術:イ・ボンソン　出演:チェ・ジヒ、オム・エンナン、ファン・ジョンスン、キム・ドンウォン、カン・ミエ、ファン・ヘ、パク・ノシク、ホ・ジャンガン、イ・ミンジャ、シン・ソンイル　韓国公開:1963年5月　主な受賞:第11回アジア映画祭 悲劇賞

　統営(トンヨン)の有力者である金薬局のキム・ソンス(キム・ドンウォン)一家は、日本統治時代に入って新薬が普及したために薬局をたたみ、漁場のよい場所まで日本人に奪われ、暮らし向きが悪くなっている。よくないことはさらに続き、一家の娘たちもやはり順調ではない人生を送る。三女のヨンナン(チェ・ジヒ)は、欲望のままに行動する本能的な女性で、使用人のハンドル(ファン・ヘ)と関係をもったことを父に知られる。ハンドルは追い出され、ヨンナンはアヘン中毒者のヨナク(ホ・ジャンガン)と結婚するが、ヨナクの暴力や虐待で実家にたびたび逃げ帰る。長女のヨンスク(イ・ミンジャ)は若くして未亡人になり、息子を看ていた医師と関係をもって生んだ赤ん坊を殺し、家からはほとんど見捨てられ、ひたすら金を貯めることだけで生きていく。困難な状況を打開するため、ソンスは大金を借りてエンジン付きの船を買うが、事故が起きて船員たちが死に、その補償で財産を使い果たす。ソンスは、漁場を管理してきたギドゥ(パク・ノシク)と四女のヨンオク(カン・ミエ)を結婚させるが、ずっと不漁で、ギドゥは酒浸りになって暮らす。さらには、舅がヨンオクに乱暴しようと虎視眈々と狙っている。そんなある日、再びやって来たハンドルと密会していたヨンナンを見つけたヨナクが彼らを殺そうとする。これを

止めようとした母(ファン・ジョンスン)はヨナクの斧に切られて死に、ヨンナンは狂ってしまう。こうした悲劇に、教師生活をしている新女性[日本統治時代以降の新しい教育を受けた女性たち]の次女ヨンビン(オム・エンナン)は、統営から永遠に去ろうとするが、彼女に好意を寄せるガングクの説得で父の土地に残ることにする。

　"多島海(タドヘ)の近くにある静かな漁港"統営を背景に"封建的な因習や宿命の下に生まれた人間の悲劇を三代にわたって描いた"朴景利(パク・キョンニ)の同名小説を原作にしたこの映画は、ユ・ヒョンモク監督の文芸映画の代表作に挙げられる、ずば抜けた秀作だ。監督は「小説的な描写が、映画的な映像でさらに優れた成果を収められたら」という原作者の願い通りに、優れた映像美と迫真に満ちた演出で、前近代的な価値や倫理観の中で破滅していくひとつの家族のありさまを興味深く描いている。

　映画は、ソンスの母親が、性格が粗暴な夫の嫉妬のせいで砒素を飲んで自殺するシーンから始まり、曾祖母の「砒素を飲んで死んだ子孫は血が乾いて死ぬというけれど……」という台詞で、すでに悲劇的な結末を暗示する。30年が過ぎた後、成長したソンスと次女のヨンビン、未亡人となった長女のヨンスク、砒素を飲んで死んだ祖母似の三女ヨンナン、家事の切り盛りを引き受け、天使のように穏やかな末娘のヨンオクと彼女たちの母親の様子が描かれる。ソンスを中心にして彼の5人の娘たちについて書いた原作小説と異なり、映画では4人の娘と彼らの母親を主人公に物語を進めていく。何より

　この映画の魅力は、この5人の女性の異なるキャラクターと女優たちの優れた演技だ。物語の中心を占めるヨンビンは「新薬がどんどん出る」から薬局を廃業したのは正解だったと言って母親の不満を受け止める。彼女は新しい教育を受けた敬虔なキリスト教徒であり、近代的な人物として描かれている。もちろん、みんなが平等であるという教えを信じる彼女でさえ、妹のヨンナンが使用人のハンドルといい仲になると「ハンドルと結婚するなんて。うちの使用人なのに」と言うが、ヨンビンは劇中で他のどんな人物よりも理性的であり、傾いていく金薬局の家計を継いでいく"息子"のような役割を果たしている。

　ヨンビンと正反対のところにいる三女のヨンナンは、自分の欲望に正直で羞恥心もなく、助け合いや思いやりなどという概念のない本能だけの人物だ。当然、前近代的な価値観の下では彼女のふるまいは許されない。アヘン中毒で性的不能者の夫ヨナクに激しく嫉妬され、彼に愛人のハンドルと母親を殺された彼女はついには精神がおかしくなり、髪を振り乱して統営一帯をさまようようになる。ヨンナンがこの映画でいきいきと描かれているのは、チェ・ジヒのすばらしい演技

原作者の願い通りに、優れた映像美と迫真に満ちた演出で、前近代的な価値や倫理観の中で破滅していくひとつの家族のありさまを興味深く描いている。

によるところが大きい。ヨンナンは、使用人のハンドルが敷居に座ると、すらりとした足が丸見えになった足袋の足先で彼をぽんぽんと叩き、彼女に気があるギドゥにもそっと餅のかけらを投げて誘惑するなど、自分の性的な魅力を思いきり誇示する。ハンドルと密かに愛し合っているところを父に見つかると、凶暴な獣のように姉のヨンビンに食ってかかる。

長女のヨンスクもやはり、見方によってはヨンナンのように自分の欲望に正直だが、とても計算高い人物だ。男をこっそり部屋の中に入れ、子どもができると中絶した彼女は、高利貸しになって母親にも冷たく振る舞う。前半部で、いとこのテユンが買ってきた林檎までも洗って自分のふろしきに入れるヨンスクは、美徳や倫理、大義名分をもちあわせた劇中の人物のうち、おそらくもっとも異質ではないかと思われる。彼女たちの母親は、前近代的な母親の典型として、娘たちのあらゆることについてこまごまと面倒を見る。呼び寄せられるあらゆる苦難を打破しようと巫女を呼んで厄払いをし、老木の神霊に自分の不幸や人間の愚かさを訴える。

『あなたと永遠に』（1958）からユ・ヒョンモク監督と一緒に仕事をした撮影監督ピョン・インジプのカメラは、これらの人物の憂いや恐れを克明に描くように動く。母親は、彼女が信奉する老木が画面を埋めたシーンに映ったり、教会の鐘楼裏の中央の場面で魂が抜けたように立っていたり、豪雨の夜に落雷で燃え上がる老木の陰にぼんやりした被写体として映ったりしている。ヨンナンは、前半ではハンドルに会うために、後半ではヨナクの暴力から身を避けるために床下に潜み、かなり押し込められた枠の中に低いアングルで捉えられたりしている。また母親が厄払いをするシーンで、クロースアップで捉えられた巫女が本性を失ったヨナクに入れ変わり、横たわっている母親がヨンナンに入れ変わる夢の場面、豪雨のなかで暴れ狂ったヨナクがハンドルと母親を殺し、彼らの血だらけの死体を背景に教会の鐘が響く場面などは、きわめてグロテスクに撮影され、映画の後半部の緊張感を高めている。

原作の膨大な物語を108分という限定された時間内に縮めてまとめるのには限界もあっただろうが、何より、まったく違う別の結末（小説では、ヨンビンは父が亡くなった後に末っ子のヨンへを連れて統営を離れるが、映画では、ガングクと結婚を約束したヨンビンが父のそばにとどまるという話になっている）は、公開当時も議論の対象になっていたようだ。だが、当時のほとんどの日刊紙で「原作の暗い結末を明るく照らそうとするように……希望の台詞を強要しているが……演出者の緻密な構図や芸術的な目が、見栄えのよい映像を作り出した。ここでピョン・インジプのカメラが大きな支えになったのはいうまでもない」「小説の内容を圧縮して4人の娘にだけ焦点を当てたが、統営でのロケなど、映像に注力した画面の新鮮な感覚や、演技陣の際立った好演は見る価値がある」「韓国的な母性愛という下地や、絶望の意識でもがく人間像を日本統治時代の韓国のなかに描いたということが、意欲を奮い立たせる。前近代から近代への移り変わりのようなテーマが素晴らしい」という好評を得た。本作は、韓国最高の知性派監督と呼ばれたユ・ヒョンモク監督の映像美学をうかがい知ることのできる秀作であることは間違いない。

オ・ソンジ（韓国映像資料院プログラマー）

血脈 혈맥

1963年／キム・スヨン監督／35mm／モノクロ／シネマスコープ

製作会社：漢陽(ハニャン)映画社　製作：ペク・ワン　監督：キム・スヨン　原作：キム・ヨンス　脚色：イム・ヒジェ　撮影：チョン・ジョミョン　照明：ソン・ヨンチョル　編集：ユ・ジェウォン　音楽：チョン・ユンジュ　美術：パク・ソギン　出演：キム・スンホ、シン・ソンイル、ファン・ジョンスン、オム・エンナン、シン・ヨンギュン、チェ・ムリョン、キム・ジミ　チョ・ミリョン、チェ・ナミョン　韓国公開：1963年10月　主な受賞：第3回大鐘賞 最優秀作品賞、第1回青龍映画賞 作品賞

　北からやって来た人々が住む解放村[朝鮮戦争期に北から逃げてきた人々が暮らす村。元々は日本統治後、海外から帰国して住みはじめた人もいた。ソウル市の龍山地区などにある]の急斜面。男やもめのキム・ドクサム(キム・スンホ)は、息子のゴブク(シン・ソンイル)に米軍部隊で働くよう強いる。一方、隣に住む咸興出身で咸興宅(ハムンテク)と呼ばれるオンメ(ファン・ジョンスン)は、娘のボクスン(オム・エンナン)に無理やり打令(タリョン)[韓国の民族音楽・民謡]を教え、妓生(キーセン)にさせようとする。また別の隣人である若いウォンパル(シン・ヨンギュン)は、幼い娘と煙草の吸殻を集めて食いつなぎ、妻が病気で瀕死の状態であるにもかかわらず、病院に一度も連れていくことができない状況だ。ウォンパルの弟ウォンチル(チェ・ムリョン)は、日本で大学まで出たのに小説を書くと言って就職せずにいたが、建設現場で肉体労働を始める。自分たちのやり方を押しつける親に反発して家を飛び出したゴブクとボクスンは、永登浦(ヨンドゥンポ)の紡績工場に一緒に就職する。息子と娘に会いに来た2人の父(キム・スンホ、チェ・ナミョン)は"父親たちはこんなありさま

だが、君たちはもっと成長していくべきだ"と言い、互いに愛し合う2人の婚姻を許す。そして、4人は幸せそうに一緒に歩いていく。

　キム・ヨンスによる同名戯曲を映画化した『血脈』は、ソウルの場末にある貧民街に暮らす、3つの家族の物語を描いている。北海道の炭鉱から戻り、不動産の仲介をしながら息子のゴブクと一緒に暮らす髭面のドクサム。鋳掛屋(いかけや)のカントン翁と娘のボクスン、そして後妻であるオンメの3人が暮らす北からの避難民一家。東京に留学した弟ウォンチルと病を患う妻、障害をもつ娘のミジャ、日本から帰国し老婆と一緒に暮らすウォンパルの家族。これらの家族が主人公だ。ドクサムは息子を米軍部隊に就職させようとし、オンメはボクスンを妓生にして貧困から抜け出そうとする。苦労して働いても病気の妻を病院に連れて行くことができないウォンパルは、理想主義者である弟ウォンチルが不満である。

　原作は、1946年のソウル・城北洞(ソンブク)の防空壕を舞台に3家族の貧困生活を描き、それぞれの家族が葛藤する構図を通して当時のさまざまな問題意識を表現した。ドクサムとカントン翁が抱える子どもたちとの不和が、旧世代の俗物的な拝金主義に起因するものであるとすれば、ウォンパル兄弟の問題は、現実主義者と理想主義者との間の葛藤によるものだ。日常生活に縛られているウォンパルは、社会運動をするウォンチルが恨めしく、経済的に無力な弟は、自分の夢を無視する兄を

遠ざける。このように戯曲は、日本統治からの解放後、社会的な混乱と経済的な貧困のために苦しむ貧民の生活を描くと同時に、作品の中心にいるウォンパルとウォンチル兄弟を通じ、当時の現実の不条理と理想主義者の挫折、そして真の解放に対する啓蒙主義的主張を繰り広げている。一方、映画は時代的背景を薄めることで、当時流行していた庶民劇に形を変えた。政治性が排除された貧民村の空間で、ウォンチルの役割は縮小された反面、ドクサムとオンメはより大きな役割を担うことになった。よって映画は、貧しくもたくましいどん底の人生の旅を躍動的に描き出すことに重点を置いている。

　特にドクサムとオンメにスポットライトを当てたのは、当時のホームドラマの主人公であるキム・スンホのスター性と無関係ではなく、たくましい役を演じるファン・ジョンスンもまた、同ジャンルでよくあるタイプの人物像であるためだ。ゆえに、映画はドクサムとオンメに代弁される物欲に駆られた旧世代と、それに反抗する新世代の葛藤を前面に打ち出している。倫理や良心を捨てた貪欲なドクサムとオンメのような人たちは、より建設的な未来を夢見るゴブクとボクスンのような新世代と対立する。結局、ゴブクとボクスンは家

ソウル駅近くの丘にある映画の舞台の貧しい村は、都市がひと目で見渡せる場所に位置する貧民村という空間の喜劇的二重性をよく表している。

を出て、永登浦にある工場に就職する。この二つの家族は、映画に喜劇的な面白さを与え、ホームドラマらしく世相を風刺するキャラクターだ。それに対してウォンパル家族は、暗鬱な社会が生み出す悲劇の典型的な例そのものだ。特に部屋の真ん中に横たわる病気の妻は、これらの不幸を象徴する存在である。

しかし映画のなかでもっとも顕著な変化のひとつは、オクヒ（キム・ジミ）だ。原作では、彼女はダンスガールとして人気を得て防空壕を脱した人物で、お金がもたらす快楽に陥った何も考えていない人物だ。映画では、オクヒの職業が米兵相手の娼婦に変更され、ウォンチルと恋人の間柄だったという設定になる。娼婦にもかかわらず、オクヒは自分の境遇を悲観せず、ウォンチルを助けようと努める。同時代の映画によくある売春婦のタイプとは異なり、オクヒは本作の登場人物のなかでもっとも健全でポジティブだ。映画の結末でオクヒは家を修理するウォンチルの前で、ミジャの母親の役割を気取ってみせる。2人の幸せな結末が予想されるこのようなシーンは、他の映画が売春婦を社会的に排除し、処罰する慣行に逆行している。

もうひとつ注目すべき変化は、ゴブクとボクスンで締めくくられる結末である。原作では、永登浦の工場に逃避した2人が幸せなのか、はっきりしない。卑屈な米軍部隊の雑用係や妓生になるよりは堅実で生産的な職業を選んだということだけが示される。しかし映画はハッピーエンドで終わらせるために、織物工場で産業の担い手として一生懸命働く若い世代の姿をはっきりと映し出す。かつて近代化のイメージの象徴だった煙を吐き出す工場の煙突を背景に父を喜んで迎えるゴブクとボクスンは、映画が想定した明るい未来を示す。もちろん1963年の観客が感じる工場労働者との違いはあるだろうが、現在の視点で眺めると、この結末はかなり皮肉である。さらに話の展開上、彼らが産業の担い手になったことで家族と世代の葛藤が修復されるという、やや強引な論理は、当時も「安易だ」という非難を受けた。

しかし、この映画の長所は、ありがちな結末にもかかわらず、従来のホームドラマの典型的な人物構図を脱し、いきいきとした人物描写と細やかな現実描写を通して、典型的な商業映画の限界を超えている点である。台詞が一言もなく、表情だけで本音と建前をもつ清津宅役を演じたチョ・ミリョンと、バーのオーナーの華山宅役のボク・ヘスクなど、脇役にもスター級の俳優が総出演し、個性的な演技を見せてくれ

る。また城北洞の防空壕という原作の演劇的空間を脱し、ソウル駅近くの丘にある映画の舞台の貧しい村は、都市がひと目で見渡せる場所に位置する貧民村という空間の喜劇的二重性をよく表している。

1950年代、コメディの熟達した演出者として高い評価を得たキム・スヨン監督が、漢陽映画社とタッグを組んで意欲的に製作した本作は、原作の写実主義的悲劇と、キム・スヨン監督が得意とするコミカルな庶民ドラマを曖昧に結びつける。庶民劇の特性であるハッピーエンドにするために、ウォンパルの妻ハン氏の死は、兄弟間の和解と家族が再び団結するための前哨戦のように位置づけられた。悲劇的な死が残した影を慌てて消し去り、地に足をつけて生きるウォンチルの姿と、産業の担い手としての座をつかんだゴブクとボクスンの幸せを描いてみせるのは、不幸を隠すには多少ぎこちない。それにもかかわらず、日本統治時代からの解放直後の社会像を赤裸々に描き出そうと意図した『血脈』は、商業映画があふれるなか、真摯を貫こうとした監督の意欲を示している。

イ・ギルソン（中央大学講師）

1960年代　077

裸足の青春 맨발의 청춘

1964年／キム・ギドク監督／35mm／モノクロ／シネマスコープ

製作会社:極東興業　製作:チャ・テジン　監督:キム・ギドク　脚本:ソ・ユンソン　撮影:ピョン・インジプ　照明:パク・ジンス　編集:コ・ヨンナム　音楽:イ・ボンジョ　美術:ノ・インテク　出演:シン・ソンイル、オム・エンナン、イ・イェチュン、ユン・イルボン、イ・ミンジャ、ツイスト・キム　韓国公開:1964年2月

不良のドゥス（シン・ソンイル）は、やくざのボス（イ・イェチュン）の指示で密輸した時計の運び屋をしていた。ある日、ドゥスは不良仲間に絡まれた2人の女子大生を助ける。車から刃物を持って降りてきた不良の頭は、ドゥスとの格闘の末、誤って自分を刺して死ぬ。ドゥスは逃げ出したときに時計を落とす。ドゥスが殺人事件の容疑者と目されるや、ドクテ（ユン・イルボン）はドゥスに自首を勧める。ドゥスは刑事の取り調べを受けるが、彼が助けたオム大使の娘ヨアンナ（オム・エンナン）の証言で釈放される。外交官の娘として上流階級の生活に慣れたヨアンナと、孤児として育ち、組織の下っ端としての稼業で日々を送ってきたドゥスは、互いに異なる生活環境と雰囲気の相手に好感をもち、急速に親しくなる。熱心なキリスト教信者のヨアンナは、ドゥスも心を入れ替えれば人が変わると信じ、母親にドゥスの仕事を探すように頼む。しかし2人の交際を断固として反対する母親は、ヨアンナをタイに送り出そうとする。しかし彼女はドゥスと共に逃げ、田舎の粉ひき小屋で、切なくも心楽しい時間を過ごす。翌朝、老人が

情死した2人を発見し、警察に通報する。ヨアンナの豪華な葬式に比べ、孤児のドゥスはアガリ（ツイスト・キム）が荷車に乗せていくだけだ。アガリはドゥスの裸足の足に自分の靴を履かせる。

　1960年代の韓国映画界で『裸足の青春』がどのような存在であったかについて、長々と語る必要はないと思える。『裸足の青春』は、ソウルの観客を25万人動員した当時最高のヒット作であり、映画のあちこちに当時の大衆の感受性を代弁する文化的なアイコンが存在している。何よりも1963年前後に若い観客を集めた青春映画の決定版であったし、おかげで監督のキム・ギドクは"青春映画の旗手"という名を与えられるまでになった。当時、外国映画ファンの若者たちもこの映画が上映されるとアカデミー劇場に押し寄せ、映画の随所に熱い共感と熱狂を寄せた。本作なくして韓国の大衆映画を語ることは難しいといえるほど、のちに亜流の作品が多く上映され、『裸足の青春』は韓国映画のなかで無視できない流れをリードしていった。

　映画の主人公は、両親の庇護もなく、不遇の日々を送る孤児の青年だ。そのうえ彼は、劇中での彼自身の言葉をそのまま借りるなら「誰もが毛虫より嫌うごろつき、やくざ者」であり、「ゴミくず」で「社会の癌」のような存在だ。大学生を若者の代名詞としていた以前の青春映画と違い、『裸足の青春』は不遇な身寄りもない孤児のやくざ者が、韓国において青春時代を代弁する人物になったある種の原点であった。生まれながらの不遇ゆえ両親とも縁がなく、家出して放浪したり、心に飢えを抱く若者の人生が、1960年代中盤以降に韓国映画が好んで取り上げるテーマになったのには、『裸足の青春』の力が大きい。同様に1960年代中盤以降、やくざ者が韓国映画の主題として格別に愛されるようになる要因にもなった。

　しかし、この映画は少なからず酷評も受けた。日本映画『泥だらけの純情』（1963、中平康監督）のシナリオをそのままもってきた模倣にすぎない、という皮肉がそれだ。日本文化の流入や流行を警戒する否定的な見方がされ、具体的な現実とはかけ離れた多くの非難にさらされた。こうした非難は、ある程度は反論しにくい面があったかもしれない。国籍不明の若者、ないしは、"借りてきた青春"といわれるほど、映画に登場する青年たちの人生は、洋風の生活スタイルで身を固めていた。彼らが楽しむ消費文化は、現実では見られないものであり、映画に登場する若者たちの自由奔放で、溌剌とした様子は、1960年代の韓国社会の雰囲気とは、やはりかなりの距離感があるように見えた。孤児の青年が上流階級の女性と命を懸けた恋をするという内容も同様に現実離れしていた。貧しいどん底生活をするチンピラが外交官の娘と愛し合うが、結局、現実の壁にぶつかってしまうという設定は通俗的であり、メロドラマのようだ。愛するがゆえに死さえも喜んで受け入れようとする結末は、その姿勢に限れば妥協を許さないということだが、ばかげたロマンティシズムでしか

明らかなのは、新しい世代のカルチャーについてこれほど感覚的に反応した映画も稀であるという事実だ。

ないと見られるものだった。

だが明らかなのは、新しい世代のカルチャーについてこれほど感覚的に反応した映画も稀であるという事実だ。何よりもこの映画は、1960年代の青少年たちが置かれた社会的状況と、彼らが共有していた世代の文化を確認させてくれる面もあった。社会的、政治的抑圧と、経済的な窮乏のなかで生きているが、同時に喫茶店やジャズのような文化を消費して楽しむという若者たちの、分裂した二面的な時代感覚がそこここに感じられた。都市の青年たちが消費し、憧れた文化が多く描かれていて、彼らの趣向や消費をとおして、どんな現実に生きて、どんな可能性を夢見ていたのか、多くのことを示してくれる。

さらに重要なことは、この映画が、挫折感に耐え、劣等感を癒やす力を当時の青年たちに与えたという事実だ。1960年代の若者たちが置かれた分裂した状況を、憐れみの視線で包み込もうということからしてそうだ。この映画は当時の青年たちの社会的、また経済的貧しさを忘れさせるほど夢想を展開するように見える一方で、簡単に破れない現実の壁をも見せつけた。若者たちを見つめるうえでの相反する感情も同じだ。本作の青年たちははつらつとはしているが、他方ではひどく悲しみに満ちている。こうした二重性は自由で輝いている世界に対する憧れと、その夢が実現不可能であることを見抜く冷徹さで構成される。2つの異なる力が絡み合ってできる分裂した感情は、同時代の若者たちが置かれたねじ曲がった状況の表現であり、この映画が大衆に近しくなった主たるパワーともいえた。

主人公のドゥスは、愛する恋人のヨアンナにこう告白する。「父は刑務所暮らしをして死んでしまった。母親は売春婦だった」。ドゥスの不幸な身の上は、家父長制と権利主義という当時の社会の根幹を考えると、単純に見過ごすことは難しいだろう。外交官の父はいるが、そばにはいてくれないという、ヨアンナの寂しい状況もドゥスとそれほど変わらない。人生の道案内をきちんとしてくれる父親が不在な状況で、はたして若者がきちんとした大人になれるのか。大人になれない若者たちの命を懸けたロマンティックな愛は、青年たちの渇望や願いを思い起こさせ、大人になりにくい世の中の制約に注目させるという側面があった。

『裸足の青春』が見せたロマンティシズムや通俗性は、1960年代の韓国社会を牽引した啓蒙的な論調とは正反対であるかもしれない。国家と民族を守る健康な精神で武装するよ

うに求めた国家主義の要求とはかけ離れている点もそうだ。片方では現実に足を踏み込んでいない澆刺と自由、もう片方では容易に解決しにくい悲哀と挫折感のような感情的な風景がある。こうした風景は、1960年に起きた四月革命［大統領選挙における不正に反発した学生や市民による民衆運動］や翌年の5・16軍事クーデター［のちに大統領となる当時の少将だった朴正煕らが軍事革命委員会の名の下に起こした］の体験を経て生まれた社会的パトスや、これになじんでいる時代の感受性と関わっている。さらに現実の秩序からはみ出た若者たちのラブストーリーは、近代化を叫び、民族の将来を探求する声が支配的だった時代を考えると、むしろ新鮮に迫ってくる。

オ・ヨンスク（聖公会大学東アジア研究所 HK研究教授）

魔の階段 마의 계단

1964年／イ・マニ監督／35mm／モノクロ／シネマスコープ

製作会社：世紀商事　製作：ウ・ギドン　企画：キム・ハン　監督：イ・マニ　脚本：イ・ジョンテク　撮影：ソ・ジョンミン　照明：キム・ヨン　編集：キム・ヒス　音楽：ハン・サンギ　録音：ソン・イノ　美術：ホン・ソンチル　出演：キム・ジンギュ、ムン・ジョンスク、パン・ソンジャ、チョン・エラン、チェ・ナミョン　韓国公開：1964年7月

病院の外科課長であるヒョン・グァンホ（キム・ジンギュ）は、看護師ナム・ジンスク（ムン・ジョンスク）と結婚しないまま関係だけをもっている。病院長になるという野望に燃えるヒョン課長は、院長（チェ・ナミョン）の娘であるジョンジャ（パン・ソンジャ）と結婚を決めたが、ジンスクが容易に自分を諦めなかったため思い悩む。病院の階段でヒョン課長とジンスクが言い争っていたところ、ジンスクは階段から落ちて足を折ってしまう。彼は入院した彼女に睡眠薬を注射して意識を失わせ、裏庭の池に沈めて殺す。ヒョン課長はジョンジャと結婚したが、ジンスクの幻に苦しめられ、次第に正気を失っていく。そんな彼を恐ろしく感じたジョンジャは、精神科の医師に相談するために密かに病院を訪れ、ヒョン課長と出くわす。もみ合ったはずみで、ジョンジャはジンスクが転落したのと同じ階段から転落した。一方、病院の霊安室にあった娘の死体を池に沈め、病院長から金を受け取った老人が、警察を訪ねて自首したことで事件の全容が明らかになった。ヒョン課長は、ジョンジャの手術中に、死んだと思っていたジンスクを見

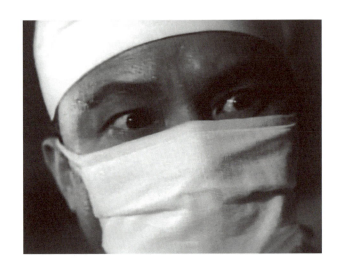

つけ、驚愕する。殺人未遂で逮捕される直前、ヒョン課長もまた同じ階段から転落する。

1961年、メロドラマ映画で監督デビューしたイ・マニが、新人監督として名を馳せ、映画界の関心を集めたのは、4番目の作品である『ダイヤル112をまわせ』（1962）からだ。ハリウッドが本場のジャンルであるスリラー映画を、まさにハリウッド風に作ったためだ。そのときから評論家もイ・マニ監督の作品の世界に注目し、監督への評価を「外国映画のようだ」と解説していた。「まるで外国映画を見ているかのように」という修飾語がつく大胆なカット割り、無駄のないスピード感、新鮮な感覚といった評価だ。韓国映画では初のスペクタクルな戦争映画で、ディテールの演出力まで見失わない『帰らざる海兵』（p72）でスター監督となったイ・マニは、翌年、スリラー映画に再挑戦する。そして、ミステリーとホラーにジャンルの枠を広げ、スリラーというジャンルを一歩前進させる。いうなれば『魔の階段』は、ハリウッド映画だけで見ることができたスリラーが韓国で成功して定着した、最初の事例として記録される。

オープニングクレジットで、映画タイトル『魔の階段』の上に「世紀スコープ」と記されていることからわかるように、この映画は外国映画の配給会社である世紀商事が初めて製作した韓国映画だ。当時、韓国映画業界でハリウッドのジャンル映画のスタイルをもっともうまく具現化すると認められていたイ・マニ監督とチームを組んだのは、当然の布陣

だったのだ。『魔の階段』は公開当時、新聞の批評欄で、スリラーのストーリー構成がこれまでの韓国映画らしくなくスマートなので、「隣国の香り」を漂わせ、「オリジナリティが疑われるほど」脚本がよくできているという評価を受けたりもした。興味深いことに韓国映像資料院で現在保存しているシナリオでは、ヒョン課長の夫人ジョンジャが階段から転落した後のシーンは公開されていない。シナリオ最終章のラストシーンで「事件のすべてを意外な手法で解決」する、どんでん返しがあり、スタッフ以外には明らかにしないという文言をつけて、本格的な"ミステリー"スリラーへの野心をのぞかせている。しかし、イ・マニ監督の成果は、オリジナル脚本よりはるかに緻密に物語を構造化し、文字を超えた映画的な言語でスリラーの質感を作り出したことにある。当時、評論家たちがアルフレッド・ヒッチコック監督の映画についてあれこれいったのも、当然、比較する作品が必要だったためだろう。

特に、映画の導入部はスリラーの法則を知り尽くしたイ・マニ監督らしい。オープニングクレジットを映画全体の設定として短く表現して、観客をディジェシス（映画内の時空間）へ導く。湾曲していて危うく見える建物内部の階段、草が生い茂る池、病院の全景、そしてさらに雨が降り注ぐ池、建物の上部にあるもうひとつの急な階段のショットが整然と

イ・マニ監督の成果は、オリジナル脚本よりはるかに緻密に物語を構造化し、文字を超えた映画的な言語でスリラーの質感を作り出したことにある。

並べられ、自然にスリラー映画の空気を作り上げているのだ。オープニングは真夜中に病院の従業員たちが担架に載せた死体を屋外の倉庫に入れる場面まで続く。この死体は物語のパズルのピースを埋めるために、重要な伏線となる仕掛けだ。倉庫の鉄扉が閉ると、本格的なディジェシスの始まりである。すぐに続くカットが見せるのは、情事が終わって起き上がる女性の身体だ。手前にいる女性が立ち上がると、煙草を吸う男の顔が見える。「いつまで、こうしていないといけないのですか？」という台詞ひとつで、秘密めいた2人の関係を説明している。この2人が、医局のヒョン課長と看護師のジンスクだ。時計を見ていたヒョン課長は、次のキャバレーの場面で、若い女性と会い、酒を飲み踊っている。若い女性はヒョン課長と結婚する予定の院長の娘ジョンジャだ。映画の核心となる3人の関係がとても簡潔に説明される。イ・マニ監督はシナリオにはない導入部を通して、イメージと簡潔な台詞のみを活用し、状況を短縮して描写し、スリラーの雰囲気まで作り上げている。

『魔の階段』の"どんでん返し"を作り出した核心は"女性の復讐"だ。ヒョン課長が足を怪我したジンスクに思い込ませた妄想は彼に跳ね返り、彼女は彼の殺人未遂を殺人未遂で仕返ししている。映画はジンスクの反撃をディジェシス内で論理的に説明せず、彼女の幻覚に苦しむヒョン課長のノイローゼとホラー映画の雰囲気とで描写している。『魔の階段』は、映画が終わって観客が最初からもう一度検証を終えた時点で、ようやく完成される作品だ。つまり、ヒョン課長が苦しむ妄想の半分は本人のものだが、その妄想を仕掛けたのも、実際に出没したのもジンスクだった。ジョンジャの手術室にジンスクが入ったとき、看護師たちがお互いに交わした視線、さらに振り返れば、裏庭の池の工事の直前、真夜中にヒョン課長とジンスクの写真が入ったネックレスを投げる看護師が水面に映って漂うイメージ、"赤ん坊の父親"に言及し、ヒョン課長を慌てさせる看護師長の微妙な表情まで、私たちは振り返って覚えておかなくてはいけない。

イ・マニ監督のスタイルが賞賛された理由は、ストーリーときちんと向き合っているからだろう。実は彼は台詞ではない映画の言語で、看護師長あるいは女性看護師たちの共謀をあらかじめ設定しておいた。ジンスクのおなかの子の父親が誰なのか、話している看護師たちの部屋の場面で、最後のショットを看護師長で終えることは、反撃の指揮者が看護師長かもしれないと示唆している。ひょっとすると年齢を重ね

ている彼女は、最初からヒョン課長とジンスクの関係に気づいていたのかもしれない。そして、看護師たちが集まっている部屋を天井から見下ろすハイアングルのショット（ソ・ジョンミン撮影監督の専売特許でもある）で映している点からもわかるように、女性看護師たちの共謀もやはりディジェシス内で準備されたことだった。"ミステリー"の核心部である"誰がほかの女性の死体をジンスクに変身させたのか"の"誰か"は結果的にはジンスクを助けた女性看護師たちだった。

映画の最後、"魔の階段"はジンスクとジョンジャに続き、ヒョン課長まで転落させた。続いてジンスクは「やはり殺せなかった。殺人未遂ね」と告白する。"魔の階段"で怪我をした人はいても、死んだ人はいなかったという結末は、まさに『下女』（1960、キム・ギヨン監督）がそうだったように、1960年代初めの韓国映画の安全領域として説明することができる。しかし、この映画が『下女』よりもっと興味深いのは、すなわち男性家父長に対する"女性たちの反撃"を密かに、緻密に、しかも成功したものとして描いているためである。

チョン・ジョンファ（韓国映像資料院研究員）

1960年代　081

黒髪 검은 머리

1964年／イ・マニ監督／35mm／モノクロ／シネマスコープ

製作会社:韓国映画社　製作:アン・テシク　監督:イ・マニ　脚本:ハン・ギョンホン、チュ・ナム(=イ・マニ)　撮影:ソ・ジョンミン　照明:チャン・ギジョン
編集:キム・チャンスン　音楽:チョン・ジョングン　美術:ホン・ソンチル　出演:ムン・ジョンスク、チャン・ドンフィ、イ・デヨプ、キム・ウナ、チェ・ラン、チョン・エラン
韓国公開:1964年7月

"黒髪"と呼ばれる会長(チャン・ドンフィ)率いる暴力団が金を受け取るため、密輸組織と接触する。一方、組長の妻であるヨンシル(ムン・ジョンスク)が、アヘン中毒の男(チェ・ラン)に凌辱された写真が会長の元に送りつけられる。構成員たちは、ヨンシルが姦通したとして、組織の掟に従って彼女の顔に傷を負わせる。アヘン中毒の男と一緒に暮らさなければならなくなったヨンシルは、体を売って生計を立てる。

街の通りで客引きをしていたヨンシルは、タクシー運転手(イ・デヨプ)と出会い、彼の家に身を寄せることになる。ヨンシルの顔の傷に気づいた彼は、自分が車を持ったら整形手術を受けさせてあげたいと打ち明ける。ヨンシルは組長に会おうと、組織が経営するバーを訪れるが、構成員たちは会長に隠れて彼女を殺すため線路へと連れていく。だが、追いかけてきた運転手が彼女を救い、家へと連れ帰る。一方、アヘン中毒の男はヨンシルを捜すため、運転手の妹と親しい連中を使い、整形外科を見張らせる。顔の傷を治療したヨンシルは運転手の家へと戻るが、彼女が夕食を準備するあいだ、後をつけてきたアヘン中毒の男が家へ侵入し、運転手の金を奪って逃げてしまう。会長はヨンシルと再び会うため山荘へと向かう途中、アヘン中毒の男を火で殺害する。ヨンシルと山荘で一晩を過ごした会長は、掟を破った自分を処刑しろと構成員たちに命令する。工事現場で会長の処刑が実行されようとしたとき、死んだと思われていたアヘン中毒の男が現れ、会長を刃物で刺し殺す。会長を捜しに来ていたヨンシルが彼の最期を見守る。

1961年に監督としてデビューしたイ・マニは、1960年代には、年平均で4作品以上を製作していた。1963年に『帰らざる海兵』(p72)で第3回大鐘賞、第1回青龍映画賞の監督賞をさらったことはもちろん、観客動員数20万人を突破するなど映画評論家と大衆のラブコールを一身に受け、当代随一の監督に昇りつめた。そのような状況において、イ・マニ監督が1964年、『妙香悲曲』(1月1日公開)から『脅迫者』(9月9日公開)までの間に6作品を発表したのは驚くことではない。なかでも7月は注目に値する月である。韓国映画社が製作した『追撃者』が7月9日に国際劇場で、翌7月10日に世紀商事が製作した『魔の階段』(p80)が明宝劇場で公開され、同じ監督の作品が同時に競うという奇妙な現象が起こる。さらに自身が製作した2作品が競い合った7月末には『黒髪』が公開され(7月31日、国都劇場)、最後を飾った。だが、『黒髪』は3週間以上にわたって上映され、興行的にはある程度成功したにもかかわらず、まともな映画評はひとつもなく、映画評論家の関心をほとんど引くことができなかった。当時、数々の作品を立て続けにヒットさせたイ・マニ監督の有名税を考慮したとしても、『黒髪』への無関心は興味深い。以後、イ・マニ監督の作品世界が本格的に研究されるも、『黒髪』は重要な作品

として取り上げられることはなかった。しかし相対的に、さして注目されなかった『黒髪』は、イ・マニ監督の作品世界を理解するには非常に重要な作品である。というのは、本作はイ・マニ作品の重要な特徴を備えていると同時に、当時、新鮮な"現代的ジャンル"として人気を得ていたスリラーを代表する作品として、再評価されるべき十分な理由があるからだ。

『黒髪』は、イ・マニ監督がひときわ愛着をもった作品と思われる。作品ごとにシナリオを自ら直す監督として有名だったイ・マニ監督だが、実際には、脚本家として名前を載せたのは『黒髪』『7人の女捕虜』(1965)『04:00 - 1950 -』(1972)『日本の海賊』(1972)の4作品にすぎない。なかでも『黒髪』は、イ・マニではなく"チュ・ナム"というペンネームを使用していたという点において注目に値する。イ・マニ監督と長年の同僚で友人でもある脚本家、ペク・キョルは、このペンネームの背景について、イ・マニ監督本人が「仮に漢字は『秋』を使うが、本来は醜い容姿の男、醜いを意味する『醜』を使用してチュナム(=醜男)とした」と語ったのを記憶している。よって"チュ・ナム"とは、もしかすると監督イ・マニとは異なる、自分の本質を表現できる脚本家としてのペン

というのは、本作はイ・マニ作品の重要な特徴を備えると同時に、当時、新鮮な"現代的ジャンル"として人気を得ていたスリラーを代表する作品として、再評価されるべき十分な理由があるからだ。

ネームなのかもしれない。そのせいか『黒髪』は男性的なジャンルであるスリラー映画の体裁を保ってはいるが、多分にメロドラマ的な性格が目立つセンチメンタルな作品である。このような点はイ・マニ映画の重要な特徴でもある。

イ・マニ監督のジャンル映画は大きく分けて2つの軸で成り立っている。彼の作品リストは、初期の数編の時代劇と例外的なコメディ映画、そしていくつかの文芸映画を除けば、『帰らざる海兵』から始まった戦争映画と、『ダイヤル112をまわせ』（1962）から始まったスリラー映画が主となっている。しかし、男性的なジャンルとして受け入れられていたこの2つを、イ・マニ監督はメロドラマ的な感性で紐解いていく。『晩秋』（1996）と『帰路』（1967）を除いた大部分の文芸映画、あるいは社会性を帯びた芸術性・作家性の高い映画においても、イ・マニ監督は男性を主人公に据えている。このような設定は、イ・マニ映画がもつ男性性と女性性が互いに補い、バランスをとる独特なストーリーと感性の世界を生み出した。『黒髪』はある面ではこのようなイ・マニ映画の世界の頂点に立つ映画といえるだろう。

組織の頭である会長の妻ヨンシルは、アヘン中毒の男に凌辱されると「犯された者は、犯した者と一生暮らさねばならない」という組織の厳しい掟によって構成員たちから顔に傷を負わされたうえ、自分を犯したアヘン中毒の男と共に生きていく運命を背負わされる。会長もまた妻への愛を胸に隠し、自らが定めた掟に従わなければならない。掟を作った絶対的な権力者の会長もまた、掟の犠牲者であるヨンシルと同じ場所に立たされている。映画のタイトルでもある"黒髪"は会長の別名だが、顔の傷を黒髪で隠して生きるヨンシルをも暗示している。こういったいかにも新派劇［旧劇である歌舞伎に対抗して明治中期から起こった現代劇。演技、演出は歌舞伎の影響を受け、新劇との中間的な性格をもつ。朝鮮の新派劇は日本の新派劇をそのまま模倣したものが始まり］的な設定は、前半の犯罪組織の殺伐さと仁義の世界をスリラーの体裁で描いたものをメロドラマに変化させ、緊張感を高める役割を果たしている。愛する人を救おうとするラストシーンの決闘で、会長は自分を"哀れな少女"に例えて死んでいく。一方、ヨンシルは、男たちが定めた掟が支配する世界から離れる強さと超然とした態度を見せる。つまるところ。このような男性の内面にある女性性と女性の内面にある男性性は、しっかりとした物語の枠組みと鋭い感受性が共存するイ・マニ映画の特徴が映し出されたものといえるだろう。

2005年は、イ・マニ監督についての研究で重要な転機を迎えた年だった。1968年当時、上映不可の判定を受けて未公開の状態であった『休日』が公開されたのをはじめ、釜山国際映画祭ではイ・マニ回顧展、翌年の2006年には韓国映像資院でイ・マニ全作品展が開かれた。既存のいくつかの有名な作品をもって議論されてきたイ・マニ映画の世界は、このような催しを通じてより多くのスポットライトを浴びるようになった。イ・マニ監督は、ジャンル映画において作家性をもつ監督として評価され、洗練された映画言語と独特な感受性を織り交ぜ、自分の世界を構築した監督としても認識された。『黒髪』はこのような新しい評価をそのまま反映している。だが、『黒髪』の再評価は、単にイ・マニ監督の再評価に終わらなかった。このことは商業的な娯楽映画として低く評価されてきた韓国ジャンル映画の再評価につながり、またジャンル映画を通じて作家性を打ち出す現代韓国映画の監督の歩みに歴史性を与えるきっかけともなった。これこそが、韓国映画の歴史を回顧する際に『黒髪』が映画資産として注目される理由だろう。

チョ・ヨンジョン（釜山国際映画祭プログラマー）

浜辺の村 갯마을

1965年／キム・スヨン監督／35mm／モノクロ／シネマスコープ

製作会社:大洋(テヤン)映画社　製作:キム・ヒョングン　企画:ホ・ヒョンチャン　監督:キム・スヨン　原作:オ・ヨンス　脚本:シン・ボンスン　撮影:チョン・ジョミョン
照明:ソン・ヨンチョル　編集:ユ・ジェウォン　美術:パク・ソギン　出演:コ・ウナ、シン・ヨンギュン、イ・ミンジャ、ファン・ジョンスン、チョン・ゲヒョン、イ・ナクフン、チョ・ヨンス、チョン・オク
韓国公開:1965年11月　主な受賞:第13回アジア映画祭 モノクロ撮影賞、第5回大鐘賞 最優秀作品賞、第2回百想芸術大賞 作品賞・監督賞

　浜辺にある漁村から、ヘスン(コ・ウナ)の夫ソング(チョ・ヨンス)、弟ソンチル(イ・ナクフン)、スニム(チョン・ゲヒョン)の夫など、村の男たちを乗せた漁船が出港した。そろそろ船が帰ってくる頃、激しい暴風雨が村に襲いかかる。村の女たちは守護神を祀る祠(ほこら)に駆けつけ、熱心に祈りを捧げる。しかし、生きて帰ってきたソンチルは、兄のソングは死んだと告げた。ヘスンは義理の母(ファン・ジョンスン)、巫女(チョン・オク)と共に船上で鎮魂の弔いをあげた。一方、サンス(シン・ヨンギュン)は、夫を亡くしたヘスンをしつこく追いかけ、ついに関係を結ぶ。酒場でヘスンを自分の女だと吹聴するサンスを見たソンチルは、ヘスンが他の男と結婚することを許してあげようと母に伝える。
　ヘスンはサンスと共に村を離れ、採石場で働きはじめる。そして、しばらくするとつらい採石場の仕事の代わりに、酒場で働くようになる。しかし、酒場でヘスンをめぐる殺人事件が起きると、サンスはヘスンを連れてさらに山奥へ入っていき、自生する朝鮮人参を採集する仕事を始める。そんなとき、ヘスンが猟師に襲われそうになり、怒り狂うサンスは相手を殺し、ヘスンの首に手をかける。ヘスンが気を失うと、サンスは薬を求めて山を駆け下りる。その間、目を覚ましたヘスンはサンスを捜しまわる。ヘスンの声を聞いて急いで駆け寄ろうとしたサンスは、とっさに足を滑らせて絶壁から転落する。ヘスンはたったひとりでサンスの葬儀を行い、その後、浜辺の漁村に向かう。戻ってきた彼女を村の女たちや義理の母は温かく迎え入れた。

　日本統治時代のとある漁村。漁業で生計を立てる小さな村だ。近代化の波が徐々に押し寄せてきたちょうどその頃、村民たちは昔と何ら変わりない生活を送っていた。季節や潮の満ち引きによって魚は行ったり来たりを繰り返す。それを捕まえ、食べ、生活する。その風景が続いているだけだ。魚を捕るのは男たちの仕事であり、女たちは家事を切り盛りする一方、村の細々とした雑用を引き受ける。海に依存する生活、それは海の動静が彼らの運命を左右することを意味する。
　漁に出た船が戻らない、それは船に乗った人たちの命もろとも消え去った、ということだ。同じ日に法事を行う家々、夫を亡くした女たちが増えていく現実さえ運命のように受け入れる。命がけで海に出て行く、それを拒否するならば家族全員が生きることを放棄するしかないのだ。海に出て行かねばならない男たち、彼らの無事の帰還を待ち続ける残された女たち、共にそれ以外の選択肢はないに等しい。人間が海に命を懸ける生活を始めてから数百年の間、それは綿々と続く宿命なのだ。無事生きて戻れるだろうか、夫がいない身で家計を支えながら途方もなく長い年月を生きなければならない、このような不安や恐怖に耐えながら、荒々しくも強くたくましい、海に生きる人々が作り上げられるのだ。
　結婚してやっと3ヶ月が過ぎた頃、ヘスンの夫は漁に出たところ暴風雨に巻き込まれ、結局、生きて戻ることはなかった。若くして未亡人となったヘスンの運命は、新しい方向に転がりはじめる。夫を失った寂しさ、心の穴を埋められないまま、ため息を呑み込んで生きていく以外の道はなかった。
　しかし、若く美しい未亡人は何かと人々の目を惹きつけ、些細な行動ひとつに尾ひれが付き、面白おかしく言いふらされる。若く屈強な男が珍しい浜辺の漁村に、どこからかやって来た流れ者の青年サンスが居着き、人々の前に姿を現すようになる。村の未亡人たちは若いサンスに下品な冗談を投げかけたり、媚びるような色目を使ったりする。しかし、サンスはそんな女たちには見て見ぬふりをしつつ、ヘスンに対しては熱い視線を送っていた。目立たないように人目を避けてこっそりヘスンの後をついてまわるが、隠そうとしても隠しきれない。サンスは若き未亡人の周辺にまとわりつき、食い入るような眼差しでヘスンを見つめる。時折触れる若い男のあふれんばかりの精気を感じはじめたヘスンの態度は、村の女たちの注目を集めるようになる。押したり引いたり駆け引きが続き、事態はなかなか進展しない。そんななか、つい

文芸映画という表現が「文学的価値が高い芸術映画」という評価を反映するものならば、『浜辺の村』は、当時の韓国映画がもつ文芸性を証明する記念碑的な位置を占める作品だ。

にサンスはヘスンの部屋にこっそり忍び込む。ヘスンは部屋に入り込んだ男をわざと押しのける素振りをしつつ、観念したかのようにサンスを受け入れる。その後、若い未亡人が男を作ったという噂はあっという間に広がり、ヘスンの義母と義弟ソンチルは考えた末、ヘスンの幸せを願って送り出すことにする。サンスの後について村を離れるヘスン。

しかし、若い男を追って旅立つ決意をしたものの、その道は平穏ではなく険しいものだった。サンスは転々としながら手あたり次第に仕事を見つけてきたが、どれも過酷な労働の連続だった。採石場、炭焼き小屋、朝鮮人参の採集など、生活基盤もなく浮草のように漂う生活を送る彼が、若い肉体をもっているからこそできる仕事ばかりだ。そのうえ、若い女を連れて転々とする暮らしは、とてもつらく厳しいものだった。時間が経つにつれ、ヘスンは漁村の風景を思い浮かべて恋しさを募らせていく。朝鮮人参を求めてさらに山奥に入っていくサンスは、せっかく採集した朝鮮人参を狙おうとする悪党の罠で争いに巻き込まれる。激しい喧嘩はやがて死闘に発展する。二度も連れ合いを亡くしたヘスン。永遠の別れがまたも彼女に訪れる。続けざまに彼女を見舞う数奇な運命。行き場所を失ったヘスンが向かう先は、逃げ出すように立ち去った浜辺の村だ。彼女の帰郷を喜ぶ人はいないだろう。それでも本能のように足が向かうのだ。

映画のストーリーを長々と説明するのには理由がある。この映画自体、叙事的説明で描写される構成になっているからだ。『浜辺の村』は、1953年、雑誌「文芸」に掲載されたオ・ヨンスの同名短編小説を原作とした、キム・スヨン監督の33作目となる作品である。

文学的価値と評価が映画の水準に直結する重要な要素だと考えられていた時代。この映画ではその影響を多く見ることができる。叙情的な雰囲気を醸し出しながら、全体の構成は、数奇な運命に従い、じっと耐え忍んで生きねばならない若い女性、ヘスンの人生の旅路に関する叙述である。台詞だけで映画の流れを描写できるほど口述的であり、村の未亡人たちが青年サンスを冷やかす場面やヘスンとサンスのスキャンダルについて登場人物が口々にその状況を説明する場面が代表的だ。『春香伝』［身分違いの恋愛を描く朝鮮時代の説話］や『沈清伝』［韓国に古くから伝わる民話］などのパンソリ［韓国の伝統的な民族芸能のひとつ。歌い手が物語性のある歌を打楽器奏者の演奏に合わせて歌う］に似た伝統的な技法、すなわち、物語を口述するように独特の節まわしで語り

聴かせるという技術が、映画に再現されている印象を受ける。そういった点では、監督の演出よりもシン・ボンスンによるシナリオが前面に出ている作品だと言える。つまり、物語を作り上げる枠組みはシナリオによって決定され、監督はそれを映像で再現しているのである。

その当時、映画についての認識といえば、大衆的であり、特に、悲嘆的なメロドラマに関しては芸術的、文学的な価値が低いと考えられる傾向がある一方、叙情的で文学的な雰囲気を強調した映画は芸術的価値が高いと評価される側面が強かった。『浜辺の村』が優れた文芸映画として注目を浴びたのは、土着的な叙情性を強く感じる原作を脚本化したこと、ストーリーの構成、俳優たちの素晴らしい演技など、多くの要素が重なり合うことで文学的叙情性を高めることに成功しているからだ。若々しい感覚を作品に反映した企画者ホ・ヒョンチャン、脚本家シン・ボンスン、監督キム・スヨンなど。彼らは日本映画界が構築し、韓国映画界が教科書のように用いてきた製作・構成の方法を引き継ぎながら、新しい感性を強調することに力を入れた。文芸映画という表現が「文学的価値が高い芸術映画」という評価を反映するものならば、『浜辺の村』は、当時の韓国映画がもつ文芸性を証明する記念碑的な位置を占める作品だ。視覚的、聴覚的な深さとスピード、精巧な映像表現を映画的だと認識する今日の基準から見ると、『浜辺の村』は台詞中心のストーリー展開、土地の文化が息づく情緒豊かな感情表現、繊細な感性よりもダイナミックな動きを強調した、文学的な叙事表現を重んじる時代の一面をより強く感じることができるだろう。

チョ・ヒムン（仁荷大学教授）

1960年代　085

非武装地帯 비무장지대

1965年／パク・サンホ監督／ベータSP／モノクロ／シネマスコープ

製作会社:第一映画社　製作:ホン・ソンチル　企画:キム・ヨンファン　監督:パク・サンホ　脚本:ピョン・ハヨン　撮影:アン・ユニョク　照明:キム・ヨンモ
編集:ユ・ジェウォン　音楽:キム・ヨンファン　美術:パク・ソギン　出演:チュ・イナ、イ・ヨングァン、チョ・ミリョン、ナムグン・ウォン　韓国公開:1965年12月
主な受賞:第13回アジア映画祭 非劇映画部門 作品賞
特記事項:劇映画とドキュメンタリーバージョンのうち、ドキュメンタリーバージョンのみ現存。フィルムは国家記録院が所蔵し、映像資料院はベータSPを保有

休戦が成立した1953年、夏の非武装地帯。母を捜してさまよう少女ヨンア（チュ・ミナ）が小川に落ちたところを、ある少年（イ・ヨングァン）が助けた。少年はMP［アメリカの憲兵隊］の鉄兜をかぶり、ぼろぼろになった北朝鮮の軍服に勲章をたくさんぶら下げ、そのうえ拳銃まで身につけている。街が廃墟となり、身寄りも頼るところもない2人はお互いを頼り、一緒にヨンアの母を捜しにいくことにする。おなかをすかせたヨンアのために、少年はじゃがいもを探し、おかずにする蛙を捕まえる。北朝鮮軍が遠くから近づくと、2人は急いで逃げるが、そのとき、じゃがいもを茹でて食べようと下敷きにしていた地雷が爆発する。この地雷の爆発事故のせいで、板門店では緊急停戦会談が開催される。一方、少年が食べるものを探しにいっている間にヨンアが兎を追いかけたせいで、2人は離れ離れになってしまう。お互いを捜して歩きまわった末に再会した2人は、廃墟になったある建物で寝ていたところ、北に向かうスパイに出会う。スパイが2人を北に連れていこうとすると、少年は銃を構える。ところが壊れていたと思っていた銃から銃弾が出て、銃に当たったスパイは息絶えながら少

年を刃物で刺す。ひとり残ったヨンアは道を行くなかで山羊を見つけて一緒に歩くが、山羊までも地雷が爆発して死んでしまう。ヨンアは母を捜し、危険千万な地雷畑を歩いていく。

　パク・サンホ監督の『非武装地帯』は、非常に偶然の傑作のように感じられる。この言葉は、この映画を非難しようとするものではない。本作は、大韓民国という後期植民地分断国家の映画史において実に珍しい、分断に対する痛切な悲しみに満ちた映画だ。それは、幼い子どもの目を媒介として、初めて（あるいは唯一）可能になる。壊れた建物の残骸、錆びた戦車と機関車、白土になった遺骨。その間を母を失った幼い少女と少年が歩く。足元には、いつ地雷が爆発するかわからないという危険が潜んでいる。少年は少女を最後まで守ることができるだろうか？　この少年まで死んでしまったら、少女はどうなるだろうか？　彼女はこの地雷畑を無事に渡っていくことができるだろうか？

　1953年の休戦協定以降、初めて非武装地帯にカメラを持って入ったパク・サンホ監督は、この映画をドキュメンタリー半分とフィクション半分で完成した。半記録映画だと自称するこの映画に余すところなく収められているのは、12年間未開の土地であったDMZ［条約・協定などによって、戦闘のための装備や軍事行動が禁止されている地域。ここでは、朝鮮半島において韓国と北朝鮮との実効支配地域を分割する地帯のこと］の風景だ。まったくコメントも説明もなく広がるこ

の風景こそが、本作の真の主人公だ。

　"軍事境界線"と書かれた木の標識を起点に、地面に白線が引かれている。子どもたちは陣取り遊びを始める。「これ何？」。まさに言葉を覚えはじめたばかりの少女が尋ねる。「地面が引き裂かれたんだよ」。MPの軍帽に、ぼろぼろになった人民軍の軍服を着て、壊れた拳銃を持った少年が答える。「じゃあ、あっちは誰の土地で、こっちは誰の土地なの？」。「ここからあっちは南の土地で、向こうは北の土地だ」。子どもたちは気ままに線を引きながら、こちらとあちらを行き来する。おそらくこの場面は、分断に関する韓国映画のイメージでもっとも切ない場面のひとつだろう。このシーンがそれほど強烈に映るのは、自然の中に示された境界表示が粗雑であるためだ。あの木の標識と地面を分けている白線は、いかに粗雑なものか。この粗雑さは、朝鮮半島で生きる人たちの人生を決めたり、はなはだしくは命まで奪い取ったりもした歴史を矮小化している。ふと陣取り遊びをしていた女の子が泣き出す。自然と粗雑な人為の対比が呼び起こす不条理な感覚。

　韓国映画（あるいは文学）でまれに出会う（反共ではない）分断についての考察は、なぜ"純粋無垢な幼い子ども"とい

本作は、大韓民国という後期植民地分断国家の映画史において実に珍しい、分断に対する痛切な悲しみに満ちた映画だ。

うテーマ設定を通じてのみ可能になるのか？　ヘーゲル式にいえば、なぜ韓国で歴史は、歴史のなかの理性を停止させる瞬間になって初めて語られることが可能になるのか？

　長い間、この分断国家が公式的に承認していた統一に関しての論調とは、"勝共統一論"のみだった。共産主義に勝つことでひとつの"民族"を取り戻すことができるという勝共統一論は、内戦の結果として成立した大韓民国という"政治共同体"が国民国家としての正当性を強固にし、南北統一という歴史的使命とその実現方法までを述べる唯一の論理として機能した。分断を主題にした映画がほとんど"戦争映画"なのは、まさにこのためだ。その半分は壊滅すべき敵で（＝反共）凌駕するべき対象（＝勝共）だ。

　強力な国家主導の下に置かれていた韓国映画は、この公式的な論調にできるだけ忠実であろうとしたが、それでも検閲官たちの恣意的な判断は、絶え間ない"容共"の是非を呼び起こした〔『ピアゴル』（p40）から『非武装地帯』と同年に公開されて波紋を呼んだ『7人の女捕虜』（1965、イ・マニ監督）を考えてみよう〕。この是非をめぐる議論で毎回問題になっていたのは、敵が人間の顔をしているという点だった。"政治的なものの概念"のなかでは、共産党という政党は南北統一を妨げるものである。この点で、敵はけっして我々と同じ人間ではない。しかしこの戦争は内戦だったし、彼らは私たちと同じ"民族"だ。韓国の分断映画は、二重の残酷さに耐えなければならなかった。分断という歴史的事実に起因する一方で、この強制された表象のジレンマもどうしても解決しなければならなかったのだ。これを解決するためのものが、たびたび（ほぼ唯一）幼い子どもに帰結するしかないのは、偶然ではない。この分断国家は反共という名前で、いつでも恣意的な生殺与奪の権利を行使することができ（共産主義に関するものなら、あなたはまだ犯していない罪のために法廷に立つこともある。今この瞬間にも）、歴史のなかにまだ編入されない存在を経なければ、その歴史を語ることはできない。もしまだ幼い子ども（またはその他の"純真無垢"な主体）を通じてのみこの歴史をかろうじて語ることができるなら、私たちに内戦と分断は依然として理性としてではなく狂気としてのみ受け入れられていることを意味する。もしかしたら"パルゲンイ"〔共産主義者を軽蔑と敵対の意味を込めていう呼び方〕という単語が依然として横行している韓国で、『非武装地帯』における歴史についての解決方法は過去のものではないかもしれない。残念ながら……。

追伸

　興味深いことに、パク・サンホ監督がこの映画を構想していた場所は東京だった。『トスニ』（1963）で第10回アジア映画祭に出席するために東京へ行ったパク・サンホ監督は、主に"ヨーロッパの白人"で構成された外国人観光客から板門店に関する質問を受けた。「私は何も答えられなかった。正直に言うと、いまだに板門店というところに行ったことがないためだ。とにかく彼ら（外国人）は、韓国という国よりも板門店に関心があるようだった。それもスリルとサスペンスが楽しめる興味本位の観光地としてだ。私は衝撃を受けた。そして、何か私ができること——つまり、映画を通して——語らなければならないという義務を感じた。民族のひとりとしてである」。1964年の経験を陳述するこの証言が示していることは明確であろう。韓国映画がついに世界の映画と交流しはじめたその地点で、板門店という分断のシンボルは"大韓民国"のもっとも重要なアイデンティティ、自己と民族の象徴として影響力をもちはじめたということだ。

イ・ヨンジェ（映画評論家）

1960年代　087

雨のめぐり逢い（草雨）초우

1966年／チョン・ジヌ監督／35mm／モノクロ／シネマスコープ

製作会社：極東興業　製作：チャ・テジン　監督：チョン・ジヌ　原作：チョン・ジヌ、ソン・ジャンベ　脚本：ナ・ハンボン　撮影：ユ・ジェヒョン　照明：パク・ジンス　編集：キム・ヒス　音楽：パク・チュンソク　美術：ノ・インテク　出演：シン・ソンイル、ムン・ヒ、ツイスト・キム、チョン・ゲヒョン　韓国公開：1966年6月

　ある雨の降る日。自動車修理工場の整備工として働くチョルス（シン・ソンイル）と、駐フランス大使の家族が暮らす家で家政婦をしているヨンヒ（ムン・ヒ）が偶然に出会う。出世欲の強いチョルスは、自分は企業家の息子だとヨンヒに嘘をつき、高級セダンをもっているふりをする。チョルスに好感を抱いたヨンヒも自分が外交官の娘だと嘘をつき、フランス製の高級レインコートを着て、身分を偽ることができる雨の日にだけ会う約束をする。ロマンティックな雨の日のデートを重ねながら、若い2人は愛を深める。ヨンヒとチョルスが郊外の別荘でデートをする日、幸せな家庭を夢見るヨンヒに贈る食器セットを買う金が必要なチョルスは、街で金を盗み、通行人に取り囲まれて袋叩きにあう。そのことを知らないヨンヒは、チョルスに会うことに胸を膨らませている。なんとか通行人から逃げ出したチョルスは、傷だらけになりながらヨンヒの前に現れ、自分は貧しい整備工だと告白する。この言葉にヨンヒも自分が外交官の娘ではないと明かす。しかし、

チョルスは、期待と欲望が裏切られた衝撃に失望と怒りを隠せず、ヨンヒのもとを去る。

　世界各地で見られる大衆映画のルネッサンスは、屈指のスタジオや映画界の立役者の登場、ジャンル映画の発達、そしてスターシステム［人気俳優を中心につくられる演劇や映画の製作システム］など、古典的なハリウッドシステムの全盛期をもたらしたいくつかの条件を共通分母としてもっている。これは1960年代の韓国大衆映画のルネッサンスでも同じ傾向が見られる。戦後、韓国映画産業の土台がスピーディに構築されはじめた1950年代を経て、韓国映画の1960年代は、さまざまな種類の映画と巨匠監督、そして伝説のベテランスターがどの時代よりも多く誕生した時期として記録される。一方、迅速な戦後復興と産業化の基礎、西洋式の生活スタイルが洪水のようにあふれた社会文化的な状況は、当代の集団的な感性の形成に大きな影響を及ぼした。その痕跡は、1960年代の韓国映画のあらゆる場所で見ることができる。互いに異なる感性と映画的な様式、そしてこれらに積極的に呼応する観客集団の反応がもっとも明確で爆発的だった時代、それが1960年代だった。

　支配的なモードだったのは、青春というキーワードをめぐるロマンと反抗の感性だ。だが、それは当時の韓国映画に限られたものではなかった。全世界的に1960年代は、戦後世代の自由な思考と行動が生み出す膨大な爆発力による、さまざまな変化と革新でつづられた時代だ。世界、そして地域的な動きを考えるとき、1960年代の韓国映画の重要な流れのひとつとして、青春映画が登場したのは必然だった。たんに生きるということを超え、さらによい人生を夢見る若者の不安と、過去や未来よりも現在を楽しもうとする青春のエネルギーは、当時の雰囲気を支配していた大衆文化の商品を通してスクリーン上にそのまま示された。

　ロマンス映画は、このような当時の要求にもっとも適した仕掛けだった。新聞と雑誌は毎日、新たな恋愛事件とファッション、アミューズメント空間で埋め尽くされ、忠武路［韓国映画の製作が活発になった1950年代頃からこのエリアに映画館や映画製作会社が多く集まり、映画の街として有名になった］には新たな感性をまとった若い監督たちと脚本、そしてスターが存在し、映画館は安価な娯楽を求める大都市の若い労働者であふれ返っていた。チョン・ジヌを一躍スター監督に押し上げた『雨のめぐり逢い』も青春ロマンスをめぐる当時の感情の構造、そして韓国におけるロマンス映画のジャンル的な発展とそのレールを同じくする作品だ。1963年に『一人息子』でデビューしたチョン・ジヌ監督は、

作品全体を支配する反ロマンス的な意図は、本作をチョン・ジヌ監督らしいロマンスの代表作というだけではなく、1960年代の韓国ロマンス映画全般において独特の位置を占める作品にした。

早くから『乾いた木々』（1964）『密会』（1965）などの作品で、タブー視されたり、うまくいかなかったりするロマンスに対する関心を示してきた。このような流れのなかで『雨のめぐり逢い』は、その後の『トゲを呑んだ薔薇』（1979）、『カッコーの啼く夜 別離』（1980）に続く、チョン・ジヌ監督らしいロマンスの感性を示す記念碑的な作品だ。特に1960年代の青春ロマンス映画の大衆的なトレンドに従うようでありながら、全体を支配する反ロマンス的な意図は、本作をチョン・ジヌ監督らしいロマンスの代表作というだけではなく、1960年代の韓国ロマンス映画全般において独特の位置を占める作品にした。

　この映画は駐フランス大使の邸宅で働く家政婦ヨンヒのナレーションで始まる。純粋な20代の若い女性のヨンヒの独白は、ロマンスに対してこのうえなく幻想を抱く観客の立場を代弁するが、映画の設定が示しているように、そのロマンスは"偽物"だ。事実、ロマンスがもつ幻想の虚構自体は、ロマンス映画を楽しむうえでは何の障害にもならない。むしろロマンスは虚構の服を脱ぎ捨て、現実になる時、その幻想を失うものだ。誤解から始まった家政婦のヨンヒと自動車整備工のチョルスの恋愛は、ロマンス映画の陳腐でありがちなロマンと、いつばれるかわからない緊張感の狭間で危うく続く。この秘密のロマンスは、観客を結末の不安感から抜け出せなくしている。

　しかし、『雨のめぐり逢い』はチョン・ジヌ監督の美的な自意識が深くにじむ精巧なカメラアングルと編集、そしてサウンドを通して、映画のオープニングから、どうしようもない偽物のロマンスの失敗を暗示する。このうえなく純粋な自分の期待と希望を語るヨンヒのナレーションは、彼女を成り上がるための道具としてしか考えていないチョルスの「やり方」と並置しながら、ロマンスの幻想が与える快感を常に傷つける。ヨンヒのナレーションは『雨のめぐり逢い』のロマンスのファンタジーを構成する重要な描写の道具だ。これによって観客は、ヨンヒという欲望の場所からその対象であるチョルスを見つめる場所に立つことになる。同時に、この純粋で主観的な視点は、チョルスのやり方を見せる客観的な視点、さらに映画の後半から登場するこのうえなく上昇志向が強いチョルスのナレーションと並置しながら、観客にこの偽物のロマンスの実態と見えすいた結末を感じ取らせる。結局、このナレーションは、秘密がばれる山場の最小限の告白（自分が家政婦であることを告白するヨンヒの声が聞こえて

こない）と大袈裟な視聴覚的なスタイル、そして怒りによって触発されたセックスと裏切りという暴力的な結末を暗示する伏線のようだ。

　裏切り、そして挫折した出世の欲望により、怒り狂い、ヨンヒを犯し、少しの後悔もなく立ち去るチョルスの単純なキャラクターに比べ、ヨンヒはどんなロマンス映画にも見ることのできない独特のキャラクターだ。とても純粋で、時には見る者をいらつかせるヨンヒの少女らしさは、性的暴行に近いセックスと裏切りを経験するが、映画が描くヨンヒの反応は、典型的なメロドラマの傷ついたヒロインのそれとはまったく異なる。かすかな微笑を浮かべ、涙を流すヨンヒの傷ついた体の上に重なる「女はやっと気づきました」という冷静なナレーションと、かごを持って家に帰る惨めな彼女のうしろ姿は、もうロマンスの幻想など信じない大人の女性が残す苦い痕跡のようだ。絶え間なく繰り返されるパティ・キムの主題歌の叙情的な歌詞以外、『雨のめぐり逢い』は、どんなロマンも幻想も許さない。ロマンで満ちあふれたあの時代、『雨のめぐり逢い』はロマンスに全面から対抗した反ロマンス、裏切りのロマンスだったのだ。

パク・ジニョン（映画評論家）

山火事 산불

1967年／キム・スヨン監督／35mm／モノクロ／シネマスコープ

製作会社:泰昌(テチャン)興業　製作:キム・テス　監督:キム・スヨン　原作:チャ・ボムソク　脚本:シン・ボンスン　撮影:ホン・ドンヒョク　照明:ソン・ヨンチョル　編集:ユ・ジェウォン　美術:イ・ボンソン　音楽:チョン・ユンジュ　出演:シン・ヨンギュン、チュ・ジュンニョ、ト・グムボン、ファン・ジョンスン、ハン・ウンジン　韓国公開:1967年4月　主な受賞:第5回青龍映画賞 作品賞

朝鮮戦争が勃発し、村の男たちはみな戦場に出て死んだり行方不明になったりしている。長い間ひとり残された女たちは、男のぬくもりに焦がれている。そんなとき、女だけが残った山あいの村で、ジョムネ（チュ・ジュンニョ）の家の竹藪に、元教師のパルチザン、ギュボク（シン・ヨンギュン）が紛れ込む。彼は、姑（ハン・ウンジン）に仕えて暮らす未亡人のジョムネに自分をかくまうよう強要し、ジョムネは食べ物を与えて彼と関係を結ぶようになる。ジョムネの行動が怪しいのに気づいた未亡人のサウォル（ト・グムボン）がこのことを知り、サウォルは自分の欲望を満たすため、「密告する」と言ってジョムネとギュボクを脅し、ギュボクと関係をもつ。すると、サウォルが妊娠して村に噂が広まる。そして、パルチザン討伐のために警察が竹藪に火をつけるとギュボクは煙で窒息して死に、サウォルは自殺する。ジョムネは、死んだギュボクを抱きしめてむせび泣く。

『山火事』は、2つの面で重要な意味をもつ映画だ。ひとつは1960～1970年代の韓国映画の芸術性を備えた"文芸映画"の代表作だということ、もうひとつは韓国映画史において"土俗的エロティシズム"を前面に打ち出した作品だということだ。

『山火事』が公開された1967年は、まさに文芸映画の年だった。1966年に10本に満たなかった文芸映画は、1967年には30本（製作本数の約20％）が製作され、ブームを巻き起こす。これは『離れの客とお母さん』(p66)や『浜辺の村』(p84)以後の映画製作業界が、文芸映画も商売になるという自信を得たこともあり、1966年の下半期からは、公報部[現在の文化体育観光部]がスクリーンクォータ制度[国産映画の製作会社だけが外国映画を輸入できるよう制限する制度。国産映画市場の保護と、製作会社が外国映画で上げた収益を国産映画製作に再投資させるための政策]で支援対象にする優秀映画部門に、"反共""啓蒙"に加えて"文芸"を選定したことにも関係する。このような状況で一気に頭角を現した演出家がキム・スヨンだった。

すでに『浜辺の村』の成功と共に"文芸映画の旗手"に躍り出ていた彼は、1966年からはラジオドラマの映画化の仕事を控え、小説と"オリジナル"作品だけを演出すると宣言した。そして彼は、小説だけでなく戯曲を原作にした文芸映画として、イ・グァンス原作の『有情』(1966)、チョン・スンセ原作の『満船』(1967)、チャ・ボムソク原作の『山火事』、キム・スンオク原作の『霧』(1967)、キム・ドンリ原作の『カササギの声』(1967)を相次いで発表する。これらの映画が成功することで文芸映画のモデルになり、それが一種の慣習を形づくり、1960年代に韓国映画の芸術性が方向を決めるのに重要な役割を果たした。キム・スヨン監督の芸術性を大まかに整理すると、『霧』に代表される"都市モダニズム系列"と『浜辺の村』のような"郷土叙情系列"に分けられる。『山火事』は『浜辺の村』の傾向を引き継ぐものとして後者に該当する作品だ。

『山火事』は『浜辺の村』と同様に、文明に染まらない空間を背景に、そのなかで生きていく民衆の人生に焦点を当てている。このとき、自然は文明とは正反対のものとして、そのなかで生きていく人間と運命共同体を構成しているが、それは未開拓であるというよりは"原始的本能に忠実な純粋な世界"として表現されている。だが、『浜辺の村』で"純粋な世界"としての自然が強調されたとすれば、『山火事』では、そ

『山火事』は、『浜辺の村』と同様に、文明に染まらない空間を背景に、そのなかで生きていく民衆の人生に焦点を当てている。

の世界が思想や戦争によって踏みにじられる悲劇として浮き彫りになる。そして、その過程ですべての面に現れるのが性的欲望だ。

『山火事』は、朝鮮戦争の時期、智異山（チ　リ　サン）の麓のある山あいの村を舞台にしている。昼間は国軍の討伐隊が、夜はパルチザンが入れ替わり村を占領し、村の男たちはみな逃げたり連れていかれたりして、女だけが暮らしている。そんなある日、パルチザン部隊から逃亡したひとりの男が村に潜入し、それを偶然に知った2人の女の間に葛藤が生じる。ひとりは青年団員の夫がいたジョムネであり、もうひとりはパルチザンの夫がいたサウォルだ。最初はジョムネがひとりで男をかくまって食べさせてやり、それに気づいたサウォルがジョムネに男を共有しようと主張することで葛藤は深まる。ここで2人の女の性的欲望についての描写が大きな比重を占めるのだが、これは原作とは異なり、この映画の個性が現れている部分だ。

『山火事』は、1962年に「現代文学」[1955年創刊の月刊文芸誌]に発表され、同年12月に国立劇場で初演されたチャ・ボムソクの同名戯曲を原作にしている。原作ではジョムネとサウォルの一家を中心に、戦争と思想的な対立によって住民たちが意に反して反目するようになり、ついには共同体が壊れていく過程を描写している。最後に、国軍がパルチザンを討伐するために竹藪に放った山火事は、村の伝統的なアイデンティティが戦争によって完全に破壊されることを象徴的に描き出す。

だが、映画の『山火事』は原作とは違い、山奥に閉じ込められて解消できない女たちの欲望を何度もさらけ出す。彼女たちは顔を合わせれば"男の話"をして、結婚しろと互いをけしかける。だから、大きな町である光州に嫁ぐことができる若い未亡人のジョンイムや、都会で家政婦の職を見つけるクッスンは、彼女たちにとっては羨望の的になる。女たちのなかでもサウォルは、子どもがいてこの村を離れられないことをいちばん恨めしく思う人物だ。だが、注目すべきはジョムネだ。原作ではサウォルの欲望がクロースアップされるだけであり、ジョムネの性的欲望は強調されない。これは、ジョムネの夫が右翼であり、サウォルの夫が左翼だという設定に合わせたことでもある。ついには結末で、サウォルが自殺という形で罰を受けることになるが、これは原作が暗黙のうちに反共という枠組みに従っていることを示している。

もちろん、本作も基本的に原作の構図に沿って、反共映画

として作られてはいる。この作品の製作申告書で、男が「パルチザンの巣窟から脱出してやって来た」ことを強調したり、最後にジョムネが嗚咽するときに、自首するのが一足遅かったと何度も言ったりするのは、この作品が掲げたテーマをよく表している。だが、性的欲望という面でジョムネがサウォルと大きく変わらずに設定されることで、表面的なテーマはむしろ後退して見える。ジョムネの欲望は、彼女が男に初めて出会う場面からあらわになる。男はジョムネと出くわすなり彼女を強姦する。初めは拒んでいたジョムネも、行為が始まるとすぐに男を抱きしめる。このように、最初から彼女の欲望が明示されることにより、男を中心にした2人の女との三角関係が強調される。こうした構図は、最後にジョムネが男の遺体をしっかり抱きしめて嗚咽するパトス（情念）につながる。

こうしたところでは、パトスはメロドラマのように大袈裟なものになりがちだが、左翼と右翼に分かれた思想を超えた力を発揮するという点で一定の意義がある。ジョムネの欲望があらかじめ十分に表現されていたことで感情の爆発が可能だったのであり、これはサウォルの自殺と対になっている。このことは結果的に、右翼の妻"貞淑なジョムネ"と、左翼の妻"淫乱なサウォル"に原作がはっきり分けていること、そして、そこに隠された反共の構図を飛び越えるものだ。ここでは、欲望と感情が、左右にはっきり分けられようとする時代に、その境界から抜け出せる一定の力をもっていたことを語っている。これが、反共主義が強まる1960年代後半にエロティシズム映画が浮上してくる理由となり、エロティシズム映画が本来の機能を提供するのを促すことにもなった。早い時期にそういう役割を果たしたという点で、『山火事』は韓国映画史で重要な意味をもっている。

パク・ユヒ（映画評論家、高麗大学研究教授）

1960年代　091

帰路 귀로

1967年／イ・マニ監督／35mm／モノクロ／シネマスコープ

製作会社:世紀(セギ)商事　製作:ウ・ギドン　監督:イ・マニ　脚本:ペク・ギョル　撮影:イ・ソッキ　照明:ユン・チャンファ　編集:キム・ヒス　音楽:チョン・ジョングン　美術:キム・ユジュン　出演:キム・ジンギュ、ムン・ジョンスク、キム・ジョンチョル、チョン・ゲヒョン　韓国公開:1967年7月
主な受賞:第14回アジア映画祭 音楽賞、第6回大鐘賞 最優秀作品賞

チェ・ドンウ(キム・ジンギュ)は朝鮮戦争に従軍して負傷し、下半身麻痺によって性的不能となる。彼は小説家になって、自分の夫婦関係をモチーフにした小説を新聞に連載している。2階の部屋のベッドに横になり、毎朝、薬を持って階段を上がってくる妻ジヨン(ムン・ジョンスク)の足音を聞いて一日が始まる彼は、14年の結婚生活の間、夫の役割を果たせなかった自己羞恥心にとらわれている。妻は夫の前で、それが自分の選択だったと強調するが、気にしていないふりをする妻の反応は、彼をさらに絶望させる。ジヨンは、体の具合が悪い夫に代わって時折、ソウルの新聞社に原稿を届けにいく。家を出て街のあちこちを訪れるその時間は、欲望を満たせないまま耐えて生きているジヨンが、束の間ではあるが、束縛から解放される唯一の機会である。新聞社に入社したばかりの記者カン・ウク(キム・ジョンチョル)は、そんなジヨンに好感をもって近づく。ある日、列車に乗り遅れたジヨンは、カン記者とデートすることになり、ドンウは、偶然この光景を見た妹(チョン・ゲヒョン)から事実を聞く。しかし、妻と別れる勇気がない彼は、表情に出せないまま、小説のヒロインの行動

を少しずつ変化させる。夫婦間の距離がますます広がるなか、カン記者はジヨンに夫と別れて自分と人生の再スタートを切ろうと提案する。

映画評論家や研究者は、イ・マニ監督の代表作として『晩秋』(1966)をためらわずに挙げる。だが、実際にこの作品を観た人は多くない。無声映画『アリラン』(1926、ナ・ウンギュ監督)と同様に、『晩秋』もフィルムが保存されておらず、"神話"となってしまった作品だ。残されたシナリオとスチル写真、記事資料と映画関係者の証言によって"神話"は続くであろうが、実際の映画を観ることができない心残りが満たされることはない。それでも、その渇望感を解消することのできる『帰路』と『休日』(p100)という2作品が残っていて、イ・マニ監督の映像感覚とスタイルを論及するにあたり大きな役割を果たしてくれるのは、幸いなことである。

イ・マニ監督は、映画的な感受性と独創性に優れた監督として評価されている。1961年に『走馬灯』でデビューし、1975年に『森浦への道』(p112)を遺作として他界するまで、50本の映画を手がけた。彼の作品リストには、スリラーから戦争映画、メロドラマ、時代劇まで幅広いジャンルの映画が並ぶが、『晩秋』から『帰路』『休日』に至る一連のメロドラマは、いま見ても"モダン"な感覚が際立っている。

ある意味、『帰路』は『晩秋』の前日譚のようにも見える。『晩秋』は、仮釈放された模範囚ヘリムと列車の中で出会っ

た青年フンとの強烈なラブストーリーだ。ムン・ジョンスクが演じたヘリムは、殺人罪で刑務所に入るのだが、ヘリムに殺された人物が『帰路』でムン・ジョンスク扮するジヨンの夫であると仮定すると、2つの映画は自然に結びつく。ジヨンの夫、ドンウは性的不能であり、自責の念と劣等感で妻への愛憎が深い人物である。ドンウは、男性としての役割を果たすことができない自分に14年間も尽くしてきた妻が、けっして幸せではないことをよく知っている。その一方で、妻を引き止めている自分の執着にうんざりしている。さらに、他の男性と時間を過ごした妻に対し、裏切られたという気持ちと怒りを捨てることができない。夫の感情は、妻の愛犬を撃ち殺すという形で表出する。それでも、妻は夫から離れられない。このような状況であれば、妻も自制心を失う日が来るのではないだろうか。夫の自責の念と愛憎はより強くなり、妻に対する疑いと執着はいっそう深まっていくのが当然だ。したがって、2人がぶつかり合ったとき、妻が偶発的に夫を殺害する可能性は十分あるのではないだろうか。このように考えると、妻ジヨンが刑務所に入ったと仮定すれば、『晩秋』と『帰路』が結びつく。ジヨンはつまりヘリムなのだ。また『晩秋』に登場するフンのトレンチコートと端正なヘアスタ

**イ・マニ監督は、映像表現、映像言語を重視し、台詞やプロット
に頼るよりは映像に意味を含ませて表現しようと試みた。**

イル、そして突飛で挑発的なキャラクターは、『帰路』の新聞
記者カン・ウクと妙に重なる。

　『帰路』は、ある女性の欲望と葛藤、または抑圧された性的
欲求を扱いながら、その原因として性的に不能な夫を登場さ
せる、非常に陳腐でお決まりのストーリーだ。もちろん、こ
れをありふれた物語にしないための仕掛けとして、夫が書く
新聞連載小説と夫婦の現実が重層構造をなすように設定され
ている。しかし、連載小説には映画本体のネタバレとなる要
素が満載で、むしろ話の流れの緊張と期待を打ち砕く。この
ように陳腐でありきたりのストーリーであるにもかかわら
ず、この映画のモダンさが損なわれていないことに驚く。
『帰路』のモダンさは、まさに映像表現と演技から生まれる
ものであるからだ。

　『帰路』は『晩秋』がそうであったように、ストーリーでは
なく、さまよう女心のデリカシーにより高い比重を置いてお
り、プロットよりは魂と肉体の葛藤でさまようムン・ジョン
スクの微妙な心理描写に注目している。したがって映画『帰
路』は、がらんとしたソウル駅広場、まっすぐに立つ街路樹、
森のゆらぎ、明かりの消えた街灯、回転を止めた蓄音機、雨
上がりの夜明け空など、より多くの映画的言語が隠れている
のだ。[原注1]

　上記で脚本家のペク・ギョルが指摘するとおり、『帰路』
は、さまよい揺れる女心を表現するために、空間や事物を活
用する。それまで台詞やストーリーを通じた表現に慣れてい
た韓国映画としては、非常に珍しい試みである。イ・マニ監
督は、映像表現、映像言語を重視し、台詞やプロットに頼る
よりは映像に意味を含ませて表現しようと試みた。劇中で登
場人物はときどき閉じ込められた構図に現れる。夫婦が会話
を交わすショットでも、中央に垂直に立つ柱がフレームを形
成し、夫婦を分離させる効果を醸し出す。また妻のジョン
は、フレームの中にフレームがある構図でしばしば映し出さ
れる。ジョンがベッドの上にぽつんと座っているショット
は、ジョンを窓やドアなど、複数存在するフレームのもっと
も内側に配置することにより、監禁と抑圧を演出している。
ここで女優ムン・ジョンスクの知的で自制された官能は、本
作が"さまよう女心"というありきたりなテーマを克服する
のに一役買っている。ムン・ジョンスクはまるでミケラン
ジェロ・アントニオーニ監督[イタリアの映画監督。1912-

2007。『夜』で第11回ベルリン国際映画祭金熊賞など受賞多
数]の『太陽はひとりぼっち』(1962)に登場するモニカ・
ヴィッティを連想させる。

　イ・マニ監督の映画的感受性は、映像で含蓄と自制、隠喩
と余白を表現することで表出した。これはイ・オリョン[韓
国の文芸評論家、初代文化部長官。1982年、日本語で書いて
出版した『「縮み」志向の日本人』(学生社)がベストセラーに
なった]が指摘するように、「映画が"ストーリー"の翻訳で
はなく、目で見るイメージの芸術」[原注2]であることを示
している。それはまた『帰路』をはじめとするイ・マニ監督
の映画が、歳月を経ても依然として古さを感じさせない理由
である。

　　　　　　　　　　チョ・ヘジョン(映画評論家、中央大学教授)

[原注1]ペク・ギョル『傷痕と記憶:朝鮮戦争と韓国映画』、全州国際映画祭、2002、p72-73;シン・ガ
ンホ「イ・マニのスタイルとジャンルについてのアプローチ」、『晩秋、イ・マニ』、コミュニケーションブッ
クス、2005、p155;チョ・ヘジョン「ムン・ジョンスク、虚無の表情の中に内燃する欲求を収める」、『晩
秋、イ・マニ』、コミュニケーションブックス、2005、p204
[原注2]イ・オリョン「文学と今日の映画ー文学に挑戦する映像」、『釜山日報』1966年12月17日付

1960年代　093

霧 안개

1967年／キム・スヨン監督／35mm／モノクロ／シネマスコープ

製作会社：泰昌(テチャン)興業　製作：キム・テス　企画：ファン・ヘミ　監督：キム・スヨン　原作・脚色：キム・スンオク　撮影：チャン・ソクチュン　照明：ソン・ヨンチョル　編集：ユ・ジェウォン　美術：パク・ソギン　音楽：チョン・ユンジュ　出演：シン・ソンイル、ユン・ジョンヒ、キム・ジョンチョル、イ・ナクフン、イ・ビナ　韓国公開：1967年10月　主な受賞：第14回アジア映画祭 監督賞、第6回大鐘賞 監督賞

製薬会社の常務理事であるユン・ギジュン（シン・ソンイル）は、会社生活に飽き飽きしていた。彼は製薬会社社長の娘である未亡人と結婚し、常務の地位まで昇りつめていた。疲れているギジュンに妻（イ・ビナ）は、骨休めと母親の墓参りを兼ねて故郷の霧津(ムジン)に行くように言う。その間に妻は、夫を専務理事に昇進させるための株主総会を開くべく、お膳立てするというわけだ。海辺でも農村でもなく、名物といえば霧しかない霧津に着いたギジュンは、兵役を逃れ、また肺病を患っていた過去を振り返る。

パク先生（キム・ジョンチョル）が家にやって来て、2人は霧津出身者でもっとも成功したという税務署長チョ・ハンス（イ・ナクフン）に会いに出かける。ハンス宅では、税務署員たちと、ソウルの音楽大学を卒業したハ・インスク（ユン・ジョンヒ）が花札をしていた。ギジュンはインスクに関心をもち、彼女は家に帰る途中、「ソウルに連れていってほしい」とギジュンに言う。翌日、ギジュンはインスクに会い、かつて暮らした下宿で結ばれる。だが、会

議に出るよう電報で伝えられたギジュンは、インスクに何も言わないままソウルへと向かう。

1958年に『恐妻家』でデビューしてから1999年の『沈香』まで、なんと109本もの映画を演出したキム・スヨン監督は、シン・サンオク、ユ・ヒョンモク、キム・ギヨンらなどと共に1960年代の韓国映画の全盛期をリードしてきた監督だ。キム・スヨン監督は多様なジャンルとスタイルの作品を手がけたが、特に「韓国文芸映画の大家」と呼ばれるほど、文芸映画で有名だ。キム・スヨン監督が1960年代に小説を原作とした映画には『浜辺の村』（1965）『有情』（1966）『山火事』（1967）『霧』（1967）『カササギの声』（1967）『春、春』（1969）などがある。なかでも『霧』は、経済が成長する一方で軍事独裁の陰にあった1960年代の韓国社会の暗鬱や倦怠感に満ちた風景を、中産階級の知識人である主人公の心の変化を通じて描写するという、韓国モダニズム映画の代表作だ。

『霧』は、韓国文学史で「感受性の革命」と評価されたキム・スンオクの短編小説『霧津紀行』（1964）を映画化した作品だ。1950年代の韓国文学が朝鮮戦争による個人のさまよいや無気力状態を描いていたとすれば、1960年代の文学は四月革命［1960年4月、李承晩大統領の不正選挙に対する抗議行動を行った学生から始まり、李承晩を辞任に追い込んだ民主化運動］の経験を通してこれを克服し、近代的な個人や市民意識の形成や、制度に対する希望を表した。キム・スンオクは、1960年代のこうしたトレンドを代表する作家だった。

『霧』はこのような文学におけるモダニズムの動きと、キム・スンオクの感性をそのまま映画に収めた。それだけにとどまらず、『霧』は、文字だけで語られる原作を、現在に潜む過去の時間を呼び起こすフラッシュバック、イメージとサウンドのぶつかりあい、ロングショットと登場人物の視点を活かした主観映像がせめぎ合うモンタージュ構造などの映画的仕掛けを利用し、はるかに多層的かつ分裂したテクストに転換させた。

『霧』は、詩的な映像と美しさで満ちつつも、時代に対する悩みを描く。かつて離れた故郷を再び訪れた男の実存的な彷徨を通じて、当時の知識人の孤独で偽善的な内面を、けだるく幻のような雰囲気で捉える。ソウルと霧津に代表される2つの場所は、開発された土地と未開発の土地、近代化と前近代化、現在と過去という時間がもつ意味を象徴している。

霧津に向かうバスの場面で始まる小説とは異なり、映画の『霧』は、ギジュンの事務所からスタートする。彼が眺める事務所とソウル都心の風景は、ひたすら慌ただしく巨大である。製薬会社の娘と結婚し、出世街道を走るギジュンの姿

『霧』は、詩的な映像と美しさで満ちつつも、時代に対する悩みを描く。

は、ただただ疲れて見える。こうした導入部は、ギジュンの現在の状況と社会的立場、妻との関係をはっきりと映し出す。

さらにギジュンは列車に乗って霧津に行き、ふと、車窓に映る若き日の自分と向き合う。このフラッシュバックは、兵役を忌避し、肺病患者であった若い日々の姿だ。また「私の故郷、霧津は……豊かにあるものといえば、熱い太陽と息詰まるような霧、そして貧しさに追われひねくれた心だけだ。大人になりながら私がいちばん望んだのは、霧津を離れて暮らすことだった。その願いを少しは叶えたが、故郷ではない土地での成功は時にうまくいかず、人生を新しくやり直すべき壁にぶち当たってしまった……」と語るナレーションは、ギジュンの今の心象を鮮明に表わしている。

『霧』はギジュンの主観的なフラッシュバックとナレーションで、青年時代の記憶と、霧津への思いをたどっていく。絶え間なく呼び起こされるこのフラッシュバックは、ギジュンの記憶と歴史との分裂と対称性、それによる二重性と多義性を表現する。しかし同時に、ブルジョア階級の男性がもつアイデンティティの分裂をも表現しているのだ。

ギジュンは、通っていた学校を訪れたり、税務署長である中学時代の同級生ハンスに会ったりする。ハンスは、出世志向が強く、女性を遊び道具と考える俗物の典型だ。さらにギジュンは、ハンスと同様に"俗物"である友人とつるんだ酒場で、音楽教師のインスクと出会う。ソウルの音楽大学を卒業したインスクも表向きは上品なふりをしているが、霧津での生活は気が狂うほど退屈なだけだ。2人のラブシーンには、不毛の魂をもつ人間が不毛の空間をさすらう気だるい雰囲気が圧倒的に満ちている。ギジュンとインスクが夜霧の立ち込める田舎道を歩いていくシーンは美しいが、厭世的で空虚な感情にあふれている。2人を演じた全盛期のシン・ソンイルとユン・ジョンヒの肉体的なイメージは、主人公たちの内面とこのうえなく一致している。

ギジュンの視点で描く霧津の町は、居酒屋や旅館があちこちに立ち並び、路地には男女がもつれ合いキスをする、いわば貧困層たちの資本主義が支配する俗物たちの世界として再現される。こうした霧津をギジュンは揶揄するように、またあざ笑うように眺める。ギジュンにとって現実はけだるく、日常の繰り返しと道徳的な堕落への苦痛、時代に対する深いため息といくばくかの責任感で綴られている。ギジュンは、ソウルに行きたいというインスクに、過去の自分の姿を見い

だす。「金持ちの未亡人との結婚は必ずしも望んだものではなかったが、結果としてはうまくいった」と考えるギジュンに、霧津紀行は昔の自分を振り返る機会を与える。だが、深く考えるまでには至らない。結局、『霧』は過去の記憶を取り戻した男が忘却を望みつつ終わる話であるといえる。

『霧』は1950年代のパク・ナモク監督、1960年代のホン・ウノン監督、チェ・ウニ監督に続き、1970年代に女性監督の流れを継いだソウル大学仏文科出身のファン・ヘミが企画し、当時メジャーな映画会社のひとつであった泰昌興業で製作された映画だ。公開時のオリジナルポスターにある「韓国映画がここまで来た」というキャッチコピーが、作品への自信、または期待を端的に表している。イ・ボンジョが作曲し、チョン・フニが歌う主題歌も映画のムードを醸し出している。

シン・ガンホ（大眞大学教授）

憎くてももう一度 미워도 다시한번

1968年／チョン・ソヨン監督／35mm／カラー／シネマスコープ

製作会社：韓振興業（ハンジン）　製作：ハン・ガプチン　監督：チョン・ソヨン　原作・脚本：イ・ソンジェ　撮影：アン・チャンボク　照明：イ・ギソプ　編集：ヒョン・ドンチュン
美術：イ・ムニョン　音楽：キム・ヨンファン　出演：シン・ヨンギュン、ムン・ヒ、チョン・ゲヒョン、パク・アム、イ・チュンボム、キム・ジョンオク、キム・ジョンフン
韓国公開：1968年7月

ヘヨン（ムン・ヒ）はシノ（シン・ヨンギュン）が妻帯者とは知らず彼を愛してしまった。ヘヨンはシノとの結婚を夢見るが、シノは自分に妻子がいることを話せない。結局、田舎からシノの妻（チョン・ゲヒョン）と息子が上京してきたことで、ヘヨンは真実を知ることになる。ヘヨンはシノの元を離れ、ひとりでシノの息子ヨンシン（キム・ジョンフン）を産み、育てる。しかし8年後、ヘヨンは息子の将来のため、シノを捜し、ヨンシンを育ててくれるよう頼む。ヨンシンは新しい環境に順応できず寂しい毎日を送り、母に会いたいと願う。孤独なヨンシンは母を求めて家出するが、道に迷い、シノの家族たちはヨンシンを捜しはじめる。ヘヨンは、家に戻ったヨンシンをシノが叱りつけるのを目撃し、ヨンシンを自分で育てるべきだと決心する。シノの家族も、ヨンシンをヘヨンの元に帰し、ヘヨンはヨンシンを連れて故郷へと向かう。

『憎くてももう一度』は、発表された1968年の時点でも、実にありふれたストーリーと美的感覚を備えた作品だ。未婚の母と婚外子の悲しい物語は、演劇『母の力』（イ・ソグ作）をはじめ、日本統治時代後半から人気のあるストーリーだ。そのうえ、悲しみをオーバーかつ露骨に表現する、いわゆる"新派"のように具現化する手法は、日本統治時代序盤から1950年代まで、演劇や映画などで非常に多く見られたお決まりの表現だった。そのため、1968年に、この時代錯誤ともいえるほど古臭くさくてありきたりの映画『憎くてももう一度』が興行として大きな成功を収めたのは、驚くべき出来事だった。しかも、その人気は終わりではなく、始まりだった。同じ監督によって3年間で3本の続編が作られ、似たような作品が5、6年も続いた。現在でも『憎くてももう一度』は、涙を誘うメロドラマの代名詞として広く知られている。

1968年という時代を鑑みても、『憎くてももう一度』の主人公は時代錯誤なキャラクターだ。日本統治時代のメロドラマのヒロインたちは妓生（キーセン）であるなどの弱みをもっていた。ヒロインは、この"メロドラマ的な弱み"によって夫や恋人の家門から追放される状況を、すべては自身の"罪"と考えて、自ら屈辱的に身を引く一方、本心では身動きのとれない抑圧的な世の中を悔しがり、涙を流した。ところが、『憎くてももう一度』のヒロインであるヘヨンは、当時としては高学歴でないと就けない職業である幼稚園の教諭で、"メロドラマ的な弱み"はない。しかし、自分が身体を許した恋人のシノが既婚者だという事実を知った後も彼を恨まず、むしろ自分が"平和な家庭に波風を起こした罪人"だという態度を見せながら、東海（トンヘ）［日本海］沿岸にある故郷へ帰る。このような選択は現実ではあまりありえないが、メロドラマのヒロインの典型的な行動という点で注目に値する。また、エンディングで、ヘヨンが雨に打たれながら吐露するかのように口にする長い台詞は、やはりメロドラマでよく登場する叙情的な独白のシーンを受け継いでいるという点で、表現手法さえもメロドラマの伝統にならっているといえる。このような場面は明らかに観客の悲しみをエスカレートさせ、涙を誘うのに大きく影響しているだろうが、すでに数十年、メロドラマを見てきた当時の観客たちには、お決まりで古くさいものという印象を与えた。"コムシン観客"（専業主婦や低学歴の女性の観客を蔑む言葉）が好きな映画だという世間の評価は、当時世論の中心であった人たちがこの作品を見下していたことを端的に表している。

ヘヨンが雨に打たれながら吐露するかのように口にする長い台詞は、やはりメロドラマでよく登場する叙情的な独白のシーンを受け継いでいるという点で、表現手法さえもメロドラマの伝統にならっているといえる。

本作に対して当時の評価が低かったのは、1960年代における映画の風向きの変化も影響している。市民革命と軍事クーデターが続いた1960年代初めは、『ロマンス・パパ』（p52）『荷馬車』（p60）など"キム・スンホ印"のホームドラマと呼ばれる、保守的で希望がもてる結末の作品が人気を集めた。一方の新派メロドラマは急速に衰退するジャンルに思えた。ところが1964年から新しい変化が見られ、そのひとつが"反抗する若者"を表現した『裸足の青春』（p78）などの青春映画だった。この映画は、保守的倫理を乱しはしたが、メロドラマではない。しかし同時期、もう一方では『椿お嬢さん』（1964、キム・ギ監督）『母娘ギター』（1964、カン・チャヌ監督）のようなメロドラマのような感覚の作品が少しずつ生まれはじめていた。青春映画の流行は1967年頃に熱気を失ったが、メロドラマ風の映画は少しずつ勢力を強め、1968年の『憎くてももう一度』はまさに、その流れの頂点に位置する作品だ。

メロドラマが徐々に勢いを失っていくのは明らかだったが、相変わらず文化的経験の少ない観客とっては、見慣れていて楽であることも事実だった。1950年代後半のアメリカ的な自由主義の流行、1960年代初めの産業化と近代化に対する希望に満ちた雰囲気に押され、一時的に下火になっても、すぐに消えることはなかった。朴正煕政権初期の大衆たちが抱いていた社会に対する希望や期待が少しずつしぼんでいき、メロドラマというジャンルがよみがえったとみるのが妥当だ。社会的事件が重なった1960年代末、韓国映画界ではカラー映画が本格的に始まり、製作費を圧迫した。それにもかかわらず、製作本数はますます増えて競争が加速し、劣悪な状況が繰り返され、低予算かつ容易な手法で、観客を集める必要に迫られた。このような時期に、お決まりでのストーリーで観客を集めやすいジャンルが復活するのは、自然なことだ。

1968年は朴正煕政権の2回目の任期が始まり、経済開発5ヶ年計画の初年度が終わった直後で、近代化・産業化の目に見える効果を体感できない大衆が、依然として苦しく圧迫的な現実に対して不満を示した時期だった。都市に住む中流・下流の庶民と農民や漁民は相変わらず生活が苦しく、前近代的な良妻賢母イデオロギーに押されていた女性たちもやはり、近代化の恩恵をこうむれなかった。『憎くてももう一度』のメロドラマ的な主人公は女性であるヘヨンであり、彼女が苦労する場所が東海［日本海］沿岸の漁村に設定されている一方、男性主人公のシノを1960年代初めの頼もしい長男の役を引き受けてきたシン・ヨンギュンが演じた点も象徴的だ。1960年代初め、家族と社会を危機から救うように見えた心強い若者たちは、1960年代終わりになると、2階建ての家をもつ安定した中流・上流層にのしあがることに成功したが、愛人や婚外子は、その幸せな家庭に受け入れないという無責任な家長になってしまったのだ。

1970年代になっても、韓国映画界の劣悪な製作環境は改善されず、政治的・経済的状況が下流の市民に対する圧迫をさらに強めるなか、『憎くてももう一度』は1970年代中盤になっても人気を集めた。しかし、もうメロドラマの美意識を到底受け入れられない大都市の高学歴の若者たちは、ほかのジャンルに目を向け、その結果が1970年代中盤のいわゆる"青年文化"の流れに乗った『星たちの故郷』（p108）『馬鹿たちの行進』（p114）のような映画のヒットだった。メロドラマは長く作られ続けたが、衰退の道を逃れたわけではない。『憎くてももう一度』は、衰勢の一途にあったメロドラマというジャンルの最後の打ち上げ花火だった。

イ・ヨンミ（大衆芸術評論家）

将軍の髭 장군의 수염

1968年／イ・ソング監督／35mm／カラー／シネマスコープ

製作会社：泰昌興業　製作：キム・テス　企画：アン・スンジュン、キム・ガビ　監督：イ・ソング　原作：イ・オリョン　脚本：キム・スンオク　撮影：チャン・ソクチュン　照明：チャ・ジョンナム　編集：ユ・ジェウォン　音楽：キム・ヒジョ　美術：ピョン・ジョンハ　出演：シン・ソンイル、ユン・ジョンヒ、キム・スンホ、キム・ソンオク、チョン・チャングン、ハン・ウンジン　韓国公開：1968年9月　主な受賞：第7回大鐘賞 製作賞、第5回百想芸術大賞 作品賞・監督賞

写真家のキム・チョルン（シン・ソンイル）が不審な死を遂げる事件が発生した。ベテランのパク刑事（キム・スンホ）は、知性あふれる若き刑事（キム・ソンオク）とチョルンの周辺人物への聞き込み捜査を開始する。家主、母親と妹に面会するが、大きな進展はない。刑事たちはチョルンに手紙を送った小説家ハン・ジョンウに会い、チョルンが書こうとしていた小説、『将軍の髭』の話を聞く。祖国解放を成し遂げた偉大な将軍に追従する国民が将軍と同じように髭を伸ばしはじめる。しかし、その流れに同調しない主人公は次第に孤立していくという内容だった。ジョンウの話から疑わしい点を見つけられなかった刑事たちは、一時期チョルンと同棲していた元ダンサーのシネ（ユン・ジョンヒ）を訪ね、チョルンについてさらに詳しい話を聞くことにする。シネによると、チョルンはロマンティストであり、現実不適応者でもあった。チョルンの豊かな感性に惹かれたシネであったが、空想に溺れる彼との付き合いに疲弊し、彼の元を去っていった。彼が死んだのはその後であった。警察はキム・チョルンの死を自殺として結論づけた。

『将軍の髭』は、1960年に『若き表情』でデビューし、1970年代末までに49作もの映画を残したイ・ソング監督の代表作である。当時、文芸評論家として名を馳せたイ・オリョンの初小説を、1960年代を代表する小説家でありシナリオ作家のキム・スンオクが脚本化した。文芸映画の全盛期に作られた傑作のひとつに数えられるが、文学的要素に頼りすぎず、先駆的な映画表現に挑戦しようとする実験的なシーンの数々が、今の私たちにも新鮮で印象的に映る。朴正煕政権下の抑圧的な時代の空気を、暗喩表現を用いてさりげなく示しつつ、ひとりの人間を通して実存性の問題の深層に迫るこの作品は、多くの点において当時の韓国映画の規準から大きくかけ離れている。例えば、フラッシュバックを活用して過去の出来事を織り交ぜながら描く技法、小説の内容をアニメーションで再現した劇中劇、可視的なひとつの事件を軸にして非可視的なひとりの人物の内面を掘り下げようとする執拗な視線、当時の時代相に対する批判を匂わせる内容、そして、最後に出てくる現代人の荒廃した内面の描写が、本作を非凡なものに仕上げている。『将軍の髭』はインパクトの強い作風で、韓国モダニズム映画の胎動を伝えた。

本作は、チョルンの死から始まる。自殺か他殺か、彼の死因をめぐって2人の刑事が捜査に乗り出す。チョルンと面識があった人々への聞き込みが進んでいくにつれ、フラッシュバックにより生前の彼の姿が浮かび上がってくる。『市民ケーン』（1941、オーソン・ウェルズ監督）と類似した叙述構造を取り入れながら、この作品ではミステリー要素がより濃く盛り込まれている。しかし、何人かの供述シーンの後、ミステリー色はすっかり影を潜める。この映画の真のミステリー、それは"誰が彼を殺したのか"ではない。"彼は何者だったのか"である。チョルンの死は科学捜査の対象というより、社会学的な研究対象として見るのがふさわしい。この考えは彼の小説を紹介していく過程でさらに明確になっていく。シン・ドンホン画伯が手がけたアニメーションで再現される『将軍の髭』は、チョルンが書こうとしていた小説の題名である。すべての国民が独立軍の将校と同じく髭を伸ばそうとするなか、ひとり拒否することでどのような運命が待ち受けているのか、この小説には全体主義の風潮が蔓延する当時の社会に対する暗喩が隠れている。チョルンはこの小説を完成することができなかったはずだ。いや、ひょっとすると1行も書けなかったのかもしれない。なぜなら、彼にとって芸術とは人生からの逃避先であり、現実から遠く離れた向こ

098　韓国映画100選

朴正熙政権下の抑圧的な時代の空気を、暗喩表現を用いてさりげなく示しつつ、ひとりの人間を通して実存性の問題の深層に迫るこの映画は、多くの点において当時の韓国映画の規準から大きくかけ離れている。

う岸にあるものだったが、実際、一度もその地点に到達したことはなかったからだ。

さらにこの流れからは、もうひとつのテーマが見えてくる。つまり、芸術と人生の関係性についてである。オープニングで目線を追うようにチョルンの部屋を探っていくカメラは、彼に関するいくつかの情報を私たちに教えてくれる。チョルンは過去に画家であったが、今は写真家であること。そして、最後は小説家になろうと夢見ていたこと。しかし、芸術と関わることで彼はますます現実と折り合いがつかなくなり、ついには現実と乖離した存在となったこと。絵や写真、落書きで埋めつくされた彼の部屋。そこは夢破れた芸術家が残した痕跡であふれかえっていた。チョルンは"いつも第三者のように目の前に実在する世界を外から眺めるしかなかった"と閉ざされた世界で身震いしながらも、実はいつも自分でその道を選んできたのだ。こうして見ると、チョルンが初めて映画に登場するのが写真家の手にあるカメラレンズに映り込んだ姿というのも絶妙である。

結局、最後はすべて実存性の問題に辿り着く。すでに自らの存在を証明する手段を失ったチョルンは、周辺人物の記憶を通してのみスクリーンに甦ることができる。フラッシュバックはその当時、もっとも扱いやすい技法のひとつだった。この映画でイ・ソング監督は機械的で単調だったフラッシュバックに革新をもたらす。音と映像の同時性を壊す（現在の音と過去の映像を組み合わせる）、異なる時系列の台詞を結びつける（刑事からの問いかけに過去のチョルンが答える）、過去から過去にさかのぼる二重フラッシュバック構造（チョルンとシネの"告白ごっこ"の場面）、老刑事の推理をフラッシュバックで再現する（チョルンによるシネの父親殺害と、シネのチョルン殺害を想像する、モノクロの場面）など、独創的で精巧、最先端のフラッシュバックをさまざまな形で披露している。

下宿先の家主と娘、チョルンの家族、小説家、会社の同僚、ヌードモデル、チョルンの恋人だったシネなど、次々と回想の主人公が登場する。しかし、つながりがすでに過去のものであったり、通じ合えない間柄であったり、時に非常に滑稽で何の意味も持たない言葉が大半だった。そのなかでもっとも信用に値する証言者はシネである。チョルンと1年近く同棲していた彼女は、冷淡といえるほど淡々と、自分たちについて陳述を続ける。日本統治時代からの解放や朝鮮戦争までさかのぼる彼女の話は、不幸な歴史のトラウマに苦しむ当時

の人々の心の陰を感じさせる。しかし、それはチョルンの死因を究明するものではない。彼女の証言から得たこと、それは人の実存性をめぐる問題は明確な事実説明があるとしても本質を捉えることはできない、という事実をあらためて認識させられただけだったのかもしれない。

物語の終盤は、西欧モダニズム映画によく見られる人間の無為自然な姿を描くことに費やされている。キム・スンホが演じる老刑事が呆然とした表情で道を歩くシーン。合理的な思考回路の持ち主である彼が、皮肉にもチョルンの死にもっとも大きな打撃を受けた人物のように見える。孤独を犯人と見なす、というくだりは蛇足の気がするが、白紙のように表情のない彼の顔は「このくだらない事件が俺を崩壊させた」というナレーションを見事に視覚化している。この映画でいちばん奇妙なのは、次のシーンだ。オートバイに乗った交通警察が彼の方に向かってくる。一瞬だけ暗転した次の瞬間、一転して穏やかな表情ですいかを抱えて立つ老刑事の姿が映し出される。転換を示す、つなぎ部分。このわずかな瞬間にいったい何が起きたのか。交通警察との会話に思いがけない気づきでも得たように、彼の表情は明らかに変化している。ひとつの意味に固定しない多面的で曖昧なエピローグが、いつまでも消えない残像を残した。

カン・ソウォン（映画評論家）

休日 휴일

1968年／イ・マニ監督／35mm／モノクロ／シネマスコープ

製作会社：大韓連合映画社　製作：ホン・ウィソン　企画：チョン・オクスク　監督：イ・マニ　脚本：ペク・ギョル　撮影：イ・ソッキ　照明：ユン・チャンファ
編集：ヒョン・ドンチュン　音楽：チョン・ジョングン　美術：チョン・スパン　出演：シン・ソンイル、チョン・ジヨン、キム・ソンオク、キム・スンチョル
特記事項：検閲のため公開されず、2005年、韓国映像資料院を通じて上映

　ある日曜日、一文無しの青年ホウク（シン・ソンイル）が愛するジヨン（チョン・ジヨン）に会いにいく。家庭をもつ余裕がないホウクは、自分の子を妊娠しているジヨンの手術費を求めて友人たちに会うものの拒絶され、とうとうある友人（キム・スンチョル）の金を盗んで逃げる。ジヨンは持病を理由に医師に堕胎を勧められ、手術を受ける。手術が行われている間、ホウクは病院を出て酒を飲み、サロンで出会った女と一緒に酒場と屋台を転々とする。泥酔したホウクは工事現場でその女と愛を分かち合うが、耳を打つ教会の鐘の音に我に返り、病院に走っていく。ホウクはジヨンが手術の途中で死んだという事実を知り、ジヨンの父に事実を伝えにいくが、門前払いにされ、金を盗んだ友人に捕まって殴られる。暗い夜のなか、ホウクは血まみれの顔で、ジヨンとの幸せなひとときを思い出しながら街を走る。

　『休日』については、すでに何人もの識者が分析や解説を試みてきた。特に韓国映像資料院が製作したDVD-BOX『イ・マニ コレクション』に収められた、チョン・ソンイルによる音声解説は、この映画に関する分析でもっとも精密で鋭いものといえるだろう。本稿では、煙草という小物の使用について、2つの映画と比較しながら述べようと思う。
　イ・マニ監督（1931-1975）が『休日』を撮ったのと同じ年齢のときに、黒澤明監督（1910-1998）は『素晴らしき日曜日』（1947）を撮った。2つの映画は、日曜日に会う貧しく若い恋人の一日の物語という基本設定、エピソードを並列する構成、そして戦争の痕跡がいまだ残る大都市の風景、煙草という主要なモチーフを共有している。2つの映画は、ほぼ同じ設定と構成、モチーフでありながら、いかにまったく異なる作品が生まれるかについてのいい事例である。
　『素晴らしき日曜日』には煙草が3回登場する。最初と最後の場面でクロースアップされた路上の煙草の吸い殻、そして中盤で貧民街の老人が吸う煙草の吸い殻だ。最初の場面では、男が煙草の吸い殻を拾い吸おうとしたところ、突然登場した恋人に制止される。最後のシーンでは、彼女を見送った男が路上の煙草の吸い殻を見て少し悩んだ末、靴で乱暴に踏み潰す。
　『素晴らしき日曜日』の主題はシンプルだ。生物学的には、男性器だけでは性交をすることができない（男はずっと試みるが、女が拒否する）。ゆえに、社会的または象徴的な男性器たるものを探さなければならない。これは目に見えるものである必要も完璧である必要もない。男が想像のなかで演奏する「未完の交響曲」が暗示するように、完成に向けた道の途上にあるという事実を納得させればいいのだ（言い換えれば"実現された夢"ではなく"夢がある状態"の確認が男性器となる）。最初のシーンでは、男はこの道の外にいて、最後の場面ではこの道へと回帰している。ヒューマニティと男性らしさ、出世の夢を同一視するこの映画は、戦争直後の挫折した日本の若者たちには慰めになったかもしれないが、映画的には陳腐というほかない。この陳腐なストーリーにおいて煙草の吸い殻は、男らしさを回復するために取り除かなければならないネガティブなものを明らかに象徴している。
　これに比べて『休日』の煙草は曖昧だ。男（＝主人公のホウク）は映画が始まるや否や、不正な方法で1箱の煙草を手に入れ、ほぼすべての場面で煙草を取り出す。しかし、そのたびにマッチがないことに気づく。特別な意味は含まれていな

100　韓国映画100選

つまり『休日』という映画は、存在の危機について語るのではなく、それをありのまま映し出す。ここに『休日』が偉大である理由が存在する。

いこの行為は、異質なエピソードの数々が並列するストーリーにおいて、まるで韻を踏んでいるかのように見える。ところが、この韻の役割は、映画の音楽的なリズムを生み出すのみにはとどまらない。

事実だけを述べるのは、簡単だ。ホウクが煙草をくわえるたびにマッチを探してポケットに手を入れるのは、自分がマッチを持っていないという事実を忘れたためだ。だが、この度重なる忘却の効果は奇妙である。ホウクは少し前の自分を部分的に覚えていない。彼はどの場面でも、まるで初めてこの物語の世界に出てきたような状態になる。ホウクの問題は、貧しさ以前に、自己が存在していないことである。主人公個人ではなくストーリーのレベルでいうと、この映画は前の場面を記憶できていないのだ。崩壊寸前の自己同一性、崩壊寸前の叙事的連続性という事態がここにある。

密かに感知されていた崩壊の危険が、ついに現実化する。ホウクが妊娠した恋人のジョンを病院に残し、サロンで酒を飲み、ある女にちょっかいを出す場面から、私たちは完全に異なる映画を見ることになる。ジョンの存在は忘れられ、映画のトーンはフィルムノワールに変わり、ホラーの不吉な音楽が新しいカップルの酒場巡りを包む。教会の鐘の音がエピローグを呼び起こすまで、ネオリアリズムのトーンからフィルムノワール、あるいはホラーのトーンに突然変化する。ホウクがジョンのことを完全に忘れると同時に、エピローグを除く映画の後半部分も、前半の物語を完全に忘れてしまうのだ。

B級映画にピッタリのこの呆れた論理が、映画マニア的なお遊びではなく、『休日』という映画の肉体または霊魂の中核をなす。イ・マニ監督は自己同一性を否認したり批判したりするのではなく、その破裂を抱きしめつつ、自ら破裂寸前に至った、歪んだ映画的肉体を提示する。つまり『休日』という映画は、存在の危機について語るのではなく、それをありのまま映し出す。ここに『休日』が偉大である理由が存在する。

"煙草をくわえること－マッチを探すこと"の反復は、自己同一性と連続性の崩壊という事態の象徴であり、逆にいえば、それだけが忘却と不連続にちりばめられたこの映画的肉体の単一指標でもある。『休日』で煙草という小道具は、何かを意味するものではなく、活動するものなのだ。自ら活動すると同時に、他の要素を作動させるものであり、本当の意味はその活動の裏で消滅する。この点で『休日』は、『素晴らし

き日曜日』ではなく、本作が奇跡的に上映された（1968年に作られたものの検閲のため公開することができず、韓国映画史の記録から完全に消えていたが、37年後に初めて上映された）2005年に公開されたホン・サンス監督の『映画館の恋』と映画的な血縁を分かち合っていると見るべきだ。

多くのモチーフを共有する『休日』と『映画館の恋』を比較することは、それだけで一編の論文になるだろう。だが、ここでは煙草だけに言及したい。自分が見た映画の主人公が手に入れられなかったマールボロを吸っていた『映画館の恋』のドンスが、ラストシーンで「考えないとダメだ。考えれば生きることができる。考えれば煙草もやめられる」という呆れた台詞を吐くとき、煙草は習慣と模倣、または男らしさと死という意味をもちながら、いずれにも属さず浮遊するものの象徴となる。ドンスが南山タワーを見ながら「あれはどこからでも見える」と語る時、目の前にそびえる堅牢な物とは裏腹に、彼の自我の連続性は危機に瀕していることが、ひしひしと伝わってくるのだった。

『休日』のホウクと『映画館の恋』のドンスは、最後のシーンでもう煙草を吸わないと決め、以前の自身と断絶する。一方は死に近く（最初の脚本で『休日』の結末はホウクの死だったという）、もう一方は生に近い。しかし、この違いは大きくない。どちらも存在の危機、自己の不在は変わらずそのままだったからだ。『休日』が少しも色あせない21世紀の映画である理由だ。

ホ・ムニョン（映画評論家）

『馬鹿たちの行進』(1975、ハ・ギルチョン監督)

1970年代

火女

花粉

星たちの故郷

ヨンジャの全盛時代

森浦への道

馬鹿たちの行進

冬の女

異魚島

長雨

火女 화녀

1971年／キム・ギヨン監督／35mm／カラー／シネマスコープ

製作会社：宇進（ウジン）フィルム　製作：チョン・ジヌ　企画：パク・ヨンウ　監督：キム・ギヨン　脚本：キム・ギヨン　撮影：チョン・イルソン　照明：ヤン・チャンジョン　編集：キム・ヒス　美術：パク・ソギン　音楽：ハン・サンギ　出演：ナムグン・ウォン、チョン・ゲヒョン、ユン・ヨジョン、チェ・ムリョン、キム＝チュ・ミヘ、オ・ヨンア、ファン・ベク、チュ・ソギャン、イ・フン　韓国公開：1971年4月　主な受賞：第4回シッチェス映画祭 主演女優賞、第10回大鐘賞 新人賞、第8回青龍映画賞 監督賞

ソウル近郊の養鶏場近くで、ドンシク（ナムグン・ウォン）とミョンジャ（ユ・ヨジョン）の死体が12ヶ所の刺し傷がある状態で発見され、警察は強盗殺人事件として捜査に乗り出した。生前、ミョンジャは、養鶏場のオーナーであるジョンスク（チョン・ゲヒョン）が良家に嫁入りさせると約束すると、ジョンスクの元で無報酬で家政婦として働くことにする。ジョンスクが実家に帰っている間、歌手になりたいヘオク（オ・ヨンア）は、曲を書いてもらうために、ジョンスクの夫で作曲家のドンシクを誘惑する。そのとき、ジョンスクにドンシクの浮気を見張るよう頼まれていたミョンジャが割り込み、ヘオクを追い出すが、ドンシクは無理やりミョンジャと関係をもち、ミョンジャは妊娠してしまう。ドンシクはジョンスクにこの事実を告げ、ジョンスクは、ミョンジャの子を堕ろさせる。妊娠したジョンスクが出産し、ドンシクが自分を顧みなくなったことに怒ったミョンジャは、腹いせに彼の息子チャンスンを殺す。猫いらずを使ってミョンジャを毒殺しようとしたジョンスクは、ミョンジャの罠にかかり、苦しい立場に置かれる。ミョンジャは人を殺し、ドンシクが殺害したように見せかける。家族を守りたいジョンスクは、ドンシクをミョンジャに譲り、死体を処理する。漢江（ハンガン）の川辺に捨てられた死体を発見した警察がやって来ると、ドンシクとミョンジャは薬を飲んで自殺し、ジョンスクは家族の名誉を守るため強盗が入ったように見せかける。すべての事実が明らかになると、ジョンスクは雨が降る通りで泣き叫び、倒れ込む。

「女」シリーズは、1960年の『下女』を皮切りに、1971年の『火女』、1982年の『火女'82』と3作が製作された。中産階級の家庭と家父長的な男らしさの危機、田舎から上京してきた"家政婦"に代弁される他者に対する恐怖は、キム・ギヨン監督のいくつかの映画で繰り返されるテーマでもある。1971年につくられた『火女』は、地方の興行主から求められて製作され、その年いちばんのヒット作となった。当時、韓国映画界の全体的な作品のトレンドから見ると、かなり異質で、衝撃的な映像を見せるこの作品が、当時の大衆性を兼ね備えたヒット作になったという事実に驚くが、これは『火女』が描く時代状況が当時の社会問題を喚起させ、大衆の共感と恐怖心を同時に刺激したからだと分析できる。『火女』は前作に比べ、より積極的に、当時の新たなメディアであるテレビに対する警戒心とともに、戦争や社会問題を可視化した。

奇しくも「女」シリーズは10年おきに製作され、時代ごとの空気の違いを垣間見ることができる。キム・ギヨン監督もまた3作を通し、ストーリー展開よりも、時代状況による登場人物の性格の急激な変化に関心をもっていることがわかる。特に『火女』で、スライド画面で示される戦争の惨状、自然破壊、月面着陸などの実際の出来事の写真は、近代化が求める科学技術の発達がもたらした破局の惨状を短いながらも強烈に表し、映画の登場人物のグロテスクな心理と行動を文明批判の側面から分析できるように見せている。この映画はスリラーの様相を呈した家庭メロドラマでもあるが、ひとつのジャンルで定義しにくいほどに独特の演出法を複合的な時代状況に重ね合わせ、複雑な時代の意味をより豊かに表現した。

『下女』が劇中劇で中産階級の家族を脅かす要素を盛り込み、教訓を与えるような結末だったならば、『火女』は韓国社会の家父長制に対する痛烈な批判と、さらに朴正煕（パク・チョンヒ）政権［1961年、朴正煕が軍事クーデターで実権を握り、1963年から1979年まで大統領を務めた政権。軍をバックに独裁体制を強化する一方、産業の育成や工業化を推進し「漢江（ハンガン）の奇跡」と呼ばれる経済成長を実現した］の経済開発計画が行われた後、近代化された都市の風景がもたらした破局を前面に打ち出した。"下女"として登場するミョンジャが地方から都市に上京するきっかけは、男性の暴力による傷を振り払うためであり、男性の近代主体の暴力性が性に対する脅威と恐怖となって表れる。ミョンジャは、開発が進む国家の下層階級の女性に与えられた不合理な状況と、家父長制の抑圧を痙攣（けいれん）の

スリラーとホラー、家族メロドラマを行き交うこの破局の惨状は、狂気とヒステリーで満ちあふれたキム・ギヨン監督の作品世界を確固たるものにし、韓国映画史で独自の位置を確立した。

ようなヒステリーで可視化している。

また、ミョンジャと彼女の友人が地方からソウルに上京するバスの内と外の風景、ソウルに到着した直後、彼女たちを出迎える高架橋と31ビルディング［地上31階、高さ110メートルの高層ビル。1968年に竣工し、1970年に完成。当時は韓国でもっとも高く、韓国の経済発展の象徴だった］の姿は、1970年代の都市に上京した地方の女性たちが女工とホステスとして消費される姿を描くこの時代の他の映画作品とも相通じる。ホステスが登場する1970年代の一連の映画を予見した『火女』は、序盤で家政婦と雇用主の男性が殺人事件を捜査する警察の口を借りて、村から上京した女性、特に怪しい仕事を転々とする女性たちに対する社会の見下すような視線と警戒心を示す。キム・ギヨン監督はこのような社会的な雰囲気の下、前近代と近代との衝突、資本の威力の前に歪んでいく人間の内面描写に力を注いだ。

女性たちがエネルギッシュで主体的に行動するのに対し、男性主人公は、キム・ギヨン監督の他の作品と同じように無気力で、経済的に不安定な立場に立たされている。『下女』では妻が家計のために縫製の内職をしていたが、『火女』ではかなり大規模な養鶏場を経営している。結婚させるという条件でタダ働きをさせられている家政婦は、家事だけでなく養鶏場の仕事まで手伝う。このような不合理な経済構造と搾取構造のなかで、家庭団らんに侵入した家政婦の存在は家庭を破壊する完全な加害者というよりも中産階級の家庭の管理下におかれた下層階級であり、中産階級の家庭を覗き見る者の立場で中産階級に亀裂と破局をもたらす。

キム・ギヨン監督自らがセットと美術を手がけたが、この映画でもグロテスクな室内装飾と強烈な色彩の対比を通じて、主人公の狂気とヒステリーを予見する。『下女』とは異なり、カラー映画として撮影されたこの映画には全面的に赤い色彩がしばしば登場する。ここに、登場人物の欲望と血で象徴される破滅と死のイメージが絡み合い、グロテスクさを倍増させる。2階で灯をつけたり消したりする室内のシャンデリアのシーンは『虫女』（1972）に到っては、さらに極端な色の対比を見せることになる。実際にキム・ギヨン監督は、色彩の対比を映画表現として構築するためフィルターをテストする過程で50本以上のビール瓶を割って、屈折したイメージの感じと色調を試したといわれる。

最後のシーンは印象的だ。警察から出てきた夫人が片方の靴を雨に流されたまま、号泣する瞬間、ホステスとして働く

ミョンジャの友人が夫人に手を差し伸べる。その後、2人の女性は、互いに肩を寄せ合い、ミョンジャと友人がソウルで初めて目にした高架橋のほうに歩いていく。これは家父長制の抑圧と破局の末に実現した2人の女性の連帯であると同時に、中産階級の女性と下層階級の女性が置かれた状況の根本的な原因が、まさに高架橋に象徴される歪んだ近代化の過程から始まったことをそれとなく暗示する。

この作品で映画デビューを果たしたユン・ヨジョンは、無垢な愛らしさと個性的なルックスで、青龍映画賞、大鐘賞、シッチェス映画祭の主演女優賞を受賞し、個性派女優の誕生を知らしめた。特にこの作品で観客を熱狂させたのは"鶏のえさになった死体"を連想させるいくつかのシーンの演出法だ。スリラーとホラー、家族メロドラマを行き交うこの破局の惨状は、狂気とヒステリーで満ちあふれたキム・ギヨン監督の作品世界を確固たるものにし、韓国映画史で独自の位置を確立した。

パク・ヘヨン（韓国映像資料院研究員）

花粉 화분

1972年／ハ・ギルチョン監督／35mm／カラー／シネマスコープ

製作会社：大洋(テヤン)映画社　製作：キム・ヒョングン　監督：ハ・ギルチョン　原作：イ・ヒョソク　脚本：ハ・ギルチョン　撮影：ユ・ヨンギル　照明：キム・ヨン　編集：イ・ギョンジャ
音楽：シン・ジュンヒョン　美術：パク・ノダル　出演：ハ・ミョンジュン、ナムグン・ウォン、チェ・ジヒ、ユン・ソラ、ヨ・ウンゲ　韓国公開：1972年4月

ヒョンマ（ナムグン・ウォン）の愛人セラン（チェ・ジヒ）は、唯一の肉親である妹のミラン（ユン・ソラ）、家政婦のオンニョ（ヨ・ウンゲ）と一緒に、ソウル近郊の"青い家"と呼ばれる大きな韓屋(ハノク)[韓国の伝統家屋]に暮らしている。ある日、ヒョンマは、新たに雇った男性秘書のダンジュ（ハ・ミョンジュン）を連れて青い家を訪れる。ミランが初潮を迎えたことをみんなでからかうと、彼女は怒って家を出る。すると、ヒョンマはダンジュにミランを捜してこいと命じる。自分についてきたダンジュにミランは彼の部屋に行きたいと言う。ダンジュの部屋で2人は一夜を過ごし、愛し合う仲になる。ダンジュとミランが帰って来ないことで、ダンジュを愛しているヒョンマは嫉妬と怒りに駆られてどうすることもできなくなる。ダンジュは会社を辞め、ミランと一緒に逃避行を始めるが、ヒョンマは諦めずにダンジュを捜し出す。ヒョンマはダンジュを失神状態になるまで殴り、青い家の小部屋に閉じ込める。不渡りが出た後でヒョンマは日本に逃げ、セランとミラン、オンニョはダンジュのことを求める。ある朝、青い家に借金取りが押しかけて家の中をめちゃくちゃにし、その最中にセランは性的暴行を

受ける。セランが死んでミランが去った後、ダンジュもまた青い家を出る。

映画評論家のイ・ヨノは、ハ・ギルチョンを「アリバイの作家」という面白い表現で寸評する。鋭い指摘である。ここでアリバイという表現は、ハ・ギルチョンと彼の映画を批評したがる多くの人たちがいう、テクスト間の関連性や時代を反映していることをたんに指しているわけではない。ハ・ギルチョン監督と彼の映画が、関係を結ぶやり方を包括的に示す面白い羅針盤になっていることを意味しているのだ。

一方、ハ・ギルチョン監督に対するこうした批評的な姿勢は、彼の映画に言及することが、常にテクストを超えてこそできるという、ある種の強迫につながっていることの証明でもある。"ニューウェーブ"に対する露骨な追従、映画製作よりさらに旺盛だった文章力、そして俗に韓国映画の暗黒期と称される1970年代の社会的・政治的状況など、ハ・ギルチョン監督本人の生産的な欲望や（時にはこれを妨害して壊していたものとして記憶されている）テクストには書かずに示唆することは、ハ・ギルチョン監督に対する別のアプローチ自体を混乱させることは明らかだ。このような脈絡で、ハ・ギルチョンという名前は、韓国映画史の論争がはらむ逆説的な欲望の症状であると同時に、その兆候を示している。1970年代も今も、相変わらずリアリズムと作家主義が重要な価値観として支配している韓国映画史の議論においては、ハ・ギルチョン監督は、モダニズムやカール・バルト[スイスの神学者]的な作家性という、また異なる批評の対象と等しい価値をもち、韓国映画批評の世界において、革新と自壊の間をせめぎ合う存在だ。

デビュー作である『花粉』は、このようなハ・ギルチョンの批評的・映画史的な価値という側面で、もっとも頻繁に話題にのぼる作品だ。7年間のアメリカ留学を終えて帰国し、多くの人々が嫉妬交じりの期待を寄せるなか、2年がかりで完成したこの作品は（当時の映画評論家たちが口を揃えて語るように）超現実主義的なイメージやモダニズム的な形式、型にはまらない描写など、当時の世界映画史の支配的な流れで"しつけられた"若い作家の感受性や意志をそのままさらけ出している。本作で"青い家"と命名されたヒョンマの別宅は、韓国最高権力者の住まいである青瓦台(チョンワデ)をあからさまに示しているという点で、ハ・ギルチョン監督の社会批判的な態度を代表するシンボルのようにみなされたりもする。つまり、当時の評論文が述べるところによれば、『花粉』は、映画的な様式と社会・政治的な批判という現代映画の2つの美徳を教科書的にやり遂げているというわけだ。

この映画は精巧で一貫した映画形式を通して、美学的な成功や政治的批判を見せるというよりは、作品の至るところで見いだされる亀裂の連続を通して、それらをさりげなく示している。

だが、『花粉』についての最近の分析で指摘されるように、この映画は精巧で一貫した映画形式を通して、美学的な成功や政治的批判を見せるというよりは、作品の至るところで見いだされる亀裂の連続を通して、それらをさりげなく示している。さらに言えば『花粉』は、総体的なアンバランスからそのエネルギーを発生させる、分裂や不整合のテクストだ。視聴覚的な表現とストーリー、そして、その２つの間の関係という側面から見いだされる分裂という段階がある。そして（主にシンボルを通して）抑圧的な独裁政権という当時の政治状況についてのマクロな批判と、欲望する（だが失敗する）主人公についてのミクロな観察との間の不整合が、それである。

すでに知られているように、『花粉』の視覚的・聴覚的な表現は、当時の韓国映画ではほとんど見られない表現主義的な強迫に囚われている。特に、制限された空間と、戸惑うほど突然登場する人物たちのクロースアップ、描写に没頭することを妨害し続ける不協和音や神経を刺激する効果音は、ブレヒト的な異化効果［ドイツの劇作家・演出家ベルトルト・ブレヒトが提唱した演劇論。日常で当然と思えるものに違和感を起こさせることで対象への新しい見方を観客に提示する方法］を誘発しながら、中産階級の欲望のドラマという映画のプロットにアプローチしようとする観客と絶えず距離を置く。ばらばらでダイナミックなイメージ、閉所恐怖を刺激するスクリーン空間は、ストーリーの内部に統合されないまま、感情的、即物的な効果を引き出す。ストーリーもやはり、イ・ヒョソクの原作が描く簡潔で単純な流れとは違い、飛躍したり省略したり、あるいは引き延ばしたりするあいまいさを特徴にしているが、ダンジュの心理的な変化や、彼に対する他の人物たちの関係において、曖昧さは特に目立っている。

『花粉』がもつこのようなさまざまな分裂性は、欲望というネットワークのなかで失敗を経験したり、完全ではない人物たちの共通項にまとまっていったりする。ヒョンマとダンジュ、そして3人の女たちの間の性愛・性差・階級の関係は、各自の欲望が置かれる格子を構成しているが、このなかでめまぐるしく動く欲望の視線は、何らしっかりした方向性をもつことができないまま浮遊している。経済的・政治的な権力が集結する場所としてのヒョンマは、同性愛の対象であるダンジュも、異性愛の対象であるヘランやミランもしっかりコントロールできず、ついには、すべての権力を失ったときに、

ちりのように消えてしまう。

ヘランとミラン、そしてオンニョという3人の女性もやはり同じだ。異なった欲望がその痕跡だけを残して、まるでそのなかで3人が文字通り分裂の状態に置かれてしまったように、『花粉』は、描写も欲望も視線も空間もコントロールできない3人の、無力でどうにもできない状況を強調する。欲望あるいは抑圧の主体と対象の関係をテクストのシステム内部で描き出すことができない本作は、まるで、当時の韓国社会の近代（男性）のアイデンティティを捕らえたある種の無力さに対する症状そのもののようだ。

欲望の動きを、簡潔な描写のなかで極端なフェティシズムに結びつけるイ・ヒョソクの原作が、近代の商品資本主義のもつ激しい猥雑さを通して社会批判を行っているのだとすれば、ハ・ギルチョン監督の『花粉』は、むしろその欲望のネットワークのなかで無力になるしかない個人のもがきや混乱状態を通してひとつの症状ができている。完全に形に表せない作家の様式美学の限界、批判的な発言が厳しく統制されていた社会的な制約、そして、政治的な抑圧に対する批判の意志と、欲望の回路のなかで道を失った人物についての精密な観察との間の亀裂。これらのものが、それぞれ違う視点から見た感性となって、『花粉』は、韓国映画史でもっとも独特でダイナミックな不整合のテクストとしての地位を獲得している。

パク・ジニョン（映画評論家）

星たちの故郷 별들의 고향

1974年／イ・ジャンホ監督／35mm／カラー／シネマスコープ

製作会社:貨泉(ファチョン)公社　製作:パク・ジョンチャン　企画:イ・ウンボン、キム・ジェウン　監督:イ・ジャンホ　原作:チェ・イノ　脚色:イ・ヒウ　撮影:チャン・ソクチュン　照明:キム・ジンド　編集:ヒョン・ドンチュン　美術:イ・ボンソン　音楽:カン・グンシク、イ・ジャンヒ　出演:アン・インスク、シン・ソンイル、ユン・イルボン、ハ・ヨンス、ペク・イルソプ　韓国公開:1974年4月　主な受賞:第13回大鐘賞 新人監督賞

無邪気で明るかったギョンア（アン・インスク）は、初恋の人に捨てられたつらさを乗り越えて、中年の男イ・マンジュン（ユン・イルボン）の後妻になる。彼には妻の貞操を疑う病的症状があり、それによって妻を自殺に追い込んだのだった。ギョンアは初恋の相手との子を中絶した過去がばれてしまい、マンジュンとも別れる。そして酒を頻繁に飲むようになり、ドンヒョク（ペク・イルソプ）によってホステスへと身を落とす。画家のムノ（シン・ソンイル）と知り合ったギョンアは彼と同居を始め、お互い似ているところを慰めながら、それなりに幸せに暮らした。しかし、ギョンアの居場所を捜し出したドンヒョクに脅迫され、彼女はムノの元を去る。だが、重度のアルコール依存症と自虐に陥ったギョンアから、ドンヒョクも離れていく。数年後、ムノはギョンアを訪ねていく。ギョンアの家で明け方になるまで眠る彼女を見守ったムノは、金を枕元に置き、疲れ果てたギョンアを置いて部屋を出る。酒と男を転々としたギョンアは、雪が降るある日、故郷の母を訪ねる。ギョンアは山中で睡眠薬を飲み、雪のなかで永遠の眠りにつく。ムノはギョンアの遺灰を川に流し、彼女を送り出す。

シン・サンオク監督の映画で助監督を務めていたイ・ジャンホの監督デビュー作。1974年の公開時、46万人の観客を動員し、歴代最高興行記録を打ち立てた作品である。維新体制［朴正熙(パク・チョンヒ)が1972年に非常戒厳令を発布し、成立した政治体制］の物々しい政治的空気にもかかわらず、都市化と近代化による大学生人口の急増と"トンブルセン（통기타=ギター、블루진=ブルージーンズ、생맥주=生ビールの頭文字をつないだ当時の流行語）"に代弁される欧米の大衆文化の流入で勢いづいた"若者文化"を表現した、最初の韓国映画。若者文化の象徴的人物であるチェ・イノ［1970〜1980年代、韓国文学界の寵児とされた小説家。1972年に『他人の部屋』と『処世術概論』で現代文学新人賞、1982年に『深く青い夜』で李箱(イ・サン)文学賞を受賞した］のメガヒット新聞連載小説を原作にした『星たちの故郷』は、のちに『ヨンジャの全盛時代』(p110)と『冬の女』(p116)が立て続けにヒットしたことと相まって、"ホステスメロドラマ"と称された。主人公のギョンアは、『ヨンジャの全盛時代』のヨンジャ、『冬の女』のイファとともに1970年代を代表するアイコンになり、『星たちの故郷』はそれなりの変遷を経ながら、1980年代までメジャーなジャンルとして君臨したホステスメロドラマのバイブル的存在になった。

ホステスメロドラマは、地方から上京して労働者となったのちに、またはそのような段階を経ずして、享楽産業や売春市場に流れ込んだ女性たちを主人公に、彼女たちの愛の失敗と挫折を扱ったジャンルだ。そのため、ヒロインの幾重にも重なる喪失体験、つまり故郷、母親、家族、愛情とその対象、処女、自我と理想などを失うことは、このジャンルの映画の前提条件であり、それらを次々と喪失していく過程がストーリーとして描かれていく。

『星たちの故郷』は、ムノがギョンアの遺骨をまくオープニングクレジットで始まる。だから、この映画はすべて、ギョンアの死に対してムノが哀悼の意を捧げる過程であるというわけだ。ギョンアにとって意味のある男性たちとの関係は、身体毀損、ヒステリー、タトゥー、そして想像妊娠に至るまで、想像的、象徴的次元で彼女の身体に跡を残し、体を貶める。それは、視覚的、聴覚的な仕掛けで強調される。本作は、ギョンアの中絶手術のシーンを赤い照明と不安定なカメラ、そして恐怖を醸し出すサウンドで再現することで、トラウマを際立たせるだけでなく、女性の子宮を毀損することについてイデオロギー的に論じる役割を果たしている。

水の代わりに雪で睡眠薬を飲み込むギョンアをズームレンズで感覚的に撮影した場面は、時代の空気を切なく捉えている。

特に赤い光に包まれた画面いっぱいに映るギョンアの開いた足は妙にみだらな印象を伝え、そのシーンで「ひとりの少女が泣いているね」という曲が流れる。このように映画に漂う病は、病そのものとしてではなく、映像表現と台詞を介し、処女を喪失した女性、"性生活が乱れた"女性の苦痛へと隠喩化される。ホステスメロドラマは、絶えず性を再現し、性について語ると同時に、性的経験が豊富な女性に病をほのめかす表現を使うことで悲惨な存在であるとし、社会から排除する役割を担っていたのだ。

また、1970年代のホステスメロドラマは、下層階級の女性を映画化する際に、主人公をすべて風俗店で働く設定にしたことで、女性労働者の現実を描く機会を奪った。これは女性労働者の使用価値を隠蔽し、交換価値に変えようとする仕掛けでもある。『星たちの故郷』で、ギョンアは常に家父長制的な資本主義社会における交換価値として位置づけられる。初恋に失敗した後、歳を取った夫の財力と交換される彼女の若さと性は、それをよく象徴している。3人目の男であるドンヒョクは半監禁状態で彼女をヌードモデルとホステスをさせながら貨幣と交換する。このような交換価値としてのギョンアの位置づけは、ドンヒョクがムノを訪ね、ギョンアを返せと脅迫し、のちに再びギョンアを連れていけと言う場面、そしてムノと離れて、みすぼらしい酒場を転々としながら売春を続けていく場面で、よりはっきりと表れる。

フラッシュバックで明かされる強奪と喪失、そして肉体的・精神的な症状の経験。ギョンアが、最終的に行き着くところは、鬱病とそれによる自殺だ。映画が終盤に近づくにつれ、彼女の社会的地位の下落と喪失の経験は大きくなり、それと比例してギョンアのうつ病は、さらに可視化される。ギョンアはムノに「すごくおかしいわ。女は男によって運命を決められ、良し悪しを判断されるんです。私に触れ、捨てた人たちのことを、むしろ愛おしく感じます。彼らは、私の肉体のどこかに刻まれています」と言う。家父長制的なイデオロギーから生まれたその言葉を内面化し、反復した彼女は、少なくともこのシーンで、その構造を悟ったのだ。実は、自我が空っぽの自分を「私」と呼んでいたギョンアが、初めて自分を認識して語る瞬間でもある。

かつて愛し、今は失った対象が自分の中に存在するという（肉体に刻まれているという）認識は、他者に占領されていない部分を自我の中に作り出したことを意味する。最後のシーンでギョンアが自殺するのは、彼女の地位がこれ以上落ちることのないどん底にまで辿り着いたためだが、実際は、彼女がわずかながらも自らを省みて考えるようになったせいである。真っ白な雪原でふらつくように倒れながら水の代わりに雪で睡眠薬を飲み込むギョンアをズームレンズで感覚的に撮影した場面は、時代の空気を切なく捉えている。

『星たちの故郷』で、おそらくもっとも強い印象を残す瞬間は、フラッシュバックにほんの少し登場する、ギョンアの夫マンジュンの前妻の娘を映したワンショットであろう。映画の中盤、ギョンアの夫との過去を再現した長いフラッシュバックの最後は、家から追い出されるギョンアを見つめる娘のショットだ。そのショットが興味深いのは、彼女が神経症の父に血筋を疑われ、黒い服だけを着るよう強要される少女であるという点だ。雨のなか、父から捨てられて追い出されるギョンアを凝視するとき、彼女はギョンアがそのとき気づかなかった家父長制における女性の危うさを、そして自身の不安な未来を見ているのだ。

クォン・ウンソン（中部大学教授）

ヨンジャの全盛時代 영자의 전성시대

1975年／キム・ホソン監督／35mm／カラー／シネマスコープ

製作会社:泰昌(テチャン)興業　製作:キム・テス　企画:ファン・ギソン　監督:キム・ホソン　原作:チョ・ソンジャク　脚本:キム・ホソン　脚色:キム・スンオク　撮影:チャン・ソクチュン　照明:チャ・ジャンナム　編集:ユ・ジェウォン　音楽:チョン・ソンジョ　美術:キム・ユジュン　出演:ソン・ジェホ、ヨム・ボクスン、チェ・ブラム、ト・グムボン、イ・スンジェ　韓国公開:1975年2月

ベトナム戦争から帰還し、銭湯で垢すりをするチャンス（ソン・ジェホ）は、警察の保護室で偶然にヨンジャ（ヨム・ボクスン）と出会う。3年前、鉄工所の労働者だったチャンスは、社長宅で家政婦をしていたヨンジャと知り合った。純真で心根のよいヨンジャに惹かれたチャンスは、ヨンジャにプロポーズしてベトナムに向かう。しかしその後、ヨンジャはチンピラのような社長の息子に弄ばれ、家を追い出される。堅実に暮らしていきたいヨンジャは、縫製工場に就職するが、工場の月給だけでは生活が成り立たず、知り合いの先輩のつてでバーで働きはじめるも、なじむことができない。ヨンジャはやがてバスの車掌になるが、交通事故で片腕を失い、売春婦に転落する。チャンスは3年ぶりに再会したヨンジャがあまりに絶望的であるのを見て、彼女を救おうとあらゆる誠意を尽くす。しかしヨンジャはチャンスの将来のために彼の元を離れる。数年後、ヨンジャの居所を知ったチャンスは、彼女の家を訪ねる。そこでチャンスは、障害のある夫（イ・スンジェ）と結婚し、子どもも産んで幸せに暮らすヨンジャを見て、嬉しい気持ちでその場を去る。

　好奇心に満ちあふれた瞳に無邪気な笑顔が絶えないヨンジャは、田舎から上京し、工場の社長の家で家政婦をして暮らしている。工場からの使いで社長の家を訪れた工具のチャンスは、ヨンジャに好感をもち、2人は自然と親しくなる。1970年代、故郷を出て都会に流れ込んだ多くの人々のように、彼らの望みは技術を身につけ、経済的に独り立ちすることだ。しかし主の息子に暴行され、家政婦から小さい工場の工具に、その後、バスの車掌から売春婦へと転落し、ヨンジャの素朴な夢は粉々に砕かれてしまう。車掌の仕事中に事故に遭って腕を失い、障害者となった彼女に突きつけられた現実を映画で再現したことは、写実主義的であると同時に、時代的な矛盾の象徴としても読み解くことができる。軽工業中心の産業化が10代の女性たちを大都市周辺の工業団地へと大挙して移動させた1960年代以降の社会的状況を反映するように、ヨンジャは当時、崖っぷちに追い込まれた農村経済を擬人化した存在であり、経済開発の目に見える成果として作られた都市の光景に対する欲望であるという、二重の意味を反映しているからだ。

　ヨンジャの不幸は、彼女が自分の人生をよくしようと努力すればするほど、さらに残酷な状況に陥っていくという社会の現実にある。このような描写に注目すると『ヨンジャの全盛時代』はヨンジャの人生の流転を通し、個人的な不幸が社会的に構造化される、あるいはその逆に向かう過程を見せる点で、このうえなく社会的な文脈として読み取れる。また本作は、この時期の他の女性映画に比べ、視覚的に女性の体を受け身として示すことにとどまらず、男性的な欲望に頼りながらも嫌悪と魅惑を同時に生み出す道具として利用している点で、ストーリーを超えるスタイルの斬新さを見せている。

　映画の冒頭でヨンジャが障害者であることを知らない観客は、クローズアップで映る強烈なメイクの彼女に魅了される。しかし、やがて彼女の傷ついた体は嫌悪感を誘い、男性の目線の権力から解放されることにより、よくあるメロドラマのヒロインではない、社会状況の被害者としての彼女の現実を直視させる効果を生み出す。反対にこの映画は、あえてちぐはぐな描写を盛り込むことで、現実逃避的なシーンを作り、観る人を楽しませる。拘置所にいるチャンスに面会に行くヨンジャが、ソウルをあちこち溌剌と闊歩する姿は、腕を失った状況でも都市の権力を否定するのではなく、その空間の中で自分をイメージとして消費することで疎外感を克服し、都会人になろうとする欲望を示すものだ。

ヨンジャの人生の流転という社会性の強い悲劇的なストーリーと、新しい感覚にアピールする映像が結びつくことで、支配階級による厳しい言論統制を超える、妙に豊かな欲望を見せてくれるのだ。このような視点から『ヨンジャの全盛時代』を新たに吟味してみるべきだ。

"男性的視線"について、この映画をより深く興味をもって見ようとするならば、最初は青臭い愛で、後半では体と心がすべて傷ついた哀れな妹を不憫に思う兄の気持ちで、ヨンジャを見つめるチャンスの視線に従う必要がある。チャンスは未熟練工からベトナム戦争に参戦し、銭湯での垢すりを経て洋服店の店長になるまで、ヨンジャと同じように1970年代の歴史と社会がぶつかる空間を熾烈に生き抜いてきた男だ。ヨンジャに対する彼の真心は、腕を失った彼女が娼婦になった事実を知っても揺るがない。現実には見つけにくいこのような純愛は、当世の社会の現実を受け入れる過程で韓国の男性が利用した男性化戦略として考えるのが適切だ。つまり、もう純粋ではないヨンジャをずっと守ろうとするチャンスの態度は、自分が変化を主導することができない現実を否定する代わりに、距離を置き、ヨンジャを哀れむことで社会からの疎外を克服し、自らの主体性を確立するために必要とされたのだ。このような脈絡から映画のラストで、ヨンジャが傷痍軍人と思しき男性と慎ましくも平凡な家庭を築いたことをチャンスが確認し、彼女の幸せを祈る姿は、やはりひとりの女性の人生を悲劇に追いやった資本主義的家父長制の自己合理化にほかならないといえる。

1970年代を韓国映画の沈滞期と認識し、この時期の女性映画をホステス映画［1970年代に多く製作された夜の世界の女性を主人公にした映画］と総称する傾向がある。維新憲法［1972年、朴正熙により制定された］発効後、さらに抑圧的になった時代の状況が、1960年代に比べ、韓国映画産業を萎縮させた環境を鑑みると、自嘲的とも思われる批評が出た理由も理解できる。『ヨンジャの全盛時代』のヨンジャもまた結局、体を売る女性として描かれているという点から、男性中心の視線に合わせている側面がある。しかし、大衆文化の産物としての映画は、社会構造と足並みをそろえ、美学的にそれを反映したり、橋渡しをしたりするという点から、いつも時代を反映する痕跡が盛り込まれている。もちろん全面的に男性中心に創作された内容から、主体としての女性の声を聞くことはできない。だが、ヨンジャの肉体的喪失を通して、女性のアイデンティティ実現の可能性を示した点、そして女性の欲望という視線から都会を表現した点は、男性中心だった大衆映画の描写の一貫性を揺るがす、一定の不均衡を生み出しもする。

このような亀裂は、おそらく当時の特殊な社会文化的状況の産物である。1972年に宣布された維新体制［朴正熙が1972年に非常戒厳令を発布し、成立した政治体制］は、大衆を韓国的な民主主義という矛盾した言葉で騙したが、大衆は支配的な言説に全面的に騙されてはいなかった。すでに近代、あるいは近代的な感受性は、大衆文化を通じ、受け身ではあるものの抵抗の芽が生まれはじめ、一連のインフォーマルな世論を形成していたのだ。本作が大好評の新聞連載小説の映画化であるという事実自体が、こうした時代の流れを裏付けている。『ヨンジャの全盛時代』には、ハ・ギルチョン監督やイ・ジャンホ監督の映画と似た文脈で、時代の現実と大衆文化が出会う、特定の風景が存在する。つまり、ヨンジャの人生の流転という社会性の強い悲劇的なストーリーと、新しい感覚にアピールする映像が結びつくことで、支配階級による厳しい言論統制を超える、妙に豊かな欲望を見せてくれるのだ。このような視点から『ヨンジャの全盛時代』を新たに吟味してみるべきだ。

ファン・ヘジン（牧園大学教授）

森浦への道 삼포가는 길
<small>サン ポ</small>

1975年／イ・マニ監督／35mm／カラー／シネマスコープ

製作会社：聯邦映画社　製作：チュ・ドンジン　企画：チェ・チュンジ　監督：イ・マニ　原作：ファン・ソギョン　脚本：ユ・ドンフン　撮影：キム・ドクチン
照明：ソン・ヨンチョル　編集：チャン・ヒョンス　音楽：チェ・チャングォン　美術：チョ・ギョンファン　出演：キム・ジンギュ、ペク・イルソプ、ムン・スク、キム・ギボム、
キム・ヨンハク、ソク・インス　韓国公開：1975年5月　主な受賞：第14回大鐘賞 優秀作品賞、監督賞

　工事現場を渡り歩く若い労働者のヨンダル（ペク・イルソプ）は、居酒屋の女主人と浮気をするが、それがばれ、逃げ出してきた。雪野原で脱いだ服を着ていたヨンダルは、中年のチョン（キム・ジンギュ）と出会う。チョンは、刑務所を出て10年ぶりに故郷の森浦に向かうところだ。雪道をかき分けて歩く2人は、空腹を満たそうと食堂に入る。するとその食堂の女主人から、逃げた酌婦のベクファ（ムン・スク）を捕まえてくれたら1万ウォンをやると提案される。吹雪のなかを歩き続けて、ついに彼らは橋のたもとでベクファに出会う。ベクファは一筋縄ではいかず、ヨンダルとずっと言い争っているが、3人は共に旅立つことにする。

　行く当てもなく雪道をさまよい、彼らはあばら家で一夜を過ごす。焚火の前で自分の過去を吐露しながら心が高ぶったヨンダルはベクファと口喧嘩になり、ベクファは町へと飛び出してしまう。ベクファを捜すため町へ出たチョンとヨンダルは、一杯飲み屋で争う彼女を見つける。チョンは父親のふりをしてベクファを連れ出す。その日、ヨンダルとベクファは夜を共にする。彼女はヨンダルと暮らしたがるが、ヨンダルは市場に彼女をひとり残し、駅に向かってしまう。ヨンダルを追って駅に来たベクファに、ヨンダルは金をはたいて切符を買ってやる。しかしベクファは汽車には乗らない。ヨンダルは人夫たちと共に工事現場に去っていき、チョンは大きな橋が架かる森浦の姿に衝撃を受ける。

　『森浦への道』は、韓国ロードムービーの原型ともいえる作品だ。2人の男とひとりの女がどこかへ向かう旅物語は、この後、ペ・チャンホ監督、チェ・イノ監督、そしてヨ・ギュンドン監督の映画などに受け継がれ、韓国ロードムービーのモデルを作り上げた。チョン、ヨンダル、ベクファ。白い雪の世界で出会った3人は、互いにいがみ合いながらも、あてのない旅に出る。『森浦への道』は、国家の経済開発の真っただ中で居場所を失った流れ者たちの旅物語だ。原作小説では文章で書かれていた内容が、映画では人物の話し言葉で表現され、いきいきとしたドラマが作られた。そのため、さらにリアルに感じられ、時代の痛みと人々の心の傷が胸に深く刻まれた。

　特にベクファは、もの珍しいキャラクターだった。彼女が吐く言葉の一言一言が、年の割に海千山千を経験してきた居酒屋の酌婦のたくましさを感じさせる。行きがかりで出会った見知らぬ男たちに一歩も引けを取らず、自分をさらけ出し、けっして譲らないベクファはまだほんの20歳だが、荒波を生き抜くために自分を守る花柳界の女の強い姿を感じさせる。もし男の腕力が加えられるなら、おどけた愛嬌で男の高笑いを誘い出すという手慣れた様子は、男性を破滅に導くファムファタール風で、一般のヒロイン像には見られないさっぱりとしたキャラクターを表現している。彼女が吐き捨てる「それのどこが私のせいなの」という台詞は、自分の人生を悲観しない堂々とした態度の表われであり、個人の力ではどうしようもない社会的状況が示されている。彼らがそうして生きていくしかない理由は、たんに彼らの過ちのせいなのか？

　チョンは、理由は明かされていないが、10年間刑務所にいたという設定だ。彼の顔にも、善良さと重々しさ、そして毅然とした雰囲気がにじみ出る。相手の口ぶりや顔つきだけで、生きてきた過程を読み取れるという人生の重みが、チョンの顔から感じられる。俳優キム・ジンギュの演技は、そのあたりの表現に不足はない。ベクファの父になりすますシーンでは、ベクファ自身も彼を父親と思い込むほど、父親らしい面持ちのある人物だ。

　荒っぽく生きてきた流れ者の労働者だが、他人の葬式で脇目もふらず涙を流してしまうほど、図太い厚かましさがあり、昔は羽振りがよかったというほら話をするヨンダルもまた、心の片隅に深い傷と弱々しさを抱いている。ベクファとの一夜の後、所帯をもとうという言葉を受け入れられず、泣

『森浦への道』は、文学的な人物を、映画のなかで生きたキャラクターにすることに成功した例のひとつであろう。

き出しそうになりながらベクファから身を引く彼は、自分の立場をよくわきまえている柔弱な人間でもある。強靭な労働者でありながら、男としては勇気がなく見える姿は、彼を奥深いキャラクターにしている。現在でも精力的に活動しているペク・イルソプの若き頃の姿は印象的だ。

こうして3人の流れ者が、大きな事件もなく映画を引っ張っていく。細かい説明はなくとも、登場人物の表情から苦しみや心の傷、そして性格が表現される作品は多くない。もちろん簡潔かつ明確に書かれた原作の力によるところはあるが、『森浦への道』は、文学的な人物を、映画のなかで生きたキャラクターにすることに成功した例のひとつであろう。

人物たちの表情と演技以外でも『森浦への道』では、印象に残るシーンが多い。広々とした雪原を歩いてゆく3人を超ロングショットで捉えたシーンでは、行き場のない流れ者たちの孤独なさまが描かれている。誰も彼らに関心をもたず、とどまることができるのは広い野原しかない。一時はベクファと別れるものの、あばら家でまた出会った3人が、焚火を燃やして服を乾かすシーンでは、温かさや穏やかさ、葛藤と和解のうちに現れる痛みや孤独が垣間見える。ベクファがヨンダルと喧嘩をするときに、やや離れた場所から見えるチブルノリ〔ひもを付けた空き缶に炭を入れ、火を灯して回す遊び。旧正月が明けて初めての満月の日に行われる伝統行事〕のほのかさは、けっして消えることのない大衆の生命力を感じさせる。

静かな山里だが、村のあちこちはすでに工事が始まっている。1970年代に吹き荒れた開発への熱狂は、映画を通じてそれとなく描かれる。経済開発は、こうした流れ者たちの労働があったから可能だった。もうひとつの印象的なシーンは、ヨンダルが岩山の貫通工事現場で削岩機を操作する場面だ。岩山の上で削岩機を操る労働者としてのシルエットは、束の間だが、労働の崇高さや強靭さを見せるようだ。ヨンダルが過去を語るシーンでは、話の内容とは正反対のヨンダルの回想が重なり、ヨンダルの状況をさらに切迫したものにする。

音響と音楽も洗練されており華々しく用いられる。音楽で感情の流れを盛り上げながら、ふと音を止めることで、心の起伏を効果的に表現し、より大きく響かせる。音響を適切に活用しつつ、人物の状況と動揺について感情の起伏をわかりやすく見せるという方法も、当時ではあまりない技法だった。

イ・マニ監督はこの映画の撮影後、編集作業などのポストプロダクション中に肝硬変で病院に担ぎ込まれ、病院と編集室を往復しながら映画の完成に尽力したという。『森浦への道』は、イ・マニ監督が亡くなった1ヶ月後に劇場公開された。そのため若干未完成のままではないかと疑問が起こるシーンがある。共に暮らそうと願うベクファを残し、一文無しになるしかないヨンダルの駅での場面は、静止画で撮影された。ヨンダルを待っているベクファの顔、切符を渡すチョンとヨンダルの手、動きが止まるチョンの表情、泣き出しそうなヨンダル。しかし実際のシーンでは、静止画ではなく、不自然なテイクで捉えている。決定的なシーンに静止画が生かされていれば、より心に響いたのではないだろうか。

この映画の妙味は、3人の主演俳優が繰り広げる演技の饗宴にある。人生の足跡を感じさせる口語体の台詞や人物の表情は、それ自体がドラマを生む。雪原を歩き、横たわる3人を映すロングショットは、雪野原の美しさを映し出すとともに3人を強く結びつける働きがある。どこにでも行けるが、いざとなると行く当てのない人々の虚しさや時代の空気があふれている。3人は結局、同じ場所には行けず、ばらばらに別れる。結局、自分のための居場所を見つけられない流れ者は、悲劇的な結末を迎えるのだ。

チョ・ヨンガク（ソウル独立映画祭執行委員長）

馬鹿たちの行進 바보들의 행진

1975年／ハ・ギルチョン監督／35mm／カラー／シネマスコープ

製作会社:貨泉公社（ファチョン）　製作:パク・ジョンチャン　企画:イ・ウンボン、キム・ジェウン　監督:ハ・ギルチョン　原作・脚本:チェ・イノ　撮影:チョン・イルソン
照明:ソン・ヨンチョル　編集:ヒョン・ドンチュン　美術:キム・ユンジュン　音楽:カン・グンシク　出演:ユン・ムンソプ、ハ・ジェヨン、イ・ヨンオク、キム・ヨンスク
韓国公開:1975年5月

　Y大学の哲学科に通うビョンテ（ユン・ムンソプ）とヨンチョル（ハ・ジェヨン）は、ミーティング［いわゆる合コン］を通じて同年代でH大学仏文科のヨンジャ（イ・ヨンオク）とスンジャ（キム・ヨンスク）と知り合う。彼らは、ただ会ってとりとめのない話をするだけだ。ビョンテはヨンジャに冗談混じりに結婚しようと言うが、ヨンジャは、哲学科出身は将来がないと言って彼の現実を指摘する。その後も、ビョンテとヨンジャはデートを楽しむが、ある日、ヨンジャは、見合いをした男ともうすぐ結婚するかもしれないと言い、もう会わないようにしようと伝える。一方、いつも自転車で走りまわり、酒を飲むたびに鯨を探しにいくのだと話しているヨンチョルは、スンジャのことが好きだが、口べたで将来性もない。さらに軍入隊の身体検査にも落ちたヨンチョルをスンジャは拒み、ヨンチョルは絶望する。先が見えない状況でビョンテとヨンチョルは海に行く。きれいな鯨を捕まえに行くと言ったヨンチョルは、海辺の絶壁まで自転車を漕いで登り、広い海に飛び込む。学校は無期限休講に突入し、空っぽの校庭を歩きまわりながらビョンテは悩む。ついにビョンテは入隊し、ビョンテに会

わないと言っていたヨンジャは駅にビョンテを見送りにやって来る。入営列車の車窓にしがみついてビョンテとヨンジャはキスをする。

　ハ・ギルチョン監督の代表作として有名な『馬鹿たちの行進』は、1970年代を代表的する韓国映画として知られる。韓国社会の1970年代は、維新の理念に統治される独裁時代だった。映画に登場する長髪の取り締まりをはじめとして、さまざまな検閲制度が市民社会を抑圧し、自由を望む気持ちはどんな時代よりも強かった。そんな状況で、大学を中心に"若者文化"が花開いた。
　『馬鹿たちの行進』は、ジーンズとフォークソングに代表される1970年代の青年文化を、余すところなく取り入れている。「鯨とり」［ソン・チャンシクの1975年のヒット曲］をはじめ、1970年代の文化が生み出した代表的なフォークミュージックを活用し、映画に出演した多くの人物はプロの俳優ではなく、大学を中心に演劇の舞台で活躍していた同世代の若者たちだった。"ミーティング"と呼ばれる大学街の恋愛風俗をはじめとして、1970年代に若い世代を代表していた作家チェ・イノ（この映画の脚本家でもある）が登場するマッコリ飲み比べ大会のように、映画のいたるところに青春のさまざまな風俗図がさりげなく描かれている。
　物語は、主人公のビョンテとヨンチョルが、女子大生のヨンジャとスンジャとミーティングをするところから動き出

す。彼らは一緒に酒を飲んで悩みを共にするが、理想と現実の間の隔たりは大きくなるばかりだ。映画が青春時代を扱うのも、当たり前に大学生たちの日常風景を扱うのも、今に始まったことではないが、この映画のように繊細なケースは珍しいといえる。大学生自らが自分の文化を伝える映画を作る過程は、一種の"自己投影的"な態度だともいえるが、ハ・ギルチョン監督の別の作品『女を捜しています』（1976）でも見られるように、さまざまな場面はフィクションというより、ドキュメンタリーのように伝わることもある。『女を捜しています』の最初の場面では、韓国を代表する大学街である梨花女子大学周辺の街をそっくりそのまま映し出し、まるでドキュメンタリーのように当時の人々や建物を見せている。
　一方には青春のロマンがあり、もう一方には抑圧の現実がある。その狭間で、若者たちは未来の道を探すのが容易ではない。抑圧された現実は徐々に人々を締めつける。ヨンジャには、安定した仕事を持つ夫との結婚という制度的な現実が迫り、哲学を専攻するビョンテには、先の見えない現実の共和国（プラトン的な意味で）が陰鬱に感じられる。そんななか、ビョンテは友の死を通して目覚めはじめる。1970年代は、時代の抑圧から自由になりたいという強い願いと、そうなれ

私たちはこの映画で、いらだちから抜け出そうとする青春のもがきを目にする。それがまさに、服を脱いで道を疾走する韓国式のストリップショーであり、酒を飲んで隣のテーブルの人たちと喧嘩をする理由になるのだ。

ないいらだちを感じることはあっても、脱出を試みるには窮屈な時代だった。私たちはこの映画で、いらだちから抜け出そうとする青春のもがきを目にする。それがまさに、服を脱いで道を疾走する韓国式のストリップショーであり、酒を飲んで隣のテーブルの人たちと喧嘩をする理由になるのだ。重要なのは、現在残っている映像のバージョンが、当時の映画検閲という問題でそのまま完全には伝えられなかったという点だ。

　検閲の代表的な事例としてよく知られている2つのシーンがある。ひとつは、教室に座っている主人公のビョンテが、教室に残るか外に出るか悩むシーンだ。このシーンは、検閲によっておかしなクロスカッティング［異なる場所で起きる場面を交互に見せる編集技法］がなされた。空っぽの教室に座っているビョンテの姿とスポーツ大会のシーンがクロスされ、ビョンテの同級生たちが試合を見に行ったように説明されている。だが、これは最初からあったものではない。元々、ハ・ギルチョン監督は、試合の応援のシーンではなく、大学生のデモのシーンをクロスしていた。大学街の若者たちはデモをするために外に出たが、ビョンテはひとり教室に残り、出ようかやめようかを悩む。それは、現実の抑圧と大学の理想、そして若者の血気の間をさまよう姿そのものだった。映画の検閲は、このシーンの意味を理解できないようにしてしまった。

　もうひとつは、海辺の居酒屋でビョンテが喧嘩をするシーンだ。現存するバージョンでは、いきなり喧嘩が起こるので、酒の席のハプニングぐらいに思える。だが、削除されたシーンを通して説明される意味はまったく違う。ビョンテのグループは、隣の席に座った日本人男性と韓国人女性の関係を知る。ビョンテはこの状況に怒りを爆発させ、喧嘩をふっかけるのだ。だが、反日感情を憂慮した検閲により、韓国人女性を守ろうとした若者たちの姿は、未熟さゆえの行動という形に編集されてしまった。

　『馬鹿たちの行進』は、若者の未熟さではなく青年世代のいらだちを表現しようとした。だから、主人公のストリップショーは、文化的であると同時に政治的なカミングアウトだ。自分のいらだちを表に出すことで、主人公たちは自分を圧迫する時代の重さを軽くする。だが、先の見えない時代の姿は、彼らを暗い結末へと導いていく。ビョンテのいちばんの親友ヨンチョルは、父からのプレッシャーや現実の重さ、そしてスンジャとの破局に耐えきれずに自転車旅行を始め

る。東海［日本海］に行った彼は、ついに崖から飛び降りて死を選んでしまった。ビョンテは、現実的な結婚を選ぼうとするヨンジャのせいで彼女との幸せな未来が不透明になると、軍への入隊を志願する。ビョンテの入隊は、ヨンチョルの自殺のように極端ではないが、また別の意味で自殺だといえるだろう。

　個人的には、この瞬間を、若者たちが初めて目覚めた瞬間だといいたい。『異邦人』の作家アルベール・カミュは「真に重大な哲学の問題はひとつしかない。それは自殺だ」と言ったが、このように、彼らは自ら墓に向かって歩いて入りながら、ようやく人生の重みについての真実を手に入れる。墓場でデートをするビョンテとヨンジャの姿は、真剣に哲学のような自殺を夢見る青春の鎮魂曲であり、この映画は、若者たちが選んだ彼らなりの自殺を描いている。

　『馬鹿たちの行進』は形のうえでも新しさを追求しようとした。ジョン・ブアマン［イギリスの映画監督。『脱出』(1972)『エクソシスト2』(1977)『戦場の小さな天使たち』(1987)などが代表作］の作品をはじめとする1970年代の有名な作品では、新たに開発されたカメラのズーム機能の活用が見られる。韓国映画で本格的にズームを使った作品が、まさに『馬鹿たちの行進』だ。そうしてこの映画は、1970年代という独特なテクニックの一端を見せる世界映画史の例になっただけでなく、1970年代の韓国文化と政治史の断面を見せる鋭い作品として残ることになった。

イ・サンヨン（映画評論家）

冬の女 겨울여자

1977年／キム・ホソン監督／35mm／カラー／シネマスコープ

製作会社：貧泉(ファチョン)公社　製作：パク・ジョンチャン　企画：キム・ジェウン　監督：キム・ホソン　原作：チョ・ヘイル　脚本：キム・スンオク　撮影：チャン・ソクチュン　照明：チョン・ドックュ　編集：ヒョン・ドンチュン　美術：キム・ユジュン　音楽：チョン・ソンジョ　出演：チャン・ミヒ、シン・ソンイル、キム・チュリョン、シン・グァンイル、パク・ウォンスク、ソヌ・ヨンニョ　韓国公開：1977年9月　主な受賞：第14回百想芸術大賞 監督賞

　大学に入学した日、ユ・イファ（チャン・ミヒ）は、身元を隠してラブレターを送ってきた金持ちの息子ミン・ヨソプ（シン・グァンイル）と会う。イファはヨソプに誘われ、彼の父が所有する清平(チョンピョン)の別荘へ向かう。別荘でヨソプはイファを抱こうとするが、イファは彼を振りきって別荘を後にする。ヨソプがイファに無視されたことを嘆いて自殺し、イファは自分を必要とする人を拒まないと決心する。イファは自分についてくる大学新聞の記者ウ・ソッキ（キム・チュリョン）と恋に落ちた。学生運動に加わるソッキとの出会いをきっかけに、イファは社会問題へ意識を向けるようになる。しかし、ソッキは除隊の1週間前に交通事故で死ぬ。それから数年後、イファは高校の恩師であるホ・ミン（シン・ソンイル）と偶然に再会する。離婚し、孤独に寂しく暮らすミンを慰めるため、イファは身を任せる。しかし、イファはミンの求婚をあっさりと断り、ミンと前妻が再会する機会をつくって去る。

　1970年代はホステス映画の全盛期だった。『星たちの故郷』（p108）『ヨンジャの全盛時代』（p110）など、水商売の女性や売春婦たちを主人公とした映画は、性的な刺激を強調しながらも、一方で彼女たちの純情さを表現した。本質的には男たちの欲望を反映した映画だった。『ヨンジャの全盛時代』を手がけたキム・ホソン監督の『冬の女』も男性たちの欲望の視線から自由でいられた作品ではない。男の性的欲求を拒絶したことで相手が自殺したというトラウマをもつヒロインのイファは、男たちを慰め、自由にさせる手段として、自分の肉体を利用する。彼女にとっては肉体より心の純潔がさらに重要だった。ある意味、イファは既存の道徳と倫理を乗り越えた新しい女性と捉えることができる。しかし彼女もまた、男性たちの欲望を反映した自由奔放な女性像だという批判も受けた。

　『冬の女』の原作小説が連載され、映画が上映された1970年代後半は、維新独裁［第四共和国憲法の下、朴正熙(パク・チョンヒ)が非常事態をちらつかせながら独裁を敷いた体制。夜間外出禁止令など国民生活を抑制する規制が数多く存在した］が深刻だった時期である。すべての言論が統制され、激しい社会的な抑圧が行われた時代。本作で主人公のイファが出会う男性は3人だ。ひとり目は高校生時代から彼女を見つめ、片想いをしていたヨソプ。ヨソプの父は映画ではわずかしか描写されなかったが、原作小説では腐敗した政治家として描かれる。ヨソプは、威圧的で暴力的な父に抑圧され、軟弱で気弱に育った。そんなヨソプが部屋の窓から見つめていたイファは、純粋さの象徴だった。暴力から逃げる唯一の方法として妄想を選んだヨソプは、現実のイファに拒否されて結局死を選ぶ。

　2番目に出会う男は、学生運動をしているソッキだ。抑圧に立ち向かって戦うソッキは、ヨソプと対照的に描かれている。そんなソッキをイファが受け入れるのは順当な筋書きだ。

　ヨソプがするべきだった行動をとるソッキは、イファにとって、ある種の"真実"だったのだ。ソッキとデートをするイファは熱に浮かされて幻想を見る。高校時代に、ヨソプの視線を感じて見た悪夢と再会するのだ。そして、それがたんなる悪夢ではないと知ることになる。初めてラブレターを受け取ったイファは、母に「私は素行が悪いように見える？」と訴える。愛、さらにセックスを汚れたものだと思っていたイファは、成長し、これからセックスを通じて大人の女性にならなければならない。ヨソプから受けたトラウマを

近代の新女性のように、イファは1970年代という時代を飛び越える新しい女性像を見せてくれる。

断ち切る方法は、ソッキとのセックスだったのだ。病の床から起き上がったイファはソッキに会いにゆき、どこへでも一緒に行きたいと求める。

ソッキと初めて会ったとき、イファは"真実"について語る。その問いは最後の瞬間まで続く。イファが探している"真実"は、たんなる性の解放や自由奔放さではない。時代背景を考慮すると、その"真実"は一種の人間らしさといえる。人間の基本的な権利が守られない深刻な独裁社会で、人間らしく残る領域は、はたして何だろうか。純粋さと欲望は相反するものとして描かれる。1970年代のホステス映画で、水商売の女性に純情さを見いだすことは、多くの男の罪悪感と逃避を意味する。しかし、イファは違う。イファはラブレターをもらったのは遊び人だと思われたからではないか、と考えるような女性だ。セックスを拒んだことでヨソプが自殺したと考え、彼女が愛したソッキは権力、体制によって殺害された。ヨソプもやはり、父の暴力に抑圧されて逃げた末のことだった。そうだとすれば、イファがその時代の秩序と倫理を拒否して、自分だけの真実を求めたのは当然の帰結だろう。彼女の名前は韓国の女子大生の代名詞である梨花女子大_{イファ}からきたものだ。近代の新女性［儒教や家父長制の呪縛から解放された近代的な女性］のように、イファは1970年代という時代を飛び越える新しい女性像を見せてくれる。

イファの父がキリスト教の牧師だという点も興味深い。イファが謎の男に見つめられる夢のなかで、その男は伝統的な仮面をかぶっている。そして、ヨソプはイファに宛てた手紙で、自分がイファの夢に入ったと書き、"霊媒"という表現を使う。今のようにキリスト教が偏狭で暴力的ではなかった時期であったため、イファの父はきわめて合理的で温和な人物として描かれている。当時のキリスト教はまだ俗世の道徳を抑圧せず、韓国社会では原始的な欲望と疎通に対する信頼が存在していた。イファは夢で再びヨソプを思い出した後に、ソッキを受け入れている。そして、ソッキの死後、物語は時間をさかのぼり、高校時代の恩師だったミンとの出会いを描く。ひょっとすると、これまでイファは多くの男性たちに肉体を捧げ、自由奔放な人生を生きてきたのかもしれない。あるいは自身の"真実"を見つけ、肉体を手段として男たちを救ったのかもしれない。いずれにせよ、その"真実"はミンとの物語を通じて整理できる。

イファはけっして結婚するつもりはないと言う。離婚しているミンが切実に訴えてもイファは決して承諾しない。裸でミンを誘惑しながらも、けっして結婚はしないというイファ。むしろ慣例の鎖に縛られているのはミンだ。ミンは愛しているならセックスをし、結婚しなければならないと信じている男だ。離婚してひとりで生きているため、人生を失敗したと考えている。徹底した家父長制度の思考の枠組みから逃れることができない1970年代の男だ。では、イファの性的な開放性または奔放さは、たんに男たちの欲望を慰めてくれる対象に過ぎなかったのだろうか？ イファが、ミンと前妻が再会できるようにした後に続くシーンは、川辺の道を歩いているイファの姿だ。そして、彼女は明るく微笑む。

イファにとって、セックスはただの手段にすぎない。自由に、この男、あの男とセックスをしているのではなく、自分が好きな男、慰めてあげたい男とセックスをするだけだ。1970年代のイファは確かに魅力的ではあるが、理解しづらいキャラクターだ。しかし、現在でも、相変わらずイファのようなキャラクターは挑戦的で時代をリードしている。自由なセックスをしながらも、依然として慣例の鎖に縛られている21世紀の韓国においても、イファは今もなお挑発的だ。

キム・ボンソク（映画評論家）

異魚島 _(イオド) 이어도

1977年／キム・ギヨン監督／35mm／カラー／シネマスコープ

製作会社:東亜輸出公社　製作:イ・ウソク　企画:キム・ビョンハ　監督:キム・ギヨン　原作:イ・チョンジュン　脚本:ハ・ユサン　撮影:チョン・イルソン　照明:ソ・ビョンス　編集:ヒョン・ドンチュン　音楽:ハン・サンギ　美術:イ・ミョンス　出演:キム・ジョンチョル、イ・ファシ、パク・ジョンジャ、パク・アム、クォン・ミヘ、チェ・ユンソク
韓国公開:1978年12月

　済州島近くの小さな島、波浪島を訪れたソン・ウヒョン(キム・ジョンチョル)は、4年前のことを思い出す。当時、観光会社の企画部長だったウヒョンは、伝説の島"異魚島(イオド)"の名をつけた観光ホテルを済州島に建設するため、広報事業の一環として異魚島を探す船に乗る行事を行う。取材のために船に乗った済州新聞社の記者チョン・ナムソク(チェ・ユンソク)は、行事をすぐにやめて戻れと要求するが、ウヒョンはこれを無視する。その日の夜、ナムソクが船上から姿を消し、ウヒョンは警察から殺人容疑をかけられる。無実を言い渡され、釈放されたウヒョンは、相変わらず彼を殺人者だと非難する済州新聞社の編集長(パク・アム)と一緒に、ナムソクの死の原因を明らかにするため、彼の故郷の波浪島を訪れる。

　ウヒョンはそこで、巫女(パク・ジョンジャ)、ナムソクの同棲相手だったパクという女性(クォン・ミヘ)、ナムソクが誘ってそこで暮らすようになったソウルの友人などに会い、彼の過去を辿っていく。そして、彼の最初の恋人だった飲み屋の酌婦ミンジャ(イ・ファシ)に会い、ナムソクの真実を聞いた後、彼女と肉体関係を結ぶ。一方、巫女は、ナムソクを殺したのは異魚島の水鬼だと言い、その水鬼から彼の肉体を奪い返すために祭祀を行う。巫

女の予言通り、ナムソクの死体が海辺に流れ着く。巫女は、死んだナムソクの体に精子が生きていると言い、ミンジャにナムソクの子どもを授かる機会を与える。そして物語の舞台は再び現在へ。ウヒョンは、海辺の丘で子どもを連れて来たミンジャと出会う。

　作家イ・チョンジュンの同名小説を映画化した本作は、新たな脚色によって独特な想像力を披露する映画として完成した。済州島に伝わる伝説の島、異魚島に向きあう人々の運命論と神話的な世界観は、1970年代に台頭した環境問題と結びつき、"生命"を取り巻く物語に広がる。この時期に環境というテーマを前面に打ち出したのは、韓国映画史において非常に早く、キム・ギヨン監督特有のスタイルやプロセス表現は、『異魚島』の空間を神秘的に引っ張っていく。こうした描写スタイルは、1970年代の韓国映画史における代表作のひとつとして選ぶのに不足はない。

　死んだナムソクが勤めていた新聞社の編集長とウヒョンが訪問した"海女たちの島"波浪島には、奇妙な風習がある。女性だけが暮らすアマゾネスの島、波浪島には、家系を継ぐために男を求める風習がある。こういう前近代的な風景は島の運命を決定し、家系を継がなければならないという女性たちの強迫観念は、島を訪れた男たちの足を縛る口実になる。

　そこで出会った巫女は、まるで島の主のようにふるまう人物として、ナムソクの家系を破滅に導いた異魚島の呪いについて語る。その後、ウヒョンと編集長は、島で暮らすようになったナムソクのソウルの友人のコ・チュンギル、同棲相手の女性パク、そして飲み屋の酌婦である神秘的な女性から、ナムソクの事情を聞くことになる。故郷に帰ったナムソクは、チュンギルの事業を妨害しながら、村の金をかき集めはじめた。彼は、海女たちの生活のために、あわびの養殖業について研究していたのだ。ナムソクを愛するようになったパクは、彼を手伝って海女たちから金を借り、借金は増えはじめた。

　だが、ナムソクの養殖事業は、排水汚染という公害問題で失敗に終わった。新聞社の編集長をナムソクが訪ねたのもこの頃だった。編集長は公害問題を暴く記者を必要としているところだった。編集長は、自分もナムソクの死に間接的に責任があることを痛感するようになる。結局は、ナムソクの周りのすべての人たちが、彼の死に間接的に影響を及ぼしていた。ウヒョンは、そのなかでも、ナムソクに金を貸した見返りに彼を連れていった謎の女性の元を訪れる。

　映画『異魚島』でナムソクの死は、物語を引っ張っていく一種のマクガフィン[話を進めるためのきっかけ]に近い。まるで『市民ケーン』(1941、オーソン・ウェルズ監督)のよ

118 韓国映画100選

キム・ギヨン監督特有のスタイルやプロセス表現は『異魚島』の空間を神秘的に引っ張っていく。

うに、本作はいろいろな人々の陳述を通してナムソクの人生を再構成して見せる。だがそれは、はっきりした死の原因を明らかにするのではなく、むしろ島がもつ得体の知れない神話の迷宮にさらに入り込ませる。このような迷路の構造は、外部と遮断された場所である"島"と"海"に、人物と事件と観客をのめり込ませる。

事件の大団円は思いがけずやって来る。村の巫女がナムソクの遺体を島に引き寄せるために祭祀を行い、「餅をやるからこっちへ来い」という巫女のクッ（呪文）と民謡「異魚島」のメロディが本作の後半部を支配するリフレインとして続くことで、映画が運命の導きを形に表しているかのように見える。人物が海を見つめるシーンでの極端なズームレンズの活用や繰り返し流れる民謡の一節は、映画を運命への導きに引き込みながら、抜け出すことのできない運命を共感させる。それは物語の構造を超えて繰り返される、強迫観念を作り出す独特な仕掛けだ。

『異魚島』に登場する性的な場面にも注目すべきだ。遺体とセックスする死姦（ネクロフィリア）をはじめ、パクをロープで縛る場面、飲み屋の酌婦と皿を鳴らしてセックスする場面など、さまざまな性行為の描写が刺激的に迫ってくる。しかし、キム・ギヨン監督の映画はセックス自体を並べたてるのではなく、人間の性行為が"生命"とつながっていることを強烈に語っている。公害によって人間の住む場所は不毛な土地になってしまい、性行為を通じた原始的な生命力だけが、現代の不毛な状況から解放されうる唯一の希望であるというわけだ。このような姿勢は映画のクライマックスへと結びついていく。

巫女の祭祀はついに成し遂げられ、島に流れ着いたナムソクの遺体をめぐって所有権を主張する2人の女性が争いはじめる。パクと酒場の酌婦は、巫女が欲深く占いの料金を引き上げるのに対し、家を売ってでも彼の遺体を手に入れるのだと自分の権利を主張する。この状況は、村の人たちの前での裁きへとつながる。この過程で、酒場の酌婦は自分のことを、幼かった頃にナムソクと結婚の約束をしたミンジャという島の女だったことを明かし、島の人たちは彼女に遺体を渡すことに決める。それは、ナムソクの母がミンジャに残した、家系を継いでくれという伝統的な女たちの約束を実行するプロセスであると同時に、運命によって決められる神話的な世界観を代弁しているのだ。

そして、ナムソクの遺体とミンジャが関係を結ぶ場面で

は、現代の世界がむなしく崩れてしまい、代わりに男性の種をつなぐ女性の運命が強くアピールされるようになる。人間の世界をつないでいくのは現代文明のテクノロジーではなく、原始的な生命の行為を通じてのみ可能なのだ。「女」シリーズで知られるキム・ギヨンは、変化する現代人の欲望を巧みに扱う監督として評価されてきたが、彼の世界観には伝統的な家父長の世界が存在していた。キム・ギヨン監督の映画で、伝統世界についての魔力をより大きく扱っている作品は『高麗葬』（p70）や『異魚島』だ。

『異魚島』は、3年ぶりに島に戻って来たウヒョンがミンジャと再会する場面で終わる。彼はミンジャのそばにいる幼い子どもに会う。村の人たちはその子をナムソクの子だと思っているが、実際にはウヒョンの子だ。どんなにミンジャが「島の人と陸地の人は何の縁もない」と言っても、彼女の言葉は真実ではない。海女たちの島である波浪島の伝統は、外部の男の種を入れて家系を継いでいくことであり、ウヒョンもやはり、そういう伝統に従って自分の種を海女の娘のミンジャに提供したというわけだ。2人は残念ながら別れるが、その間で生き残ったのは"伝統"という名のならわしだ。映画のなかに広がる伝統の運命は、他のいかなるものより強烈に彼らの人生を支配している。彼らは伝統を拒否しながらも、結局は従うしかない運命にとらわれた人生だと悟るようになる。そしてそれは、恨［感情的なしこりや痛恨、悲哀、無常観を指す朝鮮独自の概念。朝鮮の文化・思想の根幹をなす］の宿った女が歌う民謡の一節でしめくくられる。

イ・サンヨン（映画評論家）

長雨 장마

1979年／ユ・ヒョンモク監督／35mm／カラー／シネマスコープ

製作会社:南亜(ナマ)振興株式会社　製作:ソ・ジョンホ　監督:ユ・ヒョンモク　原作:ユン・フンギル　脚色:ユン・サミュク　撮影:ユ・ヨンギル　照明:キム・テソン　編集:イ・ギョンジャ　音楽:ハン・サンギ　美術:チョ・ギョンファン　出演:ファン・ジョンスン、イ・デグン、キム・シンジェ、キム・ソクフン、ソヌ・ヨンニョ、パク・ジョンジャ、チュ・ヘギョン、カン・ソグ　韓国公開:1981年5月　主な受賞:第18回大鐘賞 優秀作品賞

朝鮮戦争のさなか、ドンマンの家では避難してきた母方の家族と父方の家族が同居していた。雨が降りしきる梅雨のある夜、パルチザン掃討作戦に出陣し、戦死した息子ギルチュン(カン・ソグ)の思いに浸る母方の祖母(ファン・ジョンスン)は、激しく地面に叩きつける稲妻に向かって「パルゲンイ[共産主義者を指す言葉、軽蔑の意味が込められている]を討伐せよ」と絶叫する。一方、その怒声を聞いていた父方の祖母(キム・シンジェ)は苛立ちを覚える。彼女の2番目の息子、ドンマンの叔父スンチョル(イ・デグン)は左翼パルチザンなのだ。この一件により、父方の祖母と母方の祖母の間には冷たい風が吹くようになる。そんなある日、ドンマンは見知らぬ男にスンチョルが家に立ち寄ったことを口外してしまい、父(キム・ソクフン)が刑事に連行される事件が起きる。そして同じ頃、パルチザンが集落を襲撃し、全員射殺される事件が発生すると、父は弟スンチョルの死を確信する。しかし、息子の死を信じたくない祖母は占い師のもとを訪ね、息子が生きていること、そして、家に戻ってくる日時を聞いてくる。占い師が予言したその日、祖母はごちそうを用意して息子の帰りを待っていたが、代わりに現れたのは1匹の大蛇だった。スンチョルの魂が

大蛇となって戻ってきたと感じ取った母方の祖母は、鎮魂の祈りを捧げる。すると大蛇は家の周囲をぐるぐると這いまわり、やがて門から出て姿を消す。これを機に父方の祖母と母方の祖母は和解する。

　1973年に発表されたユン・フンギルの短編小説『長雨』を映画化した本作品は、ユ・ヒョンモク監督の最後の傑作である。黄海道・沙里院(ファンヘド サリウォン)[現在の北朝鮮・黄海北道(ファンヘブクト)に位置する]出身のユ・ヒョンモク監督は、朝鮮戦争でアメリカ軍の爆撃によって父と年下のきょうだいを亡くし、残された母、家族と共に韓国へ逃れた失郷民[故郷を離れたのち、外的条件によって再び戻ることができなくなり、他所へ定住することを余儀なくされた人々。ここでは朝鮮戦争の際、北朝鮮から韓国へ避難し、戻れないまま定住した人々を指す]だ。北朝鮮に残してきたきょうだいのひとりは、最後まで生死を確認することができなかった。1956年に長編映画『交叉路』で監督デビューして以来、1968年までに『誤発弾』(p62)では失郷民を、『殉教者』(1965)では朝鮮戦争を題材としているが、そのなかに反共映画は存在しない。しかし1968年以降、ファン・スノン原作の『カインの後裔』を皮切りに、『悪夢』(1968)『私も人間になるんだ』(1969)『火花』(1975)などの反共映画を世に送り出している。これらの映画では朝鮮戦争の直前、左派と右派が激しく対立するなかで苦悩する知識人たちを描いているが、反共映画にある二分法的な図式から抜け出せていなかった。これはイデオロギーに関する描写について、表現の自由を認めない朴正熙(パク・チョンヒ)政権の徹底した検閲政策が

もっとも大きく影響を及ぼしたからだ。また、大鐘賞の反共映画部門で受賞すれば、映画会社が外国映画の輸入クォータの割り当てを受けることができたという理由も大きい[1960年代後半、自国の映画産業を保護する目的でスクリーンクォータ制度が導入された。当時、外国映画の輸入には制限が設けられていたため、各映画会社は割り当てを受けるため国産映画の製作に力を入れた。1991年まで政府から補助金を受けていた大鐘賞は、実質的にその影響下にあり、1970～1980年代には「反共部門」「啓蒙部門」なども存在した]。

　『長雨』は第18回大鐘賞で優秀作品賞を受賞しているが、反共映画ではなく"分断映画"だといえる。この映画では共産主義の弊害とパルゲンイの蛮行を告発するというより、朝鮮戦争が引き起こした同じ民族による敵対関係を修復する道を模索しているからだ。このようなテーマにもかかわらず検閲を通過できたのはなぜだろうか。それは朴正熙政権が幕を下ろした1979年10月26日以降の公開だったからかもしれない。

　『長雨』は一般的な反共映画とは異なり、ドンマンの母方の叔父ギルチュンの戦死を知らせるシーンから始まる。映画の冒頭、ドンマンの母方の祖母は歯が抜ける悪夢を見てうたた寝から目を覚ます。夫の死も夢で知ったという彼女は、まるで死神のように一人息子の死を予見した。土砂降りの雨、

120　韓国映画100選

反共映画の血も涙もないパルゲンイとは違い、生きるために孤軍奮闘した挙句に死を迎えるスンチョルは南北分断の犠牲者というのがよりふさわしい。

雷光が地面に突き刺さり、騒ぎ立てる犬の吠声が鳴り響くすさまじい夜、雨風は明かりを消し去り、母方の祖母はすべてを諦念したかのように、暗闇のなか黙々とえんどう豆をさやから取り出す作業を続ける。まるで彼女の目から血の涙がこぼれるかのように、赤いえんどう豆は、ぽつん、ぽつんと床に落ちる。ついに息子の戦死通知が届く。それでも彼女は変わらぬ無表情のまま、何でもないふりをしてえんどう豆をむき続ける。どんなに泣き叫んで嘆き悲しむよりも、ずっと深く響くものがそこにはある。韓国映画史においてユ・ヒョンモク監督はリアリズム映画の巨匠として評価されているが、『誤発弾』で見られるように表現主義の思想からも多大な影響を受けている。この涙を誘う名場面は、ユ・ヒョンモク監督の表現主義に基づく演出、ユ・ヨンギルの撮影技術、ファン・ジョンスンの名演技があいまって生み出されたのだ。

『長雨』は分断映画といえども、韓国軍とパルゲンイの根本的な"違い"に言及していないわけではない。ドンマンの母方の叔父ギルチュンがソウルの大学を出たエリートとして韓国軍兵士になる一方、父方の叔父スンチョルは高等教育を受けていない無学な青年としてパルチザンになる。ギルチュンが"国のために"明確な目的をもって組織的に右翼活動に取り組む一方、スンチョルは場当たり的に集落の人々を苦しめる存在であったヨンボムを懲らしめ、彼が死んでしまうと、仕方なくそのまま左翼活動に加わる。ギルチュンが自ら決断し、志願して韓国軍兵士になる一方、スンチョルは韓国軍の反撃により朝鮮人民軍が撤退すると、コンジ山に戻り、またも仕方なくパルチザンになるのだ。スンチョルが投降しない理由は、共産主義を信奉しているためでも理解しているからでもない。人民軍が反撃を開始すると信じ、また、投降しても生き残ることはできないと判断しているからにほかならない。ギルチュン役は洗練された都会的な青年イメージをもつ二枚目スター、カン・ソグが演じ、スンチョル役は1970年から80年代、エロティシズム映画に登場する精力絶倫男の役で人気を博したイ・デグンが演じた。

しかし、いわゆる反共映画の血も涙もないパルゲンイとは違い、生きるために孤軍奮闘した挙句に死を迎えるスンチョルは南北分断の犠牲者というのがよりふさわしい。だからこそ、とうとう最後に大蛇の身を借りて家まで戻ってくるのだ。このとき不思議にも、母である父方の祖母、母方の祖母は一目見た瞬間、大蛇の正体に気づく。母方の祖母は、「家族みんな平穏無事に暮らしているから、あなたは何も心配せず

安心してお行きなさい」と言って懸命に大蛇をなだめようとする。人民軍に一人息子を奪われた母親が、パルチザンの霊魂を慰めようと命がけで大蛇と向かい合い、鎮魂の祈りを捧げるのだ。分断映画では、民族の分断と同族同士で争い殺し合うことの悲劇を象徴するため兄弟間で右翼と左翼に分ける設定が見られるが、『長雨』ではドンマンから見て母方の叔父と父方の叔父を韓国軍とパルチザンに分けている。彼らの対立によって2人の母親である両家の祖母たちは互いを呪いあう敵対関係になってしまうが、息子を失った2人の祖母は、パルチザンの魂をなだめる母方の祖母の崇高な行為を通じ、和解の糸口をつかもうとする。それだけではない。このシーンは死者を安らかに送り出そうとすることで死の事実を受け入れ、生きる者の悲しみを癒やす"死を悼む作業"として描かれているのが非常に意味深い。ユ・ヒョンモク監督は前述の冒頭シーンとは異なり、この呪術的な場面をリアリズムの手法で表現している。目の前にある事象を直接見ているかのように、客観的な目線で映し出していく。そのイメージを通じて私たちは一瞬、大蛇の姿に本当にスンチョルの魂が見えたような呪術的な体験をする。そして、私たちも死を悼む作業に立ち会い、共に祈りを捧げている気持ちになるのだ。

朝鮮戦争の後、私たちにもっとも必要だったのは『長雨』のラストシーンのような、死者と生きる者すべてを、つまり、歴史の犠牲者すべてを悲しみ悼むことだった。しかし、休戦という形で終わりを迎えた朝鮮戦争とその後に続く南北分断は、哀悼するきっかけ自体を私たちから奪い去ってしまった。癒えない深い悲しみは、やがて絶望と怒りに形を変えて韓国社会全体を汚染した。もしも適切に悲しみ悼む機会があったならば、犠牲者の心は慰められ、生きる者は悲しみから立ち直れたのかもしれない。そして、もしもそれができていたならば、その後の韓国社会の軌跡は、私たちが経験してきたものとは大きく違ったものになっていたのかもしれない。

今もなお大蛇の身体から抜け出せず、多くの恨［感情的なしこりや痛恨、悲哀、無常観を指す朝鮮独自の概念。朝鮮の文化・思想の根幹をなす］、果たせなかったさまざまな感情を抱えたまま、黄泉をさまよう魂がどれほど多いことだろう。そのせいか、映画『長雨』を観るたびに、失郷民の恨を乗り越えて哀悼や和解を提案するユ・ヒョンモク監督の心に思いを馳せずにはいられない。

キム・ギョンウク（映画評論家）

『馬鹿宣言』(1983、イ・ジャンホ監督)

1980年代

最後の証人

風吹く良き日

避幕

チャッコ

曼陀羅

小さなボール

コバン村の人々

糸車よ糸車よ

馬鹿宣言

鯨とり

ディープ・ブルー・ナイト

キルソドム～再会のとき

チケット

シバジ

旅人は休まない

チルスとマンス

ギャグマン

達磨はなぜ東へ行ったのか

最後の証人 최후의 증인

1980年／イ・ドゥヨン監督／35mm／カラー／シネマスコープ

製作会社：世耕(セギョン)映画　製作：キム・ファシク　企画：ユン・サンヒ、キム・ミョンシク　監督：イ・ドゥヨン　原作：キム・ソンジョン　脚本：ユン・サミク　撮影：チョン・イルソン　照明：チャ・ジョンナム　編集：イ・ギョンジャ　音楽：キム・ヒガプ　美術：キム・ユジュン　出演：ハ・ミョンジュン、チョン・ユニ、チェ・ブラム、ヒョン・ギルス、ハン・ヘスク、イ・デグン　韓国公開：1980年11月

ムンチャン警察署のオ・ビョンホ刑事（ハ・ミョンジュン）が醸造所主人殺害事件を担当することになった。オ刑事は死んだヤン・ダルス（イ・デグン）と過去に関わった人物を訪ね歩き、ファン・バウ（チェ・ブラム）の存在を知る。そして、元パルチザンのカン・マノ（ヒョン・ギルス）とダルスの妾で酒場女になったソン・ジヘ（チョン・ユニ）に会い、真実に迫っていく。朝鮮戦争当時、一人娘ジヘを連れて入山したパルチザンの隊長ソン・ソクチン（チェ・ソンホ）は、死ぬ直前にマノに宝を隠した場所の地図を与え、娘のことを頼む。しかし、パルチザンはジヘを輪姦し、彼女が妊娠したことが明らかになる。マノは青年隊長ダルスを通じて自首しようとするが、討伐前にみな射殺され、マノ、バウ、ジヘ、ハン・ドンジュだけが生き残る。ジヘとバウは夫婦の縁を結び、智異山(チリサン)の宝物を探そうとするが、ダルスの陰謀により、バウはドンジュを殺した疑いで逮捕され、無期懲役を宣告される。ジヘはダルスに身を任せ、ダルスは宝物を売った金で醸造所を始める。捜査を進めていったオ刑事は、衝撃的な秘密を知ることになる。死んだと思っていたドンジュが生きていたのだ。結局、ダルス殺人事件は、キム・ジュンヨプ弁護士の殺害と同一犯によるものであり、実はドンジュの教唆によってジヘの息子テヨンが実行した結果であるということが明らかになる。獄中生活を終えたバウは、精神病院に入院したテヨンを守るために、すべては自分の罪であるとして自殺し、ジヘも彼に続く。真実をすべて暴いたオ刑事も、約20年間続いた悲劇の重さのせいで自殺してしまう。

イ・ドゥヨン監督の『最後の証人』は、韓国映画史上もっとも不運な映画として挙げられるほどの苦難を経験した。1980年に公開した本作は、検閲で満身創痍となり、154分のオリジナル編集版ではなく、約50分間カットされたフィルムで上映された。大鐘賞受賞を目標に、約1年という当時としては並外れて長い期間をかけて製作されたが、他の映画会社が妨害を目的に大統領府に投書を送ったことで、共産主義を賛美する"パルゲンイ映画"というレッテルを貼られ、検察の調査を受けた。このような騒動を経て、不完全な形で世に出たため、まともな評価を受けられないまま葬られてしまった。当時30代後半の血気盛んな映画監督だったイ・ドゥヨンは、この件で失意に陥り、映画を諦めてしまおうかと悩み、さらに、明宝(ミョンボ)劇場で公開された自分の映画を見て、大切にしていた子どもが病気になったような痛みを感じた。『最後の証人』のオリジナル編集版が韓国映像資料院で公開されたのは、約30年後。ずっと口コミでのみ価値を分かち合ってきた映画関係者たちは、実際に作品を見て感銘を受けた。

作家キム・ソンジョンによる、かなり膨大なストーリーの同名推理小説を映画化した本作は、ハ・ミョンジュンが演じるオ・ビョンホ刑事が、署長の特別な指示を受け、ある田舎で起きた醸造所主人殺害事件を担当するところから始まる。オ刑事が聞き込みをするうちに、朝鮮戦争当時、智異山のパルチザンたちとそれらを討伐した右翼の間に起きた悲劇的な事情が明らかになる。ストーリーは、フラッシュバックを活かしつつ、大きなエピソードの塊で展開していく。それぞれの塊がぶつかってしまいがちな大河ドラマ並みの分量のプロットであるにもかかわらず、一気に駆け上がるように進めていくイ・ドゥヨン監督の演出力には驚くべき迫力がある。素早いズームイン、ズームアウトなどレンズの効果を頻繁に使う。カメラを水平移動させつつ、ズームレンズで、特定の人物や事物に素早く近づく。このような演出を厭わないイ・ドゥヨン監督のカメラワークは、迫力のある画面を生み出すと同時に観客を集中させる、独特なスタイルの魅力をもつ。少し息苦しいような雰囲気が映画を包むなか、イ・ドゥヨン監督は、悲劇的な登場人物の物語へと観客を追い込んでいく。「これでもあなたは無視することができるのか」と自信に満ちた映像は、空間を引き延ばしたり縮ませたりしながら自由自在に演出する、彼の達人としての境地を見せる。プロットの展開はやや複雑だが、物語の因果に忠実でありつつ最終的にイ・ドゥヨン監督が描いているのは、まさにそのよ

イ・ドゥヨン監督のカメラワークは、迫力のある画面を生み出すと同時に観客を集中させる、独特なスタイルの魅力をもつ。

うな画面空間に捉えられた歴史と個人の関係から派生した巨大な空虚感だ。登場人物は、わけもわからず歴史の渦に巻き込まれ、ようやく抜け出すと、すでに人生が取り返しのつかないほど破滅していることを悟る。彼らの人生には、そのような目に遭ってしまう人々の、誰をも恨むことがない徹底した諦めと挫折の感情が根づいている。

　主人公であるオ刑事役のハ・ミョンジュンは、コートの襟を立て、いつもくわえ煙草というスタイルで、まるで自身の肉体に時代の罪への償いを抱いているような、誇張された舞台俳優風の演技をする。だが、この映画には、そんな彼の外向的な絶望がとても似合っている。また、パルチザン司令官の娘ジヘ役を演じているのは、チョン・ユニだ。彼女は、父が死んだ後、同僚のパルチザンに毎日のように強姦され、父が山に隠しておいた宝さえ右翼青年団長の陰謀で奪われ、彼の妾として生きていく数奇な女性ソン・ジヘとして同情を誘う。チェ・ブラムは、ジヘを最後まで守ろうとするも、自らの人生が破滅させられるのをじっと受け止めるしかない純朴な男、バウ役を演じている。『最後の証人』は、直接話法を活用し、何も持たざるジヘとバウへの憐れみを吐露する一方で、純粋な人々を最後まで搾取した分断体制の権力者たちを怒りに満ちた視線で見つめる。「右翼と左翼、どちらの側につくのか」と権力者が威嚇し、人々を押さえつけるなか、純朴な人々は怯えた瞳を泳がせながら、ただ自分と愛する人が身を寄せる小さな場所だけを望んでいた。だが、時代は彼らの最低限の生存すらも許さない。哀れな犠牲者は、世の中を治める人の企てにより、奥まった場所に追いやられる。そのような場所でも、彼らは自分たちなりのプライドを守り生きていく。

　『最後の証人』は、スピーディに展開する物語の至るところに、忘れ難い場面がちりばめられている。雨風が吹き荒れる荒野をオ刑事がひとりでさまよう、ありふれたいくつかのインサートショット。このシーンだけで映画の情緒を一気に読み取ることができる。それは、映画的に蓄積されている感情をよく証明している。また、細かい説明は省き、要点だけ述べる猪突猛進型のオ刑事のキャラクターに似た映像演出手法も、本作の魅力のひとつである。殺人犯を捜すために犠牲者の村の近くの湖畔を訪れたオ刑事が、人の気配がする小屋に立ち寄り、雨宿りをするシーンがある。外では雨が容赦なく吹き荒れているが、小屋の奥では恰幅のいい男がちょうど不法屠殺を終えたところだった。男は、血が滴る手を隠さな

いまま、オ刑事に「誰だ」と尋ねる。何の気なしに通り過ぎることもできるこのようなシーンにさえも、イ・ドゥヨン監督は非情な世の中の雰囲気を並外れた手法で盛り込んでいる。

　『最後の証人』は、1970年代に投げやりに撮影したアクション映画と、政策当局の好みに合わせた反共・啓蒙・宣伝映画で逆説的に実力を認められたイ・ドゥヨン監督の才能が、一挙に開花した作品だ。『龍虎対練』（1974）など、超低予算でも奇跡のように輝く瞬間があるテコンドーアクション映画を撮ったイ・ドゥヨン監督は、この『最後の証人』を通じて、究極には最高のアクション映画の演出家であることを実感させるのだ。『最後の証人』で、アクションを直感的に卓越した形で表現するイドゥヨン監督のセンスは、観る人を唸らせる。それは、必ずしも戦うアクションというわけではない。イ・ドゥヨン監督の映画では、登場人物が一歩動くだけで緊張と躍動感が生じ、映画が本質的にアクションの集合体ということを実感させる絶妙なシーンが続くのだ。『最後の証人』は、1970年代の"スター"アクション監督としての彼の才能が、1980年代にストーリーに深みを増したプロットと出会い、奇跡的に開花した作品である。

キム・ヨンジン（映画評論家、明知大学教授）

風吹く良き日 바람불어 좋은 날

1980年／イ・ジャンホ監督／35mm／カラー／シネマスコープ

製作会社:東亜輸出公社　製作:イ・ウソク　企画:イ・グォンソク、ソン・ジェホン　監督:イ・ジャンホ　原作:チェ・イルラム　脚本:イ・ジャンホ　撮影:ソ・ジョンミン　照明:マ・ヨンチョン　編集:キム・ヒス　音楽:キム・ドヒャン　出演:イ・ヨンホ、アン・ソンギ、キム・ソンチャン、イム・イェジン、キム・ボヨン、ユ・ジイン、チェ・ブラム、パク・ウォンスク、キム・ヒラ　韓国公開:1980年11月　主な受賞:第19回大鐘賞 監督賞、第17回百想芸術大賞 大賞・作品賞

故郷を離れ、ソウルへ上京したドクペ(アン・ソンギ)、チュンシク(イ・ヨンホ)、ギルラム(キム・ソンチャン)は、郊外の開発地区で、それぞれ中華料理店、理髪店、安ホテルで働き、お互いを慰め合いながら暮らしている。都市開発によって、この地域に昔から暮らす住民は、農耕地を失い、立ち退くしかない。一方、ギルラムは美容師のジノクを、チュンシクは髭剃師のミス・ユ(キム・ボヨン)に好意をもっている。純朴なドクペは、田舎から出てきた明るくてたくましいチュンスン(イム・イェジン)と、わがままだが魅惑的な上流階級のミョンヒ(ユ・ジイン)との間で心が揺れている。だが、ドクペは自分に気があると思っていたミョンヒが、自分を弄んでいただけだった事実を知る。また、ジノクはギルラムに借りた金を返さないまま姿をくらます。ミス・ユはチュンシクに惹かれながらも、病気がちの父親と弟たちの学費のため、理髪店に足しげく通う中年のキム会長(チェ・ブラム)の愛人になってしまう。チュンシクは結局、キム会長を刃物で刺し、刑務所送りとなる。ギルラムは兵役に就き、ドクペはボクシングで世の中に打ち勝とうと決心する。

　チャン・ソヌ監督は1980年に『風吹く良き日』を観て映画監督になろうと決心したという。光州事件〔1980年5月17日、全斗煥（チョン・ドゥファン）らを中心とする新軍部勢力が戒厳令を全国に拡大し、18日に金大中（キム・デジュン）らの支持基盤である光州でデモを弾圧。見かねた市民が蜂起した〕が残酷に踏みにじられ、軍事政権が権勢を振るう時代だったが、『風吹く良き日』は社会派リアリズム映画の新たな出発点となった。イ・ジャンホ監督は、1970年代に働き口を求めて上京した貧しい若者たちの姿を通して、哀しくもやるせない当時の現実を告発した。韓国に資本主義が根づく途上の段階を描いた風俗画としても『風吹く良き日』は筆頭に挙げられる価値がある。

　『風吹く良き日』は、地方から上京し、悪戦苦闘しながら暮らすドクペ、ギルラム、チュンシクという3人の青年の物語だ。ドクペは中華料理店の出前持ち、ギルラムは安ホテルの下働き、チュンシクは理髪店の助手。経済的に社会の最下層に置かれている彼らは、欲望のヒエラルキーでも最下層に属する人々だ。そして、この映画では階級社会の現実が、主に欲望のヒエラルキーを通して描かれている。

　『風吹く良き日』を語るうえで欠かせないのが、ミョンヒが湖のほとりでドクペとデートをするシーンである。風に吹かれミョンヒのスカートがめくれると、ドクペの心は風と同じように激しく揺れ動く。彼女は「キスする方法を教えてあげる」と言って、何度も彼をからかう。ドクペにとってミョンヒは登れない木だといわんばかりに、彼女は高い木に登り、「私を見つけてみて」と叫ぶ。家政婦のいる邸宅に住み、車を乗りまわす、若く美しい彼女は、ドクペの欲望をかき立てる化身ではあるが、彼の欲望はけっして満たされるとはない。ドクペは幾度かの失敗を経験し、「どうせそんなことだろうと思った」と独り言をつぶやく。ソウルへ来て数年、苦労しながら暮らした経験から、見ても見ないふり、聞いても聞こえないふりをするのが生きていくコツだと語る。ドクペが口ごもりながら話す理由も、即座に反応しないためである。彼は何度も欲望の挫折を経験するうちに、自ら訥弁になることを決めたのだ。

　ドクペにミョンヒがいるとすれば、チュンシクには理髪店のミス・ユがいる。ミス・ユに向けたチュンシクの想いは、最後まではっきり表現されることはない。彼は相手が聞こえないほどの小さな声で「愛してる」とつぶやく。病気がちな父親と学校に通わせなければならない弟たちを抱えるミス・ユは、そんなチュンシクの告白を聞く余裕もなく、貧しい

この映画が長く親しまれ、古典として挙げられるのは、高い次元で人間に対する理解を見せてくれたためだ。マルクスやフロイトを知らなくとも『風吹く良き日』を見ればわかる人間の姿がそこにある。

チュンシクにはミス・ユを守ってやるだけの力はない。理髪店の常連客であるキム会長がミス・ユにいかがわしい視線を送るなか、チュンシクができるのは横目でにらむことだけだ。キム会長がミス・ユを抱いた日、ミス・ユは「嘘でもいいから愛してるって言ってほしい」とキム会長に告げる。チュンシクにはない経済力をもつキム会長を、ミス・ユは偽りだとしても愛さなければならない境遇に置かれるのだ。ドクペの欲望が挫折し、失敗する間に、チュンシクの欲望は裏切られ、侮辱される。おそらく、チュンシクが剃刀を振りまわしたのは、ミス・ユを守ってやれなかった情けない自分を許せなかったためだろう。

ギルラムの事情はさておき、欲望の描写という側面から注目すべきは、中華料理店・東華楼のエピソードだ。『風吹く良き日』の隠れた魅力は、中華料理店の女将とチョ氏のストーリーのように、階級間の対立の視点からだけでは説明のつかない要素が存在する点である。それは、中華料理店の出前をする少年が、女将とチョ氏の情事を目撃するシーンで際立って明らかになる。少年は「全部知ってるぞ。この薄汚い奴らめ。おまえらが何をしてるか、すべて知ってるんだ」と叫ぶ。その声に驚き、手淫の途中だったドクペも飛び出し、女将とチョ氏も慌てふためく。道徳的な潔癖主義者の叫びでもあるかのようなこの声が、『風吹く良き日』が単純なリアリズム映画を脱する分岐点になっていると思われる。

本作は、人間を経済的な存在として描写するだけにとどまらず、欲望の存在として描き出す。まさに東華楼は、欲望があふれ出す空間だ。夫が病に倒れて動けない間、女将とチョ氏は身も心も寄せ合いながら生きている。夫が亡くなり、チョ氏と新しい幸せをつかもうとした瞬間、チョ氏の妻と子どもが現れる。あふれ返っていた欲望は再び断ち切られなければならない。一定の経済力をもってはいるが、社会の最上層にはあてはまらない女将の欲望は結局、実現することはなかった。さらに、不動産で荒稼ぎした成金、キム会長の欲望も完全には叶わなかった。ミス・ユを前にキム会長が告白したのは、彼もまた孤独だということだ。『風吹く良き日』の登場人物たちは、そんな欲望の犠牲者、あるいは敗者たちだ。手の届かない所に暮らすミョンヒでさえも、ドクペを連れまわして弄ぶ理由は、まともな人間関係を結ぶことに失敗したためと考えられる。彼女はドクペを代償行為の道具として扱うが、そのようにすればするほど、彼女の笑いには虚栄感が色濃く漂う。この映画は、ミョンヒがドクペより幸せだとい

う確信を与えない。

本作は、登場人物の何人かを不幸な境遇に追いやるが、ただ倒れてしまうのではなく、再び立ち上がることを望んでいる。ギルラムが故郷に向かう汽車に飛び乗った後、ドクペがチュンシクの妹チュンスンの手をしっかりと握る姿は、そんな希望を象徴している。『風吹く良き日』がユニークな点は、そこで終わらないことである。まるで最初からまた始まるかのように、ドクペがボクシングジムでスパーリングをする場面を映し出す。殴られ、また殴られながら、何度も立ち上がっては拳を振りまわすドクペ。「ソウルで過ごした2年間は殴られてばかりだった気がする」というドクペの言葉は、心の琴線に触れる。『風吹く良き日』は、過酷な軍事政権時代に多くの人々に勇気を与える映画となった。

『風吹く良き日』で描かれた社会告発の力は、歳月の流れと共に随分色あせてしまった。それは1970～1980年代の日常風景に過ぎないと考えることもできる。しかし、この映画が長く親しまれ、古典として挙げられるのは、高い次元で人間に対する理解を見せてくれたためだ。マルクスやフロイトを知らなくとも『風吹く良き日』を見ればわかる人間の姿がそこにある。

ナム・ドンチョル（釜山国際映画祭プログラマー）

避幕 피막

1980年／イ・ドゥヨン監督／35mm／カラー／シネマスコープ

製作会社:世耕映画　製作:キム・ファシク　企画:キム・ミョンシク、ユン・サンフェ　監督:イ・ドゥヨン　脚本:ユン・サミュク　撮影:ソン・ヒョンチェ　照明:チャ・ジョンナム　編集:イ・ギョンジャ　美術:キム・ユジュン　音楽:キム・ヒガプ　出演:ユ・ジイン、ナムグン・ウォン、ファン・ジョンスン、チェ・ソンホ、キム・ユンギョン　韓国公開:1981年6月　主な受賞:第38回ベネチア国際映画祭 特別賞、第17回百想芸術大賞 監督賞

長男のソンミンが治る見込みのない重い病気にかかると、カン進士（チェ・ソンホ）［科挙の文科を受験するには予備試験である小科に合格する必要があり、この小科に合格した人が生員や進士と呼ばれた。生員や進士は文科を受験するほか、成均館（ソンギュンガン）に入学したり下級役人になったりすることができた］とその奥方（ファン・ジョンスン）は、全国から腕のいい巫女を呼び集めた。そのひとり、オクファ（ユ・ジイン）が霊験あらたかな様子に見えたので、2人はオクファに祭儀をするよう頼む。真心を捧げる儀礼を営んだオクファは、村はずれに埋められている瓢箪瓶を探し出し、「この瓶の中には無実の罪で死んだ魂が閉じ込められています。それがソンミンに取り憑いて病気になったのです」と語る。そして、その背景にある20年前の出来事について、オクファはカン進士の身内の者たちに語りだす。男たちが短命で、年若い未亡人が何人もいるカン進士の一族の2番目の嫁（キム・ユンギョン）が情欲に耐えられず懐刀で内股を突き刺し、傷が化膿して死にそうになる。死にそうになった人を隔離する避幕［瀕死の病人を隔離し、穢れを避けるための小屋］に嫁を移したカン進士の奥方は、最後に恨［感情的なしこりや痛恨、悲哀、無常観を指す朝鮮独自の概念。朝鮮の文化・思想の根幹をなす］を残さないよう、避幕の番人であるサムドル（ナムグン・ウォン）に彼女を抱かせる。ところが嫁はサムドルの手厚い治療のおかげで一命を取り留め、嫁とサムドルは愛し合うようになり、ついには妊娠までしてしまう。このことを知っ

たカン進士と奥方は2人を殺し、サムドルの霊魂を瓢箪瓶に入れたのだ。オクファが祭儀をする過程で、かつてオクファを強姦したカン進士の叔父と親戚、そして奥方がさまざまな事故で死に至り、ソンミンは生き残る。実は、巫女のオクファはサムドルが避幕の番人になる前に密かに生んだ娘であり、父の復讐をするために一連のことをしたのだった。オクファは避幕に向かい、これまでその場所で無念の死を遂げた霊魂を慰め、カン進士まで殺そうとした心を改め、生かしておくことにして、避幕を自らと共に燃やす。

イ・ドゥヨン監督の『避幕』は、韓国映画史上初めてベネチア国際映画祭に招待され、監督部門の特別賞であるISDAP賞を受賞した作品だ。イ・ドゥヨン監督は、自らの最高傑作と評価されている『最後の証人』（p124）がイデオロギー的な問題から検閲で満身創痍となったうえに、劇場への配給事情から上映時間の調整を強いられ、2時間34分の作品を1時間33分に編集し直して公開するという苦い経験を経た後に、この『避幕』を完成させた。この世とあの世、生と死の媒介となるシャーマニズムを通し、封建主義の抑圧の下で女性が経験する受難と人間としての本能を掘り下げる。イ・ドゥヨン監督は、1970年代半ばまでは主にアクション映画のジャンルで才能を開花させていた。だが、アクション映画が"絶叫映画"（アクションシーンで俳優が絶叫しながら倒れるような映画）などと見下される現実のなか、イ・ドゥヨン監督は"土俗映画"というジャンルに挑戦し、自身に対する新しい評価を引き出すのに成功する。脚本家ユン・サミュクによるシナリオを基にした『避幕』は、新しい挑戦の起爆剤となる作品であり、この後に発表した『糸車よ糸車よ』（p138）も、やはり韓国映画として初めてカンヌ国際映画祭のある視点部門に招待されるという快挙を成し遂げる。

『避幕』は平凡な土俗映画に属すが、現代的なミステリー映画のストーリー構成、伝統的なシャーマニズム、濃密なエロティシズムまでを結びつけた、イ・ドゥヨン監督ならではの彩りを重ね合わせている。フラッシュバックで構成される『避幕』は、ミステリアスな事件の原因を過去に潜めておいて、推理劇の形でそれをひとつずつ明らかにしていく。名門家系の初孫が原因不明の病気に苦しんで死の淵をさまようと、身内の大人たちは全国の巫女を集め、祭儀に取りかかる。このとき、軒先から落ちた蛇をオクファが家の外に出してやると、孫の病状が次第に好転する。やがてオクファは松林に埋まっていた瓢箪瓶を見つけ、それにまつわる20数年前の事情がフラッシュバックして展開していく。この"事情"の主

イ・ドゥヨン監督は、生と死の分岐点である避幕を、人間の性的本能と怨恨、そして階級的障壁などの封建社会の抑圧性が結集した場所として見つめる。

人公は、一族の嫁で年若い未亡人のイ氏と避幕の番人サムドルである。若い身空で独り身になったイ氏は夜ごと肉体的な寂しさに苛まれ、懐刀で自分の内股を突き刺す。『避幕』でもっとも興味深い場面は、一族の若い未亡人たちが寂しい夜を耐え抜くために自傷行為を行うシーンのモンタージュだ。イ・ドゥヨン監督は抑圧的な封建社会を端的に示すこのシーンを、グロテスクなホラー映画のように演出する。夫と死別した夫人たちには再婚の機会が閉ざされていて、貞節を守ることが強要されるという封建社会の悪習は、このようにして映画的に翻訳される。

　自らを傷つけて夜をしのぐイ氏は、内股にできた腫瘍のせいで死線をさまよい、一族の長老格であるカン進士の奥方は、イ氏を避幕へ追いやり、避幕の番人サムドルに彼女を抱けと命令する。イ氏に好意をもったサムドルは、心を込めて彼女の世話をする。そのおかげで命を救われたイ氏は、避幕で過ごす誘惑を断つことができない。しかし封建社会の階級的な障壁によって、2人の関係は断ち切られてしまう。サムドルとイ氏の関係が奥方に知られると、イ氏は自ら命を絶ち、サムドルは残酷な殺され方をする。奥方は後顧の憂いをなくすため、サムドルの霊魂を瓢箪瓶に閉じ込める。つまり、この瓶は、支配階級が被支配階級に対して感じるアレルギーのような不安感を表しているのだ。これは絶えず蘇って支配階級を悩ませる。もちろんこれは階級的抑圧の問題に限られたことではない。抑圧的な封建社会において犠牲になる者たちの怨恨もまた同じである。

　映画のタイトルに使われた『避幕』とは、死出の旅に踏み込んだ病人を移して置く場所であり、従ってこの世とあの世の境界をなす場所である。イ・ドゥヨン監督は、生と死の分岐点である避幕を、人間の性的本能と怨恨、そして階級的障壁などの封建社会の抑圧性が結集した場所として見つめる。しかもこの避幕でシャーマニズムとエロティックなストーリーが折り重なって互いに相乗効果を生むことで、『避幕』はさらに奇怪で性的ニュアンスに富んだ作品となった。

　『避幕』では、シャーマニズムの奇怪さは啓蒙主義を超えたものであると認識する。映画の後半、啓蒙された孫はミステリアスに死んでいく一族の男たちの殺人事件を調べるが、イ・ドゥヨン監督はこのシーンを、避幕から何十年経っても腐らないサムドルの遺体の前で復讐を誓うオクファの姿と交錯させて編集する。この演出は、シャーマニズムを、啓蒙された科学（意識）を超えたものとして見せるのに効果的だ。

これは韓国映画においてシャーマニズムが一種の"区切り"の表われとして位置づけられる理由でもある。シャーマニズムは、現実では和解や解決ができない失敗に一区切りをつけようとするとき、それを乗り越える力として文学と映画に描かれることがある。南北のイデオロギーの鋭い対立をシャーマニズムの力で乗り越えるユン・フンギル原作の『長雨』（p120）が代表的な作品だ。映画の後半、オクファはサムドルの娘であることが明かされる。避幕はサムドルとイ氏、そしてオクファの怨恨が集まった場所であり、シャーマニズムは現実にはけっしてきれいに洗い流されることのない感情的なわだかまりを慰める力である。シャーマニズムが主に女性など社会的マイノリティや時代の犠牲者と結びつけられるのも、このような理由からである。

　『避幕』がこのようなシャーマニズムの力を適切に伝えることができたのは、イ・ドゥヨン監督の演出の賜物である。まず注目に値するのは、美しくてミステリアスな緊張感と共に脳裏に焼きつくシーン、つまり、オクファが村人たちを引き連れて松林に埋められた瓢箪瓶を探し出してからの一連のシーンである。イ・ドゥヨン監督は、屋内から松林まで続くこのシーン全体を、霧が立ち込める風景と共に見せる（『避幕』は安東の河回村［朝鮮王朝時代の集落がそのまま残る民俗村で、慶尚北道安東市にある］で撮影された）。立ち込める霧の静けさとひそやかさ、そして神秘さがこのシーン全体を包み込み、シャーマニズムにふさわしい雰囲気を創出する。この場面が現在と過去をつなぐ瓢箪瓶を発見する場面だという点で、このような劇的な雰囲気は何より重要だ。さらに、映画のエンディングの避幕が燃えるシーンでもまた、イ・ドゥヨン監督の演出力を確かめることができる。怨恨に満ちた怨霊たちの声が入り乱れて聞こえ、オクファは避幕に火を放ち、彼らの霊魂を昇華させようとする。ズームレンズを適切に活用したこの炎上シーンは、抑圧されて死んだ者たちの憤怒と怨恨の大きさを、燃え上がる炎の圧倒的な力で表現する。このようにイ・ドゥヨン監督のシャーマニズムは、ただ物語（またはシナリオ）によって示されたものにとどまらず、彼らしい映画的表現で描き出される点で何よりも価値がある。

アン・シファン（映画評論家）

チャッコ 짝코

1980年／イム・グォンテク監督／35mm／カラー／シネマスコープ

製作会社:三映(サミョン)フィルム　製作:カン・デジン　企画:ムン・ヒョヌク、ソン・ギラン　監督:イム・グォンテク　原作:キム・ジュンヒ　脚本:ソン・ギラン　撮影:ク・ジュンモ
照明:チョ・ギナム　編集:キム・ヒス　音楽:キム・ヨンドン　美術:キム・ソンベ　出演:キム・ヒラ、チェ・ユンソク、パン・ヒ、キム・ジョンナン　韓国公開:1983年10月

　ある年老いた浮浪者が警察によって更生院(浮浪者収容所)に送られる。彼は、パルチザン部隊を討伐する戦闘警察官［北朝鮮工作員を摘発する武装警察官］だった、ソン・ギヨル(チェ・ユンソク)である。ギヨルは更生院で、生涯をかけて追跡してきたペク・ゴンサン、別名チャッコ(キム・ヒラ)を発見する。ギヨルはテレビでドラマを見ながら、戦闘警察官として出世し、仲睦まじい家庭を築いて村人たちから歓迎されていた頃を回想する。かつてギヨルは、悪名高いパルチザン部隊の隊長チャッコを逮捕し、護送する途中でミスをして逃がしてしまったのだった。その一件でギヨルは解雇されて身を滅ぼすことになり、復讐心と濡れ衣を晴らしたいという一念で30年間チャッコの行方を追っていたのだ。ギヨルはチャッコに「更生院を脱出し、自分を解雇した上司と自殺した妻に自分の無罪を釈明してくれ」と頼む。ギヨルはチャッコと更生院を脱出するが、チャッコが疲れてこれ以上行けないと言い張り、取っ組み合いになる。その場を通りかかった警察官に「こいつはパルチザンの生き残りだ」と訴えても取り合ってもらえない。2人は汽車に乗り、チャッコは息を引き取るが、ギヨルは薄笑いを浮かべている。

　脚本を執筆したソン・ギランの言葉を借りれば、『チャッコ』を書いた背景には2つの理由があった。ひとつは、1980年の光州事件［1980年5月17日、全斗煥(チョン・ドゥファン)らを中心とする新軍部勢力が戒厳令を全国に拡大し、18日に金大中(キム・デジュン)らの支持基盤である光州でデモを弾圧。見かねた市民が蜂起した］が結局、挫折に終わり、人々が気力を失うなか、映画もこれからは変わらなければならないと自省したこと。もうひとつは、従来の反共と道徳教育一辺倒の国策映画を脱し、左翼パルチザンの問題を扱おうとしたことだ。イム・グォンテク監督もまた、より人間的な面から反共にアプローチし、分断の時代を生きている自分たちの問題として考えてみようという視点をもっていた。『チャッコ』は、そんな2人の作り手の優れた共同作業の結果として生まれた作品だ。

　この映画は、過去に左翼と右翼に分かれて30年間互いを敵対視してきた2人の人物が、悲劇的な和解に到達するという内容だ。道端に横たわっていた病を患う浮浪者ギヨルが警察に連行され、浮浪者収容所に収監される。一時はパルチザンを討伐する戦闘警察官だったギヨルは、収容所の病人のなかに30年間追跡してきたパルチザンの生き残りであるチャッコを発見する。彼らの複雑な過去がひとつずつ明らかになっていく。人生の落伍者のように"悲惨な2人"だが、本作はギヨルとチャッコの争いを時代錯誤的なものとして描く。彼らは、悲劇的な現代史の操り人形だったためだ。左翼と右翼の紛争を繰り返した現代史の悲劇を招いた朝鮮戦争もまた、代理劇だった。イム・グォンテク監督は、映画のある場面でこのようなメッセージを明確に伝えようとした。検閲のために映画では削除されたが、元々シナリオには次のような明確なメッセージが込められた場面があった。

　映画の終盤。ギヨルとチャッコは朝鮮戦争が勃発した6月25日、テレビで特集番組を観ている。テレビに出演したリチャード教授は、朝鮮戦争がアメリカとソ連の衝動的な代理戦争であったという意見を述べる。その要旨は次のようなものだ。朝鮮戦争は、第二次世界大戦以降に民族国家の境界を超えて全世界的に拡大した理念体制と社会体制の対立と紛争を韓国が代行して戦った内戦であり、同じ民族間の戦争だった。そのため朝鮮戦争はたんなる過去の事件ではなく、韓国現代史において現在と未来までも制約することになる決定的な事件であったという点から、韓国現代史の起点となった。テレビを見ていた2人は、初めて自分たちが30年間、空回りする車輪を回していたという自覚をもつようになる。検閲のせ

重要なのは、私たちもまた彼らが生きていた世界に対して責任があるということだ。「分断の時代を生きている私たちの問題として考えてみよう」。ここに、作り手が企画した意図がある。

いで監督が伝えようとしたこのような核心的主張は抜け落ちたが、悲劇はメッセージではなく映画の形式的構造から明確に表現されている。特にフラッシュバックの興味深い構成を用いて描かれている。

『チャッコ』には重要なフラッシュバックが8回ほど登場する。これは登場人物の感情よりも彼らの運命を表現している。フラッシュバックは次のような多彩な方式で使われる。①悲劇的な現在と幸福だった過去を対比させる（映画の最初のフラッシュバックはギヨルが通俗的なテレビドラマを見ている場面から始まり、ギヨルが妻子と幸せに過ごしていた過去の一時期を見せる場面に続く）。②主人公の2人に何が起きたのかを説明する。（ギヨルがチャッコを護送する途中でミスによって彼を逃すことになった事情、化粧室で天井のすき間に隠しておいたナイフを取り出し、チャッコに自分を解雇した支隊長に会って無念な濡れ衣を釈明してくれと迫る場面、そして解雇され村人からも顔をそむけられ妻が自殺する場面へと続くフラッシュバック）。③繰り返される過去の場面（浴室入口でチャッコが壁にかかった鏡を割る瞬間に続いて、手鏡の裏面をガラスの破片で引っ掻いているチャッコの恋人ジョムスンの手へと続く場面）。④平行する記憶（束草港の埠頭からジョムスンの話へと続く、チャッコとギヨルそれぞれのフラッシュバック）。このようなフラッシュバックが興味深いのは、現在から過去に、そして再び現在に戻ってくる過程でギヨルとチャッコの運命的な結びつきを見せているという点にある。フラッシュバックは、たんにストーリーを描いたり人物の気持を表現したりするにとどまらず、繰り返すことによって、現在の2人がより厳しい状況にあることを徐々に明かしていく。2人の置かれた運命こそが、このフラッシュバックが必要な理由なのだ。フラッシュバックは回想ではない。重要なことは、2人の個人的な過去ではなく、30年間引きずってきた歴史の時間がこの2人を通してどうやって分割され、分配され、貫かれてきたのかだ。歴史の運命が2人を敵として対立させた。そうでなければ、収容所での2人の偶然の出会いをどうやって説明することができるだろうか。

フラッシュバックは、2人がいかに過酷な時間を送ったのかを見せるにとどまらない。イム・グォンテク監督の映画が美しいのは、過酷な人生を送ってきた人間への憐れみと苦しみのなかでの豊かさを常に描き出しているからだ。苦しみを生き抜いた時代を振り返るフラッシュバックにも、そんな人

間が息つくことができる豊かさがある。時間は人間の味方ではなく、人間は自分を取り巻いている歴史がどのように進むのか、そしてどのようにその悲劇を変えることができるのかを知ることはできない。『チャッコ』は答えを提示しないが、観た人は歴史の問題を考えるようになる。それが作り手の狙いだ。チャッコとギヨルが人々の前で歌う代わりに自分たちの過去を物語のよう披露するシーンがある。これに続くフラッシュバックは単純な回想ではなく、他の人にとっての過去でもある。言い換えれば、観客が映画のなかの人物にただ同情や憐れみを感じればそれでよし、というわけではない。重要なのは、私たちもまた彼らが生きていた世界に対して責任があるということだ。「分断の時代を生きている私たちの問題として考えてみよう」。ここに、作り手が企画した意図がある。『チャッコ』のラストシーンで私たちが見るのは、戻ることができない過去の原点と幻影だ。2人は再び故郷に帰るために汽車に乗るが、故郷にはけっして帰れないだろう。なぜなら2人にとって故郷はいまや空間的な場所ではなく、すでに過ぎてしまった時間に存在するからだ。走る列車のなかで、窓際に並んで座ったギヨルとチャッコは、一様に気力が尽きたように疲れた表情だ。2人は故郷で自分たちを歓迎してくれる人々を思い浮かべる。ギヨルが故郷で妻子と過ごした幸せな瞬間の数々。夢のような場面。数奇な運命の2人を乗せた列車が遠ざかっていく。映画はここで終わる。それ以降30年が過ぎても世の中があまり変わらなかったという点にはうんざりするが、だが、この作品の真価は今も健在だ。『チャッコ』は、まだ時効が成立していない傑作である。

キム・ソンウク（映画評論家）

曼陀羅 만다라

1981年／イム・グォンテク監督／35mm／カラー／シネマスコープ

製作会社：賃泉(ファチョン)公社　製作：パク・ジョンチャン　企画：ファン・ギソン　監督：イム・グォンテク　原作：キム・ソンドン　脚本：イ・サンヒョン、ソン・ギラン　撮影：チョン・イルソン　照明：チャ・ジョンナム　編集：イ・ドウォン　音楽：キム・ジョンギル　美術：キム・ユジュン　出演：チョン・ムソン、アン・ソンギ、パン・ヒ、キ・ジョンス、ユン・ヤンハ、イム・オッキョン、パク・ジョンジャ　韓国公開：1981年9月　主な受賞：第20回大鐘賞 優秀作品賞・監督賞

　3ヶ月の冬安居［陰暦の10月16日から翌年1月15日まで僧が1ヶ所にこもって修行すること］の時期。1台のバスが検問所の前に止まり、軍人の検問が始まる。僧侶証のない僧侶が引きずり降ろされ、若い僧侶も続いて降りる。2人はジサン（チョン・ムソン）とボブン（アン・ソンギ）だ。ジサンは軍人たちに念仏を唱えさせられ、解放される。ボブンは、ある寺で酒を飲んでいるジサンに再び会う。ジサンは、仏は仏堂にだけ存在するのではないと言い、ボブンは6年間修行をしても何も得ることができなかったと悟る。ボブンは再び発つジサンについていく。別れと出会いを繰り返していた彼らは、山の中の小さな庵で同居を始める。ある巫女の頼みで点眼式［新しい仏像や仏画などを信仰の対象とするための儀式を行い、目を入れること。開眼式］を手伝ったジサンは、自分の目の点眼は誰がしてくれるのだと酒を飲み、あぐらをかいて凍死する。ボブンはジサンを火葬し、彼が持ち歩いていた苦しみに満ちた顔の仏像を、彼が最後まで忘れられなかったオクスン（パン・ヒ）に渡す。ボブンは、最後に母（パク・ジョンジャ）に会った後、長い修行の旅に出る。

　冬安居（冬の参禅）を描く導入部のモンタージュシークエンス［台詞がなく、音楽とシーンをつなぎ合わせ、時間の経過を表現したもの］をカットして、この映画を見てみよう。すると、本作は田んぼに沿って長く延びた舗装されていない道路のシーンから始まる。果てしない地平線まで続く道路がしばらく映し出される。そんな画面を眺めていると、いつの間にか遠くから近づく1台のバスが見えてくる。このバスはゆっくり私たちの前に近付いてきて、曲がった道に沿って画面から消えていく。そして私たちは再びがらんとした道路を見つめることになる。約68秒にわたるこのロングテイクに、映画『曼荼羅』の核心のすべてが含まれている。これは、ゆっくりとしたリズムを求める省察と修行、始まりも終わりもわからない求法の道、そして心を空っぽにすることで得られる、ある"軽さ"に要約される。

　韓国では、仏教はシャーマニズム［神仏や霊的存在と直接的に接触・交渉をなし、卜占・予言・治病・祭儀などを行うシャーマンを中心とする宗教現象］と結びつき、巫俗信仰［職業的宗教者（多くは女性）が祭儀を司り、激しい歌舞のなかで憑依状態となって神託を宣べる］の性格を帯びるものに変質した。劇中でわかるように、悟りを通じて解脱の境地に達した仏は、鍾路(チョンノ)で買える彫刻像や、巫女が山の神のように祭る心霊へと転落した。また、修行を通じて自ら仏になる自力信仰としての仏教は、自分の子を苦労なく生活できるようにしてくれと無知な老婆たちがトクサル［餅に模様を付ける型］を捧げる気福信仰［健康や幸福を祈る信仰のこと］へと堕落した。このような状況について、『曼荼羅』のジサンは説法を解く。「福をくれと祈ることが仏教ではありません。悟りを開き、自ら仏になることが仏教なのです」。そして本作は、仏教とはいかに自分との熾烈な戦いを通した自己完成を追及する宗教であるかを、3人の修道僧、つまりスグァンとジサンとボブンの物語を通して伝える。このような面から見ると、この映画はきわめて仏教的な、あまりにも仏教的な映画である。

　しかし、本作を単純に宗教映画とみなすのは、視野を狭めてしまうだろう。実は『曼荼羅』は、きわめて韓国的な、あまりにも韓国的な映画なのだ。

　映画評論家のチョン・ソンイルは、イム・グォンテク監督を「韓国映画について語るひとつの方法であり、同時に、20世紀を過ごしてきた韓国人を語るひとつの方法」と書いた。イム・グォンテク監督が生まれた1934年から『曼荼羅』が公

132　韓国映画100選

この個人的な無力感をはじめとする貧弱さと惨めさに対して、本作が見せる自然は崇高で美しい。

開された1981年までを見てみると、韓国の現代史は日本統治時代から解放、朝鮮戦争、四月革命と5・16軍事クーデター、維新体制、粛軍クーデター［保安司令官で陸軍少将だった全斗煥、第9師団長で陸軍少将だった盧泰愚らが起こした軍内部の反乱事件］、光州事件［1980年5月、光州市で戒厳令解除を求めて始まった大規模な市民デモを戒厳軍が武力で鎮圧し、多数の死傷者を出した事件］、そしてまた新たな軍事独裁の時期を知らせる第五共和国の発足に繋がる受難と桎梏の歴史を継ぐ、息苦しい時期だった。韓国人は親日と反日、左翼と右翼、軍部と民主勢力などが猛烈に対立するなかで、血なまぐさい虐殺の歴史を身をもって体験し続けた。パルチザン［武装した一般人民によって組織された非正規の戦闘集団］の父をもつイム・グォンテク監督は、このすべての歴史を貫通しながら、そこから決して逃れることはできなかった。彼の皺一つひとつ、骨の節々には韓国現代史の苦痛と記憶の痕跡が刻まれている。

そんな彼がキム・ソンドンの小説『曼荼羅』の世界に溺れたのは、けっして偶然ではない。キム・ソンドンは朝鮮共産党再建運動に参加して処罰された左翼の父をもち、連座制［犯罪行為の責任をその本人だけでなく特定範囲の人々にまで及ぼす制度］から自由になれず、結局、高校を中退した後に出家し、6年間、禅房と洞穴を行き来しながら修行をした。たとえ小説『曼荼羅』が韓国現代史や作家の個人的な背景を露骨に描いてはいないとしても、出家を決心させたボブンの世俗的な煩悩はキム・ソンドンが個人史を通じて痛感した煩悩と同質のもので、彼の個人史は韓国現代史に原始的ルーツがある。同時代を生きてきたイム・グォンテク監督にとって、そして当時の韓国人にとって、修道僧の苦悩、解脱への熱望、修行の熾烈さは傍観の対象ではなく、感情移入の対象だ。映画『曼荼羅』は、ジサンやボブンの過去を、これでいいのかと思うほど、ほとんど描かない。例えば涅槃に向かうキャラクターの動機づけがほとんどできないわけだが、それにもかかわらず、それは観客の共感を引き出せる最小限のシーン、つまりジサンとボブンを乗せたバスが軍人に不審尋問される映画の前半のシーンだけでも、十分に察することができる。

3人の修道僧が見せる修行の熾烈さは、強烈で印象的だ。黙言修行や指供養をするスグァンの修行は、衝撃的だ。彼が「現世が求める本物の仏」として言及した破戒僧のジサンは、酒をはじめとする違反行為に明け暮れるが、それは自分の限界を超えるためのもうひとつの修行という点で凄絶だ。まじ

めに精進するボブンは、誠実さそのものだけで印象的だ。映画はフレームインフレームの構図で他のすべてを排除し、この修行の姿を強調する。しかし、個人の成仏に対する彼らの強い熱望と修行の激しさの裏には、世の中のどんな問題も解決できない個人の無力感が隠れている。熾烈な修行の結果、スグァンは指3本を失ってから愚かなことだったと気づき、ジサンは真夜中に凍えて野垂れ死にをする。そしてボブンは6年間もがいた果てに得たものが何もなく、自分を救済してくれという元恋人のヨンジュや母の要求に、ただ無力なだけだ。

この個人的な無力感をはじめとする貧弱さと惨めさに対して、本作が見せる自然は崇高で美しい。幾重にも重なりあう山中の威容もさることながら、街路樹が両側にそびえ立つ道、雪の降る浜辺と荒波、曲がりくねった山道と平坦に広がる田畑、清らかな渓谷、荒涼とした雪原。とても韓国的な数々の風景が、それぞれの空間を修道僧が歩く構図で寡黙な背景になり、毅然とした目撃者になる。人間は挫折し、もがき、いらだち、絶叫するが、自然は崇高な姿で己の位置に仏のように座っている。

ジサンは言う。「山のことがわかる。山のことがどうわかるというんだ？ だったら人生についてわかっているのか？ 山は秘密なんだ」。秘密は確かに存在するが、気づかなかったのだ。成仏の道は秘密だ。修道僧たちはまだ見つけることができなかったが、それはどこかに存在する道である。だからこそ求道の旅は終わらない。それは続けなければいけないことだ。映画の最後のシーンは、まさにそれを見せる。終わりが見えず、終わりを知ることができない果てしない道だが、ボブンは道に沿って歩いていく。ゆっくり。ゆっくりだが、完璧に心を空にするために。

チャン・ウジン（亜州大学教授）

小さなボール 난장이가 쏘아올린 작은 공

1981年／イ・ウォンセ監督／35mm／カラー／シネマスコープ

製作会社:韓振(ハンジン)興業　製作:ハン・ガプチン　企画:ハン・サンユン、イ・ヒョヌ　監督:イ・ウォンセ　原作:チョ・セヒ　脚本:ホン・パ　撮影:パク・スンベ　照明:イ・オンマン　音楽:チョン・ミンソプ　美術:チョ・ギョンファン　出演:チョン・ヤンジャ、アン・ソンギ、キム・チュリョン、クム・ボラ、チョン・ヨンソン、イ・ヒョジョン、キム・ブリ
韓国公開:1981年10月　主な受賞:第18回百想芸術大賞 監督賞

地方の劇場とサーカスでラッパを吹いている、こびと症のキム・ブリ（キム・ブリ）は、劇場とサーカスの舞台がなくなって失業し、キャバレーの前で客引きの仕事をするようになる。勉強ができ、成功を夢見る長男のヨンス（アン・ソンギ）は生活が苦しくなり、結局、工場で鉄を溶かす仕事をする。ヨンスの幼なじみで恋人のミョンヒ（チョン・ヨンソン）が貧しさから飲み屋で働くことになっても、引き留めることができない。塩田の仕事をする妻（チョン・ヤンジャ）は家族が一緒に暮らせる家さえあれば幸せだと考え、ヨンスと次男のヨンホ（イ・ヒョジョン）、娘のヨンヒ（クム・ボラ）は、父親が低身長だとからかわれて育ったが、家族を愛し、互いに支えあって生きている。しかし、塩田の仕事が斜陽産業になると、塩田にマンションと工場が建設されることになる。塩田近くの住民は再開発ブームにより、一瞬で住居を追われる状況に。アパートの入居権を購入できない住民は、安い価格で入居権を売り払い、立ち退かなければならない。ヨンス一家も金がなく、入居権を売ることにし、ヨンヒはアパートの分譲権を取り戻すため、不動産業者のパク・ウチョル（キム・チュリョン）の元に身を寄せようと家を出る。ヨンヒが帰って来るまで家を守ろうとしていた

家族は、結局、自分たちが長い間つくりあげた家が取り壊される現場を目にすることになる。

一方、ヨンヒはウチョルの家の金庫からアパートの分譲権を密かに持ち出すが、家に帰ると、煙突から投身自殺した父親の死体を発見する。

「私たちは機械ではない」と叫び、ひとりの労働者が焼身自殺した。工業中心の開発政策が支配的だった1970年11月13日のことだ。朴正熙政権は市場原理に反する保護政策で企業を育成したが、"輸出役軍[輸出産業を牽引した企業や人]""産業戦士"たちが引き受けた苦痛はまったく無視し続けた。中央情報部[KCIAとも呼ばれた情報機関。反共政策を強化した朴正熙(パク・チョンヒ)政権下で政権に反対する市民運動や共産主義者らを弾圧した]は大韓労働組合総連合を廃止し、御用組合として韓国労働組合総連合をつくった。日本統治時代から成長してきた労働運動は朝鮮戦争を経て、軍部独裁の下で息の根を止められた。知識人でも、息切れするほど急激な工業化、都市化のスピードについていける目ざとい者は、ほとんどいなかった。チョン・テイル[労働運動家。1970年11月13日、ソウルで「われわれは機械ではない」「勤労基準法を遵守しろ」と主張し、自らに火をつけて焼身自殺を図った]も「大学生の友人がひとりでもいたならば」自らに火を放つことはなかったかもしれない。文学をはじめとする芸術は、相変わらず農村の問題にだけ没頭していたため、労働問題を扱った創作物はほとんどなかった。2年ごとにソウルの人口が100万人ずつ増加した1970年代、強制撤去と再開発は首都の日常的な光景だった。清渓(チョンゲ)高架道路を建設するとして、川沿いの小屋を撤去した政府は、住民をトラックに乗せ、ソウルの近郊に捨てた。日雇い仕事のためにソウルへ行く交通手段もない郊外の立ち退き住民たちはテントを張り、冬を過ごし、"タクチ"と呼ばれる入居権の二重転売と土地投機の熱気はとどまることを知らなかった。耐えられなくなった住民たちが1971年8月、"暴動"を起こした。いわゆる"広州大団地事件[1971年8月10日、ソウル郊外の広州大団地の住民が政府の無計画な都市政策と行政に抗い起こした暴動]"だった（小説家のユン・フンギルはこの事件を素材に1977年に短編小説『9足の靴で残った男』を執筆した）。1977年4月、無等(ムドゥンサン)山の山裾に暮らしていたパク・フンスクは、自分の家を破壊する4人の撤去員を金槌で殴り殺した。マスコミは彼を"無等山のターザン"と呼んだ[原注1]。

チョ・セヒの『こびとが打ち上げた小さなボール』は1978年に出版された[邦訳は河出書房新社より2016年に刊行]。維新独裁が猛威を振るっていた1975年、「文学思想」12月号に掲載された「やいば」をはじめ、複数の雑誌に発表された中

134　韓国映画100選

隙間や余白を活用するイ・ウォンセ監督のミジャンセンは相変わらず精巧で美しい。

短編12作を掲載した小説集だ。チョ・セヒは、韓国社会の主体が小市民から労働階級に転化する過程をユン・フンギルと同様にいち早く注目した作家だった。賤民の子孫だった"こびと"こと低身長のブリの家族を主人公にしたチョ・セヒは、工場と撤去の現場で自ら目撃した『ナイフの時間』[原注2]を『こびとが打ち上げた小さなボール』の連作として書き上げた。翌年、朴正煕が銃殺されると、多くの人々が、ターザンとこびとが共存した"破壊と嘘の希望、侮蔑、爆圧の時代"[原注3]が終わったと信じた。しかし、ソウルの春は短く、1980年5月に起きた光州事件に象徴される政府の弾圧とそれに抗う民衆の闘争は永遠に終わらなかった。

全斗煥が大統領に就任して7ヶ月あまりが過ぎた1981年10月17日、イ・ウォンセ監督が演出した『小さなボール』が公開された。暗黒の時期、脚本の事前検閲と完成したフィルムの検閲という二重規制によって映画は傷だらけになってしまった。(おそらくソウルの春が抱いていた暖気のなかで)チョ・セヒが書いたオリジナル脚本の書き出しは以下の通りだ。

　　空を突き刺すようにそびえる煙突から力いっぱい吐き出される煙。夜を照らした光が輝きを失いつつある。工業団地の白くかすんだ通りを埋め尽くし、男女の工場労働者が交代している。

続くシーン3には、「現代化された機械が恐ろしい勢いで回転する」工場で仕事の合間に本を読むヨンスが登場する。ブリの長男のヨンスは、小説でウンガングループ会長(と間違われた会長の弟)をナイフで刺した後、死刑になる。検閲された台本は、ヨンスと幼なじみの少女ミョンヒの子ども時代の回想で始まり、労働運動をしていたヨンスが"ムショ"に入った事件が、弟ヨンホの台詞ひとつにまとめられる。映画の完成版では冒頭部分でミョンヒが「いつ出てきたの?」と聞くと、ヨンスが「今日」と答えるだけで、彼がどこに行ってきたのか最後まで見ても不明のままだ。撤去が行われる時点でも、ブリ一家はウンガン工業団地ではない塩田に暮らしている。1980年代に入り、初めて映画に登場するようになった工業化の風景、労働争議の記憶が、検閲のせいで跡形もなく消えてしまったのだ。活動禁止の対象となっていたキム・ミンギ[社会派フォークシンガー。作曲した『朝露』が民主化運動のなかで歌われ、政府によって彼の歌はすべて"禁止

曲"とされた]が担当した映画音楽も、すべて使用不可の処分を受けた。列車が戻るシーンに流れるソン・チャンシク[1968年、ユン・ヒョンジュとフォークデュオ、ツインフォリオを結成。1970年にソロデビュー後、数多くのヒットを飛ばした]の「忘れてください」(1978)がそれなりの慰めになっているが、映画の完成版、小説、オリジナル脚本、審議台本と比べると、作品が空中分解してしまったことを実感する。ラストでブリの娘ヨンヒが、投資家のウチョルから入居権を取り返した後、洞事務所でウチョルと出くわすシーンも不自然だ。原作ではヨンヒはナイフを正当防衛の道具と考えるが、手にはしていない。だが、脚本では、ヨンヒがウチョルをナイフで刺すシーンを事務所で彼女が見る幻想として処理した。しかし映画の完成版では、ヨンヒが逃げる前にウチョルをナイフで刺すが、洞事務所で無傷のウチョルと再会するように場面の順番が変わっている。当時、映画の検閲官は、殺しても死なない資本家のための魔法のようなリアリズムを目指したのかもしれない。問題の余地はあるが、原案のまま残ったシーンは、原作者のチョ・セヒが実際の体験を描いたと述べた[原注4]撤去作業中にブリ一家が肉を焼いて食べる場面と、ブリが自殺する場面ぐらいだ。

それでも隙間や余白を活用するイ・ウォンセ監督のミジャンセン[演出]は相変わらず精巧で美しい。乱暴な当局の検閲も"[容赦なく映像をカットする]刃物の時間"の時代の鋭さを示す一方、"愛で働く""リリパット[『ガリバー旅行記』に出てくるこびとの国]の街"を切なく願うブリ一家の人となりを浮かび上がらせる演出の力をそぐことはできなかった。この作品の1年前に公開された『風吹く良き日』(p126)で都会の貧民ドクペ役を好演したアン・ソンギは、『小さなボール』では心に炎を抱くヨンスの内面を眼差しだけで表現した。『小さなボール』が公開された翌年、彼は韓国の巨大財閥のひとつである現代グループのプロモーション映画『鉄人たち』(1982、ペ・チャンホ監督)でずる賢い大企業の労働者を演じている。1980年代初頭、アン・ソンギはすでに韓国の男性性を体現する俳優だった。

シン・ウンシル(映画評論家)

[原注1]ハン・ホング「こびとが打ち上げた小さなボールが落ちた時代」、『沈黙と愛——「こびとが打ち上げた小さなボール」30周年記念文集』、理性と力、2008、p130-142
[原注2]チョ・セヒ「作家の言葉」、『こびとが打ち上げた小さなボール(新版)』、理性と力、2000、p10
[原注3]同上、p8
[原注4]同上、p9

コバン村の人々　꼬방동네 사람들

1982年／ペ・チャンホ監督／35mm／カラー／シネマスコープ

製作会社:ヒョンジン　製作:キム・ウォンドゥ　企画:イ・ジャンホ　監督:ペ・チャンホ　原作:イ・ドンチョル　脚本:ペ・チャンホ　撮影:チョン・グァンソク
照明:ソン・ムンソプ　編集:キム・ヒス　音楽:キム・ヨンドン　出演:キム・ボヨン、アン・ソンギ、キム・ヒラ、コン・オクチン、ソン・ジェホ、キム・ヒョンジャ、チョン・ドンソク
韓国公開:1982年7月　主な受賞:第3回韓国映画評論家協会賞　最優秀作品賞・監督賞

ソウルの貧しい人々が集まる村で暮らすミョンスク（キム・ボヨン）は、いつも黒い手袋をしている。彼女は幼い息子ジュニル（チョン・ドンソク）をひとりで育てながら、テソプ（キム・ヒラ）と再婚する。彼女は一家の生計を支え、必死に貯めたお金で店を出す。思いのほか商売がうまくいき、軌道に乗った頃、ジュニルの実の父親であるジュソク（アン・ソンギ）が現れる。現在、タクシー運転手をしているジュソクだが、以前はスリだった。ジュソクは自分がジュニルの実父だと訴えるが、ミョンスクはジュソクに立ち去るように告げる。このことを知ったテソプもジュソクに姿を消すよう迫る。ジュソクが本当の父親だと知ったジュニルは家を飛び出し、ミョンスクはジュニルを追って捜しまわる。ジュソクのせいでジュニルが悩み苦しんでいることを知り、ミョンスクは店をたたんで引っ越すことを決意する。昔、チンピラだった頃に殺人事件を起こし、そのことをひた隠しにして生きてきたテソプは、時効成立まであと数日となったある日、自分が殺した男の妻と出くわし、罪悪感に苛まれる。事情を知ったミョンスクは店を売ったお金をその女性に渡し、テソプと村を離れようとする。しかし、テソプは罪を償うべく自首を決心する。そして、ジュソクにはミョンスクと一緒に村を出るように説得する。息子と共にリアカーに荷物を積んで、ひとり旅立とうとするミョンスクの前に、ジュソ

クのタクシーが止まる。ジュソクに恨みを抱いていたミョンスクの黒い手袋がついに外された。一方、古物商のコン牧師（ソン・ジェホ）は、村の人々に教えを広めるため空き地に教会を建て、彼らが自分ひとりで自立できるように手助けしようとする。廃人のように生きてきたギルジャ（キム・ヒョンジャ）は、そんなコン牧師を慕い、新しい人生をスタートさせる。

　1980年代は、韓国の大衆映画が民衆に寄り添い、息づいていた最後の時代だ。少なくとも都会で生きる貧しい人々の生きざまを卑下するような描き方ではなかったという点から見ると、この表現はけっしてオーバーではない。1970年代中盤、若い監督たちが火をつけた映画運動は当初、弱々しいものだったかもしれない。しかし、1980年代に入ると、大きな意味を伴って一気に開花する。短かった"ソウルの春"の流れを受けたその勢いは、1980年代の劣悪な韓国の映画市場のなかでも消えることはなかった。1980年代の韓国映画界を代表するイ・ジャンホ監督が「現実に深く根ざした泥臭い生きざま」と表現した情景を描いた作品が次々と登場したのだ。この時期、作家のイ・ドンチョルが都会の貧しい人々と生活を共にしながら執筆してきた小説が映画化されたのは自然な流れであり、『コバン村の人々』は、そのなかでも最高の成果を生んだ作品に該当する。

　この映画は『暗闇の子供たち』（1981）で作家イ・ドンチョルとタッグを組み、すでに成功を収めていたイ・ジャンホ監督が企画した。そして、イ・ジャンホ監督の『風吹く良き日』（p126）と『暗闇の子供たち』で助監督を務めたペ・チャンホは、イ・ドンチョルが通う教会に足を運んで親交を深め、監督デビューを控えて準備をしていた。当時、ともすれば純粋だったかもしれない大衆文化運動を率いていたイ・ドンチョルは、オープニングで『コバン村の人々』のタイトルが映る直前、自らの声で登場し、この映画が、さまざまな事情を抱えながらも仲よく心和やかに生きるコバン村の人々を正直に描いた記録であると明かしている。コバン村は、韓国社会が現代化していく過程で都会に押し寄せた貧民層によって形成された空間、そして、文化である。都会の片隅に追いやられた貧しい人々がひしめき合う小さな社会を、善意の共同体とは考え難い。彼らはぴったり肩を寄せあって生きているとはいえ、何か同じ目的の下に集まった人々ではない。彼らを外の世界から引き離し、差別を生み出し、彼らを結びつけたもの、それこそが貧困なのだ。都会の貧民たち、彼らは現代化のせめぎ合いからはじき出された敗北者だ。つまり、他人を踏みつけ、その上に立つ人間になりきれなかった者たちなのだ。そんな人々だからこそ、理性的、冷酷にはなれない代わ

『コバン村の人々』は、けっして美しいとはいえない彼らの生きる現実を直視したまま、人間的で健全な共同体を支持することを宣言した作品だ。

りに、感情豊かで情に厚い。作家のイ・ドンチョルが感じた人々の温かさはこのような文化から生まれたのだ。

『コバン村の人々』は、都会の貧しい人々が集まって暮らす村を舞台にしたリアリズム映画だ。もっとも、まず大きな力として映画を引っ張るのは、写実的なストーリーに乗せたペ・チャンホ監督の理想を込めた夢であるが。貧しい村は人々の温かみを感じる場所である。だが、それ以上の無情と卑俗が支配する空間なのだ。『コバン村の人々』は、けっして美しいとはいえない彼らの生きる現実を直視したまま、人間的で健全な共同体を支持することを宣言した作品だ。そんな理由から、笑って過ごすよりも争いごとが日常茶飯事である彼らの毎日をすみずみまで映し出しながら、その合間にある理想的な瞬間に光を当てることを忘れない。別名"黒い手袋"と呼ばれる主人公のミョンスクが、総菜屋を開店したその日、店の前は告祀［会社の創業、開店などを祝って、厄運を祓い、繁栄を祈願する祭祀］を見ようとする人々でごった返していた。口数の多いおばさんに扮するコン・オクチンが、特技である病身舞［慶尚南道・密陽に伝わる身体障害者などを真似た伝統舞踊］を踊りだすと、村の人々の明るい笑顔がはじける。告祀の場面は、村の人々がお金を出しあって準備した一人暮らしのマ老人の還暦を祝う宴席のシーンに続いていく。餅やチヂミ、チャプチェからは湯気が立ちのぼり、目と鼻を刺激する。人々は輪になって座り、たっぷり盛りつけられた食べ物を囲んで食事を楽しんでいる。そして、コン・オクチンが踊る病身舞のリズムに合わせ、人々が円を描きながら肩で拍子をとって勢いよく踊りだす。やがて、急にざっと雨が降りだし、人々は方々に散らばっていく。おそらく現実にはなかった、あるいは、貧しかった時代の貧しい芸術家が夢見た素朴な理想形がそこに再現されていたのだろう。

ペ・チャンホ監督の映画がその後に歩んだ道を鑑みると、この"黒い手袋"ことミョンスクを中心にした恋愛ドラマがより印象的に見えてくる。イ・ドンチョルの原作は、バラック村に暮らす人々のさまざまな苦労話をひとつにまとめた内容だったが、映画では"黒い手袋"のエピソードを中心に置いて、社会的な発言をすることと同じくらい重みのあるメロドラマを構築することに力を注いでいる。若くして結婚し、意図せずして2人の"夫"に挟まれ、数奇な運命に弄ばれる女性"黒い手袋"は、ペ・チャンホ監督のメロドラマに登場するヒロインの原型である。興味深いのは、"黒い手袋"と2人の男性に起こった不幸な出来事の数々が貧困と無知に起因する

ものであるにもかかわらず、彼らの平凡な人生を妨害し、争いごとを招く、自分たちの外にある要因については積極的に批判しないという点だ。"黒い手袋"が、服役中のジュソクの面会に訪れた場で、不幸をただ運命のせいにしようとするのがひとつの例だ。どうしても何かを恨む気持ちが彼女にはないのだ。ペ・チャンホ監督のメロドラマに出てくるヒロインは、運命の行き違いから悲劇に陥りながらも、直接的な関係を超えた場所にある不幸を生み出した原因には目を向けないという特徴が見られる。ある者は、社会に対して批判することができない姿勢を指摘するかもしれないが、それはペ・チャンホ監督のメロドラマの一面しか見ていない者の意見だ。関係内部の調律を忠実に描くペ・チャンホ監督のメロドラマは、作品を積み重ねていくことで、救いや解決法まで関係の隙間に見つけられる域に達していく。関係の内面にあるものをこれほどの執念で追究する姿勢があるからこそ、私たちはペ・チャンホ監督の映画が辿り着いた至純至高の愛の領域を目にすることができるのだ。つまり、社会的リアリズム映画として評価を受けることの多い『コバン村の人々』だが、ペ・チャンホ監督独自のメロドラマの出発点でもあるのだ。

『コバン村の人々』は"黒い手袋"とジュソク、そして、彼らの息子がどこかに向かおうとしている場面で完結を迎える。彼らはどこに行ったのだろうか。その答えは1980年代の終わりに製作された『ウムクペミの愛』（p162）にある。1988年、韓国で開催された巨大なスポーツの祭典、ソウルオリンピックは、都会の貧しい人々を再びどこかへ追いやった。しかし、大衆の視界の外にいるとはいえ、彼らが消えたわけではない。事実、都会の貧しい人々は厳然と存在しつづけているのだ。したがって『コバン村の人々』を、消滅した共同体としてノスタルジックな記憶のように見るのは間違っている。都会の貧しい人々が大衆文化、メディアから消えた理由とは？　その答えは大衆の心に聞いてみるべきだ。見ようとしない者には何も見えないものである。貧しい者たちが押しやられた辺境までの距離は、そこに立ちはだかる心の壁の分厚さと等しい。よって、大衆の目には彼らの姿が映らないのだ。民衆の視線を徹底して反映すべき大衆映画が、偽りの現実を映し出すことに夢中になっている今、『コバン村の人々』は歪んでしまった視線に気づかせてくれる。真っすぐな心で見つめたとき、真の現実は見えてくるのだ。

イ・ヨンチョル（映画評論家）

糸車よ糸車よ 여인잔혹사 물레야 물레야

1983年／イ・ドゥヨン監督／35mm／カラー／ビスタビジョン

製作会社:翰林映画社　製作:チョン・ウンギ　企画:キム・ガビ　監督:イ・ドゥヨン　脚本:イム・チュン　撮影:イ・ソンチュン　照明:チャ・ジョンナム　編集:イ・ギョンジャ　音楽:チョン・ユンジュ　出演:ウォン・ミギョン、シン・イルリョン、ムン・ジョンスク、チェ・ソングァン　韓国公開:1984年2月
主な受賞:第37回カンヌ国際映画祭ある視点部門 出品、第22回大鐘賞 作品賞・監督賞

没落した両班[高麗・朝鮮王朝時代の官僚組織、また特権身分階級。兵役・賦役免除の特権をもち、封建的土地所有を行って常民・奴婢を支配した]の娘である年若いギルレは、貧しさのため、政治上の権力を握っているキム進士[科挙の合格者]の死んだ息子に嫁入りする。ギルレを烈女[節操をかたく守る女子]にし、一族の地位を向上させようと目論むキム進士の妻（ムン・ジョンスク）は、ギルレが邪念をもたぬように家事をさせてこき使う。しかし、成長したギルレ（ウォン・ミギョン）は偶然、性に目覚め、キム進士の死んだ娘の夫とたびたび関係を結ぶ。これを知ったキム進士はギルレを追い出し、ギルレにチェ進士の家の使用人であるユンボ（シン・イルリョン）と新しいい人生を始める道を与える。ユンボに連れられてチェ進士の家に行ったギルレは、召使であるが、幸せに暮らす。しかし、チェ進士が何度もギルレとの関係を欲したため、ユンボはチェ進士を殺し、ギルレと逃げる。その後、ユンボは滅亡したと思っていた自分の一族が復権したことを知り、ギルレと一緒に両親の家に帰る。そして、ギルレは一日にして政治的権力を握る名家の嫁になる。しかし、この栄華も束の間だった。3年以上、子どもができず、ギルレとユンボは悩む。不妊の原因

がユンボにあることが明らかになり、ギルレは他の男性と関係をもち、子種を得る"シネリ"を強要される。ギルレは一族の跡を継ぐ息子を産むために、望まない性関係を持つ。そうして産んだ息子がユンボの一族の先祖にお披露目された日、夫から銀粧刀をもらったギルレは首を吊って自殺する。

　映画の作り手のなかでも、イ・ドゥヨン監督ほど急激な変化を見せた人は珍しい。イ・ドゥヨン監督は、作品の数々が批評を受ける間ずっと、クォリティを落とさず、商業映画の世界で自らの立場を固めていった。1970年に『失われたウェディングベール』でデビューし、1990年代序盤まで集中的に活動したイ・ドゥヨン監督は、この時期、忠武路を代表するジャンル映画の監督のひとりだった。メロドラマからアクションの達人になり、ミステリースリラーを経てシャーマニズム時代劇に到達し、ハリウッドに進出したりもした。しかし、運がなかった。もしほんの10年でも早く生まれていたら、韓国映画黄金期の中核を担う監督のひとりになっていたかもしれないし、10年遅く生まれていたら1980年代のいわゆる"コリアンニューシネマ"の流れのなかで相応の地位を確立し、1990年代を迎えたかもしれない。しかし、イ・ドゥヨン監督の時代は1970〜1980年代。つまり1960年代に花開いた韓国映画が、長い沈滞を迎えた時期だった。だが、逆説的に、イ・ドゥヨン監督の映画はこの暗黒期に登場したおかげでさらに輝くことができた。イ・ドゥヨン監督のように何らかの自意識をもち、この時代を過ごした監督はほとんどいなかった。

　『糸車よ糸車よ』は、1970年代末から少しずつ変化を試みた監督の世界観と美学がもっともシンプルに凝縮された作品だ。1970年代末〜1980年代初め、イ・ドゥヨン監督の作品世界は、当時の韓国映画のトレンドと重なりつつも距離を置いていた。その姿勢の発端は『草墳』（1977）だったが、この映画はいわゆる"土俗物"[韓国の風俗、習慣、ならわしを多く取り入れた作品]（以降、チョン・ジヌ監督によってエロティシズムが加味される）の流れのなか、シャーマニズムを素材にしていた。以降『河廻の村』（1979年）『避幕』（p128）などが続き、無俗の世界を背景に血縁的集団主義と家父長主義、開発独裁時代の資本主義などに対して批判的なメタファーの役割をした。

　ここで『糸車よ糸車よ』は、それまでの作品からシャーマニズムを取り払い、女性という存在の運命を浮き彫りにしながら、イム・グォンテク監督とは異なる方法で恨の情緒を形象化させる。イ・ドゥヨン監督は本作で根源に向かって踏み込んでいく。そのため、この映画には装飾的なスタイルがなく、代わりに最小限のストーリーとイ・ドゥヨン監督が生み出すぴりぴりした緊張感が画面を満たす。貧しいため、両班の家の死者と結婚をし、年若い未亡人になったギルレ。彼女

138　韓国映画100選

『糸車よ糸車よ』は、1970年代末から少しずつ変化を試みた監督の世界観と美学がもっともシンプルに凝縮された作品だ。

は義理の弟に強姦された後、義理の父の配慮で婚家から逃げ出し、没落した両班の子孫であるユンボと結婚する。この後、ユンボの一族が復権すると、彼女には一族の跡継ぎを産まなければならないという任務が生じる。しかし、ユンボに欠陥があるため、妊娠することができず、他の男性と関係をもち、子種を得る"シネリ"によって懐妊し、一族の跡継ぎを産んだ彼女は、すべての秘密を抱えたまま、首を吊って自殺する。

　1970年代末から最盛期を迎えるイ・ドゥヨン監督は、『糸車よ糸車よ』で文章にすれば数行に満たないストーリーで、100分のランニングタイムを満たしつつ、一瞬もリズムや密度が落ちない腕前を見せる。イ・ドゥヨン監督の演出でもっとも大きな強みといえる"映画の空気"を作り出す能力は、『糸車よ糸車よ』で頂点に達したということができ、その精製されたトーンは民族的関心や欲望の表現とは程遠い。イ・ドゥヨン監督は、本作で観察者に徹する。ここには『避幕』や『業』（1988）のように、抑圧される女性がシャーマニズムという超現実的な手段を通じて男性的権力に復讐する、"恨みの抵抗"という劇的効果はない。代わりに、ある時代を生きる女性の物語、絶え間なく回る糸車のように長い歳月を繰り返してきた"女人残酷史"と、その哀れな光景があるのみだ。

　結局、『糸車よ糸車よ』は、1980年代の時代劇映画の伝統のなかで、ひとつの個別的な物語というよりは、ある"原型"に位置づけられる。本作は『韓国官能秘話 かまきり3』（1988、チ・ヨンホ監督）『肉談口談』（1989、イ・ウンチョル監督）などのコミック時代劇で風刺されたり、『奥様』（1987年、キム・インス監督）などのメロドラマ時代劇などで何度も繰り返された"烈女門［夫に殉じて命を絶った妻、孝行を尽くした子などの孝誠を顕彰するために紅箭門を建てることがあり、この門が建てられることは一族や村にとっても光栄なこととされた］イデオロギー"と"銀粧刀［男性に襲われそうになったときに貞操を守るための小刀］コンプレックス"の本質が何であるかを示している。これらの映画では、烈女門は抗えぬ欲望の前で倒れるために存在するものとして描かれ、女性たちは銀粧刀を取り出すだけで自死することはできなかった。女性の性的欲望は、抑圧されながらもいつも男性に従属し、むやみに表に出してはいけないが、密かに征服される対象だった。これが1980年代に蔓延していた、いわゆる"エロ時代劇"の映画的法則である。

　しかし、『糸車よ糸車よ』の観点からすれば、これらの映画

はイデオロギーとジャンルと利益優先の打算的な考えによって捻じ曲げられた嘘であり、無意味で、ありがちな表現だ。イ・ドゥヨン監督の視線は、これらのいかなる慣習的表現も許さない状態で、女性が経験する怒りを淡々と見せる。ギルレは未亡人という名の元に肉体を遮断され、しかし強姦され、肉体を奪われ、その後は嫁という名の下に一族の跡継ぎを産むための子宮としての役割を求められ、役目を果たした後は死ななければならない。ここでその肉体がどのように酷使され、加害者は誰で、彼女を結局殺してしまうようなシステムは何なのか。イ・ドゥヨン監督はひたすら"肉体"の観点から女性を見つめ、まるで告発するように表現する。

　そのような意味で、イ・ドゥヨン監督が3年後にシン・サンオク監督の『内侍』（1968）をリメイクしたことは意味深い〔そういえば『糸車よ糸車よ』はシン・サンオク監督の『李朝女人残酷史』（1969）の系譜を継いでいる〕。当時、韓国映画でリメイクは珍しいことだった。そのうえ、シン・サンオク監督の『内侍』はものすごく強烈なオーラをもつ作品だったため、勇気がなければ挑戦するのが難しいプロジェクトだったであろう。しかし、製作者であり監督だったイ・ドゥヨンは、この作品を選択した。理由は簡単だ。3年前にできなかった物語が残っているからだ。去勢と揀擇（カンテク）［王・王子・王女の配偶者を選ぶこと］、暗闘が繰り広げられる王宮。権力の関係によって肉体が規定される社会システムは、階級社会の頂点であると同時に、あらゆる陰謀の産室である宮廷から出たものだ。イ・ドゥヨン監督は『糸車よ糸車よ』のギルレが経験しなければならなかった苦難がどこから生まれたのかを『内侍』を作ることで自問自答するわけだ。これで『草墳』から始まった"恨み"についてのイ・ドゥヨン監督の考察は、10年の歳月をかけて締めくくられた。その頂点が、まさに『糸車よ糸車よ』だったというわけだ。

キム・ヒョンソク（映画評論家）

馬鹿宣言 바보선언

1983年／イ・ジャンホ監督／35mm／カラー／シネマスコープ

製作会社：貨泉公社（ファチョン）　製作：パク・ジョンチャン　企画：キム・ジェウン　監督：イ・ジャンホ　原作：イ・ドンチョル　脚本：ユン・シモン　撮影：ソ・ジョンミン　照明：キム・ガンイル　編集：キム・ヒス　音楽：イ・ジョング　出演：イ・ボヒ、キム・ミョンゴン、イ・ヒソン、キム・ヤンヒ、イ・センムル、チョン・スク、キム・ジヨン、イ・ソック、カン・ヒジュ、ナム・ポドン　韓国公開：1984年3月　主な受賞：第29回アジア太平洋映画祭 審査委員特別賞、第38回ベルリン国際映画祭 ZITTY賞

馬鹿なドンチル(キム・ミョンゴン)は、自殺した映画監督(イ・ジャンホ)が残した衣類や時計を自分のものにしてソウル市内を歩きまわるうちに、美しい女子大生ヘヨン(イ・ボヒ)と出会う。ドンチルは自動車整備工のユクトク(イ・ヒソン)と組んで、ヘヨンを拉致する。しかし、ヘヨンは女子大生ではなく売春婦であることがわかる。ユクトクが顧客に黙って持ち出したタクシーを何者かに盗まれた後、腹をすかせたユクトクとドンチルは、ヘヨンが住む娼婦街で使い走りをして糊口をしのぐ。しかし、娼婦街に流れついてきた田舎娘を逃がそうとしたことが発覚してユクトクとドンチルは追い出され、ヘヨンも彼らについていく。海辺のリゾート地で3人は束の間の楽しい時間を過ごすが、彼らとヘヨンはすぐに別れてしまう。ソウルの飲食店でウェイターとして働いていたドンチルとユクトクは、客と一緒に店に来たヘヨンと出くわす。この日、ヘヨンは宴会で上流階級の男たちの慰み者にされて翻弄され、その結果、命を落とす。ドンチルとユクトクは彼女に死に化粧をして、彼女を肩に担いで埋葬しに行く。

「レディ、ゴー」という叫び声と共に、ひとりの男がビルから飛び降りる。彼は映画監督だ。実は、この男を演じているのはイ・ジャンホ監督だ。「活動写真、絶滅の危機」という政治的なデモのような掛け声が聞こえ、道端に落ちている新聞紙のように、男の体が落下する。落下した男は、集まった群衆のなかでドンチルと呼ばれる男に耳打ちをする。遺言を伝えているようだが、内容ははっきりと聞こえない。続いて、小学生くらいの幼い子どものナレーションが流れる。「ある日、ドンチルは屋上から飛び降りた映画監督に出会いました。その当時、人々は映画には関心がありませんでした。みんなスポーツにすごく興味をもっていました。映画監督は死んでしまいました」。

イ・ジャンホ監督の『馬鹿宣言』は、唐突な死で始まる映画だ。映画監督の自殺。作り手の死。それは何より、その時代の状況の産物のように見える。イ・ジャンホ監督は『暗闇の子供たち』(1981)を製作しながら、壮大な物語を3部作で作る計画だったという。しかし『馬鹿宣言』を製作中、映画製作に幻滅を感じた。社会的リアリズムの映画を作ることが、検閲などの問題で簡単ではなかったからだ。しかも、当時の独裁政権は新たな文化政策を試みていた。つまり、『馬鹿宣言』の作り手の死は、映画製作の限界を風刺したものなのだ。映画の題名もまた、イ・ジャンホ監督の意図ではなかった。事前検閲を通過するために、でたらめなシナリオをひとつ作って複数のタイトルをつけ、文化公報部に提出した。そのうち検閲官が選んだ題名が『馬鹿宣言』だったという。

作り手の死は、しかし、たんなる風刺の域を超えている。映画の「絶滅宣言」という言葉そのものが宣言だからだ。監督の企画は不本意ながら映画を破壊させる方向へ向かう。実際にイ・ジャンホ監督は、映画をほぼ諦めようとしていた時期に、すべてが悪条件なので、なんとかしてはちゃめちゃな作品にしてやろうという考えが浮かんだという。「活動映画、絶滅の危機」はすなわち、映画の限界を超える試みへと向かっている。たとえば、彼が屋上から地上に飛び降りるときのジェスチャーは、自殺ではなく身を投げる行為と見るべきだろう。屋上は出口がなく塞がった場所だが、彼が身を投げた場所は開かれた広場であり、世界だ。したがって身を投じることは、権力と重力に対抗する、何より映画の範疇を超えるための跳躍のように見える。誰でも死ぬときは、何かを残して逝くのだ。すなわち作り手の死以降、私たちが観ること

彼らのジェスチャーは、子どものナレーションがぴったりな、チャップリンのようなピエロの身ぶりによって、暗鬱な時代に純粋さと純真さの物語を生み出す。

になるのは2つだ。ひとつは作り手が残したもの、たとえば彼の遺言と遺品（服、金、時計、靴）を渡されたドンチルの不思議な国の冒険。もうひとつは、非常に前衛的な、ほとんど抽象的な遊戯ともいえる映画を破壊する映像の数々だ。時代の現実の隅々を歩きまわりながら、錯覚と幻想を作り出す虚構の映画の限界を、極限まで引っ張っていくものだ。

イ・ジャンホ監督は、シナリオなしに毎回現場で即興で演出をしたという。そのため、『馬鹿宣言』のストーリーに一貫性を問うのは難しい。キム・ミョンゴンが演じるドンチルは、ソウルの道を歩きまわるうちに、ヘヨンとユクトクに出会う。時代の道化者である彼らが歩きまわる場所は、人々で混雑している女子大前の道、清涼里駅前の広場、宿屋、売春宿、熱狂的な観客でいっぱいの野球場、ゲームセンター、海辺、そして上流階級の享楽的なパーティーが行われるホテルなどだ。ドンチルが体験する不思議な国が示唆するところは、当時の全斗煥政権による、国民の政治的な関心を他に惹きつけるための"3S政策"［Screen（＝映画鑑賞）、Sport（＝スポーツ観戦）、Sex（＝性産業）についての振興策］に対する露骨な批判だ。1981年に行われた1988年のソウルオリンピック誘致、1982年のプロ野球発足、そして1983年のプロサッカー、プロ相撲、バスケットボール大会の発足。1982年の夜間通行禁止解除と売春業者の増加、1980年のテレビのカラー放送開始と外貨収入の自由化、エロティシズム映画に対する検閲の緩和などが、この時期の映画をめぐる文化的な変化だった。映画の序盤、拉致事件の過程でドンチルとヘヨンが見る結婚の夢は、このような時代の欲望が作り出した幻想だ。

『馬鹿宣言』は映画製作の脆弱な環境、政治と映画の境界線に対面して作られた、時代の産物だ。映画が受け入れられる文化的な条件は消えていくだろう（いわゆる「活動写真、絶滅の危機」）。しかし、無気力に見える叫びは、かえってまったく異なる秩序の映画を生み出したりもする。劇映画とドキュメンタリー、無声と有声映画の混在、デジタルなサウンドと国楽の音色などが衝突して、異質なものが互いに融合するハイブリッドな映画。映像の秩序は絶え間なく不安定になっている。しかし、そのような危機に、より深く記憶されるのは、彼らの身体とジェスチャーだ。映画の限界に対する反論のパワーはおそらく、3人の道化たちの身ぶりとジェスチャーで開始される。彼らの身ぶりはきわめて生物学的に荒い生命力をもつだけでなく、審美的かつ政治的でもある。時

に彼らの身ぶりは音響的な身体となり（デジタルなサウンド、あるいは本作でずっと流れているキム・ヨンドンが作曲した国楽）、時には提起するように向かい合う（ヘヨンの死後の儀式）。実際、彼らのジェスチャーは、子どものナレーションがぴったりな、チャールズ・チャップリンのようなピエロの身ぶりによって、暗鬱な時代に純粋さと純真さの物語を生み出す。同時に、完全なる無気力を受け入れている状態を超えて、イタリアの映画監督であるピエル・パオロ・パゾリーニ［『アポロンの地獄』『豚小屋』『ソドムの市』などが代表作］が試みたような、身体に与えられた厳格さを拒否する社会的なジェスチャーへと向かう。したがって悲劇のストーリー（例えばヘヨンの死）にとどまるのではなく、それに逆らう破壊的なジェスチャーを新たに読み取らなければならない。たとえば、映画の最後に国会議事堂に向かう2人の男の、きわめて社会的で政治的なジェスチャー。

『馬鹿宣言』は映画が完成しても倉庫に埋もれ、1年後に公開された。イ・ジャンホ監督は本作を自身が監督した映画ではなく、当時の政権が作った映画だという。なぜなら、抵抗や反発のエネルギーは、当時の政権が与えたものだからだと明らかにした。しかしこの作品は、そのような受動的な範疇を超えている。映画の限界からスタートした『馬鹿宣言』が時代の傑作として残ることになったのは、映画を放棄するすべてのエネルギーを、作り手が真剣に極限の地点まで、完全に貫いたためだ。

キム・ソンウク（映画評論家）

鯨とり 고래사냥

1984年／ペ・チャンホ監督／35mm／カラー／シネマスコープ

製作会社：三映（サミョン）フィルム　製作：カン・デジン　企画：ムン・ヒョグク、ファン・ギソン　監督：ペ・チャンホ　原作・脚本：チェ・イノ　撮影：チョン・グァンソク
照明：ソン・ハンス　編集：キム・ヒョン　音楽：キム・スチョル　出演：キム・スチョル、イ・ミスク、アン・ソンギ、イ・デグン　韓国公開：1984年3月
主な受賞：第20回百想芸術大賞 大賞・作品賞、第4回韓国映画評論家協会賞 最優秀作品賞・監督賞

気の弱いビョンテ（キム・スチョル）は、片想いしていた女子大生のミランへの告白に失敗して挫折を感じ、鯨とりのために家出する［原題の「鯨とり」は「大きな夢をつかむ」という意味の隠語］。彼は町をうろつき、酒に酔ったひとりの女性を助けるが、あらぬ疑いをかけられて警察に行くはめになる。そこでホームレスのミヌ（アン・ソンギ）に出会い、ビョンテは自由気ままそうに見えるミヌについていく。街をさまよった2人は、酒を飲んで風俗街に行く。そこで、口のきけない女性チュンジャ（イ・ミスク）と出会う。彼女は客の受け入れを拒んだという理由でヤクザに殴られていた。ビョンテはミヌに手伝ってもらい、チュンジャが失ってしまった言葉と故郷を取り戻してやろうと決め、彼女を救い出し、故郷に帰る旅に出る。だが金はなく、ヤクザたちに追いかけられる。困難でつらい旅をしながらもチュンジャの故郷である牛島（ウド）に着こうとした最後の瞬間、ヤクザたちに捕まる。チュンジャは、自分を助けるために殴られるビョンテを見て、緊張から言葉を取り戻す。ヤクザのボス（イ・デグン）は、彼らの熱い友情と愛に感動してチュンジャを解放してやる。チュンジャはついに母の胸に抱かれ、ビョンテとミヌは、また遊びに来ると約束して旅立つ。

　1980年代前半は、1970年代に凍りついていた韓国映画市場が復活の兆しを見せた時期である。この流れをリードしたのは、中堅監督だったイム・グォンテクやイ・ドゥヨンの宣戦、イ・ジャンホの帰還、そしてペ・チャンホという新人監督の浮上だった。『赤道の花』（1983）が15万人を動員して注目されたペ・チャンホ監督は、翌年の『鯨とり』によって、1980年代の最高ヒット作である『愛麻（エマ）夫人』（1982、チョン・イニョプ監督）の観客動員記録を更新する。そうするうちに彼は、映画のテーマにエンターテインメント性をうまくミックスできるヒットメーカーとして頭角を現し、その勢いは『その年の冬は暖かかった』（1984）、『ディープ・ブルー・ナイト』（p144）へと続く。

　『赤道の花』『鯨とり』『ディープ・ブルー・ナイト』は、すべてチェ・イノ原作でアン・ソンギを主演にしている。ペ・チャンホ、チェ・イノ、アン・ソンギの組み合わせは、当時"金の卵を生むゴールデントリオ"と呼ばれ、韓国映画界にブームを起こす。そのなかでももっともヒットした『鯨とり』は、1984年のベストセラーに毎週ランクインしていたチェ・イノの人気同名小説を原作にしていた。ストーリーは「大学生とホームレス、2人の青年が口のきけない娼婦を故郷に連れていく途中で経験するさまざまな話を収めた内容」（製作申告書から）だった。ところで、主人公の名前はビョンテである。これは、チェ・イノのオリジナル脚本をハ・ギルチョンが演出した『馬鹿たちの行進』（p114）の主人公の名前と同じだ。また"鯨とり"とは、チェ・イノが作詞してソン・チャンシクが歌った『馬鹿たちの行進』の主題歌のタイトルでもある。だから、この映画は『馬鹿たちの行進』と関連づけて見るのがふさわしい。

　『馬鹿たちの行進』の主人公は、1970年代の大学生ビョンテと、その友人のヨンチョルだ。2人は東海（トンヘ）［日本海］に鯨とりに出かけるが、結局は捕まえられない。ヨンチョルは自殺し、ビョンテは学校に戻ってすぐに入隊する。ゆえに、彼らの青春は答えの出ない彷徨という形で終わりを迎える。だが、『鯨とり』に出てくる1980年代のビョンテは、口のきけない娼婦のチュンジャを故郷に連れていくことに成功する。そのことで彼は、鯨は自分の心の中にいることに気づくようになる。これには、1980年代の若者の希望を示す"健全な"メッセージが込められている。そして、『鯨とり』の観客動員記録は、当時の大衆がこの映画のメッセージに大きく共感したことを物語っている。だから、本作のもつ健全さは、1980

1980年代式ロマンは飛躍と盲点を抱えている。だが、そのことを観客がユーモアのなかで理解するとき、それは十分に美しく感動的になる。

年代という時代の雰囲気や大衆の期待を反映していると解釈できる。

『鯨とり』の健康的な雰囲気の実体は、一言で"男らしさの達成"だ。同音異義語で"包茎"を連想させる"捕鯨[=鯨とり]"というタイトルに、すでにそれは暗示されている。そしてそのことは、オープニングからストレートに示される。映画は、肉体美コンテストに出てきた男たちの筋肉を見せることで始まる。だが、その場にまったくふさわしくない哲学科の学生ビョンテが、小さな体で参加して恥をさらすことでコミック化される。ビョンテは、ナレーションを通して自分を「平凡な大学生」だと紹介し、「情けないことこのうえなく、幼稚な馬鹿」だと告白する。つまり、平凡だというのは情けなくて幼稚だということだ。だから彼は、平凡であることから脱するために新しい世界を求めて旅立つことになり、ミヌとチュンジャに出会うのである

ミヌは気ままなホームレスとして、ビョンテにとってはメンター（師）の役割をする。彼は過去に名門大学に通っていた優秀な学生だったのにホームレスになり、気ままにさすらう人物だ。だが映画では、その理由は具体的に明かされない。彼は一見ふざけているように見えるが、世の中の道理を見抜いており、現実対応力が優れていて義理にも厚い。彼はビョンテの理想的な自我であると同時に、ビョンテに現実の原則を教え、社会的な自我に到達させる師匠としての役割を果たす。だから彼は、1980年代が夢見ていた美徳、すなわち自由、義理、知性の象徴に見える。

チュンジャは"純潔な娼婦"だ。彼女は風俗街に売られてきたが、頑なに純潔を守ってビョンテと初夜を経験することになる。ビョンテはミヌから人生の意味を学ぶ過程で、チュンジャを通して愛を知り、"大人の男"になっていく。ビョンテが病気になり、チュンジャが薬代を稼ぐために体を売ろうしたとき、ミヌはビョンテに「おまえのつらい体を助けるためにチュンジャは自分の体を捨てようとした。それが愛だ」と言う。ここで愛とは、相手のために犠牲になって身を捧げることを意味する。つまり、ビョンテがミヌやチュンジャと旅をしながら"鯨とり"に成功する過程には、"ミヌから学ぶ自由"と"チュンジャを通して知る愛"が含まれている。そしてそれは、1980年代のロマンを形づくっている。1980年代式のロマンは、学のある者がホームレスの姿で愛と義理を守りながら民衆のために奉仕し、それが理想的な形として共感を得るときに成し遂げられるのだ。

だが、この映画が見せる自由や愛には、それらは性別や知性によって異なるものだと啓蒙する狙いが込められている。最後の部分でそれは決定的に現れる。ビョンテはチュンジャを故郷に連れていくとき、自分が彼女と結婚すると言っていたのは偽善であり、誰かのためだという考えも嘘であることに気づく。ミヌは「チュンジャが世間に盗られた言葉をビョンテの愛が取り戻してやった」「ビョンテはチュンジャの心の中にきれいな鯨として残るよ」と言う。ここで、犠牲や献身としての愛はチュンジャの役目であり、ビョンテの役目ではなかったことが明らかになる。つまり、愛にも計略が働くということだ。ビョンテはチュンジャに"施したもの"であり、それを通じて男らしさを成就できたにすぎない。

こんなふうに、知識人が道徳の上に立って啓蒙することが抱える盲点は、ロマンという名で覆われ、見えなくなる。それが最高潮に達するのは、最後にヤクザのボスがチュンジャとビョンテを自由にしてやるところだ。「おい、メガネ。ソウルに来たら金を持ってきて、おまえの時計を持っていけ」という台詞がヤクザのボス役のイ・デグンの口を通して語られるとき、この映画でいちばん大きな道徳的な飛躍が起こり、1980年代式のロマンが最高潮に達する。

1980年代式ロマンは飛躍と盲点を抱えている。だが、そのことを観客がユーモアのなかで理解するとき、それは十分に美しく感動的になる。1980年代最高の大衆映画『鯨とり』は、まさにそのレベルに達することができた。ゆえに『鯨とり』は、1980年代の理想やロマンがもつ美しさや盲点をはっきりと示す、もっとも1980年代らしい映画だといえる。

パク・ユヒ（映画評論家、高麗大学研究教授）

ディープ・ブルー・ナイト 깊고 푸른 밤

1985年／ペ・チャンホ監督／35mm／カラー／ビスタビジョン

製作会社：東亜輸出公司　製作：イ・ウソク　企画：イ・グォンソク　監督：ペ・チャンホ　原作・脚本：チェ・イノ　撮影：チョン・グァンソク　照明：キム・ドンホ、キム・ガンイル　編集：キム・ヒス　音楽：チョン・ソンジョ　出演：アン・ソンギ、チャン・ミヒ、チェ・ミニ、チン・ユヨン　韓国公開：1985年3月　主な受賞：第30回アジア太平洋映画祭 最優秀作品賞・脚本賞、第24回大鐘賞 優秀作品賞・監督賞、第21回百想芸術大賞 大賞・作品賞・監督賞、第5回映画評論家協会賞 最優秀作品賞

密入国者としてアメリカにやって来たペク・ホビン（アン・ソンギ）は、韓国にいる妊娠中の妻をアメリカに呼び寄せるため、手段と方法を選ばず金を手に入れようとする。彼は、サンディエゴで付き合ったミセス・ハン（チェ・ミニ）をロサンゼルスに行こうと誘い、道中で金を奪って彼女を砂漠に置き去りにして逃げる。一方、ジェーン（チャン・ミヒ）は在韓米兵と結婚してアメリカに渡ってきたものの、夫の暴力と空虚なアメリカでの生活に疲れ、離婚。偽装結婚の契約で金を稼いでいた。ホビンは永住権を手に入れるため、ジェーンと偽装結婚する。彼はジェーンから好感を得て、難しい面接調査を乗り越え、ついに永住権を手にする。ジェーンと離婚し、韓国の妻を呼び寄せようと考えていたホビン。だが、彼を愛するようになったジェーンは離婚に応じようとせず、ホビンに妊娠したと告げる。追い打ちをかけるように、彼が砂漠に置き去りにしたミセス・ハンまでやって来て、窮地に追い込まれたホビンは、ジェーンにサンフランシスコに移り住もうと誘う。その途上、砂漠の渓谷で彼女を殺そうとするホビンに、ジェーンは妊娠が嘘だったことを明かす。すると、気持ちを晴らした彼は、彼女と一緒に離婚旅行に行くことにする。しかし、出発しようと

した車の中で、彼は、ジェーンが持っていた韓国の妻から届いた音声テープによって、待ちくたびれた妻が子どもを堕胎し、他の男と結婚することに決めたという事実を知る。ホビンは正気を失い、車を暴走させ、ジェーンは彼を拳銃で撃った後、自身の頭部に銃口を当てる。

　1945年8月15日以後の韓国におけるアメリカの影響力は、至るところにあまねく存在する神のようだった。政治、経済、軍事分野の隷属性はいうまでもなく、文化、学問、技術、宗教、教育、医療など、あらゆる領域でアメリカ式の尺度が、この地の生活が到達すべきイデアとなっていた［原注1］。アメリカを地上の楽園と思い描いた人々や、軍事独裁を経験して自由に憧れた人々は、アメリカに移民することを選んだ。軍事クーデターを2度とも容認し、軍事政権を支えた勢力もまた、アメリカだった。1980年の光州事件［全斗煥（チョン・ドゥファン）を中心とする新軍部勢力が戒厳令を全国に拡大し、光州でデモを弾圧。見かねた市民が蜂起した］以降、韓国においてアメリカは、再び問いただすべき存在となった。1982年には、釜山アメリカ文化院放火事件［3月18日、光州事件における市民虐殺に対し、アメリカの責任を問い、釜山直轄市（現・釜山広域市）にあったアメリカ文化院に学生らが放火した事件］があり、1985年5月にはソウル・アメリカ文化院占拠籠城事件［5月23日から4日間にわたり、73人の大学生が、光州虐殺に対するアメリカの謝罪を求めてソウルのアメリカ文化院を占拠した事件］が起こった。

　1970年代までの韓国映画（『地獄花』（p48）や『雨降る日の午後3時』（1959、パク・ジョンホ監督）など］が、もっぱらアメリカを朝鮮戦争が残したあざのようなものとして扱っていたのに比べ、ロサンゼルス現地ロケを敢行し、移民社会をリアリティたっぷりに描写した『ディープ・ブルー・ナイト』は、まぎれもなくアメリカを再現し、新たなメルクマールを示してみせた作品である。「まずは韓国映画製作の題材と背景の幅を広げてみようと考えました。（…）個人的には、今もアメリカ大使館の前でビザを受給するために朝から列をなしている人々を見ていて、私たちの国の人々が抱いているアメリカに対する幻想とはどんなものか語ってみたかったのです」［原注2］。

　1985年3月1日、コリア劇場と明宝劇場で封切られた『ディープ・ブルー・ナイト』は、60万人を超える観客を動員し、当時としては韓国映画史上最高の興行成績を打ち立てた。大鐘賞、百想芸術大賞、映画評論家協会賞をはじめ、アジア太平洋映画祭など、海外でもいくつか賞を受けた（翌年、2人の大学生が「反戦、反核、ヤンキー・ゴー・ホーム」と叫びながら焼身自殺するほど反米意識が高まっていた学生街で

目の下に暗い陰を落とした彼女の顔は、アメリカという砂漠を、または地上にはない楽園を求めてさまよう人々の願望を体現している。

は、本作品の興行を批判する言説であふれかえったという）[原注3]。デビュー作『コバン村の人々』（p136）から『赤道の花』（1983）『鯨とり』（p142）『その年の冬は暖かかった』（1984）と相次ぐ興業の成功で、ペ・チャンホ監督は "韓国のスピルバーグ" と呼ばれ、映画館の看板に彼の肖像画が描かれる[原注4]ほどのスター演出家だった。俳優以外の製作陣のうち、もうひとりのスターは、『赤道の花』『鯨とり』でペ・チャンホ監督と作品を共にした、ベストセラー作家のチェ・イノだった。1982年に李箱文学賞[夭折した朝鮮の詩人で小説家の李箱の功績を称え、文学思想社から贈られる、韓国でもっとも権威のある文学賞]を受賞した同名の短編小説は、実のところ、映画とは無関係である。小説家が、大麻吸引容疑で活動禁止処分を受けて渡米した後輩の歌手と共に、自動車でアメリカを旅するという内容は、チェ・イノと、彼と親しかった歌手のイ・ジャンヒ、2人の実際の経験が重ね合わされているようだ。映画『ディープ・ブルー・ナイト』が下敷きとしたチェ・イノの小説は長編『水の上の砂漠』だが、作家はその小説を絶版にし、自分のシナリオ選集に「ディープ・ブルー・ナイト[深く青い夜]」を収録した。

チェ・イノのオリジナル脚本には、デスヴァレーで撮影された有名なオープニングシーンがなく、主人公の性格も少し異なる。特に、チェ・イノが思い描いたジェーンは、ホビンがリビングでポルノ映画を観ているとき、隣室のベッドに裸で横たわり、猫に自分の体を舐めさせて、愛を拒むホビンを告発する、情念みなぎる女性だった。ペ・チャンホ監督とチャン・ミヒが創り出したジェーンは、少し違う。深い孤独をホビンとの一夜で慰めた後、すぐに恋愛にのめりこんでしまうジェーンは、氷のように冷たい防衛機制を鎧のごとくまとい、アメリカという砂漠を耐え忍んでいる。ホビンの罪の代価を、不満も漏らさず肩代わりする彼女には、世間には存在しない絶対的な愛を渇望する『赤道の花』のオ・ソニョンが漂わせていた匂いが残っている。『赤道の花』は、俳優としてアン・ソンギが我がものにしていた映画だったが、『ディープ・ブルー・ナイト』はチャン・ミヒの円熟味が光る作品だった。目の下に暗い陰を落とした彼女の顔は、アメリカという砂漠を、または地上にはない楽園を求めてさまよう人々の願望を体現している。ある人は、本作品の結末を『チャイナタウン』（1974、ロマン・ポランスキー監督）と並べて評したが[原注5]、最後の場面で拳銃に弾を込めるチャン・ミヒの演技には、『チャイナタウン』のフェイ・ダナウェイのように、

魂の本質が表れている。ペ・チャンホ監督が得意とする360度回転撮影で演出された海辺の場面とベッドシーン、主観ショットで見せる夜景なども、彼女の演技のおかげで、あれほど多くの感情を込めることができた。

ヒロインの内心を繊細に表現した「ジェーンのテーマ」をはじめ、"アメリカンドリーム" の虚しさと物憂さが漂うオリジナル楽曲は、チョン・ソンジョの作品で、2013年秋になってもFMラジオの電波に乗るほど長く愛されている。1980年代の大衆が記憶する、チョン・ソンジョのベストヒット曲は『恐怖の外人球団』（1986、イ・ジャンホ監督）の挿入歌であるチョン・スラの「私はあなたに」だろう。彼は、1970年代から『昨日降った雨』（1974、イ・ジャンホ監督）でユン・ヒョンジュが歌った同名主題歌や、チェ・ビョンゴルが歌った『往十里』（1976、イム・グォンテク監督）の主題歌など、数多くの傑作を残した韓国映画音楽界の巨匠である。"韓国第1世代ジャズマン" と呼ばれる大御所であったにもかかわらず、21世紀のアメリカでジャズを学び直したという、チョン・ソンジョとペ・チャンホ監督の共同作業は、『すばらしき我が青春の日々』（1987）『神様こんにちは』（1987）『夢』（1990）『天国の階段』（1991）へつながる。米兵相手の娼婦を題材にした『シルバースタリオン』（1991）、ロサンゼルス暴動を扱った『ウェスタンアベニュー』（1993）など、ジャンル映画を通して "私たちのなかのアメリカ" を粘り強く問い続けたチャン・ギルス監督が、『アメリカ、アメリカ』（1988）の音楽をチョン・ソンジョに任せたのも偶然とは思えない。

シン・ウンシル（映画評論家）

[原注1]チャン・セジン『想像されたアメリカ』、青い歴史、2012、p9
[原注2]イ・ヒョイン（編著）「ペ・チャンホ インタビュー」、『韓国の映画監督13人』、開かれた本たち、1994、p157
[原注3]同上、p171
[原注4]キム・ヨンジン『イ・ジャンホVSペ・チャンホ：韓国映画の最前線』、韓国映像資料院、2008、p77
[原注5]同上、p97

キルソドム～再会のとき 길소뜸

1985年／イム・グォンテク監督／35mm／カラー／ビスタビジョン

製作会社：貨泉(ファチョン)公社　製作：パク・ジョンチャン　企画：キム・ジェウン　監督：イム・グォンテク　脚本：ソン・ギラン　撮影：チョン・イルソン　照明：カン・グァンホ　編集：パク・スンドク　音楽：キム・ジョンギル　美術：キム・ユジュン　出演：キム・ジミ、シン・ソンイル、ハン・ジイル、キム・ジヨン、イ・サンア、キム・ジョンソク、オ・ミヨン、チン・ボンジン　韓国公開：1986年4月　主な受賞：第22回シカゴ国際映画祭 人類平和賞、第22回百想芸術大賞 大賞・作品賞、第6回 韓国映画評論家協会賞 監督賞

　離散家族捜し[離散家族とは朝鮮戦争下の混乱によって生き別れになった家族のこと。KBSテレビが離散家族を捜す特別番組「離散家族をさがします」を1983年6月30日から11月14日に生放送。韓国の離散家族が家族との再会を求め、親族の名前や写真をプラカードに貼り付け、KBS前広場に集まり放送される機会を待った]が盛り上がりを見せていた1983年夏。仲睦まじく裕福な家族を切り盛りするファヨン(キム・ジミ)は、夫(チョン・ムソン)に背中を押され、生き別れた息子を捜すために放送局前の広場を訪れる。

　当時を回想するファヨン。彼女は朝鮮半島が日本による統治から解放されると共に、黄海道(ファンヘド)[現在の北朝鮮にある地域]の小さな村、キルソドムに引っ越した。そこで孤児となったファヨン(イ・サンア／少女期)は、父親の友人のキム・ビョンド(チン・ボンジン)と暮らすうちに、自分を暖かく迎えてくれるビョンドの息子ドンジン(キム・ジョンソク／少年期)を愛するようになる。雨が降る日に2人は愛を分かち合い、ファヨンは男の子を産む。だが、朝鮮戦争が起こると、2人の運命はすれ違い、会えなくなってしまった。

　離散家族が出会う汝矣島(ヨイド)のKBS前広場で息子を捜していたファヨンは、偶然にドンジン(シン・ソンイル)と再会する。ドンジンは、命の恩人の娘(オ・ミヨン)と結婚するも家族を顧みず、ファヨンを待ち続けていたのだった。2人は、両親を捜しているソクチョル(ハン・ジイル)をテレビで見て、彼が我が子であると感じ取る。ファヨンとドンジンはソクチョルに会いにいくが、ファヨンはどん底の人生を生きてきたソクチョルの無礼な行動に違和感をもつ。ソクチョルの傷跡と遺伝子検査によって親子であると確認でき、息子であることはほぼ確実となったが、ファヨンは完璧な確証がなければ信じられないと拒否し、帰っていく。彼女が渡した夫の名刺をゴミ箱に捨て、ドンジンもまた力なく踵を返す。車で走り去るファヨンは、しばし車を止め涙を流すが、再び自らが進むべき道へと去っていく。

　イム・グォンテク監督の映画に登場する人たちは、一様に"恨(ハン)"を人生の原動力にしている。イデオロギーの対立の中で追いつ追われつする『チャッコ』(p130)の戦闘警察官[北朝鮮工作員を摘発する武装警察官]のソン・ギヨルとパルチザンのペク・ゴンサン。ソリ(唄)に恨を植えつけるために優れた歌い手である娘を失明させる『風の丘を越えて～西便制』(p180)の父ユボンと娘ソンファ。新たな絵を生み出そうと渇望し、自分を責める『酔画仙』(2002)のチャン・スンオプ。みな過去に束縛され、今も残る重い足かせを解くために必死にもがいている。

　『キルソドム～再会のとき』のファヨンも、朝鮮戦争時に別れた息子を求めるゆえに引きこもっている。ただ上記の作品と比べ、観客が『キルソドム』をより身近に感じる理由は、1983年にKBSで放映された番組「離散家族をさがします」の状況と情感を劇中に積極的に取り入れているためだ。放映と同時に、リアルタイムで全国民を一気に涙ぐませた「離散家族をさがします」は、韓国の悲劇的な近現代史が残す痛みを赤裸々に告発する。この点が、偽りない韓国人としての人生を映画としてのアイデンティティにするイム・グォンテク監督が、いかにも関心をもちそうな素材なのだ。

　実際、イム・グォンテク監督は、『キルソドム』の製作が決まる前に、すでに離散家族さがしの会場を撮影しておいたほど、この問題に大きな関心を寄せていた。そのため、この映画には離散家族さがしの会場の映像に、ファヨンが出てくるカットがしばしば見られる。昨今の映画の表現を考えると野暮ったく感じられるレベルだが、このシーンからは映画という媒体に対するイム・グォンテク監督の断固たる意思が読み取れる。それは、人生にファンタジーはありえないと、とことん骨身にしみて生きてきた人間の立場から、人生を虚構でなく現実そのものとして描くという、いわば宣言のようなものだ。

　イム・グォンテク監督の映画でよく登場する過去の回想

下手なハッピーエンドや安っぽい感情の発散を許さないという情緒は、より現実的、理性的に問題を見つめようとするイム・グォンテク監督の問題意識でもある。

シーン、フラッシュバックは、過去の痛みの歴史と切っても切れない韓国人の人生をそのまま映し出している。『キルソドム』では、ファヨンが朝鮮戦争のときに失ってしまった息子に対する記憶が、フラッシュバックで描かれる。息子を捜そうと、離散家族さがしの会場に向かうが、偶然、昔の恋人で生き別れた息子の父であるドンジンと再会する。2人は過去を思い出し、空白を補い合う。まずファヨンがナレーションで自分の話をするが、いつしかドンジンのナレーションが入り、彼の物語もオーバーラップする。互いの行方を知らぬままに断絶された過去が、ひとつずつ復元されていくのだ。

しかし、ファヨンとドンジンが息子を捜すことは『キルソドム』の最終的な目的ではない。ストーリーのきっかけとして息子を捜すプロセスに意味をもたせるだけで、イム・グォンテク監督の関心は、きわめて意外なポイントに向けられている。映画の冒頭シーンを思い起こしてみよう。3人の子どもがテレビで「離散家族さがし」を見て感傷にふける間、彼らの親で離散家族世代のファヨンと夫は、ブラウン管にはまったく目も向けず、ずっと無関心な態度のままだ。下手なハッピーエンドや安っぽい感情の発散を許さないという情緒は、より現実的、理性的に問題を見つめようとするイム・グォンテク監督の問題意識でもある。

『キルソドム』の主人公がドンジンではなくファヨンである理由も、これと無関係ではない。ドンジンは過去に囚われ、現実を直視できない理想主義者だ。別れたファヨンを忘れられず、結婚後も常に酒びたりで心身を悪くしたばかりか、生き別れた息子かもしれないという人物が現れると、すぐに長男として戸籍に入れようとし、家族の怒りを買う。ドンジンとは違い、ファヨンは夫の許しを受けてから息子を捜しはじめ、実の親子だという100％の確信がなければ未練もなく背を向け、家族のところに戻るという現実主義者に近い。イム・グォンテク監督が2人のうちファヨンのほうに注目したのは、「私たちの人生は未来に向かうものであるため、過去に縛られるよりは、現実により忠実でありたい」という一貫した立場を取っているゆえのことである。

イム・グォンテク監督にとって人間に対する礼節とは、感情をむやみに裁くのではなく、おかれた状況や居場所をそのまま受け入れることだ。さらに『祝祭』（1996）が死までも受容しなければならないと説くように、悲劇の歴史が韓国人に残した恨は、それ自体が私たちのアイデンティティだ。そしてアイデンティティを認めるまさにその瞬間、私たち一人ひ

とりが耐え忍びながら作り上げなければならない人生の道が生まれる。『キルソドム』の場合も、第三者から見た離散家族の再会は、劇的なドラマであり、イベントかもしれないが、当事者にとってはまったく次元の異なる話だ。離散の果てに会うこと自体は嬉しいだろうが、その短い一瞬が過ぎれば、いかに生きていくべきかという問題が彼らには残される。

それは簡単に取捨選択できる問題ではない。ファヨンも表向きには平和な日常を過ごしているが、事情を掘り下げると、奥底には苦痛がある。これを克服するために歴史が与えたすべての恨を抱えたままあちこちをさすらい、人生をかみしめる。そのためイム・グォンテク監督の映画は、基本的に真理や悟りを求める時間が支配し、それが道を描く映画となる。ゆえに本作のタイトルであり、ファヨンとドンジンが若き日に縁を結ぶ朝鮮戦争ですれ違って別れる村“キルソドム”は、過去の場所でありながら、逆説的に未来として進むべき道であるというわけだ。ファヨンのように歴史の問題に打ち勝つ者がいて、ドンジンのように過去に留まる者もいる。だが結局、彼らにとって人生は苦しみであるという事実には変わりがない。ひたすら真理を求め、道を進み続けなければならぬのみだ。こうして人生は現在進行形であるということを、イム・グォンテク監督は『キルソドム』を通じて伝えているのだ。

ホ・ナムン（映画評論家）

1980年代　147

チケット 티켓

1986年／イム・グォンテク監督／35mm／カラー／ビスタビジョン

製作会社:ジミフィルム　製作:チン・ソンミン、イ・ウォンブ　企画:キム・ジミ、シン・ギョンシク　監督:イム・グォンテク　脚本:ソン・ギラン　撮影:ク・ジュンモ　照明:チェ・ウィジョン　編集:パク・スンドク　音楽:シン・ビョンハ　美術:ウォン・ギジュ　出演:キム・ジミ、アン・ソヨン、ミョン・ヒ、イ・ヘヨン、チョン・セヨン、パク・クニョン、チェ・ドンジュン、ユン・ヤンハ　韓国公開:1986年8月　主な受賞:第25回大鐘賞 監督賞、第7回韓国映画評論家協会賞 最優秀作品賞 監督賞

江原道・束草でチケット茶房[表向きは喫茶店だが、モーテルなどにコーヒーを運んで売春行為をする店]を営むミン・マダムことミン・ジスク(キム・ジミ)は、職業紹介所からミス・ヤン(アン・ソヨン)、ミス・ホン(イ・ヘヨン)、ユン・セヨン(チョン・セヨン)を連れてくる。すれっからしのミス・ヤンとミス・ホンは客扱いに慣れているが、大学生のミンス(チェ・ドンジュン)を恋人にもつセヨンは客に売春を要求されても体を許さない。学費に困って経済的に窮していることをミンスが打ち明けると、セヨンは、お金なら用意してあげると言って彼を安心させる。だが、ミン・マダムはセヨンのせいで客足が遠のいたと彼女を叱りつける。そんなセヨンもパク船長(ユン・ヤンハ)と徐々に親しくなり、彼に体も許すようになる。そして、ミンスの働き口を世話してほしいとパク船長に頼む。パク船長の船に乗るために束草を訪れたミンスは、セヨンの暮らしぶりの実態を目の当たりにし、船に乗らずに去ってしまう。再び束草に戻ってきたミンスは、節操がないとセヨンを激しく非難した後、別れを言い渡す。数十年前、投獄された夫の世話をするうちに生活が苦しくなり水商売まで身を落とし、その後、道徳的な恥ずかしさから自ら夫の元を離れた過去をもつミン・マダムは、セヨンが自分と同じ境遇に陥るのではないかと心配し、ミンスに会ってセヨンを捨てないでほしいと懇願する。だが、ミンスが彼女の願いを聞き入れないとわかると、ミンスを海に突き落とし、精神に異常をきたして精神病院に収監される。

　映画『チケット』は、1960年代には映画会社が一定の興行本数を製作するための監督であり[1962年に映画法が公布。一定数の製作実績を維持できない場合は映画会社が登録を取り消されることもあった]、1970年代には"優秀映画[1950年代末以降、韓国映画育成のためとして国策に迎合する反共・啓蒙映画を優秀映画として選定した]"監督だったイム・グォンテクが、"職人監督"あるいは"作家主義監督"へと劇的変身を遂げた1980年代を代表する作品のひとつだ。彼の経歴のすべてをひとくくりに論じることなどできない。だが、1980年代序盤に発表した『チャッコ』(p130)と『曼荼羅』(p132)を基点として、それ以降、彼が痛みと矛盾に満ちた韓国近代史に対するヒューマニズムの観点からの省察と、地域的かつ伝統的な韓国ならではの映画美学の可能性を模索することに集中していたとすれば、『チケット』はそれらの傾向からは外れ、その時代のデリケートな社会問題を扱った、やや例外的な作品といえる。

　本作は、束草の"チケット茶房"で働く5人の女性の物語だ。タイトルの"チケット"とは、当時の慣行として、主に地方で喫茶店を中心に行われていた売春、すなわち喫茶店の女性従業員がモーテルなどにコーヒーを出前し、そこで行われる性取引のことを指す。この映画を撮ることになった発端は、イム・グォンテク監督が撮影監督のチョン・イルソンと共に休暇で束草を訪れた際に"チケット"という名の下に食い物にされている女性たちを発見したことからだった。その後、監督は脚本家のソン・ギランを連れて再び束草に戻り、実際にチケット代を払いながら何人もの女性に会って取材を重ねた。このような過程を経ることで、映画にルポルタージュの様式を取り入れ、"性売買チケット"に関する生々しい描写を可能にした。これを土台にして写実主義的に描いた『チケット』は、当時"社会派ドラマ"として分類されていた。しかし、前作『キルソドム～再会のとき』(p146)ですでに批判的メロドラマの可能性を追求することに成功したイム・グォンテク監督は、社会風俗を写実的に描いて世にさらけ出すところでとどまっていた同時代の"世相を映し出す映画"の限界を打ち破っている。社会のどん底まで落ち、搾取される性産業に従事する女性たちの生き方と悲哀を描く『チケット』は、1970～1980年代の韓国映画の市場で主流だったホステスメロドラマ[バーや酒場働く女性が主人公の作品。純真なヒロインがホステスに転落する過程をセクシャルに描く作品が多い]とジャンル的には同じベースなのだが、本作は、

1980年代に入って作家主義への道に挑みはじめたイム・グォンテク監督の絶え間ない映画的試みは、スチル写真の使用や、ルポルタージュ作家と撮影現場に入って自己を反映させていくストーリーなどにも現れている。

そのような性産業に従事せざるをえなくなるまで女性たちを追い込んだ男性中心的な儒教の考えに基づく家父長制イデオロギーとその条件、そして、それに抵抗することの可能性と限界までを鋭くえぐり出している。

何より本作は、フラッシュバックを主な映像手法として使いながら、ストーリーとしては主にひとりの女性が堕落していく過程を追い、過剰に性的対象化された女性を描く1970〜1980年代の典型的なメロドラマのスタイルからは離れ、"複数の女性"、そして女性たちの人間関係を描いているという点で例外的かつ興味深い。男性ではなく女性をチケット茶房の主として登場させたのが、このジャンルの慣習となっていた話の流れに意味ある変化をもたらしている。ミン・マダムはストーリーの終盤まで終始あくどい抱え主[雇い主。特に芸者・娼妓などの雇い主を指す]として描かれるが、家父長制的社会のなかで味わわされてきた経験を媒介として、いちばん年下のセヨンと自分を同一視した瞬間、ストーリーの至る所に蓄積し、張りつめた矛盾の数々が、ミン・マダムのヒステリーに置き換わる。当時の新聞記事によると、ミン・マダムがセヨンの恋人を海に落とすとき、映画を見ていた女性の観客たちは歓喜の声を上げたという。

序盤では搾取／非搾取という関係に置かれていた女性たちは、ストーリーが進むにつれ次第にひとつに結束していく。このような過程は、例えば後半部で、閉店後に5人の女性が狭い喫茶店のホールに集まって酒を飲み、身の上を嘆き、お互いの個人史に共感していく様子を、4分19秒という固定カメラによる長回しで捉える手法で描かれる。人物たちの演技と台詞が響き合い、ユーモラスな感覚も加わりながら、固定されたフレームの中でダイナミックな共感のエネルギーを生み出す。この長回しは、当時の韓国映画において前例を見ないほど実験的かつ挑戦的な試みだった。本作が、全体的にはドラマを中心にした古典的な写実主義に沿って撮影された映画であるにもかかわらず、1980年代に入って作家主義への道に挑みはじめたイム・グォンテク監督の絶え間ない映画的試みは、スチル写真の使用や、ルポルタージュ作家と撮影現場に入って自己を反映させていくストーリーなどにも現れている。

軍事独裁政権が手がけた民族最大のイベントである1988年のソウルオリンピックのリハーサルとされた1986年アジア競技大会を目前にした時期に公開された『チケット』。過去の筆禍事件[発表した著書・記事などが原因で官憲や社会から受ける制裁または処罰]で投獄されるものの翻意したミン・

マダムの夫は、性産業に従事して獄中の自分や家族まで面倒をみてくれたミン・マダムに小切手を渡し、夫婦関係の清算を要求する。そして、「一度去ったバスが再び戻ってくることはない」と彼女を一喝する。左翼知識人に対するイム・グォンテク監督の鋭意でシニカルな視線が感じられるこの場面は、"韓国的資本主義"というひとつの方向に向かって国民総動員体制で急速に進んでいく圧縮された近代化が、何かを便乗させたのではなかったかを問うている。すなわち、急速な近代化は売春女性、そして、3S政策[国民の政治的関心を逸らすため、政府がScreen(＝映画鑑賞)、Sport(＝スポーツ観戦)、Sex(＝性産業)についての振興策]と検閲によって、スクリーン上で売春女性として描かれるしかなかった下層労働階級女性の排除を通してなされたことであると示しているのだ。

仏教団体の圧力により製作中断を余儀なくされた『比丘尼』(1984)[仏教団体の反対で製作は中断されたが、2017年に部分的に復元されたバージョンが上映されている]のスタッフが集結して『キルソドム』を製作するなか、"製作自由化"[1984年の映画法改正により、翌年から映画の製作・輸入が自由化された]措置以降、女優のキム・ジミが設立したジミ フィルムの創立作品として撮ったのが『チケット』である。にもかかわらず、本作は外部の利益団体の圧力と検閲の暴圧から"自由化"されはしなかった。ソウル茶房同業組合などの茶房業界は「この映画は、茶房の営業主たちを抱え主、女性従業員たちを売春婦として描写しており、茶房従事者の名誉を傷つけている」と検察に告発した。公演倫理委員会[舞台や映画などの公演を審議する機関。1976年に設置され、1998年に解体された]は"チケット"という単語の削除と結末部分の修正を求めた。そのため、112分だったオリジナルは100分に削られ、夫に連れ去られたミス・ヤンは彼とよりを戻し、仁川などに移って売春を続けたミス・ホンとセヨンは、それぞれ故郷や恋人の元に戻っていく内容に変わっている。同時に、セヨンの恋人が偽の大学生だったと判明する部分もまた削除された。メロドラマ構造固有の"不安定性の力"のため、このような外的圧力によってメロドラマの批判的効果が完全になくなることはなかったが、明らかに『チケット』は、オリジナル版が復旧されなければならない1980年代作品のリストでももっとも上位に位置すべき映画だ。

クォン・ウンソン(中部大学教授)

1980年代　149

シバジ 씨받이

1986年／イム・グォンテク監督／35mm／カラー／ビスタビジョン

製作会社：新韓映画　製作：チョン・ドファン　企画：チョン・ドファン　監督：イム・グォンテク　脚本：ソン・ギラン　撮影：ク・ジュンモ　照明：カン・グァンホ
編集：パク・スンドク　音楽：シン・ビョンハ　美術：ウォン・ギジュ　出演：カン・スヨン、イ・グスン、ハン・ウンジン、ユン・ヤンハ、キム・ヒョンジャ、パン・ヒ
韓国公開：1987年3月　主な受賞：第44回ベネチア国際映画祭 主演女優賞、第32回アジア太平洋映画祭 作品賞・監督賞、第7回ハワイ映画祭 作品賞・監督賞、第9回ナント3大陸映画祭 主演女優賞

朝鮮時代、名家の宗孫［家門を継ぐ家の当主］であるシン・サンギュ（イ・グスン）と、妻のユン氏（パン・ヒ）の間には子どもができない。サンギュの母と（ハン・ウンジン）と叔父のシン・チホ（ユン・ヤンハ）は熟慮の末、シバジ［子を授からない女性に代わり、家の後継ぎとなる男子を産ませるために雇われる女性］を受け入れることにする。チホはシバジの村に出向き、シバジをしていたピルニョ（キム・ヒョンジャ）の娘オンニョ（カン・スヨン）を選び、連れ帰る。床を共にする日、オンニョに対面したサンギュは彼女の際立った美貌に心を奪われ、やがて寵愛するようになるが、妻のユン氏はオンニョに嫉妬心を抱く。ついにオンニョに妊娠の兆しが表れると家中がオンニョを大事に扱うようになり、オンニョも一瞬、自分の立場を忘れてサンギュを本当に愛してしまう。母のピルニョが自分の過去を語って諭すが、オンニョは意に介さない。オンニョが男の子を生むと、その子はすぐさまユン氏の懐に抱かれる。オンニョはその日の夜に家から出ていくよう言われ、子どもの顔をほとんど見ることができずに家を去る。だが、1年後、オンニョは自分の子が暮らす家の近くで首を吊って自殺してしまう。

名家にシバジとして迎えられ、宗孫であるサンギュと床を初めて共にする場面は、荒々しくも長々と映し出される。初めて男性を相手にする年若い処女のオンニョは困惑する。一方、家族の取り決めに従い妻の代わりに子を産む女性を受け入れ、必ず跡継ぎとなる息子をつくらなければならない若い宗孫サンギュの切実な姿には、切迫感すら漂う。

さらに視覚的に強烈なのは2人の激しいベッドシーンである。物語の設定が、子を産めない妻の代わりに他の女性を迎え入れるという内容であることを考えれば、性交と出産の場面を描くことは自然である。しかし、話の筋から外れるほど過激と思える描写は、この映画の意図について、観る人を混乱させた。当時、韓国映画は刺激的なエロティシズムを題材とする傾向があったが、『シバジ』も土俗的なエロティシズムを売りにする映画のひとつのように映った。

興行的には特に注目もされず、評論家たちの関心も引くこともなかった。昔の風習のなかにある奇妙な素材をテーマにした、よくある成人映画のひとつと見過ごされたわけだ。しかしその後、評価は一転する。第44回ベネチア国際映画祭に出品されて審査員の注目を浴び、オンニョ役のカン・スヨンが主演女優賞を受賞したのだ。以前も海外映画祭で韓国映画が受賞することは何度かあったものの、国際的に権威を高めるまでの水準には至らなかった。そのような状況でのベネチア国際映画祭での受賞は、衝撃的といえるくらい大きな波紋を呼んだ。最近では、韓国映画がカンヌ、ベルリン、ベネチアなど世界有数の国際映画祭で受賞することが多くなり、さほど驚かれなくなった。だが、当時は、韓国映画の水準と国際的評価の距離は遠く険しいとされ、韓国映画が著名な国際映画祭でメインの賞を取るのは、事実上不可能だと思われていた。ところが、韓国国内では特に注目を浴びることもなかった映画が主演女優賞を受賞したのだ。それは、文化的に大きな衝撃だった。

韓国映画についての情報が少なく、どの程度のレベルなのかについても特に印象がなかった外国の映画関係者の目には『シバジ』が扱う内容が異色だったうえに、社会的な慣習と制度が個人の自由、自尊心とどのようにぶつかるのかを描写する独特な手法が評価された。

この作品で韓屋［朝鮮の伝統的な建築様式］は、映画の背景を形成する重要なキャラクターの役割を担う。シバジとして選ばれる以前、オンニョが暮らしていた場所は、さびれた山村である。野原と小川が絵のように広がり、空はすぐ目の

イム・グォンテク監督は、自由な個人と制度化された規範が衝突する場所でどのようなことが繰り広げられるのかを、ある代理母の悲劇的な女性の心情を通して描いている。

前にある。オンニョは野生児のように自由に暮らしている。そこにはいかなる決まりも制約もない。しかし、オンニョが代理母として行った両班［高麗・朝鮮王朝時代の官僚組織、また特権身分階級］の家の中は、規範と規制の連続だった。まず、他の女性の身を借りてまで子を産まねばならないという執着が存在し、子をもった後も守るべき規則が続く。そのような状況下では、誰も自由に感情を表現してはならず、表したとしても受け入れてもらえない。オンニョは代理母の対価として両班の家から相当な報酬を受け取るが、感情の交流は固く禁じられている。男性に愛情を見せることも、母親として子に接することも許されない。柱と部屋、建物と建物の間を隔てる韓屋の空間は、厳格な規律と規範、断絶と隔離を象徴する閉鎖的なイメージとして表現される。自由な場所で生活していたオンニョが韓屋の厳格な空間へと移る状況は、新たな体制へ組み込まれるということだ。オンニョが入れられたのは、体を閉じ込める空間であると同時に、感情までも抑圧される場所だった。

　自由な個人が制度化された社会を目の当たりにしたとき、今まで自由を選択できた生き方をどのように変えるべきなのか、オンニョがどんなに新しい規範と体制に適応したとしても、両班の一員にはなれない。オンニョは永遠に異邦人の身分のままだ。しかし、オンニョが妊娠してからは状況が一変する。あらゆる規範と約束事にもかかわらず、オンニョの本能的な母性が目覚めたためだ。そのように振るまうほど、周囲の人たちとの葛藤は深まっていく。自由な環境で生きてきた自由な魂、望んではいなかったが、仕方なく連れてこられた新しい環境、完全に孤立していたが子を身ごもると同時に新たに作られた関係、子どもに愛情を注ごうとすればさらに傷つく冷酷な現実。これ以上、子どもに関わらないという約束を交わして生まれ育った村へ戻るが、そこはもう以前の空間ではない。野原と小川は依然として存在するが、オンニョの胸の内は、両班の家での記憶と、残してきた子への思慕が強烈に占めている。自分の生まれ育った村でさえも、異邦人として生きていかねばならなくなったのだ。オンニョにとって、これらすべてが耐えがたいことだった。

　イム・グォンテク監督は、自由な個人と制度化された規範が衝突する場所でどのようなことが繰り広げられるのかを、ある代理母の悲劇的な女性の心情を通して描いている。個人と制度化された規範の葛藤や緊張に関する問題は、その後、イム・グォンテク作品に絶えず登場するテーマである。聾唖

の女性の悲劇的な運命を描いた『アダダ』（1987）、個人のカオスと宗教的な救いの問題を描いた『ハラギャティ』（1989）、朝鮮戦争の時期に自由主義と共産主義の理念に分かれ対立する家族をリアルに描いた『太白山脈』（1994）などは、その流れを汲んだ作品である。

　本作をきっかけに、イム・グォンテク監督はそれまでの作品とは違う新しい段階を迎える。以前は、大衆的な娯楽映画にありがちな、多様なテーマを扱う傾向にあったが、『シバジ』以降、自身の映画スタイルとテーマを構築しようという変化が見て取れる。これに加え、製作者のイ・テウォン、撮影監督のチョン・イルソン、女優のカン・スヨンは、イム・グォンテク監督の作品世界を実現する強力な同僚であり後援者、ペルソナとして注目を浴びた。韓国的なものが世界に通用するという認識も、この頃から生まれた。結果的に『シバジ』はイム・グォンテク監督の映画製作においても新たな転換点であり、韓国映画が国際的に評価される重要なきっかけともなった作品である。

チョ・ヒムン（仁荷大学教授）

旅人は休まない 나그네는 길에서도 쉬지 않는다

1987年／イ・ジャンホ監督／35mm／カラー／ビスタビジョン

製作会社:パン映画社　製作:イ・ジャンホ　監督:イ・ジャンホ　原作:イ・ジェハ　撮影:パク・スンベ　照明:キム・ガンイル　編集:ヒョン・ドンチュン　音楽:イ・ジョング
美術:シン・チョル、ワン・スギョン　出演:イ・ボヒ、キム・ミョンゴン、コ・ソルボン、チュ・ソギャン　韓国公開:1988年6月
主な受賞:第2回東京国際映画祭 国際批評家協会賞、第24回百想芸術大賞 特別賞

癸の年［癸とは十干の10番目。西暦年の下一桁が3の年が癸の年となる］が暮れようしていたある日、スンソク（キム・ミョンゴン）は、3年前に亡くなった妻の遺骨を海へ撒くために、江原道のムルチを訪れる。彼は妻の骨を彼女の故郷である北朝鮮に埋葬してやりたいのだが、国境線を越えることはできない。海岸で散骨しようとしていたスンソクは、海岸警備員に追い出される。彼はある宿で、病のために寝たきりの老人と、その面倒を見る看護師（イ・ボヒ）と出会う。北朝鮮が故郷である老人は、できるだけ北に近い場所で死にたいと思っているが、彼の息子は理解しようとしない。スンソクは、老人たちを助けてやってくれないかと宿の主人に頼まれるも、断る。その日の晩、安ホテルに泊まっている登山客たちと偶然交流するようになり、酌婦を紹介されるが、彼女は突然発作を起こして亡くなった。他の宿に泊まると、そこで出会った娼婦もやはり死んでしまう。老人の息子は自分の部下を送り込んで老人を連れ帰り、残された看護師とスンソクはお互いの今までの人生について語り合い、結ばれる。看護師は、棺を3つ担いだ男と自分が出会い、結婚することになるだろうという巫女の占いについて話し、スンソクはそれが自分かもしれないと考える。2人はソウルで結婚することを決め、スンソクは先に戻って準備をすることにする。2人が別れようとしていた波止場では、ちょうど巫女による祭祀が行われていた。看護師は神の招きを受けたかのように自らの胸をつかみ、スンソクには巨大な手が幻のように浮かんで見えた。

寒渓嶺［韓国北部に位置する江原道にある峠］を越えると、旅人の行く道は、意志を離れ、運命的な分かれ道に差しかかる。『旅人は休まない』は、手相のようにひび割れて、激しく荒涼とした道を描いた映画である。実に多彩な作品を手がけ、「即興的で直感に依存した演出をする」と自ら言及してきたイ・ジャンホ監督にとって、『旅人は休まない』は、通俗的な新派劇風の要素や大袈裟な演出が見られない異例の作品だ。映画評論家の佐藤忠男は「これは南北に分断された国家に生きる人々の悲しみを痛切に描いた映画であり、またそれ以上の、人間存在本来の悲しみとも言うべき深い感情を表現した傑作である」と評した［李英一・佐藤忠男『韓国映画入門』、凱風社、1990］。キム・ヨンジン［評論家、明知大学映画ミュージカル学部教授］は「未曾有の傑作であり、ひたすら直感的で、無意識に頼って撮られた、つかみどころのない神秘な作品」という［原注1］。

『旅人は休まない』は、一般的には南北分断とシャーマニズムの宿命をテーマにした映画として、心理的リアリズムの映画（キム・シム［映画評論家、釜山国際映画祭専門委員］）、あるいは故郷を失った人々が無意識のうちに帰路を探る文学的なオデュッセイア（イ・ヨノ［映画評論家］）と評されてきた。本作は、1985年に李箱文学賞［1977年に韓国で制定された文学賞］を受賞したイ・ジェハの同名小説を原作としている。当時、文学賞の審査を担当していた高麗大学仏文学科のキム・ファヨン教授が、映画化を勧めたという。作品を読んだイ・ジャンホ監督の心に「赤い荒地の色をした、1本のモノクローム映画」が浮かんだ。それはイ・ジャンホ監督がずっと手がけてみたいと憧れていた作風のものだった。製作費に準ずる前金を出してくれる地方の興行主の力は借りないという心づもりで、江原道に雪が降ったという知らせを聞くなり旅に出るかのように出発し、現場で撮影場所を選びながら「このうえなくアマチュア」のように映画撮影が始まった［原注2］。映画が完成したのち、結局は現実的な与件に屈することにはなった［韓国での編集が技術的にうまくいかず、ポストプロダクションを日本で行った。また、東京国際映画祭に出品することになり、映画祭のロビー活動に相当な費用がかかってしまった］が、イ・ジャンホ監督は『旅人は休まない』を通じて自主上映制（劇場以外の文化空間を活用し、自ら映画を上映する制度）を試みたりもした。

さまざまな側面で、この映画は、感受性の革命を引き起こしたキム・スンオクの短編小説『霧津紀行』を原作とした

男のフラッシュバック（過去）と女の運命を暗示するインサートショット（予言）が織り交ぜられた映画の時間軸は、原作の時間を歪め、途切れ途切れにさせる。観客は、映画のストーリーを時の流れに沿って理解することが難しく、たんに男が道の上で幻想と闘っているということを情緒的に推し量るのみだ。

『霧』（p94）を連想させる。『霧』もやはり『旅人は休まない』のように、原作者が脚色に参加した映画である。霧、吹雪、濃霧など、煙霧が立ち込める心理的な空間への旅、狂女／娼婦の死、旅先で出会った見知らぬ女性とのセックスなどの素材も類似している。時間を主観化する手法において、この2つの作品は、アラン・レネ監督［フランス出身の映画監督。代表作に『去年マリエンバードで』（1961）などがある］のモダニズム映画を思わせると評価されることもあった。ところが、音声的なイメージ（主人公のナレーション、手紙の音読など）が視覚的イメージを圧倒したがゆえに『霧』が依然として文学的な立場にとどまっている一方で、『旅人は休まない』は人物を圧倒する風景、インサートショット（シャーマニズムを想像させる鈴、紙で作られた花、祠、四天王像）などを通して視覚的に際立ち、映像の独自性を創造した。原作者イ・ジェハが脚本に参加したため、男の過去を想像させるように設定された一部のショットを除き、ストーリーの流れや台詞の大部分は小説と似ている。旅の時間と順行する小説の時間軸では、過去は一定の時間を置いて話し手の記憶または幻想として呼び起こされる。一方、男のフラッシュバック（過去）と女の運命を暗示するインサートショット（予言）が織り交ぜられた映画の時間軸は、原作の時間を歪め、途切れ途切れにさせる。観客は、映画のストーリーを時間の流れに沿って理解することが難しく、たんに男が道の上で幻想と闘っているということを情緒的に推し量るのみだ。

　暗褐色のフィルターを通して撮影されたオープニングで映し出される道は、どこへでも繋がっているようだ。あるシーンでは、危険を知らせる交通標識からあちこちが舗装されていない荒れた道へと移動ショットで映し出す。ある時点からは幽霊（おそらく死んだ妻、もしくは故郷を恋しく思う老いた会長）の視線が、橋脚だけ残る崩れた橋を渡って、実際には不可能なはずの旅を続ける。南北分断を象徴する「民間人の出入禁止」という警告の立て札が掛けられた鉄条網の前では、この視線が漂うことさえも禁じられる。

　だが、故郷に帰ろうとする熱望は、2つのシーンを通じて叶えられる。ひとつは、スンソクが、雪が積もった宿屋の屋根の上へと妻の遺骨を撒き、尾根から雪が吹き払われて落ちていく場面。もうひとつは、看護師が寝たきりの老人がつかんでいた家族写真を破り、雪に覆われた野原へ撒くと、アウラジ［江原道 旌善郡の地名］の川辺で、濃霧が同じ方向へと流れていく場面だ。ほのかに白い川を神秘的に進んでいく様子

は、亡き者を慰め、極楽へと送る儀式をする巫女の船が黄泉の川を渡る姿のようにも見える。

　『旅人は休まない』のストーリーは、スンソクの目に留まった女性たち（実は死んだ妻の分身である）の死を踏みしめて進む。妻を失ったスンソクは、旅の途中で看護師、酌婦、娼婦に出会い、そのうち酌婦と娼婦が亡くなった（イ・ボヒが看護師、妻、娼婦の1人3役を演じている）。そしてラストシーンでは、宿命を意味するかのように、尾根から巨大な手のひらが浮かび上がる。映画評論家のキム・ソヨンは、この巨大な手を"再現の破局"と見た。分断という国家のアレゴリー、妻を失った男が哀悼するのをやめて再活性化する身体のイメージ。看護師の体は、そのすべての恨みを晴さなければならない霊媒のすべてとして機能しなければならないという、不可能な使命をもっている。ゆえに、巨大な手が浮かび上がったという意味だ［原註3］。別の見方をするならば、イ・ジャンホ監督の問題作『星たちの故郷』（p108）『馬鹿宣言』（p140）の結末が、女性の死に対する男性の哀悼で終わったのとは異なり、『旅人は休まない』は巨大な手のひらという不可解なイメージの前で男性をついに押し出す。神霊に接してエクスタシーに堕ちた女性の超越に招かれることがなかった男性は、哀悼、それに続く主体回復から完全に疎外された、憂鬱症にかかった主体として取り残されてしまうのだ。

　　　　　ソン・ヒョジョン（映画評論家、ソウル市立大学研究教授）

［原註1］キム・ヨンジン『イ・ジャンホVSペ・チャンホ』、韓国映像資料院、2008、p132
［原註2］イ・ジャンホ「イ・ジャンホ（50）──ロードムービー、『旅人は休まない』」、『シネ21』247号
［原註3］キム・ソヨン「運命の手？──歴史的トラウマと韓国の男性性」、『文学と社会』16(3)号、2003年8月、p198-199

チルスとマンス 칠수와 만수

1988年／パク・グァンス監督／35mm／カラー／ビスタビジョン

製作会社:東亜輸出公社　製作:イ・ウソク　企画:イ・グォンソク　監督:パク・グァンス　脚本:チェ・インソク　脚色:チ・サンハク、イ・サンウ　撮影:ユ・ヨンギル　照明:キム・ドンホ　編集:キム・ヒョン　音楽:キム・スチョル　美術:イ・ミョンス　出演:アン・ソンギ、パク・チュンフン、ペ・ジョンオク、チャン・ヒョク、ナ・ハニル、キム・ハリム、イ・ドリョン、ヤン・イルミン、パク・ヨンパル、ナ・ガプソン　韓国公開:1988年11月　主な受賞:第42回ロカルノ映画祭 青年批評家3位、第27回大鐘賞 新人監督賞、第25回百想芸術大賞 新人監督賞、第9回韓国映画評論家協会賞 新人監督賞

画才がある東豆川(トンドゥチョン)［京畿道北部の都市。在韓米軍基地がある］出身のチルス（パク・チュンフン）は、アメリカに住む姉から移民のための招聘状が届くのを待ちながら、生計の手段である劇場の美術部を辞め、非転向長期囚［政治犯として収監され、刑期を満了したにも拘らず、思想を改めていないことを理由に、拘留を継続されている者。北朝鮮工作員や反政府活動家など］の父親の連座制で苦しむマンス（アン・ソンギ）の助手として仕事をする。チルスは、自分の境遇を隠し、女子大生のジナ（ペ・ジョンオク）と付き合う。ジナに振られ、姉からの連絡も途絶え、もやもやしていたチルスと、父の問題で心穏やかでないマンスは、巨大な看板の塗装作業を終えた日の夕方、屋上の広告塔で鬱憤晴らしにふざけ出す。彼らは屋上で酒を飲み、鉄塔に登り、世の中に向かって大声を上げ、溜飲を下げる。しかし鉄塔の上で自由を満喫し、歌い踊る2人の姿を見た市民と警察は、これを時局問題に抗議するデモ行為と誤解する。警官と記者たちが集まり、事態は深刻な状況になっていく。結局、マンスは群衆のなかに飛び降り、チルスは警察に連行される。

　1980年代は、新軍部(パク・チョンヒ)［朴正煕大統領暗殺以降の混乱を抑えた全斗煥(チョン・ドゥファン)らが中心の軍部］の抑圧的な統制という息詰まる状況下で、映画をはじめとする韓国の大衆文化が窒息しそうになっていた時代だった。"土俗的エロティシズム"を標榜する映画が相次いでヒットし、現実の矛盾に対する映画界の答えは惨めですらあった。しかし、文化を通して社会を変革できるという認識が芽生え、大衆に広まりはじめたのもやはりこの時期だといえる。表向きの沈黙の内側で湧き上がっていた政治的な抵抗の動きが、大衆映画で再現されるまでには長い時間が必要だった。1980年代後半に登場したコリアンニューウェーブと呼ばれる一連の映画の流れは、長い空白の末に誕生した韓国映画による答えである。そしてその先陣を切ったのが『チルスとマンス』だ。

　『チルスとマンス』のプロローグは、ソウルの一角で繰り広げられる民間防衛訓練という状況をリアルに再現し、映画全体のメッセージを暗示する。パン［カメラを固定したままフレーミングを水平または垂直方向に移動させる撮影技法］を主としたカメラワークは、窓枠をはじめとする構造物によって人が閉じ込められているような効果を生み、ちぐはぐな音響は不安感をかきたてる。交通渋滞に悩まされていた道路を一時的にがら空きにさせる威圧的なイデオロギーの実態が現れる。朝鮮半島の特殊な状況である分断を言い訳に、国家の権威主義的な統制が行われる現状を視覚化。ニュースの一場面のような映画の表現により、ありきたりのパターンから抜け出し、なじみのない客観性を手に入れる冒頭のシーンだけでも、パク・グァンスという新人監督は、韓国映画界にその存在感を強く印象づけた。台湾の原作［黄春明による小説『二人のペンキ屋』。台湾でも映画化された］を脚色した演劇によってすでに知られていた作品だが、舞台では見ることができないスペクタクルなシーンで始まる本作は、1980年代の韓国社会を生き抜く個人に刻まれた歴史の痕跡を体現している。同じ原因から社会の底辺に転落し、互いに違う方向に向かうチルスとマンスは、私たち自身の内に存在する傷の、もうひとつの症状ともいえる。

　チルスは、売春宿で働いていた父親と、アメリカの軍人と結婚して韓国を離れ、ずっと前に消息を絶った姉を家族にもつ基地村［駐韓米軍基地周辺の村］出身の塗装工だ。彼の夢は姉の招きでアメリカに行き、アメリカンドリームを実現することだ。チルスは叶えられぬ欲望に引きつけられながら、アメリカを象徴する物に愛着をもつが、偶然に知りあった女

同じ原因から社会の底辺に転落し、互いに違う方向に向かうチルスとマンスは、私たち自身の内に存在する傷の、もうひとつの症状ともいえる。

子大生のジナは彼とは違う世界に住んでいて、チルスの疎外感を極限にまで募らせる。

　一方、チルスの同僚のマンスは、さらにストレートな韓国現代史の申し子だ。非転向長期囚の父のせいで連座制に縛られる彼は、最初から欲望を奪われ、社会のメインストリームに入ることさえできない。全国の方言を駆使し、力仕事をするマンスの姿は、彼にはアイデンティティを構成するための資源も十分に与えられないという、社会構造の断面を示す。妄想にひたって現実を回避するチルスとは異なり、マンスはアルコールや暴力の仮面をかぶって現実を冷ややかに見つめる。

　チルスとマンスが置かれた環境と彼らのキャラクターを通じて、韓国社会の断面を浮かび上がらせる映画の後半部では、高層ビルの屋上に設置された広告の塗装作業をする場面が描かれる。2人の男と建物の下との間の距離は、イデオロギーによる意思疎通の断絶が極限に至る光景を再現したものだ。彼らの幼稚で意図せぬ行動が自殺を企てているという誤解を招き、警察が出動しマスコミが興奮する光景は、コメディに見えると同時に、現実と対比されてほろ苦さを感じさせる。戸惑う2人が、自分たちの意図を切実に説明すればするほど、誤解の溝が深まり、被害者意識にとらわれて生きてきたマンスには、地上からの警告も脅しに聞こえるだけだった。結局、機動隊が屋上へと出動するや、四面楚歌の状況でマンスは地上に降りるてっとり早い方法を選ぶ。それは皮肉にも地上の群衆が内心期待していたかもしれない"賃金引き上げを要求する労働者の投身自殺"の主人公になることだ。

　朝鮮半島分断の矛盾が国の支配的な言説として定着し、出口のない人生を個人に対して押しつける現実を、死を通じて告発するマンスの選択は、もうひとつの逃避ともいえる。しかし6月民主抗争［大統領直接選挙制などを求めた民主化運動。1987年6月10日から20日間にわたって繰り広げられた］が中途半端な民主化を達成するのにとどまり、政治の無力感が解消されなかった当時の状況を考慮すると、はたしてマンスに冷徹な政治的覚醒と行動を求めることができたのか疑問だ。

　チルスもまた巨大な現実の壁にぶつかり、もはやアメリカに対する幻想のなかに自分を隠すことはできなくなる。地上へと引きずり降ろされ、パトカーに乗せられた彼は、怒りと諦め、疑問と絶望が混ざった表情で顔を上げ、片想いしていたジナを含め、受動的に映画を観ていた観客を凝視する。当

時としては大衆映画の新しい試みといえたこのような演出。つまり観客の視線の権力を奪い、現実と観客の密かな共謀関係を解体することにより、映画のテーマがもつ意識を共有させるこの映画のエンディングは、韓国映画史上もっとも深い余韻を残す場面として記憶されるに値する。

　『チルスとマンス』は、自らが置かれた状況に対して批判的な判断をしたり、適切な政治的対応をしたりできない下層市民への憐れみや、政治的な批判意識を媒介する知識人の視線が盛り込まれている。この時代以前の映画が見つめてきた韓国社会の姿が、社会の矛盾を表現することにおいて、現象に対する感情をストレートに表出するだけにとどまっていた面があるとすれば、本作は新人監督のデビュー作にもかかわらず、分断と外国勢力の介入、労働と疎外、ひいては意思疎通の不在と歪曲に至るまで、さまざまな問題を家族史という歴史性を基盤に緻密に組み立て、映画的な面白さを超え、認識の枠組みを広げた。こうした美点のおかげか、本作は韓国映画をたんなる地域性の表現として見る傾向にあった海外の評論家の間でも、好評を得ることに成功した。

ファン・ヘジン（牧園大学教授）

1980年代　155

ギャグマン 개그맨

1988年／イ・ミョンセ監督／35mm／カラー／ビスタビジョン

製作会社:泰興映画社　製作:イ・テウォン　企画:イ・テウォン　監督:イ・ミョンセ　脚本:イ・ミョンセ、ペ・チャンホ　撮影:ユ・ヨンギル　照明:チ・ジョンナム　編集:キム・ヒョン　音楽:キム・スチョル　美術:ト・ヨンウ　出演:アン・ソンギ、ファン・シネ、ペ・チャンホ、チョン・ムソン　韓国公開:1989年6月

三流キャバレーのコメディアン、イ・ジョンセ（アン・ソンギ）は、自分を天才映画監督だと思っている。彼はチョン監督（チョン・ムソン）についてまわり、監督デビューの機会を狙うが、体よく追い払われる。ある日、ジョンセは映画俳優が夢だという、町はずれの理髪店の主人ムン・ドソク（ペ・チャンホ）に、自分の映画の主演俳優にキャスティングすると約束する。一方、やくざ者から逃れ、劇場にやって来たオ・ソニョン（ファン・シネ）は、ひとり映画を見るジョンセの横に座ると突然キスをして、ジョンセの家までついていった。

キャバレーのステージでリハーサルをしていたジョンセは、舞台に上がってきた脱営兵（ソン・チャンミン）に人質に取られる。遠くでサイレンが鳴ると、脱営兵は持っていた銃と弾薬を彼に渡して自殺する。退屈な日常から抜け出したいソニョンは、傑作映画を撮るために本物の銃を使って銀行強盗をしようとジョンセに提案する。ドソクは銀行強盗を映画の脚本だと勘違いするが、事実と知って躊躇する。しかし、ジョンセは名作を撮るためだとドソクを説得する。さびれた田舎の銀行を襲うために、彼らは犯行計画を綿密に着々と練る。しかし結局、警察に指名手配され、逃走中に会った自動車整備工（キム・セジュン）が彼らを見つけると、

ドソクは偶発的に彼を殺してしまう。逃走の果てに釜山駅に着いた3人は、武装した警官たちに包囲される。このシチュエーションを夢だと認めないジョンセは「自首しよう」と言うドソクにウェスタン映画の一場面のように決闘を申し込むが、結局、ドソクの銃に撃たれて倒れてしまう。やがてドソクの床屋の椅子で寝ていたジョンセは目を覚ます。

"私たちが見ることすべては夢なのか、夢の中の夢のように見えるのか？"

名作がない時代に真実に満ちた作品を作ろう、と大言壮語する三流コメディアン。しかし傑作を目指す彼の壮大な夢は、思いもかけない逸脱や分離に至り、その挙句、彼はふと、すべては一幕の夢だったと思い知るのだ。いかなる恍惚の境地も、いつかは終わらなければならない運命、つまりは映画というたんなる虚しい夢、叶わぬ真昼の夢にすぎないのだろうか？　ともすれば、気だるい夏の夜の白日夢のような映画にも見えるイ・ミョンセ監督のデビュー作。『ギャグマン』は、独特で幻想的かつ過激なスタイル、ユニークなキャラクターが抱く夢や愛、そして映画とは何かを追及している。"イ・ミョンセ映画"と称される彼だけの世界を構築してきた監督が、自らに投げかけた最初の問いであり、今も続く旅の始まりのような作品だ。

時期尚早だった映画、韓国映画でもっとも奇抜なデビュー作、呪われた傑作。『ギャグマン』についてまわる修飾語はこうしたものだ。企画した当時、最高のスター、アン・ソンギとファン・シネ、映画界では同僚であり先輩でもあったペ・チャンホ監督の出演により、話題を集めた。しかしハリウッドのアクション大作『ダイ・ハード』（1988、ジョン・マクティアナン監督）の興行が大当たりしたせいで公開の時期を逃し、1年後の1989年に封切られ、批評家からも観客からも特別な関心をもたれぬまま、ひっそりと公開を終了せざるをえなかった。貧弱な現実に対する意識と告発を真摯な目線で描いた映画に新しい価値や賛辞の批評を与えた1980年代の韓国映画界で、現実を忘れたように夢やファンタジーの世界に逃避し、アウトローを夢見る『ギャグマン』の世界と主人公は、なかなか容認されなかった。彼らの大袈裟で子どもじみた脱走のプロセスは、当時の観客にもピンとこなかったのだろう。だが、それ以降、既存のリアリズムの考えとは異なる様式の現実認識、特有な映画的言語と想像力に注目する観客たちにより、『ギャグマン』は再発見され、韓国映画界のカルト、呪われた傑作、という評価もこうして与えられた。『ギャグマン』が注目を浴び、評価されるまでに時間がかかったのは、あまりにも時代を先取りしていたからなのだろうか？　そうだとすれば、本作が作られたのは、どのような時代だったのか。

韓国映画100選

真実が冗談になり、冗談が真実になる世の中、映画作りを夢見たが、むしろ強盗となり、あがいた挙句に失敗してしまう3人組の滑稽な動作の背後には、人生がもつ冷ややかさと虚無感がそのままにじみ出る。

名作を作ろうと映画の現場をのぞき見する、キャバレーのコメディアンのジョンセ、俳優志望だった昔の夢を胸に秘めた場末の古い理髪店の理髪師ドソク、やくざ者に追われて迷い込んだ映画館でジョンセと出会うソニョン。3人が、ジョンセが脱営兵から偶然に手に入れた銃で銀行を襲い、映画を撮る金を工面しようとする。退屈な現実を抜け出し、何かを求める3人組の旅路。しかし彼らのアウトローぶりは、反抗と暴走、そこから噴出される解放感であふれるハリウッドの脱走物映画などで見慣れたものとはまったく違う。純粋に映画のロケハンと信じて銀行強盗のために様子を探り、銀行員に警備体制を尋ねるドソクのせいで、事が起きる前に警察に追われたり、田舎の銀行を襲撃すれば、いい年のやくざ者から命からがら逃げるはめになったり。質屋の主人に銃を向けるものの金を借りに来たと誤解されて銃を取られ、警官に化けた強盗に強奪されそうになるという、どこか曖昧で無分別に見える中途半端な3人組。『ギャグマン』は、『馬鹿宣言』（p140）の、ドンチル、ユクトク、ヘヨン、または『鯨とり』（p142）のミヌやビョンテ、チュンジャを呼び起こし、彼らが向かおうとしていたのとはまた別の場所、すなわち現実とファンタジー、夢と死の境界にある、夢か現実かわからないところに彼らを連れていく。

チャールズ・チャップリン、またはサイレント映画時代の道化役コンビ、ドン・キホーテと従士のサンチョ・パンサを連想させるジョンセとドソク。とにかく噛み合わない不条理な状況と、連続して見る夢のように、さしたる必然性もないエピソードが羅列して繰り広げられる話。けだるい雰囲気の理髪店と撮影セット、暗いナイトスポットのステージのように様式化された空間。『ギャグマン』は当時の韓国映画とはまったく違う手法で映画と現実について物語る。社会の矛盾と現実を反映させなければならない、というリアリズム映画の製作が中心となってきた韓国映画において、まぼろしのようなノスタルジアを刺激する『ギャグマン』とイ・ミョンセ監督の登場は、非常に斬新だった。そして『ギャグマン』に始まり、『私の愛、私の花嫁』（p170）『初恋』（1993）などに続く、揺るぎなく構築されたイ・ミョンセ監督独特の人為的で誇張されたスタイル、歴史意識の不在などは、彼を形式主義者、スタイリストと呼ぶに十分であった。しかし同時に忘れてはならないのは、イ・ミョンセ監督が持つ特有の形式美、人工的なものの裏には、現実についての認識と人生に対する哀感のようなものが、絶えず色濃く漂っている点である。

『ギャグマン』における現実に対する悲しみやアイロニーは、タイトルから連想されるようにコメディの形式で倍増される。映画のオープニング。チャップリン風のひげを生やし、キャバレーの暗いスポットライトの下で顔を歪ませておどけながら登場するジョンセは、滑稽な表情の裏で独り言のように、店を訪れる人々の退屈な日常をあざ笑う。だが、映画への情熱と才能を見せようと撮影現場に出向く彼自身もまた、滑稽な容貌であるがために、その映画に向ける情熱さえも嘲笑の対象となるのだ。しかし、本作で現実のアイロニーがもっとも目立つシーンは、銀行を襲ったジョンセ一行が、キャバレーのステージで犯行を告白するシーンだろう。彼らの強盗行脚をジョンセが告白するが、客の爆笑を誘う冗談となり、映画を作ろうという彼らの荒唐無稽な宣言が拍手喝采を受ける。真実が冗談になり、冗談が真実になる世の中、映画作りを夢見たが、むしろ強盗となり、あがいた挙句に失敗してしまう3人組の滑稽な動作の背後には、人生がもつ冷ややかさと虚無感がそのままにじみ出る。いつも映画を通して自分の見る夢の中に案内しようとしてきたイ・ミョンセ監督。彼の最初の夢への招待であった『ギャグマン』は、時代を先取りしすぎていたのではない。誰も試みることがなかった見慣れぬ手法で、夢と現実、そして映画とは何なのかを語ろうとした作品だったのだ。

モ・ウニョン（韓国映像資料院プログラマー）

達磨はなぜ東へ行ったのか

1989年／ペ・ヨンギュン監督／35mm／カラー／ビスタビジョン

製作会社：ペ・ヨンギュン プロダクション　監督：ペ・ヨンギュン　脚本：ペ・ヨンギュン　撮影：ペ・ヨンギュン　照明：ペ・ヨンギュン　編集：ペ・ヨンギュン
音楽：チン・ギュヨン　出演：イ・パニョン、シン・ウォンソプ、ファン・ヘジン、コ・スミョン、キム・ヒリョン、ユン・ビョンヒ　韓国公開：1989年9月
主な受賞：第42回カンヌ国際映画祭 ある視点部門 黄金カメラ賞、第42回ロカルノ映画祭 最優秀作品賞、第10回韓国映画評論家協会賞 審査委員特別賞

深い山奥。

老僧ヘゴク（イ・パニョン）と童僧ヘジン（ファン・ヘジン）が住む山寺に、青年僧ギボン（シン・ウォンソプ）がやって来る。ギボンは世間の情を断ち切ることができず、見性成仏［自分に本来そなわっている仏性（仏となりうる性質）を発見して悟りを開き、仏となること］で悟りを得ようと住職の紹介でヘゴクを訪ねたのだ。

ヘゴクと絶えず精神的な交流をもつギボンは、法を得るための苦行と修行をするが、依然として人倫［人と人との間柄・秩序関係。君臣・父子・夫婦などの間の秩序］と血肉の情、世間の欲望から脱することができず、苦悩と煩悩に葛藤する。ヘゴクは自らの死期を悟り、ギボンに誰にも知らせずに自分を火葬してくれと頼み、ギボンはヘゴクを茶毘に付す。すべてを済ませた後、ギボンはヘジンにヘゴクの遺品を手渡して山寺を去る。ヘジンは去っていくギボンに対し、どこに行くのかと尋ねるが、ギボンは空を見上げるだけだ。

日が暮れて山寺にひとり残ったヘジンは、火のついたかまどにヘゴクの遺品を入れて燃やす。

ペ・ヨンギュン監督の『達磨はなぜ東へ行ったのか』がとても好きで、ビデオで何回も見た時期があった。さらに、このビデオを流したまま寝たりもした。そんなに狂ったように映画を見て、当時、私は映画の台詞をほぼすべて暗記していた。ヘゴク和尚の格調高い台詞を聞き、世俗の埃のような人生の無常さと、その無常さを乗り越えようとする禅宗［仏教の一派。もっぱら座禅を修行し、内観・自省によって心性の本源を悟ろうとする宗門］の孤高な精神に深い感銘を受けたものだ。

映画のオープニングに出る「彼は真理を問う弟子の前に、無言のまま一輪の花を手に取って見せた」という字幕。いわゆる"拈華微笑"［禅宗で、以心伝心で法を体得する妙を示すときの語］である。ペ・ヨンギュン監督は、この映画を一輪の花として、世間に見せたのである。では、私たちは何を見たのか？　本作は、ペ・ヨンギュン監督の話頭［禅宗で、古則・公案の一節。または、その一則のこと］である。すべてが、善知識［仏教の正しい道理を教え導く師、高徳の僧であるヘゴク和尚の問いと、これに対する修行僧ギボンの答えで構成された話頭。話頭は、禅宗の知識と世界観だ。例えば、映画の始まりの部分でヘゴク和尚は独り言で「無始無終の本来は無一物だ。始まりも終わりもない。生まれも死にもしないこの一物」と吟ずる。このとき、1匹のヒキガエルが切なく這っていく。何もない虚しいものを探して、切なく這いずりまわるヒキガエルのような私たちの人生の比喩、その卓越した視覚化。

善知識であるヘゴクの珠玉のような禅宗的な問いは、今、私たちが生きているこの世の無常に対して頓悟［段階的な修行を踏むことなく、一挙に悟りを開くこと］を与えるに不足はない。ゆえに映画が外国語に翻訳される瞬間、固有のその味わいは消える。漢字語中心の仏教用語を外国語の日常語に訳すのは、翻訳ではなく意訳になってしまうのだ。

『達磨はなぜ東へ行ったのか』は、3人の僧侶の物語だ。善知識であるヘゴク和尚は仏道に精進しながら人生の終わりを迎え、若い修行僧ギボンはヘゴクの下で火のような情熱で精進し、幼いヘジンは世間に対する疑問に満ちている。軸となるのは、ギボンの葛藤だ。仰事父母［父母を敬い仕えること］の天倫［自然に定まっている人と人との関係。親子・兄弟関係など］に背く煩悩、見性成仏の境地に向かう熾烈な精進。その間でギボンは苦悩し、また苦悩する。ヘゴク和尚はギボンに話頭を与える。「心の月が水面下で満ちるとき、自

達磨が東側へ行った訳は？

要するに、宗教が生と死を扱うことでその境界から解脱するのであれば、本作はその過程を緻密に描いているといえる。

らの主人公はどこに行くのか？」。この話頭は煩悩と妄念 [煩悩によって引き起こされる、邪悪な思いや誤った考え] の海を渡って真の自分の根に到達する術となる。ギボンはこの話頭を噛みしめ、精進する。

もちろん、その過程で俗世の母を訪ねた後、山奥での修行を辞めようともしたし、気持ちの揺らぎに勝とうと命がけの修行をしたりもする。だが結局、ヘゴク和尚が遺言として残した言葉のように、「天地の間に私はおらず、天地が私ではなく、また私はいない」という境地を悟る。最後のシーンでヘジンを苦しめた鳥は空高く飛んでいき、ギボンは牛を引いて川に沿ってさかのぼる。ヘジンはヘゴク和尚の遺品を燃やして物と人への執着から脱し、ついに彼を苦しめた鳥の妄念から脱することができ、ヘゴク和尚を火葬したギボンはその儀式の後、太陽が昇る自然を見て大悟を得て去っていく。そしてこの悟りは仏門で生命の根源と考える牛と共に真の自分に向かう。オープニングの字幕が示唆する"枯華微笑"に対するペ・ヨンギュン監督の答えだ。

実際、映画は生と死の話をしている。俗世で葬られた存在のヘジンは山奥で生きるが、彼は子どもたちのいたずらと鳥のせいで水に溺れて死を味わう。ヘジンが殺した鳥はどうだろうか？ 彼はまず死を体験し、再びヘゴク和尚の死を経験する。ギボンは俗世で自分を殺した後、山に入るが、依然として自分を捨てられず、修行中に深い渓谷で死を味わう。そしてまさに自分の師匠の死を通じて、俗世の自分を殺し、真の自分に会うことが可能になるのだ。要するに、宗教が生と死を扱うことでその境界から解脱するのであれば、本作はその過程を緻密に描いているといえる。

『達磨はなぜ東へ行ったのか』の特異な点は、真の自分を探す禅宗の思想を物我一如 [客観と主観が1つになること。自他の境目のない状態] の東洋的なカメラの構造のなかに収めていることだ。2人が修行をするとき、人物は風景と交わり、ひとつになる。風の音ひとつ、虫の鳴き声ひとつが重要なサウンドだ。言葉通り、世の中に自分はおらず、自分ではないものもない。その物我一如の境地をスクリーンに再現しているのだ。美術を専攻した監督らしく、苦悩して煩悩するギボンの姿は、最大限に照明を暗くし、黒雲に囲まれた人物として描かれる。まるでユン・ドゥソ [朝鮮の学者・画家。科挙に合格するものの政治には関わらず、儒教と絵画に人生を捧げた] の肖像画を見るかのように、煩悩に満ちた顔だけをカメラに収めることで、極端な効果を加える。こうして本作は、リアリズムと表現主義の間を自由自在に行き来しながら、解脱の絶対的境地を追及する求道者の姿を映し出す。おそらくペ・ヨンギュン監督にとっては、映画そのものがひとつの求道の過程だっただろう。

実に驚くべきことは、編集だ。昔、夜に寝そべりながらこの作品を考察してみたことがあった。気づいたのは、台詞も画面の構造も分析できるが、編集はそうではないということだった。ギボンの現在と過去、大過去が随時連結して（本当に心のままに編集されている）、そこにヘゴク、ヘジン、ギボンのストーリーも随時織り込まれる。ここでは時間の原則が重視されていない。空間の原則も重要ではない。特に序盤60分の編集は、ひたすら意識の流れ、または詩的な編集に任せたというほど、劇中の精神だけに沿っていく。驚くのは、それでいて、言いたいことをすべて語っているということだ。

いかなる映画も『達磨はなぜ東へ行ったのか』の前では塵のような存在になってしまう。その孤高な映画に比べると、何でもない映画になってしまうのだ。本作は今の韓国映画が、つまり西欧から渡ってきた映画という媒体を、いかに韓国的な思想を込めた媒体として土着化させ、内容と形式の土着化を通して再び深みのあるハイレベルな映画を作り、海外に発信することができるのかを見せてくれた貴重な事例だ。断言すると、韓国映画史において『達磨はなぜ東へ行ったのか』のような作品が再び登場することは難しい。この映画の誕生は、ほとんど奇跡のようなものである。

カン・ソンニュル（映画評論家、光云大学教授）

1980年代　159

『風の丘を越えて〜西便制』(1993、イム・グォンテク監督)

1990年代

ウムクペミの愛

ストライキ前夜

南部軍　愛と幻想のパルチザン

追われし者の挽歌

私の愛、私の花嫁

競馬場へ行く道

結婚物語

ホワイト・バッジ

われらの歪んだ英雄

風の丘を越えて〜西便制

ナヌムの家

美しき青年、チョン・テイル

つぼみ

豚が井戸に落ちた日

ナンバー・スリー

8月のクリスマス

カンウォンドの恋

シュリ

NOWHERE〜情け容赦なし〜

ペパーミント・キャンディー

ウムクペミの愛 우묵배미의 사랑

1990年／チャン・ソヌ監督／35mm／カラー／ビスタビジョン

製作会社:モガドコリア　製作:ソ・ビョンギ　企画:ソン・ギョンフン　監督:チャン・ソヌ　原作:パク・ヨンハン　脚本:チャン・ソヌ、イム・ジョンジェ　撮影:ユ・ヨンギル　照明:キム・ドンホ　編集:キム・ヒョン　音楽:イ・ジョング　美術:チョ・ユンサム　出演:パク・チュンフン、チェ・ミョンギル、ユ・ヘリ、イ・デグン、チェ・チュボン、キム・ヨンオク、シン・チュンシク、チョン・サンチョル、ソ・ガプスク、ヤン・テクチョ　韓国公開:1990年3月　主な受賞:第26回百想芸術大賞 大賞・作品賞・新人監督賞

　失業し、遊んで暮らしていたペ・イルド（パク・チュンフン）は、スカート縫製工場に就職し、家族と共にソウルを離れ、京畿道(キョンギド)郊外の静かな田舎の村、ウムクペミに来た。

　イルドは工場で隣に座ったミン・ゴンネ（チェ・ミョンギル）が気になり、夫の暴力に悩んでいたゴンネはイルドに心揺さぶられる。イルドに初月給が出た日、イルドとゴンネは2人で夜汽車でソウルへ向かい、旅館で一夜を共にした。その後、2人はウムクペミでまわりの目を避けながら情熱的に愛を重ねる。だが、2人の関係が町の住民に知られると、家を出て、ソウルで一緒に暮らしはじめる。嫉妬と裏切りへの怒りに駆られるイルドの妻（ユ・ヘリ）は、執拗に夫の行方を捜し、ついにイルドとゴンネが暮らす家を見つけ出す。イルドは、妻に無理やり家に連れ戻され、イルドとゴンネは別れることになる。イルドとの愛のためにすべてを捨てたゴンネは、しばらくしてからイルドの元を訪れ、最後の別れを告げる。

　1990年代、チャン・ソヌ監督は論争の渦中にいた。彼の映画は、1980年代とは異なる同時代的な感覚を吸収したせいで、厳しい論争の中心に置かれることになった。今、この場で、チャン・ソヌ監督が"時代に先駆けたシネアスト［フランス語で映画人］"であると断定はできない。しかし、チャン・ソヌ監督が捉えていた当時の感覚と時代の空気、特有の奇抜なスタイルについては、1980年代中後半と1990年代に対する新たな説明が必要なように、現在進行形の質問が必要だと考えられる。

　チャン・ソヌ監督が3本目の作品として発表した長編映画『ウムクペミの愛』は1989年に製作が始まり、1990年に公開された。1989年は、民衆映画運動陣営のチャン・ソヌ監督をはじめとする数多くの左派の社会運動家に、衝撃的な年として記憶されている。同年末、ベルリンの壁が崩壊し、現実の社会主義は資本主義の猛烈な勢いのなかで歴史の彼方に消え去った。1980年代は、民主化に対する情熱と同等に、社会主義的な理想と開発近代化と資本主義システムを超えたものを想像し、夢見る希望をもっていた。だが、1990年代は、その希望が崩れたところから始まったのだ。『ウムクペミの愛』はまさにこの時期に製作され、公開された映画で、既存の民衆運動陣営のリアリズムとは異なり、より通俗的な庶民の生活とジャンルの慣習に密着した新たなリアリズムの形を示すと同時に、コリアンニューウェーブの新たな始まりを知らせる映画として評価されている。チャン・ソヌ監督の作品で一種の過渡期に位置する『ウムクペミの愛』は、都市郊外の田舎町を中心に、庶民の暮らしを笑いとユーモア、メロドラマの技法で描く。そこでは、既存の政治的なリアリズムの磁場から抜け出し、都会にも田舎にも属することができない境界人たちが互いに反目し合うような人生に密着した"生活型"庶民劇が繰り広げられる。

　パク・ヨンハンの連作小説『ワンルン一家』の一編「ウムクペミの愛」を映画化した本作では、ウムクペミは作品のテーマを凝縮して表す空間だ。小説『ワンルン一家』ではウムクペミは金浦(キムポ)市近くに位置する小さい村の名前として登場するが、映画では京畿道にある乱開発が押し寄せている小さな村として描かれる。不均衡な乱開発で不動産投資がさらに激しくなり、正当な雇用の代わりに不法と投機が横行するなか、資産のない庶民はソウルから追いやられ、都市周辺部に集まる。さまざまな人生の闘争が塊のようにひとつに集まったウムクペミは、不均衡な発展と貧富の格差によって苦しむ

162　韓国映画100選

イルドとゴンネの愛と同じくらい印象的なのは、追いつめられた人生、すべてを失った人生を切なくも温かく見つめる監督の視線だ。

空間であり、場末の人生から抜け出そうとする庶民の拠点でもある。また、イルドとゴンネがスカート工場で初めて出会い、互いの配偶者の目を避けて愛し合う空間であり、都市の生活から押し出された周辺地域の人々が、それぞれの生活の糧を握り、互いに助け合い、希望をつくり出そうと集まった生活の場でもある。

"現実的な生活の場"から"道を踏み外さざるをえなかった者たちの不倫"はこのうえなくロマンティックだが、規範的な世界では許されないことでもある。イルドとゴンネが初めて互いの気持ちを確かめた日、2人は人目を避け、夜行列車に乗ってできるだけ遠くに逃げる。終着駅からタクシーに乗り、さらに郊外に向かったり、金のない日には田舎のあぜ道にあるビニールハウスで人知れず愛を育んだりする。彼らの愛は秘密であるがゆえにより切なく、不可能であるがゆえにより哀しい。

彼らの愛は、経済的にどん底な状態と、前近代的な家父長制の典型とみられる人物であるゴンネの夫パク・ソクヒからの逃避であり、現実的な人生を想起させて体現するイルドの妻から抜け出す居場所である。それは、まさに脇道に反れてこそ可能となる愛だ。彼らはなんとしてでも現実の非常口で愛を探し求め、愛のなかで彼らには許されない幸せな人生、また別の人生について幻想を育もうとする。彼らのメロドラマが切ない理由は、不可能であることに対する一種のファンタジーであるためだ。反面、イルドのそばを離れない妻の必死さは、絶望的な状況でも生きようとする庶民の生存意思と生活力を思わせ、この映画に現実的な生気と活気を少しだけ吹き込む。

またイルドとゴンネの愛と同じくらい印象的なのは、追いつめられた人生、すべてを失った人生を切なくも温かく見つめる監督の視線だ。これは、下層階級の哀歓を正直に描いたパク・ヨンハンの小説のユーモアと語り口によるところが大きい。だが、ここにチャン・ソヌ監督は、都市と周辺地域の視覚的な対比、古臭さと新しさを行き来する音楽などを効果的に配置し、都市と町外れの対比、周辺地域の暮らしの悲哀とダイナミックさを表すことに力を注ぐ。

ある種の中間地帯を作り出すウムクペミのイメージは、ユ・ヨンギル撮影監督によって、序盤、イルドの一家が都市からウムクペミに戻ってくる車窓の風景の変化を通して対照的に描かれる。カメラはぎっしりと建ち並ぶマンションとそびえる高層ビルと都心の道路を経て、京畿道に向かう道のあ

ちこちに放置された農村の工場の風景と送電塔を荒涼と映し出す。持たざる者に与えられた風景は厳しく、一日中、休みなくミシンを踏む労働の現場は苦しいだけだ。それでも一日一日、暮らし続けるウムクペミの人々が見せる人生の活気は印象的だ。ノリのいい大衆歌謡のリズムに労働の現場の苦しさは消え、しばし座り込んでマッコリを飲み、つらかった労働を笑いに変える。民衆劇運動の痕跡をうかがわせる音楽も印象的で、イルドの妻が家出したイルドを見つけ、家に連れて帰るシーンに使われたチャジンモリ［パンソリなど韓国の国楽に使用される拍子の一種］技法の音楽などは、映像と相まって劇的な緊張感を倍増させるために積極的に活用されている。たとえこのような様式をチャン・ソヌ監督以後の作品で発見するのは難しいとしても、チャン・ソヌ監督にとって『ウムクペミの愛』は、1980年代を整理し、締めくくる作品であり、韓国映画史にリアリズムの新たな道標を示した作品といえる。

パク・ヘヨン（韓国映像資料院研究員）

1990年代　163

ストライキ前夜 파업전야

1990年／チャンサンコンメ／35mm／カラー／ビスタビジョン

製作会社:映画製作所チャンサンコンメ　製作:イ・ヨンベ、イ・ウン　監督:イ・ウン、イ・ジェグ、チャン・ドンホン、チャン・ユニョン　脚本:コン・スチャン、キム・ウンチェ、ミン・ギョンチョル　撮影:キム・ジェホン、オ・ジョンオク、イ・チャンジュン　照明:キム・ジョンホ、ソン・フン、イ・ユンドン、イ・チョニョン、イム・テヒョン　編集:チョン・ソンジン、チョン・ジンワン　音楽:アン・チファン、チョ・ソンウク　出演:カン・ヌンウォン、コ・ドンオブ、キム・ドンボム、パク・ジョンチョル、パク・ホンギュ、シン・ジョンテ、オム・ギョンファン、ファン・テオン　韓国公開:1990年3月

トンソン金属の鍛造班に新たに入ったチュ・ワニクを、班員たちは歓迎する。200名あまりの鍛造班のひとりであり、なんとかして貧しさから抜け出したいハンスには、ささやかな夢がある。弟を大学に行かせ、縫製工場で働くミジャと結婚し、穏やかな家庭を築くことだ。一方、キム専務は、労働者たちが労働組合を結成する動きに備えて緻密な事前準備を行い、ハンスは日ごろ世話になっている主任によって、会社側に立つ労働者にされてしまう。鍛造班の中核であるソックとウォンギは労働組合の結成を決議し、鍛造班員たちは残業や特別勤務を拒否し、労働組合の設立準備をする。主任から班長への昇進を提案されたハンスは、ワニクを密告する。そのことでワニクは大学生の身分を失い、解雇されると同時に拘束される。労働組合の結成後、会社は労働組合の中核の人々を解雇したが、組合員たちは出勤して闘争を続け、会社に対抗している。そんななか、ウォンギが襲撃される事件が起こり、組合員たちはハンスの仕業だと考える。このことからハンスは、自分が管理者たちの企みに乗せられたことを知る。会社側は暴力団を雇い、座り込みをしている解雇した労働者を暴力で鎮圧

する。労働者たちはバリケードを築いて対抗するが、暴力団の無差別な暴力にはなす術がなく、工場の外に無残に追いやられる。ハンスは同僚たちのみじめな姿に背を向けることができず、工場の機械を止め、ほかの労働者と一緒に彼らを救いにいく。

独立映画という言葉が社会的に認知される以前から、韓国には独立映画が存在していた。1980年代頃から小規模なグループで、大衆映画に対抗する運動という形で製作されはじめたのだ。このようにして製作された作品は、非制度圏映画、代案映画、小さな映画、民族映画、民衆映画などの名前で呼ばれ、小規模なプロデュースと上映方式で続いていった。"独立映画"という名称で呼ばれるようになったのは1990年頃だ。独立映画は社会運動から生まれたものだが、映画界を志望する者たちが練習作としてではなく、明確な目的意識をもって作ったという点が重要だ。当局の検閲を意識して商業性だけを目指していた映画界の流れに対抗し、自分なりのメッセージとビジョンで社会矛盾を告発し、大衆の意識を鼓舞する社会批判の映画を作りはじめた。このようにして生まれた韓国の独立映画は、社会矛盾に対抗し、その伝統は今も続いている。

独立映画は、現実への問題意識をもち、既存の社会体制に対する強い批判と共に、新たな映画の展望を提示しようとした。独裁政権時代、政府の弾圧は当然視されており、韓国の独立映画はその圧迫のなかで誕生した。1990年に完成した『ストライキ前夜』は、1980年代に始まった韓国の独立映画運動の頂きにある映画だ。"映画製作所チャンサンコンメ"という団体による共同脚本と共同演出で完成した本作は、労働者たちが労働環境改善のために立ち上がり、会社側の弾圧に対抗して労働組合を結成する過程を年表のように描いた作品。この作品以前にも、労働者を主人公にした韓国映画はあったものの、労働条件を改善して労働組合を結成しようとする、いわば社会階層を意識したレベルでの覚醒にまで至る映画はなかった。そうした意味で『ストライキ前夜』は、韓国で最初の労働映画と呼ぶに値する。

『ストライキ前夜』は労働者の要求が堰を切ったように噴出した1987年秋、作業服を着て食事をしている労働者たちを映す場面から始まる。食事中にひとりの労働者がトレイをひっくり返してテーブルに乗り、労働者たちの奮起を求めるスローガンを叫び、管理者たちに強引に連れ出される。1年後、劣悪な労働環境と低賃金に苦しんでいるトンソン金属の労働者。毎日の残業と徹夜、そして人を人とも思わないような待遇の悪さなどに不満をもった鍛造班員たちは、残業のない給料日をきっかけに小さな会を作る。そのなかのウォンギとソック、学生であることを隠して労働者として働くワニクを中心に、民主的な労働組合を作るための活動が可視化され

『ストライキ前夜』は、当時、高まっていた労働運動と学生運動に、活力を与える起爆剤の役割をし、反政府闘争の中心的存在となった。

る。そしてもうひとつの対立軸として、目の前の呪縛にとらわれて、自分の権利を取り戻すことをためらうハンスが登場する。労働者たちは会社側の妨害工作をかいくぐり、労働組合の結成を進める。しかし、会社側は、解雇に対抗した労働者に対して、暴力団を動員して弾圧をするなど、強固な姿勢を崩さない。断固たる意志で占拠し、座り込みに入った労働者たちだが、会社に動員された暴力団によって無残に連れ出されてしまう。その姿を見つめていたハンスをはじめとする労働者たちは、自分を閉じ込めていた呪縛を脱ぎ捨て、スパナを手に持ち、同僚たちを救おうと飛び出す。

『ストライキ前夜』は、よく練られた脚本と緻密な下準備によって、製作費の制約をものともせず、完成度の高い映画になった。本作は緻密な計画で、1990年3月から大衆に向けて公開された。上映場所は一般の映画館ではなく、演劇用の小劇場や大学の講堂が中心だった。上映と同時に、盧泰愚政権は本作を口実に労働運動と学生運動に対して大規模な弾圧を始めた。しかし、5月になってメーデーと光州事件の記念日を迎えると、学生街を中心に上映が組織的に行われ、満ち潮のように観客が押し寄せた。1990年5月の政局を"ストライキ前夜政局"と呼ぶほど、『ストライキ前夜』に対する弾圧は強烈なものだった。映画が上映される学生街にはヘリコプターが飛び、数多くの警察官が動員されて、上映を阻止しようとした。大学を侵奪しようとする警察と、対峙する学生たちの抵抗が激しく行われた。映画の製作陣のほとんどが拘束されるか指名手配され、映画を上映する学生団体の幹部もやはり拘束され、映画を観た観客たちも連行される状況だった。弾圧の理由は事前審議を受けずに映画を不法に上映したというものだったが、実状としてはこの映画を通して社会意識が高揚することを防ぎ、政権を守ろうとする政治的な計算だった。拘束された人々の多くは、映画法ではなく、国家保安法［反国家活動取締法。反国家団体の結成、加盟、破壊活動、スパイ行為などを禁止する］に違反したとして尋問を受けたという。

『ストライキ前夜』は、当時、高まっていた労働運動と学生運動に、活力を与える起爆剤の役割をし、反政府闘争の中心的存在となった。この作品で重要なことは、当時の文化芸術運動の才能を総動員し、『ストライキ前夜』を死守して闘争の熱気を引き継ぎ、同時に映画を配給したということだ。大学で不定期に上映されたため、来場客数は正確に算出されていないが、おおよそ40万人以上の観客が観たと伝えられてい

る。『ストライキ前夜』は作品の完成度と配給の成功により、当面の間、ほかに類を見ないほど成功した映画となった。

しかし『ストライキ前夜』は、これまで蓄積された独立映画の才能を集めて結果を作り出すという点ではうまくいったが、その成果をのちの独立映画に残すことには成功しなかった。『ストライキ前夜』の製作陣をはじめ、大多数の独立映画の製作者たちは忠武路に進出し、大衆的な商業映画が変化する契機がつくられた。だが、たちまち大衆的な商業映画の一部になってしまい、商業映画と独立映画の交流を引き出すことはできなかった。一方で、美学的な側面では映画のドラマトゥルギー［シナリオの構成］が月並みなハリウッド映画の構造を踏襲しているという点で、進歩的な映画言語をもたないという批判的な見方も多数存在した。進歩的な価値を追求しているが、映画の形式が保守的であるために保守的な作品にならざるをえないという問題提起には説得力がある。

このような映画的な論点は、以降の独立映画の発展の大きな支えとなった。そして、緻密な企画を通じて共同創作した成果物を、社会運動全体が力を合わせて配給するという原動力は、今では想像しがたいものだ。また、独立映画の存在を映画界だけでなく、社会的に初めて認識させたという点で、この作品は依然として価値ある映画である。

チョ・ヨンガク（ソウル独立映画祭執行委員長）

1990年代　165

南部軍 愛と幻想のパルチザン 남부군

1990年／チョン・ジヨン監督／35mm／カラー／ビスタビジョン

製作会社:南(ナム)プロダクション　製作:チョン・ジヨン　企画:パク・ゴンソプ　監督:チョン・ジヨン　原作:イ・テ　脚本:チャン・ソヌ　撮影:ユ・ヨンギル　照明:キム・ドンホ　編集:キム・ヒョン　音楽:シン・ビョンハ　美術:チョ・ユンサム　出演:アン・ソンギ、チェ・ジンシル、チェ・ミンス、イ・ヘヨン、カン・テギ、ツイスト・キム、チョ・ヒョンギ、トッコ・ヨンジェ　韓国公開:1990年6月　主な受賞:第11回青龍映画賞 監督賞

朝鮮戦争時、朝鮮人民軍による占領下の全州(チョンジュ)で朝鮮中央通信社の記者として働いていたイ・テ（アン・ソンギ）は、米韓連合軍の攻勢によって全州が危機にさらされると、同僚と共に猟雲山(ヨブンサン)にある朝鮮人民軍全羅北道遊撃隊司令部に向かう。遊撃隊に加わり、戦闘部隊の小隊長に任命されたイ・テは、キム・ヨン（チェ・ミンス）ら隊員を率いてパルチザンとして活動を始める。

1950年11月、部隊が出動している間に討伐軍が迫ってきたため、衛生兵のパク・ミンジャ（チェ・ジンシル）と共に脱出したイ・テはやがて彼女と愛し合うようになった。だが、苦労して部隊に合流したものの、司令部の命令で2人は別れることになる。遊撃隊司令部に配属されたイ・テは、政治宣伝の任務を負って活動する。1951年6月には南部軍に所属し、集結地である智異山(チリサン)まで移動した後、イ・ヒョンサン[智異山遊撃隊時代からの指導者。南朝鮮労働党の正統性を主張し、北朝鮮労働党主導の合党を批判、自ら率いるパルチザンが朝鮮人民軍に編入されることを快く思っていなかったとされる]の指揮下でイ・ボンガク（トッコ・ヨンジェ）、キム・ヒスク（イ・ヘヨン）らと共に本格的なゲリラ活動に従事することになる。ところが、一時は華々しい戦果をあげた南部軍だが、1951年末から始まった大々的な討伐作戦によって危機に陥り、苦難の後退を辿る。その過程でキム・ヨンらと共に本隊から脱落したイ・テは、結局、1952年3月、討伐軍に逮捕される。

　解放と分断45周年を迎えた1990年に上映された映画『南部軍』は、国際的な冷戦体制と韓国社会を支配してきた反共・冷戦イデオロギーに亀裂が入る時代状況のなかで、歴史記述のあり方に一石を投じた。体験した現代史を当時の具体的な現実のなかで検証し、再生産することを求める時代的な雰囲気は、元パルチザンのイ・テが書いた手記を元にした『南部軍』の映画化によって本格化した。これは朝鮮戦争を背景にした作品といえば"優秀映画"や"国策映画"、"反共映画"として製作されていた当時の韓国映画の状況から見れば、実に革命的なことだ。

　チョン・ジヨン監督の『南部軍』は、ある意味でセルゲイ・エイゼンシュテイン監督の『十月』（1928）を連想させる。十月革命[いわゆるロシア革命。1917年、帝政を倒した二月革命に続き、十月革命によって社会主義政権樹立に向かった]当時の新聞記事、報道写真、ニュース映画などを用い、新聞記者出身で革命に立ち会ったジョン・リード[アメリカ合衆国のジャーナリスト。ロシア革命を取材した]の『世界を揺るがした10日間』（1919）[邦訳は光文社古典新訳文庫]を土台に作られた映画『十月』と同様に、『南部軍』は、日本統治からの解放後に働いていた通信社が朝鮮戦争勃発直後に北朝鮮の朝鮮中央通信社に組み込まれ、その従軍記者として前線に派遣され、パルチザンになるイ・テの体験に多くを頼っているからだ。しかし『南部軍』は『十月』のように勝利した革命を扱っているのではない。原作[李泰(イ・テ)『南部軍　知られざる朝鮮戦争』平凡社]は「双方合わせて2万の命が犠牲になったあの凄絶さは世界のゲリラ戦史上類例がなく、この驚異的な事件については実録のひとつくらい残さなければならないと思ったのだ。死がすべてのことを清算した今、あのようにして死んでいった多くの若い御霊に対し、この記録が少しでも供養になればという思い」から書かれたのだ。この思いは映画に余すところなく刻みつけられている。

　3年の製作期間と1年の撮影期間を要し、エキストラに3万名を動員するなど、本作はまれにみる超大型ブロックバスター[多額の製作費をかけ大規模な宣伝を行う大作映画、興行形態のこと]として、封切前から世間の関心を集めた。これが興行の大成功につながったが、映画の製作自体は相当に難航したらしい。「智異山共産ゲリラを人間的な次元で描く」という製作意図を聞いた国防部など軍関連機関は、支援と協力を拒否し、その結果、映画製作に向けて17名の投資者で設立された"南(ナム)プロダクション"は、私製の武器を小道具とし

『南部軍』は、国際的な冷戦体制と韓国社会を支配してきた反共・冷戦イデオロギーに亀裂が入る時代状況のなかで、歴史記述のあり方に一石を投じた。

て活用するなど独立製作の形態をとることになる。興行の可否が不透明な状態では製作費に準ずる前金を出してくれる地方の興行主は現れない。そのため直接配給の方式を選んだものの、しっかりした配給構造の基盤をもつ直配方式ではないため、観客数によって変動する収益を体系的に管理することができなかった。だが、それまでの他の作品に比べ、相対的に自由な視点で製作することが可能となった。

主人公イ・テのナレーションで物語が進む『南部軍』は、11個のシークエンス［物語上のつながりがある一連の場面のこと］と197個のシーンによって構成され、さらに約920のショットに分けられる。最初の場面では、日本の植民地支配からの解放に始まり、米軍の仁川上陸に至るまでを、記録写真と記録映画を用いて音楽と字幕と共に映し出し、当時のかなり切迫した状況を見せ、左派と右派、南と北の戦争の兆候がすでに芽生えていたということを示す。しかし、それまでずっと知る権利を反共政策によって徹底的に封じられてきた一般の観客にとっては、出来事を羅列しただけの再現方式では、"事態"もしくは"事件"が起きる原因とその結果が明らかにされないまま、例えば韓国内でパルチザンがどのように形成されたかという情報は示されないまま、イ・テが新聞社の全州支社を離れた時間的な背景を知らせているにすぎないという物足りなさが残る。集団的社会現象としての南部軍を説明するのではなく、当時南部軍に参加した人々のことをさまざまな偶然の出来事によって説明したがゆえに、リアリティの一部分が半減するからだ。

それにもかかわらず、戦況の変化によって部隊を改編した南部軍のなかで、新聞編集と戦史記録の責務を負ったイ・テがパルチザンの戦闘活動を記録する過程で起こる些細な事件や多様な個性が放つ人間模様は、朝鮮戦争当時のパルチザン活動の様子とその境遇を、人間的かつ具体的に描いたという点で、イ・ガンチョン監督の『ピアゴル』（p40）と部分的に重なり、対比される。『南部軍』は、南部軍に属する極端なキャラクターたちを対照的に描きながら、その間に存在する多様な人間群像をきめ細かく描写する。また、互いに銃を突きつけ合っているパルチザンと討伐隊の間のシーン転換のためにスウィッシュパン［カメラを素早く水平に動かす撮影技法］を用い、パルチザンと討伐隊が互いに遠く隔たっているように感じる距離感をなくして同時に見せ、緊迫感を高める。「脱冷戦という国際的な潮流にありながら依然として私たちの社会の一角を占めている左派と右派という二項対立的な論

争から抜け出そうとした作品」として、この間タブー視されてきたパルチザンを歴史的な評価の対象として位置づけた初の映画であり、そのための苦労の跡を発見することができる。

左派や右派の二項対立的論理が無意味である勝利なき戦争、そして右派と左派の論理がもたらす戦争の凄絶さと残酷さは、客観的な歴史的事実に見える。だが結局、共産主義者になることはなかった自由主義的ヒューマニストであるイ・テの目に映り、彼が体験した範囲という限界は、映画の視点にも制限を与えている。北への帰還と熱烈な歓迎を期待する日々を過ごしていた彼らが、韓国の討伐隊に追われ、北朝鮮からも見捨てられるという歴史的な悲劇の主人公としての運命は、あらかじめ決められたものであるからだ。分断国家という論理のなかで求められる歴史記述の限界は、結局、この映画の限界として残る。当時の状況を客観的でありながらも肯定的な視点から描いた最初の映画だという評価と、知識人の観点からパルチザンをあまりに個人的に再現し、民衆を非主体的なものとして形象化しているという評価。本作に対する2つの意見が今も議論を続けているのは、まさにこの限界によるものである。

ピョン・ジェラン（順天郷大学教授）

1990年代　167

追われし者の挽歌 그들도 우리처럼

1990年／パク・グァンス監督／35mm／カラー／ビスタビジョン

製作会社:東亜輸出公司　製作:イ・ウソク　企画:イ・グォンソク　監督:パク・グァンス　原作:チェ・インソク　脚本:ユン・デソン、キム・ソンス、パク・グァンス　撮影:ユ・ヨンギル　照明:キム・ドンホ　編集:キム・ヒョン　音楽:キム・スチョル　美術:ト・ヨンウ　出演:ムン・ソングン、パク・チュンフン、シム・ヘジン、ファン・ヘ、パク・ギュチェ　韓国公開:1990年11月　主な受賞:第12回ナント三大陸映画祭 審査員特別賞・最優秀女優演技賞、第11回青龍映画賞 作品賞、第11回韓国映画評論家協会賞 最優秀作品賞・監督賞

鉱山の合理化によって廃鉱の危機に直面する炭鉱の村に、民主化デモを主導した容疑で指名手配されている大学生テフン（ムン・ソングン）が、キム・ギヨンという偽名を使って潜伏する。知識人中心の民主化運動のあり方に疑問を抱いている彼は、練炭工場の雑役工として就職し、さまざまな人間像と出会うことになる。地元の有力者である練炭工場の社長（パク・ギュチェ）の一人息子ソンチョル（パク・チュンフン）は、父親が自身の母親を捨てて再婚したことに不満をもち、地元の茶房 [喫茶店という意味。ただし表向きは喫茶店だが、ホステスがコーヒーを配達して売春行為を行う風俗店もある] のホステスや工場の従業員たちに当たり散らしては憂さを晴らし、まるで暴君のように振る舞っていた。一方、茶房で身体を売って生きてきたヨンスク（シム・ヘジン）は、自分を人間扱いせず、暴力的な態度をとり続けるソンチョルに嫌気がさしていた。そんななか、テフンと出会う。ヨンスクは、口数は少ないものの温かく接してくれるテフンに心惹かれ、身体を売る仕事から足を洗うことを決める。生みの母の死を伝え聞いたソンチョルは茶房で派手な騒ぎを起こし、ヨンスクが身体を売ることを拒否すると、ひどく暴行を加える。止めに入ったテフンは乱闘騒ぎに巻き込まれ、以前から彼に目をつけていた刑事によって逮捕されてしまう。取り調べ中に拷問を受けるが、その後、無罪放

免となる。ヨンスクは体調の悪いテフンを懸命に看病する。目を覚ましたテフンは、自分が指名手配されていることを明かす。正体が知られて炭鉱の村を離れなくてはいけないテフン。一緒に行くことを決めたヨンスクは、荷物を取りに茶房に向かう。彼女を繋ぎ止めようとするソンチョルを殺してしまったヨンスクは、駅にいるテフンを待たせたまま警察に連行されていく。

『追われし者の挽歌』は、真っ黒な画面から始まる。ひとりの女性の声が聞こえる。「テフン？ テフンでしょ？ 母さんは元気だから。心配しないで。すべてうまくいくから」という母親の声。続いて電車に乗っているテフンの姿が見える。ガタガタ揺れる電車と対照的な無表情。この映画で特異なのは、テフンが電車に乗っている姿で始まり、終わりを迎えることである。例の無表情で。しかし、エンディングにはテフンの声が流れる。「我らが今日一日を何と呼ぶか。その問いに対する答えから、すでに変化は始まっている。未来がない者は今日の暗闇を絶望と言うだろう。しかし、もっと輝かしい明日を生きる人々は、今日の暗闇を希望と呼ぶのだ」。単刀直入に質問しよう。オープニングの絶望から、いかにしてエンディングの希望へ変化することが可能だったのだろうか？

『追われし者の挽歌』は、パク・グァンス監督の代表作であり、労働（運動に関する）映画を代表する作品だということは、誰もが認めるところだろう。ところが、奇妙にも『追われし者の挽歌』は労働運動だけをテーマにした映画ではな

い。メロドラマ的な要素も多く盛り込まれ、同じ頃に製作された本格的な労働映画である『ストライキ前夜』（p164）と比べると、その違いは鮮明に浮かび上がってくる。社会主義的なリアリズムにならい、徐々に労働者意識に目覚めていく。そして、ついに立ち上がり、闘いが始まる。たとえ今、敗北することがあろうとも最後には勝利するだろうという革命に対する楽観的な思想を露骨に描いている『ストライキ前夜』とは違い、『追われし者の挽歌』では過酷な闘争の過程が描かれていない。おかしなことに情感あふれる愛のストーリーが中心にあるように見えるのである。

指名手配中の身で、炭鉱の村へやって来たテフン。そこで彼はさまざまな人と出会う。地元の有力者とろくでなしの放蕩息子、練炭工場の労働者、坑道で働く炭鉱夫、茶房のホステス、警察官……おそらくパク・グァンス監督が考える民衆の典型的なキャラクターを登場人物として設定したのだろう。石炭の粉塵が立ちこめる真っ黒な空間のなかで彼らは生きていく。練炭を作り、マッコリを飲みながら笑顔を見せることもあるが、彼らの人生のほとんどは、前に一歩踏み出す

> パク・グァンス監督は、知識人が本当に希望を見たとは思っていないだろう。ただ、諦めないという姿勢をこのような形で提示したのだ。

力もないほど疲れきっている。何よりも炭鉱を閉鎖したい会社側とそれに反対する労働者側は激しく対立し、互いに一歩も譲らない。テフンはそんな状況を遠くから見守りながら、どちらにつくこともなく過ごしていた。彼はいったい何をしていたのだろうか?

テフンは、民衆の健康な生命力を元に、観念的な知識人の生き方を清算しようとしていた。練炭工場で働くテフンは、真の民衆になるべく、肉体を動かして過酷な労働に精を出す。茶房で働くヨンスクとの親交を深めていったこと、また、父親が刑務所にいるデシクと仲よくなったこと、これらはほかでもない、民衆の心を理解していく過程だったといえる。どん詰まりのような人生のしぶとい生命力をパク・グァンス監督がカメラに収めたのも同じ理由からだ。訪ねてきた後輩にテフンが言ったように、「結局、敗北したのは民衆ではなく知識人」だったのだ。別の言葉に置き換えると、中心に民衆がいない運動は決して成功するはずがないということに気づいたのだ。ここで映画の題名[原題は『彼らも我らのように』]を理解することができる。彼ら、つまり民衆も、我ら、つまり知識人のように、世の中を認識するようになるべきだ、ということだ。では、どうすればできるようになるのだろうか?

ここで注目すべきは、劇中ではメロドラマ的な要素が強調されている点である。ややもすると劇的な展開が見えてしまうほど強い恋愛要素を組み込んでいる。ヨンスクはテフンを愛しているが、ソンチョルの妨害によって彼らの愛が成就することはない。さらに、ソンチョルの心の傷は母親を失ったことに起因するものだ。このように、この映画を支える大きな枠組みは、典型的な三角関係のメロドラマである。しかし、この恋愛要素は、さほど嫌な感じを与えない。民衆の生きざまを徹底的に描く題材として、恋愛を超えるものがほかにあるだろうか?

このような要素は、映画のなかで大きな力を発揮する。編集のリズムと映像の組み合わせが非常に洗練されているが、その多くは恋愛要素と関係している。例えば、テフンがほかの女性に会いに出かけたことを知ったヨンスクが、茶房に戻り、下着姿のまま焼酎を飲んでいる。このとき、シム・スボンの「ムグンファ(無窮花)」[1985年に発表されたヒット曲。歌詞の内容に国民を扇動する意図があると見なされ、放送禁止措置を受けた]が流れてくる。一種の嫉妬を感じさせる場面に登場したシム・スボンの歌は、確かに劇中の状況にとて

もよく合っている。しかし、その歌が「ムグンファ」であるということに、どこか違和感があるのだ。このように、編集の多くは正確で的を射ているにもかかわらず、どこか違和感を与える部分がある。その妙なリズム感によって、シーンの情緒が見る人の心により強く響くのだ。実に見事である。愛と革命のストーリーが、編集によってとても自然に結びついている。こんな映画とはめったに出会うことがない。

もう一度、結論的な質問をしよう。結局、題名のように"彼らも我らのように"なったのだろうか? テフンはひとり逃げ出すように炭鉱の村を去り、一緒に行こうと決めたヨンスクは残った。いや、行くことができなかった。ソンチョルを殺して警察に捕まったのだ。テフンの身代わりのように、ヨンスクはその場所へ連行されていった。彼女の目に映る村の人々は、みな一様に表情がなく、彼女を眺めているだけだ。本当に"彼らも我らのように"変わることができるのだろうか? それはけっして容易ではないとパク・グァンス監督は断定しているようだ。したがって、その後のテフンのナレーションは確信に満ちているが、変わらない暗い現実を認めざるをえない。現実との乖離、埋め合わせることのできない絶対的な距離を、映画では不器用ながらも埋め合わせようとする。

私はむしろ、不器用に埋め合わせようとするその姿勢が、とてもよいと思った。ここで強調したいのは"不器用に"という言葉だ。民衆を中心に置くことなく、観念的な理念を繰り返すだけの革命は失敗に終わってしまったという懺悔を胸に、ひとりの知識人は炭鉱の村までやって来た。だが、やはり何もできることはなく、さらに、心から愛してくれた茶房の若い女まで、彼を捨てて去っていく。そんな自分自身の行動を何があろうとも失敗とみなすことなく希望であると言う、その姿勢を理解できるのだ。パク・グァンス監督は、知識人が本当に希望を見たとは思っていないだろう。ただ、諦めないという姿勢をこのような形で提示したのだ。知識人の省察と民衆の生きざまを、恋愛要素とうまく調和させながら、かつ、そのリズム感を活かして魅力的に描いている映画といえば、断然、『追われし者の挽歌』が最高だ。そう考えながら「ムグンファ」の旋律を私は何度も口ずさむ。

カン・ソンニュル(映画評論家、光云大学教授)

私の愛、私の花嫁　나의 사랑 나의 신부

1990年／イ・ミョンセ監督／35mm／カラー／ビスタビジョン

製作会社:サムホ フィルム　製作:パク・ヒョソン　企画:チェ・ユニ　監督:イ・ミョンセ　脚本:イ・ミョンセ　撮影:ユ・ヨンギル　照明:キム・ドンホ　編集:キム・ヒョン　音楽:チョン・ソンジョ　出演:パク・チュンフン、チェ・ジンシル、キム・ボヨン、ソン・ヨンチャン、ユン・ムンシク　韓国公開:1990年12月
主な受賞:第36回アジア太平洋映画祭 監督賞・主演男優賞、第29回大鐘賞 新人監督賞、第12回青龍映画賞 新人監督賞

作家としてデビューすることが夢のヨンミン(パク・チュンフン)は、大学の同窓生のミヨン(チェ・ジンシル)にプロポーズした。結婚初夜、ミヨンは不安と何気ない悲しさからヨンミンをホテルの部屋の前にしばらく立たせておく。2人の結婚生活はそのようにぎこちなく始まった。新婚の甘い夢に浸っていた頃、ミヨンと映画を観にいくことにしたヨンミンは、約束場所のカフェでミヨンがひとりの男と向かい合って座っているのを見つける。その男はミヨンの以前の職場の上司(ソン・ヨンチャン)だが、ヨンミンはその男をミヨンの昔の恋人と誤解する。ミヨンが実家に行っている間にヨンミンは会社の先輩スンヒ(キム・ボヨン)を呼び出して酒を飲み、一緒にホテルに行くが、無意識のうちにミヨンの名前を呼び、これに腹を立てたスンヒはホテルを出ていってしまう。一方、昔のボーイフレンドの手紙を受け取ったミヨンは、結婚式のビデオを見ながら、変わってしまった夫の姿にもの思いにふけり、知らない町に一人旅に出かける。ヨンミンが新人文学賞を受賞した日、ミヨンは自分を馬鹿にして自分に無関心なヨンミンに腹を立て、2人はまた夫婦喧嘩をする。2人の間に冷戦が続いてい

たある日、ミヨンは急性盲腸炎で入院する。ひとりで家にいることになったヨンミンは、今さらながらミヨンがいない寂しさを痛感し、見舞いに行く。数年後、立派な家を手に入れ、2人の子どもに恵まれたヨンミンとミヨン夫婦は平穏なクリスマスの夜を迎える。

　スタイリッシュな作風で韓国映画界に名を馳せるイ・ミョンセ監督の2作目『私の愛、私の花嫁』は、1980年代の感受性と決別し、1990年代を開く序幕ともいえる映画だ。イ・ミョンセ監督より前の世代の韓国映画が、多少荒っぽくいうと"映画の社会的責任"の問題と"リアリズム"の強迫観念にとらわれていたとすれば、イ・ミョンセ監督以後の韓国映画は、映画の形式美と他愛もない個人の日常、そしてサブカルチャー的な感性を軸に、新世代の映画を生みはじめたといえる。デビュー作『ギャグマン』(p156)が時代を先取りした一種のカルト映画として扱われたのに対し、『私の愛、私の花嫁』は評論家と観客から高い評価を受け、"イ・ミョンセ スタイル"を築くきっかけとなった。

　まず、この作品のロマンティックコメディと企画映画としての性格についてざっと考えてみよう。1980年代後半に登場した青春映画〔例えば『青春スケッチ』(1987、イ・ギュヒョン監督)〕は、前半の軽いコメディタッチの恋愛談と後半の多少重く芝居がかったストーリーに二分されていたが、『私の愛、私の花嫁』は終始明るく軽快な雰囲気のなかでロマンティックコメディというジャンル本来の特色が発揮されている。何よりも当時最高の青春スターであったパク・チュンフンとチェ・ジンシルのキャスティングが決定的な役割を果たした。映画『カンボ』(1986、イ・ファンニム監督)でデビューし、青春映画のアイコンとして愛されたパク・チュンフンと、CMスターとしてブレイクしたチェ・ジンシル、この2人の出会いだけでもこの映画は十分に話題を呼んだ。特に「男は女次第よ」というCMの台詞で一躍スターの座に就いたチェ・ジンシルは、20代前半という年齢ではあるものの愛らしい新妻のイメージを備え、『私の愛、私の花嫁』はこのような彼女のスターとしての人物像を十分に活かした映画である。とぼけていて利己的だが、憎めないパク・チュンフンと、溌剌としてキュートなチェ・ジンシルとの演技のアンサンブルは、ずば抜けて見栄えがする組み合わせで、2人を通して日常の些細な事件のなかで起こる誤解と葛藤、和解と愛のメッセージを愛らしく描くことができた。

　本格的な企画映画はキム・ウィソク監督の『結婚物語』(p174)から始まったと考えるのが一般的だが、『私の愛、私の花嫁』は当時流行したハリウッド式ロマンティックコメディ映画の主な客層であった若い観客の関心事を積極的に反映し、同年代の青春スターたちを起用して彼らの暮らしと悩みを盛り込もうとした点において、1990年代の企画映画の始

『私の愛、私の花嫁』でイ・ミョンセ監督が見せる映画の形式に対する多様な実験とサブカルチャー的な感性の積極的な活用は、以後、彼の作品を象徴する要素となった。

まりを告げる作品であったと評価してもよいだろう。オールザットシネマ［韓国で初めて設立された映画専門の広報マーケティング会社。1994年創業］のチェ・ユニ代表が、当時の製作会社であったサムホ フィルムの企画理事としてこの映画に参画したという事実からも、関連性を見いだすことができるのではないだろうか。

また『私の愛、私の花嫁』でイ・ミョンセ監督が見せる映画の形式に対する多様な実験とサブカルチャー的な感性の積極的な活用は、以後、彼の作品を象徴する要素となった。そのひとつがアニメーションの活用だ。冒頭で、一種のプロローグとしてアニメーションが用いられる。「愛とは？」という質問が投げかけられると、バラの花の絵と共に「1本のバラのように美しいこと」などの答えがひとつずつ表示され、本作の童話的で羽毛のように軽い雰囲気が伝えられる。

2つ目は"観客に声をかけること"だ。プロローグから続くオープニングのシークエンスは、ベンチに座ってミョンを待つヨンミンが次第に近づいてくるカメラに向かって挨拶することから始まる。「こんにちは。私の名前はキム・ヨンミンです」で始まる自己紹介をしたヨンミンは、観客と対話するように現在の状況を説明する。観客との対話を誘導しながら親近感を高めるこの演出方式は、コメディ映画でよく使われる技法でもある。観客がすでによく知っているスターコメディアンが物語の中と外を行き来しながら自身のスター性を表す方式で、観客との共同意識または親密感を高める一種のパフォーマンスだ。このオープニングのシークエンスは、パク・チュンフンのスター性を利用しながら観客と主人公の間の親密感を誘導し、物語に観客を招待する手法と見ることができる。このような形で観客と対話するシーンは、イ・ミョンセ監督の3番目の作品『初恋』（1993）にも登場する。

3つ目は、漫画的技法の借用だ。プロポーズしようとするヨンミンと、それを別れの宣言と誤解したミョンが対話するとき、それぞれの人物の心の中が吹き出しで画面上に描かれる。実写の映像に漫画的な二次元の吹き出しが表示される場面は、笑いを誘う。ある人物の台詞を聴覚的に聞きながら同時に他の人物の考えを視覚的に見ることにより、2人が互いに誤解する過程に観客も簡単かつ効果的に参加するようになる。また、スチルカットも繰り返し活用される。例えば、歌っていたミョンの音程が外れたのに驚いた人々の反応を、スチルカットで編集する手法がそれだ。多少誇張された表情と動作でシーンを見せる手法は、この映画の漫画的な特性を

表すと同時に、長くなりがちな話を圧縮して見せ、編集のリズムをダイナミックにしている。

最後に、演劇的なセットと照明を活用している点が挙げられる。線路の横の小さな借間の素朴な暮らし、窓ガラスの外の狭い路地の街灯と自転車、線路が通る町内の入口の信号と遮断機、さらには水蒸気がもくもくと吹き出すマンホールの蓋も、躍動感のある小道具として劇中に表情をもって登場する。ヨンミンが働いている出版社の狭くもびしっと整えられた心地よい空間、ミョンが訪ねていった再開発地域の田舎町の夢幻的な空間、新婚の家や路地など、細かいところまで気を配って組み立てられたセットは、童話のように幻想的で愛らしい雰囲気を演出する。そしてこのセットを照らす多少シュールに見えるほど個性がはっきりした照明は、現実とファンタジーの間のどこかの空間に観客を招待しているかのようだ。

このように『私の愛、私の花嫁』は、多様な映画形式の実験を通して"リアリズム"を脱した新しい映画言語を作り出そうとした作品として評価することができる。また、その当時まで韓国映画界でめったに見られなかったロマンティックコメディというジャンルを定着させるのに成功したという点、そして以降に続くポストモダニズム的感性を予見させる映画であったという点において、再び注目する価値がある。

パク・ソニョン（高麗大学研究教授）

競馬場へ行く道 경마장 가는길

1991年／チャン・ソヌ監督／35mm／カラー／ビスタビジョン

製作会社:泰興映画社　製作:イ・テウォン　企画:イ・テウォン　監督:チャン・ソヌ　原作・脚本:ハ・イルチ　撮影:ユ・ヨンギル　照明:キム・ドンホ　編集:キム・ヒョン　音楽:キム・スチョル　美術:キム・ユジュン　出演:カン・スヨン、ムン・ソングン、キム・ボヨン　韓国公開:1991年12月
主な受賞:第12回韓国映画評論家協会賞 最優秀作品賞・監督賞

　フランス留学を終えて帰国したR（ムン・ソングン）は、パリで同棲していた女J（カン・スヨン）と再会する。しかし、どういうわけかJはRとのセックスを拒む。怒ったRは故郷の大邱に帰る。Rは久々に妻（キム・ボヨン）と子どもたちに会うものの、喜びを感じないどころか、家族に幻滅すら感じる。Rの頭の中はすっかりJとのセックスでいっぱいだ。Rは、大学で講義をするためにソウルへ行くたびJと会うが、彼女はフランスじゃないからという釈然としない理由でセックスを拒否する。Rは、自分が書いてやった論文でJがフランスで博士号を取り、帰国した韓国でも彼の文章で文芸評論家としてデビューまでしたのにもかかわらず、自分のことを拒み、他の男と結婚しようとしていることを知り、裏切りだと感じる。Jを責めながらも、思いを断ち切ることができないRは、妻に離婚を告げ、Jに一緒に韓国を離れようと持ちかける。しかし、Rは再びJに裏切られる。

　『競馬場へ行く道』は、韓国映画史上もっとも論争的な監督である、チャン・ソヌ監督の透徹した時代認識を証明する問題作である。ハ・イルチの同名小説を原作とし、原作者自身が脚本に参加したこの映画は、1990年代初頭という時代性と切り離しては考えられない。東欧の社会主義陣営の解体が引き起こした混乱が拡大していくなか、ひとつの時代の理想が崩れていく状況にあった韓国社会を卓越した描写で映し出した。そのためか、本作品は発表当時、複数の論者によってポストモダニズムの文脈で考察されもしたが、チャン・ソヌ監督のアプローチは、ポストモダン（彼自身はこのような時代思潮を意識していなかった）の兆しを新たなリアリズムの手法で描く点にあった。苦難の社会変動期を越え、民主化の入り口へ進んでいた1990年代初め、ポストモダニズム小説に分類される原作小説をチャン・ソヌ流に翻案した本作品は、韓国映画史において、リアリズムの進化した局面を切り開いたものとして評価できる。

　チャン・ソヌ監督の経歴に沿って見てみると、『競馬場へ行く道』は、意味とメッセージを中心に据えた目的論的ナラティブが最高潮に達していた『ウムクペミの愛』（p162）からの反動といえる。"コリアンニューウェーブ"と呼ばれる、現実への熱烈なコミットメントを特質とするリアリズム美学が韓国映画の主流を占めていた1990年代初頭、彼は従来の路線に疑問を投げかけ、リアリズムの新たな可能性を開こうとした。ひとつの社会が経験した、つらい歴史的経験を表現することで、1990年代以前の韓国映画は、古典的リアリズムに根差したストーリー一辺倒のドラマを、ひとつのスタンダードとして頑なに守っていた。『競馬場へ行く道』には、そのようなおきまりのドラマトゥルギー［シナリオの構成］に徹底して立ち向かおうとする決意が、はっきりと表れている。この映画は、強烈なストーリーと劇的要素、崇高なテーマ意識を前面に出していた韓国映画の美学的な偏りを、一息に飛び越えている。

　この映画には、何より"物語の完結性"が欠けている。物語の筋は、フランス留学から戻ってきたばかりの神経質な知識人Rに従って進む。久しぶりに帰ってきた故国でのRのでたらめな言動は、まるで舵を失った船の航路をたどるかのようだ。離婚を拒む妻との破綻した結婚生活、留学時代に知り合った愛人Jとのどっちつかずの関係、韓国社会の不可思議な風景の間をRはさすらう。ストーリーの大部分は、Jとのセックス、妻との離婚の話し合いに毎度失敗するRの挫折を

この映画は、強烈なストーリーと劇的要素、崇高なテーマ意識を前面に出していた韓国映画の美学的な偏りを、一息に飛び越えている。

描くのに割かれている。Rが引き起こすエピソードは、並列的に並べられ、緊密な結びつきを失ったまま、円を描くように循環する。Jとセックスするため、泣き落としと脅しを繰り返す無力なRと、度重なる口論といさかいの果てに別れを告げるJ。2人の別れが、起きる出来事のすべてだ。人物間の対立と葛藤の高まり、その解消へと繋がる物語構造の法則は無視されてしまっている。

ドラマを引っ張っていく原動力は、Rという中心人物にあるものの、このように、映し出される彼の風貌や行動から、何らかの目的を推し量るのは難しい。居場所を失ったRの行動記録には、意味を中心に据え、目指す方向にドラマを引っ張っていこうとする目的意識を持ったストーリーを避けようとする意図が明白だ。そうであるならば、『競馬場へ行く道』でチャン・ソヌ監督が用いた戦略とは何だろうか？ この作品における監督の狙いは、それらしいストーリーを創り出すことよりも、現実の表層を記録することにあった。リアリティの深層構造を一定のルールに従い、組み立てようという意思を放棄したまま、リアリティの表面を、正確で鋭い眼差しで観察しようとする姿勢を堅固に守っている。チャン・ソヌ監督は、誰かによって解釈された現実ではなく、現実そのものを見せながら、韓国社会の総体的矛盾を明らかにする方法を用いている。終始一貫して、Rの視線を軸に物語が進んでいく事実は意味深だが、それは長い外国暮らしの後に帰国した知識人の目だからこそ、韓国社会の世相と不条理に対する観察が可能であるためだ。俳優ムン・ソングンの生涯最高の演技によって形象化されたRは、"内なる他者"である。内在的他者の視線。視線の問題は、登場人物の関係として形作られている。RとJの関係は、不条理で不可解だ。フランス留学時代、Jの論文を代筆してやったRは、彼女の負い目に付け込んで関係を引き延ばそうとし、Jは彼から何とかして逃れようとする。JとRの関係は、内面と外面、韓国的なるものと西洋的なるもの、支配と従属、第三世界と第一世界の力学に対する暗示として解釈することができる。

『競馬場へ行く道』のもうひとつの成果は、スタイルの刷新に見ることができる。相当な水準の性的描写が話題になったが、本作品の核をなす戦略は、独創的なカメラ―視線の動き方と関連している。視線の動きは、撮影スタイルとフレーム演出、編集スタイルによって確認できる。視覚的スタイルで顕著な点は、細切れのショットで撮る代わりに、全方位を眺望するパン［カメラを水平に旋回させる撮影技法］を用い

た点だ。パノラマの風景ショットのように、カメラは、反共放送を流す自動車や道行く人々、教会の十字架が並び、墓地のように見える夜のソウルの街を映す。酔いそうなほど、休みなく移動するカメラの律動を通して、1990年代初頭の韓国社会の奇妙な風景を記録している。ユ・ヨンギル撮影監督のずば抜けたカメラワークによって支えられたこれらの場面は、あたかもドラマとドキュメンタリーの境界を行ったり来たりしているように見えるほどだ。もっとも謎めいた場面は、バスの中のラストシーンだ。Rは、車窓の外を流れていくひなびた農村の風景にたたずむ女性たちの姿を見て、飲んでいた牛乳をこぼす。そして、手帳に何か書き付けはじめる。韓国映画史上もっとも不可解なラストシーンとして記録されるであろう、この場面は、言い表すことのできない感情にとらわれたRが、何かを悟ったことを示しているが、その中身については、何も語ってはくれない。

同時代の社会世相を映画に反映しようという明らかな意図をもっているという点で、チャン・ソヌ監督の映画はすべてリアリズムに立脚している。『競馬場へ行く道』は、リアリストとしてのチャン・ソヌ監督の美学的な態度の変化を予感させる作品であるのみならず、韓国リアリズム映画の美学の分岐点でもある。特定の意味や目的を指向する、幻想的リアリズム［小説などに用いられる現実と幻想を混淆させる技法］とは違う、現象学的リアリズムを探求した点で、この映画はホン・サンス監督の登場を予告している。韓国映画界関係者に奇跡とまで呼ばれた『豚が井戸に落ちた日』（p188）よりもいち早く、『競馬場へ行く道』は、日常のリズムが反映されたリアリティの本質を先駆的に示した。

チャン・ビョンウォン（映画評論家、全州国際映画祭プログラマー）

結婚物語 결혼이야기

1992年／キム・ウィソク監督／35mm／カラー／ビスタビジョン

製作会社：イギョン映画社　製作：パク・サンイン、オ・ジョンワン　企画：シンシネ　監督：キム・ウィソク　脚本：パク・ホンス　撮影：ク・ジュンモ　照明：ソン・ダロ　編集：パク・スンドク、パク・コクチ　音楽：ソン・ビョンジュン　美術：キム・チョルン　出演：チェ・ミンス、シム・ヘジン、イ・ヒド、キム・ヒリョン、キム・ソンス、トッコ・ヨンジェ　韓国公開：1992年7月　主な受賞：第22回フィゲイラ・ダ・フォス国際映画祭 オナラブル・メンション、第31回大鐘賞 新人監督賞

ラジオ局のプロデューサー、キム・テギュ（チェ・ミンス）と、新米声優のチェ・ジヘ（シム・ヘジン）は、周囲の反対を押し切って結婚式を挙げた。ただ楽しいだけのラブラブな新婚時代は束の間で、些細なことからたびたび衝突するようになり、彼らの結婚生活に軋轢が生じはじめる。

結婚後、テギュは男性優位主義的な態度を見せてはジヘの仕事を妨害し、2人が結婚前に抱いていた性に対する幻想は崩れていき、いがみ合うようになる。あげくには歯磨き粉の絞り方、炊事や皿洗いについてまで、ことあるごとにぶつかり合う。結局、2人は激しくやりあった末に離婚する。しばらくして、お互いを傷つけた痛手が癒え、その記憶が薄れる頃、テギュは、ジヘを愛さなかったことは一度もないと言い、もう一度やり直そうと話す。だが、ジヘは悪夢を繰り返したくないと拒絶する。テギュは、ジヘがパーソナリティを務めるラジオ番組に葉書を送って自分の気持ちを伝えた後、自ら異動を願い出て地方に転勤する。ジヘはテギュの元を訪れ、2人は恋愛時代の思い出が詰まった墓地で再会する。

『結婚物語』は、1992年にソウルで観客50万人以上を動員、当時としては驚異的な数字を記録し、その年の興行成績1位に輝いた映画である。もちろん、どの年でもヒット作が出るのが当然だが、この映画の華麗なる登場は、さまざまな側面から見て歴史的な出来事だった。これはひとことでいうなら、韓国の映画産業が新しい世代、新しい時代を迎えたことを知らしめる礼砲［軍隊・軍艦などが儀礼として撃つ空砲］に等しかった。韓国映画史は、『結婚物語』の成功がもたらしたこのような変化を"企画映画［日本でいうプロデューサーシステム］の時代"と名づけてきた。"企画映画"とは、韓国映画産業に新しく出現した新世代のプロデューサーたちが、若年層の興味と感覚に合わせてテーマを開拓し、映画の全般的な製作過程に深く関与して作り上げる映画のことを指す。『結婚物語』を企画した会社シンシネだけとってみても、本作以降、『ミスター・マンマ』（1992、カン・ウソク監督）『101回目のプロポーズ』（1993、オ・ソックン監督）『結婚物語 2』（1994、キム・ガンノ監督）『KUMIHO 千年愛』（1994、パク・ホンス監督）『銀杏のベッド』（1995、カン・ジェギュ監督）『猟奇的な彼女』（2001、クァク・ジェヨン監督）などを企画または製作し、ほとんどの映画が興行的に成功を収めた。

『結婚物語』が企画映画として優れた点のひとつに、リアルなディテールの緻密な描写がある。本作の脚本は、多数の若いカップルを対象に行ったリサーチに基づいて作成されたため、自ずと、新婚夫婦が直面するさまざまな具体的状況を実に生々しく共感できるものとして映画に映し出すことができた。しかし、本作がこのように細かいディテールを描き出す方法は、古典的なストーリー展開の様式から少し外れているという点で異彩を放っている。つまり『結婚物語』は、結婚―離婚―復縁の過程を、きっかけ―展開―危機―クライマックス―結末へと向かう古典的なストーリーの大きな流れに配置しながらも、その流れを作っていく新婚生活のさまざまなエピソードを、ひたすら緩くありきたりなつながりのなかで並べるという方式でストーリーを展開する。その結果、特に"危機"が訪れる前までは、まるでコマーシャル映像をつなぎ合わせたかのような印象を与える。これは、お決まりの伏線を巧みに張り巡らすことによって、観客にストーリー進行の予定調和的な流れを自然に認識させて映画の世界に引きずり込む一般的な商業映画の戦略とは、微妙に異なる方式だ。にもかかわらず、まるでコマーシャルを羅列しただけのようなこの映画を、1990年代の若い観客たちが熱狂的に迎え

この映画の華麗なる登場は、さまざまな側面から見て歴史的な出来事だった。これはひとことでいうなら、韓国の映画産業が新しい世代、新しい時代を迎えたことを知らしめる礼砲に等しかった。

入れたという事実は、すでに「消費社会」（ジャン・ボードリヤール［フランスの哲学者、思想家。著書に『消費社会の神話と構造』など］）に突入しはじめた韓国社会の変化を反映した現象と思われる。

　一方、『結婚物語』の興行は、1990年代中後期の韓国映画市場において、ロマンティックコメディというジャンルの映画を次々と登場させる起爆剤となった。そうして『下の階の女と上の階の男』（1992、シン・スンス監督）『その女、その男』（1993、キム・ウィソク監督）『おっぱいのある男』（1993、シン・スンス監督）『愛したい女＆結婚したい女』（1993、ユ・ドンフン監督）『女房殺し』（1994、カン・ウソク監督）『ドクター・ポン』（1995、イ・グァンフン監督）といった作品が相次いで映画市場に登場し、比較的よい興行成績を収めた。このようなロマンティックコメディというジャンルの再発見は、1990年代に企画映画がもたらした最大の成果といっても過言ではない。以降、テレビ業界を掌握した"トレンディドラマ"は、主人公のラブストーリーと脇役たちの甘草演技［ドラマの大きな流れにはあまり影響しないが、面白味や興味を引くために欠かせない俳優の演技］、味わい深い台詞で構成されたロマンティックコメディ映画の典型的な形をほぼベースにしていた。

　ロマンティックコメディというジャンルは、少なくとも1970～1980年代の韓国映画史においてはあまりなじみのないものだった。それが、1990年代中後期には、ロマンティックコメディ映画が流行ジャンルのひとつになったといえるほど着実に製作され続け、観客たちも好意的な反応を見せた。これは、"愛"というテーマの扱い方が、以前のエロティシズム映画の真剣で悲観的なスタイルから、ロマンス映画の軽快で楽観的なスタイルに変化したことを示す現象だった。しかし、このような"コミックモード"の大衆化は、1990年代に入って韓国の大衆の情緒の土台が悲劇的な性質から喜劇的な性質に変化したという、より大きな筋道から考えてみる必要がある。さらに、こうした情緒的な変化は、東側諸国の没落と新自由主義の本格化という歴史的分岐点を経る段階で、韓国社会もまた「後期資本主義の文化的優占種」（フレドリック・ジェイムソン）［アメリカの思想家ジェイムソンが1984年に発表した「ポストモダニズムあるいは後期資本主義の文化的論理」で論じた］としてのポストモダニズムの影響下に入って生じた現象であることに注目する必要がある。だとすれば、歴史的志向が不明確になってしまった1990年代への突

入への無意識的な不安と憂鬱感に対する逆説的な反応だったのではなかろうか。

　また、1990年代のロマンティックコメディが、1980年代のエロティシズム映画のクールバージョン、あるいはエリートバージョンへの進化形だったという点と関連づけて見ると、『結婚物語』で特に際立っている特徴は、ヒロインの地位の変化だ。新婚夫婦は2人とも専門職に従事しており、家事を平等に分担している。2人の関係に亀裂が生じはじめた理由は、女性が自らの性的欲求をストレートにさらけ出したためであり、破局に至った決定的な理由は、男性が女性に対して、家庭と仕事のうち、家庭を優先順位の上位に置くことを暴力的な態度で要求したためだ。もちろん、後悔と自己反省、そして復縁への意思を先に示すのも男性側で、女性は和解する瞬間の直前まで相手のほうから近づいてくるのを待って"プライド"を守る。夫に殴られてまぶたに青あざをつくっていたミョン先輩ですら、夫の鼻の骨を折ってやったと告白する。このようなエピソードは、確実にフェミニズムの躍進を反映しているとともに、ロマンス映画の主なターゲット層である女性たちの幻想に訴えかけるものだ。

　だが、ホーム・ビデオで撮影したように画面が揺れ動く結婚式の場面から始まる本作は、女性が運転する車が事故を起こしてエンディングを迎えることによって、結婚制度が根本的な危機に瀕しており、女性が主導権を握る結婚生活はいつなんどき危機に陥るかわからない状態にあることを匂わせる。さらに、夫婦が暮らすマンション＝家庭空間を映すたびに、カメラは意識的にベランダの手すりや窓枠の外に飛び出して"盗み見"しているような感じを強調する。これは、表向きには自由な性論議を展開しているようでありながら、観客には暗に罪の意識を植えつける見せ方だ。つまるところ"逸脱と安定""抵抗と降伏"という矛盾した価値を同時に追い求める大衆映画の特徴が、このように『結婚物語』でも繰り返されているのだ。

キム・ソヨン（中央大学講師）

ホワイト・バッジ 하얀전쟁

1992年／チョン・ジヨン監督／35mm／カラー／ビスタビジョン

製作会社：大一フィルム（デイル）　製作：クク・ジョンナム　企画：キム・ハクフン、アン・ドンギュ　監督：チョン・ジヨン　原作：アン・ジョンヒョ　脚色：コン・スヨン、チョ・ヨンチョル、シム・スンボ、チョン・ジヨン　撮影：ユ・ヨンギル　照明：キム・ドンホ　編集：パク・スンドク　出演：アン・ソンギ、イ・ギョンヨン、シム・ヘジン、トッコ・ヨンジェ、キム・セジュン、パク・ホングン、ホ・ジュノ　韓国公開：1992年7月　主な受賞：第5回東京国際映画祭 最優秀作品賞・最優秀監督賞、第31回大鐘賞 審査委員特別賞、第38回アジア太平洋映画祭 最優秀主演男優賞

ベトナム戦争に参戦後、無気力感にさいなまれ、妻と離婚してすさんだ生活を送る小説家のハン・ギジュ（アン・ソンギ）は、月刊時事情報誌でベトナム戦争を題材にした連載小説を書きながら、戦争の悪夢を思い出す。ある日、ギジュの元に戦友だったピョン・ジンス一等兵（イ・ギョンヨン）から電話がかかってくる。

参戦して最初の数ヶ月間、ギジュとジンスが属していた部隊はベトコン［南ベトナム解放民族戦線］の兵士と遭遇することもなく、平和な日々を送っていた。そんななか、ジンスは同じ部隊のキム・ムンギ下士（トッコ・ヨンジェ）の妹ヨンオク（シム・ヘジン）と文通するようになる。しかし彼らは徐々に戦闘に直面するようになり、戦争の狂気に飲み込まれていく。民間人をベトナム兵と間違えて殺してしまったキム下士は、ソン上等兵（パク・ホングン）とジンスにナイフを渡し、民間人を殺すよう強制する。すると罪責感と狂気にさいなまれたソン上等兵がキム下士を殺害する事件が起き、ジンスもやはり次第におかしくなっていく。帰国を目前にして、ギジュの小隊は最後の作戦に挑む。後方を任されたギジュは楽な気持ちで臨むが、敵は投げ入れられた餌のように小隊に襲いかかり、最悪の夜を送ることに。生き残ったのはわずか数人だけだった。

ジンスは帰国後、米軍相手の娼婦として生活していたヨンオクと共に暮らすが、ベトナム戦争の衝撃で精神状態がさらに悪化し、ヨンオクが去ると自分の耳を切り落とす。そして入院したジンスを見舞いにやって来たギジュに、ジンスは自分が預けた拳銃で殺してほしいと頼み、ギジュはジンスへ向けて引き金を引く。

アン・ジョンホの小説を基にした、チョン・ジヨン監督の『ホワイト・バッジ』は、ベトナム戦争を描いた他の映画とはさまざまな面で異なる、とても時事的な作品だ。骨太でしっかりした原作に倣っているという長所もあるが、ベトナム戦争がもつ今日的な意味を、韓国現代史の大きな流れのなかで浮き彫りにしているという点が特に目を引く。

1979年11月。当時、権力の表舞台に登場した全斗煥（チョン・ドゥファン）将軍［1980年に大統領に就任］が、朴正煕（パク・チョンヒ）大統領を狙撃した金載圭（キム・ジェギュ）元中央情報部長に対する本格調査に乗り出した時期だ。ベトナム戦争に派兵されたときの体験を小説にしているギジュが、思いがけない人物から一本の電話を受けるところから映画は始まる。10年前にベトナムから帰還したギジュは、戦争に対する幻滅を覚えたことで生きる意欲を失い、妻とも離婚していた。彼に電話をかけたのは、同じ部隊にいたピョン・ジンス一等兵だった。ジンスは電話で近況を尋ねるだけで、なかなか姿を現さず、ギジュに一丁の拳銃を小包で送る。ついに現れた彼は、ほとんど廃人に近い身なりだった。その瞬間、ギジュの脳裏にはベトナム戦争で起きたさまざまな事件が走馬灯のようによぎる。このように本作は、ギジュの現在の視点からベトナム戦争当時の過去の視点へと随時移っていき、いったい彼らに何が起きたのか、まるで推理劇のように真相に迫っていく。

ベトナム戦争に派兵された部隊員たちは、現地に到着して1ヶ月以上、塹壕を掘り続け、退屈な日々を送っていた。若い小隊長をはじめ、兵長のギジュ、キム下士、チョ・テサム一等兵、チョン・ヒシク上等兵、そしてジンスなどが主な登場人物である。漆黒のような闇夜、警戒勤務に立っていた兵士たちは遠くで気配を感じるなり極度の恐怖に駆られ、むやみに射撃する。ベトナム兵の奇襲攻撃と判断したのだ。しかし、あたりが明るくなると、兵士たちは自分が殺したのは敵軍ではなく、周辺の村に住む農夫たちが育てた牛であったことを知り、窮地に陥る。村の人々が一挙に押しかけてきて、損害賠償を求める抗議行動を起こしたのだ。結局、彼にとって参戦後初めての戦闘は家畜殺戮というハプニングに終わってしまったのだが、これがさらに大きな悲劇への幕開けにすぎなかったことが、のちに明かされる。

とうとう部隊員たちは、敵と内通しているとされる村を占領しろと上部から命令され、本格的な戦闘態勢に突入する。誰よりも勇敢に村の隅々を探っていたギジュは、洞窟を見つけると手榴弾を投げ入れて戦果を上げるが、自分の攻撃に

すなわち、本作はこのような設定を通して、ベトナム戦争への参戦を決定した独裁者が死に、その権力を奪い取った別の独裁者がベトナム戦争の恩恵を受けることを、雄弁に語っている。

よって残酷にも命を落としたベトコンの青年を見るなりパニックになってしまう。それから数日後、ジャングルの捜索に出たジンス、キム下士、チョー等兵は、見えない敵との交戦を繰り広げるなかで、何の罪もない民間人を虐殺するという失敗を犯してしまう。ところがさらに大きな問題は、キム下士が事件を隠蔽する過程で、生き残った民間人を全員殺害し、彼らの耳を切り落として戦利品とした事実であった。最初は民間人の虐殺に加担することを拒んでいたジンスだが、結局はキム下士の圧力に屈してしまう。その事件の直後、ジンスはほとんど呆然自失の状態となり、同僚たちは誰ひとりとして彼を気遣うことができなかった。

帰国を目前にし、家族への土産などを用意してひときわ騒ぎたてていた部隊員たちに、最後の命令が下された。ついにベトコンの主力部隊との大接戦が繰り広げられ、夜を徹した銃撃戦の末、6、7人を除いてほとんどが皆殺しにあった。かろうじて生き残った兵士のなかに、ギジュとジンスが含まれていた。残酷な戦いが繰り広げられた直後、現場に味方のヘリコプターが降り立ち、軍のチ・フィグァン少将が生き残った兵士たちを褒めたたえ、「部隊員の犠牲によって国軍主力部隊が作戦に成功した」と満足げな表情を浮かべる。これに対してひとりの参謀が「我々はあまりにも大きな犠牲を払った」と指摘すると、少将は「この小隊はおとりにすぎなかった。代わりにすべての戦死者に勲章を授与せよ」と命じる。こうして"白いバッジ"が彼ら全員に授けられることになったのだ。

ベトナム戦争から帰ってきたジンスは、その足でヨンオクに会いにいって告白し、結婚するが、彼女が妊娠すると殴った末に流産させてしまう。ベトナムでの出来事の後遺症が、狂気となって表れたのである。ジンスはだんだんと廃人になっていき、ヨンオクは生計を立てるために米軍兵を客にしたサロンのダンサーとして再び働きに出る。いつの間にか10年の歳月が流れ、ジンスは雑誌に載っているギジュの連載小説を目にして、ギジュに電話をかけたのだった。同じようにさまよい続けていたギジュは、ジンスの異常な行動を見守りながら、同様の苦しみをもつ彼を憐れに感じるようになり、ジンスが自身の耳を切り落とすとついに決断を下す。ベトナム戦争の亡霊から、彼を救い出さねばならないと感じたのだ。そうしてギジュは、ジンスの心臓をめがけて引き金を引く。1980年4月18日の出来事だった。光州事件が起きる、ちょうど1ヶ月前のことである。

ここで私たちが注目すべきことは、本作がベトナム戦争を題材にしているにもかかわらず、当時軍部の勢力であった全斗煥が権力を掌握していくという、今日的な視点で描かれたシーンが映画のオープニングとクライマックスを飾っているという点だ。つまり物語の軸は、1979年11月から翌年4月までである。そしてベトナム戦争自体は、回想のなかの悪夢として描かれている。すなわち、本作はこのような設定を通して、ベトナム戦争への参戦を決定した独裁者が死に、その権力を奪い取った別の独裁者がベトナム戦争の恩恵を受けることを、雄弁に語っている。結局、『ホワイト・バッジ』は、戦争のつけで苦痛を味わう個人の物語ではなく、権力によって犠牲になった、戦争とは関係のない罪のない人々に対するレクイエムというわけだ。このようなチョン・ジヨン監督のアプローチゆえに、本作はベトナム戦争を題材にした他の映画とは格を異にするのである。

キム・シム（釜山国際映画祭専門委員）

1990年代　177

われらの歪んだ英雄　우리들의 일그러진 영웅

1992年／パク・ジョンウォン監督／35mm／カラー／ビスタビジョン

製作会社:大東興業　製作:ト・ドンファン　企画:ト・ドンファン　監督:パク・ジョンウォン　原作:イ・ムニョル　脚本:チャン・ヒョンス、パク・ジョンウォン　脚色:ノ・ヒョジョン　撮影:チョン・グァンソク　照明:チョ・ギルス　編集:イ・ギョンジャ　音楽:ソン・ビョンジュン　美術:ト・ヨンウ　出演:ホン・ギョンイン、コ・ジョンイル、テ・ミニョン、チェ・ミンシク、シン・グ　韓国公開:1992年8月　主な受賞:第16回モントリオール世界映画祭 製作者賞、第31回大鐘賞 審査委員特別賞、第13回青龍映画賞 作品賞・監督賞、第29回百想芸術大賞 大賞・作品賞・監督賞

ソウルで塾講師をしているハン・ビョンテ(テ・ミニョン)は、国民学校[小学校]時代の恩師の訃報を聞き、かつて過ごした場所へ向かう。汽車の中でビョンテは小学生だった頃に想いを巡らせる。

ビョンテ(コ・ジョンイル／少年期)は、自由党[1951年にイ・スンマン 李承晩を党首として結成された保守政党]政権末期の1959年、"うしろ楯"がなく左遷された父に従い、カンウォンド 江原道の田舎に移り住む。転校先の学校で、パワーとカリスマ性で級友たちを牛耳る級長のオム・ソクテ(ホン・ギョンイン)に出会う。ソウルの学校で優等生だったビョンテは正義感から彼に抵抗する。だが、ソクテに逆らうことなど思いもつかない級友たちと、彼にすべてを任せ、信じきっている無責任な担任教師(シン・グ)のせいで、ビョンテの抵抗はむしろ自身を窮地に追い込むだけだった。ビョンテは結局、ソクテに屈服し、彼の寵愛を受けて権力の甘い汁を味わう。1960年、四月革命[李承晩政権を打倒した一連の民衆蜂起]の頃、新たに赴任してきた担任教師キム・ジョンウォン(チェ・ミンシク)は、子どもたちに「いつも嘘偽りなく考え、自由に行動しよう」と語り、真実と自由を座右の銘とした教育を試みる。ジョンウォンは、生徒と教師たちからソクテへの賞賛をひっきりなしに聞かされるが、どこか釈然としない。そんななかジョンウォンは、ソクテが数年にわたって全校1位の成績を維持してきたのは、他の生徒が代わりに試験を受けていた結果だという事実を知る。ソクテを

はじめとする不正に関わった生徒が処罰された後、級友たちはソクテを級長から引きずり降ろした。裏切られたと感じたソクテは教室を飛び出すが、夜中にこっそりと学校に戻って火を放った後、行方をくらましてしまう。

場面は再び現代に戻り、ビョンテと友人らは葬式の場で国会議員となったキム・ジョンウォン先生と再会する。彼らはソクテが現れるのを待つが、彼の名前が書かれた花輪のみが到着しただけだった。

独裁政権を打倒し、大統領直接選挙制を求める市民らの大規模な運動が、短期的な勝利に終わった6月末まで、1987年前半の韓国社会は事実上の準革命状態にあった。この混乱した状況から、ひとつの新しい小説が生まれた。1987年の初夏に発表されたイ・ムニョルの『我らの歪んだ英雄』は、6月民主抗争[1987年6月10日を起点とする大統領の直接選挙制改憲を中心とした民主化を要求する民主化運動]直後の8月、韓国でもっとも権威のある李箱文学賞を早くも受賞した。当時の審査員たちは、この小説について「権力の形成と崩壊を、シニカルなアレゴリーで絶妙に描写した出色の作品」と評価した。

1948年の大韓民国政府樹立以後、ほぼ40年にわたる独裁が終わった直後に登場したこの作品は、ある国民学校の教室を舞台にした"権力の形成と崩壊"を"寓意的"に描いている作品がこの時期に誕生したのは、まさに時代に即した流れのように見える。だが、同時に「シニカル」と評されたのは、この作品のメッセージが1987年の勝利という時代的な雰囲気に流されない、ある種の独特さを備えていたためである。この小説は、独裁的な権力の原因が支配者だけでなく、独裁の被害者だった被治者にもあると告発することにより、6月民主抗争以降に神話化された民衆、労働者、市民という存在について再考を促す。また、支配者と被治者、独裁的権力が生まれるメカニズムを心理的かつ詳細に描くことで、通常の被害者－加害者という構図を覆し、現代的な権力相関図の一部を洗い出した。

この小説は、1990年頃に映画化が決定し、1992年8月、パク・ジョンウォン監督作として公開された。批判的な反応がないわけではなかったが、おおむね好評であった。その年のモントリオール世界映画祭においては製作者賞、他に青龍映画賞で最優秀作品賞と監督賞に輝いたのをはじめ、1993年まで国内外の主な映画祭で数々の賞を得た。

本作の成功は、原作小説に負うところが大きい。映画全体の構造が原作のストーリーを、ディテールに至るまでかなり忠実になぞっているためだ。しかし、この映画には原作とは

だが、この映画の批判的な視点が、いまや韓国社会の既得権となった当時の映画製作者の世代に跳ね返ってきたとき、皮肉な反応を生み出す。

違う部分が存在する。この相違点が映画の本質を見極めるために重要となってくる。原作と異なり、映画が新しく創作した代表的な要素としては、四月革命を強調したこと、のちに国会議員となったキム・ジョンウォン先生、そしてヨンパルという人物。この3つを挙げることができる。

　原作が、小説のなかで起こる事件と四月革命はあまり関係がないことを暗示している反面、映画は、さまざまな仕掛けを通じて、李承晩体制から四月革命に至る時間の流れを明確に描き出す。これは、原作と映画の性格をはっきりと分ける指標のひとつだ。つまり、小説が権力の形成と崩壊の物語を寓話的、心理学的に書くことで普遍的な価値を得ている一方で、映画は具体的な歴史や時代を描き出すことで、特殊性、あるいは歴史性を帯びるものとなっている。それは文学と映画という媒体の違いもあるだろうが、私には原作者のイ・ムニョルと386世代［1980年代に大学生活を送った1960年代生まれを指す。民主化運動を経験した世代］との世代差がより大きく作用しているのではないかと思われる。6月民主抗争を主導した386世代にとって歴史とは、至高の定言的命令かのように心に刻まれているうえ、鉄の法則であり、厳格な教師であり、変化を予測できる教科書にも等しいものだった

　原作小説には登場しないヨンパルは、歴史の主体である民衆に対する考え方について、映画製作者たちの複雑な心情を表す、もうひとつの重要な指標である。注意深く観察すると、原作ではソクテに奪われたり、上納したりできるものを“持てる者”であったがゆえに自発的にそれを彼に差し出した級友たちと、それすらなかった“持たざる者”の級友たちを区別している。ビョンテ（あるいは原作者のイ・ムニョル）は、密かに自分が含まれる前者を嫌悪し、後者は無視する。それによって原作では、独裁者（支配グループ）−反逆者であり被治者Ⅰ（大衆と知識人）−被治者Ⅱ（従属的社会集団）のなかで、誰もソクテの権力を継ぐ者がいないというジレンマに陥った状況を“シニカルに”描く。

　しかし映画では、後者に属する級友を代表する人物としてヨンパルというキャラクターを生み出した。ヨンパルは善良で弱く見えるが、勇気のある人物だ。仲間外れにされたビョンテと唯一親しく接し、ビョンテがソクテに屈服したときには、ビョンテを批判した級友である。ヨンパルはソクテの権力が失われる瞬間、級友たちに「おまえたちも悪い」と叫ぶ。この賢明な愚者は、健全なプロレタリア、あるいは民衆を代表している。このように映画では、学級内の階級（階層）は、

独裁者−屈従者（大衆と知識人）−被屈従者（民衆）に分けられる。これはやや強引な分析ではあるが（例えばヨンパルを道化や芸術家と同様の存在と見なすこともできる）、386世代が民衆は健全であると強く信じ込んでいたことを鑑みると、説得力がないわけではない。当時の386世代は、自分たちが属する知識人階級、中産階級を信頼できず、民衆と労働者のアイデンティティに自らを重ね合わせて羨望を抱くという、強烈な意識に囚われていた。

　映画が公開された当時に議論となった、原作にはない逆転劇と、正義の味方である担任教師のジョンウォンが国会議員になるという変節は、このような背景から理解できる。やはりジョンウォンも、ひとりの知識人として、いつでも信念を捨てる可能性、自分のなかにソクテを宿す人物なのだ。映画は、このどんでん返しを通じ、民衆の健全性とは対照的である、知識人−大衆の脆さと狡猾さを告発するテーマ性を（もしかすると過度に）強調した。だが、この試みが成功したかどうかは、簡単には判断できない。ある意味、たんにストーリー上の要領がいい仕掛けにも見える一方、勇気ある自己観察のようでもある。だが、この映画の批判的な視点が、いまや韓国社会の既得権となった当時の映画製作者の世代に跳ね返ってきたとき、皮肉な反応を生み出す。

　結論として、原作が権力作用の属性について、より普遍的な解釈の可能性を示唆しているのに対し、映画にはその表現方法だけではなく内容においても、製作された当時の価値観と精神性が込められているといえるだろう。映画は原作からある程度離れ、独自の世界を構築できた。だが、その歴史性が時間の流れのなかで腐食されないよう、何度も読み解き、分析を繰り返しつつ、評価を新たにするべきであろう。

チョ・ジュニョン（韓国映像資料院研究員）

1990年代　179

風の丘を越えて〜西便制　서편제

1993年／イム・グォンテク監督／35mm／カラー／ビスタビジョン

製作会社:泰興(テフン)映画社　製作:イ・テウォン　監督:イム・グォンテク　原作:イ・チョンジュン　脚色:キム・ミョンゴン　撮影:チョン・イルソン　照明:チャ・ジョンナム　編集:パク・スンドク、パク・コクチ　音楽:キム・スチョル　美術:キム・ユジュン　出演:キム・ミョンゴン、オ・ジョンヘ、キム・ギュチョル、シン・セギル、アン・ビョンギョン、チェ・ジョンウォン　韓国公開:1993年4月　主な受賞:第1回上海国際映画祭 監督賞・主演女優賞、第31回大鐘賞 最優秀作品賞・監督賞、第30回百想芸術大賞 作品賞、第14回青龍映画賞 作品賞、第13回韓国映画評論家協会賞 作品賞・監督賞

1960年代初め、ある山奥の酒幕(チュマク)[朝鮮時代後期に数多く見られた、食堂、居酒屋、旅館を兼ねた施設]を30代の男が訪れる。彼は宿の女性のパンソリで回想にふける。

幼い頃、村に歌い手のユボン(キム・ミョンゴン)が訪れた。村に住むドンホ(キム・ギュチョル)の母は、ユボンと恋に落ちて村を出る。ユボンの娘ソンファ(オ・ジョンヘ)と4人で暮らすうち、ドンホの母は赤ん坊を産んで亡くなった。ユボンはソンファにパンソリを教え、ドンホには太鼓を教える。そのうち戦争によって生活が苦しくなり、唄を教えるために休みなく厳しく鍛えるユボンのことを理解できないドンホは、ユボンと喧嘩をして出ていった。ドンホが去った後、ソンファは食事を絶ち、唄も諦めて彼を待つ。ユボンは"恨"(ハン)[感情的なしこり、痛恨、悲哀などを表す朝鮮独自の思考概念]が宿ってこそ本物のパンソリを歌えると考え、ソンファを失明させる。

ドンホはナクサン居士(コサ)[在家で仏教の修行をする男性](アン・ビョンギョン)に会ってソンファの消息を聞き、あちこち尋ねまわった末に居酒屋でソンファと再会する。2人は何も言わず、ひ

とりは唄を、もうひとりは太鼓を叩きながら夜通し"恨"を晴らした。朝になってドンホとソンファは無言で別れる。ソンファはひとりの少女に導かれて旅立つ。

1993年に公開され、それまでの韓国映画で最高の興行成績を打ち立てた『風の丘を越えて〜西便制(ソビョンジェ)[主に全羅道の西側で伝承される伝統演唱芸能パンソリの流派。東側の流派には東便制(トンビョンジェ)がある]』は、イム・グォンテク監督の93番目の作品だ。いつの間にかイム・グォンテク監督のスタイルのひとつとして定着した回想形式(フラッシュバック)が、『風の丘を越えて』を貫く美学的な仕掛けの中心になっている。『風の丘を越えて』は、青年のドンホが姉を捜してパンソリを披露する酒幕を訪れる場面で幕を開ける。夢に見るほど愛しい姉の名前は、まさに松(ソン)に花(ファ)と書き、송화(ソンファ)という。だが、ソンファはもうそこにはいない。そしてカメラは、ドンホの幼年期を辿りながら、ソンファの残り香を辿っていく。

ユボンは、ひたすらパンソリだけを最高と考え、ソンファとドンホにも唄を教えることに余念がない。不思議な縁でつながった3人の家族は、全国をさまよいながら食いつないでいくが、パンソリの未来について疑いをもったドンホが、父の独善に反抗して突然、家を出て、家族の絆は壊れてしまう。分別のつかない歳で家出したドンホが、今や立派な大人になって家族を捜しはじめたのだ。そんなある日、ドンホは市場で絵師のナクサンと出会うことで、それまでの経緯に触れることになる。父のユボンは戦争直後に亡くなり、"恨"を積んでこそよい声が出せるというユボンの独断により、ソンファは盲人になったという話だ。

まさにこの場面で、イム・グォンテク監督を評価するのにいつも伝家の宝刀のようについてまわる修飾語であるヒューマニズムという概念を、私たちは考え直す必要がある。少なくとも、『風の丘を越えて』の土台を作っているのはヒューマニズムではなく芸術至上主義だ。たとえパンソリのためだとしても、子どもを失明させるのは、ヒューマニズムとは何の関係もないからだ。ましてや家族愛とはさらに関係ない。

だが皮肉なのは、ソンファが父のせいで目が見えなくなったという事実さえも、彼女には"恨"にはなりえなかったという点だ。ソンファはただ、運命なのだろうと受け入れて生きていくだけだった。結局、ユボンの試みは失敗に終わってしまった。ユボンの敗北の決め手となったのは、娘に付子(ブジャ)[強い毒性のあるキンポウゲ科トリカブト属植物の根。日本語で「ぶし」または「ぶす」]を煮詰めて飲ませたことにあったのではなく、彼自身が抱いていた"恨"を、そのままソンファに、それも極めて人為的なやり方で伝えようとしたとこ

180　韓国映画100選

得音の境地を"恨"の昇華と同一視することで、イム・グォンテク監督は、胸をえぐるような「愛の物語」を語っているのだ。

ろから始まった当然の帰結だった。ユボンは"恨"を、どんな形であれ、はっきりとした何か客観的なできごとだと理解していたのだ。だが"恨"は、完全に個人的な体験からにじみ出るしかないものなのだ。このように、ソンファだけが体験し、痛感していた"恨"を晴らしていくのが、『風の丘を越えて』の主なストーリーになる。

ここで私が強調したいのは、得音[トゥグム][パンソリ唱者が音楽的力量を完成させた状態]の境地のために"恨"さえ超えなければならないという、とても強力なメッセージを伝えているこの映画をきちんと評価するには、ヒューマニズムという古い概念に縛られてはいけないということだ。だが、ここでさらに重要な事実は、『風の丘を越えて』でイム・グォンテク監督がこうした芸術至上主義さえ超越している点だ。

映画の終盤でドンホは、何としてでも捜し出そうとしていたソンファと再会をする。ソンファは、古びた酒幕でチョンガという男と暮らしていた。ドンホは身元を明かさないまま、パンソリを歌ってほしいと太鼓を手にする。そうして2人は唄と拍子で夜を明かすが、最後まで相手のことを知らないふりをする。ソンファはすでに、拍子だけでドンホであることを見抜いていたが、彼の名を呼ばない。ソンファは、今までとはまったく違う様子で『沈清歌[シムチョンガ]』[目の不自由な父親をもった親孝行な娘、沈清[シムチョン]の物語『沈清伝』を元にしたパンソリ]を熱唱することで、十分に得音の境地に達したことをはっきりと見せる。

翌朝、ドンホは酒幕を発ち、ソンファもやはりチョンガと別れる支度を整える。そこに留まっていた目的が達せられたからだ。チョンガは、夜中に2人のパンソリを聞きながら、まるで雲雨之情[男女の契り]を交わすような感じがしたとソンファに打ち明ける。なぜ弟に気づかないふりをしたのかというチョンガの問いに、ソンファは「恨に触れたくなかった」と答える。私たちはこういう対話を通して、ソンファが抱いていた"恨"の一端を垣間見ることができる。

「恨に触れたくない」という言葉の本当の意味は何か？それは、自分を失明させた父に対する恨みでもなく、家出した弟に対する家族愛でもなかった。血のつながりがまったくないソンファとドンホは、ずっと幼い頃から互いを恋慕っていたが、偶然のつながりだった姉と弟の縛りをどうしても超えることはできなかった。ソンファにとってドンホはただの弟ではなくて想い人であり、これはドンホの立場でも同じだ。だがソンファは、孤児として捨てられた自分の面倒を見

てくれた師匠のユボンに、生涯、父として仕えてきたように、やはり孤児として残されたドンホに、一生、本当の弟のように向き合わなければならなかったのだ。

まさにこういう運命的な出会いが、間違いなくソンファにとっては"恨"として残ったのだ。愛する人を愛していると言えない現実が、痛切な"恨"としてソンファの胸を押さえつけていた。だから、ソンファは住まいを移すたびにパンソリを通して自分の痕跡を残し、ついにドンホがその痕跡をたどって、愛しい人を訪ねてきた。だから2人は全身で愛を交わしたかったのだ。だが、今まで積み上げてきた"恨"にあえて触れることはできなかった。その代わり2人は、パンソリと太鼓の逢瀬と交わりを通して"恨"を昇華させたのだ。性欲の昇華が文明の礎であるというフロイトのテーゼが、ここにも作用していたということだ。

こうして見ると、『風の丘を越えて』でイム・グォンテク監督が本当に追求しようとしたのは、温かい人間愛でもなく、ましてや「芸術のための芸術」でもなかったことがわかる。得音の境地を"恨"の昇華と同一視することで、イム・グォンテク監督は、胸をえぐるような「愛の物語」を語っているのだ。劇中でユボンは「東便制は重くて結びがはっきりしている反面、西便制はとても切なくて"恨"が深いという違いがあるが、それでも"恨"を通り越せば境はない」という言葉を遺言のように残す。映画のテーマ意識に含みをもたせて見せている場面に違いない。

キム・シム（釜山国際映画祭専門委員）

1990年代　181

ナヌムの家

1995年／ピョン・ヨンジュ監督／ベータSP／カラー／スタンダード

製作会社:記録映画製作所ボイム　プロデューサー:シン・スヨン　監督:ピョン・ヨンジュ　撮影:キム・ヨンテク　編集:パク・コクチ　音楽:チョ・ビョンヒ、オ・ユンソク
韓国公開:1995年4月　主な受賞:第4回山形国際ドキュメンタリー映画祭 小川紳介賞（グランプリ）、第19回ブリュッセル独立短編映画祭 審査員大賞

　1993年12月23日、ソウルの日本大使館前で元慰安婦のハルモニ［おばあさん。年老いた女性への親しみを込めた呼び方でもある］たちの100回目の水曜デモが行われた。そこに集まった旧日本軍の慰安婦に強制動員されたハルモニたちと韓国挺身隊問題対策協議会［日本の慰安婦問題解決のために活動する大韓民国の市民団体。現在の名称は「日本軍性奴隷制問題解決のための正義記憶連帯」］の関係者たちは、責任者の処罰と賠償金の支払いを要求する。本作は、1994年8月以降、キム・スンドク、パク・オンニョン、イ・ヨンスク、パク・ドゥリ、カン・ドッキョン、ソン・パニムら元慰安婦のハルモニ6名が共に暮らしている"ナヌムの家"［元慰安婦の女性たちが共同生活をしている施設。ナヌムは「分かち合い」の意味］での暮らしを撮影していく。ハルモニたちはさまざまな討論会や公聴会に出席し、自分たちの問題を解決するための努力を重ねる。彼女たちは気が合わないときもあるが、絵を習い、つらい記憶を共有し、共に暮らしていく。1994年11月末、ドキュメンタリーの製作陣は、中国の武漢（ウーハン）にいる元慰安婦のハルモニたちを訪ね、インタビューをする。17歳で慰安婦にされ、1日に20～30名の日本兵の相手をさせられ、のちに3人の子連れの中国男性と結婚したハ・グンジャ ハルモニ、性器が狭いため日本兵の相手ができないと無理やり病院で手術まで受けさせられたホン・ガンニム ハルモニ、娘に"恥ずかしい"過去を告白し、泣かずにはいられな

かったキム ハルモニ。中国に取り残された元慰安婦のハルモニの苦痛に満ちた過去と現在が、映画に収められる。1994年12月7日、ソウルの明洞（ミョンドン）でのこの年最後のデモで、"ナヌムの家"のハルモニたちは、慰安婦問題に対処しない日本の国連加盟への反対をテーマに掲げ、デモを行った。そして12月31日、ハルモニたちと韓国挺身隊問題対策協議会の関係者は忘年会を開き、よりよい新年を迎えることを祈念する。

　『ナヌムの家』は、記念碑的なドキュメンタリーである。韓国映画史にとってだけでなく、女性史という側面から見ても同様だ。だがこの記念碑が、自らの大きさを自慢することはない。むしろ自ら身を縮め、声を低くして慰安婦ハルモニたちの人生を語り、ありのままの現実を映し出す。このようにして"歴史的記念碑"は、今日に至るまでいかに男性中心的だったのかということを考えさせるのだ。
　『ナヌムの家』を学生や一般の大人たちと共に何度も観ながら、私は嘆息と泣き声を聞いた。特に女性の観客たちが、慰安婦ハルモニの問題を自らのこととして受け止めるという事実を知るようになった。本作を上映した後、ある観客が監督に渡したメモに、次のような言葉があった。「友人がサークルの先輩に性暴力を受けて自殺して以来、世間を信じられなくなった私に、この映画は私がこれからどうやって生きていくべきかを気づかせてくれました」。『ナヌムの家』は、いわばこのような観客のために、歴史の被害者を慰める役割だけでなく、現在の女性たちに対する性暴力問題に積極的に介入する教科書になったともいえる。
　『ナヌムの家』は、さらに他の側面でも現在と関係している。慰安婦の話題は韓国で女性として成長する子どもたちにさまざまな経路を通じて伝えられる。歴史教科書は慰安婦問題を素通りするが、慰安婦のことは偶然耳にするおばさんたちのひそひそ話や、新聞の小さな記事、雑誌の記事などを通じて、韓国人女性たちの経験の一部分となる。振り返ってみると、韓国人女性の体と性愛に関する知識の一部は、確かに慰安婦問題と絡み合っている。軍事的・帝国主義的な男性的暴力と恥や罪の意識などが、私たちの体と性についての知識に意識的・無意識的に痕跡を残しているからだ。
　慰安婦3部作の第1作である『ナヌムの家』の製作が始まる頃、慰安婦問題はまだ社会的には十分に認知されていない状況だった。この問題についての長い沈黙は、むしろ元慰安婦たちに個人的・社会的羞恥心を与え、彼女たち自身が問題の原因であるかのように思わせてしまっていた。そこで、ドキュメンタリーを製作するプロセスには、強固な信頼を土台

낮은 목소리 - 아시아에서 여성으로 산다는 것

『ナヌムの家』はいまだ和解に至らない植民地の歴史から力強く成長してきた女性史の脱植民地的系譜を示している。

とする関係が必要だった。実際に撮影に入る前、ピョン・ヨンジュ監督はカメラや録音機材を持たずにハルモニたちの元を訪れて支援し、彼女たちの友人となり、孫娘となった。ハルモニたちの引っ越しを手伝い、病院に付き添い、日本大使館の前で開かれる水曜集会に参加し、一緒にピクニックに出かけた。まさにこのような背景のもと、カメラが入り、撮影用の照明が灯され、サウンドレコーダーが回り始める。ピョン監督のカメラとスタッフの存在は、慰安婦ハルモニたちの生活と環境の一部となっていた。『ナヌムの家』は、慰安婦ハルモニたちを16ミリカメラと照明が導く明るい場所に迎え入れると共に、彼女たちの姿に勇気づけられた女性たちが不条理なものに対して声をあげるきっかけを生む作品となった。

ピョン・ヨンジュ監督は、独立映画運動［映画の自主製作運動。1980年代の民主化運動の熱気と共に自主映画製作が盛んになった］が、ついに大衆主義の民衆運動と結合した1980年代後半に映画を撮りはじめた。彼女の映画製作の軌跡自体が示唆に富んでいる。ピョン・ヨンジュ監督が初めて撮ったドキュメンタリー映画『アジアで女性として生きるということ』(1993)は、済州島からタイに至る買春ツアーを追跡する作品だ。映画の撮影中、済州島で日本の観光客を相手にするひとりの娼妓が、自分の母親は慰安婦だったと監督に告白した。彼女は母親の医療費を稼ぐために性接待の仕事を始めたという。このような発見が契機となり、監督は慰安婦についてのドキュメンタリー製作プロジェクトに着手し、『ナヌムの家』を製作した。

『ナヌムの家』で慰安婦たちが50年間の沈黙を破って口を開くとき、観客の女性たちは彼女たちの悲しみに共感するだけでなく、このような歴史に自身も介入させられていることに気づくことになる。監督は自分の映画は女性観客に訴えなければならないと堂々と宣言し、女性観客たちもまた、この映画に熱狂的な反応を示した。

本作では、女性の肉体について考え直す機会が、ラストシーンでもっともはっきりと表れる。カメラは、"血を吸う家"（＝慰安所）から解放された後、強制的に中国に残らなければならなかったある慰安婦の裸の体を映しだす。カメラは日本式の金銭的補償など霞んで見えるほどの、彼女の弱くてしわだらけの肉体を堂々と白日の下にさらす。『ナヌムの家』は、慰安婦問題を民族主義的な主張という、今や剥製と化した領域へと追いやった無気力な民族主義の叙述とは程遠い。事実、このような新しい女性映画は、女性運動（特に韓国挺

身隊問題対策協議会）と独立映画運動の合作である。

『ナヌムの家』の世論への効果は相当なものがあった。本作は全国の大学キャンパスを巡回し、作品と監督の話題が、主要日刊紙、テレビ、女性誌など、大衆メディアで報道された。『ナヌムの家』以後、『ナヌムの家Ⅱ』(1997)、そして『息づかい』(1999)と続く慰安婦3部作が完成した。

『ナヌムの家』が、長く日の目を見なかった悲しみを取り上げるために、当事者たちの告白を基に表現する一方、2作目の『ナヌムの家Ⅱ』では長い間抑圧された欲望と欲求を表現するための迂回手段として歌と冗談を取り入れた。『ナヌムの家Ⅱ』では、慰安婦だったハルモニたちはソウル近郊の"ナヌムの家"で共に暮らしている。狭い畑で野菜を育て、日常を共にする彼女たちは、つらい記憶を分かち合いながら徐々に自らを癒していく。3部作の最後の『息づかい』は、前の2作品で提起された問題を受け継いでいるが、元慰安婦のイ・ヨンスン ハルモニが主要インタビュアーとして登場する。『ナヌムの家2』が完成した後、彼女が自ら志願したのだった。インタビュアーとして彼女は、トラウマを抱えた証言を聞く聴き手であると同時に、自分自身もも生存者であるという二重の役割を担当する。

『ナヌムの家』はいまだ和解に至らない植民地の歴史から力強く成長してきた女性史の脱植民地的系譜を示している。『ナヌムの家』に始まる慰安婦3部作は、女性のセクシュアリティと肉体についての現在の概念が、さながら歴史的に転移したものだといえるほど、慰安婦問題と深く絡み合っているのは明らかだ。慰安婦問題は、脱植民地時代に女性というアイデンティティがどうすれば歴史となりうるかを示唆している。

キム・ソヨン（映画評論家、韓国芸術総合学校映像院教授）

1990年代　183

美しき青年、チョン・テイル

1995年／パク・グァンス監督／35mm／カラー／ビスタビジョン

製作会社：シネ2000　製作：ユ・インテク　企画：リュ・ジノク、イ・スジョン　監督：パク・グァンス　脚本：イ・チャンドン、キム・ジョンファン、イ・ヒョイン、ホ・ジノ、パク・グァンス　撮影：ユ・ヨンギル　照明：キム・ドンホ　編集：キム・ヤンイル　音楽：ソン・ホンソプ　美術：チュ・ビョンド　出演：ムン・ソングン、ホン・ギョンイン、キム・ソンジェ、イ・ジュシル、ミョン・ゲナム、トッコ・ヨンジェ　韓国公開：1995年11月　主な受賞：第16回青龍映画賞　作品賞・監督賞

　警察に追われて逃亡生活を送っているキム・ヨンス（ムン・ソングン）は、5年前の1970年に清渓川沿いの被服労働者たちが劣悪な状況に置かれていることを訴えて焼身自殺したチョン・テイル（ホン・ギョンイン）の評伝を書きながら、工場労働者のシン・ジョンスン（キム・ソンジェ）と同棲生活をしている。ジョンスンは妊婦の身でありながらも、自分が働く工場で労働組合を組織するためにあらゆる弾圧と迫害に耐えている。映画はヨンス、ジョンスンの厳しい生活と共に、テイルの暮らしを並行して描いていく。

　傘を売って歩く年若いテイルは、平和市場の縫製工場のシダ［見習い工］として雇われ、やがて裁断師になる。彼は劣悪な平和市場周辺の縫製工場労働者の労働条件を改善するために、近隣の労働者たちと力を合わせて"馬鹿の会"［労働条件改善のために十名ほどの仲間と作った会。何も知らず、自分は馬鹿だ、自分たちは馬鹿だったと、こう名づけた］を組織したが、これを快く思わない社長に解雇されてしまう。一方、ジョンスンは警察に連行され、ヨンスはある建物のボイラー室に身を潜め、評伝執筆作業に没頭する。解雇されたテイルは再び縫製工場で働くことになり、平和市場、東和市場、統一市場の被服労働者が力を合わせて「三棟会」を設立した後、勤労基準法［日本における労働基準法］を守れと主張するデモを計画する。そしてこのデモの最中に彼は勤労基準法が

載っている法典と自身の体を燃やすことによって、劣悪な労働環境を告発する。

　時は現代へ。年をとったヨンスは平和市場の近くに座っている。『チョン・テイル評伝』［チョン・テイルは実在の人物で、評伝は実際にチェ・ヨンネ著『全泰壹評伝』が1983年にチョン・テイル財団より刊行されている。邦訳は柘植書房新社より2003年に刊行］を手に通りすぎる、テイルによく似た労働者を目にする。

　パク・グァンス監督は、盛んに製作活動をしていた当時、自身の映画のテーマは「我々は何者か」という疑問に収斂されると繰り返し語っていた。この問いに答えるため、彼は当時の韓国社会と同時代としての関連をもつ西欧を調査する旅を経て〔『ベルリン・リポート』（1991）〕を、さらに通史的に根源を探求する3編の映画を発表した〔『あの島に行きたい』（1993）、本作、『イ・ジェスの乱』（1999）〕。朝鮮戦争、1970年代、朝鮮時代末期など、韓国近現代史の象徴的な時期を映画化することによって、パク・グァンス監督は現代韓国社会の矛盾の原因と解決策を模索しようとしていたのだ。

　『美しき青年、チョン・テイル』でまず目に止まるのは、この映画がたんにテイルの生涯を描くだけでなく、彼の評伝を書くヨンスという知識人男性の人生を重ね合わせている（さらには媒介させる）という点だ。映画はテイルをモノクロで、ヨンスをカラーで映像化することによって、ひと目でわかるようにしている。

　ところが、モノクロとカラーがそれぞれもつイメージは、そう単純なものではない。1970年代の人物と1975年の人物、

わずか5年差の同時代の人物をモノクロとカラーで描き分けるのはいくぶん常軌を逸しているともいえるし、モノクロを過去（もしくは大過去）、カラーをその当時（もしくは過去）と認識する私たちの慣習を撹乱する。この映画が作られた1990年代の視点で1970年のテイルがもつ意味を反芻し、それをモノクロとカラーで区分する企てがより通常的なやり方なのかと考えてみると、いっそう疑問に思える。では、こうした普通ではない構成は、何を意図したものなのか？　それに対する答えは、なぜあえてテイルの人生をモノクロで描いたとのかという問いを通じて、見つけることができる。

　1本の映画のなかでカラーと対比されるとき、モノクロがもつ特有のオーラはいっそう強力に効果を発揮する。モノクロで描かれるイメージは、たんなる過去ではない遠い時間、非現実の感覚を私たちに与える。したがって、モノクロがもっているオーラのなかにテイルを配置したことは、彼を歴史のなかのひとりの労働者ではなく一種の代表的な労働者像として示し、彼に普遍性（ひいては崇高さ）をもたせる効果を生む。パク・グァンス監督はあるインタビューで本作の一

184　韓国映画100選

아름다운 청년 전태일

チャン・ソヌ監督が道化の道を歩むなら、パク・グァンス監督は志士の道をゆく。彼が考えるには、韓国社会において知識人とは今なお果たすべき役割をもった存在なのだ。

場面を取り上げ、次のように語っている。

「劇中、テイルの"馬鹿の会"会員たちが、初めてMT［Membership Training の略。学生などが新学期初頭などに団体で行く短い旅行、合宿］に行き、話し合いを終えた後、浜辺で歌って踊って突然、服を脱ぎ捨てて海に飛び込む場面がある。"自然"としての裸の人間が自然それ自体である海と一体となるのと同じように、人間の労働もそうでなければならないというのが、テイルが夢見た労働ではなかったのか。このように観客たちに読みとってもらうことを願う」［原注］。

パク・グァンス監督は"テイルが夢見た労働"と想定したが、この労働観はテイルの夢ではなく、パク・グァンス監督をはじめとするその当時の進歩的知識人の夢だと捉えるのが妥当だろう。まるで大自然のように神聖なる労働というのは、1980年代後半に労働者たちが自らを階級的主体として自覚し、社会的に公認されることで生まれた理念だった。さらにパク・グァンス監督は、テイルに「大自然と、自然現象である雨、雪、海、山、雷鳴と稲妻などを彼に重ね合わせた」と明かしたことがある。つまりテイルの自然化あるいは神話化が、演出家により精緻に考慮されていたのだ。

仮に労働というものが自然と同様にすべての人間に与えられた環境であるならば、人間すべてが労働者であり、知識人もまた労働者である。映画のタイトルにもかかわらず、本作の関心は、テイルよりヨンスのほうにあるように見える。焼身自殺の場面がカラーに転換することによって強力な衝撃効果を与えるが（この場面はテイルをモノクロで処理したことで効果を上げたシーンのひとつだ）、モノクロの世界に閉じ込められたテイルは神話的で脱時間的な存在として映し出されるのに対し、彼とほぼ同時代の人物であるにもかかわらずカラーで描かれるヨンスは、より現実的な存在として私たちに近づいてくる。

パク・グァンス監督は1990年代に知識人の問題を深く掘り下げた。『追われし者の挽歌』（p168）と『ベルリン・リポート』（1991）、そして『美しき青年、チョン・テイル』には、どの作品にも知識人が登場するだけでなく、彼らの地位と役割についての苦悩が描かれている。パク・グァンス監督はテイルとヨンスを織り交ぜる構成について、「理想的な知識人を描いてみたかった」という言葉で演出意図を明かしたことがある。こうして知識人の地位と役割は、特権を脇に置いて、自身の労働者性、労働指向性を回復するのだ。この健康な回復は、劇中で繰り返されるヨンスとテイルを同一視する仕掛けを通して、ひいてはヨンスという知識人とジョンスンという女性工場労働者との同志愛的な結びつきを通じて、象徴的に描かれる。

この映画が公開された1995年は微妙な時期だった。チョン・テチュン［1954年生まれの詩人・シンガーソングライター。社会性の強い曲を歌い、民衆音楽の先駆者と称される。代表曲に「ああ！大韓民国」など］が「幻滅の1990年代」と呼んだ時間のど真ん中だった。6月民主抗争［1987年6月に繰り広げられたデモを中心とする民主化運動。大統領直接選挙制改憲実現など一連の民主化措置を全斗煥政権から引き出すことに成功した］によって本格化した進歩的社会運動は、東欧圏の没落以後、1990年代初めから押し寄せた大衆消費社会の登場により、早くも衰退しはじめていた。大企業が本格的に参入しはじめた韓国映画産業は、合理化と産業化の道を進みつつあり、コリアンニューウェーブが生み出した類とは異なる、より商業的に洗練された見栄えのいい映画が、映画のスタンダードの地位を奪っていった。本作は一般市民約7000名の自発的な寄附が資金となって製作された映画だが、配給会社は大宇［韓国の財閥のひとつ］という大企業だったという事実は、当時のパク・グァンス監督が身を置いた複雑な状況を象徴的に表している。

そのような時期にパク・グァンス監督が見せた志士のような意志の強さは、労働の価値と、人間への希望をつかんで放さない究極的な楽観性と、早くも薄れつつある進歩的な精神を回復しなければならないという緊迫感から生まれたと思われる。それはチャン・ソヌ監督が『競馬場へ行く道』（p172）と『私からあなたへ』（1994）という作品で、本人を含め知識人と芸術家の地位を過激に解体してへりくだるやり方とは異なるものだった。チャン・ソヌ監督が道化の道を歩むなら、パク・グァンス監督は志士の道をゆく。彼が考えるには、韓国社会において知識人とは、今なお果たすべき役割をもった存在なのだ。

チョ・ジュニョン（韓国映像資料院研究員）

［原注］「私は軽さが何なのかわからない」『美しき青年、チョン・テイル』映画監督パク・グァンス氏」、「ハンギョレ」1995年11月28日付

1990年代　185

つぼみ 꽃잎

1996年／チャン・ソヌ監督／35mm／カラー／ビスタビジョン

製作会社:ミラシンコリア　製作:パク・ゴンソプ　企画:大宇シネマ、キム・スジン　監督:チャン・ソヌ　原作:チェ・ユン　脚本:チャン・ムニル、チャン・ソヌ　撮影:ユ・ヨンギル　照明:キム・ドンホ　編集:キム・ヤンイル　音楽:ウォン・イル　美術:パク・シジョン、オ・ヒョンソク、MBC美術センター　出演:イ・ジョンヒョン、ムン・ソンジン、ソル・ギョング、パク・チョルミン、チュ・サンミ　韓国公開:1996年4月　主な受賞:第41回アジア太平洋映画祭 最優秀作品賞、第34回大鐘賞 審査員特別賞

物乞いのようにみすぼらしい身なりをした少女(イ・ジョンヒョン)が、工事現場で働く浮浪者チャン(ムン・ソンジン)につきまとう。チャンは少女を強姦し、あらゆる虐待を加えるものの、少女はチャンのことを「オッパ[お兄さん。女性が使う恋人や年上の親しい男性に対する呼称]」と呼び、なかなか離れようとしない。光州事件の際、戒厳軍に母親を殺され、多くの死体と共に運ばれていく途中で逃げ出した衝撃の過去によって精神に異常をきたした少女だったが、そんな状態になってもソウルからやって来た兄の友人たちとの楽しかったひととき、自分の十八番だったキム・チュジャの「花びら」[1971年のヒット曲。本作の原題もこの曲名と同じ『花びら』]のことは記憶していた。ある日、酒を飲んで戻ってきたチャンが少女を無理やり犯そうとすると、少女は錯乱状態に陥って自らの体を切りつけるが、チャンはそんな傷だらけの少女を陵辱する。強姦、虐待が繰り返されるものの、少女は依然として彼の元を離れようとしなかった。一方、少女の兄の友人たちは、噂を頼りに地方で少女の行方を捜しまわっていた。その過程で彼らは、少女が精神に異常をきたし、チャンに会う以前にも虐待されていたことを聞き、少女と縁のあった人々を訪ねていく。チャンは少女に対して少しずつ人として憐憫の情を覚えるようになり、彼女の世話を焼くようになるのだが、少女は恐ろしい過去の記憶が蘇るたびに狂気に満ちた行動を繰り返す。ある日、チャンが少女を捜すために出した尋ね人の広告を見た兄の友人たちは、彼の家を訪れ、少女の行方を尋ねる。しかし、消えてしまった少女を見つけることができず疲れ果てたチャンは、逆に兄の友人たちに少女を捜してほしいと頼む。結局、兄の友人たちは少女の消息を追うことを諦め、ソウルに戻っていく。

　チャン・ソヌ監督の『つぼみ』が光州事件を描いた最初の劇映画であるという事実は、あらためて強く認識される必要がある。これは2つのことを意味している。ひとつは、この映画がどんな形であれ光州事件をストーリー化しなければならなかったということであり、もうひとつは、当たり前の話になるが、どんな形であれ光州を映像化しなければならないということである。しかし、はたしてそれは可能なのだろうか?

　1980年5月以降、「光州」は禁止された単語であり、この事件は1980年代を通して人々の噂話のなかで時おり内密の話として伝えられてきた[当時、全斗煥による司令部がマスコミを統制し、光州事件の実態を国民に知らせなかった]。1987年以前、韓国国内の放送や新聞では光州で起こった虐殺に関する写真や映像はまったく見ることができなかった。外部から入ってきた写真(例えば、この映画で使われているドイツの放送局が撮った写真)がなければ、おそらく私たちは光州事件に関するイメージをほとんど見ることができなかったであろう。光州は、長く強いられてきた沈黙と忘却のなかに置き去りにされていた。

　また、もうひとつの問題。もし、光州をひとつの完結したストーリーと映像によって伝えるとしたら、その際に問題になることは何か[例えば、盧武鉉政権時代に作られた映画『光州5・18』(2007、キム・ジフン監督)が見せた方式]。この事件はそのように"物語"を通じて終結することが可能なのだろうか? もし、それが可能だとしたら、この終結において抜けているものは何だろう? そこで死んだ者たち、言葉を失った者たちの居場所はどこにあるのだろうか? 彼らの声を聞けるのだろうか? もし聞けないとすれば、この事件のストーリーとしての復元は原則的に不可能だろう。だとすれば、どのようにこの事件を語ればよいのだろう? (本作の原作小説『あそこに音もなくひとひらの花びらが落ち』の著者チェ・ユンと)チャン・ソヌ監督は、光州事件を再現する際、ある点で一致していると思われる。光州はけっして終わらせてはいけない事件であるという点、すなわち、捨てても捨ててもついてまわる、けっして逃げきれない記憶だという点。それはまるで怨霊のように血の涙を流しながら「言って

186　韓国映画100選

私たちは今また新しく始めなければならないのかもしれない。チャン・ソヌ監督が全力を尽くして"事件"の終結に抵抗し、現在進行形にしようとしたその地点から。

みろ、言ってみろ、おまえが私に何をした？」と問いかけてくる。

本作は、1990年代にもっとも挑発的な映像作家が、いい意味でもっとも卓越した文学を映像化した"翻訳家"でもあったという事実を、あらためて想起させる〔韓国映画での俳優の"構文"をまったく新しい語法に置き換えた、本作と同じチャン・ソヌ監督が手がけた『競馬場へ行く道』（p172）を考えてみてほしい〕。チャン・ソヌ監督は、チェ・ユンが意図した"事件"を物語にすることの不可能性自体を映像に置き換えようとした。光州が少女の言葉を破壊した場所だとすると、正気を失った少女の記憶はどうすれば再現可能（または不可能）なのだろうか？　少女は話すことができず、ただ夢を見て、その夢＝映像を通じて私たちは彼女の物語を知る。たやすく覚めることができない眠りのなかで見る夢は悪夢だ。穴を掘る軍人たち、血に染まった土、原形を留めないほどつぶれた顔、トラックの上に次から次へと積み重ねられていく死体の山、モノクロの夢のなかで流れる黒い血。

同時に本作は、あらすじや事件の概要を紹介する代わりに、一連の写真を通して光州を見せながらスタートする（ドイツの放送局記者ユルゲン・ヒンツペーターが撮ったこれらの写真は、ユ・ヨンギル撮影監督によって劇中で少女の夢＝映像として再現された。奇しくもユ・ヨンギル撮影監督は1980年当時、CBS〔韓国の放送局のひとつ。基督教放送〕の写真記者として実際に光州事件の現場を撮影した。彼の写真は当然ながら韓国では見ることができなかった）。この写真が呼び起こす効果は明白だ。この写真は、私たちが"不法"に見た、まさにその写真とまったく同じだ。銃を構える軍人たち、通りのあちこちに倒れている群衆、残酷に踏みにじられた死体の山。写真の下には、黒や青、赤いマジックで"1980年　光州"と書かれていた。1980年代に大学に通った者ならわかるだろう。今まさに花開こうとほころんだつぼみがポン菓子のように吹き飛んだそのとき、私たちが目撃した写真そのものが、なぜ計り知れないほどの罪悪感の源になったのか。そうして、これらの写真で始まる『つぼみ』は、私たちの罪悪感を再び現在進行形のものとして引き戻す。

初めて光州事件を描いたこの劇映画でチャン・ソヌ監督は、私たちがこの地名、事件をしっかりと覚えておく方法を探そうと、ありったけの力をふり絞ったようだ。そして、彼が見つけ出した方法は、事件を描写するのではなく、まさにその罪悪感を描写することだった。おそらく、これこそチャ

ン・ソヌ監督が考えうる、この事件を現在進行形のものにできるほぼ唯一の方法だったのかもしれない。光州事件は、今なお生き残った者たちの罪悪感のなかでだけ現在進行形であることができるからだ。ある意味、この映画のミッションは、ただひとつのことだったといえるだろう。"物語"としての事件の終結に抵抗することで事件がまだ現在まで続いているのだと定めること。もし、大文字の歴史（History）が、文字通り物語を綴ることだとしたら〔英語のhistoryには「物語＝出来事のつながり」と「歴史＝過去に関する学問的な研究」という意味があり、後者の意味で大文字のHistoryを使うことがある〕、そうして、生き残った人々の采配によって物語の枝葉を切り落とし、最終的に終結した物語であるという体裁で事件に詭計を弄することになるなら、光州事件は大文字の歴史としてけっして語られてはいけないのだ。

もしかしたら、あなたはこの映画に対する批判的な議論を再び繰り広げるかもしれない。本作の公開当時に巻き起こった賛否両論は今でも間違ってはいないが、何よりも法的・政治的加害者が実存するこの国で、暴力に暴力を重ねて描くこの映画のスタイルは、それが罪悪感から来る問題だとしても、依然として心穏やかでない。しかし、まさにこの部分も含め、韓国式歴史修正主義が幅を利かせている現在、『つぼみ』は断固として再び鑑賞され、読み解かれるべき映画なのだ。私たちは今また新しく始めなければならないのかもしれない。チャン・ソヌ監督が全力を尽くして"事件"の終結に抵抗し、現在進行形にしようとしたその地点から。

イ・ヨンジェ（映画評論家）

豚が井戸に落ちた日

1996年／ホン・サンス監督／35mm／カラー／ビスタビジョン

製作会社:東亜輸出公社　製作:イ・ウソク　企画:イ・ホソン　監督:ホン・サンス　原作:ク・ヒョソ　脚色:ホン・サンス、チョン・デソン、ヨ・ヘヨン、キム・アラ、ソ・シネ　撮影:チョ・ドングァン、編集:パク・コクチ　音楽:オク・ギルソン　美術:チョ・ユンサム　出演:キム・ウィソン、パク・ジンソン、チョ・ウンスク、イ・ウンギョン、ソン・ミンソク
韓国公開:1996年5月　主な受賞:第15回バンクーバー国際映画祭 龍虎賞、第26回ロッテルダム国際映画祭 タイガーアワード、第17回青龍映画賞 新人監督賞、第16回韓国映画評論家協会賞 新人監督賞

小説家のヒョソプ（キム・ウィソン）は、まともな作品ひとつも出版できない状況にいる。後輩の出版社で自分の原稿が放置されたまま埃をかぶっているのを見たヒョソプは、夜の宴席で評論家と喧嘩騒ぎを起こして警察の世話になる。彼は、三流小説家として扱われる劣等感と被害者意識にさいなまれながら、人妻のボギョン（イ・ウンギョン）との情事にのめりこんでいる。ボギョンを疑う夫ドンウ（パク・チンソン）はひどい潔癖症だ。ドンウは、出張で全州（チョンジュ）に行っても、ボギョンのことが気になって仕方がない。

一方、ヒョソプのことが好きな映画館の券売係のミンジェ（チョ・ウンスク）は、ヒョソプの原稿の校正をすることに幸せを感じているが、ヒョソプはボギョンとの不倫にふけってばかりいる。ボギョンは荷物をまとめてヒョソプと家出の約束をするが、ヒョソプは現れない。ヒョソプの屋根部屋を訪ねても、ドアが閉まっていて人の気配もうかがえない。

実はこのとき、ヒョソプの部屋にいたのは、ミンジェに告白して断られたミンス（ソン・ミンソク）だった。ミンジェに告白して

断られた彼は、ヒョソプとミンジェを殺し、呆然と部屋に座り込んでいたのだ。ボギョンは、そのことに気づかないまま自宅に帰る。朝、新聞を広げたボギョンは、マンションの窓から差し込む陽の光に沿って新聞を敷き、その上を踏んでベランダに出る。

『豚が井戸に落ちた日』の登場は、1990年代半ばまで韓国映画界に流行していた社会や歴史などの大きなテーマを打ち破り、個人の内面など、ささやかな生活の世界に目を向けるように促すパラダイムの転換、あるいは既存の映画論に逆らって新たな映画を追認するよう求める挑戦状のように思われた。この映画がもたらした衝撃は、ほんの少し前までの映画談論の場では話題にされることすらなかった"日常的リアリティの発見"に光を当てた。本作が異例なほど高い関心を集めた理由は、1990年代の中頃から後半の韓国映画界の事情と深く関係している。コリアンニューウェーブと呼ばれた、1990年代中盤まで韓国映画界を支配していたトレンドは、映画を通して現実に関わることをモットーとする、リアリストの美学を前面に出していたからだ。

そんななか『豚が井戸に落ちた日』は、ぽっかり穴があいたような世の中の風景を細やかに描き、日常的なリアリティを鋭く再現することで、近代化の過程で分裂した主体の危機を描写するポストモダニストの映画として評価された。映画研究者のデイビッド・スコット・ディフリエントは「近代化された韓国の街の日常を、冷淡ながらもリアルに描写している」「持続的に変化する場所で起こる平凡な日常の出来事を

細かく描写した、1996年のソウルに生きることについての社会学的な報告書のような映画である」と評価した。同様の観点から本作は、近代化された都市の日常を顕微鏡で覗いたような描写で、ソウルの風景を、はかない人間関係と社会的で心理的な断絶、ばらばらで歪んだ欠片として映し出したテクストとみなされた。

だが、"日常の革命"で描かれる美徳とは異なり、『豚が井戸に落ちた日』が真に革新的であるのは"ストーリーテリングの革命"によるものだ。この映画を話題にする際に"日常"という言葉が乱発されたのは、シニカルかつ生き生きと描写された日常生活の出来事に、人々が注目したからだ。だが、ストーリーテリングの革新家としてのホン・サンスは、騒々しい現実や、合理的な理性主義に立つ伝統的なストーリーの構造から脱皮し、それらに代わる語り口を追求していた。この映画を皮切りとして『秘花〜スジョンの愛〜』（2000）まで、ホン・サンス監督は、一定の到着点に向かって物語を進行させる時間の流れに沿ったあらすじと、意識的に配置された事件やキャラクターによって刷り込まれたおきまりの劇映画のパターンが、私たちをいかに自家撞着に導くかを、緻密な構造を用いて立証した。

돼지가 우물에 빠진 날

『豚が井戸に落ちた日』でホン・サンス監督は、ありきたりなナラティブに慣れた状態をあらためさせる革新的なストーリーテリングを通じて、深い分析と共に映画にちりばめられた情報を、観客が受け入れることを期待している。

『豚が井戸に落ちた日』のストーリー構造は、いろいろな人物の多重な視点でひとつの年代記を記述する手法を実験してみせる。この映画でホン・サンス監督は、伝統的なナラティブで組み立てる原則に頼らずに、時間の流れを示す。主な人物は、小説家のヒョソプと会社員のドンウ、ヒョソプを慕うミンジェ、ヒョソプの愛人でドンウの妻のボギョンだ。ストーリーは、4人の主人公がそれぞれの物語をもつ4つの段落で構成される。4人の行動と事件の配列は明らかにばらばらのように見えるが、実際は、すべて時間の流れで説明することが可能だ。時間的に分離され、出来事を引っ張っていく4人が、自分の行為が他者とどう関わっているのか感じることができず、同時に起こっていることを認識できないまま物語が終結する。各人物の物語は、すべてその日の朝から次の日の朝までの、およそ1日の時間に設定されている。それぞれの人物は自らが主人公となる段落で、誰かひとりと重なりあったり、あるいは3人以上と交わっている。4人がそれぞれ率いる物語は、大きなあらすじをつなぐための設計というより、独自性をもつ別々のストーリーのように描かれている。

本作は、分離された4つの段落の間のつながりを暗示する直接的な仕掛けを何も使っていない。つながりがないことで、物語が1本の線になっていない印象を強めている。時間の流れをはっきりと示さないまま進んでいくストーリーは、それぞれの段落の時間関係を知るための手がかりをさりげなく隠している。空間のなかで分けられた4つの段落の時間的な関係を示すのは "カレンダー" だ。各段落には時間を知らせる記号としてカレンダーが登場する。ヒョソプとボギョンが入った旅館の壁、簡易裁判所の事務所の壁、ドンウが全州で訪れた百貨店の事務室の壁、ミンジェの部屋の壁、ボギョンの部屋の壁。そこにかけられたカレンダーは、ぼんやりとした時間の座標を証言している。こういう証拠を元にして推測してみると、"ヒョソプ→ドンウ、ミンジェ→ボギョン" の順にストーリーの時間が流れている。ナラティブの空間が縮まったりゆるくなったりしながら出来事を迷宮に追いこんでいるように思えるが、実は因果論的な論理をほとんど損なうことなく、プロットの順序に従って時間の流れに沿いながらストーリーを進行させているのだ。

段落と段落の間をつなぐ要素のうち、注目すべきはサウンドだ。黒一色の画面で段落の間を分けながら、ホン・サンス監督は映画全編を通じて、あるサウンド戦略を貫いている。ひとつの段落が終わって暗転する直前から、バイオリンの演奏がバックグラウンドミュージックとして流れ、次の段落の最初のシーンがサウンドを介して暗示されるのだ。一般的に、このようなサウンドの手法は、シーンとシーンをつなぐ結び目の役割をする。ホン・サンス監督は、時間と空間が異なる出来事がつながっていることを強調するために、前後のシーンの間をサウンドを通じてわざとかみ合わない雰囲気にしているのだ。段落と段落の間に置かれた暗転画面は音楽に例えれば休止符で、前後の段落を分離する断絶の機能を果たしつつ、流れ続けるサウンドを通じて、段落同士を巧みに結びつけている。このように断絶と連続性をうまく取り入れまとめる手法は、『豚が井戸に落ちた日』だけでなく、「ばらばらのように見えるが、実際は、すべて時間の流れで説明する」という、ホン・サンス監督映画に特有のナラティブのパターンとも密接に関係している。

『豚が井戸に落ちた日』のナラティブは、時間と因果関係の差を少しずつ埋めながら、比較的正確に時間の流れを描けるように構築されている。4つの時空間を重ねることは試みておらず、それぞれのストーリーのなかで人物たちが偶然に出会うことが、各エピソードがつながっているのだという印象を与える程度だ。『豚が井戸に落ちた日』でホン・サンス監督は、ありきたりなナラティブに慣れた状態をあらためさせる革新的なストーリーテリングを通じて、深い分析と共に映画にちりばめられた情報を、観客が受け入れることを期待している。

チャン・ビョンウォン（映画評論家、全州国際映画祭プログラマー）

1990年代

ナンバー・スリー 넘버3

1997年／ソン・ヌンハン監督／35mm／カラー／ビスタビジョン

製作会社:フリーシネマ　製作:キム・インス　プロデューサー:ソ・ウシク　監督:ソン・ヌンハン　脚本:ソン・ヌンハン　撮影:パク・スンベ　照明:キム・ガンイル　編集:パク・コクチ　音楽:チョ・ドンイク　美術:オ・サンマン　出演:ハン・ソッキュ、イ・ミヨン、チェ・ミンシク、アン・ソクファン、パク・サンミョン、ソン・ガンホ、パン・ウニ、パク・クァンジョン　韓国公開:1997年8月　主な受賞:第18回青龍映画賞 新人監督賞

ヤクザ組織トガン派の組員テジュ（ハン・ソッキュ）は、組織内のクーデターで襲撃されたボスのカン・ドシク（アン・ソクファン）を救い出した見返りに組織の"ナンバー・スリー"になり、単純で無知な"灰皿"ことジェチョル（パク・サンミョン）とライバル関係になる。ホステス出身のテジュの妻ヒョンジ（イ・ミヨン）は、白鳥のようにエレガントな生活を夢見て三流詩人のランボー（パク・クァンジョン）に詩の講習を受け、不倫関係になる。しかしヒョンジは、ボスの妻でルームサロンのマダム、ジナ（パン・ウニ）の策略でランボーとの関係を整理し、彼をジナに渡す。ドシクの請負殺人に失敗したジョピル（ソン・ガンホ）は、3人の部下を引き連れて山の中で地獄の訓練を行い、不死派を組織する。ある日、テジュは屋台でジョピルの部下との言い争いに負け、それが原因で即日、組織から追い出される。しかし、しばらくしてドシクはテジュに、次期ボスにすることを餌に、組織を妨害する検事のマ・ドンパル（チェ・ミンシク）を殺害するよう指示する。テジュはドンパルを殺し、近くの山に埋める。トガン派と日本の組織が会合しているルームサロン。その場ではジョピル一味が復讐の機会をうかがっていた。トガン派と日本の組織の話し合いは竹島（独島）問題で決裂し、ジェチョルが間違って投げた灰皿が日本の親分に当たって両組織の間で抗争が始まる。修羅場になったルームサロンに、死んだと思っていたドンパルが突然に現れる。まっとうに生きたいと思うようになったテジュが、ドンパルと組んだのだ。2001年、刑務所に収監中のテジュの元へ、ヒョンジが息子を連れて訪ねてくる。彼らは、出所後に外国に移住することにする。

　ソン・ヌンハン監督が映画界に戻ってくることを期待していた時期があった。少なくとも、2000年代中盤まではそうだった。当時、彼が次回作として『38グァンテン[花札で最強の組み合わせを意味する]』を準備中であると、ときどき伝えられていた。しかし、現在[この文章が執筆されたのは2013年]も、ソン・ヌンハン監督が復帰する兆しは見られない。そのため『ナンバー・スリー』と『世紀末』（1999）という2本のみが、彼の作品として韓国映画史に記される見込みが高い。ソン・ヌンハン監督は、『達磨はなぜ東へ行ったのか』（p158）と『黒き地に白き民衆』（1995）を残して消えたペ・ヨンギュン監督と共に、21世紀の韓国映画界が逃した20世紀の貴重な監督として、長い間広く知られるであろう。いうまでもなく、ソン・ヌンハン監督の復帰を待っていたのは、彼の映画にはそれだけの価値があるからだ。もちろん『世紀末』が前作『ナンバー・スリー』に比べて本格的であり、さらに鋭い描写を試みているにもかかわらず、ある種の道徳的メッセージを強調したために、社会的寓話としての有能さを多少失ったのは事実である。しかし、ソン・ヌンハン監督にとって『世紀末』は、まだ2作目にすぎなかったことを考慮するべきだろう。

　腐敗した韓国社会を反映はさせるが、それを乗り越えるための希望も模索する必要があるという主義と主張は、ソン・ヌンハン監督の2つの作品に欠かせないテーマだ。これは、ソン・ヌンハン監督流の社会的寓話のテーマともいえるだろう。特に『ナンバー・スリー』は、このテーマを表現する方法において際立った魅力を放っている。映画を観ると、まず『ナンバー・スリー』の登場人物たちが時折、ある単語の真の定義を解明しようと執着するのに気づく。主人公であり、暴力組織のナンバー・ツーまたはナンバー・スリーであるテジュは「乾達[ならず者]は、遊んで暮らすのが仕事だというが、どうしてこんなに大変なんだ」と部下に不満をこぼす。さらに続く別のシーンは、ドンパルがテジュに、乾達という言葉の由来は「空に精通しているという意味で、"ガンダルバ[インド神話における神。仏教にも導入され、乾闥婆と漢訳される]"という世のよい香りを求めて空をさすらう神の名の当て字」だと言う。ヤクザはたんなるヤクザにすぎず、乾達ではないという再定義が、ドンパルによって試みられる瞬間である。社会に無造作にあふれる汚染された定義を正そうとしているのだ。

　定義を見直し、改めることは、時に必要で正しいことだが、それだけでは十分ではない。社会的寓話として『ナンバー・スリー』が真に成し遂げたことも、まさにそこにある。この

例えば『ナンバー・スリー』の世界では、三流ヤクザと三流詩人が我が物顔で行動している。彼らは韓国社会を代弁するために動員されたアイコンだ。

映画は善悪を区別すると同時に、一方では、その善悪の分け目をコミカルに崩すことで、社会が回復することに対する夢を描く。例えば『ナンバー・スリー』の世界では、三流ヤクザと三流詩人が我が物顔で行動している。彼らは韓国社会を代弁するために動員されたアイコンだ。2000年代中盤、商業的な流れを牽引した数多くのヤクザ映画と『ナンバー・スリー』が異なる点は、本作に登場する登場人物たちは、たんに物語を描くためのキャラクターではなく、一種の時代のアイコンであるという事実だ。ゆえに『ナンバー・スリー』は韓国ヤクザ映画の先駆けや始祖ではなく、いち早くヤクザ映画にカムフラージュした、異例の作品なのだ。その時代のアイコンをコミカルに描き、やかましいヤクザ映画としてまとめた、一編の時事評論である。

なかでも際立った表現方法がある。それは"引喩法"、つまり、よく知られた故事成語、格言、例文、単語などを引用して間接的に表現する方法だ。意図的に毀損された引喩的パロディというのが、『ナンバー・スリー』には、よりしっくりくるだろう。劇中では「刃で栄えた者は刃で身を滅ぼす」が「灰皿で栄えた者は灰皿で身を滅ぼす」になり、「世界は広く、仕事は多い」が「縄張りは広く、仕事は多い」に変わるなど、私たちがよく知っている格言や決まり文句が、コミカルに変化してあちこちに登場する。同時に詩人のランボーはシルベスター・スタローンの"ランボー"になり［ボスの妻は、日本語では同じカナ表記をするが、フランスの詩人からとったランボー（램보）をアクション映画の主人公のランボー（람보）のように発音する］、ソ・テジュは"ソ・テジ［1992年にデビューしたダンスグループ、ソテジワアイドゥルのリーダー。社会に大きな影響を与えた人物として"文化大統領"と呼ばれた］"になる（「俺が誰なのか知ってるか？ ソ・テジだ、ソ・テジ」とテジュは寝言を言う）。殺し屋請負業者のジョピルは、売春街の主人と向き合い座りながら、"落張不入"［花札で一度出した札は再び戻せないという掟］を故事成語として信じて語ろうとする。ここで重要なのは、すべての引喩が乱用または誤用され混同されいて、それが発せられるシーンの無茶苦茶な雰囲気を表しているということだ。このような引喩的パロディで毀損された言葉が笑いを呼び、観る人を覚醒させる。これはおそらく、1980年代後半と1990年代初頭に韓国の詩人の世界の一部で流行していた手法を映画的に継承したものといえるだろう。

これらすべての中心に、いうまでもなくキャラクターの活

用という問題が関与している。のちに韓国映画でよく使われるようになった"キャラクター映画"という用語は、『ナンバー・スリー』にこそ与えるべき言葉だ。『ナンバー・スリー』が優れているのは、たんに台詞ではなく、その台詞を誰がどのように言っているかというキャラクター化にある。1990年代と2000年代をリードした重要な俳優、ハン・ソッキュ、チェ・ミンシク、ソン・ガンホ、すなわち『ナンバー・スリー』から本領を発揮しはじめた3人が演じる、テジュの皮肉っぽく口を叩く姿、ドンパルの相手を責め立てるような鋭い口調、ジョピルの口ごもる様子。魅力的に様式化された口調は、まさに彼らのキャラクターから生まれたものだ。不死派のボスのジョピルによる「俺がヒョン・ジョンファと言ったら、ヒョン・ジョンファなのだ……。裏切りだよ、裏切り……」という有名なくだりも、空前絶後のキャラクターが放つ独特の語感のおかげで名台詞になった。このようなスタイルのヤクザ映画のキャラクターは、それまでの韓国映画には存在しなかった。乱雑で安っぽい不協和音を様式化すれば独創的な風刺美学になるという事実を、私たちはついに韓国映画で経験するようになったのだ。

『ナンバー・スリー』のラストシーンは、ソン・ヌンハン監督の映画が抱いていた長期的な可能性が、均衡の美学より不均衡の美学にあったことを推測させる。刑務所内でテジュが突然、鉄柱に頭をぶつけて倒れると、カメラはさりげなく笑う彼を映し出す。ソン・ヌンハン監督はテジュが刑務所から出所するバランスの取れたエンディングにするのではなく、拳に打たれるようなアンバランスなラストを選択する。映画を観る人が予想するように彼を外の世界に送り出して刑務所の門を閉じるのではなく、一撃を加えて終えるのだ。映画をいくつかの"章"に分けることで、まっすぐ流れるように進むストーリー構成から解き放たれようとしたスタンスとも無関係ではないだろう。ソン・ヌンハン監督の映画は、ロバート・アルトマン監督［"アメリカ・インディペンデント映画の父"と称される。代表作に『M★A★S★H』（1970）『ショート・カッツ』（1991）など］の魔性的不均衡の美学と類似した点まで達することができただろうか。ソン・ヌンハン監督の立方体のような映画は、何を成し遂げただろうか。未完の作家ソン・ヌンハン監督が残した傑作『ナンバー・スリー』を考えるたびに、今もなお、そんなことが気になっている。

チョン・ハンソク（「シネ21」記者、映画評論家）

8月のクリスマス 8월의 크리스마스

1998年／ホ・ジノ監督／35mm／カラー／ビスタビジョン

製作会社:ウノフィルム　製作:チャ・スンジェ　企画:チョ・ミナン　監督:ホ・ジノ　脚本:オ・スンウク、シン・ドンファン、ホ・ジノ　撮影:ユ・ヨンギル　照明:キム・ドンホ　編集:ハム・ソンウォン　音楽:チョ・ソンウ　美術:キム・ジナン　出演:ハン・ソッキュ、シム・ウナ、シン・グ、オ・ジヘ、イ・ハンウィ　韓国公開:1998年1月
主な受賞:第36回大鐘賞 審査委員特別賞・監督賞、第19回青龍映画賞 作品賞・新人監督賞、第34回百想芸術大賞 作品賞・新人監督賞、
第18回韓国映画評論家協会賞 最優秀作品賞・最優秀監督賞

ソウルの町外れで小さな写真館を営む30代半ばのジョンウォン（ハン・ソッキュ）は、余命宣告を受けている。すべてのことを受け入れた彼は、きわめて淡々と日常を過ごす。好きな女子の写真を引き伸ばしてほしいと騒ぐ中学生たち、若い頃の写真を復元してほしいというおばさん、ひとりで訪ねてきて寂しく遺影にする写真を撮るおばあさん。ジョンウォンは素朴な隣人のなかで日常を過ごす一方、自分がこの世を去った後、ひとりで生活をすることになる父（シン・グ）のためにビデオの使い方を書き留めるなど、静かに死を迎える準備をする。

しかしある日、明るく溌剌とした違法駐車取締員のダリム（シム・ウナ）と出会ってから、彼はかすかに心が揺れるのを感じる。毎日、同じ時間に写真館の前を通り、取り締まった車の写真をジョンウォンに現像してもらうダリム。フィルムを入れてほしいといきなり要求したり、違法駐車取締中にあった嫌なことを打ち明けたりする彼女だが、ジョンウォンにはただ可愛く見える。ダリムとの思い出を一つ二つと重ねていったある日、ジョンウォンはついに、病院に担ぎ込まれる。そのことを知らないダリムは、いつも

のようにジョンウォンの写真館を訪ねるが、店の扉はずっと閉まったままだ。ジョンウォンがこの世を去った後、写真館の前を通りすぎるダリムは、店頭にかかった自分の写真を見て微笑む。

新しい感性が際立つメロドラマの秀作。ホ・ジノ監督の『8月のクリスマス』を説明するもっとも普遍的な評価だ。だが、ここで使われているメロドラマというジャンルへの分類は、この映画に漂う恋の雰囲気は伝えているが、作品の底に別の流れとして組み込まれた繊細な波は説明できない。もしかしたら映画でもっとも重要な美徳でありながら、当たり前すぎて言いにくい言葉、簡単に出会えそうで、そうでもない言葉。それが"映画的"という言葉ではないだろうか？『8月のクリスマス』は、私にとってそんな作品だ。映画的な映画。映画的なデビュー作。映画的なメロドラマ。1998年に公開されたホ・ジノ監督のデビュー作であるうえにメロドラマとあって、その"映画的"という表現がいっそう大切に感じられた映画。

もちろん、このように心に残るには、メロドラマについてのいくつかの偏見が働いたことを否定できない。メロドラマといえば、男女の熱い絡み合いや、その愛を妨害する冷酷な障害物とのしのぎを削る闘い。そのなかで台詞は見え透いていて、事件は大袈裟で、情緒はお涙ちょうだい式で、スターが誇張されるお決まりのパターン。それでも、そういうメロドラマがかき立てる不協和音のかけらが、それらをもたらし

た社会の背後を攻撃しながら見せ場を作りだす。ところが面白いことに、メロドラマについての一般的な観点をこのように羅列してみると、むしろ『8月のクリスマス』がいかに反メロドラマの作法で作られていたのかがわかる。それが、この映画を最初からメロドラマに分類した意図であり（実は、これは私が分類したのではない。映画の企画当初から製作会社が意図したことであり、公開した映画館が強調したことであり、映画の歴史がこのように分類するのだ）、まるで映画的な映画とメロドラマが反対の陣営に置かれているかのように配置した理由でもある。

『8月のクリスマス』がメロドラマから映画的な映画に移っていくのは、意外にもシンプルなことだ。まず、この映画にはメロ（恋愛感情）は若干あるが、ドラマ（劇的な出来事）はほとんどない。だから死を目前に控えた写真館のジョンウォンと駐車取締員ダリムとの間に感情の交流は確かに存在するが、それをジョンウォンの最後の恋と感じようがダリムの初恋だと感じようが、解釈をオープンにしておいて、特別なドラマを作らない。2人の恋は運命的なものではなく、日常に宿る情と似ている。その素朴な情は、一緒にアイスクリームを食べ、スクーターに乗るという触れ合いのなかで少しずつ

テレビドラマには見られないそういった退屈な部分や何気ない部分から、この作品では別のものが見えてくる。時に、それは人物のうしろ姿や縁側に射した光に近づいて、底知れぬ闇を醸し出す。

進展する。恋愛感情（メロ）はあるが、劇的な出来事（ドラマ）がないことは、この映画に強い余韻を残す一方で退屈にさせる要素にもなる。だが、テレビドラマには見られないそういった退屈な部分や何気ない部分から、この作品では別のものが見えてくる。時に、それは人物のうしろ姿や縁側に射した光に近づいて、底知れぬ闇を醸し出す。

　もうひとつ『8月のクリスマス』にないものは、日常のスタイル化だ。何でもない些細なことで映画を構成する場合、映画がそれ自体の力だけで完全にもちこたえるためには、技巧や形式主義的な誘惑がつきものだ。それは時に、日常の繰り返しという慣用句で登場し、ストーリー展開を遅らせたり、空回りさせたりする。しかし、ホ・ジノ監督はその境界線をよく知っているかのように、ほんの少し推し進めてその場に到達したり、あるいはその場にうまく留まったりする。写真館にかかった女性の写真を活用する例を見てみよう。ジョンウォンの初恋の相手であったジウォンが訪ねてきた後の、いくつかの場面だ。まず、写真館を掃除しているジョンウォンの姿が、ガラス窓に流れる水の向こうに見える。次のカットで、ジョンウォンはバスに乗って病院に向かっているが、ラジオからはサヌリム［1977年にデビューしたキム・チャンワンら三兄弟によるロックバンド］の「窓越しにぼんやり昔が思い出されますね」が聞こえてくる。このとき流れるジョンウォンのモノローグで、ジウォンが自分の写真をショーウィンドウから外してほしいと言ったことを私たちは知る。そしてジョンウォンは、恋もいつかは思い出として終わると言う。

　しかし後日、まったく同じように写真館に掛かっているダリムの写真は、正反対の役割をする。ジョンウォンの死を知らないダリムは、写真館に石を投げて苛立ちを表すが、ある日、写真館に掛けられた自分の写真を見つける。このとき、ダリムの顔に広がった微笑みは、恋への確信を表している。ジョンウォンの事情を知っている私たちは、ダリムの微笑みがたまらなく切ないが、監督が見せるのは、きっかりここまでだ。このように写真技師が彼女の写真を撮る日常は、余計な説明なしにあっさり消えたり、うまく入り込んだりしながら、深い情感をかき立てる。

　特筆すべきは、『8月のクリスマス』が、死を事件にしていないことだ。おそらくこれこそが既存のメロドラマともっともはっきり分けられる点だろう。死を目前にした期限付き人生の恋の物語。お涙ちょうだいやオーバーになりがちの、切迫した感情と時間。だが本作は、死が事件を作り出すことも、感情を縛ることもしない。死ぬ運命だと知っている人は当事者である主人公だけであり、彼はひとりで苦しみをこらえているからだ。ジョンウォンは、時に友人と酒を飲んだり、布団をかぶったまま密かにむせび泣いたりするが、自分の死より、残される家族が経験するであろう苦痛を心配する。そのようにジョンウォンの心に封印された死は、周辺の人たちと風景、事物を、静かに淡々と、まっすぐに見つめさせる。

　特にこの映画が遺作となったユ・ヨンギル撮影監督の映像は、ただの「物」になってしまったジョンウォンの視空間を通し、人物の内面で揺れる感情の変化を表す。その中で、年老いた父のためにビデオの操作方法を几帳面に整理しておくジョンウォンの気持ちは、彼の手が触れる物を通じて、いっそう強烈な印象を残す。つまり、映画的な映画というのは、長い時間が過ぎた後で、ストーリーの記憶が薄れたときにさえも再び蘇る何かが続くことによって決められるのではないだろうか。『8月のクリスマス』を思い出すときはいつも、縁側で背を丸めて足の爪を切っていた男を思い出す。刻一刻と死が迫っても伸びる足の爪のように彼は穏やかだったが、あまりにも若すぎた。

イ・ヨノ（映画評論家）

1990年代　193

カンウォンドの恋 강원도의 힘

1998年／ホン・サンス監督／35mm／カラー／ビスタビジョン（1.66:1）

製作会社：ミラシンコリア　製作：アン・ビョンジュ　監督：ホン・サンス　脚本：ホン・サンス　撮影：キム・ヨンチョル　照明：チェ・ソクチェ　編集：ハム・ソグォン　音楽：ウォン・イル　出演：ペク・チョンハク、オ・ユノン、キム・ユソク、チョン・ジェヒョン、パク・ヒョニョン、イム・ソニョン　韓国公開：1998年4月
主な受賞：第3回釜山国際映画祭 NETPAC賞、第19回青龍映画賞 監督賞

ジスク（オ・ユノン）、ウンギョン（パク・ヒョニョン）、ミソン（イム・ソニョン）は江陵［韓国北東部に位置する江原道東部の市。日本海（東海）に面する］へ旅行に出かけ、偶然、出会ったひとりの警官（キム・ユソク）から民宿を紹介してもらった。

その日の夜、酒の席で口論になった末、ミソンは、ジスクが既婚者のサングォン（ペク・チョンハク）と付き合っていたことを責め、酒に酔ったジスクと警官は、交番で共に夜を明かす。ソウルに戻ってからも、警官と連絡を取っていたジスクは、江原道に行き、彼に会う。ジスクは、彼から、前回の旅行のとき、すれ違った女性が山で転落死し、ある人物の通報で同行者の男性が逮捕されたという話を聞く。酒を飲んだ後、モーテルに寄った彼らは、セックスする、しないで軽く言い合いをした後、何もせずに眠りにつく。

一方、サングォンは、後輩のジェワン（チョン・ジェヒョン）と江原道へ旅行に出かける。彼らは、ジスクたちと同じ列車に乗ったのだが、その事実を知る由もない。2人は、一人旅をしている女性と山で出会い、一緒にお茶をする約束をするが、彼女は現れなかった。コンドミニアムで彼女に会ったサングォンは、一緒にいる男性の前で、なぜ約束を守らなかったのかと彼女を責める。

ソウルに戻ったサングォンは、江原道で出会った女性が転落死したことを新聞で知り、彼女に同行者の男性がいたことを警察に通報する。しばらくして教授になったサングォンは、ジスクを呼び出す。サングォンはセックスがしたいと言うが、ジスクは彼に、別れた男の子どもを身ごもってしまい、中絶手術を受けたので、セックスはできない、と話す。

ホン・サンス監督は『豚が井戸に落ちた日』（p188）でデビューして以降、17本の映画を作った［作品数は本稿の執筆時のもの。2019年現在、ホン・サンス監督は26作品を発表している］。『カンウォンドの恋』は彼の2番目の作品である。1年に平均1作のペースで届けられる各作品は、実は、絶え間なく変奏を加えながらつながっている連作の一作、または、ただひとつの作品を構成する一部分に近い。どんな形容詞も、その特徴を完全に言い表すには過剰だったり、不足していたりするため、ただ"ホン・サンス的"としか表現しようがない彼の映画世界は、素材（内容）とスタイル（形式）の両面で、いくつかの限られた要素を新たに再構成することで作られている。変奏、あるいは、少しずつ変化していく繰り返しによって、微妙で新しいニュアンスを生み出す彼の方法論は、それぞれの作品内のみでなく、作品と作品の間にも機能している。そのため、彼の新しい作品を観るということは、常にそれ以前の作品を共に観る行為となり、彼の新しい作品は常に、それ以前の作品を観ることを求めてくる。現在、『カンウォンドの恋』を再び観る行為は、1998年の体験と同じものにはなりえない。

『豚が井戸に落ちた日』は「遅れてやって来たモダニズム」や「強烈なニヒリズム」といった評価を受けたが、『カンウォンドの恋』は、そうした評価を確固たるものにした。それらの評価は、彼の作品内にある要素に基づいているが、同時に、映画を観る客としての私たちのなかにある何かから生じているものでもある。1990年代の社会変化を「社会的歴史的問いに対する議論の衰退と終焉と日常性の復元」と要約した新たな文化論とIMF危機によって増幅された世紀末的ムードが、彼の作品（特に『カンウォンドの恋』）と、観客である私たちを包み込んでいた。振り返って考えてみると、そのような評価は、真実の半分しか言い表しておらず、不完全だ。ホン・サンス監督の映画は、当時の時代的ムードを考慮すると"遅れて"というよりは"もっとも適切なタイミング"でやって来たというのが真実に近い。それにもかかわらず、なぜ「遅れてやって来た」と評されたのだろうか？

その形容詞には、ホン・サンス監督の映画のスタイルが、既存の西洋モダニズム映画のスタイルを模倣したものだという、美学的な評価が暗に込められている。しかし、彼の映画のスタイルと形式は、"現在この場所にある"生に対する倫理

> **『カンウォンドの恋』が採っているこの厳格なミニマリズムから、肯定（プラス）に到達するための否定（マイナス）の精神と態度が、いかに切実で徹底されたものだったのかが見て取れる。**

的な問いを投げかけるための方法として選ばれたものであり、たんなる模倣というよりは、新たな創造的借用である。そして、本当の意味でのモダニズムは、常に近代性に対する問いかけと抵抗をはらんでいるものであり、そのような意味では、すでにポストモダン的であるといえるかもしれない。であるならば、ホン・サンス監督のモダニズムも、ポストモダン的であるともいえる。彼の"ニヒリズム"は、ある種の人々を対象化したり風刺したりするためというより、生存の論理と生の論理の間で葛藤し、さまよう私たちすべてのために、思慮深くあつらえられた鏡といったほうが近い。彼の映画の登場人物は、ある固有のアイデンティティをもつ個人の人格や、ある階層を代表するステレオタイプというよりは、生と生存の論理の間で葛藤する人々に現れる病的な症状のつぎはぎに近い存在であり（ホン・サンス監督が口癖のように話す"常套性"、または"固定概念"は、すなわち、こうした症状の別名である）、ある意味"非人称的な人物"であるためだ。『カンウォンドの恋』に現れる彼の冷笑が、以後の作品に比べ、より"強烈で冷たく"感じられるとすれば、それは、この作品が生み出されたのが、ホン・サンス監督の方法論的な否定がより切実に行われていた時期だったためであろう。しかし、現実と映画の両方で力を及ぼしている"常套性"と"固定概念"から自由になるために選択された、その否定は、根本的に生を肯定し、解放するためのものだ。

　ホン・サンス監督の初めてのオリジナル脚本を元に作られた『カンウォンドの恋』は、素材とスタイルの両面で、もっとも単純な要素、かつ、もっともシンプルな方式で構成された映画でもある。ジスクとサングォンは、それぞれ、これ以降の彼の映画で繰り返し登場するホン・サンス的キャラクターの原型といえるのだが、サングォンの妻の存在があまりにうっすらとしか描かれないため、不倫関係にある2人の葛藤は、三角関係というよりも、2人の関係にのみ存在しているかのように見える（この映画は、ホン・サンス監督作品のなかで、嫉妬の感情に関する描写がもっとも希薄である）。ジスクの物語とサングォンの物語から成る2部（または対の）構成は、もっともシンプルな形式をとっていて、スタイルの要素は、厳しく制限されている（固定されたカメラ、字幕およびナレーションの不在）。『カンウォンドの恋』が採っているこの厳格なミニマリズムから、肯定（プラス）に到達するための否定（マイナス）の精神と態度が、いかに切実で徹底されたものだったのかが見て取れる。この作品は、ジスクの物語から始まっているが、

サングォンが囚われている常套性と固定概念を描くことに、徹底してフォーカスされている。このとき、サングォンは、ある個人の名前ではなく、"絶え間なく転落の不安におびえている"人々（特に男性）の症状を指し示す、非人称的な名前である（たとえ"滑り止め装置"を装着した新しいスニーカーを履いていても、最後まで山頂に登るのを怖がったサングォンの後輩は、とどのつまり、もうひとりのサングォンに過ぎない）。『カンウォンドの恋』は、倫理的で映画的という2つの側面で、ホン・サンス監督の映画世界の本当の出発点（または、肯定（プラス）のための否定（マイナス）としてのゼロ地点）といってもよい作品だ。

ピョン・ソンチャン（映画評論家）

シュリ 쉬리

1999年／カン・ジェギュ監督／35mm／カラー／ビスタビジョン

製作会社:カン・ジェギュ フィルム　製作:イ・グァンハク、ピョン・ムリム　監督:カン・ジェギュ　脚本:カン・ジェギュ　脚色:パク・ジェヒョン、ペク・ウナク、チョン・ユンス　撮影:キム・ソンボク　照明:ウォン・ミョンジュン　編集:パク・コクチ　音楽:イ・ドンジュン　美術:オ・サンマン、パク・イリョン　出演:ハン・ソッキュ、チェ・ミンシク、ソン・ガンホ、キム・ユンジン、ユン・ジュサン、パク・ヨンウ、パク・ウンソク　韓国公開:1999年2月　主な受賞:第44回アジア太平洋映画祭 審査委員特別賞、第20回青龍映画賞 監督賞、第35回百想芸術大賞 大賞・作品賞・監督賞

国家一級秘密情報機関OPの特殊要員ユ・ジュンウォン(ハン・ソッキュ)とイ・ジャンギル(ソン・ガンホ)は、北の特殊第8部隊に所属する南に派遣されたスパイ、イ・バンヒ(パク・ウンソク)の事件を担当しているが、6ヶ月間、彼女の足取りは不明のままだ。1998年秋、南北和解の機運が高まるなか、情報提供を申し出た武器密売人が狙撃され、ジュンウォンとジャンギルはバンヒが活動を再開したのを感知した。一方、ジュンウォンは結婚を約束したミョンヒョン(キム・ユンジン)にOPの特殊要員である事実を明かせずにいた。ジュンウォンとジャンギルは死んだ密売人の背後を調べるうちに、バンヒの目的が新素材の液体爆弾CTXを奪取することだと気づく。しかし、CTXはすでに北の特殊第8部隊長パク・ムヨン(チェ・ミンシク)に奪取された後だった。OPの機密がたびたび漏洩していることから、ジュンウォンとジャンギルは内部にスパイがいると確信し、互いを疑うようになる。一方、バンヒを尾行するジュンウォンは、ミョンヒョンとバンヒが同一人物であると察知し、ジャンギルもまたこの事実を知ることになる。南北の政府要人が集まるサッカー南北交流試合のスタジアム。ジュンウォンはムヨンの目標がスタジアムを爆破することだと知って急遽、競技場に向かい、爆破直前にかろうじて阻止する。ミョンヒョ

ンは避難する要人たちを狙撃するために後を追うが、ついにはジュンウォンと銃を向け合うことになり、彼に撃たれて倒れる。後日、内部調査を受けたジュンウォンは、ミョンヒョンが住んでいた部屋を見回すうち、事件の前に彼女が残したCTXのありかを知らせる音声メッセージを聞く。

　韓国のみならず、世界中の映画産業のほぼすべてがハリウッドを目標としている。ハリウッドでも通用する映画、ハリウッドと肩を並べられる映画を作ること。1980年代までさまざまな規制に縛られていた韓国の映画産業は、1990年代に入り、多様なテーマを描く作品を作り出すと同時に、ルネサンスの土台を固めはじめた。1992年の『結婚物語』(p174)がその第一歩であるとすれば、1999年の『シュリ』は韓国映画がハリウッドに近づけるという自信を与えた作品だ。『シュリ』は製作費約30億ウォン、観客動員数620万人を記録して、韓国映画の可能性を立証した。『シュリ』は海外でも大きな反響を呼んだ。日本では公開3週目で興行成績2位を記録し、フランスでは約30ヶ所の映画館で上映された。"北朝鮮"が海外で有名である点も作用し、21世紀に入ってハリウッドでも北朝鮮がテロ国家とみなされていることを鑑みれば、『シュリ』のマーケティング戦略は適切だった。

　2000年序盤まで、韓国映画産業が焦点を当てていたのは"ウェルメイド"だった。商品としての映画をきちんと作り出すことは当然のことだったが、当時は基本的な技術が足りない映画があまりにも多かった。1980年代、1990年代のハリウッド映画を観て育った世代は、ハリウッドの超大作映画に慣れていた。古臭いメロドラマとコメディだけで韓国の観客の心をつかむのは難しいことだった。カン・ジェギュ監督は、いち早くハリウッドを狙った映画を作り出した。『銀杏のベッド』(1995)は一時期流行した香港映画のスタイルを韓国的にアレンジしたといえる。時空を超越する恨みや転生をテーマに、ハリウッドのアクションを加え、観客を引きつけた。カン・ジェギュ監督の特技はハリウッド映画をただ真似ることではなく、もっとも韓国的な要素と感情を活かしつつ、韓国型ブロックバスターを作り上げることだ。

　カン・ジェギュ監督の『シュリ』は、北朝鮮を利用した映画だ。海外では韓国より北朝鮮がもっと有名である。唯一の分断国家という点も目を引く。終戦ではなく今も休戦状態の国でスパイ映画が製作されるのは当然のことだ。独裁国家の下では判で押したような善悪二元論の反共映画が作られた。しかし時代は変わった。もちろん『シュリ』でも北朝鮮は相変わらず敵である。だが、ストーリーにバリエーションが加えられた。サッカー南北統一チームが作られ、南北の指導者がひとつの場所に集まるときに、テロを目論む勢力が存在する。彼らは両国政府への敵対心に満ちた過激主義者だ。過激分子を敵に設定したことで、『シュリ』はすべての非難を彼らに向

『シュリ』が高い評価を受けて成功した理由は、ハリウッドと肩を並べるスペクタクルのためではなかった。韓国的な要素や感性、ハリウッドスタイルのプロットと映像をうまく調和させたからだ。

け、責任を負わせることができた。『シュリ』のスパイ、すなわち間諜は、同年の『SPYリー・チョルジン／北朝鮮から来た男』（チャン・ジン監督）から2013年の『シークレット・ミッション』（チャン・チョルス監督）へとつながっていく。近年の韓国映画で"間諜"を表現する手段は、任務を遂行しなければならないスパイの葛藤だ。大きな対象を敵とみなし、個人をかばう消極的な和解という描き方だ。

『シュリ』のストーリーは、ありふれている。強大なテロリストたちの攻撃、二重スパイ、内部の混乱と疑心、同僚の死と復讐などが一気に進行する。『シュリ』はハリウッドスタイルのプロットを維持している。もちろん中途半端なところもある。銃撃戦は動線がいいかげんで、依然として香港映画スタイルの誇張と虚勢が同居している。

イ・バンヒが内部の情報を探り出す過程や、ジュンウォンがバンヒの正体を割り出す過程も、たやすく同意することはできない。しかし『シュリ』の力は、そしてカン・ジェギュ監督の長所は、すべての状況を素早く終わらせ、次へと移る点だ。疑問や余韻を感じる隙を与えず、速いテンポで、観客を映画に没入させる。

そしてまた『シュリ』は恋愛映画でもある。ジュンウォンはミョンヒョンと結婚を控えていた。任務のために接近したにもかかわらず、結局は恋に落ちた恋人。ロミオとジュリエットよりも深刻に、彼らは恋に落ちてはいけない状況だ。しかし、2人は決定的な瞬間でも、祖国よりも愛を選ぶ。たとえ、ジュンウォンが最後の願いを破ったとしても、最後の瞬間までも彼らは愛する互いを裏切らなかった。『シュリ』はジュンウォンとミョンヒョン、つまりバンヒとの悲劇的な愛へと疾走するメロドラマだ。そして、ジュンウォンとミョンヒョンの恋愛、ジュンウォンとジャンギルの友情、ジュンウォンとムヨンの恨みが三角形に絡み合い、緊張感をかき立てる。そこには、ムヨンとバンヒの師弟関係を超えた"愛"もほのかに描かれている

『シュリ』には、キッシンググラミーとシュリという魚が登場する。キッシンググラミーは1匹が死ぬともう1匹が悲しみに耐えられずに死ぬという魚で、シュリは朝鮮半島の澄んだ水でだけ生きられる淡水魚だ。キッシンググラミーはジュンウォンとバンヒの関係を象徴し、シュリは北朝鮮の特殊部隊の作戦名であると同時に、朝鮮半島の悲劇的な状況を暗示している。『シュリ』は商業映画として、うまく北朝鮮を利用している。本作の冒頭では、北朝鮮特殊部隊の過酷な訓練の

場面が登場する。生きた人間を吊して刃物で刺したり、肉弾戦で相手を殺してしまう姿を赤裸々に見せつける。彼らは血も涙もなく、ひたすら殺人と任務遂行のために作られた機械であることをあらわにする。だがバンヒは、韓国で十年余り暗躍するうちに変化する。訓練を通して作られた人間なら、また別の環境や訓練によって変わることも可能なのではないだろうか。ジュンウォンは本物のミョンヒョンとの対話を通じ、やはり自分はミョンヒョンを愛していたのだと悟る。北朝鮮という国家全体を敵として扱うことより、内部の過激集団を敵に設定し、テロリストの個人的な葛藤を広く浮き彫りにする『シュリ』は、実によく考えられた映画だった。

『シュリ』の後、カン・ジェギュ監督は『ブラザーフッド』（2004）『マイウェイ 12,000キロの真実』（2011）を作り、韓国型の超大作映画を広めていく。だが、『シュリ』が高い評価を受けて成功した理由は、ハリウッドと肩を並べるスペクタクルのためではなかった。韓国的な要素や感性、ハリウッドスタイルのプロットと映像をうまく調和させたからだ。"ハリウッドのような映画"ではなく、韓国映画をハリウッドスタイルで製作したからこそ成功を収めることができたのだ。

キム・ボンソク（映画評論家）

NOWHERE ～情け容赦なし～

1999年／イ・ミョンセ監督／35mm／カラー／ビスタビジョン

製作会社:テウォンエンタテインメント 製作:チョン・テウォン 企画:ユ・ジョンホ 監督:イ・ミョンセ 脚本:イ・ミョンセ 撮影:ソン・ヘンギ、チョン・グァンソク 照明:キム・イルジュン 編集:コ・イムピョ 音楽:チョ・ソンウ、キム・デホン 美術:オ・サンマン、イ・デフン 出演:パク・チュンフン、アン・ソンギ、チャン・ドンゴン、チェ・ジウ、シム・チョルジョン、イ・ウォンジン、ト・ヨング、パク・スンホ 韓国公開:1999年7月
主な受賞:第2回ドーヴィル・アジア映画祭 最優秀作品賞・最優秀監督賞・主演男優賞、第20回青龍映画賞 最優秀作品賞

　雨が降る、とある路地の階段。チャン・ソンミン(アン・ソンギ)は、ひとりの男を殺し、カバンを奪って姿を消す。麻薬取引に関わるこの事件は「40階段殺人事件」と名づけられる。事件を担当する西部警察署の強力班[主に凶悪犯罪を扱う捜査班]は事件発生から5日、なんの手がかりもつかめずにいた。そんななか、ウ刑事(パク・チュンフン)は飲み屋で偶然居合わせたソンミンが残したライターを手がかりに子分たちを拘束し、ソンミンが殺人事件に関わっていたことを聞き出す。刑事たちはソンミンの恋人であるジュヨン(チェ・ジウ)の家で張り込み捜査を続けるが、ソンミンを捕まえるのは容易ではない。事件発生から40日目、ソンミンが麻薬取引をしようとする電車に乗り込み、現場で目を光らせる刑事たち。しかし、キム刑事(チャン・ドンゴン)がソンミンに刺されて倒れ、また逃げられてしまう。事件発生から72日目、ウ刑事はジュヨンを脅してソンミンと会う約束をさせる。ソンミンとジュヨンの待ち合わせ場所には、武装した警察官たちが身を潜めている。そして、ソンミンの母親が死んだという知らせを聞いたウ刑事は、直感的に母親の亡きがらのある場所にソンミンが現れるだろうと確信する。現場に向かうウ刑事は、弔問を終えて出てきたソンミンに出くわす。どしゃぶりの雨のなか、2人は夜が明

けるまで殴り合いを繰り広げる。疲れ果てた2人は同時にとどめの一撃を食らわす。結局、倒れたのはウ刑事だった。しかし、すでにソンミンは、警察に取り囲まれていた。しばらくして入院しているキム刑事の元を訪れたウ刑事は、事件について書かれた新聞記事に自分たちのことが載っていないと不満を口にする。キム刑事の閉じられた目から涙がこぼれた。

　映画監督イ・ミョンセにとって、ストーリー、登場人物、ジャンル、そのすべてがマクガフィン[物語を進めるために用いられる仕掛け]であるといえる。彼は脚本化された物語を演出しながら、純粋映画[20世紀前半にフランスで台頭した、現実のイメージを基に抽象性を追求する映画]のもつ快感を前面に、それを極限の境界まで押し出し、活動写真のような持ち味をアクションと色彩で強調している。『NOWHERE／情け容赦なし』は、そんなイ・ミョンセ監督の作家としての意地が奇跡的なヒットを飛ばした、彼の映画監督人生でいちばん幸せな出来事だった。デビュー作『ギャグマン』(p156)はカルト映画にとどまり、2作目の『私の愛、私の花嫁』(p170)が、作品に対する評価、興行ともに成功を収めた後、イ・ミョンセ監督の野心作『初恋』(1993)は無残なほど大衆にそっぽを向かれ、さらに『男はつらい』(1994)、『至毒の愛』(1996)などの作品では、耽美主義で時代遅れな"スタイリスト"という汚名を着せられはじめた。まさに彼のキャリアが危機的状況にあったその頃、世に登場したのが『NOWHERE』だ。それはイ・ミョンセ監督が、自分自身の審美眼と人生に対する憐憫を表現するすべをやっと見つけた作品であった。

　『NOWHERE』は、典型的な刑事ドラマのパターンから脱した、追う者と追われる者の感情を執拗に掘り下げて省察する、前例のない映画だった。この映画は、ひとりの容疑者をしつこく追いかけまわす刑事の追跡ストーリーが軸となっている。刑事が犯人を追跡するプロセスを取り上げていることから"ロードムービー"であるともいえる。何より、この映画は追憶のエネルギーとアクションを与えられた活動写真であるのだ。イ・ミョンセ監督はどんなシーンもぞんざいに扱うことなく、動作[アクション]と造形[美術]に緊張感、緩急のリズムを追求する。ウ刑事を演じるパク・チュンフンが肩をゆらゆら揺らして身体を大きく動かす、その動き自体がアクションであり、登場人物の勢いに合わせて被写体をしっかり捉えるカメラワークもアクションなのである。雪と雨、水蒸気、光と色彩など、そのすべてがアクションとリズムの要素なのだ。例えば、アン・ソンギが演じる容疑者ソンミンとウ刑事が最後の決闘を繰り広げるシーンでは、フレームいっぱいに降りそそぐ雨の線、それ自体がこのシーンの主体となりうるアクションを作り出している。形状と色彩は大胆

인정사정 볼것 없다

**この映画は、カメラで撮影した画面ではなく、筆で描いた、点と
面で成り立つキャンバスを見ているような錯覚を起こさせる。**

な動きによって徐々にその境界線を消していく。人物は風景
に溶けこみ、画面には極限の躍動感と脱力感が残される。食
うか食われるかの闘いを繰り返した末には、その激しい対決
の過程自体、それすらも美しいという感傷を呼び起こす。

　明るい真昼の殺人事件、そんな皮肉な設定を楽しんだアル
フレッド・ヒッチコック監督［「サスペンス映画の神様」とも
称されるイギリス出身の映画監督。代表作に『サイコ』
（1960）『鳥』（1963）などがある］のように、イ・ミョンセ監督
も場面の情調をひとつの色で塗りつぶすことはしない。例え
ば、物語の序盤、ビー・ジーズ［男性3人組ヴォーカルグルー
プ。『小さな恋のメロディ』（1971）の「メロディ・フェア」や
『サタデー・ナイト・フィーバー』（1977）の「ステイン・アラ
イヴ」など数多くの映画主題歌でヒットを飛ばした］の「ホ
リデイ」が流れるなか、有名な犯罪組織のボスが暗殺される
シーンは、まるで叙情的な広告のワンシーンのようだ。黄色
い銀杏の葉が積み重なる路上に黒い乗用車が止まる。40段あ
る階段の前で止まった車の中、男が誰かを待っている。しば
らくすると、かわいらしい子どもが現れる。しかし、男は相
変わらず待ち続ける。ほどなく雨が降りはじめ、人波があわ
ただしく階段を往来する。そのとき、ついに男が車から降り
て階段を上がっていく。そして、階段のちょうど中間にある
建物の玄関口で傘を待った男を刃物で切りつける。傘は裂
け、雨水は血で染まり、憂いに満ちた情緒はひやりと冷たい
殺意のエネルギーに変わる。殺人現場の世にも殺伐とした空
気とロマン、生きる苦悩と奮闘する姿を同時に引き出す、こ
のような奇特なスタイルの表現感覚の持ち主は、イ・ミョン
セ監督以外に想像することができない。

　ウ刑事が犯罪現場で集団を相手に孤軍奮闘している姿を記
録映画のようなモノクロ画面で見せる導入部分から始まり、
すべてのシーンがあらゆる撮影テクニックと映画スタイルの
実験場である『NOWHERE』は、当時、韓国映画史上もっと
もスタイリッシュなアクション映画でもあった。高速度撮影
と低速度撮影、油絵アニメーション、さまざまな色感、明暗、
濃度の変化、フィルムの残像効果を強調するモーションブ
ラー技法、そして、青い空に黒々とした雨雲が押し寄せてく
る様子、相手にパンチを繰り出す動作を極端なクロースアッ
プで収めるシーンなど、CG効果を駆使した画面の数々は、い
わば、撮影テクニックの百科事典である。中毒レベルに近い
ほど、撮影テクニックを前面に押し出して誇示するスタイル
を通じて、イ・ミョンセ監督の人生に対する憐憫、共感と

いったものが、以前の作品に比べると、一目瞭然、はるかに
よく画面ににじみ出ている。高速度撮影によって物理的、感
情的な細かい部分まで極大化したアクション映画の外観に、
「雨」という叙情的要素をまとわせると、通常速度の画面は、
主に登場人物たちと微妙に距離を置いた、冷たい皮肉を漂わ
せるようになる。例えば、山にある集落の狭い路地を大騒ぎ
しながら追いかけ追われて走りまわるウ刑事と犯人ソンミン
の追跡シーンは、無声映画のスラップスティックコメディ
［ドタバタ喜劇］を見ているようで、笑いを誘う。だが、イ・
ミョンセ監督は、動物的本能にしたがって生きていくしかな
い刑事と犯罪者の人生に、喜劇と悲劇を同時に見ているの
だ。

　画面に登場するすべてのものに命を吹き込む"スタイリス
ト"として、イ・ミョンセ監督は、雨や雪を降らせ、画面とい
う空間の天候を演出してきた。それらは、画面に千変万化の
情緒あふれる色彩をまとわせる。この映画は、カメラで撮影
した画面ではなく、筆で描いた、点と面で成り立つキャンバス
を見ているような錯覚を起こさせる。チンピラのようにぶ
らぶらしながら、へらへらとだらしなく笑顔を浮かべている
が、目標には恐ろしいほどの勢いで突っ込んでいくウ刑事役
のパク・チュンフンや、もの静かであるが強いオーラをまと
うウ刑事の好敵手、ソンミン役のアン・ソンギ。彼らはそれ
ぞれ人生に疲弊しているが、ぞっとするような眼差しには負
けてたまるかという凄まじい気迫がみなぎっている。イ・
ミョンセ監督の映画人生において、初めて足を踏み入れた男
性的な世界、ファンタジーのない世界、ただ現実の質感だけ
が存在する世界で、満足できる中間着地点を見出したという
ことだろう。彼がこの映画で見せようとした現実は、超現実
的でありながら、とても滑稽なものだ。それまでのイ・ミョ
ンセ監督は、映画に好んでファンタジーを取り入れる、夢見
がちな空想家だった。しかし、本作では現実のディテールに
極限まで深く入り込み、まるで夢かファンタジーのように、
現実を表現している。それこそが限度知らずの"スタイリス
ト"が行き着いた、もっとも幸せな現実との向き合い方だっ
たのかもしれない。『NOWHERE』は、顕微鏡で現実にある
具体的な質感をより大きく、細部まで広げて見せるミクロコ
スモス（小宇宙）の世界だ。それこそが、イ・ミョンセ監督が
いちばん望んでいた映画の世界だったのだ。

キム・ヨンジン（映画評論家、明知大学教授）

ペパーミント・キャンディー

1999年／イ・チャンドン監督／35mm／カラー／ビスタビジョン

製作会社：イーストフィルム、NHK　製作：ミョン・ゲナム、上田信　プロデューサー：チョン・ジェヨン、チョン・ヤンジュン、飯野恵子　監督：イ・チャンドン　脚本：イ・チャンドン　撮影：キム・ヒョング　照明：イ・ガンサン　編集：キム・ヒョン　音楽：イ・ジェジン　美術：パク・イリョン　出演：ソル・ギョング、ムン・ソリ、キム・ヨジン　韓国公開：2000年1月　主な受賞：第35回カルロヴィ・ヴァリ国際映画祭 審査員特別賞、第37回大鐘賞 最優秀作品賞・監督賞、第20回韓国映画評論家協会賞 作品賞・監督賞

ピクニック（1999年春）　加里峰洞[ソウル特別市九老区にある地域。韓国の産業化において中心的な役割を果たした韓国輸出国家産業団地第一団地（九老工業団地）の背後に位置し、第二・第三団地が立地していた]工業団地の元同僚たちが集うピクニックに姿を現したキム・ヨンホ（ソル・ギョング）は、奇妙な振る舞いを見せたかと思うと、迫りくる列車の前に立ちはだかり、「帰りたい！」と叫ぶ。すると、時間は逆戻りしはじめる。

カメラ（3日前、1999年春）　事業に失敗し、妻（キム・ヨジン）とも離婚して人生がぼろぼろになり、自殺しようとしていたヨンホの元に、初恋の相手ユン・スニム（ムン・ソリ）の夫が訪ねてくる。スニムは病で死の床にあった。ヨンホはスニムの夫からカメラを返される。

人生は美しい（1994年夏）　事業と株で儲け、順風満帆な人生を歩んでいたヨンホは、ある日偶然、食堂でかつて彼が拷問したパク・ミョンシク（キム・ギョンイク）に再会し、「人生は美しい」と言葉をかける。

告白（1987年春）　刑事として働くヨンホはパク・ミョンシクを逮捕し、むごい拷問にかける。ミョンシクは拷問に耐えられず、仲間を売る。ヨンホは、ミョンシクが日記に書いていたとおり、人生は美しいと思うか、と彼に問いかける。

祈り（1984年秋）　新人警官のヨンホは、初めて拷問に加担して良心の呵責にさいなまれる。スニムが訪ねてきて、ヨンホに愛を告白し、写真家になりたいと言っていた彼のためにカメラを贈る。

しかし、ヨンホは彼女を冷たく送り帰す。

面会（1980年5月）　スニムが面会に来た日、ヨンホが所属する部隊は光州事件[1980年5月、光州市で戒厳令解除を求めて始まった大規模な反政府・民主化要求デモを、戒厳軍が武力で鎮圧し、多数の死傷者を出した]の鎮圧作戦に投入される。混乱のさなか、彼はスニムに似た少女を誤って射殺してしまい、嗚咽する。

ピクニック（1979年秋）　加里峰洞で働く同僚たちと行ったピクニックで、ヨンホはスニムに「名もない花の写真を撮りたい」と話す。スニムは彼にペパーミント・キャンディーをあげる。

　『ペパーミント・キャンディー』は2000年1月1日0時という象徴的な瞬間に合わせて公開された。IMF通貨危機の悪夢とミレニアムの期待感が交差していた、あの劇的な瞬間である。しかし、興味深いことにこの作品は、人生にことごとく失敗したひとりの男が「帰りたい！」と絶叫するシーンで幕を開ける。公開時刻のもつイベント的な性質に矛盾するかのように、2000年代という新たな時代を前に、あえて凄まじいまでに現在（と未来）を否定し、観客たちを戸惑わせたというわけだ。

　主人公ヨンホの心をそれほどまでに打ち砕いたのが、1980年の"光州"であったことを知っている現在の視点から、あらためてこのシーンを振り返ってみると、ひょっとして、彼は"光州"の加害者たちの罪（荷）を代わりに背負おうとしていたのだろうかという疑問が浮かびもした。今では、この映画を代表するイメージとして定着した、列車の前に立ちふさがり、十字架にかけられた"イエスのごとく"両手を広げ、叫ぶ彼の姿にはそう思わせるところがある。しかし、ヨンホにはそんなことをする理由もそんな力もない。光州鎮圧軍にいた彼は、上官の指示に従って行動し、誤って女子学生を殺してしまった後、理性を失うまでに人生を破滅させてしまった男であるからだ。明らかに、ここには矛盾がある。軍人が任務遂行中に犯した殺人は"罪"にはならず、そのために処罰を受けることもない。しかし、彼は自分が殺人者であるという罪の意識を抱いたまま生きた末に、走りくる列車の前に立つ。誰も彼に罪を問わなかったことが、まさに問題であったかのように。

　酒井直樹が分析したように[原注]、国家間の戦争ではなく、内戦状況に軍人として動員され、（敵軍ではなく）市民を殺してしまったヨンホは、軍事力と警察力が分かちがたく一体化するようになった世界的な動向の一事例である。警官になって労働組合員を拷問した日、汚れてしまった手でスニムを遠ざけた日、宴会の席をめちゃくちゃにしたヨンホの姿

박하사탕

加害者、任期の終わらない"光州鎮圧軍"として生きていくこと。だから、ヨンホにとって"光州"は、少女は、そして"ペパーミント・キャンディー"は、取り戻すことのできないものとして残った。

が、まさしく"軍人"が乗り移ったかのように見える理由は、このためだ。事実、"光州"後、彼が警官に転身したこと自体が、警察化した軍事力を例証している。軍人として民間人を殺害することと、警察として"反逆者（無法者）"を拷問することは、実は同じ行為の反復であるためだ。そうであるとすれば、"光州"以降もヨンホはずっと光州鎮圧軍として生き続けていたことになり、彼の苦悩は、自国民に銃口を向けねばならない、警察化した軍隊の一員として、誰からも許しを得られなかったことに起因する。自分を光州に動員した体制があつらえた正当化の論理、免罪の論理によって"愛国者"の称号を与えられた瞬間、ヨンホは自らが殺した少女からは許しを受けられない者として留め置かれる。彼を"免罪"する体制のなかで、その少女は永遠に"反逆者"のレッテルを貼られ、取り残されるためだ。このような体制下では、彼自身も光州に巻き込まれたが、被害者の立場に立つことはできない。これが、彼が"光州"以後を生きる術として"警察"、すなわち、加害者、任期の終わらない"光州鎮圧軍"として生きていくことを選んだ理由である。だから、ヨンホにとって"光州"は、少女は、そして"ペパーミント・キャンディー"は、取り戻すことのできないものとして残った。

そうだとすれば、彼に残されたものとは何だろうか。永遠に光州鎮圧軍として生きていくことが地獄だとすると、地獄を抜け出すには、命を絶つか、地獄に来る前に戻るしか方法はない。こうした理由から、彼は、最初のシークエンスで走りくる列車に立ちはだかり、「帰りたい！」と叫ぶ。死と回帰を同時に試みる、または望むこと。2000年1月1日0時に公開されたこの映画が、冒頭のシークエンスを「帰りたい！」という叫びから始めたことは、許しを受けられない者として生きねばならなかったヨンホの境遇を念頭に置いたとき、反動的、退行的というよりもむしろ急進的かつ能動的であるといえる。生涯、光州鎮圧軍として生きる人生には、2000年代が訪れても未来は存在しない、という宣言であるからだ。そうやってヨンホが戻ろうとした場所は、トラウマにさいなまれる場面ではなく、ペパーミント・キャンディーが軍靴に踏みにじられる前、つまりスニムとの初恋に胸を高鳴らせていた1979年だったに違いない。許しを受けられないまま生きることを拒んだ人間が戻りたいと望むのは、"罪"が生まれる前のエデンの園以外にないからだ。

ヨンホが「帰りたい！」と叫ぶと、あたかも彼の願いが聞き入れられたかのように、映画はフィルムを巻き戻し、過去

に引き返していく。しかし、まるで奇跡のようにフィルムを巻き戻して始まる2つ目のシークエンスから、映画は容赦なくヨンホの願いを裏切っていく。映画は1979年のエデンの園にまっすぐヨンホを連れていくのではなく、きわめてゆっくりと3日前、1994年夏、1984年秋、そして1980年5月といった停車駅を巡りながら、過去をさかのぼっていくのである。これらの停車駅は、ヨンホの願いが叶えられるのを先送りしながら、"許しを受けられない者"として生きてきた彼の人生の旅路を物語る。すなわち、2つ目のシークエンス以降、実現されるのは、「帰してくれ！」というヨンホの要求ではなく、"許しを与えられない"彼の人生を観客に見せようとする映画の欲望なのだ。この映画の欲望は、ヨンホの死"以前"の時間を復元することを目標とする過去志向的なものではなく、ヨンホの死という現在を内包したまま過去へ進んでいく、未来志向的なものだという点で逆説的である。シークエンスは、一直線に過去に戻っていくのではなく、現在（未来）の痕跡を保ったまま、すなわち現在（未来）と重なりながら、進んでいく。この映画は、厳密に言えば「戻っていく」、すなわち現在（未来）と断絶するのではなく、現在（未来）の記憶をしまい込んだまま、過去に向かって列車（車輪）を"前進"させていくのだ。したがって、「面会　1980年5月」のシークエンスにおける光州の女子学生は、生者としてスクリーンに映されるのではなく、死者として甦るにすぎない。ついにヨンホの願いが叶えられたかに見える、1979年のピクニックのシークエンスもやはり、このように現在（未来）と重ね合わされたまま再現されるため、ここでもヨンホは罪のない人間ではなく、依然として「許しを受けられない者」のままである。この場でヨンホにできることといえば、最初のシーンと同様、高架下に横たわり、涙を浮かべることだけだ。20代の青年ではなく、40代の、すでに死した者の表情で……。

ペク・ムニム（延世大学教授）

[原注] 酒井直樹「内戦の暴力と民主主義」、延世大学メディアアート研究所編『ペパーミント・キャンディー』、サミン、2003、p90-127［酒井直樹『日本／映像／米国:共感の共同体と帝国的国民主義』（青土社、2007）に「内戦の暴力と国民主義」として収録］

『殺人の追憶』(2003、ポン・ジュノ監督)

2000年代以降

春香伝

ダイ・バッド
　死ぬか、もしくは悪になるか

JSA

鳥肌

復讐者に憐れみを

地球を守れ！

殺人の追憶

浮気な家族

オールド・ボーイ

送還日記

うつせみ

家族の誕生

グエムル―漢江の怪物―

シークレット・サンシャイン

母なる証明

ポエトリー　アグネスの詩

嘆きのピエタ

春香伝 춘향뎐

2000年／イム・グォンテク監督／35mm／カラー／ビスタビジョン

製作会社：泰興映画社　製作：イ・テウォン　企画：イ・テウォン　監督：イム・グォンテク　原案：チョ・サンヒョン、唱本『春香歌』　脚色：キム・ミョンゴン、カン・ヘヨン　撮影：チョン・イルソン　照明：イ・ミンブ　編集：パク・スンドク　音楽：キム・ジョンギル　美術：ミン・オノク　出演：イ・ヒョジョン、チョ・スンウ、イ・ジョンホン、キム・ソンニョ、キム・ハギョン、イ・ヘウン、チョ・サンヒョン　韓国公開：2000年1月　主な受賞：第55回ベルリン国際映画祭 金熊名誉賞、第45回アジア太平洋映画祭 最優秀作品賞、第20回ハワイ映画祭 最優秀作品賞、第5回釜山国際映画祭 NETPAC賞、第37回大鐘賞 審査委員特別賞、第36回百想芸術大賞 大賞・監督賞

　ソウルの貞洞劇場で、名唱[歌の名人]のチョ・サンヒョンが舞台に上がり、パンソリ『春香伝』の公演が始まる。チョ・サンヒョンのソリ[唄]に合わせ、映画のシーンは朝鮮時代、地方役所の場面に変わる。

　端午の節句に、南原の府使[代官]の息子、李夢龍(チョ・スンウ)は房子[地方官庁の下僕のひとつ](キム・ハギョン)と広寒楼[全羅北道・南原にある楼閣]見物に出かけ、そこでブランコに乗る春香(イ・ヒョジョン)に出会う。その後、春香に会いたいと願い続ける夢龍は、夜更けに春香の家を訪れる。夢龍は、春香の母、月梅(キム・ソンニョ)の前で春香に"誓文"を書き、愛を誓った。初夜を過ごした2人は、さらに愛を深めたが、夢龍は東部の承旨[王命の伝達や報告などを行う官職]として漢陽に帰任する父と共に南原を離れなければならなくなり、夢龍と春香は互いに鏡と指輪を交わして別れる。後任の卞学道(イ・ジョンホン)は、南原の絶世の美女、春香に側女となるよう無理強いする。これを拒否すると、卞学道は春香をむごい拷問にかけ、牢獄に監禁する。一方、漢陽で科挙に首席合格した夢龍は、暗行御史[地方役人の監察を秘密裏に行う王直属の官吏]として再び全羅道にやって来る。卞学道の暴政と春香の苦しみを知った夢龍は、ある夜、わざとみすぼらしい格好をして月梅と共に牢獄に囚われた春香を訪ねる。卞学道の誕生日を祝う盛大な宴席が開かれる間に、暗行御史の出頭要請が出て、夢龍は卞学道をはじめ腐敗した役人たちを懲らしめる。春香は解放され、月梅と町の人々は嬉しさに唄をうたう。

　映画はまた公演のシーンに戻る。サンヒョンのソリに客たちの掛け声が重なり、会場がひとつになる。

　結局、アメリカ映画がジョン・フォード監督の『駅馬車』(1939)であるように、またフランス映画がジャン・ルノワール監督の『ゲームの規則』(1939)、日本映画が小津安二郎の『晩春』(1949)であるように、韓国映画はイム・グォンテク監督の『春香伝』なのだ。私はそう考える。なぜなら、これこそが"春香伝"であるからだ。"春香伝"は朝鮮時代の英祖、正祖時代の作品と考えられているが、作家がわからない口承文学の傑作として評価を得ている。初めはパンソリだったが、小説化され、その間、異版本だけでも120あまりに及ぶ一連の"春香伝群"を成すほど、長い間にわたり、時代ごとに異なるひとつの物語が生まれた。近代以降、円覚社[1908年に創立された韓国最初の近代式国立劇場。1914年に火災で焼失した]での公演後、唱劇[パンソリの唱法を基本にした歌劇。1903年、国立劇場格の協律社で『春香伝』を上演したのが始まり]となり、戯曲化を経て、再び映画化された。日本統治時代の1923年、早川狐舟監督の無声映画『春香伝』がもっとも早く製作され、1961年にはシン・サンオク監督(春香役は監督の妻チェ・ウニ)の『成春香』(p58)とホン・ソンギ監督(春香役は監督の妻キム・ジミ)の『春香伝』が同じ時期に作られ、興行を競い合った。また、テレビドラマにもなり、その後、ミュージカルとしてもアレンジされた。イム・グォンテク監督の『春香伝』は韓国映画において12番目の『春香伝』であり、彼の97本目の映画である。

　本作でイム・グォンテク監督は、ついに韓国伝統の神髄と正面から向き合おうと挑む。もしかすると巨匠は、究極のジャンルの根幹に入り込み、自らの映画の腕前を試そうとする強烈な誘惑に、引き込まれたのかもしれない。なぜならこれは南道パンソリ[光州広域市で指定保護しているパンソリ]であり、彼の故郷[イム・グォンテク監督は全羅南道・長城で生まれ、現在の光州で育った]から生まれたソリであるからだ。イム・グォンテク監督は、本作でこれまで以上に大胆になった。それまでに作られた映画の『春香伝』は、すべて小説版のストーリーから生まれた。一方、イム・グォンテク監督は、彼の主力部隊をひっさげてパンソリの場に挑み、そこで映画が成り立つのか試みる。彼が原案としたのは、名唱チョ・サンヒョンの『春香歌 完版本』(1975)だ。イム・グォンテク監督はそこから自分に必要な唄を抜粋し、パンソリを味わいながらも映画自体が歌に溶け合うように導く。映

イム・グォンテク監督は謙遜して、『春香伝』はただソリに映画を乗せただけだ、と語った。だが、私は反問したい。あえて危険ではらはらする冒険を、こうして成功裏にやり遂げられる人が他に存在するのだろうか。

画が始まると、パンソリになじみのない若者たちも、貞洞劇場の公演を映画のなかで疑似的に訪れることになる。するとそこでは、名唱チョ・サンヒョンが鼓手とともに舞台に立ち、『春香伝』を歌いはじめるのだ。

『春香伝』はひたすら純粋な形式の映画だ。端午の節句の日、南原府使の息子である夢龍と、元妓生の月梅の大事な一人娘、春香。夢龍は広寒楼の川岸にある柳にかかったブランコに乗る春香に、一目で恋に落ちる。春香は漢陽に科挙を受けに行った想い人を待ち続けて、寝ても覚めても忘れられない。そして新たに赴任した卞学道の夜伽の申し出を拒む。科挙に及第された我が君が暗行御史として戻り、百年の契りを結んだ。そんな筋書きを少しでも知りたいと思うものだろうか。だが、それはイム・グォンテク監督の関心事ではない。『春香伝』は、映画がパンソリをうまく描ききれるのか、という賭けなのだ。

房子が夢龍の命を受け春香を訪れるときのリズムと動線をそのまま表現できるのか。「愛の歌」を唄いながら夢龍と春香が初夜を迎える場面では、水平に移動するカメラと2人が愛を交わす動き、そして狭い部屋を愛の感慨で満たすこの歌詞を、どのように融合させれば互いにしっくりするのか。漢陽に旅立つ夢龍のやるせなさと、薄情な君を乗せて出発しようとするロバにすがりながら倒れる春香の姿を、震えた声で唱われる「離別歌」とどう調和させるのか。南原府使として堂々と赴任してきた卞学道を迎えるジャジンモリの長短〔鼓による伴奏の独特の拍子のこと。緩やかさ・強弱・高低などによって、ジニャンジョ、ジュンモリ、ジャジンモリ、フィモリなどに分類される。語りの内容に合わせて使い分け、場を盛り上げる〕である「寝宴迎え」では、ロングショットが本当にもっとも適した撮影方法なのか。全身で夜伽を拒み、卞学道の誕生日に容赦のない鞭を受け下役にすがる春香が「十杖歌」を唄うとき、なぜロングテイクではなく、館全体が見える離れた場所からのロングショットで遠ざかっていく手法を取ったのか。さらに多くのシークエンスについて、監督に聞いてみたいことが延々と浮かぶ。

この映画はまさに100年ぶりの大豊作だ。もちろん映画は音楽とイコールではない。しかし映画と音楽がひとつになろうとするとき、映像と唄は影響を与え合い、互いの中に長い間なぞなぞのような概念だった韻律とリズム、調音、また和音をという要素を織り込んでいった。もしもこれがある種の調和を実現したのであれば、『春香伝』は、韓国映画の(能力

の)知徳における最高峰を極めたといっても過言ではない。

こうした意味で『春香伝』は、映画の形式について根本的な問いを投げかける。さらにイム・グォンテク監督は、その問いを前にして常に決断をする。問いを型にはめて解かず、直面するたびに新たな方法を作り出していく姿勢と、映画を観る私たちが抱く情感とが相まみえる共鳴の時間。そこにこの映画がきらめく瞬間がある。イム・グォンテク監督は、一分の疑いもなく『春香伝』というパンソリの力を信じる。その力は、過去500年に至る祖父や、その祖母、またその父、その母の喜びや恨をソリのなかに昇華させ、ひとつの物語に込められた、時間の厚みのなかで作り上げたものであるということを、見逃してはいけない。イム・グォンテク監督は謙遜して、『春香伝』はただソリに映画を乗せただけだ、と語った。だが、私は反問したい。あえて危険ではらはらする冒険を、こうして成功裏にやり遂げられる人が他に存在するのだろうか。韓国映画はたゆみなく"韓国的な"映画とは何かを自問してきた。『春香伝』はその問いに対し、"ついに答えを与えた"というに値する作品だ。本作は何も排除することなく、何ごととも調和を取り、そしてありがたくも自分自身に気遣いながら、時にまばゆいほどに美しい映像や音響の映画的記号を活用し、さらには私たち韓国人だけの宇宙の隅々まで輪郭を捉え、新しい映画のモデルを発明した。誰かが『アリラン』(1926、ナ・ウンギュ監督)を韓国映画の最初の原点だというのなら、私は『春香伝』をその2番目の原点であると答えるだろう。

チョン・ソンイル(映画評論家、映画監督)

ダイ・バッド 死ぬか、もしくは悪(ワル)になるか

2000年／リュ・スンワン監督／35mm／カラー／スタンダード

製作会社：外柔内剛(ウェユネガン)、コンテンツグループ　製作：キム・スングク、スン・フンチャン　プロデューサー：キム・ソンジェ　企画：カン・ヘジョン　監督：リュ・スンワン
脚本：リュ・スンワン　撮影：チョ・ヨンギュ、チェ・ヨンファン　照明：キム・ソンガン、イ・ギョンソン、パク・ヨニル　編集：アン・ビョングン、カン・ミョンファン
音楽：キム・ドンギュ、キム・ソンヒョン、ソン・チャンドク　出演：リュ・スンワン、パク・ソンビン、リュ・スンボム、ペ・ジュンシク、キ・ジュボン、イム・ウォニ
韓国公開：2000年7月　主な受賞：第21回青龍映画賞 新人監督賞

工業高校に通うソクファン（リュ・スンワン）は、ビリヤード場で芸術高校の生徒に自分の学校を馬鹿にされ、怒りを我慢できず喧嘩しようとするが、友人のソンビン（パク・ソンビン）に止められる。だがそこへ、芸術高校生のヒョンスに殴られたソクファンの後輩がやって来て、工業高校生と芸術高校生が大喧嘩を始める。その最中、ソンビンは誤ってヒョンスを殺してしまう。7年後、刑務所から出所したソンビンは保護観察を受けながらカーセンターで働くが、死んだヒョンスのむごい姿が脳裏を離れず、夢にも現れる。ソンビンはソクファンに連絡するが、刑事として働くソクファンはソンビンを避ける。ある日、仕事の帰りにソンビンは、ヤクザのテフン（ペ・ジュンシク）がリンチされているのを目撃し、テフンを助ける。それを機にソンビンはカーセンターを辞め、テフンと組むことにする。そんななか、ソクファンは殴り合いの末、ついにテフンを検挙する。一方、夜間高校に通いながら希望もなく生きるソクファンの弟サンファン（リュ・スンボム）は、ある日、ソンビンを見てヤクザの道に憧れ、ソンビンを訪ねて自分を子分にしてくれと言う。サンファンは甘い汁を吸いながらヤクザの世界に慣れていくが、ソンビンは手下を集めて鉄砲玉とし

て利用しようと企んでいた。サンファンと仲間たちが初めて勢力争いに加わる日、ソクファンはソンビンを訪ね、弟の仕事を問いつめ、喧嘩になる。ソンビンはソクファンの両目を傷つけ、ソクファンはソンビンを殺す。サンファンもまた、勢力間の闘いで刺されて息を引き取る。

『ダイ・バッド　死ぬか、もしくは悪になるか』は、韓国独立映画の歴史において"神話"のような存在だ。1997年に釜山短編映画祭で『喧嘩』が公開されて以来、1999年に韓国独立短編映画祭で最優秀作品賞を受賞した『現代人』など、3年にわたって製作した4編の短編を集めて、『ダイ・バッド　死ぬか、もしくは悪になるか』というタイトルで正式に劇場公開するに至った。リュ・スンワン監督は弱冠27歳で、サム・ライミ監督［アメリカの映画監督・プロデューサー・脚本家］の『死霊のはらわた』（1981）のように16mmで製作して劇場上映し、また、『新世界』（1982）をなど3つの短編をリレーのようにつなぎ合わせたジム・ジャームッシュ監督［アメリカの映画監督・脚本家］の『ストレンジャー・ザン・パラダイス』（1984）と同様に、短編をまとめて長編にした。何よりこの映画はクエンティン・タランティーノ［アメリカの映画監督・脚本家・俳優。高校中退後、レンタルビデオ屋で働きながら独学で映画を学び、脚本を書くようになった。代表作に『パルプ・フィクション』（1994）『キル・ビル』（2003）など］のように、ビデオショップを学校に、独学で映画を学んで成し遂げた成果だ。中学生のときに父親が病死したため若くして家長の役割を担うことになり、数十の職業を経験した

リュ・スンワン監督。そんななか、無鉄砲にパク・チャヌク監督を訪ね『3人組』（1997）の演出部に参加して映画界に飛び込んだ彼は、タランティーノ監督よりも粘り強い映画青年だった。『ダイ・バッド』には、まさにその特有の"毒気"がみなぎっている。映画に対する切実なワーカホリックのような態度は、デビュー作はもちろんのこと、その後のリュ・スンワン監督のすべての映画に一貫して見られるものだ。

『ダイ・バッド』が神話として位置づけられた、さらに大きな理由は、おそらく映画が見せる粘り強い生命力よりも、それを構成するリュ・スンワン監督のジャンル的個性のためであろう。世界映画史を埋め尽くした巨匠たちの作品の数々よりも、1970年代のアメリカンニューシネマ［1967年頃から登場しはじめた新しいアメリカ映画。代表的な作品として『卒業』（1967、マイク・ニコルズ監督）、『イージー・ライダー』（1969、デニス・ホッパー監督）などがある］の活力、より身近な存在のジャッキー・チェンに代表される香港アクション映画に夢中になったリュ・スンワン監督は、演出はもちろんのこと、主演俳優として自ら出演し、体を張ったアクションまで披露した。まさにそこには、そのジャンルの魅力をあまり感じる人がいなかった当時の韓国映画にとって、忘れられ

죽거나 혹은 나쁘거나

『ダイ・バッド』がたんなる"映画マニアの映画"を超えて深い説得力を与える理由は、すなわちリュ・スンワン監督自身のどん底での経験から湧き出る真実の声にある。

ていた感覚を、一挙に呼び覚ます躍動感が息づいていた。『ダイ・バッド』は4つのストーリーで構成されている。ビリヤード場に限定された空間を精巧なアクションで埋め尽くした第1部『喧嘩』、過去から抜け出すことができない暗い記憶を通してホラージャンルへと引き込む第2部『悪夢』、刑事ソクファンとヤクザの対決をフェイクドキュメンタリー形式で描いた第3部『現代人』、無謀な夢を描いて組織に入った高校生のサンファンが、ただのヤクザの"鉄砲王"となり、悲惨な死を遂げる第4部『死ぬか、もしくは悪になるか』。リュ・スンワン監督は、この4つのストーリーを通して、韓国映画界にジャンル的感覚を蘇生させ、劣悪な条件をむしろ情緒と美学のディテールに抱き込む賢さを見せた。

当時、韓国映画界にこのような若い気概に満ちた映画はなかったといっても過言でない。それぞれ異なるアプローチで完成された4つのストーリーは、本当に映画を楽しむことを知っている監督の、勝利の記録だといえる。リュ・スンワン監督にとって環境の劣悪さは特に問題にならなかったし、むしろそれを逆手に、4つのストーリーそれぞれに異なるアプローチを試みた。『喧嘩』は400万ウォンの自腹を切って、チャン・ソス監督の『バッド・ムービー』(1997)の余った16mmフィルムと借りたカメラで完成させ、『現代人』は妻であるカン・ヘジョン代表の貯金を切り崩して作った（このとき、リュ・スンワン監督の「リュ」とカン・ヘジョンの「カン」を取って「外柔内剛」という映画会社を設立した。現在までリュ・スンワン監督のすべての作品は"外柔内剛"の製作）。方法論においても、『喧嘩』が95％以上を台本通りに撮影したのに対し、『現代人』はほとんどすべてのシーンをアドリブで撮った。特に、警察とヤクザが駐車場で血戦を繰り広げるなかで、それぞれの人物のやるせないひとり語りを挿入した構成は果敢な試みだった。『悪夢』と『死ぬか、もしくは悪になるか』も、アドリブと計算された演出の間でバランスを取りながら撮影された。これら4つのストーリーは、世界のすべての映画を師匠として作られた、百科事典的映画の教本といえる。ひとつの映画に重なって見える数多くの作品の影は、映画たちの幸せな対話のようにも感じられるのだ。

当時、リュ・スンワン監督は（まるでタランティーノ監督がそうだったように）自らを冗談めかして"盗作の王"とも呼んでいたが、それは堅苦しい論理で映画を構成しない映画マニアの深い愛情がにじみ出る告白に他ならなかった。実際、リュ・スンワン監督はアクション演出に関してある

ジャッキー・チェンの映画を教本にし、ジャッキー・チェンのアクションシーンを集めて再編集し、すべて描くことまでして研究した。それは、ただの観客だった香港映画マニアが、映画産業の最前線に登場した最初の瞬間だった。もちろんリュ・スンワン監督とっては、ジャッキー・チェンだけがすべてではなかった。『現代人』の後半で対決を俯瞰撮影で捉えたのは、イム・グォンテク監督の『将軍の息子』(1990)の影響であり、『死ぬか、もしくは悪になるか』は戦闘の残酷さを生々しくカメラに収めたスティーブン・スピルバーグ監督の『プライベート・ライアン』(1998)から受けたインスピレーションが表出したものだ。また著作権の問題で最終的にはカットされたが、『死ぬか、もしくは悪になるか』にはジョン・ウー監督［中国生まれ、香港育ちの映画監督、脚本家、プロデューサー］の『男たちの挽歌』(1986)のあるシーンが挿入されたりもした。だから、その才能ある"盗作の王"がその後、創作者へと成長した過程は、まるで過去10年間韓国映画の成長を見守るような気持ちになる。

しかし、『ダイ・バッド』がたんなる"映画マニアの映画"を超えて深い説得力を与える理由は、すなわちリュ・スンワン監督自身のどん底での経験から湧き出る真実の声にある。実は、第4部の『死ぬか、もしくは悪になるか』は、その当時、芸能人になりたがっていた弟のリュ・スンボムに、それがけっしてたやすい世界ではないということを見せたいという思いから、芸能界をギャングスターの世界に例えて作ったものだ。その地獄のような死の瞬間には、予期せぬ状況が迫ったときの漠然とした恐ろしさ、自分が知らなかった現実世界の残酷な情景が襲う。特別な台詞や説明がなくても、その状況自体がストーリーそのものになるのだ。一方で、それは、新しい韓国映画が生まれる瞬間でもあった。例えば、『悪夢』では一時代を牛耳ったヒットメーカーであり、当時の若い映画監督たちにとって頼もしい兄あるいは父のようなイ・ジャンホ監督が、権威主義的な父として友情出演する。世代交代が行われている韓国映画の風景が、すぐそこにあったとでもいおうか。劇中でみなが死ぬことでようやく幕を閉じた1990年代の瀬、2000年代の韓国映画の新人類がまさに新しいジャンル的センスと共に登場した。『ダイ・バッド』は、韓国映画の新たな時代を呼ぶ、切なる願いのような作品だった。

チュ・ソンチョル（「シネ21」記者）

JSA 공동경비구역 JSA

2000年／パク・チャヌク監督／35mm／カラー／シネマスコープ

製作会社：ミョン フィルム　製作：イ・ウン、シム・ジェミョン　監督：パク・チャヌク　原作：パク・サンヨン　脚本：キム・ヒョンソク、イ・ムヨン、チョン・ソンサン、パク・チャヌク、パク・リダメ　撮影：キム・ソンボク　照明：イム・ジェヨン　編集：キム・サンボム　音楽：チョ・ヨンウク、パン・ジュンソク　美術：キム・サンマン　出演：イ・ヨンエ、イ・ビョンホン、ソン・ガンホ、キム・テウ、シン・ハギュン　韓国公開：2000年9月　主な受賞：第3回ドーヴィル・アジア映画祭 大賞・最優秀男優賞、第38回大鐘賞 最優秀作品賞、第21回青龍映画賞 最優秀作品賞・監督賞、第37回百想芸術大賞 監督賞

10月28日未明、板門店(パンムンジョム)の共同警備区域で銃撃事件が発生する。真相究明のため、中立国監督委員会所属の韓国系スイス人、ソフィー・チャン少佐(イ・ヨンエ)が派遣される。南北両者の陳述内容は食い違い、現場で朝鮮人民軍2名を射殺した韓国軍のイ・スヒョク兵長(イ・ビョンホン)とかろうじて生き残った朝鮮人民軍のオ・ギョンピル中士(ソン・ガンホ)は、チャン少佐との対話を避ける。チャン少佐は大韓民国軍のナム・ソンシク一等兵(キム・テウ)が現場に一緒にいたことを知るが、捜査の重圧に耐えかねたナム一等兵は建物の外へと身を投げた。

2月のある日、訓練中に軍事境界線を越えて隊列から離脱してしまったスヒョクは地雷を踏み、朝鮮人民軍の中士ギョンピルとチョン・ウジン兵士(シン・ハギュン)の助けで命拾いする。これを機に親しくなった彼らは、時折、北朝鮮の哨所で顔を合わせる。いつしか一等兵のソンシクまで加わり、4人は事あるごとに集まっては楽しい時を過ごす。事件当日、厳しさを増す軍事情勢を察して、これが最後と集った彼らは、互いの住所を交換し、記念写真を撮る。

チャン少佐は朝鮮人民軍出身の娘だという理由で捜査から外されることになった。4人が親密になるなか、事件当日に他の朝鮮

人民軍に現場を目撃されうろたえたソンシクが、その朝鮮人民軍とウジンを殺したという事実を知ったチャン少佐は、真実を伏せることにする。スヒョクは、治療のため龍山(ヨンサン)へと護送される途中、チャン少佐からウジンが自分の銃によって死んだという事実を聞き、銃を口にくわえて引き金を引く。

平壌(ピョンヤン)で開催された史上初の南北首脳会談、ソウルと平壌での離散家族の再会、シドニーオリンピックで南北の選手が統一旗を掲げて同時入場。いずれも『JSA』が公開された2000年の出来事だ。2013年現在、これまで次第に悪化してきた南北関係を振り返ると、韓国映画の興行記録を塗り替えたこの映画について、あらためて考えさせられる。

韓国の軍人たちと、北朝鮮の軍人たちが共同警備区域で密かに友情を育むという『JSA』の設定は、以前の韓国映画では想像することすら難しいタブーだった。共産主義者が人間的に描写されてはならず、朝鮮人民軍の軍服が韓国軍より少しでもよく見えれば検閲でカットされる時代を経験してきたからだ。パク・サンヨンの長編小説『DMZ』を大幅に脚色したこの映画は、審議過程で難航しながらも"15歳観覧可"の年齢制限等級を得ることができた。国家保安法が健在する現実では、タブーを克服する仕掛けがなければ、公開までの道のりは険しかったことだろう。

その最初の仕掛けは、朝鮮人民軍のオ・ギョンピル中士が、非武装地帯で韓国軍のイ・スヒョク兵長が踏んだ地雷を、自ら危険を冒して除去してくれるという設定だ。ギョンピルはスヒョクの命の恩人になることで、韓国の観客たちが受け入れやすい"人間的な"北朝鮮人になる。このような設定は、その後も南北問題をテーマにした映画で繰り返し用いられ、代表的な例として『義兄弟』(2010、チャン・フン監督)が挙げられる。

また別の仕掛けは、板門店の北側の哨所で、南北の兵士たちの銃撃戦が繰り広げられた後、フラッシュバック形式で事件にまつわる謎を解いていくストーリー構造だ。これによって観客は、朝鮮人民軍の兵士チョン・ウジンが死亡し、ギョンピルとスヒョクが負傷するという、悲劇的かつミステリアスな事件にまず接することになる。その後、事件を捜査する過程で韓国軍のナム・ソンシク一等兵が投身自殺を図るとき、謎はさらに増幅する。命の危機にさらされたソンシクのフラッシュバックを通して、2人の韓国軍兵士たちが帰らざる橋[軍事境界線を流れる沙川(サチョンガン)江に架かる沙川橋を指す。朝鮮戦争休戦後、この橋で捕虜の交換が行われ、橋の上で南北どちらに属するかを選択すると橋の向こう側には二度と戻れないことから名づけられた]を渡り、北側の哨所で朝鮮人民軍の軍人たちと交わっていく過程が明かされる。それにも

平穏なイメージをかき乱すこの禁止を表す手振りは、いわば"実在するシミ"だ。朝鮮戦争から約60年が経ったが、韓国は不幸にもこの実在するシミを消し去る方法をいまだに見つけられずにいる。

かかわらず、すでに彼らがタブーを犯した対価を支払ったことを知っているため、あるいは依然として事件の真相に関する謎が残っているため、観客の心理的な抵抗はたやすく解かれてしまう。

さらに、ファンタジーとリアリティをそれぞれ異なる階層で織り交ぜながら、一方ではタブーをコミカルに扱い、また一方では適度なサスペンス感を盛り込むという戦略が功を奏している。事件が起こった時刻は分単位まで明示しつつも（リアリティ）、具体的な年度については最後まで明らかにしない点（ファンタジー）も同じ脈絡だ。スヒョクとソンシク、ギョンピルとウジンの出会いから、私たちは彼らが銃弾でお手玉遊びをし、ケンケン相撲などをしながら天真爛漫に走って遊びまわる姿を目にする。大人たちを子どものように描きつつ、スヒョクとソンシクの行為にいかなる理念的な動機もないことを強調する。彼らの友情はバックグラウンドミュージックの効果も相まって、童話的な雰囲気が漂うファンタジーとして表現され、タブーを冒す重圧感を和らげている。スイスから派遣されたソフィー・チャン少佐が、具体的な証拠と合理的な推論で事件の真相に近づこうとする試みと、彼らの退行的なファンタジーは微妙な対比を成している。しかし、彼らが置かれた現実は"軍事境界線の向こう側へ落ちた帽子を拾ってやる行為すら国家保安法違反で処罰される可能性がある"のだ。画面を半分に分ける演出は、南北の対峙状況を重ねて喚起させる。北側の哨所に他の朝鮮人民軍の軍人が突然現れたり、スヒョクが冗談のように放った「南に来ないか」という言葉にギョンピルが突然真顔になったりするとき、分断の現実は生存を脅かす恐怖として迫ってくる。強迫的な恐怖は、すでに見せられて知っている破局の瞬間までサスペンスを増幅させていく。

結局、分断が招いたレッドコンプレックス［共産主義への恐怖心］に偶然と必然が重なり、4人の南北の兵士たちは取り返しのつかない破局を迎えることになる。北側の哨所に朝鮮人民軍のチェ大尉が急襲する危機が訪れると、彼らのちっぽけな友情は蜃気楼のように消えてしまう。彼らはすぐさま銃を向け、"敵"へと戻っていく。冷静なギョンピルが必死に事態を収めようと努力するが、彼ら（だけでなく、私たち）の無意識の深くに刻み込まれた恐怖と不信の壁を崩すことはできない。

ソフィー・チャン少佐に打ち明けられたスヒョクの陳述を通して、銃撃戦にまつわる謎はすべて明かされる。しかし、

また、さらなるどんでん返しが展開していく。ウジンを殺した犯人はソンシクではなくスヒョクで、罪責感に堪えられずスヒョクはついに自殺を選択する。パク・チャヌク監督のインタビューによると、スヒョクが死なず、のちにギョンピルと第三国で再会する結末を準備していたという。ここでウジンの死と無関係なソンシクの自殺を振り返ってみると、スヒョクの死には、罪責感よりもタブーを冒した者は処罰されなければならないという韓国社会の現実における原則がより大きく作用しているようだ。

ラストシーンは、南北の兵士の遭遇ではなく、ギョンピルが板門店の外国人観光客が落とした帽子を拾ってやる場面に戻る。カメラのシャッター音と共に、悲劇に終わった彼らの物語を喚起するように、動いていたイメージは停止し、カラーは徐々にモノクロへと変わっていく。このフリーズフレームの中で、私たちはギョンピルとウジン、ソンシクとスヒョクを順に見ることになる。やがて訪れる彼らの運命とは反対に、ギョンピルとウジンが微笑みまで浮かべている、奇異なほどに穏やかなイメージだ。ワンカットで移動しながら登場人物を順にクローズアップしていくカメラは、彼らの友情を思い起こさせる。ところが彼らが全員映る最後の画面で、いちばん手前のイ・スヒョクは観光客に対して写真を撮るなというジェスチャーをしている。平穏なイメージをかき乱すこの禁止を表す手振りは、いわば"実在するシミ"だ。朝鮮戦争から約60年が経ったが、韓国は不幸にもこの実在するシミを消し去る方法をいまだに見つけられずにいる。それゆえに、この映画の南北の兵士たちだけでなく、朝鮮戦争時に捕虜になった朝鮮人民軍将校として、南でも北でもない第三国を選択したソフィー・チャンの父親の悲劇的な運命も、残念ながら依然として現在進行形なのである。

キム・ギョンウク（映画評論家）

鳥肌 소름

2001年／ユン・ジョンチャン監督／35mm／カラー／ビスタビジョン

製作会社：ドリームマックス　製作：ファン・ピルソン　プロデューサー：ペク・ジョンハク　監督：ユン・ジョンチャン　脚本：ユン・ジョンチャン　撮影：ファン・ソシク　照明：チェ・ソクチェ　編集：キョン・ミノ　音楽：パク・ジョンホ、ユン・ミナ　美術：チョン・ウニョン　出演：キム・ミョンミン、チャン・ジニョン、キ・ジュボン、チョ・アン、キム・ギチョン、キム・テヒョン　韓国公開：2001年8月

　タクシー運転手のヨンヒョン（キム・ミョンミン）は、少し前に火事で死んだ小説家グァンテが住んでいたミグムアパート504号室に入居する。今にも崩れ落ちそうな、再開発地域の老朽化したアパートからは陰鬱な音が聞こえ、ヨンヒョンは得体の知れない不吉な予感に襲われる。アパートの廊下で虚ろな表情で煙草を吸うソニョン（チャン・ジニョン）の姿を見かけていたヨンヒョンは、ある雨の日、偶然、彼女を自分の車に乗せ、妙な親近感をおぼえる。そんなある日、タクシー営業を終えたヨンヒョンが明け方に帰ると、ソニョンが、頭から血を流して倒れている彼女の夫の死体をヨンヒョンに見せる。ヨンヒョンは、ソニョンを手伝って死体を埋め、2人の距離はさらに縮まる。ヨンヒョンの隣の505号室に住む小説家は、30年前の504号室の住人の話を小説の題材にしていて、そこで亡くなった女性の話をヨンヒョンに話して聞かせる。その後、グァンテもまた、30年前にミグムアパートで起きた事件をもとに小説を書いている途中で死んだことが明らかになる。グァンテの恋人は、アパートから出ていかなければならない、という彼の言葉と記憶に囚われ、自殺してしまう。30年前のミグムアパートで始まった悲劇と呪いは終わらず、続く。ソニョンの愛

を疑いだしたヨンヒョンは、目障りだった友人を殺した過去の経験をソニョンに話し、執着のあまり、彼女を殺してしまう。姿を消したソニョンの子どもとヨンヒョンの秘密が明らかになるにつれ、徐々に狂気に囚われていくヨンヒョンは、過去の記憶と傷跡が深く刻み込まれた古びたアパートから抜け出そうとする。

　辞書によれば、「鳥肌」とは寒かったり、怖かったり、気味が悪かったりするときに出るものだ。ならば、人を寒がらせたり、怖がらせたり、気味悪がらせたりするものとは、何だろうか。ユン・ジョンチャン監督のデビュー作『鳥肌』は、この問いに韓国映画史上もっとも重苦しい形で答えた。逃れられない運命の呪縛に遭遇した人間のパニック反応。これがすなわち、この映画が新たに解釈してみせた「鳥肌」の意味である。

　物語は、タクシー運転手のヨンヒョンが、再開発を前に、入居者の大多数が立ち退いてしまったアパートに引っ越してくるところから始まる。ちかちかと点滅する電灯、乱雑で怪しげな雰囲気の廊下と階段、まだらに汚れた壁と窓枠が、草一本残さず枯らしつくす冬という季節と相まって、ひどく殺伐とした景色を作っている。それだけではない。物語が、玉葱の皮を剥くように核心に近づくにつれ、同じ階の住民たちも、その空間にもっともふさわしい人たちだということが明らかになる。一言でいえば、その場所は、死と別れの空間だ。すでに504号室の前住人だった作家志望のグァンテが火災事故で命を落とし、同じ階に住んでいたウンスは恋人だったグァンテを失った。ソニョンは息子を亡くし、離婚して家族

と別れて暮らしている小説家は、グァンテを殺した犯人の疑いをかけられている。さらにいえば、このアパート自体が、遅かれ早かれ朽ちるのだから、死は、たんに人間だけの問題というわけでもない。

　しかし、これらはまだ導入部にすぎない。映画は、さらに多くの死のエピソードを積み重ねながら、進んでいく。ヨンヒョンは高校時代、自分をいじめた同じクラスの優等生を殺し、自分から逃げていった元恋人のミジョンも殺害した。アパートの空き地には、ソニョンの息子ヨンジュンの死体が、その上にギャンブル依存症の彼女の夫の死体が、さらにその上にソニョンと小説家の死体が、順に葬られる。衝撃的なのは、これらのすべての死の連鎖が、外部による犯行ではないという点だ。ただ、このような死の場面自体が、この映画をホラーにしているわけではない。ゾンビたちのゲットーと呼ぶのがふさわしいアパートを舞台にしているものの、すべての死はリアリズムに徹した筆致で描かれている。これまでに挙げた殺人はどれも、いじめの加害者や、男を利用して陥れようとする女、暴力を振るう夫などに対して、耐えてばかりでは生きていけないと、社会悪の被害者たちが見せた最後のあがきといえる。

逃れられない運命の呪縛に遭遇した人間のパニック反応。これがすなわち、この映画が新たに解釈してみせた「鳥肌」の意味である。

しかし、映画のラストには、本当の衝撃が待っている。その衝撃は、最初は偶然で不運な事故の連なりに見えていた出来事が、ひょっとすると、30年前の痴情のもつれによる殺人事件に端を発する必然の帰結なのかもしれない、と気づいた瞬間に訪れる。このアパートは、発端となる家族崩壊の現場だ。だから、新たな家族を夢見る子どもたちも、この場所に舞い戻ってきてしまう。お互いを抱きしめ、愛さずにはいられず、また、お互いの傷を確かめ、噛みつかずにはいられないのだ。無論、ヨンヒョンとソニョンがおそらく異母兄妹であることについては、いくつかのほのめかしはあるものの、明言はされない。しかし、そうでなければ、父親だけが同じ2枚の家族写真を見るヨンヒョンの絶望の表情は説明がつかない。

そうだ。今日のあらゆる問題は、父の不道徳、母の不在に起因する。これが高笑いと悲鳴、怒号が入り混じるなか、この映画が登場人物たちに、あるいは観客である私たちに示す最終的な答えだ。そのため、『鳥肌』は東欧の没落とIMF通貨危機を経験し、左派も右派も頼ることができなくなったミレニアル世代の絶対的な孤独に訴えかける映画になっている。再開発が約束されているという建前のもと、崩壊一歩手前の状態で放置されている、あの奇怪なアパート団地は、慣れ親しんだ近代のあらゆるものに見直しを迫る後期近代に、身動きもとれず囚われた、韓国社会のメタファーだ。なぜ、ヨンヒョンのトラウマの核心に、両親が自分を捨てたのか、見失ったのかさえ知らずに生きてきた孤児の嘆きがあるのか。なぜ、ソニョンのトラウマの核心に、意図せず、息子を死に追いやった母の残酷さがあるのか。今なら、その理由がわかる。2001年当時、オイディプスの子どもたちは、過去も未来もなく、現在の悪夢の真っ只中に置き去りにされていた。

彼らが現在を耐え忍ぶ方法は、簡単だ。ソニョンが断言したとおり、自分さえよければ、自分のしたいように好き勝手に生きればいい。あるいは、ヨンヒョンが吐露したように、楽に生きていくためには、殺して埋めてしまえばいいのだ。失踪した元恋人ミジョンの事件を調べにきた刑事に、「俺も被害者なんです」と抗弁するヨンヒョン。ヨンヒョンと共に夫を埋めた後、「私は悪くない」と繰り返すソニョン。彼らの無実の主張は、逆説的な犯行の告白になっているが、そこに嘘はない。彼らの苦しみの最初の原因は、彼ら自身が引き起こしたものではないからだ。ミジョンが彼を利用していなかったら、夫が殴らなかったら、彼らはけっして、直接、間接

の殺人に手を染めなかっただろう。しかし、彼らは忸怩たる思いを抱え、その無念さを、慰め合いながら癒すことすらできず、むしろ（連続）殺人の道へ、復讐の道へ進んでいったのだ。『鳥肌』を、2000年代初頭から半ばに登場した"私的復讐"系に位置づけられる韓国映画のフロントランナーとみなすべき理由が、ここにある。

しかし、ここで問いたい。私的復讐の成功によって、はたして男性性の再建は成し遂げられたのだろうか？　あれほど深く埋めたところで、あの"殺人の追憶"を永久に忘れ去ることはできただろうか？　2001年の韓国映画興行成績1位は『友へ　チング』（クァク・キョンテク監督）だった。以降、暴力をコミカルに誇張した映画が、続々と作られた。それは、韓国映画が、または韓国の大衆が、不道徳な父親を面白い父親に変え、道しるべのない時代を耐え抜く秘策だった。その後、10年あまりが過ぎ、世界の終わりを口にする時代となった今、死の風景は、災害の風景に拡大再生産されている。寂しいだろうと思って入れてやった、2匹目のハムスターを殺してしまったヨンヒョンのハムスターのように、生存本能だけで競い合ってきた人々が育んだ世界は、こんなにも残酷なものになってしまった。『鳥肌』からあえて教訓を読み取るなら、それは「彼らの存在と罪の原因を知ったなら、あなたも同じアパートの住人として連帯責任を深く感じなければならない」というものだ。しかし、実のところ、この作品の黙示録的な風景は、そんな教訓さえ意味をなさない新世紀を予見している。

キム・ソヨン（中央大学講師）

復讐者に憐れみを 복수는 나의 것

2002年／パク・チャヌク監督／35mm／カラー／シネマスコープ

製作会社:スタジオボックス　製作:イム・ジンギュ、プロデューサー:イ・ジェスン、ソン・セフン　監督:パク・チャヌク　脚本:パク・チャヌク、イ・ムヨン、パク・リダメ、イ・ジョンヨン、イ・ジェスン　撮影:キム・ビョンイル　照明:パク・ヒョノン　編集:キム・サンボム　音楽:オオブ・プロジェクト、パク・ヒョンジン、チャン・ヨンギュ　美術:オ・ジェウォン　出演:ソン・ガンホ、シン・ハギュン、ペ・ドゥナ、ハン・ボベ、イム・ジウン、イ・デヨン　韓国公開:2002年3月　主な受賞:第12回イタリアフィルムノワールフェスティバル 審査委員特別賞、第5回ウーディネ極東映画祭 観客賞、第22回韓国映画評論家協会賞 監督賞

　耳が不自由なリュウ（シン・ハギュン）は、唯一の肉親である姉（イム・ジウン）に腎臓移植をしようとするが、「血液型が合わず移植はできない」と医師に告げられ、挫折する。さらに不幸が続き、勤めていた工場を解雇されたリュウは、臓器密売組織に接近し、自分の腎臓と全財産と引き換えに姉に適合する腎臓を手に入れようとする。しかし、臓器密売組織は、リュウの腎臓と全財産を奪い、彼を道端に放り出したまま姿を消してしまう。数日後、病院から姉に適合する腎臓が見つかったとの連絡を受けるが、リュウはすでに手術費用を失った状況だった。リュウの恋人ヨンミ（ペ・ドゥナ）は、手術費用を手に入れるため、子どもを誘拐をしようともちかける。「米軍追放」「財閥解体」を掲げる革命的な無政府主義者同盟のメンバーであるヨンミは、金持ちの金を奪うことは悪いことではなく、誘拐された子どもも無事に返せば問題ない"良心的な誘拐"だと説得する。結局、リュウは、自分を解雇した社長の周辺を探り、社長の友人のドンジン（ソン・ガンホ）の娘ユソン（ハン・ボベ）を誘拐する。ドンジンから娘の身代金を受け取った日、リュウの姉はリュウの解雇と誘拐を知り、自分が弟の重荷になっていると思い、自殺してしまう。リュウは、幼い頃に姉と一緒に遊んだ川辺に姉の死体を埋葬する。しかし、まさにそのとき、誘拐したユソンが足を踏み外して川に落ちて死んでしまう。ドンジンは娘の死体を見て復讐を決意し、リュウも臓器密売組織を捜し出し、復讐する。電気技術者のドンジンは、ヨンミとリュウを次々と感電させて殺し、ドンジンもヨンミが所属する無政府主義者同盟のメンバーに殺される。

　パク・チャヌク監督の『復讐者に憐れみを』は、韓国映画界における重要な"転換点"だ。2000年代に入ったばかりの頃、韓国映画にもっとも不足していたのは、ストーリーのバランスだった。そんななか、パク・チャヌク監督が『JSA』（p208）の成功を足がかりにして製作した『復讐者に憐れみを』は、オ・スンウク監督の『キリマンジャロ』（2000）と共に、作り手の趣向と世界観を当代の映画システムと結びつけて製作した、記念碑的な作品だ。当然、"韓国型ハードボイルド"という観点からいえば、『復讐者に憐れみを』が生まれなければ、パク・チャヌク監督の『オールド・ボーイ』（p220）もなく、ナ・ホンジン監督の『チェイサー』（2008）やイ・ジョンボム監督の『アジョシ』（2010）も存在しなかったであろう。それほど『復讐者に憐れみを』は、はストーリーのモチーフやシーン構成などにおいて"典範"と呼ばれるべき作品だ。

　より挑発的な想像力を発揮するならば、パク・チャヌク監督が"復讐"というこのうえなく恐ろしい事件を"私のもの"と呼ぶことができた[本作の原題は『復讐は私のもの』]ために、ポン・ジュノ監督は『殺人の追憶』（p216）で"殺人"を"追憶"と呼ぶことができ、チャン・ジュナン監督は『地球を守れ！』（p214）で「誘拐した社長が結局、本当に宇宙人だった」という信じられない仮説をより推し進めることができたのだ。『復讐者に憐れみを』を見て、大きな衝撃を受けたと堂々と公言したイム・サンス監督が、『浮気な家族』（p218）に"誘拐"というモチーフを取り入れたことも、充分に関連性を問うことができる。『殺人の追憶』と『地球を守れ！』『浮気な家族』は、すべて『復讐者に憐れみを』が公開された翌年に製作された作品だ。このような影響は、はたしてすべて偶然といえるのだろうか。

　『復讐者に憐れみを』は、やるせない"省略"で構成された不思議な"誘拐劇"だ。まず工場でつらい仕事をするリュウは耳が聞こえないため、騒がしい工場でも耳栓が必要ない。世間と断絶したかのような無表情な顔で生きている。ドンジンも自分のアイデンティティに混乱している人物だ。愛する娘はいるが、仕事にしか関心がなく、妻と離婚した身の上だ。つまり彼もリュウと同様に、自分の身の上に起きたことに納得できない。リュウも悔しく、ドンジンも悔しい。2人の衝突は身分の対立というよりも、「どうして自分の人生がこん

このように、映画の登場人物は、自分の運命を操る手が誰のものかわからないまま破滅へと向かう。

なふうに狂ってしまったのだろう」という運命のアイロニーのようだ。

悲惨なことに『復讐者に憐れみを』の巨大なアイロニーは、まさにリュウが姉を助けたいと思う純粋な気持ちからすべてが始まったという点にある。姉を救うことが目的で、子どもを誘拐したのはたんなる手段にすぎないのに、その手段が結局、逆にすべてを飲み込んでしまう。彼の下手な復讐が、他の者の復讐をあおり、小さい復讐が解決したと思った瞬間、再び別の復讐が始まる。このように、映画の登場人物は、自分の運命を操る手が誰のものかわからないまま破滅へと向かう。彼らは、自らの人生を奪われ、ただ憎むことだけが許される。これほど空虚な誘拐劇がほかにあるだろうか。いや、これ以上に悲劇的に、誘拐犯と人質が兄妹のように仲がいい誘拐劇がほかにあるだろうか。これは、パク・チャヌク監督がいつも自分の長年のテーマだと語ってきた"罪と許し"の問題に対する延長線上にある。

このような2つの家族の崩壊は"ハードボイルド"と"コメディ"を行き来する奇妙な感情の上にある。パク・チャヌク監督は、笑うことも泣くこともできないユーモアをほとんど毎シーンごとに盛り込み、人物たちの悲劇を倍増させ、さらに大きな悲劇へと展開させる。おそらく、なかでも最高のアイロニーは、映画の登場人物すべてがあざ笑う、リュウの恋人であり"革命無政府主義者同盟"のメンバーであるヨンミが吐く言葉の数々であろう。ドンジンに捕らえられ、拷問を受けるヨンミは、自分の組織の殺伐さについて語るが、すべてが"嘘"のように聞こえる。しかし、映画のラストは、それが恐ろしい真実だったことを示す。パク・チャヌク監督は、まさにこのラストの暗殺シーンが、ドストエフスキーの小説『悪霊』で4人の革命家が組織の裏切り者を処罰する姿から影響を受けたと語ったことがある。このように本作は、グロテスクでありながらも滑稽だ（パク・チャヌク監督は『復讐者に憐れみを』の感情について、自ら「グロテスクで滑稽だ」と表現した）

ドストエフスキーの他の作品『カラマーゾフの兄弟』で、イワン・カラマーゾフが神の創造した世界を否定し、「万が一、神が存在するならば、なぜ罪もない子どもたちが苦しまなければならないのか？」と疑問をもったように、『復讐者に憐れみを』の主人公たちもまた、なぜ自分たちが苦しむのかわからず、ドンジンの娘も誤って水に落ち、死んでしまう。しかし幽霊のように現れた娘は「もっと早く水泳を習ってお

けばよかった」と、誰のせいにもしない（当時のインタビューでは、パク・チャヌク監督は、この娘の台詞がそれまでに自分が書いたすべての台詞でいちばん気に入っていると語っている）。娘の言葉を聞いたドンジンは、天使と悪魔、両方のような笑みを浮べる。こうして復讐は、もはや彼らのものではなく、"運命"のものとなる。

『復讐者に憐れみを』の重要な舞台である川辺で、私たちは悲劇を超える劇的な被疑意識を経験する。川辺をふらつく脳性麻痺の青年は、まさに観客の感情を再現したものだ。私たちはこの青年と同じように、映画の事件を目にしながらも何もできない。おそらく、この作品は居心地が悪いという観客のほとんどは、まさにこの無気力に共感したためだ。ラストでは、姉の死を防いでくれると考えていた金が入った鞄の行方、つまり"良心的な誘拐"が可能だと信じていたピュアな心は、無意味なものになる。パク・チャヌク監督が尊敬してやまないアルフレッド・ヒッチコック監督の有名なマクガフィン［小説や映画で登場人物への動機づけや物語を進めるために用いられる仕掛け］のように、消えてしまうのだ。いうなれば彼は、その残酷な犯罪と死を告解し、観客を共犯者としてしまう。そしてパク・チャヌク監督は、無政府主義者同盟のメンバーが無表情にドンジンの胸にナイフを突き刺す、妙にシュールな状況を映し出す。観客と同じようにドンジンも無気力だ。さらに彼は、自分がなぜ死ぬのかわからず息を引き取る。胸にナイフの刺さったドンジンが話す言葉は意味不明で、聴覚障害者であるためうまく話せないリュウと同じ身の上となる。この状況よりも、さらに残酷で空虚な悲劇はあるだろうか。その後10年以上にわたって続く韓国ハードボイルド映画。その情緒を決定づけたすべてが、まさに『復讐者に憐れみを』には詰まっている。

チュ・ソンチョル（「シネ21」記者）

地球を守れ！　지구를 지켜라！

2003年／チャン・ジュナン監督／35mm／カラー／ビスタビジョン

製作会社：サイダス　製作：チャ・スンジェ、ノ・ジョンユン　プロデューサー：キム・ソナ　監督：チャン・ジュナン　脚本：チャン・ジュナン　撮影：ホン・ギョンピョ　照明：ユ・ヨンドン　編集：パク・コクチ　音楽：イ・ドンジュン　美術：チャン・グニョン　出演：シン・ハギュン、ペク・ユンシク、ファン・ジョンミン、イ・ジェヨン、イ・ジュヒョン、キ・ジュボン　韓国公開：2003年4月　主な受賞：第25回モスクワ国際映画祭 最高監督賞、第22回ブリュッセル国際ファンタスティック映画祭 大賞、第7回富川国際ファンタスティック映画祭 作品賞、第40回大鐘賞 新人監督賞、第24回青龍映画賞 新人監督賞、第23回韓国映画評論家協会賞 新人監督賞

ビョング（シン・ハギュン）は、次の皆既月食までにアンドロメダの王子に会えなければ地球が大きな災難に見舞われると信じている。ビョングはスニ（ファン・ジョンミン）と共に、彼らがエイリアンだと見抜いた製薬会社社長のカン・マンシク（ペク・ユンシク）を誘拐し、アンドロメダの王子に会わせるよう要求する。自分を苦しめる人々と自らの不幸を訴える術がなかったビョングは、宇宙の神秘とエイリアンの存在に心酔し、自分の家族と恋人を不幸にしたカン社長を誘拐して、エイリアンの陰謀を暴こうとしたのだ。一方、カン社長の誘拐事件によって、警察内部では緊張が走る。カン社長は、警察総長の娘婿なのだ。陰謀によって一線から退いていたチュ刑事（イ・ジェヨン）は、秘密裏に捜査に着手し、ビョングの行方を探り、彼の家を突き止める。結局、捜索の過程で、チュ刑事はビョングが飼育していた蜂に襲われて命を落とす。理由もわからないまま誘拐されたカン社長は、奇想天外な拷問に耐え、脱出を試みる。チュ刑事を追いかけてきた新人のキム刑事（イ・ジュヒョン）がカン社長を救出し、ビョングを逮捕しようとした瞬間、ビョングの危機に気づいたスニがビョングを助ける。エイリアンに関するビョングの資料を盗み見たカン社長は、エイリアンの実験対象はビョングの母親だったと彼に告げ、地球を救うため

には、アンドロメダの王子の新たな実験を成功させなければならないと説得する。ビョングはカン社長を殴り、皆既月食の下でエイリアンとの交信を試みるが、カン社長に挑発された末、ビョングとスニは死んでしまう。最後にはカン社長が本当はアンドロメダの王子であることが明らかになり、地球に未来はないと地球を爆破する。

　10年ぶりに2作目として『ファイ　悪魔に育てられた少年』（2013）を公開したチャン・ジュナン監督にとって、デビュー作『地球を守れ！』は恵みであり、呪いであった。2003年、『地球を守れ！』が封切られたとき、我々は韓国映画が表現しうる極限の想像力と共に、自分たちが生きている地球という地獄を味わい、それが粉々になるのを目撃した。映画は終始一貫して観客を攻撃し、ひまつぶしに映画館を訪れた観客は短刀を突きつけられたように困惑せざるをえなかった。その結果、興行的には失敗だったが、一方で熱狂的なファンが生まれた。韓国映画のルネサンス期を爆走していた忠武路［チュンムロ］［かつて映画館や映画製作会社が多く集まった街で、韓国映画界の代名詞となっている］の過熱したスピードにブレーキをかけるように、この作品はマイナーの感性とテーマを力説し、当時の殉教者となった。

　もっとも困惑した点は、ストーリーだった。『地球を守れ！』はとても信じられないストーリーだったからだ。ビョングは、カン社長がエイリアンだと信じている。これは数年にわたって研究した結果であり、蓄積された調査の内容を詳しく提示し、ビョングの信用が一時的な錯覚ではなく、確固たる信念だと示す。ビョングによると、カン社長はロイヤル分体共感遺伝子コードを移植された唯一の存在であり、アンドロメダのPK恒星からやって来た。名前は、発音しづらい"クオアアクテックク"。皆既月食のとき、アンドロメダからやって来る王子と交信できる。その交信を妨害するため、ビョングはカン社長の髪の毛を切り、垢すりタオルと外用鎮痛消炎薬で拷問する。

　はたして、このようなキャラクターに感情移入して映画を観ることは可能だろうか？　ビョングの"非正常"な行動を認めるのは簡単ではない。ゆえに、この作品を見る観客は、ビョングの話と正反対の立場から自分なりの"正常"なストーリーを作り出さなければならない。このように『地球を守れ！』はジャンル映画のサスペンスというレベルを超え、内容について観客と"ゲーム"を繰り広げる映画だ。そのゲームで勝つためには"正常／非正常"という、我々の社会のもっとも大きな抑圧の構造を行き来しながら、自分なりの質問を投げかけなければならない。はたしてビョングの主張は、どこまで真実なのか？　カン社長はビョングの想像でつくられた怪物ではないのか？　このすべてがビョングの悪夢

214　韓国映画100選

> **驚くことに、この多層的な台本は、さまざまなものを盛り込みつつも支離滅裂にはならず、究極の着地点に向けて力強く走り抜ける一貫性とテーマをもっている。**

なのか？　ビョングにとってカン社長はエイリアンのように未知の恐怖の存在なのか？　もしかして……カン社長は本当にエイリアンなのか？

　本作は、ビョングの死によって一段落するように見え、観客はついにゲームが終わった、と緊張を緩める。しかし、そのとき！　空から降りてくる光線に刑事たちが撃たれ、倒れる。チャン・ジュナン監督はエンドロールの5分前に映画を再びスタートさせ、すべての観客は敗北者になる。主人公の誇大妄想だと思ったストーリーはすべて真実であり、彼を狂人だと思いながら映画を見ていた観客は、頭がガンガンするほどの衝撃を受けることになる。そして、ビョングの死に続いて、"病んだ地球"も消滅を迎える。

　しかしこの映画は、単純なストーリーのかけらだけで、個性的な作品として評価されるようになったわけではない。『地球を守れ！』は、1999年の『シュリ』（p196）以後、急激に産業的に膨張し、さまざまなジャンルを試みていた2003年当時の韓国映画が、1本の映画に盛り込めるジャンルの要素を最大限に取り入れたものだ。まず、この映画はエイリアンが登場するSFであり、アクション映画だ。ワイヤーを使い、カンフーアクションを試みたシーンもあり、失踪事件をめぐる犯罪映画として刑事が登場し、追いつ追われつの追撃戦のスリラー的な要素もある。ミステリージャンルの要素にときどきヒッチコックスタイルのサスペンスが使われたりもする。ビョングとスニのメロドラマは映画の感情を一段階引き上げる。カン社長が人類の歴史を語る時は、ドキュメンタリーのスタイルも借りている。ホラーを連想させるシーンもある。そして何よりもこの映画は、不条理な状況を土台にしたコメディでもある。

　このような戦略は、単純なハイブリッドを超え、ジャンルの乱用のように感じられる。さらに本作は、数多くの映画からの引用まで試みる。「虹の彼方に」が流れる場面は『オズの魔法使い』（1939、ビクター・フレミング監督）をミュージックビデオのように脚色し、『2001年宇宙の旅』（1968、スタンリー・キューブリック監督）の先史時代のシーンがパロディとして使われている。スニのキャラクターは『道』（1954、フェデリコ・フェリーニ監督）のヒロイン、ジェルソミーナからヒントを得ており、『殺しのドレス』（1980、ブライアン・デ・パルマ監督）、『アンダルシアの犬』（1929年、ルイス・ブニュエル監督）、『ブレードランナー』（1982、リドリー・スコット監督）、『ユージュアル・サスペクツ』（1995、ブライア

ン・シンガー監督）など、まったく脈絡のない映画が断片的に使われている。その結果『地球を守れ！』は、観客をあるひとつのジャンルの枠に閉じ込めず、複合的な経験の世界に導く。この作品の試みは商業映画ではしばしばその範疇を超えて試みられる極端な実験だ。既存のメジャーな映画がためらっていたストーリーとスタイルを1本の映画に結合させたときに生まれる究極の効果とは何か？　チャン・ジュナン監督の疑問は、まさにそこにあった。

　驚くことに、この多層的な台本は、さまざまなものを盛り込みつつも支離滅裂にはならず、究極の着地点に向けて力強く走り抜ける一貫性とテーマをもっている。それは、この作品が"現実"にしっかり基づいているからだ。この作品のすべての要素は、世の中がいかに暴力的であるかということを語るために織り込まれている。ビョングの妄想は、資本主義社会の貧者が経験しなければならなかった現実から生まれたものだ。地球が爆破された後、宇宙をさまようモニターに登場するビョングの子ども時代と、その温かさは、私たちが戻らなければならない理想形を示す。

　ビョングをエイリアンに対する妄想にとりつかせ、彼を連続殺人犯にしたものは何か。これは社会に対する監督の怒りと悲しみがしみ込んだ質問だ。その現実が直視しづらいほど苦しいため、チャン・ジュナン監督は"現実に対するゆがんだ映し鏡"として『地球を守れ！』という映画を作り出した。「この作品がもつ真似のできない想像力」という視点のみでチャン・ジュナン監督を見つめると、それは一方的な評価にすぎない。暴力的な現実を勝ち抜くために、暴力という方式を使わなければならない主人公。彼を見つめる憐れみの視線。これは『ファイ』で主人公の"成長"のモチーフと結合して広がるテーマであり、チャン・ジュナン監督の映画を強力に作り上げる要素でもある。

キム・ヒョンソク（映画評論家）

2000年代以降　215

殺人の追憶 살인의 추억

2003年／ポン・ジュノ監督／35mm／カラー／ビスタビジョン

製作会社：サイダス　製作：チャ・スンジェ、ノ・ジョンユン　プロデューサー：キム・ムリョン　監督：ポン・ジュノ　原作：キム・グァンニム　脚本：ポン・ジュノ、シム・ソンボ　撮影：キム・ヒョング　照明：イ・ガンサン　編集：キム・ソンミン　音楽：岩代太郎　出演：ソン・ガンホ、キム・サンギョン、キム・レハ、ソン・ジェホ、ピョン・ヒボン、コ・ソヒ、リュ・テホ、パク・ノシク、パク・ヘイル、チョン・ミソン　韓国公開：2003年4月　主な受賞：第51回サンセバスチャン映画祭 最優秀監督賞・新人監督賞・国際映画批評家連盟賞、第16回東京国際映画祭 アジア映画賞、第40回大鐘賞 最優秀作品賞・監督賞、第23回韓国映画評論家協会賞 作品賞・監督賞

　1986年秋、京畿道・華城で暴行されて殺害された女性の死体が発見され、同様の手口の事件が相次いで発生する。顔を見ただけで犯人が分かるという刑事のパク・ドゥマン（ソン・ガンホ）は、日頃から被害女性を追いかけまわしていたという知的障害者のペク・グァンホ（パク・ノシク）を犯人だと確信し、刑事のチョ・ヨング（キム・レハ）と共に殴り、自白を強要する。
　一方、志願してソウルからやって来た刑事ソ・テユン（キム・サンギョン）は事件資料を調べ、手がかりをつかもうとする。グァンホを連れて、現場検証に向かったところ、取材陣に囲まれた場でグァンホは犯行を否認する。そのことでク・ヒボン班長（ピョン・ヒボン）は罷免され、後任としてシン・ドンチョル班長（ソン・ジェホ）が赴任する。ソ刑事は雨が降る日、赤い服を着た女性が犯行の対象者となっている共通点を明らかにし、おとり捜査を繰り広げるが、次の日の朝、別の女性が死体で発見される。
　捜査が徐々に迷宮入りするなか、近所の工場で働くパク・ヒョンギュ（パク・ヘイル）が有力な容疑者として浮上する。同じ頃、手がかりとなる犯人のDNAが検出され、捜査本部はアメリカにDNA鑑定を要請する。パク刑事とソ刑事はヒョンギュが犯人と確信するが、ついに届いた検査結果にはヒョンギュと犯人の遺伝子が一致しないという所見が記されていた。2003年、パク刑事は偶然、17年前の事件現場を通り過ぎ、最初の死体が発見された現場をのぞき込む。

　1986年9月、のちに華城連続殺人事件［1986年から1991年にかけ、京畿道華城郡（現在は華城市）で起きた連続殺人事件。13歳の中学生から71歳の高齢女性まで10人の女性が犠牲となり、2006年4月に時効を迎えた］と名づけられる女性暴行殺人事件の最初の事件が発生した。1995年12月、キム・グァンニムは迷宮入りした華城連続殺人事件を基にした戯曲『私に会いに来て』を執筆し、翌年には舞台で上演された。10件の事件の公訴時効がほぼ過ぎた2003年4月、『私に会いに来て』をポン・ジュノ、シム・ソンボが脚色し、ポン・ジュノが演出した『殺人の追憶』が公開された。
　フラッシュバック構造の原作とは異なり、『殺人の追憶』は1986年の時点から時系列に展開し、ラストでは2003年に飛んで短いエピローグを見せ、終わる。ポン・ジュノは（自分が書いた脚本を少し変更し）2回にわたってスクリーンを凝視する主人公のパク刑事の顔のクローズアップを配置した。最初のクローズアップでパク刑事は、前に座る少年を見て首をかしげる。パク刑事と似たような柄の服を着て、似たような髪形、口調までそのまま真似したような少年はどこかパク刑事の過去を連想させる。2回目のクローズアップでパク刑事は、スクリーンに向かって視線を向ける。原作のキム・グァンニムが演劇を見に来た犯人を想像したならば、ポン・ジュノは、パク刑事が平凡な人間に交じった犯人をたじろがせる視線で見つめるように演出した。『殺人の追憶』で記憶の対象となる時期は1980年だが、映画はこのように1970年代を引き出したり、現在から1980年代を呼び出したりする。だからといって、現代史の3つの時代の様相をそのまま捉えようとしているのでもない。『殺人の追憶』は過去と現在の間で沼にはまった断絶の時間として1980年代に注目するのみだ。
　都市とかけ離れた空間で繰り広げられる事件を扱ったということを勘案しても、『殺人の追憶』に描かれた華城の1980年代の風景は、1970年代以前の田舎に近い。人々が暮らす姿や周辺の環境は、とても1980年代の風景には見えない。この映画で1970年代をもっともまざまざと思い出させるのは、地下の取調室で繰り広げられる喜劇だ。容疑者の自白を得るため、チョ刑事という人物は、習慣的な暴力に頼る。容疑者の体に暴行の跡を残さないように黒色の軍靴の上に履いたシューズカバーはその時代の暴力性を象徴する。しかし、彼が何回も行使する暴力も階級上、上官にあたるシン班長が一度だけ振りかざす暴力の恐怖には及ばない。足蹴りの狙いが何度も外れて怒ったシン班長は、チョ刑事を力いっぱい蹴り

真実を知る者は過去を記憶するが、真実を知らない者にとって過去はたんなる追憶の対象だ。

あげ、階段の下に転落させる。そして何事もなかったかのように、スクリーンから消え去る背の低いシン班長からは過去の独裁者の影がちらつく（シン班長役のソン・ジェホは翌年出演した『ユゴ　大統領有故』[1979年10月26日に起きた朴正熙大統領の暗殺事件が題材]で朴正熙大統領役を演じた）。『殺人の追憶』は女性の体に暴力を加える瞬間を再現する代わりに、過去の軍事独裁が行った抑圧的な暴力の連続線上に1980年代を置いた（これは女性に加えられた暴力という事件の本質より暴力によって結ばれた男社会をほのめかす）。そうであるなら、この作品は暴力が1980年代の顔だといおうとしているのだろうか。

　暴力と集団的順応が、1970年代のひとつの真実（であり、個人の富の蓄積と消費が90年代以後の真実）ならば、1980年代の真実には顔がない。容疑者として連行された異常性欲者のチョ・ビョンスンは1980年代式人物の典型である。口から出まかせを並べ、現実と夢の間で要領を得ない分裂的な性格のため、ビョンスンという人物の正体は、目の前にありながらも表れてこない。さらに容疑者として逮捕され、ひどい目にあって釈放されたグァンホをめぐる場面は1980年代に対する最善の諷刺だ。暴力を振るったことを詫びるパク刑事はスニーカーを買ってグァンホにプレゼントする。彼はブランドの「ナイキ」だと自慢するが、同僚のソ刑事はそれが偽物の「ナイス」であること気づき、ケチをつける。するとパク刑事は「だからどうした、丈夫なのだからいいじゃないか」と言い返す。偽物を本物だと思って受け取ったグァンホが、本当の犯人すなわち真実を目撃した唯一の人物だという点が『殺人の追憶』の皮肉だ。地元で馬鹿と呼ばれる彼はのちに列車にひかれて死亡するが、彼が線路の脇に残したのは、真実ではなく偽物のスニーカーの片方だった。

　死ぬほど犯人を捕まえたかった刑事たちは最後まで願いを叶えることはできない。連続殺人犯はまさに1980年代の真実だ。刑事たちはなぜ真実に気づかないのか。彼らはなぜ真実を見抜けないのか。ポン・ジュノ監督は取調室の場を借りて、犯人が幽霊のような存在であることを明らかにする。脚本にはないボイラー修理工がふいに登場するが、彼は道具を持って階段を降り、ボイラーを修理して再び階段を上り、ゆうゆうと消え去る。近くにいる3人の刑事は誰も彼に注目せず、映画もまた彼についてこれといった言及はしない。死者がいるからには、犯人も明らかに存在する。しかし、何の痕跡も残さない犯人は手で捕まえられない。同様に私たちは光

州事件の虐殺の主犯を白日の下に引っ張り出すことはできなかった。原作となった戯曲を書いたキム・グァンニムが「真理の認識の可能性」を試したのならば、映画ははたして真実が存在したのかを問うている。『殺人の追憶』は、1980年代の真実は、「真実がなくなったこと」だといっているようだ。

　もう一度、最初に戻ろう。『殺人の追憶』は未解決事件を題材に選んだ映画だ。主人公は不安を抱えたまま怪物を捕まえようとしているうちに、徐々に怪物に似てくる刑事たちだが、意外にも事件の現場や犯人の周辺より取調室を主な舞台とした映画がフォーカスしようとしていたのは、犯罪だけではない。真実が明らかになるどころか、真実が埋もれてしまうのが当たり前の空間として描かれ、湿った暗い地下の取調室という空間自体最初から真実に近づくことが不可能なことを強調している。映画のエピローグで、パク刑事は最初の犠牲者が発見された側溝を偶然に訪れる。17年前と変わらない黒い口を開けた側溝は、犯人だったかもしれない容疑者のヒョンギュが消えた暗いトンネルの縮小版だ。パク刑事は側溝の奥を見つめる。そこには時間のトンネルを通過した現在が存在するのか。それとも真実を見つけ出せなかった1980年代の顔が隠れているのか。長い間、なぜ『殺人の記憶』ではなく、『殺人の追憶』だったのか気になっていた。今、わかった。真実を知る者は過去を記憶するが、真実を知らない者にとって過去はたんなる追憶の対象だ。殺人を追憶にしてしまう時間、1980年代はポン・ジュノ監督の次の作品のタイトルを提供する。まさに『グエムル−漢江の怪物−』というタイトルだ。

イ・ヨンチョル（映画評論家）

浮気な家族 바람난 가족

2003年／イム・サンス監督／35mm／カラー／シネマスコープ

製作会社：ミョン フィルム　製作：シム・ボギョン、シン・チョル　監督：イム・サンス　脚本：イム・サンス　撮影：キム・ウヒョン　編集：イ・ウンス　音楽：キム・ホンジプ
美術：オ・ジェウォン　出演：ファン・ジョンミン、ムン・ソリ、ユン・ヨジョン、キム・インムン、ポン・テギュ、ペク・ジョンニム、チャン・ジュニョン　韓国公開：2003年8月
主な受賞：第4回ベルゲン国際映画祭 批評家賞、第30回フランダース国際映画祭 最優秀監督賞、第14回ストックホルム国際映画祭 主演女優賞、
第6回ドーヴィル・アジア映画祭 大賞

正義をそれなりに重んじる30代の弁護士、ヨンジャク（ファン・ジョンミン）。彼の家族は、元舞踊家で、現在は近所の舞踊学院で踊るだけの30代の主婦ホジョン（ムン・ソリ）と養子縁組した7歳の息子スイン（チャン・ジュニョン）だ。一見、何の問題もない家庭だが、夫婦はもはや夜の生活に満足できず、スインは、自分が養子だという事実に戸惑いを感じている。ヨンジャクの父、チャングン（キム・インムン）は、朝鮮戦争のときに家族を失って以来、酒に依存した生活を送った末、末期の肝臓癌を宣告される。妻のビョンハン（ユン・ヨジョン）とは15年間セックスをしていない。ヨンジャクは若い愛人のヨン（ペク・ジョンニム）と不倫を楽しみ、ホジョンは高校生のジウン（ポン・テギュ）と浮気をする。肝臓癌で闘病中のチャングンのことなどかまうことなく浮気をしたビョンハンは、夫が死ぬと、恋人と結婚すると衝撃的な宣言をする。一方、ヨンジャクは出張を言い訳に愛人と旅行をした帰り道、酒に酔ってバイクに乗った郵便配達員とぶつかって交通事故を起こす。自分の浮気と失態がばれることを恐れたヨンジャクは、弁護士という身分を利用して、彼を窮地に追い込む。このことで職を失った郵便配達員は、ヨンジャクに報復するためにスインを誘拐

して工事現場の建物から落とし、その後、自分も身を投げる。息子のスインを失ったショックから立ち直れないホジョンとヨンジャクは、お互いの"浮気"を口実に激しい争いを繰り広げ、最終的には互いに別の道を行くことに決める。

『浮気な家族』に登場する家族一人ひとりの状況を、しばし見つめる必要があるだろう。社会に奉仕する人権弁護士だが、不倫をしているため家長としては不適切な夫、隣に住む10代の問題児と浮気をする妻。肝臓癌で死にゆく失郷民［朝鮮戦争中に朝鮮半島の北側から南に避難したまま戻れず韓国に定住した人］出身の独断的な父と、父とは長い間冷めた関係で別の男と恋に落ちた母。そして夫と妻の間にいる養子の息子。その息子の早すぎた事故死。

もしこれと同じ、または似ている家族を実際に探そうとするならば、簡単だろうか。いや容易ではないだろう。なぜなら、この家族は私たちの現実の世界を映して描いたものではなく、完全に想像上で組み合わせた架空の家族像だからだ。現実社会でも、それぞれのキャラクターに似た例は見つけることができるだろう。だが、本作に描かれているのは、それらの人物がすべて集まった、珍しいケースである。登場人物たちは、ありきたりの中流層だが、一人ひとりを見ると、非常にまれな組み合わせだ。したがって『浮気な家族』は、安易に家族の肖像を描写するのではなく、家族に対する想像を組み立てることを試みたのであろう。その想像力は非常に魅力的だ。ところが私たちは、この映画を観ると現実をむごいほど感じるようになる。それがこの作品の卓越性でもある。

ひとつのキャラクターとしてのみ描写するのではなく、複合的な組み合わせが必要だったのは、さまざまな決定要素が大いにぶつかり合うことで物語が動くのを望んだからだろうか。ヨンジャクは夫として、ホジョンは妻として、父は失郷民として、母は自由夫人として、子どもは子どもとして。『浮気な家族』の登場人物は、それだけにはとどまらない。ヨンジャクは人物として、ホジョンはセックスとして、父は歴史として、母は自由として、子どもは事件として。彼らはしばしばそんなふうに認識されるのだ。本作は、夜の生活に不満な妻が夫の横で行う自慰や、クリトリス云々という台詞、夫と愛人との奇妙な体位、母が吐く挑発的な言葉や父の吐血のような刺激を随時与える。一方で、50年以上も前に埋葬された遺骨の上にヨンジャクが転がり落ちるという笑えないハプニングも見せる。さらに、子どもを屋上から投げ捨てるという残酷で過激な、断固たる殺人行為までも。

登場人物たちはしばしば、ある概念を触発し、目指すための原動力となっている。このようにそれぞれの人物が、あるいは各要素が、互いに張りつめた緊張感を維持するなか、この映画はある価値評価を下すことにはほとんど無関心であ

それにもかかわらず『浮気な家族』には、誰のこととは言い難い、しかし一般的な悲しみや呵責とも言い難い、ある非人称の恥辱心が漂っている。

る。ひたすら挑発し、はっきり口に出して刺激し、その状態がずっと続くように促す。しかし、誰も相手のことを簡単には聞き入れない。まるでそのように決心したかのように。

この組み合わせの要素がすべてひとつにまとまって家族という名の下に帰結したとき、はたしてどんな感情の世界が形成されうるのかということに、監督は好奇心を抱いたのではないだろうか。ひとりの客として観たとき、本作には実は2つの感情が存在していることに気づいた。最初に感じたのは"恥辱心"である。自ら苦しむのは自分を恥ずかしく思うためであるはずだから、これは少し奇妙な表現になるだろう。誰の恥辱心なのか。監督の？　主人公の？　観客の？　よくわからない。それにもかかわらず『浮気な家族』には、誰のこととは言い難い、しかし一般的な悲しみや呵責とも言い難い、ある非人称の恥辱心が漂っている。正しくも過ちでもないという態度が維持されているにもかかわらず、誰もが自分のことかもしれないと思うような、非人称の恥辱心。

この映画がさらに不思議なのは、もうひとつの感情のせいである。この恥辱心は、一種の"軽快さ"と均等に混じり合っているという事実。それは驚くべきことだ。これがよく指摘されるイム・サンス監督の"クールさ"なのかは、正直、よくわからない。ただ、あまりにヒートアップすると見えないものの数々を、『浮気な家族』は一歩引くことで、はっきり見えるようにしている。その軽快さは批判的な寓話の力とも異なる。ただ正直で、執拗な態度で刺激を厭わず、隠さない力という程度のものだ。価値評価と無関係に見えるこの映画が、まれに価値を与えられ、尊重されるのは、たいていそのような軽快さと関連したシーンによるものだ。『浮気な家族』でホジョンと義母のビョンハンは、自己の価値を求める稀な人物として描かれている。ビョンハンは、老いてもなお本当のセックスと愛と人生を探すようになる。そして、ホジョンはラストシーンで愛人に捨てられて再び戻ってきた夫に、自分の人生を生きると宣言する代わりに「あなたはアウトよ」と言い、舞踊室をせわしなく走りまわりながら掃除する。

『浮気な家族』の主人公のなかでも、いちばんのメインキャラクターであるチュ・ヨンジャクと同名の人物は、のちのイム・サンス監督作にたびたび登場している。また『ハウスメイド』（2010）と『蜜の味　テイスト　オブ　マネー』（2012）という2本の映画は、思い起こせば、ある種の想像力が旺盛に活かされた、また別の家族像でもある。ただ、本作

と照らし合わせてみると、違いが見える。『ハウスメイド』と『蜜の味』は、階層や出来事を想像する密度が超スペクタクル化され、価値のある人間のタイプがほとんど描かれていない。焦点を当てているのは、総じて金や資本のシステムに絡んだものであり、軽快さや溌剌さよりも、登場人物を通じて痛烈な不快感を感じさせる方向に向かっているのだ。

『浮気な家族』について、現在のイム・サンス監督の道をすべて決定した試金石であると断言するつもりはない。だが、この映画が、監督のもうひとつの傑作『ユゴ　大統領有故』（2005）と共に、韓国社会を想像し、感じさせ、新たな独創的な道を歩んだ作品だったのは事実である。

チョン・ハンソク（「シネ21」記者、映画評論家）

オールド・ボーイ 올드보이

2003年／パク・チャヌク監督／35mm／カラー／シネマスコープ

製作会社:ショーイースト、エッグフィルム　製作:キム・ドンジュ、チ・ヨンジュン　企画:イム・スンヨン　監督:パク・チャヌク　脚本:ファン・ジョユン、イム・ジュニョン、パク・チャヌク　撮影:チョン・ジョンフン　照明:パク・ヒョノン　編集:キム・サンボム、キム・ジェボム　音楽:チョ・ヨンウク　美術:リュ・ソンヒ　出演:チェ・ミンシク、ユ・ジテ、カン・ヘジョン、キム・ビョンオク、チ・デハン、イ・スンシン、オ・ダルス、ユン・ジンソ、オ・テギョン、アン・ヨンソク　韓国公開:2003年11月
主な受賞:第57回カンヌ国際映画祭 グランプリ、第41回大鐘賞 監督賞、第24回青龍映画賞 監督賞、第40回百想芸術大賞 監督賞

酔っぱらって家へ向かう帰り道、何者かに連れ去られて監禁部屋に閉じ込められたオ・デス(チェ・ミンシク)は、監禁されて1年が過ぎたころ、妻が殺されたこと、そして、自分が容疑者とされていることをテレビのニュースで知る。復讐と脱出の機会をうかがいながら、日々を送ること15年。ある日、寝ているデスのもとに催眠術師(イ・スンシン)がやって来る。催眠術をかけられたデスは、自分が拉致された場所で目を覚ます。その後、偶然入った日本食レストランで料理人のミド(カン・ヘジョン)に出会い、やがて彼女を愛するようになる。ついに自分を拉致したイ・ウジン(ユ・ジテ)との対面を果たしたデス。ウジンは、ミドと自分自身の命を懸けたゲームを提案する。なぜ監禁したのか、5日以内にその謎を探してくるようにデスに告げる。ウジンは、デスと同じ高校の後輩だった。そして、高校時代、ウジンとウジンの姉、スア(ユン・ジンソ)とのただならぬ関係を目撃したと友人に話したことがきっかけで、スアが妊娠したという噂が広まってしまい、のちに彼女が自殺したことを知る。一方、デスはウジンからミドが実の娘、ヨニであると聞かされる。ミドがこの事実を知ることを恐れたデスは、ウジンの目の前で、自分の舌をハサミで切り落とす。すべての復讐を果たしたウジンはスアの命日に、橋から身

を投げようとする彼女の手を放してしまったことを回想しながら、命を絶つ。雪に覆われた山の中、デスは催眠術師にすべての記憶を消してほしいと頼み、その後まもなく、催眠から目を覚ます。雪原にひとり横たわる彼のもとに駆け寄るミド。ミドは凍てついたデスの身体を温め、彼を抱き寄せる。

『オールド・ボーイ』は、パク・チャヌク監督の"復讐3部作"の2作目にあたる作品だ。すべて"復讐"をテーマにしているが、それぞれの復讐劇に登場する対象は千差万別である。『復讐者に憐れみを』(p212)では労働者と資産家、『親切なクムジャさん』(2005)ではクムジャをはじめ、子どもを誘拐された親たちとその犯人が複雑に絡み合い、『オールド・ボーイ』では、高校の同窓生同士の対決に集約されている。

復讐に加わる対象も、復讐を実行する方法も作品ごとに異なる。したがって映画の雰囲気も三者三様の変化を見せる。『オールド・ボーイ』を支配する感情は、"熱"にほかならない。この映画では、ひとりの人物が中心となる一般的な復讐劇とは異なり、互いに激しい怒りを抱く2人の男が正面対決を繰り広げる。特に、理由もわからぬまま15年間も部屋に監禁され、朝昼晩、揚げ餃子だけで生き延びてきたデスは、復讐心が性格の一部になるほど爆発寸前の状態だ。

女の復讐劇である『親切なクムジャさん』の主人公、クムジャと比べると、その違いはよりはっきりと見えてくる。人一倍理性的なクムジャは、復讐の対象であるペク先生を捕まえても、すぐに手出しはしない。代わりに、時間をかけて状況を見守りながら、さらなる悪行を暴きだし、白日の下、復讐の裁きを与えることに成功する。それとは対照的に、デスは後先を考えず、復讐心ひとつでウジンに襲いかかる。しかし、復讐はおろか、自分が愛するミドと親子関係だったことを知り、たちまち廃人と化して転がり落ちていく。

パク・チャヌク監督が、デス役のチェ・ミンシクを真っ先にキャスティングした理由は、感情を爆発させる演技において、彼の右に出る者がいないからだ。特に、復讐のような精神的、肉体的にも激しくエネルギーを消耗する役どころで、チェ・ミンシクはこれまで卓越した見事な演技を披露してきた。『シュリ』(p196)のパク・ムヨン役、『パイラン』(2001、ソン・ヘソン監督)のイ・ガンジェ役、『悪魔を見た』(2010、キム・ジウン監督)の連続殺人鬼、『悪いやつら』(2011、ユン・ジョンビン監督)のチェ・イクヒョン役など、感情の沸点を振りきった演技を見せるチェ・ミンシクにとって、デスは俳優として自分の個性を最大限に発揮できる、これ以上ない適役だったということだ。

それによって『オールド・ボーイ』は終始、爆発しそうな熱に包まれ、観客にデスへの感情移入をうながす。だが、そ

復讐心によって自らを滅ぼし、周囲まで苦しめる彼らを通してパク・チャヌク監督がいわんとしたことは、結局、復讐は無意味だということだ。

こに冷や水を浴びせるのがウジンの存在だ。映画の構成を見ると、『オールド・ボーイ』は、デスの復讐心によって熱く火照った雰囲気を、ウジンの冷静かつ緻密な戦略によって最後に火を消すように収束させる沈静化の形をとっている。この映画の最初と最後の場面からは、パク・チャヌク監督の意図をはっきりと感じることができる。

映画のオープニングでは、耳をつんざく音楽と共に、じりじりと照りつける日差しを背に、画面いっぱいに映し出されるデスの顔が、観客を圧倒する。一方、最後の場面はどうだろうか。凍りついた地面に雪が舞い落ちるなか、魂が抜けたような表情のデスの顔が映し出される。唯一聞こえてくる冷たい風の音が寒々しく、荒涼とした寂しさをいっそう強く感じさせる。つまり、『オールド・ボーイ』は、デスが前面に立つ作品であるが、結局、その裏ですべての状況をコントロールしているのはウジンであり、2人の対決によって物語が完結することを間接的に証明しているのだ。

デスの熱情とウジンの冷徹さ。この映画では、はっきり分かれるキャラクターの特徴に合わせて、前半・後半の構成にそれぞれ変化を加えている。その転換点となるのが、ウジンが自分の正体を明らかにし、なぜ監禁部屋に閉じ込めたのか、その理由を自分で探し出してこいとデスに告げ、ミドを賭けたゲームを提案した瞬間だ。15年間の監禁生活から解放されたデスが、自分を陥れた犯人を追いかける前半は、話のあらすじを理解するのが困難なほど、まとまりのない構成になっている。理由もわからぬまま監禁される恐怖感、15年ぶりの社会で直面した不安と戸惑い、15年間の人生と家族、すべてを奪った人物に対する復讐心とさまざまな感情が入り乱れる、デスの心境を反映したがゆえのことだ。

まとまりのない構成のまま物語が中盤を過ぎると、7月1日、2日と日付が画面に表示されるようになり、展開が一目瞭然になる。デスがウジンの正体を知るだけでなく、ベールに包まれていたウジンが前面に出てくる。つまり、彼の性格をストーリー構成に置き換えて表現しているのだ。また、前半と後半には、決まりごとであるかのように、同じ人物の構図、同じ画面の構成が登場する。例えば、前半ではデスがビルの屋上から飛び降りようとする男のネクタイを掴んでいるのに対し、後半ではウジンがダムから身投げしようとする姉の手首を掴んでいるといったシーンだ。前半と後半、それぞれが鏡のように相関関係を成している。このようなシーンに見られる意図的な配置は、結局、2人とも同じような人間だという

ことを物語っている。

誰が見ても正反対の性格をもつデスとウジンだが、対極にいる者が通じ合うように、復讐心だけで15年以上の歳月を耐え忍んできた2人の姿は、人間というよりも、怪物と表現するのがふさわしい。誰が善人か、悪人か、正しい人間なのか、ここは人物について評価する場所ではない。復讐心によって自らを滅ぼし、周囲まで苦しめる彼らを通してパク・チャヌク監督がいわんとしたのは、結局、復讐は無意味だということだ。

ウジンはデスに向かってこんなことを言う。「傷ついた人間にとって復讐心は特効薬になる。では、復讐を成し遂げたとき、彼らはどうなるのか？　おそらく、隠れていた苦しみがまた追いかけてくるだろう」。これは、『オールド・ボーイ』に限らず、『復讐者に憐れみを』『親切なクムジャさん』とあわせて、復讐3部作の一貫したテーマだ。彼らはみな復讐を通じて魂の救済を求める。しかし、復讐という暴力行為に救いという組み合わせは、初めから間違っていたのだ。救いを得ようとするならば？　まず必要なのは、許しと和解という感情である。復讐は、はるか遠い昔の（old）価値にすぎない。デスとウジンは身体ばかり大きくなり、年齢だけを重ねていった。相変わらず幼稚な少年（boy）時代の思考回路を捨てきれない、しょせん彼らは"オールド・ボーイ"だったのだ。

ホ・ナムン（映画評論家）

送還日記　송환

2003年／キム・ドンウォン監督／35mm／カラー／ビスタビジョン

製作会社：プルン映像　監督：キム・ドンウォン　脚本：キム・ドンウォン、リュ・ミレ　撮影：ピョン・ヨンジュ、キム・テイル、チョン・チャンヨン、チャン・ヨンギル、オ・ジョンフン、ムン・ジョンヒョン　音楽：イ・ジウン　美術：イ・ヒヨン　音響：ピョ・ヨンス　韓国公開：2004年3月　主な受賞：第20回サンダンス映画祭 表現の自由賞、第19回フリブール国際ドキュメンタリー映画祭 作品賞、第24回韓国映画評論家協会賞 特別賞

1992年の早春、キム・ドンウォン監督は、非転向長期囚［政治犯として収監され、刑期を満了したにもかかわらず、思想を改めていないことを理由に拘留を継続されている者。北朝鮮工作員や反政府活動家など］のキム・ソクヒョン先生とチョ・チャンソン先生を冠岳区奉天洞にある"住民の家"に連れていく。監督は2人を通してさまざまな状況に置かれた長期囚たちと知り合うことになるが、その過程で理念の壁を感じることもあり、またカメラが招かれざる客になったりもする。1999年2月、金大中大統領就任の約1年後、史上最大規模で非転向長期囚が釈放され、金泳三政権の頃からしばしば起きていた送還問題が再び懸案として持ち上がる。1999年末、送還推進委員会が結成され、送還を希望するすべての非転向長期囚を対象として本格的な送還運動が始まる。2000年9月2日、送還に反対する世論と政府の過度な検問によって摩擦が起きたりもするが、長期囚たちは撮影チームと隣人たちに見送られながら北に送還される。

それ以降、映画を編集している途中で監督は北で作られた冊子とビデオ資料を通して長期囚たちの消息に接する。チョ・チャンソン先生との再会を望んだ監督は、2001年8月15日、平壌で開かれる統一祝典行事に参加する資格を得る。しかし出発前日、国家保安法違反の疑いで平壌行きは取り消しになり、監督はチョ先生に会ってよろしく伝えてくれと言って後輩にカメラを持たせる。後輩が撮影してきた映像では、チョ先生と他の長期囚たちはとても幸せそうに見える。苦労して撮影したチョ先生のインタビューで、先生はキム・ドンウォン監督を息子のように考えていたと言い、監督は「チョ先生に会いたい」という言葉で映画を締めくくる。

「韓国インディペンデント・ドキュメンタリーのゴッドファーザー」と呼ばれるキム・ドンウォン監督の2003年作『送還日記』は、非転向長期囚に関するドキュメンタリーだ。北朝鮮から韓国に送られた工作員として30年以上収監されてきた老人たちを10年間にわたって取材したこの映画は、思いがけないいきさつでスタートしたプロジェクトだった。1992年春、非転向長期囚であるチョ・チャンソン先生とキム・ソクヒョン先生を町に招くよう頼まれて「（ドキュメンタリー映画の監督として）習慣的にカメラを手にした」ことが始まりだった。その結果、500本のテープに収められた800時間を147分の映画にまとめるのに12年かかったが、その時間は映画の製作期間というよりも監督が彼らと結んだ親交の時間と呼ぶべきだろう。『送還日記』は、命が映画より重要であり、人間が理念より重要であるという、類まれなる崇高な視線を抱く、私たちの時代の傑作だ。ずたずたに引き裂かれて統合することが不可能なこの時代において、理念の境界を越えた人間の尊厳に対する限りない肯定が、『送還日記』を韓国ドキュメンタリー史において特別な地位に押し上げた。

『送還日記』は、「亡くなった父と長期囚の先生たちにこの映画を捧げる」という字幕で始まる。しかし「反共主義者である父は怒るだろうし、長期囚の先生たちも不満をもつだろう」という言葉も付け加えられている。左右どちらの人であっても不満をもちそうな映画だが、理念的には灰色よりも透明に近い色に見える。政治的にこちらでもあちらでもない"自由主義者"のキム・ドンウォン監督がここで見せようとしたのは人間であった。それによって『送還日記』は、政治的・社会的な主義主張を脇に置き、人間関係に関するキム・ドンウォン監督の私的記録であると同時に、彼らの特別な経験のおかげで韓国現代史のアイロニーと悲劇を表現する公的記録になった。

長期囚の先生たちに初めて対面した日、映画は彼らの間にぎこちなく割って入って座ったキム・ドンウォン監督の姿を映し出す。うっかり画面の中心に入ってしまった監督は、そわそわしながらも席を移ることができなかった。あまり重要に見えないこの場面を削除しなかった理由は、「撮影しに来たという印象を与えたくなかった」という当初の意図を、映画を観る者に伝えるためであったに違いない。この映画が企画段階に入ったのは、それから8年が過ぎた1999年のことだった。本作の当初の目的は送還推進委員会を組織して送還を支援することだったが、金大中政権の太陽政策は、キム・

『送還日記』は、彼らに聞くことができなかった微妙な質問を、ナレーションで自問自答しながら、「平凡であっても輝いている人々の顔」を忠実に記録する道を選んだ。

ドンウォン監督の計画の先を行ってしまった［太陽政策とは、イソップ童話の『北風と太陽』にちなみ、北朝鮮の頑な態度を改めさせるためには、圧力ではなく温情が必要であるとするもの。1999年2月、史上最大規模で非転向長期囚を釈放し、2000年の6.15南北共同宣言後、63名を北朝鮮に送還した］。製作目標を失った本作が、まったく他の次元に跳躍することになったのはそのためだ。結果、政府に訴えることを目的としたプロパガンダ的な政治映画であったはずが、キム・ドンウォン監督が好きな人物について描くヒューマニズム的な私的日誌へと転換された。

『送還日記』は、ニュース、テレビドラマ、新聞記事などを映像に盛り込むことで、南派工作員に対する韓国人の平均的な認識を思い起こさせながら、一方では政権交代に伴う対北政策の変化とそれによって朝令暮改する保守言論の態度、そして長期囚の先生たちに対する民主化実践家族運動協議会の会員たちと宗教人、386世代［1980年代に大学生活を送った1960年代生まれの世代。大学時代に民主化学生運動に参加した人が多い］、北に拉致された家族の微妙な立場の違いを、すべて残らずスケッチする。また送還決定以降の内部分裂と、転向者と非転向者の間の捏造された緊張を把握することも漏らさなかった。しかしこのすべての多事多端な政治的な内容にもかかわらず、結局、本作を観終えたときに脳裏に深く残るのは、平凡な2人の老人の姿だ。北に行ったチョ・チャンソン先生と強制的に思想転向させられて南に残ったキム・ヨンシク先生。キム・ドンウォン監督はとても人間的なので、意気地なしに見えた彼らに心を傾け、主観的偏向をあえて隠そうとしなかった。いつものように、キム・ドンウォン監督が考えるドキュメンタリーの倫理は、バランス意識や客観性とは何の関連もない。

ドキュメンタリーで倫理性がひときわ強調される理由は、実在する人間を扱っているからだ。決定的な瞬間を逃したとしても、作品よりも人間を大事にし、優先するのがカメラの倫理だ。そのため、キム・ドンウォン監督のカメラはしばしばためらい、うしろに下がり、視線を他に逸らす。転向した昔の同志たちをチョ・チャンソン先生が訪ねていった日、自分のカメラのせいでぎこちない気分が漂うのを感じたキム・ドンウォン監督は、彼らの対話がよく聞こえないにもかかわらずマイクを取り出すのをやめる。その場にとって「招かれざる客」であるカメラは、何も言わずにこうべを垂れているキム・ヨンシク先生をまじまじと見つめる。彼の罪意識と困

窮した立場に心を傾けるカメラ。長期囚の家族たちに会った日も同様だ。被害意識をもっている知り合いの前でキム・ヨンス先生が演説を行う途中、カメラを気にする家族たちの不安に気づいたキム・ドンウォン監督は、雨が降る外の光景のインサートショットを挟んで視線を逸らし、結局、その場を離れる。申し訳なさそうにするカメラ。チョ・チャンソン先生が北に出発した日、キム・ドンウォン監督のカメラはたんなる荷物にすぎない。監督は簡易ベッドに横になっているチョ・チャンソン先生に十分に近づけないまま「さようなら。1年以内に必ず会いましょう」という挨拶だけをかろうじてかけた。実に悲しそうにするカメラ。

キム・ドンウォン監督は自分の主観的なナレーションを利用して映画全体をひとつの長い日記のように構成した。ここで個人と歴史、または歴史の中の個人という巨大なフレームは、人間対人間の出会いから生まれた感情的な高揚の瞬間で満たされ、このとき、監督の声は、それらとの交わりだけではなく、彼らと自分の間に隙間があることも打ち明ける。飾らず率直な監督の声には、恐れと好奇心、畏敬する心と尊重する心、迷いと恥ずかしさ、不憫さと懐かしさが余すところなく盛り込まれている。『送還日記』は、彼らに聞くことができなかった微妙な質問を、ナレーションで自問自答しながら、「平凡であっても輝いている人々の顔」を忠実に記録する道を選んだ。

おそらく最後の場面は、この映画でもっとも感動的な瞬間のひとつだろう。先生たちを送還した後に北朝鮮を訪問するチャンスを待って編集を限りなく遅らせているとき、キム・ドンウォン監督を息子のように思っていたというチョ・チャンソン先生の一言が、彼に映画を完成させる力になる。本作は「チョおじいさんに会いたい」という言葉でラストを迎える。いかなる感情的な修飾もない、この淡泊な告白が心の琴線に触れる。何が彼らの出会いを妨げているのか。『送還日記』が、どんな政治ドキュメンタリーより強力なメッセージを投げかけるのは、この瞬間だ。

カン・ソウォン（映画評論家）

うつせみ 빈집

2004年／キム・ギドク監督／35mm／カラー／ビスタビジョン

製作会社：キム・ギドク フィルム、シネクリックアジア　製作：キム・ギドク　プロデューサー：ソ・ヨンジュ、カン・ヨング　監督：キム・ギドク　脚本：キム・ギドク　撮影：チャン・ソンベク　編集：キム・ギドク　音楽：スルビアン、マイケル・ナイマン、イ・ヨンボム、イ・スンウ　美術：キム・ヒョンジュ　出演：イ・スンヨン、ジェヒ、クォン・ヒョゴ、チェ・ジョンホ　韓国公開：2004年10月　主な受賞：第8回タリン・ブラックナイツ映画祭 特別審査員賞、第49回バリャドリッド国際映画祭ゴールデンスパイク賞、第61回ベネチア国際映画祭 銀獅子賞（監督賞）・国際映画批評家連盟賞、2005年サンセバスチャン国際批評家協会選定"今年最高の映画"

テソク（ジェヒ）は、家々の鍵穴にチラシを張り付け、住人が不在のため長い間そのチラシが剥がれていない家に入り込み、洗濯や掃除をしたり、故障した物を直したりしながら、数日間、自分の家のように住み、その家を去っていく。

ある日、テソクはいつものように豪華な空き家に入って生活するが、その家には暴力的で強圧的な夫のミンギュ（クォン・ヒョゴ）に殴られ、顔にあざができた無言の妻ソナ（イ・スンヨン）が住んでいた。ソナに見つかったテソクは慌てて家を出るが、すぐにソナの元に引き返す。ソナに対する夫の威圧的な態度を密かに見ていたテソクは、ゴルフクラブでボールを打ち、夫に怪我を負わせる。そしてソナとテソクは一緒に家を出る。ソナとテソクは、かつてテソクがしていたように、チラシを張り付けては空き家を探し、その家に侵入し、生活する。彼らは言葉を交わさずとも互いに愛を感じる。ある日、古びた空き家で老人の死体を発見した2人は、死体を丹念に処理し、簡単な葬儀を行うが、すぐに老人の息子夫婦が押しかけ、警察に捕まってしまう。殺人罪は逃れたものの、テソクはミンギュから賄賂を受け取った警察によって、

自分がミンギュにやったのと同じ方法で怪我をさせられる。刑務所に収容されたテソクは徐々に自分の存在を消していき、ついには幽霊のように自分たちが泊まった家を渡り歩き、とうとうソナの家にやって来る。

"私たちが生きているこの世が夢なのか現実なのか、誰にもわからない"——『うつせみ』の最後のシーンに出てくる字幕は、『うつせみ』に入っていく糸口でもある。キム・ギドク監督の数々の映画と同様に『うつせみ』も、リアルな表現にこだわって見ると、映画全体の脈絡を見逃しがちだ。どこまでを夢あるいはファンタジーとして受け入れるかによって、キム・ギドク監督の映画は相反した評価を受けることも多い。『うつせみ』には、有名な"幽霊になる練習をするシーン"がある。空き家を転々としていたテソクが刑務所に入れられ、そこで人目につかない練習をする場面だ。最初、テソクはまるでゴルフボールがあるかのような姿勢でスイングの練習をするのだが、同じ監房の囚人たちは、そんなテソクを精神病者のように扱う。『うつせみ』は、見えなくとも存在するものがあると信じる映画だ。ついに他人に見えない存在になるという映画的な奇跡が、『うつせみ』では起こる。

キム・ギドク監督の言葉によると、『うつせみ』はさまざまな層位のファンタジーとして読み解くことができる映画だ。ひとつめは、ソナのファンタジーだ。夫に殴られ、不幸に暮らすソナは、ある日、現実に存在しないテソクという若い男を呼び出す。空き家を探し、故障した物を直し、汚れたものを洗濯する男。テソクはソナを直し、ソナをきれいにするために生まれた存在のように見える。テソクはソナの夫を懲らしめ、ソナの手をつかみ、現実から脱出させる。2人は空き家を探しながら放浪者として生きるが、それは初めて迎える幸せな瞬間なのだ。

『うつせみ』は、テソクのファンタジーとしても読むことができる。社会的に認められるところがないテソクは、ソナの救援者になりたがる。裕福な家に住んでいるものの夫と不和状態にあるソナのため、テソクは自分の存在を見えないように消す。もちろん『うつせみ』は、ソナとテソクのファンタジーがすべての映画ではない。『うつせみ』はソナの夫のファンタジーのようにも見える。自分が満足させられないソナを若いテソクに奪われた夫は、ソナを取り戻すために必死になる。物理的にテソクとソナの間を引き離しても、夫は依然として疑いを捨てられない。妻はまだテソクに会っているのではないだろうか？　妻が朝、食事の準備をしながら浮かべる笑みは、自分に向けてのものではなく、テソクに向けてのものではないだろうか？　妻に依存する病にかかったようにソナを疑う夫のファンタジーは、テソクという幽霊を作り出す。テソクに対する憎悪と怒りは、その時初めて理解できる。

> 愛がない夫婦の日常に訪れるこのファンタジーは、私たちが生きる世界が悲劇であることを悟らせる。

　ところで、ここでひとつ付け加えるべきことは、もしかするとテソクとソナの夫は同一人物ではないかという観点だ。映画のラストで、観客はソナと夫が幸せな時間を過ごすシーンを見ることになる。このとき、テソクはソナの夫の目に見えない状態で、ソナから「愛している」という言葉を聞く。だが、私たちは知っている。そのような人間は存在しない。テソクは幽霊としてだけ存在し、実際、ソナと暮らす相手は夫だ。そうすると、ソナの愛は夫の中にかつて存在していたテソク（夫の過去のある瞬間）に向けた言葉ではないだろうか？　夫の肉体に恋人テソクの魂が宿っていると信じる妻。ソナは恋人にキスをし、夫は妻が自分ではない誰かにしたキスを、自分にしたキスだと信じる。自分ではない誰かに対する「愛している」という言葉を、自分に対しての言葉だと信じ、生きていく。『うつせみ』は、今日、愛という名の下にひとつ屋根の下に住んでいる夫婦に、あなたの愛が本当に彼または彼女に向かっているのか、外見だけの肉体に向けたものではないか、問いただす。映画はその瞬間、とても恐ろしいものになる。

　『うつせみ』で描かれる家という空間は、肉体を休めるところであると同時に、魂が生きているところだ。ある家に入ると平和を感じるが、ある家は憎しみで満ちている。共通点があるとしたら、どの家にも壊れたものがあるという点だ。オーディオや扇風機のような電化製品なら1時間で直すことができるが、人の心が壊れた場合、そのようには直せない。ソナとテソクはある韓屋で幸せなひとときを過ごす。しかし、2人は再び一緒にそこに行くことはできない。それぞれひとりでその家を再訪する。ただ人生で一度だけであろうその幸せな時間に対する隠喩は、テソクが見えない存在になってこそ、ソナと重なるときに、より切なく心に迫る。テソクがソナの夫の過去のある瞬間を意味する存在だとしても、2人は韓屋の家で一緒に過ごした時期には戻れない。時間は彼らを存在の重さのない幽霊にしてしまったのだ。

　『うつせみ』を初めて見たときに衝撃的だったのは、この映画が表面的にはハッピーエンドであるが、内容的には悲劇だということだ。ソナとテソクは再会し、例え幽霊であったとしても一緒に生きていくであろう。当然、ハッピーエンドといえるが、もう一度、考えてみるとそうではない。彼らに幸せな未来があるだろうか？　ソナは夫と生きていくだろう。愛していても愛していなくても「愛している」と言いながら、想像の人物テソクとの時間を待つ。ひょっとすると『うつせみ』は、感情なく表面的に一緒に暮らしている夫婦の話から始まった映画かもしれない。仲のよくない夫婦がこんなことをよく言う。「あなたと一緒に住むのは幽霊と暮らしているみたいだ」。『うつせみ』はそれを本当に幽霊として描いた映画だ。愛がない夫婦の日常に訪れるこのファンタジーは、私たちが生きる世界が悲劇であることを悟らせる。魂が宿る空間も、真の感情を伝える言葉も、心を寄せて休む家もだんだん消えていく。絶望的な現実から抜け出すために私たちが頼るものは、ファンタジーしかないのだろうか？　私たちは幽霊と共に幽霊になり、存在の重さを忘れて生きていく。悲しいが、それが現実だ。『うつせみ』は、そのようなことを伝える映画だ。

　キム・ギドク監督のフィルモグラフィにおいて、『うつせみ』はひとつの頂点に達した映画だ。『鰐〜ワニ〜』（1996）に始まり、『魚と寝る女』（2000）『悪い男』（2001）など強烈な表現が印象的な映画を経て、『春夏秋冬そして春』（2003）『サマリア』（2004）、そして『うつせみ』に至り、キム・ギドク監督の映画の国際的な名声は確固たるものとなった。2004年には『サマリア』がベルリン国際映画祭で、『うつせみ』がベネチア国際映画祭でそれぞれ監督賞を受賞した。キム・ギドク監督の映画は、長い間、抽象的なスタイルを批判されてきたが、『うつせみ』はほとんど満場一致に近い好評を得た。おそらくこの映画は長い間キム・ギドク監督の代表作として挙げられるだろう。

ナム・ドンチョル（釜山国際映画祭プログラマー）

うつせみ
発売・販売元：ハピネット
価格：【DVD】￥3,800＋税
© 2004 Happinet Pictures, KIM Ki-duk Film and Cineclick Asia.

家族の誕生 가족의 탄생

2006年／キム・テヨン監督／35mm／カラー／シネマスコープ

製作会社：ブルーストーム　製作：ペ・ヨングク　プロデューサー：ペク・ヨンジャ　監督：キム・テヨン　脚本：ソン・ギヨン、キム・テヨン　撮影：チョ・ヨンギュ　照明：チュ・インシク　編集：ソン・ソア　音楽：チョ・ソヌウ　美術：キム・ジュン　出演：ムン・ソリ、オム・テウン、コ・ドゥシム、コン・ヒョジン、キム・ヘオク、ポン・テギュ、チョン・ユミ　韓国公開：2006年5月　主な受賞：第47回テッサロニキ映画祭 ゴールデンアレクサンダー賞（最優秀作品賞）、第44回大鐘賞 最優秀作品賞、第27回青龍映画賞 監督賞、第26回韓国映画評論家協会賞 最優秀作品賞

ミラ（ムン・ソリ）とヒョンチョル（オム・テウン）は恋人と勘違いされるほど親しい姉弟だ。しかし、自由奔放に生きる弟のヒョンチョルは、5年間、音信不通だった。そんなある日、ヒョンチョルは20歳も年上の妻ムシン（コ・ドゥシム）と突然、ミラの前に現れる。しかもムシンの前夫の前妻の幼い娘チェヒョンまで現れていざこざを起こし、ヒョンチョルは彼女らを残して姿を消す。

ソンギョン（コン・ヒョジン）は愛に生きる母に疲れ、うんざりしていた。ある日、余命宣告を受けた母のメジャ（キム・ヘオク）がソンギョンを訪ね、これまでにはなかった母としての姿を見せはじめる。メジャを遠ざけながらも気がかりだったソンギョンは、外国へ行く計画を諦める。そしてメジャの死後、母が愛人との間に産んだ弟のギョンソクを育てる。

チェヒョン（チョン・ユミ）とギョンソク（ポン・テギュ）は偶然、汽車で出会い、恋仲へ発展する。チェヒョンは顔立ちも心も美しいが、ギョンソクは誰に対してもとても親切で優しい彼女に不満を募らせる。ギョンソクは結局、声を荒げてチェヒョンに別れを

告げるが、偶然、彼女の故郷に同行することになる。そこにはチェヒョンを娘として育てたムシンとミラの2人が暮らしていた。

『家族の誕生』は、2000年代に製作された一連の"家族映画"の流れで語ると、さらに意義が際立つ作品だ。この映画が発表された2006年前後、IMF［1997年のアジア通貨危機によって韓国は国家破綻の危機に直面し、同年12月、国際通貨基金（IMF）から資金支援の覚書を締結した］から10年を迎えようとしていた韓国社会には、解体されつつある家族制度の危機をめぐって、多様な議論と論争があふれていた。韓国映画もやはり例外ではない。その頃の韓国映画では家族の危機を診断して再現しようという活発な動きがあり、その動きのなかでは互いに衝突する2つの流れが共存していた。ひとつは毎年のように作られていた、従来とは異なる風変わりな家族の形を見せてくれる映画であり、もうひとつは2007年の1年間に爆発的に登場した"父親映画"だ。前者としては『浮気な家族』（p218）『かわいい』（2004、キム・スヒョン監督）『5人は多すぎる』（2005、アン・スルギ監督）『家族の誕生』『よいではないか』（2006、チョン・ユンチョル監督）などがある。後者は『フライ・ダディ』（2006、チェ・ジョンテ監督）『青い自転車』（2006、クォン・ヨングク監督）『優雅な世界』（2006、ハン・ジェリム監督）『イ・デグン、この宅は』（2007、シム・クァンジン監督）『息子』（2007、チャン・ジン監督）『飛べ、ホ・ドン』（2007、パク・ギュテ監督）『まぶしい日に』（2007、パク・グァンス監督）『マイ・ファーザー』（2007、ファ

ン・ドンヒョク）『ブラボー、マイライフ』（2007、パク・ヨンフン監督）『楽しき人生』（2007、イ・ジュニク監督）などだ。後者の流れを、時代に逆行した"父の帰還"をアピールする映画と呼ぶとしたら、前者の流れは近代的な家父長制に痛烈な質問を投げかけ、新しい家族倫理を模索する映画といえるだろう。

この2つの流れの衝突は、現実と映画、すなわち倫理的な問いと美学的な問いという2つの層における対決であり、戦闘だ。言い換えれば、互いに異なる価値観と感性の対決であり、それがもたらす映画的様式と美学の対決だ。2007年に製作が集中した"父親映画"の数々は、主に古典的リアリズム（または韓国的な男性メロドラマ）という図式のなかで、誇張された悲劇的な感情を再現するものだ。一方、一定の期間を空けながら何本もの作品が作られた風変りな家族の映画は、それぞれがバラエティに富んだ新しいスタイルで、軽いユーモアを交えて創造されたものだ。

『家族の誕生』は、リアリズム的な要素とファンタジーの要素が絶妙に共存する映画だ。キム・テヨン監督の作品では、『少女たちの遺言』（1999、ミン・ギュドン共同監督）とジャンルやファンタジーをクリエイティブに活かした点が重なり、また、『レイトオータム』（2010）で際立っていたモダンなスタイル（特に撮影スタイル）が適切にミックスされた映

226　韓国映画100選

『家族の誕生』は、リアリズム的な要素とファンタジーの要素が絶妙に共存する映画だ。

画だといえるだろう。本作の大部分は微細に揺れる（または その揺れのリズムが精巧に調節される）手持ち撮影だが、私 たちはある瞬間、頑丈かつ精巧で同時にとても美しく、いつ の間にか"驚かされる"ミジャンセーヌ［作品のプロットや 登場人物を作り出すこと］と出会う。3部で構成されたそれ ぞれのエピソードにおける無駄のないカットは、節制や省略 の美学を見せてくれるが、各エピソードは幻想のようなファ ンタジーで結ばれていく。

第1部の最後で、床に座ったミラとムシンが、庭で遊んで いる幼いチェヒョンを眺める美しい額縁構図の場面が登場す る。第3部まで観終えたとき、観客はこのミジャンセーヌと 共に、ひとりの子を見守り続けた2人の女性の18年の歳月が 凝縮されていることを悟る。そしてこの3人の女性の間に流 れるある不思議な空気に、劇中でギョンソクがそうであった ように、いつの間にか打ち解けるのだ。2部の終わりに登場 する、亡くなった母の真心に気づいたソンギョンが嗚咽する 瞬間に登場するファンタジーシーンも同様に、異父姉弟のソ ンギョンとギョンソクがなぜ母子のような関係になり、一緒 に生活するようになったのか、長い説明を入れることなく説 明する。3部の終わりにヒョンチョル以外の5人がみな登場し て作り出す最後のファンタジーは、家父長的な家族制度の外 で形成されていく新しい家族の誕生を喜ぶ気持ちを雄弁に描 くシーンとして受け止められる。

『家族の誕生』のそれぞれのエピソードは、ミラとムシン、 ソンギョンとギョンソク、ギョンソクとチェヒョンという3 組のカップルが誕生する過程の苦渋と至難を描いた後、毎回 ストーリーを巧みに構成したファンタジーシーンで終わりを 迎える。キム・テヨン監督の3本の長編映画で必ず一度は登 場する空中を浮遊するファンタジーには、彼がもつ世の中に 対する温かな情緒と、映画に対する倫理的な態度がすべて盛 り込まれている。多少誇張して見えるファンタジーで、新た な『家族の誕生』を祝福しているキム・テヨン監督は、3部の ラストを"冷たい感じ"のエピローグにすることで、過度な ロマンを抑制し、質問を投げかけるのを忘れない。『家族の 誕生』での新しい家族の誕生が、父親を追いやり、母親を中 心に行われているのは事実だが、だからといってこの映画を "母系中心の代替家族形成の物語"というには、根拠が必要 だろう。ミラ、ムシン、メジャ、ソンギョンが"母"である ことは明らかだが、近代的家父長制が要求する"母性"とは、 かなり距離のある母親だ。彼女たちは、女性的セクシャリティ

の抑圧を見返りに保証を受けることができる家父長制におけ る母とは、かけ離れているのだ。慎ましかったミラはムシン に影響されて大胆になり、普通の母親ではないメジャを憎ん でいたソンギョンは、母を受け入れた後はその母のように生 きている。少女チェヒョンは自分には母親がいると考え （チェヒョンはミラとムシンを「魔女たち」または「ママた ち」と呼んでいた）、少年ギョンソクは自身に母がいないと考 える（ギョンソクは、ソンギョンを「うっとうしい」と言っ た）。

ある意味、この映画は正常な家父長制の型に閉じ込められ ていた少年ギョンソクが、その家父長制の外の豊かさのなか で強く軽やかにになった少女チェヒョンを受け入れるという 物語、つまり、ある"負け犬"の情緒的な成長記でもある。こ の映画がギョンソクとチェヒョンの出会いを盛り込んだプロ ローグで始まっているのがその証拠だ。すなわち、そこに 『家族の誕生』が夢見る新しい家族倫理の核心がある。

ピョン・ソンチャン（映画評論家）

グエムル —漢江の怪物— 괴물

2006年／ポン・ジュノ監督／35mm／カラー／ビスタビジョン

製作会社:チョンオラム　製作会社:キム・ウテク、チェ・ヨンベ　プロデューサー:チョ・ヌンヨン　監督:ポン・ジュノ　脚本:ポン・ジュノ、ハ・ジュノン、ペク・チョリョン　撮影:キム・ヒョング　照明:イ・ガンサン、チョン・ヨンミン　編集:キム・ソンミン　音楽:イ・ビョンウ　美術:リュ・ソンヒ　出演:ソン・ガンホ、ピョン・ヒボン、パク・ヘイル、ペ・ドゥナ、コ・アソン、イ・ジェウン　韓国公開:2006年7月　主な受賞:第25回ブリュッセル国際ファンタスティック映画祭 大賞、第44回大鐘賞 監督賞、第27回青龍映画賞 最優秀作品賞、第43回百想芸術大賞 作品賞

漢江の河川敷で父親(ピョン・ヒボン)の売店を手伝っているガンドゥ(ソン・ガンホ)は、集まっている人たちの間で、橋にぶら下がって動いている何かを発見する。やがて正体不明の怪物(グエムル)が河川敷に上陸し、人々を平気で踏みつぶしたり、無差別にかみついたりしはじめる。修羅場となった漢江で、ガンドゥは遅れて娘ヒョンソ(コ・アソン)と逃げる途中、焦ってヒョンソの手を離してしまう。その瞬間、怪物はヒョンソをさらい、悠々と漢江に消える。韓国の警察と軍当局、米軍はウィルス説を唱え、漢江を閉鎖し、都市全体は麻痺する。ガンドゥは、ウィルス感染を検査する施設で、死んだと思っていたヒョンソからの電話で娘が生きていることを知る。しかし政府や関係者はガンドゥの言葉を信じず、ウィルス感染によって生じた妄想とみなす。現役アーチェリー選手でガンドゥの妹ナムジュ(ペ・ドゥナ)と、元学生運動家の弟ナミル(パク・ヘイル)をはじめとするガンドゥの家族はウィルス感染者を集めた隔離施設から脱出し、自らヒョンソの救出に乗り出す。

『グエムル』は2006年に公開され、1300万人以上の観客を動員し、歴代最高の興行成績を記録した。その後『アバター』(2009、ジェームス・キャメロン監督)に1位の座を奪われたが、まだ韓国映画としては首位を守っている(韓国映画振興委員会の統合電算網集計基準の記録を参照した場合にはボックスオフィス歴代6位)［ランキングは本書執筆時のもの］。奇形の両生類の外観をオリジナリティ豊かにデザインし、『ロード・オブ・ザ・リング』シリーズ(2001～2003、ピーター・ジャクソン監督)のニュージーランドCGチームの力を借りて創り出した漢江生まれの怪獣は、誕生するやいなや、韓国映画の歴史上もっとも多くの観客を集めた主人公になってしまった。一方、本作は韓国映画史にきわめて伝統が浅い"怪獣映画"というジャンルを、漢江を舞台に製作したという事実だけでも大きな話題を集めた。公開から7年が過ぎた今でも、多くの韓国人はまだ、雨の日の漢江を見ると、この怪物を思い出すという。それだけ『グエムル』はソウルと漢江を表すキーワードをさらにひとつ増やすことにこのうえなく貢献したため、この怪物を一種の「ソウルの文化財」として登録しても問題ないほどだ。

漢江の河川敷の穏やかな午後、突然、水中から怪物が飛び出し、市民に襲いかかる。川辺でジョギングしたり、サイクリングする人、芝生に座り音楽を聴いたり、ビールを飲んだりしている人など、まさに「善良な市民たち」が日常的に訪れる漢江に突然、怪物が登場する感覚的な衝撃を、ソウルで暮らしたことがない観客は理解しがたいかもしれない。

この映画は始まって20分で白昼の漢江河川敷に怪物が現れ、修羅場になる場面を見せつける。とんでもない自信だ。

『ゴジラ』のような怪獣映画を期待していた観客ならば、この怪獣の大きさとパワーのみじめさに大きく失望しただろう。この怪物の大きさは、たかだか「バスの大きさ」(ある人が水中の怪物を見て「イルカだ、イルカ」と言う程度)で、せいぜいぴょんぴょんと走りまわり、数十人を傷つけるだけだ。都市を貫く河川の中で世界最高水準の幅と深さを誇る漢江の規模を考慮し、さらに歴史上初めて現れた漢江の怪物という話題性に比べた場合、体の大きさや威力は貧弱このうえない。この怪物は、約30ヶ所の漢江の橋をひとつも落とさず、1000万人以上が暮らす大都市ソウルのビルひとつも破壊さない。たかだか自動車数台を壊し、川岸の売店を倒す程度の破壊力だ。その代わり、他のレベル、すなわち遠くは朝鮮戦争から、近くは駐韓米軍の装甲車が女子中学生を轢き殺し

228　韓国映画100選

> 『グエムル』でヒョンソを捜し出すことが、その手を離したガンドゥ（とその家族）の役目として戻ってくるのは、このような歴史の重さが家族単位に転嫁された韓国現代史のメカニズムを巧みに連想させる。

た事件［2002年］まで、歴史の記憶レベルでの恐怖を呼び起こす。言い換えると、この怪物は古代神話や伝説、あるいは600年間、韓国の首都だったソウルの長い歴史から生まれたのではなく、数十年の現代史から生まれたのだ。出勤途中に漢江の橋の突然の崩落（1994年の聖水大橋崩落事件）を目撃した韓国人たち、すなわち「漢江の奇跡」というスローガンがどれほど見栄えのいい見せかけなのかはっきりと体験した韓国人たちは、ひょっとすると「漢江に怪物が出現する映画」という『グエムル』のコンセプトに触れた瞬間、それほど遠くない過去に起きた数多くのありえないような災難を思い出したのかもしれない。

こんな場面はどうか。漢江の河川敷に怪物が初めて登場し、人々が悲鳴を上げて逃げるとき、ガンドゥも娘ヒョンソの手をつかんで逃げる。次の瞬間、ガンドゥは転倒してヒョンソの手を離し、もう一度つかんで逃げはじめるが、つかんだと思ったのはヒョンソではなく他の女子中学生の手だった。遅れたヒョンソはすぐ怪物にさらわれ、後で弟は「自分の娘でもない子の手をつかんで逃げたって？　それでも父親か」とガンドゥを責める。朝鮮戦争で急いで避難しようと子どもを背負って逃げたが、枕をおぶって逃げたとか、他人の子どもの手をつかんで逃げたという避難民が経験した一瞬の勘違いについて、無数の逸話が韓国人の心には刻まれている。戦争で別れた家族と一生会えないことはよくあることで、この一瞬の勘違いは人々の人生を変える決定的なミスになった。またこの「手を離す（振り払う）」というモチーフから我々は、1980年の光州事件当時、戒厳軍の銃に撃たれ倒れた母親の手を離して逃げた少女の自責の念（『つぼみ』、p186）を思い出さざるをえない。決定的な瞬間に家族の手を離した行為が招いた、取り返しのつかない結果は、彼らに一生の重荷となる。このとき、戦争と光州の虐殺を招いた本当の加害者は韓国現代史で罪を問われていないため、家族の手を離した（振り払った）個人が生涯を自責の念のなかで生きることになる。それが世界体制でも、国家でも、理念でも、その抽象的システムあるいは構造は個人の喪失には責任を果たさない。その喪失にもっとも近い者、うっかり手を離した（振り払った）者が、責任感と自責の念を背負ってきたのが韓国現代史である。『グエムル』でヒョンソを捜し出すことが、その手を離したガンドゥ（とその家族）の役目として戻ってくるのは、このような歴史の重さが家族単位に転嫁された韓国現代史のメカニズムを巧みに連想させる。

一方、子どもを失う主人公が父親ではなく、母親として設定されたならば、この映画の色合いがどのように変わったかという、ひねくれた想像をしてみる。「子どもを亡くした両親の臭い」が「十里先まで立ち込める」という台詞があるが、父親ガンドゥの死闘や役割が不十分だということではけっしてない。しかし、一例として合同焼香所で嗚咽し、大の字になって転がり、眠りこけてしまうガンドゥ、それも股に手を入れて眠りこけてしまったガンドゥを映したショットが、母親だったら許されただろうかという疑問だ。子どもを亡くした状況とは別にガンドゥの行動事態から笑いを引き出すスタイル（この映画全体を貫いている個性でもある）は、母親を中心にするならば許されなかっただろう。母親が主人公だったなら、おそらくこの映画はコミカルな色合いはまったく見つけられない『母なる証明』（p232）のようになっていただろう。ゆえに『グエムル』の中で祖父母と両親の世代から母親役の存在を排除したのは、とても意図的、あるいはそうせざるをえない選択であり、この選択自体がひょっとすると韓国の社会文化に対して多くのことを語っているのかもしれない。

ペク・ムニム（延世大学教授）

グエムル −漢江の怪物−
発売・販売元：ハピネット
価格：【DVD】￥1,886＋税
© 2006 Chungeorahm Film. All rights reserved.

シークレット・サンシャイン 밀양

2007年／イ・チャンドン監督／35mm／カラー／シネマスコープ

製作会社:ファインハウスフィルム　製作:イ・チャンドン　プロデューサー:イ・ハンナ　監督:イ・チャンドン　脚本:イ・チャンドン　撮影:チョ・ヨンギュ　照明:チュ・インシク　編集:キム・ヒョン　音楽:クリスティアン・バッソ　美術:シン・ジョミ　出演:チョン・ドヨン、ソン・ガンホ、チョ・ヨンジン、キム・ヨンジェ、イ・ユニ、ソン・ジョンヨプ　韓国公開:2007年5月　主な受賞:第60回カンヌ国際映画祭 主演女優賞、2008年パームスプリングス国際映画祭 主演男優賞、第27回韓国映画評論家協会賞 主演女優賞、第44回百想芸術大賞 監督賞

亡くなった夫の故郷に移り住むため、息子のジュン(ソン・ジョンヨプ)と密陽(ミリャン)へ向かうシネ(チョン・ドヨン)は、車が故障し、ジョンチャン(ソン・ガンホ)のレッカー車に乗せてもらうことになる。ジョンチャンは、シネが家とピアノ教室の仕事を探す手助けをする。シネは自宅でピアノ教室を開いて密陽での生活をスタートさせ、ジョンチャンはシネの仕事の世話を焼き、しばしば彼女のところにやって来る。そんなある日、シネが近所の人々と夜遅くまで会食をして家に戻ると、家にいるはずのジュンの姿はなく、まもなく身代金を要求する電話がかかってくる。誘拐犯は、普段から土地を見てまわっていたシネが金をたくさん持っていると思って誘拐したが、実際のシネの全財産は870万ウォンだけだった。その後、ジュンの死体が発見され、彼が通っていた幼児弁論教室の学院長(チョ・ヨンジン)が犯人として逮捕される。ジュンを失い、苦悩するシネは、近所の薬剤師からの熱心な誘いで教会に通うようになり、そこで心の病が治癒したと信じる。シネはジュンを殺した犯人を許すため、刑務所に面会に行くが、「神様に懺悔して許しを受けた」という犯人の言葉に衝撃を受ける。

その後、シネは教会の復興会[信徒の信仰を高めるための祈祷集会]を訪ね、「嘘よ」[キム・チュジャによる1971年のヒット曲]を

流して邪魔をする。そして、薬剤師のジャンロ(イ・ユニ)の夫を誘惑したり、手首を切って自殺を図ったりするなど、神の偽善をあざける行動をくり返す。その後、精神病院を退院したシネは髪を切るために美容院に立ち寄るが、そこで美容師として働く誘拐犯の娘と出くわし、髪を切らずに美容院を後にする。

"秘密めいた太陽の光"という魅惑的な名の密陽(ミリャン)という地方都市に、シネが到着するところから、物語は幕を開ける。現実に存在する人間の問題を執拗に追い続けるイ・チョンジュンの短編小説『虫の物語』を独創的に脚色したイ・チャンドン監督は、シネの秘密と欲望を、数奇な運命のように提起し、ひも解いていく。

交通事故で亡くなった夫の故郷である密陽に、幼い息子のジュンと一緒に住む夢(？)を抱き、ソウルから越してきたシネは、表と裏がある人物だ。夫を失ったことを悲しみ、「子どもは自然のなか、田舎で育てるべきだ」という夫の言葉を受け入れて従う、慎ましい人物のように見える。いつも朗らかに息子と向き合う彼女は、死んだ夫の遺志を継いで息子をしっかり育てることに、自らの人生を捧げる覚悟をした女性だ。あえて家父長制度という秩序の枠組みに当てはめると、死別の痛みさえ良妻賢母の姿で克服しようとする理想的な女性だ。

冒頭部分で長く映し出される印象的な映像は、車窓からカンカン照りの太陽が差し込む、澄みきった空のショットだ。このショットは、2つのことを予示している。のちに迫りくる"密陽"という名のように秘密めいた陽光の側面、すなわ

ち影と、天の神に仕えるキリスト教に入信するも、抵抗し、抜け出す姿。つまり、この太陽のイメージは、神とされるカメラの視線であると同時に、神とは距離をおいたところで繰り広げられるシネの二面性を予告しているのだ。

故障したシネの車を修理したのは、密陽で生まれ育ち、カーセンターを営む、独身の中年男ジョンチャンだ。シネが「密陽はどんな町なの？」と尋ねると、彼は「ほかの町と同じように、よくある平凡な町だ」と答える。シネはピアノ教室を開き、ジュンを幼児弁論教室に通わせ、見知らぬ町に適応していくが、ソウルから来た都会の人間であることを誇示するかのように近所の洋品店にインテリアを明るく変えたほうがいいとアドバイスしたり、まるで大金をもっているかのように土地を見に行ったり、金持ちのように振る舞う。

しかし、真実は違う。密陽に突然身を寄せた姉に理由を問う弟の台詞で、映画を見る人は、死んだ夫が浮気をしていた裏切り者だったと知る。物語が進むにつれ、シネが表に見せている姿には、何か釈然としない痕跡があることが、少しずつほのめかされていく。ずっと夫に愛されていたが、こともあろうに未亡人になってしまった、夫の遺志を尊重する金持ちの良妻賢母。そんな素振りをしているシネが、実は二面性

信仰と許し、本音と外見。その二面性とそこから脱することは可能かという質問が、開かれた結末として心に迫る。

のある人物であることが可視化される。

　二面性をもちながら、現代的で教養のあるソウル育ちの良妻賢母を巧みに装うシネに、密陽の人々は簡単には騙されない。「（未亡人になっても）ちっとも不幸ではないです」と誇示する彼女に、キリスト教の信者であり、ピアノ教室の向かいにある"夫婦薬局"の薬剤師は、「あなたに必要なのは神様だ」としつこく勧誘する。インテリアのアドバイスを受けた洋品店のオーナーは、美容院で、シネがソウルから来た「おかしな人」だという例を挙げ、町の女たちと噂話をする。唯一、カーセンターを営むジョンチャンだけが、シネの日常の雑務を手伝い、気に入られようとしている。

　このように、何かが隠匿された曖昧な雰囲気のなか、とうとう事件が起こる。ジュンが誘拐され、変死体で発見されたのだ。シネは自身のアイデンティティのよりどころにしていた息子まで失い、悔しさの限界に達する。ジュンを誘拐した殺人犯は、通っていた幼児弁論教室の教師だ。シネが弁論大会の打ち上げで「土地を見に行く」と話したことが、誘拐の引き金となった。しかし、他人に見下されないように金があるふりをしたシネの自己顕示欲、つまり本音と表面が食い違っている二面性の代償としては、残酷である。

　シネは世界でもっとも哀れな者となり、隣の家のスプーンの数さえ知っているような小さな町である密陽に、ひとり投げ出されたわけだ。夫の裏切りを家父長的なファンタジーとして偽装したまま、息子（娘ではなく）に対する愛に執着しながら生きようとしていたシネは、薬剤師夫婦による教会への勧誘を受け入れる。駅前で勧誘をするほど、熱狂的な信者になった彼女は、地域の会合で自らの人生の試練を告白する。「神様と出会うために大変な目に遭ったのだ」と。これは「すべては神の思し召し」という薬剤師の主張を証明するものだ。信仰の力で、シネは殺人犯を神の愛で許す段階に挑む。ところが、刑務所でキリスト教信者になった誘拐殺人犯は「すでに神様から許された」と告白し、明るい表情でシネを迎える。このような状況は、シネを新たな衝動へと導く。

　シネは青い空をしかめ面で見つめ、（よく聞こえないが）過去に強圧的な父から受けた傷、彼女自身より殺人犯を先に許した神という存在、信仰に抵抗する。薬剤師を誘惑し、野外復興会でキム・チュジャの「嘘よ」を流して雰囲気を壊したり。妄想や不眠症、無念を訴えることすらできないシネは、凄絶な自己破壊へと突き進む。

　シネが精神病院から退院して出会った美容師も、よりに

よって殺人犯の娘だ。美容室を飛び出して家に戻ったシネは、小さな庭で自分の髪を切る。雑に塗られたセメントの地面にバサッと落ちる髪の毛。それらは、澄み渡った空に浮かんでいた白い雲とは対照的だ。ひたすら澄んだ青い空と地面に投げ出された現実、自分の存在自体を直視して認めるかという問題。それは神の許しと人間の許しがひとつにならないまま、ひび割れたすき間を見せる。信仰と許し、本音と外見。その二面性とそこから脱することは可能かという質問が、開かれた結末として心に迫る。

ユ・ジナ（映画評論家、東国大学教授）

母なる証明 마더

2009年／ポン・ジュノ監督／35mm／カラー／シネマスコープ

製作会社：パルンソン　製作：ムン・ヤンウォン　プロデューサー：パク・テジュン、ソ・ウシク　監督：ポン・ジュノ　脚本：パク・ウンギョ、ポン・ジュノ　撮影：ホン・ギョンピョ　照明：チェ・チョルス、パク・ドンスン　編集：ムン・セギョン　音楽：イ・ビョンウ　美術：リュ・ソンヒ　出演：キム・ヘジャ、ウォンビン、チン・グ、ユン・ジェムン、チョン・ミソン、イ・ヨンソク　韓国公開：2009年5月　主な受賞：第6回ドバイ国際映画祭 脚本賞、第30回青龍映画賞 最優秀作品賞、第29回韓国映画評論家協会賞 最優秀作品賞

町の漢方薬材店で働きながら息子と2人きりで暮らす母（キム・ヘジャ）にとって、息子のドジュン（ウォンビン）は世界のすべてだ。軽い知的障害がある28歳のドジュンは、素行が悪いと噂されているジンテ（チン・グ）と付き合い、些細な事故を起こしたりして母をやきもきさせている。ある日、ひとりの少女が殺され、ドジュンが犯人に挙げられる。母は息子を救うために奔走し、ついには自ら犯人捜しに乗り出す。そんななか、母は事件を目撃したという廃品回収業の老人を真犯人と確信する。確かな証拠をつかむためにその老人の元を訪ねた母は、彼から真犯人はドジュンだという事実を聞かされる。老人が警察に知らせようと受話器を取った瞬間、母は老人を殺して家に火をつける。その後、訪ねてきた刑事から真犯人が捕まったと聞き、母は彼の面会に行く。捕まった男はドジュンに似た知的障害をもっている。ドジュンには自分がいるのに、この子には世話をしてくれる親がいないことに母は涙を流す。事件がすべて解決したある日、町内の人たちと旅行に出かける母に、ドジュンが焼け落ちた廃品回収業者の家で見

つけた鍼治療の鍼箱を渡す。観光バスに乗った母は、あらゆる痛みを忘れられるつぼに自分で鍼を打ち、走る観光バスの中でダンスのステップを踏む。

ポン・ジュノ監督の2009年の作品『母なる証明』でもっとも重要なシーンは、母が殺人を犯すところから始まる。息子の無実が本当でなかったと悟った瞬間、そう証言する目撃者が目の前で警察に電話しようとした瞬間、無知で哀れな母はいきなり凶暴な殺人者に豹変する。そして、その証拠を消し去るため、目撃者の住まいと死体を燃やしてしまう。注目すべきは、すぐ次の場面だ。燃え上がる小屋を出る母は、現実の感覚から閉ざされたまま、まるで夢を見るように、幻想にとりつかれた人のように、森の中を歩いていく（その様子はロングテイクで映し出される）。そして次のカットは、森の片隅で眠っていた母が目覚め、相変わらず夢うつつの状態で野原に向かって歩く姿だ。ところがそこは、すでに観客が見たことのある場所である。映画のオープニングシークエンスで彼女が不思議なダンスを踊っていた、あの野原だ。ここで母はふいに歩みを止め、今度は踊るのではなく、自分の手をじっと見つめる。少し前に彼女が犯した殺人の証拠となる手。それをじっと見つめることは、すなわち彼女が狂気と夢うつつの瞬間から、不安と恐怖の現実に戻ってきたことを示しているのだ。

このシークエンスが重要なのは、『母なる証明』に描かれる緊張や構造はもちろん、テーマに対する問いまでをも凝縮しているからだ。ポン・ジュノ監督はいつも、社会通念や、常

套的なもの、日常的とみなされるものを「不可解に（uncanny）」ひっくり返す手法で映画の導入部を展開させてきた。平凡なアパートののんびりした昼下がりを、支離滅裂な追跡ドラマとして描写した『ほえる犬は噛まない』（2000）がそうであり、牧歌的な農村風景に無惨に殺された女性の腐乱死体が登場して始まる『殺人の追憶』（p216）もそうだった。真っ昼間、憩いの場の漢江のほとりにいきなり現れる怪物や、下水処理場の片隅に死体と一緒に放置された子どもたちがいるという『グエムル－漢江の怪物－』（p228）も同様だ。

『母なる証明』は、母、その母性の神話の裏側を暴くことで物語が展開する。韓国でもっとも慈しみ深い母のイメージを演技してきた女優の顔に、凶暴な殺人者の狂気や、ひそかに隠された情欲を刻み込んだ。そしてさらに、母性という名の下に起こりうる暴力や狂気の問題をラストで描写したように、倫理的な不安の問題に置き換えた。すなわち『母なる証明』は、子に対する愛着が極端な暴力や倫理的な不安として湧き上がる、そのすべての過程を"ヒステリー患者"の症状として暴き出す。ここでポン・ジュノ監督は問う。母は、はたして"まともに"生きていけるのだろうか？　ゆえに、エンディングの高速バスの中で母が踊る"脱走"するようなステップは、オープニングシークエンスの"隠喩"的なジェス

> 『母なる証明』は、子に対する愛着が極端な暴力や倫理的な不安として湧き上がる、そのすべての過程を"ヒステリー患者"の症状として暴き出す。

チャーとしてのダンス、そして前に述べた場面、つまり狂気から目覚めて"不安な現実"の野原に向かって歩き、手を見つめる姿に重なり合うのだ。

『母なる証明』のあらゆる問題は、抑圧と不安、また、所有と愛着に起因する。そして、抑圧されたものはすべて、偶発的な事件と共に現実に跳ね返る。自分のせいで息子が馬鹿になったと思っている母の倫理的な罪の意識（ずっと昔に試みた無理心中）を解決するための方法は、息子の記憶を抑えつけ、欲望（性欲）をコントロールし、彼を自分の目の届くところで従属させることだった。だが、母が息子を洗脳し、しつけをしていたことから悲劇は起こる。ドジュンの抑圧された性欲と、馬鹿という呼び名への抵抗は、ついに彼を偶発的な殺人者にさせる。そして、ポン・ジュノ監督の描写のゲームもまた、ここで具体化される。つまり、ドジュンの記憶と忘却が交差する場所で"誤認の構造"に対するポン・ジュノ監督特有の描写が展開しはじめるのだ。

殺人事件が起きてドジュンが捕まると同時に、母は息子の無実を証明するためにひたすらドジュンの記憶を掘り起こし、そこから事件の手がかりを解き明かしていく。このスリラーのプロットのなかで、観客は母と同じ目線になっていく。すなわち、母が何かを知れば、観客も知るようになる。ここで面白いのは、ストーリーを導いていくのは、実は母ではなく、ドジュンの記憶と供述だという点だ。彼の供述する順番に沿って母と観客は容疑者を誤認し（ジンテから廃品回収業の老人へ）、ついには倫理的なジレンマに陥る。そして、この誤認の構造のなかで真実が明らかになる瞬間、観客は初めて母と心理的な距離を置くようになる。母が母性の名の下に目撃者の老人を殺すとき、観客はその母性を怪物として見つめる。それだけでなく、母がドジュンに対して行使していた抑圧と所有の権力は、それ以後は逆転するのだ（後半に再び登場する食事のシーンでは、ドジュンはコップに水を注いで母に渡す。また、殺害現場で見つかった鍼箱を渡しながら母に忠告し、母におやつを用意する）。

映画のなかで"誤認の構造"を描き続けてきたポン・ジュノ監督は、そこに真実を回避する「スリップ」のしかけや、「怖さを繰り返し迫ること」（真実にたどりつけず、真実の周りを徘徊しながら繰り返される行為、すなわち『母なる証明』の野原のシーン、薬草を押し切り機で切るシーン、食事のシーン）を配置することで、観客に対してゲームを仕掛ける。そして問いかける。残酷な現実（真実）に対面した母は

これからどうやって生きていくのだろうか？ 『母なる証明』の彼女は、自ら忘却の鍼を打ち、黄昏時に魂の抜けたダンスを踊りはじめる。ここで映画は終わるが、観客の不安や気がかりはここから始まる。息子は安全な状態に戻ったが、暴かれた真実は相変わらず刃を研いでいて、残酷な現実へと追い立てられた彼女が選んだ鍼のつぼが本当に効くのかどうかは定かでない。観客は、このすべてを目撃した証人として、もどかしい気持ちを抱かざるをえない。

『母なる証明』は、あらゆる抑圧や不安について語る映画だ。何よりも、誰も信じられない恐ろしい共同体。そこで生き残っていかねばならないすべての人の不安や、その内外に潜む怪物について問いかける映画だ。答えとしての映画ではなく、問いかけを追求する映画なのだ。『母なる証明』は、ポン・ジュノ監督がそれまで実験を重ねてきたすべての警戒、不安、誤認、他者という要素が、形式的なスタイル（物語の構造やモンタージュショットのぶつかり合い）で具体化された作品であり、不安の美学が頂点に達した映画である。

チョン・ジヨン（映画評論家）

母なる証明
発売・販売元：ハピネット
価格：【Blu-ray】¥2,381＋税【DVD】¥1,419＋税
© 2009 CJ ENTERTAINMENT INC.&BARUNSON CO.,LTD.ALL RIGHTS RESERVED

ポエトリー アグネスの詩　시

2010年／イ・チャンドン監督／35mm／カラー／ビスタビジョン

製作会社:ファインハウスフィルム　製作:イ・ジュンドン　プロデューサー:イ・ドンハ　脚本:イ・チャンドン　監督:イ・チャンドン　撮影:キム・ヒョンソク　照明:キム・パダ　編集:キム・ヒョン　美術:シン・ジョミ　出演:ユン・ジョンヒ、イ・デビッド、キム・ヒラ、アン・ネサン、キム・ヨンテク、パク・ミョンシン　韓国公開:2010年5月
主な受賞:第63回カンヌ国際映画祭 脚本賞、第25回フリブール国際映画祭 大賞・批評家賞、第37回ロサンゼルス映画批評家協会賞 主演女優賞、第13回シネマニラ映画祭 主演女優賞、第47回大鐘賞 最優秀作品賞、第47回百想芸術大賞 監督賞、第30回韓国映画評論家協会賞 最優秀作品賞

　60代半ばになっても少女のような感受性をもつミジャ(ユン・ジョンヒ)。病院で診療を受けた後、救急室の前を通ったミジャは、自殺した少女の母が泣いている姿を見かけたが、そのまま通り過ぎた。ミジャは、古びた小さなアパートで、離婚して釜山で働く娘に代わって面倒を見ている中学生の孫のジョンウク(イ・デビッド)と2人暮らし。彼女は、近所のカルチャーセンターで偶然に見つけた詩作教室に通いはじめ、生まれて初めて詩を書くことに没頭する。ミジャは詩想を得るために、これまで何げなく過ごしていた日常を注意深く見つめ、美しいものを探そうとするが、簡単なことではない。ある日、ジョンウクの同級生の父(アン・ネサン)が訪れ、自殺した少女の集団暴行にジョンウクが加担したことを知る。しかし、ジョンウクはさして責任も感じていないようで、加害者の学生の親たちも示談金を出すことで事件を収めようとする。そんななか被害者の女子中学生の追悼ミサに参列したことを機に、ミジャは彼女の足取りを辿りはじめる。その一方でミジャは、自分が介護する近所のスーパーの老人(キム・ヒラ)と関係をもち、代償に金を求めてジョンウクの示談金を用立てた。だが示

談金だけ渡せばすべてが終わると安心していた他の親たちとは違い、ミジャの心は穏やかではない。その夜、刑事たちがやって来て、ジョンウクを連行する。その様子をじっと見つめていたミジャは、ついに一編の詩を書き上げる。

　イ・チャンドン監督が2010年に製作した『ポエトリー　アグネスの歌』は、監督自身の誓いのような映画だ。オープニングでタイトルが映る場面を見てみよう。川岸に幼い少年たちが遊んでいる。ひとりの少年が何かを見つけ、立ち止まる。川面に流れてくる少女の死体。そしてその横に『詩』[本作の原題は『詩』で、韓国語の"死"と同音]という映画のタイトルが現れる。このシーンはさまざまな隠喩的意味(例えば"詩"の"死"など)を通して解釈できるが、私は画面に現れるものを、そのまま読み取るべきだといいたい。詩は少女の死体のすぐそばに存在しなければならない、という……。このシーンは他者の苦痛から目を背けてはいけないというイ・チャンドン監督自身の決意を示すものであり、ゆえに監督は"自筆"で"詩"というタイトルを画面に記したのだ。帰するところ、『ポエトリー』は他人の苦痛(共同体の道徳)と向き合う美についての映画である。ひいては、美の領域に属する映画監督としてのイ・チャンドンが、苦境に直面した共同体の道徳性を見つめて、自らの役割について問う作品だ。
　『ポエトリー』は、殻に閉じ込められたままで死んでゆく、私たちの感覚を蘇らせようとする。感覚が閉ざされると、他者の苦痛を感じなくなる。イ・チャンドン監督は、観客の感覚を蘇らせるために"詩的な形式"について思い悩んだ。し

かし本作における詩は、観客の目を引くために美辞麗句を並べてたり、見ごたえあるものをひけらかしたり、ロマンティックな憂愁漂う雰囲気や画面の余白を作り出したり、また叙情的な音楽を響かせたりするような、ありきたりのものとはクォリティが違う。風を皮膚で感じること、木の枝や葉っぱのざわめきを聞くこと、バドミントンの羽をポンポンと打つ爽やかな音に耳をそばだてること。つまり、イ・チャンドン監督は、慣れ親しんだ認識から抜け出して対象を経験すること、それによって私たちの感覚が解放されることこそが、何よりも大切だと考えるのだ。『ポエトリー』でイ・チャンドン監督は、とてもシンプルだが、明確な形で、観る人の目の前に突然、対象を押し出し、それに対する感覚的体験を引き出す。代表的な場面は、ノートの空白に落ちてにじむ雨粒をクローズアップで映し出す瞬間だ。この瞬間が美しいのは、雨が少女の流す涙のメタファーのように感じられる以前に、紙の上ににじむ雨粒の"物質性"自体を感覚的に体験できるからだ。このように『ポエトリー』は、機械的なイメージが日常の感覚を呼び覚まし、対象の詩的な美しさを体験できるようにする、フォトジェニー(photogénie)[レンズを通すことで、対象の本質がつかまれ、さらけ出されるということ]な映画、また詩的形式の映画でもある。

『ポエトリー』は、殻に閉じ込められたままで死んでゆく、私たちの感覚を蘇らせようとする。

だが、イ・チャンドン監督にとって美しさとは、他者の苦痛、さらには壊れていく共同体の道徳と向き合わなければならないものだ。事件を解決するために加害者である学生の親たちが初めて集まるシーンで、ミジャは食堂の外の花を眺め、浮かんだ詩を書き留める。花言葉が"盾"というケイトウ。みすぼらしい現実がはびこるなか、自身の美しさを侵すものを遮る盾としての詩。ミジャの笑みもそうだ。ミジャは癖であるかのようにいつもにっこりと笑う。その笑顔と派手な身なりは、みすぼらしい現実を無視するための一種の盾だ。美しさは、現実に目を背けることで、自らの純粋さを保つ。それを象徴するのが、少女の母を説得しようとミジャが訪問するシーンだ。美しく着飾ったミジャは、少女の母の痛みを、そして自身の道徳的責務を忘れ去る。イ・チャンドン監督が言うように、それは"分別のない振る舞い"だ。共同体の人々は「詩を学んでいる」というミジャの言葉を一回では聞き取れず、いつも聞き返す。共同体は美しさを忘れてしまったが、現実を無視することで自身の美しさを保つのは、詩もまた同様である。『ポエトリー』が映画の詩的な美しさを見せることに留まってしまったら、この映画は"分別のない"映画にすぎなかったろう。

序盤では、テレビのニュース画面に、息子を亡くしたパレスチナの女性が泣き叫ぶシーンが映る。同じ日にミジャは病院で、自殺した少女の母が絶叫する姿を見つつ、パレスチナの女性を見るように"憐れみ"を抱く場面がある。だが何日か後に、少女の母親を泣かせた悲しみの原因に自分が巻き込まれていることを知ることになる。性暴力に苦しめられた少女が自殺し、その事件に自分の孫が関わっていたからだ。スーザン・ソンタグ［アメリカの著名な作家・エッセイスト・運動家・映画製作者。人権問題についての活発な著述と発言でオピニオンリーダーとして注目を浴びた］は、「苦痛を受けている人々に憐れみを感じるかぎり、我々は自身がそうした苦痛をもたらす原因とは関係がないと感じている。（中略）だから我々の善良な意志にもかかわらず、憐れみというのはある程度、厚かましい（そうでなければ不適切な）反応なのかもしれない」と述べた。イ・チャンドン監督の問いがここにある。他者の苦痛に関わっているときに、あなたはその苦痛を自分のこととしてあえて背負うことができるだろうか？

少女の自殺と"関わる"保護者たちは、息子の未来のために極めて"平均的な"行動をとる。彼らは裏表のない透明体のようだ。私たちは少女の自殺に対処する彼らの態度から、この時代の道徳観念が崖っぷちにあることを確認できる。道徳は、"自分"と"家族"に埋没する共同体に抑圧され、圧死寸前の状況にある。実際、ミジャ以外の保護者は、少女の自殺と彼女の母親の苦痛に対して"憐れみ"をもたない。ただミジャだけが少女が通った道をたどり、彼女の苦痛に涙を流す。おそらくミジャは、自分のわだかまりを他の人と分かち合った経験がないのだろう。口では「娘とは友人のような関係だ」と言っているが、正直に自分の苦しみを娘に明かすことはできない。自分の苦痛を本当に理解してくれる人は誰もいない世の中で、彼女は他人の苦痛を背負わなければならない。

エンディングでは、少女が川に身投げする直前のシーンに戻る。「アグネスの詩」を朗読していたミジャの声が少女の声に変わるとき、少女の声は、私たちを全身で反応させる奇跡の瞬間になる。そして鉄橋で川を見下ろしていた少女が振り返り、こちらを見つめた後、映画は彼女の死体が消えた川面を映し出す。このとき、少女は身体のない声ではなく、生きている身体性を与えられる。イ・チャンドン監督は、観客がこの奇跡を"体験"することを望む。そして、その奇跡の瞬間に観客の感覚が反応するよう訴える。自分と他者との暗澹たる深淵を渡る奇跡の瞬間は、映画でのみ実現可能だ。なぜなら奇跡は、説明されるのではなく、体験するものであるからだ。イ・チャンドン監督が信じる映画の力は、観客が体験することを可能にさせる点にある。詩的形式のなかで、観客に他者の苦痛と向き合わせること。他者の苦痛を無視しない美しさが『ポエトリー』のエンディングであるといえるだろう。

アン・シファン（映画評論家）

ポエトリー　アグネスの詩
発売：シグロ・キノアイ・ジャパン
販売：紀伊國屋商店
価格：【DVD】¥4,800＋税
© 2010 UniKorea Culture & Art Investment Co.Ltd.and PINEHOUSE FILMS. All rights reserved.

嘆きのピエタ 피에타

2012年／キム・ギドク監督／DCP／カラー／ビスタビジョン

製作会社：キム・ギドク フィルム　プロデューサー：キム・スンモ　監督：キム・ギドク　脚本：キム・ギドク　撮影：チョ・ヨンジク　照明：チュ・ギョンヨプ　編集：キム・ギドク　音楽：パク・イニョン　美術：イ・ヒョンジュ　出演：チョ・ミンス、イ・ジョンジン、ウ・ギホン、カン・ウンジン、チョ・ジェリョン　韓国公開：2012年9月
主な受賞：第69回ベネチア国際映画祭 金獅子賞・若い批評家賞、第49回大鐘賞 審査委員特別賞、第33回青龍映画賞 最優秀作品賞、第32回韓国映画評論家協会賞 最優秀作品賞・監督賞

　借金を返せずにいる債務者を、ありとあらゆる残忍な方法で負傷させて障害者にし、保険金をせしめて生活しているガンド（イ・ジョンジン）の元に、ある日、ガンドの母親と主張する女（チョ・ミンス）が訪ねてくる。ガンドは彼女を信じず、母と認めようとしない。ところが彼女は、ガンドから残酷な仕打ちを受けても、彼につきまとう。少しずつ心が動きつつあったガンドは、自分の身体から切り取った肉を食べさせて彼女を試した末に、彼女を母と認めるようになる。ガンドは自分に母親ができると、子どものためなら自分は障害者になってもかまわないという債務者に情けをかけ、母への贈り物を買い、債務者が自殺すると後味の悪さを感じるなど、人間らしさを得ていく。母が自分のせいで報復の対象になることを恐れたガンドは、仕事から足を洗うが、ある日、母は拉致されたように装ってガンドの前から姿を消す。ガンドは母を捜し出すために、自分に対して恨みを抱いているはずの過去の債務者たちの元を訪ねてまわる。彼はその過程で、障害者になり、惨めな生活を送っている人、自分のせいで死んだ人の家族、自分のことをひたすら呪いながら生きている人たちに会うが、母を見つけ出すことはできない。彼女はガンドの母親ではなく、彼のせ

いで自殺したある男の母であり、自分の目の前で最愛の人が死ぬという苦しみを与えようと復讐を計画していたのだった。拉致を自作自演したのち、廃墟の上で自殺しようとした彼女は、ガンドに殺されたもうひとりの男の母親に突き落とされそうになったところを、自ら飛び降りて命を絶つ。ガンドは母親の亡きがらを埋め、自殺する。

　キリストが十字架にかけられて人間としての死に至ると、聖母マリアは彼を抱き、悲嘆にくれた。今や命を失い、亡きがらになってしまった息子を膝に乗せて抱き、聖母マリアは悲痛な思いで彼を見つめた。我らを憐れみたまえ。いわばこれは、死と復活の間の物語である。この悲しい場面は、数多くの彫刻や絵画によって再現された。1499年、ミケランジェロはこの悲痛な（Pieta［イタリア語で「慈悲」「哀悼」の意味。また、聖母マリアが十字架から降ろされたキリストを抱き、最後の別れをする姿を指してこう呼ぶ］）場面を崇高なほどに美しい彫刻として完成させた。キム・ギドク監督はローマを訪れた際、サン・ピエトロ大聖堂でミケランジェロの作品を目にし、しばらくの間そこで立ち尽くしたという。しかし、すぐに彼がこの作品から自身の想像を膨らませていったのではない。『嘆きのピエタ』は、長い沈黙を経て発表されたセルフドキュメンタリーである『アリラン』（2011）と、撮影や編集に至るまですべてをこなした『アーメン』（2011）以降、ようやく"帰って来た"キム・ギドク監督の18作目の作品だ。ある意味、『嘆きのピエタ』は彼の第2のデビュー作ともいえるだろう［キム・ギドク監督は1996年の監督デビュー以降1年に1本もしくは2本のペースで作品を発表していたが、『悲夢』（2008）の撮影中に起きた事故が原因で、映画界から

姿を消していた。2011年にその間の生活を自ら撮った『アリラン』、カンヌ映画祭の渡欧中に撮影した実験作『アーメン』を経て、劇映画『嘆きのピエタ』を発表した］。

　一年でもっとも寒い冬、キム・ギドク監督は若い頃に労働者としてしばらく暮らしていた清渓川［ソウル市内を流れる川。1950年代から1960年代にかけての急速な経済成長に伴って川が汚染されると衛生問題が深刻化し、清渓川はコンクリートで覆われた。その後、その上には高架道路が建設されたが、老朽化問題によって2003～2005年に高架道路の撤去と清渓川の復元工事が行われ、現在の姿となった。川沿いには古くから工場が建っていたが、復旧に伴って開発が進められ、アパートなどが並ぶようになった］を、今度は映画を作るために訪れる。ゲリラのごとく集められた少数のスタッフ。2人の俳優、チョ・ミンスとイ・ジョンジン。2台のデジタルカメラ（そのうち1台はキム・ギドク監督が自ら回した）。清渓川は消えつつあり、いまだに迷路のような路地は時たま人々を迷わせる。キム・ギドク監督にとって、清渓川は消えゆくジャングルだ。弱肉強食の法則に従って生きていく獣たちが住む場所。まさにここ、清渓川で、高利貸し業者の手先として動き、情け容赦ない残忍な方法で金を受け取るガンドの前に、幼いガンドを捨てた母親と名乗る女性が突然現れる

236　韓国映画100選

> しかしそんな失敗でも犯さずに、救いのない世界をどうやって耐えて生きていけるだろうか。気の毒になるほど哀れな、最後の祈りのような行為。そうとすれば、そこには慈悲と平安はあるのだろうか。

ところから物語は始まる。もちろんこの女は、ガンドに障害者にされたのちに自殺した本当の息子の復讐をするためにやって来たのであって、ガンドも彼女が自分の母だとは信じない。しかし、ガンドは、彼女が母親であると事あるごとに信じたくなり、そんなガンドの前で彼女は、彼の母親になりたいと思うようになる。信じること、望むこと、その間のかくれんぼ。ところがその間に復讐と裏切りという戦術が絡むと、この不等価交換は、慈悲を求める無慈悲なゲームになる。キム・ギドク監督は素早くその間に飛び入り、偽者の息子と偽者の"母"の間で取引を仕掛ける。ガンドは、自分が手にしたことがないものをついに得たとき、それを奪われる。彼女は、自分が奪われたものを取り戻したとき、それを捨てなければならない。このとき2人は互いに異なる立場から、責任という重さの前に、自分自身の役割が歪みはじめたことを思い知る。家族という、空想の絆。2人がおのおのの立場に対して距離を置くことに失敗した瞬間、ゲームは中断し、取り返しのつかない結果をまるで予定調和の悪循環のように迎えることになる。しかしここで、どんな手を打ってもゲームを無効にすることが認められないとき、この（邪悪な）循環を止めるためには、自分自身を削除するという方法を選ぶしかないという事実を悟る。よし、わかった。だが、まだ最後の質問が残っている。そこで彼らを救うことができる手段は、いったいどこに隠れているのだろう？

キム・ギドク監督は、ここでストーリーを偽りの家族を叩き壊す方向へと押し進める代わりに、突然生まれた空白を埋めるため、自ら策略に引っかかった餌になり、犠牲を選択する方向へと展開していく。その過程で、目の前で飛び降り自殺をする人もいれば、自分の手を機械へ置いて切断する人もいる。何度も繰り返される遺言、または告白。『嘆きのピエタ』は、キム・ギドク監督の映画の中でもっとも台詞が多い映画だ。話して、話して、そして話す。これは『悪い男』（2001）以降、まるで無言の行のようにキム・ギドク監督の映画から台詞そのものが消えつつあることを考えてみると、おかしなことである。ここで、言葉は説明するためのものではない。ただ、言葉が世の中に慈悲を求めることができるため、彼らができる唯一の必死のあがきなのだ。言葉は世の中に穴を開け、そこから慈悲を引っぱり出すことができるだろうか。もちろん、その答えは悲観的だ。キム・ギドク監督は、組み立てた物語から、一寸たりとも外れない。悲劇は、物語の経済から主人公の心理的な経済学へと超えていくときに繰り広げられる。"（偽の）母親"の計画は予想以上の成功を収めたために、すべてが台無しになる。ガンドは計画のすべてを知ったときに、知らねばならない事実よりもさらに多くの真実を学ぶ。私たちはここでこのとき発生するある剰余に対して、考えなければならない。ストーリーは非常に残忍だが、主人公たちの行動を前に完全に無気力な状態で、ただ他人事のように見ているだけだ。無気力な残忍さ。救いは確実にそこにある。私は残忍ですが、無気力なだけです。ですから、あなたは選ばなければなりません。それは、私からの唯一の贈り物です。

ガンドは"偽者の"母親が"本当の"息子の誕生日のために準備したセーターを着て、自分の足に鎖を巻きつけ、彼が過去に脅した夫婦のトラックの下に結びつけ、自ら死を迎える。トラックは何も知らないまま、ガンドを引きずって夜明けの道を走る。ガンドの身体から流れ出た血が、どこまでも長く、路面に果てしなく続いていく。このとき私たちは「神の子羊」を耳にする。「世の罪を除き給う天主の子羊、われらをあわれみ給え。世の罪を除き給う天主の子羊、われらに平安を与え給え」［ミサで唱えられる公教会祈祷文より］。夜明けの道での犬死に。ここには復活などありえない。もちろん、私たちは救いの跡も感じることができない。いうなれば、虚しい行動。おそらくその失敗を、キム・ギドク監督も、"偽者の"母親も、ガンドも、私たちも、よくわかっているはずだ。しかしそんな失敗も犯さずに、救いのない世界をどうやって耐えて生きていけるだろうか。気の毒になるほど哀れな、最後の祈りのような行為。そうとすれば、そこには慈悲と平安はあるのだろうか。それはわからない。『嘆きのピエタ』は時に奇怪だが、時に悲痛な感情にあふれている。しかしそのなかで、自分を救おうとする救世主の訪れを待ちわびている映画だ。（私が思うに）『嘆きのピエタ』は、キム・ギドク監督の最高傑作ではないが、彼のもっとも成熟した映画である。

追伸　『嘆きのピエタ』は、第69回ベネチア国際映画祭にて、作品賞である金獅子賞を受賞した。韓国映画史上初のグランプリである。

チョン・ソンイル（映画評論家、映画監督）

嘆きのピエタ
発売・販売元：キングレコード
価格：【Blu-ray】¥¥2,500＋税【DVD】¥1,900＋税
© 2012 KIM Ki-duk Film.All Rights Reserved.

『晩秋』(1966、イ・マニ監督)

失われた韓国映画

失われた韓国映画、映画史復元のための欠片を探して

2004年、および2005年は韓国映画史を研究する人々にとって意味深い年だった。中国映画資料館［1958年に創立し、1980年に国際フィルムアーカイブ連盟の正式会員となった。https://www.cfa.org.cn］において、日本統治時代の映画7本が発見されたためだ。これらの映画が2006年に一般公開された後、これまで仮説と推測の元で行われていた日本統治時代の映画に関する研究が、かつてないほど活発になった。この感慨深い経験が、自分たちが失ったと思っていた映画を取り戻したいと願う切望につながったのは当然のことであろう。今回、2006年に続いて行われた2回目の"韓国映画100選"選定作業において、"失われた韓国映画"に関するアンケートが追加されたことも、こうした流れの延長線上にあるといえる。実際、"失われた韓国映画"のリストを作成することは、「失ってもっとも残念だった映画が何か」と問うよりは「韓国映画史を完全に復元するためにもっとも切実に取り戻したい映画は何か」を問うことであるといえるからだ。

当初は"失われた韓国映画10選"を選定するため、映画界の専門家62名に10本以内の映画を推薦してもらう予定で始めたアンケートだが、最終的には推薦された映画100本すべてを掲載することで落ち着いた。研究・専門分野が異なる人々が選んだバラエティ豊かな推薦作は、現在の韓国映画界がどのようなことに関心をもっているのかを垣間見る機会になることだろう。

日本統治時代の映画

"失われた韓国映画"100本のうち、38本が日本統治時代の映画にあたる。韓国初の映画とされるキム・ドサン監督の連鎖劇［実際に俳優が演じる舞台と映画を融合した演劇］『義理的仇討』（1919）からチェ・インギュ監督の『太陽の子どもたち』（1944）まで、この時期の重要な作品が多数推薦された。これは、現存する日本統治時代の映画がきわめて少数であったにもかかわらず、このわずかな数の映画をもってして計り知れないほど質の高い研究が可能であったことを直接経験したためだろう。これは、2006年以降に日本統治時代の映画に関する研究論文が急激に増えたことからも顕著だ。既存の研究が、主に日本統治時代の映画政策および文化政策に重点を置いていたとすると、2005年以降の論文は、映画そのものを中心としたシナリオやスタイルの研究に拡大していきつつ、これまでの政策研究もまた発見された映画に裏づけられ、いっそう深化した成果物として現れはじめた。結局、映画の存在こそが映画研究の基本であることをあらためて確認した結果であるといわざるをえない。

デビュー作と作家主義映画

朝鮮の日本による統治からの解放［1945年8月15日］以降の作品で目を引くのは、1950年代、1960年代を牽引してきた主な監督たちのデビュー作だ。ハン・ヒョンモ、ホン・ソンギ、シン・サンオク、チョン・チャンファ、ユ・ヒョンモク、キム・スヨン、そして、イ・マニといった監督のデビュー作がひとつのグループを形成している。映画的な完成度や知名度はさておき、主要な監督たちのデビュー作は、監督もしくは"作家"を中心にして韓国映画史を形作ってきたこれまでの方式が反映されたものである。作家主義的観点から見るとき、デビュー作は監督の"可能性と才能"を測りうる重要なスタート地点だからだ。このような作家主義な注目度は、4本の映画がリストに選ばれたユ・ヒョンモクと共にイ・マニをもって頂点を極める。"韓国映画100選"にも6本の映画が

『主なき渡し船』（1932、イ・ギュファン監督）

『晩秋』（1966、イ・マニ監督）

選ばれているイ・マニ監督は、"失われた韓国映画"でも最多の8本が推薦された。韓国映画史上もっとも注目に値する監督であるにもかかわらず、イ・マニ研究が活発に行われなかった理由のひとつは、『晩秋』（1966）をはじめとする彼の重要な作品が現存していないためでもある。監督研究において代表作の不在は大きな空白を生む。韓国を代表する監督らの映画がいくつかリストに挙がったのは、その空白を埋めたいという願望を反映しているものと思われる。

ジャンル映画とホン・ソンギ監督

2000年代に入って、パク・チャヌク、ポン・ジュノ、キム・ジウンといった傑出したジャンル映画の監督が登場し、韓国映画界が長年もっていたジャンル映画に対する偏見が減少したことは事実だ。ジャンル映画と作家主義映画の出会いは、長い間あまり関心をもたれることがなかったジャンル映画をあらためて読み解き、ジャンル映画史への興味を高めるきっかけになった。今回の"失われた韓国映画"リストでは、1960年代の韓国ジャンル映画界を代表するキム・ムク、カン・ボムグをはじめ、キム・ヒョチョン、イ・ドゥヨンらの監督作品が目に留まる。また、以前は注目されなかったイム・グォンテク監督の『帰って来た左利き』（1968）が選ばれたこともまた、このようなジャンル映画に対する関心を反映したものだ。しかし、このなかで断然注目すべき監督は、4本の映画が選ばれたホン・ソンギであろう。ホン・ソンギは韓国メロドラマを語るうえで欠かせない監督であり、ジャンル・作家主義監督としても遜色ない人物であることは明白である。1950年代の新派［1910年代に日本から輸入された演劇の一派。家庭内の悲劇を扱ったものが多く、のちに映画などにその要素が引き継がれた］的な"お涙ちょうだいもの"のメロドラマとは一線を画し、現代的な台詞と都会的な人物、洗練されたスタイルで名声を博したホン・ソンギ式のメロドラマは、当時の観客に熱狂的に支持された。特に、1958年の『星よ、私の胸に』は、13万7000人の観客を動員し、『自由夫人』（1956、ハン・ヒョンモ監督）の記録を軽々と塗り替えて新たな興行の歴史を刻んだ。以降、『青春劇場』（1959）と『悲劇はない』（1959）もまた観客数10万人超を記録、ホン・ソンギの名前には「10万人監督」という修飾語がついてまわった。しかし、「ホン・ソンギ式現代もの」という新語まで生み出した1950年代のメロドラマ作品のなかで、現存するものは1本もない。これは実は、ホン・ソンギという監督に対する研究だけでなく、彼の映画の恩恵を受けてスターダムにのしあがったキム・ジミ、彼の映画に名を連ね続けたイ・ミン、キム・ドンウォン、チェ・ムリョンといった俳優らのフィルモグラフィの初期部分を空白として残すものであり、当時、大衆が歓呼して迎えた商業映画の歴史においても重大な空白期間となる。ジャンル／興行／作家という歴史的・社会的・産業的な多面性をもっているホン・ソンギ監督の作品は、だからこそ、ぜひとも取り戻したい映画として位置づけられる。

『星よ、私の胸に』（1958、ホン・ソンギ監督）
［ヤン・ヘナム コレクション提供］

女性監督

"失われた韓国映画"リストに、監督作のすべてが選ばれた2人の監督がいる。ホン・ウノンとファン・ヘミだ。ホン・ウノンは、韓国映画史上、パク・ナモクに続いて登場した2人目の女性監督。当代きってのスター女優だったチェ・ウニと共に、唯一の女性監督として活躍したホン・ウノンは、監督としてデビューする前から映画製作スタッフ業界の"紅一点"として有名だった。また、1970年にデビューしたファン・ヘミは、名門大学を卒業したインテリ監督として、社会的・政治的な激変期を牽引する次世代監督として注目された。"女性監督"というだけで話題になった1960〜1970年代、女性であるというアイデンティティを誰よりも強く認識して活動したこの2人の監督の作品が1本も残っていないのは、ゆえにきわめて不本意なことである。韓国映画史的な側面だけでなく、女性学的、社会学的な側面からも彼女らの作品の不在は残念でならない。

失われた韓国映画 | 241

『アリラン』と『晩秋』

"失われた韓国映画"でもっとも多くの推薦を得た作品を予想することは難しくない。ナ・ウンギュ監督の『アリラン』(1926)と、イ・マニ監督の『晩秋』である。『アリラン』と『晩秋』を探し出すことは熱望を越えて執着といえるまでになり、フィルムの行方に関してさまざまな噂が蔓延し、その幾多の噂を逐一確認するほどの情熱をかけて収集の努力がなされた。この2本の映画への執着は、これまで韓国映画史を見つめてきた我々の視点を反映するものだ。民族主義と作家主義精神で武装した"社会的リアリズム"の出発点にあるナ・ウンギュ監督の『アリラン』と、作家主義的芸術映画の極致であるイ・マニ監督の『晩秋』は、韓国映画界が神のように崇めてきた"良質映画"と"芸術映画"のお手本として位置づけられてきた。そのため、一部にはこれらの映画に対する過度な神話化を懸念する声もある。しかし、当時の多くの資料と証言を通して、これらの映画が神話にまで変貌することを可能にした理由が厳然と存在することもまた否定しがたい。韓国映画の神話が実体をもつ日を待望するのは、至極当然なことだろう。

失われた映画は、存在する映画よりも魅惑的だ。生き残った、あるいは発見された映画と出会うのがポンペイの遺跡を眺めるような感動だとしたら、失われた映画を想像することは伝説の大陸アトランティスを夢見るような興奮だ。

しかし、アトランティスを的確に思い描くためにたくさんの努力と研究が必要なように、失われた映画もまた、より広範かつ奥深い研究を必要とする。"失われた韓国映画"のリストは、現在まで韓国映画史に対する関心と研究がいかに広く、そしていかに深く発展してきたかを表すものだ。発見された数少ない映画と、特別な工夫を凝らした映画上映プログラム、そして、現在の映画人たちが新しく開拓して広げた領域が、みなぎる好奇心と情熱をもって過去を見つめるように駆り立てる。結果的に、我々の側に残った映画を再発見することから、失われた映画への注目が始まったのだといえるだろう。生き残った映画は、我々に映画の歴史をさかのぼらせ、そのはざまに落ちている失われた欠片を探させる。もしかすると、失われた映画を探し求める長い旅路を進むと共に我々がすべきなのは、目の前に息づいている、しかしまだ埋もれている大切な映画の数々を見つけ出し、さらに強靱な歴史の城を築いていくことかもしれない。

チョ・ヨンジョン　(釜山国際映画祭プログラマー)

『アリラン』(1926、ナ・ウンギュ監督)

失われた韓国映画 100作品

番号	製作年度	タイトル	製作	監督	備考
1	1919	義理的仇討	団成社	キム・ドサン	
2	1920	長恨夢	朝鮮文芸座	イ・ギセ	
3	1923	国境	新劇座	キム・ドサン	
4	1923	月下の誓ひ	朝鮮総督府	ユン・ベンナム	
5	1923	春香伝	東亜文化協会	早川孤舟	
6	1924	薔花紅蓮伝	団成社	キム・ヨンファン	
7	1924	海の秘曲	朝鮮キネマ社	ワン・ピルニョル	
8	1925	沈清伝	ユン・ベンナムプロダクション	イ・ギョンソン	
9	1925	開拓者	高麗キネマ社	イ・ギョンソン	
10	1926	馬鹿者	半島キネマ社	イ・ピルウ	
11	1926	アリラン	朝鮮キネマ社	ナ・ウンギュ	
12	1926	風雲児	朝鮮キネマ社	ナ・ウンギュ	
13	1927	野ネズミ	朝鮮キネマ社	ナ・ウンギュ	
14	1927	夜明け	鶏林映画社	シム・フン	
15	1928	愛をさがして	ナ・ウンギュプロダクション	ナ・ウンギュ	
16	1928	流浪	朝鮮映画芸術協会	キム・ユヨン	
17	1928	椿姫	平壌キネマ社	イ・ギョンソン	
18	1930	花売り	独立プロダクション	アン・ジョンファ	
19	1930	地下村	晋州南郷キノ社	カン・ホ	
20	1931	火輪	ソウルキノ社	キム・ユヨン	
21	1932	主なき渡し船	柳新キネマ社	イ・ギュファン	
22	1935	洪吉童伝	京城撮影所	キム・ソボン／イ・ミョンウ	
23	1935	春香伝	京城撮影所	イ・ミョンウ	
24	1935	春風	月刊映画時代社	パク・ギチェ	
25	1936	虹	嶺南映画社	イ・ギュファン	
26	1937	五夢女	京城撮影所	ナ・ウンギュ	
27	1937	旅人	聖峰映画社	イ・ギュファン	
28	1937	人生航路	漢陽映画社	アン・ジョンファ	
29	1937	沈清	紀新洋行	アン・ソギョン	現在、韓国映像資料院にはフィルムの一部（2ロールのみ）が保存されている
30	1938	漢江	半島映画社	パン・ハンジュン	
31	1939	無情	朝鮮映画社	パク・ギチェ	
32	1939	愛にだまされ金に泣き	高麗映画協会、東洋劇場	イ・ミョンウ	
33	1939	国境	天一映画社	チェ・インギュ	
34	1939	城隍堂	半島映画社	パン・ハンジュン	
35	1940	授業料	高麗映画協会	チェ・インギュ	2014年に中国電影資料館で発見、現在は韓国映像資料院に保存
36	1940	水仙花	朝鮮映画社	キム・ユヨン	
37	1941	福地万里	高麗映画協会	チョン・チャングン	
38	1944	太陽の子どもたち	社団法人 朝鮮映画製作株式会社	チェ・インギュ	

39	1946	トルトリの冒険	南一映画社	イ・ギュファン	
40	1948	柳寬順	啓蒙文化協会	ユン・ボンチュン	
41	1948	夜の太陽	首都庁警友会	パク・ギチェ	
42	1948	鴎／海燕	イ・チョリョク プロダクション	イ・ギュファン	2014年に日本の神戸映画資料館で発見された
43	1949	女性日記	前衛映画社	ホン・ソンギ	
44	1949	城壁を貫いて	キム・ボチョル プロダクション	ハン・ヒョンモ	
45	1949	波市	高麗映画社	チェ・インギュ	
46	1952	悪夜	映像芸術協会	シン・サンオク	
47	1953	最後の誘惑	国際映画社	チョン・チャンファ	
48	1955	春香伝	東明映画社	イ・ギュファン	
49	1956	交叉路	金星映画社	ユ・ヒョンモク	
50	1957	魔人	東都公社映画部	ハン・ヒョンモ	
51	1957	失楽園の星	東都映画社	ホン・ソンギ	
52	1958	恐妻家	高麗映画社	キム・スヨン	
53	1958	美しい悪女	東方映画社	イ・ガンチョン	
54	1958	五父子	三友プロダクション	クォン・ヨンスン	2015年に聯合映画公社(代表ハン・ギュホ)から収集
55	1958	初雪	芸術映画社	キム・ギヨン	
56	1958	星よ、私の胸に	韓国映配社	ホン・ソンギ	
57	1958	生命	首都映画社	イ・ガンチョン	
58	1958	人生差押	三星映画社	ユ・ヒョンモク	
59	1959	青春劇場	自由映画社	ホン・ソンギ	
60	1959	コバウ	暁星映画社	チョ・ジョンホ	
61	1959	10代の反抗	協二映画社	キム・ギヨン	
62	1960	陽光あふれる平原	韓興映画社	チョン・チャンファ	
63	1960	透明人の最後	韓国映画撮影所	イ・チャングン	
64	1961	走馬灯	華盛映画社	イ・マニ	
65	1961	悪の花	聖林映画社	イ・ヨンミン	
66	1962	ダイアル112を回せ	韓興映画社	イ・マニ	
67	1962	女判事	極東興業	ホン・ウノン	2015年に聯合映画公社(代表ハン・ギュホ)から収集
68	1962	ブルガサリ(松都末年のブルガサリ)	光星映画社	キム・ミョンジェ	
69	1963	征服者	東亜映画社	クォン・ヨンスン	
70	1963	怒りの林檎	漢陽映画公社	キム・ムク	
71	1963	窓格子のない監獄	韓興映画社	カン・ボムグ	
72	1963	男の涙	極東興業	キム・ギドク	
73	1963	黒い花びらが散る時	韓興映画社	カン・ボムグ	
74	1964	剰余人間	漢陽映画公社	ユ・ヒョンモク	
75	1964	夫を亡くしたお母さん	東苑映画	ホン・ウノン	
76	1964	大陸の密使	漢陽映画公社	キム・ムク	
77	1965	あの空にも悲しみが	申フィルム	キム・スヨン	2014年に台湾の映像資料院(現・国家電影中心)で発見された
78	1965	7人の女捕虜	合同映画	イ・マニ	
79	1965	黒い麦	亜星映画社	イ・マニ	

244　韓国映画100選

80	1965	非武装地帯 (劇映画バージョン)	第一映画社	パク・サンホ	公開当時、劇映画バージョンとドキュメンタリーバージョンの2つがあったというが、現在、韓国映像資料院が保有しているのはセミドキュメンタリーバージョンである
81	1965	市場	東洋映画興業	イ・マニ	
82	1966	誤解が残したもの	亜星映画社	ホン・ウノン	
83	1966	晩秋	大洋映画社	イ・マニ	
84	1967	汽笛	大韓聯合映画	イ・マニ	
85	1967	詐欺師ミスター・ホ	同人プロダクション	イ・マニ	
86	1967	恨	東洋映画社	ユ・ヒョンモク	
87	1968	帰ってきた左利き	第一映画社	イム・グォンテク	
88	1969	『李朝女人残酷史』の 『出嫁外人』編	申フィルム	シン・サンオク	
89	1969	明洞出身	極東フィルム	キム・ヒョチョン	
90	1970	南大門出身ヨンパリ	大洋映画社	ソル・テホ	
91	1970	小さな花婿	新昌興業	イ・ギュウン	2015年に聯合映画公社(代表ハン・ギュホ)から収集
92	1970	初経験	宝韓産業	ファン・ヘミ	
93	1971	悲しい花びらが散る時	宝韓産業	ファン・ヘミ	
94	1972	関係	宝韓産業	ファン・ヘミ	
95	1973	雑草	三映フィルム	イム・グォンテク	
96	1974	背信者	合同映画	イ・ドゥヨン	
97	1975	武装解除	合同映画	イ・ドゥヨン	フィルムは流失し、現在はDVDのみが韓国映像資料院に保管されている
98	1980	腹拳	韓振興業	キム・ジョンヨン	
99	1981	解決士	貨泉公社	イ・ドゥヨン	フィルムは流失し、現在はDVDのみが韓国映像資料院に保管されている
100	1994	悪い時代	―	ヨム・ジョンソク	

韓国映画100選 監督一覧

アン・ジョンファ （1902 ~ 1966）

ソウル生まれ。1920年、新派劇団・革新団による連続劇『長恨夢』の女性役として新劇にデビュー。その後、ユン・ベクナムが結成した民衆劇団にて活動。1924年には、日本人が中心となって設立された朝鮮キネマ株式会社に入社し、映画に注力。『海の秘曲』（1924、王必烈〈高佐貫長〉監督）『雲英伝』（1925、ユン・ベンナム監督）『闇光』（1925、王必烈監督）などで主役を担った。1930年代から本格的に映画監督として活動を始め、『花売り』（1930）『青春の十字路』（1934）『人生航路』（1937）などを演出した。解放後、1946年には行政機関である公報処の映画課長を経て、大韓映画社撮影所長などを務めた。

・100選選定作 『青春の十字路』（1934）

イ・ウォンセ （1940 ~）

1968年、「東亜日報」新春文芸シナリオ執筆部門入選作の『水田地帯』がキム・スヨン監督によって映画化され、脚本執筆の腕を認められる。キム・スヨン監督の『山火事』（1967）『霧』（1967）などに参加し、自身が脚本を執筆した『失われた季節』（1971）にて監督デビュー。実際にあったスパイ事件を題材にした『特別捜査本部 ペ・テオク事件』（1973）を発表したが、本作は以降の『特別捜査本部 キム・スイムの一生』（1974）『特別捜査本部片腕のキム・ジョンウォン』（1975）の「特別捜査本部」シリーズの原型となった。1975年にキム・ホソン、ビョン・インシク、イ・ジャンホ、ハ・ギルチョン、ホン・パラと共に若い映画人の同人である"映像時代"を結成し、映像運動を展開した。代表作に『小さなボール』（1981）『ジョンウが残した一言』（1981）『その夏の最後の日』（1984）などがある。最後の監督作品となった『白昼の地獄罠 レイプされた姉妹』（1985）が反米的な内容を含んでいると政府から弾圧を受けたことをきっかけにアメリカへ移民し、現在もニューヨークに在住している。

・100選選定作 『小さなボール』（1981）

イ・ガンチョン （1921 ~ 1993）

忠清南道舒川生まれ。東京美術学校を卒業し、美術の仕事に従事する最中、イ・マヌン監督の『切れた航路』（1948）の美術を担当したことをきっかけに映画界との縁を結ぶ。1954年に『アリラン』で監督デビューし、以降『ピアゴル』（1955）『生命』（1958）『死んだ者と生きた者』（1966）などを発表した。特に『ピアゴル』では第1回金龍映画賞で作品賞と監督賞のほか多数の賞を受賞し、『生命』は韓国最初のシネマスコープで記録された。17年にわたる映画人生の間に、メロドラマ12本、分断の悲劇と朝鮮戦争をテーマにした反共映画9本、時代劇7本など全28本を監督した。

・100選選定作 『ピアゴル』（1955）

イ・ジャンホ （1945 ~）

弘益大学建築科在学中に、公報処の映画検閲官だった父の紹介で申フィルム演出部に入る。シン・サンオク監督の下で『千年狐』（1969）『李朝女人残酷史』（1969）『晩鐘』（1970）などの助監督を務めたのち、1974年に、チェ・イノの同名小説を映画化した『星たちの故郷』で監督デビューし、大鐘賞新人監督賞を受賞した。2作目の『昨日降った雨』（1974）が興行的に成功し、映画界で新人として一目置かれる存在に。そのほかの代表

作に『風吹く良き日』（1980）『馬鹿宣言』（1983）『旅人は休まない』（1987）などがある。1990年代後半から、富川国際ファンタスティック映画祭実行委員長、全州大学映画映像専攻教授、ソウル映像委員会委員長などを歴任し、精力的に活動を続けている。

・100選選定作 『星たちの故郷』（1974）『風吹く良き日』（1980）
　　　　　　 『馬鹿宣言』（1983）『旅人は休まない』（1987）

イ・ソング （1928 ~ 2005）

咸鏡南道咸興生まれ。東国大学文科卒業。イ・ビョンイル監督の親戚で、東亜映画社に入社し、映画界での一歩をスタートさせた。この頃、東国大学に入学したユ・ヒョンモク監督がメインとなり創立した"映画芸術研究会"で活動した。1960年の監督デビュー作『若き表情』は、1968年の『将軍の髭』と共に代表作に数えられる。1971年には韓国初の70mm映画『春香伝』を演出した。ハリウッド合作の『インチョン！』（1982）では韓国側の監督として、テレンス・ヤング監督と共に共同演出を担当した。

・100選選定作 『将軍の髭』（1968）

イ・チャンドン （1954 ~）

慶北大学国語教育科卒業。1982年、東亜日報新春文芸に小説『戦利』が当選し、小説家として十数年間を過ごす。1993年、パク・グァンス監督の『あの島に行きたい』で演出部とシナリオ作業に参加し、映画界への足がかりとする。『美しい青年、チョン・テイル』（1995）で脚本を担当し、1997年『グリーンフィッシュ』で監督デビュー。以降、『ペパーミント・キャンディー』（1999）『オアシス』（2002）『シークレット・サンシャイン』（2007）『ポエトリー　アグネスの詩』（2010）などを手掛け、国内外の数々の映画祭で作品賞、脚本賞などを受賞。2003年2月から2004年6月まで盧武鉉政権の初代文化観光部長官として就任。最新作は村上春樹の短編小説「納屋を焼く」が原作の『バーニング』（2018）。

・100選選定作 『ペパーミント・キャンディー』（1999）
　　　　　　 『シークレット・サンシャイン』（2007）
　　　　　　 『ポエトリー　アグネスの詩』（2010）

イ・ドゥヨン （1942 ~）

1960年代にイ・マニ監督をはじめとする有名監督に師事し、1970年に『失われた面紗布』で監督デビュー。以降、1970年代中盤には『龍虎対練』『憤怒の左脚』『帰ってきた一本脚の男』（すべて1974）などのアクション映画を演出。ほか、土俗文化とスリラーを融合させた『草墳』（1977）『河回の村』（1979）の秀作を発表し、1980年代には『避幕』（1980）でヴェネチア国際映画祭、『糸車よ糸車よ』（1983）でカンヌ国際映画祭「ある視点」部門に選定され、イム・グォンテク監督と共に海外映画祭でもっとも知られる監督として地位を確立した。1985年に発表した『桑の葉』も大きな話題を呼んだ。

・100選選定作 『最後の証人』（1980）『避幕』（1980）
　　　　　　 『糸車よ糸車よ』（1983）

246　韓国映画100選

イ・ビョンイル （1910 ～ 1978）

咸鏡南道咸興生まれ。1932年、日本に渡り、当時留学中だったキム・ソドンと共に1933年にコリアレコード社を設立。イ・ファジャ、キム・ジョングらのレコードを製作した。1936年、日本の日活映画社演出部に入社。1940年に帰国すると明宝映画社を設立し、『半島の春』（1941）を演出。解放直後には朝鮮文化建設中央協議会映画部門の代表として参加し、社団法人朝鮮映画製作株式会社の資産を管理していた朝鮮映画建設本部中央委員を歴任した。一時期、朝鮮プロレタリア映画同盟のメンバーとして活動。朝鮮映画同盟中央実行委員のほか、1947年頃には右翼映画人が結集した映画監督倶楽部に同人として参加した。休戦以降、1954年、東亜映画社を設立し、『嫁入りの日』（1956）を発表した。

・100選選定作　『半島の春』（1941）『嫁入りの日』（1956）

イ・ヒョンピョ （1922 ～ 2010）

黄海道生まれ。ソウル大学師範大学英語科卒業。大学時代から在韓米軍の広報紙「Korean Graphic」で編集補佐官を務める。卒業後はアメリカ合衆国情報サービス（USIS）の映画課にて映画製作補佐官として勤務。戦争勃発と同時に朝鮮美術家同盟の美術家として活動した後、当時、臨時首都であった釜山・鎮海でUSISのドキュメンタリー製作に関する補佐官兼通訳官を務める。1955年からUSIS傘下の大韓映画社事務長となり、「大韓ニュース」などを製作した。この頃に出会ったシン・サンオク監督の『若い彼ら』（1955）『無影塔』（1957）の脚色と『同心草』（1957）の撮影を担い、1959年にはシン・サンオク監督が主導するソウル映画社に入社。韓国初のカラーシネマスコープで記録された『成春香』（1961、シン・サンオク監督）で撮影を担当する。1961年に『ソウルの屋根の下』で本格的な監督デビューを果たし、以降、『大沈清伝』（1962）『午年生まれの女子大生』（1963）『愛拳』（1980）など、さまざまなジャンルの大衆映画を世に送り出した。

・100選選定作　『ソウルの屋根の下』（1961）

イ・ボンネ （1922 ～ 1998）

咸鏡北道清津生まれ。建国初期に農林部長官を務めたチョ・ボンアム（曺奉岩）の娘婿。日本の立教大学文学部を中退し、東京国際タイムズの文化部長を務めた。朝鮮戦争休戦以降に帰国。モダニズム詩運動を展開し、評論活動を精力的に行う。1957年、『多情も病だろうか』（ユン・ボンチュン監督）『誤解しないで』（クォン・ヨンスン監督）などの作品で脚本および脚色を担当し、映画界に入る。本格的な監督デビューは1959年に演出した『幸福の条件』。代表作に『三等課長』（1961）『月給取り』（1962）『麻浦に住む黄富者』（1965）などがあり、1970年の『有情無情』を最後に31本の作品を残し、現役を引退した。

・100選選定作　『三等課長』（1961）

イ・マニ （1931 ～ 1975）

1956年、アン・ジョンファ監督の『千秋の恨』に助監督の一員として参加し、同年、『思悼世子』（アン・ジョンファ監督）に脇役で出演するなどし、映画界と縁を結んだ。5年近く、アン・ジョンファ、パク・グ、キム・ミョンジェ監督の門下で演出技術を学び、1961年に『走馬燈』で監督デビュー。

6作目となる『帰らざる海兵』（1963）はソウルだけで22万人を動員するほど大成功を収めた。その他の代表作に『黒髪』（1964）『晩秋』（1966）『帰路』（1967）、遺作となった『森浦へ行く道』（1975）などがある。

・100選選定作　『帰らざる海兵』（1963）『黒髪』（1964）
　　　　　　　『魔の階段』（1964）『帰路』（1967）
　　　　　　　『休日』（1968）『森浦へ行く道』（1975）

イ・ミョンセ （1957 ～）

ソウル芸術大学映画科を卒業し、キム・スヨン監督の演出部に入る。1983年から5年間、ホン・パ、キム・ジョンイル、ペ・チャンホ監督の助監督を経験。ペ・チャンホ監督の『我が青春の甘き日々』（1987）には脚本で参加した。1988年『ギャグマン』で監督デビューを果たし、以降、『私の愛、私の花嫁』（1990）『初恋』（1993）『NOWHERE ～情け容赦無し～』（1999）『デュエリスト』（2005）『M』（2007）などの代表作で知られる。

・100選選定作　『ギャグマン』（1988）『私の愛、私の花嫁』（1990）
　　　　　　　『NOWHERE ～情け容赦無し～』（1999）

イム・グォンテク （1934 ～）

全羅南道長城生まれ。1956年、チョン・チャンファ監督『薔花紅蓮伝』のスタッフとして映画の道へ。以降、小道具部、演出部などを経て、1960年には同監督の『陽光あふれる平原』に助監督として参加するなど頭角を表す。1962年、『豆満江よさらば』で監督デビューし、以降10年ほど、メロドラマ、ミュージカル、アクション、武侠、スリラー、コメディなど幅広いジャンルの作品を手がけた。1973年の『雑草』で独自の演出スタイルを確立し、『族譜』（1978）『チャッコ』（1980）『曼陀羅』（1981）『霧の村』（1982）『キルソドム』（1985）『チケット』（1986）『シバジ』（1986）など韓国映画史に残る重要作品を次々と発表する。これらの作品性は、のちの『将軍の息子』シリーズ（1990 ～ 1992）や『開闢』（1991）『風の丘を越えて～西便制』（1993）『太白山脈』（1994）『春香伝』（2000）などに受け継がれ、その演出能力と映画の芸術性は海外でも認められる。2002年の『酔画仙』でカンヌ国際映画祭監督賞、2005年のベルリン国際映画祭では「イム・グォンテク回顧展」開催と同時に、名誉金熊賞を受賞した。また、2015年の『化粧／火葬』も国内外の映画祭で受賞。2016年、第36回 韓国映画評論家協会賞では功労賞を受賞した。

・100選選定作　『チャッコ』（1980）『曼陀羅』（1981）
　　　　　　　『キルソドム』（1985）『チケット』（1986）
　　　　　　　『シバジ』（1986）『風の丘を越えて～西便制』（1993）
　　　　　　　『春香伝』（2000）

イム・サンス （1961 ～）

延世大学社会学科卒業後、韓国映画アカデミーで映画演出を学ぶ。パク・ジョンウォン監督、イム・グォンテク監督の演出部で経験を積み、1995年、映画振興公社（現・映画振興委員会）シナリオ公募展で「注目に値する映画」が当選。1998年、オリジナル脚本による『ディナーの後に』を演出し、監督デビュー。2001年には、家出少年たちを主人公にしたデジタル長編映画『涙』を手がける。以降、『浮気な家族』（2003）『ユゴ 大統領有故』（2005）『なつかしの庭』（2006）などを発表。2010年にはキム・ギヨン

監督の1960年の名作『下女』をリメイクした『ハウスメイド』を発表し、カンヌ国際映画祭のコンペティション部門や、トロント国際映画祭でのGALA上映などに正式出品された。2012年にはその統編ともいえる『蜜の味 テイスト オブ マネー』を発表。2015年の釜山国際映画祭では河瀬直美監督などアジアの4監督が製作した『Color of Asia - Masters』で短編を発表するなど、精力的に活動を続けている。
・100選選定作　『浮気な家族』(2003)

カン・ジェギュ　(1962 ～)
中央大学演劇映画科卒業。デビュー前、チョン・イニョプ監督の助監督を務める。『そう、たまには空を見よう』(1990、キム・ソンフン監督)の脚本に参加した後、『バラの日々』(1994、クァク・ジギュン監督)『ゲームの法則』(1994、ジャン・ヒョンス監督)などを担当。1995年に『銀杏のベッド』で監督としてデビューし、2作目となる『シュリ』(1999)で韓国型ブロックバスターの可能性を開いた。2004年公開の『ブラザーフッド』は同時期公開の『シルミド』(2003、カン・ウソク監督)と共に韓国映画史上初の観客動員1000万人を記録した。そのほかに『マイウェイ 12,000キロの真実』(2011)『あの人に逢えるまで』(2014)『チャンス商会～初恋を探して～』(2015)を演出。
・100選選定作　『シュリ』(1999)

カン・デジン　(1933 ～ 1987)
全羅南道木浦生まれ。ソラボル芸術大学演劇映画科卒業。シン・サンオク監督に師事し、助監督を3年間務めた後、1959年に『父伝子伝』でデビュー。遺作の『和平への道』(1984)まで46作品を演出した。代表作に『朴さん』(1960)『荷馬車』(1961)『青春劇場』(1967)などがある。
・100選選定作　『朴さん』(1960)『荷馬車』(1961)

キム・ウィソク　(1957 ～)
中央大学演劇映画科卒業。韓国映画アカデミー出身。チャン・ヨンイル、チャン・ソヌ、キム・ヒョンミョン、ペ・ヨンギュンといった監督の演出部や、イム・グォンテク監督の助監督を務め、1992年に『結婚物語』でデビューした。その他の代表作に『銃使い』(1995)『北京飯店』(1999)などがある。映画振興委員会委員長なども務めた。
・100選選定作　『結婚物語』(1992)

キム・ギドク　(1934 ～ 2017)
京畿高等学校卒業、ソラボル芸術大学文芸創作科修了。チョン・チャングン監督の『端宗哀史』(1956)演出部で映画界入り。キム・ソドン、ハン・ヒョンモ監督の助監督を務めたのち、編集記者として活動した。1961年に『五人の海兵』で監督デビュー。代表作に『裸足の青春』(1964)『南と北』(1965)『午年新婦』(1966)『大怪獣ヨンガリ』(1967)などがある。1977年の『栄光の9回裏』を最後に映画界を去り、1979年から1988年までソウル芸術大学映画科にて教鞭をとった。
・100選選定作　『裸足の青春』(1964)

キム・ギドク　(1960 ～)
パリにて独学で美術を学んだのち、映画振興公社(現・映画振興委員会)主催の公募で受賞し、脚本家としてスタート。1996年、低予算映画『鰐ワニ』でデビュー。以降、『ワイルド・アニマル』(1997)『悪い女　青い門』(1998)『魚と寝る女』(2000)『悪い男』(2001)『うつせみ』(2004)『The NET 網に囚われた男』(2016)『人間の時間』(2018)など、低予算の作品を発表し続けている。『嘆きのピエタ』(2012)ではベネチア国際映画祭で金獅子賞を受賞した。
・100選選定作　『うつせみ』(2004)『嘆きのピエタ』(2012)

キム・ギヨン　(1919 ～ 1998)
ソウル生まれ。小学3年生のときに平壌へ転居し、平壌高等普通学校を卒業した。1945年に京城歯科医専(ソウル大歯科大学の前身)に進学し、ソウル大学初の統合演劇班の創立を主導した。朝鮮戦争の最中、釜山に避難し、アメリカ合衆国情報サービス(USIS)に勤務し、文化映画『私はトラックだ』でUSISに認められる。1955年、USIS製作の『屍の箱』で監督デビュー。1960年に韓国文芸映画社を設立し、『下女』(1960)から『高麗葬』(1963)まで監督を務めた。『火女』(1971)および『虫女』(1972)では最多観客動員数を記録した。その他の代表作に『異魚島』(1977)『肉食動物』(1984)などがある。
・100選選定作　『下女』(1960)『高麗葬』(1963)『火女』(1971)『異魚島』(1977)

キム・スヨン　(1929 ～)
京畿安城生まれ。ソウル師範学校本科卒業。1951年に入隊し、1954年、国防部政訓局映画科に配属されて映画の道へ。1955年の『忘れずにいよう6.25』など、軍の広報映画12本の演出を担当し、ヤン・ジュナム監督の助監督を経て、1958年に『恐妻家』で劇映画の監督としてデビューを果たす。代表作に『血脈』(1963)『あの空にも悲しみが』(1965)『浜辺の村』(1965)『山火事』(1967)『霧』(1967)などがある。
・100選選定作　『血脈』(1963)『浜辺の村』(1965)『山火事』(1967)『霧』(1967)

キム・ソドン　(1911 ～ 1988)
日本大学法文学部で学び、帰国後、『牡丹燈記』(1947)でデビュー。録音技師と共に開発した録音機により、解放後初のトーキーとして話題を集めた。その他、脚本家、評論家としても活動し、朝鮮戦争の間は釜山でイ・チョンギ、イ・ジンソプ、ユ・ドゥヨン、チョン・チャングンらと共に韓国映画評論家協会の結成を主導。休戦後、『王子ホドンと楽浪公姫』(1956)『アリラン』(1957)『お金』(1958)を演出し、1959年、『オー！我が故郷』を最後に監督活動を引退。漢陽大学教授として後進の育成に励み、映画学会の結成にも注力した。
・100選選定作　『お金』(1958)

キム・テヨン　(1969 ～)
1998年、韓国映画アカデミー卒業。在学中に出会ったミン・ギュドン監

督と共に初の長編映画『少女たちの遺言』(1999)を演出。2006年に『家族の誕生』、2010年にはイ・マニ監督の『晩秋』(1966)をリメイクした同名映画を演出(邦題は『レイトオータム』)。2008年、韓国映像資料院が発掘した現存する最古の無声映画『青春の十字路』(1934、アン・ジョンファ監督)を当時の上映形態の考証を通し、弁士と音楽、歌唱が共存する一種のミュージカルとして演出した。
・100選選定作　『家族の誕生』(2006)

キム・ドンウォン （1955～）

映画界で演出の仕事をしていたとき、偶然、上渓洞の撤去現場に行くことになり、その様子をドキュメンタリー『上渓洞オリンピック』(1988)として収めた。1991年、プルン映像を設立し、再開発による強制撤去の過程で生活の場を奪われていく住民たちの姿を写した『杏堂洞の人々』(1994)、非転向長期囚の老人たちを写した『送還日記』(2003)、『私の友人、チョン・イル』(2017)など多数のドキュメンタリーを手がけている。
・100選選定作　『送還日記』(2003)

キム・ホソン （1941～）

成均館大学国文学科を卒業後、ユ・ヒョンモク監督に師事し、助演出を担当。1947年に『幻女』でデビュー。1970年代にハ・ギルチョン、イ・ジャンホ、イ・ウォンセら映画監督と共に"映像時代"として同人活動を展開し、韓国映画界に新風を巻き起こした。代表作に『ヨンジャの全盛時代』(1975)『冬の女』(1977)『ソウルの虹』(1989)『死の賛美』(1991)『エニケーン』(1996)などがある。
・100選選定作　『ヨンジャの全盛時代』(1975)『冬の女』(1977)

シン・サンオク （1926～2006）

咸鏡北道清津生まれ。1944年に東京美術学校（現・東京藝術大学）に入学し、シュルレアリスム芸術と映画に関心をもつ。解放後、ポスター制作などで生計を立てるなか、チェ・インギュ監督の『自由万歳』(1946)を見て、チェ監督の門下に入り、映画を学ぶ。独立後、1952年に『悪夜』で監督デビュー。『夢』(1955)『若い彼ら』(1955)『無影塔』(1957)など一連の時代劇を演出し、『地獄花』(1958)以降、メロドラマを通じて興行映画の旗手として注目される。1961年、『成春香』の記録的な成功をきっかけに自身の映画社である"申フィルム"を韓国を代表する映画社に成長させた。『離れの客とお母さん』(1961)『燕山君』(1961)『空軍作戦命令　赤いマフラー』(1964)などがその頃の代表作だ。1978年、妻である女優のチェ・ウニに続いて北朝鮮の工作員に拉致され、1983年から金正日総書記の支援の下、北朝鮮で映画の製作・演出を手がける。1986年に脱北し、韓国とアメリカを行き来しながら映画を製作した。
・100選選定作　『地獄花』(1958)『ロマンス・パパ』(1960)
　　　　　　　　『成春香』(1961)『離れの客とお母さん』(1961)

ソン・ヌンハン （1959～）

ソウル大学の映画サークル"ヤラション"出身で、デビュー前から脚本家として知られる存在だった。1986年、キム・ホソン監督の『どん底から

救った私の娘2』で脚本家デビュー。1997年に『ナンバー・スリー』で監督デビューを果たし、1999年には『世紀末』を発表。『ボス』(1996、ユ・ヨンジン監督)の脚本、『太白山脈』(1994、イム・グォンテク監督)の脚色なども手がけている。
・100選選定作　『ナンバー・スリー』(1997)

チェ・インギュ （1911～?）

平安北道寧辺生まれ。1937年頃にソウルへ上京し、アン・ソギョン監督の『沈清伝』(1937)で録音を担当していたイ・ピルウの助手として働きはじめる。以降、ユン・ボンチュンの『圖生録』(1938)の助監督および録音監督を担当する。この作品を製作した天一映画社で『国境』(1939)の監督としてデビュー。以降、高麗映画協会に入社し、『授業料』(1940)『家なき天使』(1941)を演出。また社団法人朝鮮映画製作株式会社にて『太陽の子供たち』(1944)『愛と誓い』(1945)『神風の息子たち』(1945)などを発表。解放後は『自由万歳』(1946)『独立前夜』(1948)『罪のない罪人』(1948)とつながる"光復映画3部作"を演出した。一方、この頃に在朝鮮アメリカ軍司令部軍政庁の依頼を受けて『国民投票』(1948)などの文化映画や、『波市』(1949)などの劇映画も製作。朝鮮戦争時に北へ拉致されたと伝えられ、行方不明のままである。
・100選選定作　『家なき天使』(1941)『自由万歳』(1946)

チャン・ジュナン （1970～）

成均館大学英語英文科を卒業後、韓国映画アカデミーで映画演出を学ぶ。アカデミー卒業作品である短編映画『2001イマジン』(1994)が映画界で注目を集める。本格的な監督デビューとなった『地球を守れ!』(2003)は、大鐘賞やモスクワ映画祭監督賞をはじめとする国内外の各賞を総なめにするが、興行的には振るわず、『タチャ2』などの次回作を準備するものの頓挫。2013年、約10年の沈黙を破り、『ファイ　悪に育てられた少年』を発表。200万人以上を動員し、興行的に成功を収める。2017年に公開した『1987 ある闘いの真実』は720万人以上を動員。百想芸術大賞の大賞や大鐘賞の監督賞など数々の賞を受賞し、名実ともに監督として再び脚光を浴びる。妻は女優のムン・ソリ。
・100選選定作　『地球を守れ!』(2003)

チャン・ソヌ （1952～）

ソウル大学考古人類学科卒業。在学中に映画サークル"ヤラション"にて活動。また、光州事件で拘束され、服役も経験する。イ・ジャンホ監督に師事し、演出部に在籍しながら月刊誌「根の深い木」に映画評を寄せるなど広く活動。1986年、ドラマ「MBCベストセラー劇場」シリーズで脚本家と演出家として息を合わせたソン・ウワン監督と共同演出した『ソウルのイエス』で監督デビューを果たす。続く『成功時代』(1988)で本格的にその名を知られるように。以降、『ウムクペミの愛』(1990)『競馬場へ行く道』(1991)『華厳経』(1993)『私からあなたへ』(1994)『つぼみ』(1996)『バッド・ムービー』(1997)『LIES/嘘』(1999)『リザレクション』(2002)などの作品を次々と発表。2003年には5.18民主化有功者に選ばれた。
・100選選定作　『ウムクペミの愛』(1990)『競馬場へ行く道』(1991)

『つぼみ』（1996）

チョン・ジヌ　（1938 ～）

中央大学法学科在学中に大学の演劇サークルで活動。1957年、ユ・ヒョンモク監督の『失われた青春』の製作に参加して映画の道へ。翌1958年、パク・サンホ監督の『バラは悲しい』で撮影技師のカン・ボングに師事し、映画人として本格スタートを切る。以降、撮影助手、照明助手、美術やエキストラまで経験し、チョン・チャンファ監督の助監督を最後に、1963年に『一人息子』で監督デビューを果たす。1968年、映画会社ウジンフィルムを設立し、1972年には映画振興公社（現・映画振興委員会）制作担当理事に就任。代表作に『雨のめぐり逢い（草雨）』（1966）『下宿生』（1966）『最後の皇太子 英親王』（1970）『石花村』（1972）『島ガエル万歳』（1972）『カッコーの啼く夜　別離』（1980）『愛の望郷　激流を超えて』（1981）などがある。
・100選選定作　『雨のめぐり逢い（草雨）』（1966）

チョン・ジヨン　（1946 ～）

高麗大学仏文学科卒業。『山火事』（1967）『華麗な外出』（1977）など、キム・スヨン監督の下で十数本の助監督を務めたのち、シナリオライターを経て、1982年に『霧の中の殺人事件』で監督デビュー。1990年に製作・指揮をとった『南部軍 愛と幻想のパルチザン』で見せた社会と歴史に対する鋭い切り口で、初めて監督として高く評価される。『南部軍』以降、コ・ウンの同名小説を映像化した『粉々に砕け散った名前よ』（1991）に続いてアン・ジョンヒョ原作の『ホワイト・バッジ』（1992）を発表し、その地位を確立。2000年代には『折れた矢』（2011）『映画現場』（2011）『南営洞 1985』（2012）を発表するなど、韓国社会への鋭い精力的に活動を続けている。
・100選選定作　『南部軍』（1990）『ホワイト・バッジ』（1992）

チョン・ソヨン　（1927 ～ 2013）

国学大学国文学科卒業。1960年代後半までKBSドラマの演出を担当したのち、映画演出に舵を切る。1967年に『俺のぶんまで生きてくれ』で監督デビュー。2作目となる『憎くてももう一度』（1968）が興行的に大成功を収め、韓国映画界にメロドラマブームを巻き起こした。以降、『憎くてももう一度2』（1969）『憎くてももう一度3』（1970）『憎くてももう一度 大完結編』（1971）と3本の続編を立て続けに公開し、当時の興行記録を塗り替えた。そのほかの代表作に『ピルニョ』（1970）『私が捨てた女』（1977）『冬へと向かう馬車』（1981）などがある。
・100選選定作　『憎くてももう一度』（1968）

ハ・ギルチョン　（1941 ～ 1979）

釜山市生まれ。1959年にソウル大学仏文学科に入学。卒業後に渡米し、1965年、UCLA映画学部大学院に進学し、博士課程を修了。1970年に帰国すると、映画演出および評論、理論解説などで活発に活動する。『花粉』（1972）『守節』（1974）などの初期作では既存の韓国映画には見られなかった新しい実験精神と政治的モダニズムの傾向を見せ、以降の『馬鹿たちの行進』（1975）『続・星たちの故郷』（1978）『ビョンテとヨンジャ』

（1979）などの青春映画またはメロドラマ映画では興行的にも成功を収めた。デビュー作『花粉』から1979年の『ビョンテとヨンジャ』まで17作品を世に送り出し、1979年2月に脳卒中で世を去った。
・100選選定作　『花粉』（1972）『馬鹿たちの行進』（1975）

パク・グァンス　（1955 ～）

ソウル大学の美術大学彫塑科在学中に映画サークル"ヤルラション"に加入し、映画の勉強を始める。1982年、同サークル出身者を中心に"ソウル映画集団"を設立。同年、フランスに留学し、パリ高等映画学校（ESEC）で演出を学ぶ。1895年に帰国後、イ・ジャンホ監督の演出部で活動したのち、1988年に『チルスとマンス』で監督デビューを果たす。チャン・ソヌ、パク・チョンウォン、チャン・ギルスなどと共に、コリアンニューウェーブ世代として評される。その他の代表作に『追われし者の挽歌』（1990）『ベルリンリポート』（1991）『美しい青年、チョン・テイル』（1995）『まぶしい日に』（2007）などがある。
・100選選定作　『チルスとマンス』（1988）
　　　　　　　　『追われし者の挽歌』（1990）
　　　　　　　　『美しい青年、チョン・テイル』（1995）

パク・サンホ　（1931 ～ 2006）

延世大の文理大商科在学中に新劇協議会の研究生として活動した。1955年、シン・サンオク監督の『夢』で演出部として活動し、同年、『ヘジョン（海情）』で監督デビュー。以降、さまざまな劇映画や記録映画などで監督、製作を務める。代表作に『浪漫列車』（1959）『トスニ　幸福の誕生』（1963）『非武装地帯』（1965）などがある。
・100選選定作　『非武装地帯』（1965）

パク・ジョンウォン　（1958 ～）

漢陽大学演劇映画科を卒業し、翌年、韓国映画アカデミーも卒業。世耕興業や宇星社などの映画会社で企画室長として勤務する。1989年、『九老アリラン』で監督デビュー。以降、『われらの歪んだ英雄』（1992）『永遠なる帝国』（1994）『虹鱒』（1999）などを演出。
・100選選定作　『われらの歪んだ英雄』（1992）

パク・チャヌク　（1963 ～）

西江大学哲学科を卒業後、映画評論家として活動。1992年『月は…太陽が見る夢』で監督デビューし、『三人組』（1997）や『JSA』（2000）、復讐3部作として知られる『復讐者に憐れみを』（2002）『オールド・ボーイ』（2003）『親切なクムジャさん』（2005）などを手がける。特に『オールド・ボーイ』ではカンヌ国際映画祭でグランプリ（審査員特別大賞）を受賞し、話題をさらう。その他の代表作に『渇き』（2009）『イノセント・ガーデン』（2013）などがある。2014年に製作した『お嬢さん』で、『サイボーグでも大丈夫』（2006）以来、再び百想芸術大賞で大賞を獲得。現在、韓国映画監督組合で共同代表を務める。
・100選選定作　『JSA』（2000）『復讐者に憐れみを』（2002）
　　　　　　　　『オールド・ボーイ』（2003）

250　韓国映画100選

ハン・ヒョンモ （1917 ～ 1999）

平安北道義州生まれ。中国の新京美術学校を卒業し、満州三越百貨店の
ウィンドウ看板を描く仕事を経て帰国。劇団「新太陽」に入団し、舞台美
術、宣伝広告、プログラムのデザインを2年ほど担当。1941年、チェ・イ
ンギュ監督の『家なき天使』で舞台美術を担当して映画界へ。またチェ・
インギュ監督の推薦で日本の東宝映画社に入社し、撮影技術を習得。帰
国後、チェ・インギュ監督の『太陽の子どもたち』（1944）『愛と誓い』
（1945）『自由万歳』（1946）『罪のない罪人』（1948）、ユン・ヨンギュ監督
の『心の故郷』（1949）で撮影を担当した。1949年、『城壁を貫いて』で演
出と監督を担当して監督デビューを果たす。1950年に朝鮮戦争が勃発す
ると、国防部政訓局撮影隊として従軍し、ニュース、ドキュメンタリー映
画製作に従事。そこで出会った同僚と共に『正義の進撃 1部・2部』
（1951、1953）を撮影、編集。休戦後は『運命の手』（1954）『自由夫人』
（1956）『青春双曲線』（1956）などを演出した。その他の代表作に『俺ひ
とりだけが』（1958）『豚の夢』（1960）『ウォーカーヒルで会いましょう』
（1966）などがある。

・100選選定作　『運命の手』（1954）『自由夫人』（1956）

ピョン・ヨンジュ （1966 ～）

梨花女子大学法学科を卒業後、中央大学映画学科で修士課程を修了。
1989年、女性映画製作集団"バリト"の創団メンバーとなり、撮影監督と
して活動を始める。1993年、済州島の売春婦を描いた『アジアで女性と
して生きるということ』を発表し、注目を集める。1995年に発表した従軍
慰安婦の人生を綴った『ナヌムの家』では山形国際ドキュメンタリー映
画祭で小川紳介賞、ブリュッセル国際短編映画祭で審査委員賞大賞を受
賞した。以降、『ナヌムの家Ⅱ』（1997）『息づかい』（1999）を演出した。そ
の後、自身初の商業映画となる『密愛』（2002）を皮切りに、『僕らのバレ
エ教室』（2004）『火車 HELPLESS』（2012）を発表している。

・100選選定作　『ナヌムの家』（1995）

ペ・チャンホ （1953 ～）

延世大学経営学科を卒業後、社会人生活を送るなか、1977年、イ・ジャン
ホ監督との出会いが映画への夢を具体化させる。1980年にイ・ジャンホ
監督の『風吹く良き日』に助監督として参加し、映画界に入門。1981年、
『コバン村の人々』で監督デビューを果たす。『赤道の花』（1933）『その年
の冬は暖かかった』（1984）『鯨とり』（1984）『ディープ・ブルー・ナイト』
（1985）『情』（1999）『黒水仙』（2001）『道』（2004）などの作品で知られる。

・100選選定作　『コバン村の人々』（1981）『鯨とり』（1984）
　　　　　　　　『ディープ・ブルー・ナイト』（1985）

ペ・ヨンギュン （1951 ～）

ソウル大学絵画科を卒業後、フランスに留学し、パリ大学造形芸術科で
博士学位を取得。帰国後は暁星女子大学絵画科教授として勤務した。
1989年、監督デビュー作となった『達磨はなぜ東へ行ったのか』は、ロカ
ルノ映画祭でグランプリ、カンヌ国際映画祭の「ある視点」部門で黄金カ

メラ賞を受賞した。1995年に第2作となる『黒き地に白き民衆』を発表
した。

・100選選定作　『達磨はなぜ東へ行ったのか』（1989）

ホ・ジノ （1963 ～）

延世大学哲学科を卒業し、韓国映画アカデミーで映画演出について学ぶ。
パク・グァンス監督の『あの島に行きたい』（1993）『美しき青年、チョン・
テイル』（1995）では演出部で活動し、オ・スンウク監督の『キリマンジャ
ロ』（2000）には脚本家として参加。監督デビュー作となった『8月のク
リスマス』（1998）で興行的にも、作品性においても大成功を収め、特に、
カンヌ国際映画祭では批評家週間に招聘されて世界的にも注目される存
在に。以降、『春の日は過ぎゆく』（2001）『四月の雪』（2005）『ハピネス』
（2007）『きみに微笑む雨』（2009）『危険な関係』（2012）『ラスト・プリンセ
ス－大韓帝国最後の皇女－』を監督するなど、精力的に活動を続けてい
る。

・100選選定作　『8月のクリスマス』（1998）

ポン・ジュノ （1969 ～）

延世大学社会学科を卒業後、韓国映画アカデミーで学ぶ。卒業制作で短
編映画『支離滅裂 ～ Incoherent』（1994）を演出し、2000年に『ほえる犬
は噛まない』で長編映画監督デビュー。長編2作目となる『殺人の追憶』
（2003）で商業的にも作品的にも大成功を収めた。2006年公開の『グエム
ル－漢江の怪物－』では、韓国映画史上最短期間で1,000万人動員記録を
樹立し（当時）、『母なる証明』（2009）では国内外の各映画賞を総なめに。
『スノーピアサー』（2013）『オクジャ』（2017）に続いて発表した『パラサ
イト 半地下の家族』（2019）で、カンヌ国際映画祭では韓国映画初となる
パルムドール受賞の快挙を成し遂げる。

・100選選定作　『殺人の追憶』（2003）
　　　　　　　　『グエムル－漢江の怪物－』（2006）
　　　　　　　　『母なる証明』（2009）

ホン・サンス （1961 ～）

ソウル生まれ。中央大学演劇映画科を中退後、カリフォルニア美術大学
を卒業し、シカゴ美術館附属美術大学で芸術学博士学位を取得。1996年、
『豚が井戸に落ちた日』で監督デビュー。青龍映画賞新人監督賞、黄金撮
影賞 新人監督賞の受賞をはじめ、ロッテルダム映画祭、バンクーバー映
画祭など国内外の数々の映画祭で受賞し、一気に頭角を現す。以降、『カ
ンウォンドの恋』（1998）『秘花～スジョンの愛～』（2000）『気まぐれな唇』
（2002）『女は男の未来だ』（2004）『映画館の恋』（2005）『浜辺の女』（2006）
『アバンチュールはパリで』（2007）『よく知りもしないくせに』（2008）『川
沿いのホテル』（2019）まで、ほぼ年に1本以上のペースで作品を発表す
る多産の監督である。

・100選選定作　『豚が井戸に落ちた日』（1996）
　　　　　　　　『カンウォンドの恋』（1998）

ヤン・ジュナム （1912～）

1934年に設立された京城撮影所に入社し、イ・ピルウ監督の録音助手として働く。以降、1960年まで監督・編集・録音・現像など多方面で活動。1936年、発声映画『迷夢（死の子守歌）』を演出し、監督デビュー。その後、イ・チャンヨンの高麗映画協会南大門撮影所にエンジニアとして入社し、『授業料』（1940、チェ・インギュ監督）の録音・編集、『家なき天使』（1941、チェ・インギュ監督）の編集などを担当した。解放直後は国防部政訓局映画課に所属し、戦史記録映画『正義の進撃』（1951）を撮影・編集し、1963年まで軍映画の製作を手がけた。当時の演出作品に『ベベンイのグッ』（1957）『母情』（1958）『鐘閣』（1958）などがある。1960年代には主に編集技師として活動した。

・100選選定作 『迷夢（死の子守歌）』（1936）

ユ・ヒョンモク （1925～2009）

黄海道鳳山郡沙里院生まれ。東国大学国文学科在学中、オ・ヨンジンのシナリオ講座を受講し、映画製作に関心をもつ。アン・ジョンファ監督の『キム・サンオク血史』俳優募集に応募したが、助監督のチョ・ジョンホの薦めで演出部に参加することになる。しかし、資金難で企画が中断。そのため公式的な映画入門作はイム・ムナク監督の『ホン・チャギの一生』（1948）となる。1953年、チョン・チャンファ監督のデビュー作『最後の誘惑』の脚本を書き、『春香伝』（1955、イ・ギュファン）などの助監督を経て1956年、『交叉路』で監督デビュー。『誤発弾』（1961）『金薬局の娘たち』（1963）『カインの後裔』（1968）『梅雨』（1979）などの作品を通し、実存と疎外、分断の悲劇とイデオロギーをテーマにした多数の作品を発表し、知性派監督として認められる。1976年から東国大学演劇映画科に教授として在籍し、後進の育成に当たったほか、『韓国映画発達史』（韓進出版社、1980）『世界映画監督論』（経世文化院、1985）などの著書のほか、『記録映画論』（ポール・ロサ、映画振興公社、1982）『日本映画の話』（佐藤忠男、ダボ文化、1993）などの翻訳書を出版した。

・100選選定作 『誤発弾』（1961）『金薬局の娘たち』（1963）
　　　　　　　『梅雨』（1979）

ユン・ジョンチャン （1963～）

漢陽大学演劇映画科を卒業後、シラキュース大学大学院で映画を学ぶ。映画会社で企画室長として洋画の輸入、翻訳などを担当する。1992年に、キム・ヨンビン監督の『非常口がない』で助監督として活動を始め、2001年に『鳥肌』で長編映画監督としてデビュー。以降、『青燕』（2005）『私は幸せです』（2009）『パパロッティ』（2013）などを手がけている。

・100選選定作 『鳥肌』（2001）

ユン・ヨンギュ （1913～？）

慶尚北道大邱市出身。朝鮮戦争の直前に越北し、その後の行方についてはわかっていない。1939年、日本の東宝映画演出部に入社し、第一助監督として勤務しながら映画理論や現像技術を身につける。解放後の1946年12月24日、映画同盟ソウル支部が結成されると、キム・ソヨン、チェ・グムドン、パク・ヌウォルらと共に執行委員長に選出される。1949年、『心の故郷』で監督デビューを果たすと、大きな成功を収め、第1回ソウル市

文化賞映画部門最優秀賞を受賞した。

・100選選定作 『心の故郷』（1949）

リュ・スンワン （1973～）

パク・チャヌク監督の『三人組』（1997）はじめ、『囁く廊下～女校怪談～』（1998、パク・ギヒョン監督）『ドクターK』（1999、クァク・キョンテク監督）演出部に参加。2000年に、4つの短編からなる16mmの長編『ダイ・バッド　死ぬか、もしくは悪になるか』で監督デビュー。同年に、インターネット配給という新しい方式を取り入れ、映画監督チャン・ジン、キム・ジウンらと共にオンラインサイト"シネフォーラム"の"デジタル短編プロジェクト"に参加。ここで発表した短編『タチマワLee』が2008年の『史上最強スパイ Mr.タチマワリ～爆笑世界珍道中～』の原型となった。『慶州 ヒョンとユニ』（2014、チャン・リュル監督）などで俳優としても活躍する。2014年の『ベテラン』では、青龍映画賞、百想芸術大賞などで監督賞を受賞。『クライング・フィスト』（2005）『ベルリンファイル』（2012）『軍艦島』（2017）などの代表作がある。

・100選選定作 『ダイ・バッド　死ぬか、もしくは悪になるか』（2000）

その他：チャンサンコンメ

映画製作所チャンサンコンメは、1988年に長編劇映画『五月−夢の国』を製作するために集まった独立映画製作集団。以降、『ストライキ前夜』（1990）『お母さん、あなたの息子』（1991）『閉ざされた校門が開き』（1992）などを製作した。『五月−夢の国』の資料集によると、チャンサンコンメは「韓国映画の全般的な危機的状況にあって、映画が遂行すべき機能、すなわち、この地の大衆の健康な暮らしを描写し、形象化する民族映画を模索し、実践するために共同創作・共同作業方式」をとるために創団された集団。創団メンバーとして、映画監督チャン・ユニョン、コン・スチャン、ホン・ギソン、チャン・ドンホン、パク・デヨン、製作者イ・ウンなどが活躍した。

・100選選定作 『ストライキ前夜』（1990）

選定作品101本を演出した監督50人と製作団体をまとめたものである。『韓国映画監督辞典』（国学資料院、2004）、『CINE21映画監督辞典 増補』（ハンギョレ新聞社、2002）、『植民地時代の大衆芸術人辞典』（図書出版ソド、2006）、『辺境から中心へ』（資格と言語社、1996）、韓国映画データベース（KMDb）などを参考に作成した。

252　韓国映画100選

韓国映画100選 選定委員／執筆者

韓国映画100選 選定委員

アン・ジンス（カリフォルニア大学バークレー校教授）
アン・テグン（韓国教育放送プロデューサー）
イ・ギルソン（中央大学講師）
イ・サンヨン（映画評論家）
イ・ジョンハ（檀国大学教授）
イ・スンジン（韓国映画史研究者）
イ・ヨノ（映画評論家）
イ・ヨングァン（釜山国際映画祭執行委員長、東西大学教授）
イ・ヨンジェ（映画評論家）
イ・ヨンチョル（映画評論家）
イ・ヨンミ（大衆芸術評論家）
オ・スンウク（映画監督）
オ・ソンジ（韓国映像資料院プログラマー）
オ・ヨンスク（聖公会大学研究教授）
カン・ソウォン（映画評論家）
カン・ソンニュル（映画評論家、光云大学教授）
キム・シム（釜山国際映画祭専門委員）
キム・ジョンウォン（映画評論家）
キム・ソナ（映画評論家）
キム・ソヨン（映画評論家、韓国芸術総合学校教授）
キム・ソヨン（中央大学講師）
キム・ソンウク（ソウルアートシネマプログラマー）
キム・ナムソク（釜慶大学教授）
キム・ヒョンソク（映画評論家）
キム・ホンジュン（映画監督、韓国芸術総合学校教授）
キム・ミヒョン（映画振興委員会研究員）
キム・ヨンイン（映画俳優、韓国映画俳優協会常任理事）
キム・ヨンジン（映画評論家、明知大学教授）
クァク・ヨンジン（映画評論家、韓国映画評論家協会総務理事）
クォン・ウンソン（中部大学教授）
シン・ガンホ（大眞大学教授）
ダルシー・パケット（映画評論家）
チェ・ヨンベ（チョンオラム代表、韓国映画製作家協会副会長）
チャン・ウジン（亜洲大学教授）
チャン・ソギョン（映画評論家）
チャン・ビョンウォン（映画評論家、全州国際映画祭プログラマー）
チュ・ジンスク（中央大学教授）
チュ・ソンチョル（「シネ21」記者）
チュ・ユシン（霊山大学教授）
チョ・ジュニョン（韓国映像資料院韓国映画史研究所研究員）
チョ・ドングァン（韓国映画撮影監督協会理事長、韓国映像大学教授）
チョ・ヒムン（仁荷大学教授）
チョ・ヘジョン（映画評論家、中央大学教授）
チョ・ヨンジョン（釜山国際映画祭プログラマー）
チョン・ジュンホン（ソウル芸術大学教授）
チョン・ジョンファ（韓国映像資料院韓国映画史研究所研究員）
チョン・ソンイル（映画評論家、映画監督）
ナム・イニョン（東西大学イム・グォンテク映画研究所所長）
パク・ジニオン（映画評論家）
パク・ソニオン（高麗大学研究教授）
パク・ヘヨン（韓国映像資料院韓国映画史研究所研究員）
パク・ユヒ（映画評論家、高麗大学研究教授）
ビョン・インシク（映画評論家）
ピョン・ジェラン（順天郷大学教授）
ペク・ムニム（延世大学教授）
ホ・ムニョン（映画評論家）
ムン・グァンギュ（釜山大学教授）
ムン・ジェチョル（中央大学教授）

メン・スジン（DMZ 国際ドキュメンタリー映画祭プログラマー）
モ・ウニョン（韓国映像資料院プログラマー）
ユ・ジナ（映画評論家、東国大学教授）
ユン・ソクフン
　（韓国シナリオ作家協会副理事長、韓国映画人総連合会副会長）

執筆者

アン・シファン（映画評論家）
イ・ギルソン（中央大学講師）
イ・サンヨン（映画評論家）
イ・ジユン（韓国映像資料院韓国映画史研究所研究員）
イ・ジョンハ（檀国大学教授）
イ・ヨノ（映画評論家）
イ・ヨンジェ（映画評論家）
イ・ヨンチョル（映画評論家）
イ・ヨンミ（大衆芸術評論家）
オ・ソンジ（韓国映像資料院プログラマー）
オ・ヨンスク（聖公会大学東アジア研究所研究員）
カン・ソウォン（映画評論家）
カン・ソンニュル（映画評論家、光云大学教授）
キム・ギョンウク（映画評論家）
キム・シム（釜山国際映画祭専門委員）
キム・ジョンウォン（映画評論家）
キム・ソヨン（映画評論家、韓国芸術総合学校映像院教授）
キム・ソヨン（中央大学講師）
キム・ソンウク（映画評論家）
キム・ヒョンソク（映画評論家）
キム・ボンソク（映画評論家）
キム・ヨンジン（映画評論家、明知大学教授）
キム・リョシル（釜山大学教授）
クォン・ウンソン（中部大学教授）
シン・ウンシル（映画評論家）
シン・ガンホ（大眞大学教授）
ソン・ヒョジョン（映画評論家、ソウル市立大学研究教授）
チャン・ウジン（亜洲大学教授）
チャン・ビョンウォン（映画評論家、全州国際映画祭プログラマー）
チュ・ソンチョル（「シネ21」記者）
チョ・ジュニョン（韓国映像資料院韓国映画史研究所研究員）
チョ・ヒムン（仁荷大学教授）
チョ・ヘジョン（映画評論家、中央大学教授）
チョ・ヨンガク（ソウル独立映画祭執行委員長）
チョ・ヨンジョン（釜山国際映画祭プログラマー）
チョン・ジヨン（映画評論家）
チョン・ジョンファ（韓国映像資料院韓国映画史研究所研究員）
チョン・ソンイル（映画評論家、映画監督）
チョン・ハンソク（「シネ21」記者、映画評論家）
ナム・ドンチョル（釜山国際映画祭プログラマー）
パク・ジニオン（映画評論家）
パク・ソニオン（高麗大学研究教授）
パク・ヘヨン（韓国映像資料院韓国映画史研究所研究員）
パク・ユヒ（映画評論家、高麗大学研究教授）
ピョン・ジェラン（順天郷大学教授）
ピョン・ソンチャン（映画評論家）
ファン・ヘジン（牧園大学教授）
ペク・ムニム（延世大学教授）
ホ・ナムン（映画評論家）
ホ・ムニョン（映画評論家）
モ・ウニョン（韓国映像資料院プログラマー）
ユ・ジナ（映画評論家、東国大学教授）

※肩書はすべて 2013 年時のもの

日本語版あとがき

その時代に作られた映画は、時を経てもなおリアルな迫力と驚きを秘めている——。

強い衝撃と共にそう感じたのは2006年、取材で訪れた釜山国際映画祭で偶然『迷夢（死の子守歌）』を観たときのことでした。2005年にフィルムが発見され、翌年の映画祭で初めて一般公開された本作は、日本統治時代の京城を舞台に、百貨店で洋服を買うときに「安物じゃなくて、もっと高いのない？」という、瀟洒なマダムのエスンが主人公。夫と娘を捨てて愛人の元に走り、セクシーな舞踊家を追いかける姿は、「植民地」のイメージや保守的な女性像を覆すものだったのです。

映画はフィクションであると同時に、時代の記録でもあります。だとすれば、『迷夢』が生まれたのは、いったいどんな時期だったのか。そんな興味を抱くなか、2014年にソウルの書店で見つけたのが『韓国映画100選』でした。エスンは街を堂々と闊歩しはじめた「新女性」の象徴であること、映画には奔放に生きる彼女に対する批判的な視線も込められていること。朝鮮総督府の統制が厳しくなる直前の、表現の自由が多少なりとも許容されていた短い時期に作られたこと。本書を読み、パズルが解けたような感慨を覚えました。

この本の最大の特長かつ魅力は、韓国随一の映画専門家による評論であり、自国を見つめる視点からの深い洞察が記されていることです。例えば、『誤発弾』や『非武装地帯』『キルソドム』などに描かれる朝鮮戦争が庶民の生活に落とした影。ノンポリの大学生の恋愛を入口にした『馬鹿たちの行進』の背景に隠された軍事政権による検閲とのせめぎ合い。また、1970年代の『冬の女』、1980年代の『シバジ』、1990年代の『結婚物語』などには、女性の解放の歴史が映し出されています。そう、過去を彩る映画の数々は、日韓関係や南北問題、民主化、フェミニズムなど、現代の韓国を紐解くための貴重な資料でもあるのです。

日本語版では、2013年に原書が出版された後に製作されたなかから5作品を韓国映像資料院の了承を得たうえで選び、原稿を書き下ろしました。掲載されているタイトルは、計106作品。文中に作品名が登場するものを含めると500本を超える韓国映画について触れています。その多くは韓国映像資料院のウェブサイト（https://www.koreafilm.or.kr）と、ソウルの韓国映像資料院にある映像図書館で無料で鑑賞することが可能です。本書をガイドブックとして、古の韓国にタイムスリップするのはいかがでしょうか。

なお、『韓国映画100選』日本語版は、出版社クオンが運営する翻訳スクール「ノンフィクション翻訳コース」のプロジェクトによるものです。映画では製作に関わったすべての人の名前がエンドロールに流れるのと同様、書籍には奥付があります。本の末尾には「翻訳協力」として多くの名前が記されています。韓国映画と翻訳を愛する13人の受講生、そして岡崎暢子さんの下訳を基に、訳文をまとめました。

また、韓国映像資料院のチョン・ジョンファさんには度重なる質問に丁寧に答えていただき、『南部軍』の翻訳にあたっては字幕を担当した西ヶ原字幕社の林原圭吾さんにご助言いただきました。編集者の松渕寛之さん、原稿をチェックしてくださった河井佳さん、進行を担当してくださった佐々木静代さん、そして日本語版プロジェクトを「하자！（やろう！）」と快く背中を押してくださったクオン代表の金承福さんにお礼を申し上げます。

2019年12月
桑畑優香

怪しい彼女 수상한 그녀

2013年／ファン・ドンヒョク監督／DCP／カラー／ビスタビジョン

製作会社：Yein Plus Entertainment、CJ Entertainment　製作：チョン・ジェスン　プロデューサー：イム・ジヨン、ハン・フンソク
監督：ファン・ドンヒョク　脚本：シン・ドニク、ホン・ユンジョン、トン・ヒソン　脚色：ファン・ドンヒョク　撮影：キム・ジヨン　編集：ナム・ナヨン
音楽：MOWG　美術：チェ・ギョンソン　出演：シム・ウンギョン、ナ・ムニ、パク・イナン、ソン・ドニル、イ・ジヌク、ジニョン（B1A4）
韓国公開：2014年1月　主な受賞：第50回百想芸術大賞 主演女優賞、第19回春史映画祭 主演女優賞

　頑固なマルスン（ナ・ムニ）は、女手ひとつで育て上げ、大学教授になった息子のヒョンチョル（ソン・ドニル）が自慢だが、家族が自分を介護施設に入れようとしていると知り、生きる元気をなくす。ところが、遺影を撮ろうと、ふと足を踏み入れた写真館で、「50歳若くしてあげますよ」という言葉と共に写真を撮ると、なんと、20歳の姿に。若きマルスン（シム・ウンギョン）は、オ・ドゥリと名乗り、孫のジハ（ジニョン）のバンドに誘われてヴォーカルを担当することになる。歌手になる夢をかなえ、人生の最盛期を取り戻すなか、ジハが事故に遭う。彼女は、血を抜くと老いてしまうことを知りつつ、輸血を申し出る。1年後、ジハの公演の観客席には、家族と仲よく孫を応援するマルスンの姿があった。

　『怪しい彼女』は、8つの言語で製作された世界初の映画だ。中国（2015、レスト・チェン監督）、ベトナム（2015、ファン・ザー・ニャット・リン監督）、日本（2016、水田伸生監督）、タイ（2016、アーラヤ・スリハーン監督）、インドネシア（2017、オディ・C・ハラハプ監督）、フィリピン（2018、ジョイス・E・ベルナル監督）、インド（2019、B・V・ナンディニ・レッディ監督）でリメイクされている。

　背景にあるのが、製作・配給を手がけるCJ ENMの海外戦略だ。同社の映画部門担当者が韓国メディアに明かしたところによると、『怪しい彼女』の完成作品版権輸出が4億ウォンであるのに対し、海外ボックスオフィスの売り上げは780億ウォン。「現地化させたほうが、言葉や文化の壁がなくなり、成功しやすい」という。もともと"キム・ジミ"だった若きヒロインの名前を、オードリー・ヘップバーンを彷彿させる"オ・ドゥリ"に変更したのも海外ウケを狙ったためだった。

　だが、成功の肝は、やはりオリジナル版の作品としてのクォリティの高さだろう。『怪しい彼女』は韓国公開時、860万人を超える観客を動員。コミカルでホームドラマ要素が強い作品としては異例の大ヒットを記録した。

　そもそも本作はタイミングと運に恵まれた、偶然の産物だった。前作『トガニ 幼き瞳の告発』（2011）で、児童福祉施設の職員による性的虐待を暴き、児童虐待を取り締まる法律のきっかけを作ったファン・ドンヒョク監督は、予想を超える影響力に重圧を感じ、「次は自分と観客を癒やせる映画を作りたい」と思っていた。そこへ舞い込んだのが、7年前に書かれて世に出ぬままの『怪しい彼女』の初稿台本だったのだ。

　監督が「初稿の要素は51％で、49％は私が脚色しています」と明かすなか、もっとも秀逸なのは、キャラクター設定だ。

　初稿のオ・ドゥリは、スタイル抜群でロングヘアのセクシー美人。「若返ったらモテモテ」というありがちな物語だったところに個性派のシム・ウンギョンを配し、快活な主人公に。役者を信頼し、自由に演技を任せるスタイルの演出で、はじけたオ・ドゥリ像を引き出した。結果、『サニー 永遠の仲間たち』（2011、カン・ヒョンチョル監督）をはじめ、子役として名を成し、『新聞記者』（2019、藤井道人監督）で成熟した演技を見せたシム・ウンギョンにとって、『怪しい彼女』は、大人の役、かつ主演への初挑戦作として大きな転機となった。

　しかし、本作はたんなるコメディ映画に留まらない。もうひとつの軸は、母と息子の葛藤と愛情だ。特に、ラスト近くに病院の廊下で交わす、オ・ドゥリとヒョンチョルの会話は、心を揺さぶり、涙を誘う。実は、ファン・ドンヒョク監督が初稿に惹かれた理由は、夢を諦めざるをえなかった自身の祖母や母がヒロインに重なったからだったという。日本による統治から解放された1945年前後に生まれたという設定のマルスンの青年期は、朝鮮戦争後の混乱や貧困、朴正煕（パク・チョンヒ）大統領による開発独裁の真っただ中だったのだ。

　冒頭に挙げたリメイクを手がけた諸国もしかり。歴史に思いを馳せると、敗戦や民主化闘争、急速な経済成長などを経験し、この70年で大きな変化を体現した国々であることに気づく。そう、オ・ドゥリはアジア各地に生きる身近な女性たちの物語。ゆえに、多くの国で共感を呼ぶのだろう。

怪しい彼女
発売元：CJ ENTERTAINMENT JAPAN
販売元：ポニーキャニオン
価格：DVD・Blu-ray 各￥4,700（本体）＋税
© 2014 CJ E&M Corporation, All Rights Reserved

国際市場で逢いましょう 국제시장

2014年／ユン・ジェギュン監督／DCP／カラー／シネマスコープ

製作社:JKフィルム 製作:ユン・ジェギュン、パク・ジソン プロデューサー:イ・サンジク 監督:ユン・ジェギュン 脚本:ユン・ジェギュン
撮影:チェ・ヨンファン、キム・ヒョンソク 編集:イ・ジン 音楽:イ・ビョンウ 美術:リュ・ソンヒ 出演:ファン・ジョンミン、キム・ユンジン、オ・ダルス、チョン・ジニョン、チャン・ヨンナム、ラ・ミラン、キム・スルギ、ユンホ(東方神起) 韓国公開:2014年12月
主な受賞:第52回大鐘賞 最優秀作品賞・監督賞・主演男優賞、第36回青龍映画賞 助演男優賞

釜山の国際市場で露店を営むドクス(ファン・ジョンミン)。立ち退きを迫られていたが、彼には店を守らなければならない理由があった。朝鮮戦争中の1950年、興南[現在の北朝鮮に位置する都市]から避難する際にはぐれてしまった父(チョン・ジニョン)と妹。「いつか国際市場の店に父が帰ってくる」と信じていたのだ。1963年、肉体労働で家族を支えていたドクスは高収入の夢を抱き、親友ダルグ(オ・ダルス)と西ドイツの炭坑へ。看護師のヨンジャ(キム・ユンジン)と出会い、結婚する。1974年夏、今度はベトナム戦争に技術者として遠征したドクスは、激しい戦闘に巻き込まれ、命からがら帰国。そして1983年、別れた父と妹を捜すため、離散家族捜しの番組に出演したドクスは、アメリカに住む妹と奇跡の再会を果たす。

©2014 CJ E&M CORPORATION, ALL RIGHTS RESERVED

韓国の現代史を架空の一家の半生と重ねた、いわば『フォレスト・ガンプ／一期一会』(1995、ロバート・ゼメキス監督)のような物語だ。流行歌や世相のみならず、朝鮮戦争、旧西ドイツへの炭坑労働者の派遣、ベトナム戦争、離散家族再会と、1950年代から現代までの激動の歴史を盛り込み、翻弄されながらも必死に生きる父親像を描く。

韓国で公開当時、観客動員1400万人を超え、史上2位となる大ヒットを記録した。だが、それ以上に興味深いのは、世論を2つに分ける論争が勃発したことだ。「血と汗と涙で奇跡の歴史をつくったすべての人たちの自叙伝」(キム・ムンス元京畿道知事)と評価する人がいる一方、「父親世代の犠牲を強調している」(映画評論家ホ・ジウン)のように"過去の美化"を指摘する声が上がったのだ。

きっかけのひとつは、映画を観た朴槿恵大統領の発言だった。劇中に登場する1970年代のシーン。街で夫婦が口喧嘩をしている最中に国歌がスピーカーから流れ、2人は争いをやめて国旗に敬礼する。これについて、大統領が会議の席で「(劇中の夫婦のようにしてこそ)国という大事な共同体が健全に、どんな逆境のなかでも発展していくことができるのではないか」とコメント。すると、「国旗に忠誠を誓う描写は、愛国心の強制・礼賛か、否か」という議論がネットなどで活発になったのだ。そんなか、朴大統領が映画を観た翌日、29.7%に落ち込んでいた支持率が1.8%上昇し、30%台に回復(リアルメーター調べ)。総合編成チャンネルCHANNEL Aの評論家討論番組では、「大統領は映画を利用して苦労した世代の郷愁を喚起し、自らの窮地を脱しようとしている」と

いう意見も飛び出した。

ベトナム戦争の帰還兵のトラウマを描いた『ホワイト・バッジ』(p176)、光州事件をテーマにした『ペパーミント・キャンディー』(p200)、『光州5.16』(2007、キム・ジフン監督)など、1987年の民主化宣言以後、現代史をテーマにした映画が相次いで製作されているが、多くは軍事政権の暗部にメスを入れたもの。「愛国的」「保守的」とされる作品は異例だ。

『国際市場で逢いましょう』が「保守的」とされる理由には、「史実の描写のバランス不足」という見方がある。1983年の離散家族の涙の再会は、不安定だった全斗煥政権が国民の関心をそらすために行ったともいわれ、炭鉱労働者は朴正煕政権が外貨獲得のために派遣したという視点もある。だが、本作はこれらの批判やベトナム戦争への派兵の是非について触れていないのだ。

では、なぜ軍事政権の影を描かなかったのか。ユン・ジェギュン監督は、「AERA」2015年5月4日号での筆者とのインタビューで「あえて政治的な内容は省いた」と明かした。描きたかったのは、企業戦士として家族のために働いた自身の父親をモチーフにした「家族の物語」。ゆえに、産業化の歴史に光を当てたのだという。国旗に敬礼するシーンについては「喧嘩をさりげなく終わらせ、次の場面に転換するための演出にすぎなかった」と戸惑いを隠さなかった。

愛国か郷愁か。「政治色を省いた映画」が皮肉にも巻き起こした論争は、韓国に存在する自国の葛藤を浮き彫りにした。その意味で、『国際市場で逢いましょう』はリトマス紙のような映画といえるかもしれない。

新感染 ファイナル・エクスプレス 부산행

2016年／ヨン・サンホ監督／DCP／カラー／シネマスコープ

製作会社:映画社RED PETER　エグゼクティブプロデューサー:キム・ウテク　プロデューサー:イ・ドンハ　共同プロデューサー:キム・ヨノ
監督:ヨン・サンホ　脚本:パク・ジュソク　撮影:イ・ヒョンドク　照明:パク・ジョンウ　編集:ヤン・ジンモ　音楽:チャン・ヨンギュ　美術:イ・モグォン
出演:コン・ユ、キム・スアン、チョン・ユミ、マ・ドンソク、チェ・ウシク、アン・ソヒ、キム・ウィソン、チェ・グィファ、パク・ミョンシン、シム・ウンギョン、イェ・スジョン
韓国公開:2016年7月　主な受賞:第3回韓国映画祭作家協会賞 脚本賞・助演男優賞、第53回百想芸術大賞 新人監督賞・助演男優賞

妻との関係が破綻したソグ(コン・ユ)は、釜山で暮らす妻の元に娘のスアン(キム・スアン)を送るべく、高速鉄道KTXに乗り込む。発車直後、謎のウイルスに感染した女(シム・ウンギョン)が乗務員を襲撃したのを皮切りに、乗客が続々と感染していく。政府が「全国規模の暴動が発生」と会見するなか、ソグはサンファ(マ・ドンソク)と彼の妻ソンギョン(チョン・ユミ)、高校生のカップル(チェ・ウシク、アン・ソヒ)らと共に車両を移動し、感染者の群れを巧みにかわすが、バス会社の常務ヨンソク(キム・ウィソン)に感染の疑いをかけられ、行き場を失う。感染者は増え続け、サンファも犠牲に。釜山を目前にウイルスに蝕まれたと自覚したソグは、スアンをソンギョンに託し、列車から身を投じる。

「『新感染』を見ました。期待に違わぬ面白さ。みなさん、ゾンビ映画だからと食わず嫌いを起こしてはいけません」

心がざわついたのは、『新感染』が日本で公開した直後に高校時代の同級生がSNSに書き込んだ、こんな一文を観たときだった。「この作品は、普段、韓国映画を観ない層も広く惹きつけるに違いない」と感じたのだ。

ゾンビが本格的に登場するのは、韓国映画史上初めてのこと。観客が不慣れな「ゾンビ」という単語を敬遠して作中で用いず、スタッフやキャストも「あれ」や「それ」と言ってごまかしながら製作したという異色のゾンビ映画は、は、韓国で公開されるや客足がぐんぐん伸びて、1100万人超えを記録した。手がけたヨン・サンホ監督は、もともとアニメ畑の人で、実写映画は初挑戦だ。経済発展の象徴であるソウル駅を舞台に、繁栄に置いてきぼりにされたホームレスがゾンビ化する『ソウル・ステーション パンデミック』(2016)を撮ったとき、実写映画の話をもちかけられたことを機に、プロジェクトがスタート。劇中では、アニメで培った意表を突く映像センスが存分に発揮されている。

ひとつの成功要素は、やはり、舞台を高速鉄道KTXという、閉塞空間にした点であろう。序盤から中盤にかけ、狭く逃げ場のない列車の中で果てしなく増殖するゾンビは、観る人をも追い込んでいく。やっと中間地点の駅に辿り着き、活路を見出せるとホッとするのも束の間、構内の階段から突き上げるようにゾンビが襲いかかる。車両の直線だけでなく上下の動線も巧みに活かす空間感覚は、二次元を三次元感覚で見せてきたヨン・サンホ監督の得意技だ。また、スプラッター映画の代名詞と見られがちなゾンビだが、本作のゾンビは血のりが薄め。派手な特殊メイクを排す代わりに、ボーンブレイクダンスに着想を得た独特の動きで奇怪さを表すところも、アニメ的なヴィジュアルの発想といえる。

社会派として知られるヨン・サンホ監督らしいもうひとつの描写は、極限状態に置かれた人々の群集劇だ。KTXという列車空間には、当然ながらさまざまな年齢や立場の人が乗り合わせる。登場人物は小さな子どもから老人まで。幅広い世代の観客層が、いつのまにか誰かに自己を重ねていく仕掛けである。なかでも利己的な悪の権化の代表格が、キム・ウィソン扮する高速バス会社の常務ヨンソク。非常時においても自身の肩書と権力を振りかざし、弱い者を切り捨てるヨンソクは、既得権層を代弁する存在としてゾンビよりもコワい存在として描かれる。

一方、『新感染』しかり、前作の『ソウル・ステーション』しかり、監督が一貫して問うのは、家族のあり方だ。ワーカホリックのソグが、娘を通して父性を悟る姿(是枝裕和監督の『そして父になる』(2013)にインスパイアされたという)や、妊娠中の妻を身を張って守るサンファはもちろんのこと。悪の権化ヨンソクでさえ、釜山を目指すべくあがく理由は、実は家族にあるのだと最後に明かされる。

「思わずもらい泣きです。ハラハラしすぎて疲れたのか、家に帰ったら爆睡」とSNSに書いていた同級生は、官僚で2児の父。はたして彼は、ソグとヨンソク、どちらに涙したのだろうか。いずれにせよ、『新感染』は、観る人の心が投影される映し鏡のような作品だ。ちなみに、「隣の席のたぶん同世代の紳士もグズっていた」という。

新感染　ファイナル・エクスプレス
Blu-ray & DVD 好評発売中！
発売・販売元：ツイン
© 2016 NEXT ENTERTAINMENT WORLD & REDPETER FILM. All Rights Reserved.

タクシー運転手 約束は海を越えて 택시운전사

2017年／チャン・フン監督／DCP／カラー／シネマスコープ

製作会社：ザ・ランプ　エグゼクティブ・プロデューサー：ユ・ジョンフン　プロデューサー：パク・ウンギョン　共同プロデューサー：チェ・ギソプ　協力プロデューサー：ソ・ガンホ　監督：チャン・フン　脚本：オム・ユナ　撮影：コ・ラクソン　編集：キム・サンボム、キム・ジェボム　音楽：チョ・ヨンウク　美術：チョ・ファソン、チョン・イジン　出演：ソン・ガンホ、トーマス・クレッチマン、ユ・ヘジン、リュ・ジュンヨル、パク・ヒョッコン　韓国公開：2017年8月
主な受賞：第54回大鐘賞 最優秀作品賞、第38回青龍映画賞 最優秀作品賞・主演男優賞、第4回韓国映画製作家協会賞 主演男優賞

ソウルのタクシー運転手のマンソプ（ソン・ガンホ）は、「通行禁止になる前に光州に入れば、大金を支払う」と言うドイツ人記者ピーター（トーマス・クレッチマン）の言葉につられ、光州を目指す。そこで目にしたのは、物々しい雰囲気の街で戒厳軍と対峙する民衆の姿だった。地元の大学生ジェシク（リュ・ジュンヨル）とファン運転手（ユ・ヘジン）の助けを借り、撮影を始めるピーター。状況が悪化するなか、ピーターとマンソプを逃そうとしたジェシクが軍人によって命を絶たれる。ありのままを映像に収めたピーターを、マンソプは検問を切り抜けながらソウルの空港へ送り届ける。23年後、韓国を再訪したピーターは、もはや連絡を取ることができないマンソプへの感謝の気持ちをスピーチで語った。

『タクシー運転手』は、日本で異例の広がりを見せた作品だ。韓国では1200万人以上の観客を動員し、2017年のナンバーワンヒット。だが翌年、日本で公開した当初は、わずか14館での上映だった。「隣の国の過去の歴史を描いた作品」に、ヒットの予感を抱く日本の映画関係者は少なかったのだ。ところが公開するや、SNSなどの口コミで観客数が伸び続け、想定外のロングランの末、全国100館以上に広がった。

なぜ『タクシー運転手』は観る人の心を打つのか。理由のひとつは"光州を知らない"チャン・フン監督の発想の転換にある。実は、『タクシー運転手』演出のオファーを受けたとき、チャン・フン監督は1週間悩んだという。監督は光州事件当時、5歳になったばかり。「記憶にない事件を描くのはプレッシャーだった」。そんななかメガホンを取ろうと決心したのは、光州事件をリアルタイムで知らないことを逆手に「外部の視点で描けばいい」と思いついたからだ。「韓国史の大きな痛みである事件を、偉人の手柄ではなく、普通の人々の小さな決断と勇気が積み重なって何かが成し遂げられるといった、近くで見ていなければ知りえない事項を描きたかった」（日本劇場公開用パンフレットの監督コメントより）。

2つ目の成功の理由は、キャスティングの妙だ。軸となる"普通の人"役として、監督が「観る人が感情を重ねられる演技をできるのはこの人しかいない」と白羽の矢を立てたのが、『義兄弟』（2010）でタッグを組んだソン・ガンホ。キャスティング当時、朴槿恵政権による「ブラックリスト」「与党が政治的立場の異なる俳優や映画監督など1万人近くをリストアップ。政府の支援対象から外すべく圧力をかけたとされる」に載っていると囁かれていたソン・ガンホは、「最初、光州事件がテーマと聞いて、台本も読まずに断った」と明かす。しかし、時間が経つにつれて気にかかるようになり、結局、読むことに。「映画のもつ情熱を観客と共有したい」と、オファーを受けたという。光州事件当時、慶尚南道に住む中学2年生で、「国軍が暴徒を鎮圧して幸いだと思っていた」と語るソン・ガンホには、悔恨の念もあったに違いない。

かくして、ソン・ガンホ扮するマンソプが運転するタクシーは、タイムスリップするかのように、1980年5月の光州へ向かう。序盤では飄々としたマンソプとピーターのやりとりを客観的に映して観客の笑いを誘っていたカメラは、光州が近づくにつれて視点が変化する。検問所でタクシーを覗き込む軍人、拍手でタクシーを迎える広場の民衆、おにぎりを差し出す女性。そう、カメラがマンソプの目線で光州の街を捉えることで、映画の観客たちもタクシーに同乗する疑似体験をするのだ。それは中盤以降、状況の激化に伴い、足がすくむような感覚に変わっていく。

本作が心に響くもうひとつの理由は、ラストシーンが「光州事件の末路」を描くのではなく、21世紀のソウルに回帰している点にある。観客の視点も現代に戻り、ピーターのスピーチに耳を傾ける。全編を振り返って浮かび上がる問いは「歴史とどう向き合うか、どう伝えるか」ということ。映画を観た人たちは、それに応えるように自分の言葉で思いを発信していったのだ。「マンソプのタクシーに乗りながら、自分たちの話として考えてもらう機会になれば嬉しい」と日本公開にあたって語った監督。真摯な試みは海を越え、観る人の心を動かした。

タクシー運転手～約束は海を越えて～
発売元：クロックワークス
販売元：TCエンタテインメント
価格：Blu-ray ¥4,800＋税／DVD ¥3,800＋税
© 2017 SHOWBOX AND THE LAMP. ALL RIGHTS RESERVED.

パラサイト 半地下の家族 기생충

2019年／ポン・ジュノ監督／DCP／カラー／シネマスコープ

製作会社：Barunson E&A　製作：クァク・シネ、ムン・ヤンゴン　プロデューサー：チャン・ヨンファン　監督：ポン・ジュノ　脚本：ポン・ジュノ、ハン・ジヌォン　撮影：ホン・ギョンピョ　編集：ヤン・ジンモ　音楽：チョン・ジェイル　出演：ソン・ガンホ、イ・ソンギュン、チョ・ヨジョン、チェ・ウシク、パク・ソダム、イ・ジョンウン、チャン・ヘジン、チョン・ジソ、チャン・ヘジン　韓国公開：2019年5月　主な受賞：第72回カンヌ国際映画祭 パルムドール、第72回ロカルノ国際映画祭 エクセレンス・アワード、第66回シドニー映画祭 シドニー映画賞、第24回春史映画賞 監督賞・主演女優賞・助演女優賞・脚本賞

さまざまな事業に手を出すも失業したキム・ギテク（ソン・ガンホ）。妻チュンスク（チャン・ヘジン）、大学入試に失敗し続ける長男のギウ（チェ・ウシク）、美術が得意な長女ギジョン（パク・ソダム）もそろって失業中だ。半地下に住み、家族で宅配ピザの箱を組み立てる内職で日々の糧をつなぐなか、ギウは友人ミニョク（パク・ソジュン）の家庭教師先を引き継ぐことに。IT企業社長パク・ドンイク（イ・ソンギュン）の豪邸で、高校生のダヘ（チョン・ジソ）の心をつかんだギウは、やんちゃな末っ子ダソン（チョン・ヒョンジュン）の美術家庭教師としてギジョンを紹介。パク家の信用を得た2人は、ある仕掛けを試みる。交錯する2つの家族。その先には想像を超える光景が広がっていく……。

© 2019 CJ ENM CORPORATION, BARUNSON E&A ALL RIGHTS RESERVED

　上記の「あらすじ」には本書の他のページと大きく異なる点がある。そう、これまでの105作品がネタバレしているのに対し、本作は冒頭のほんの一部を紹介しているのみだ。
　実は、この文章を書いている時点で日本未公開（2020年1月公開）。公開に先立ち、ポン・ジュノ監督からマスコミに向けて、異例のメッセージが送られた。「出来る限り兄妹が家庭教師として働き始めるところ以降の展開を語ることは、どうか控えてください。思いやりのあるネタバレ回避は、これから本作を観る観客とこの映画を作ったチーム一同にとっての素晴らしい贈り物となります」（プレス一部引用）。……というわけで、本稿では作品の核心に触れずに核心に迫るべく（!）監督の過去の作品やキーワードをヒントに『パラサイト』を読み解いてみよう。
　『パラサイト』を観ながら脳裏に浮かんだのは、『グエムル－漢江の怪物－』（p228）だった。2作には共通点がある。主演がソン・ガンホであることや、ダメダメな家族の奮闘を軸にした物語であること、彼らが社会の不条理と対峙していることだ。
　一家の中心人物でありながら頼りにならず、でも途中から凛としてくるソン・ガンホの役どころも、ほぼ同じ。一方、チェ・ウシク扮する息子のギウは、『グエムル』でパク・ヘイルが演じた弟のナミルにヘタレ加減が一見すると似ているが、実は大きく異なる。両者とも無職で喪失感にとらわれた、いわゆる"負け組"だ。だが、ギウの場合、失意の根本にあるのは、能力があっても報われない厳しい学歴社会という、見えざる壁だ。片や、元学生運動の闘士であるナミルが火炎瓶を投げつける怪物には、在韓米軍が投影されている。

すなわち『グエムル』には倒すべき敵がはっきり設定されていたのに対し、『パラサイト』では明示されていないのだ。
　『パラサイト』はまた、資本主義社会における「持たざる者vs持てる者」という構図において、『スノーピアサー』（2013）を彷彿させる。だが、『スノーピアサー』が持てる者を悪として階級間の闘争を描くのに対し、『パラサイト』は善悪二元論を唱えない。
　つまり、『パラサイト』には、明確な敵も善悪も存在しない。豪邸に住むパク夫妻は、ありがちな財閥の御曹司風のワルかと思いきや、どこかとぼけた人たちなのである（ソファーと"チャパグリ"のシーンにご注目）。
　明確な敵の代わりに、もうひとつの主役として登場するのが、豪邸内の階段だ。階段の上と下に横たわる、果てしない格差。這い上がることができない、もどかしさ。登るのは誰なのか。そもそも勝ち負けは存在するのか……。"倒すべき敵"が存在しないがゆえに、まったく予想できない結末へと疾走するスリルが『パラサイト』を包む。
　ポン・ジュノ監督は、ネタバレ回避の理由についてこう語る。「大小にかかわらず、すべての瞬間において熱く興奮しながら、映画に驚き、映画に引き込まれてほしいのです」。
　無の状態でスクリーンに向き合ってこそ、台詞や小道具はもちろん、音にまで巧みに仕掛けられた伏線がくっきり浮かび上がる。すべてが回収された瞬間、エンドロールと共に流れる「焼酎一杯」（作詞：ポン・ジュノ監督）のメロディ。チェ・ウシクの静かな歌声は、現代を生きる人々への応援歌であるかのように心に響く。

〈編者紹介〉

韓国映像資料院（KOFA）

貴重な文化遺産である映像資料を国家が収集・復元する韓国で唯一の機構として、1974年に設立された。国の映像文化遺産が最適な環境で保存・復元され、後代に永遠に伝えるための基盤の造成に全力を注いでいる。多くの人々が映像文化を積極的に享受できるように映画館「シネマテークKOFA」と映画博物館、映像図書館を運営。デジタル映像資料の収集、デジタル技術を利用した復元、アナログ資料のデジタル化など、デジタルアーカイブ化作業も進めている。映画史研究および出版を通じて韓国映画研究と普及を推進する拠点となるべく、努力を続けている。

〈訳者紹介〉

桑畑優香（くわはた ゆか）

早稲田大学第一文学部卒業。延世大学語学堂・ソウル大学政治学科で学ぶ。「ニュースステーション」ディレクターを経てフリーに。ドラマ・映画のレビューを中心に『韓国語学習ジャーナルhana』『韓流旋風』『現代ビジネス』『デイリー新潮』『AERA』『Yahoo! ニュース 個人』などに寄稿・翻訳。訳書に『韓国映画俳優辞典』（ダイヤモンド社・共訳）『韓国崩壊』（ランダムハウス講談社・共訳）、『韓国・ソルビママ式 子どもを英語好きにする秘密のメソッド』（小学館）、『今、何かを表そうとしている10人の日本と韓国の若手対談』（クオン）、『花ばぁば』（ころから）など。

韓国映画100選

2019年12月25日 初版第一刷発行

発行人 ………… 永田金司　金承福

発行所 ………… 株式会社クオン

　　　　　　　〒101-0051 東京都千代田区神田神保町1-7-3 三光堂ビル 3階

　　　　　　　Tel:03-5244-5426　　Fax:03-5244-5428

編　者 ………… 韓国映像資料院

翻　訳 ………… 桑畑優香

編　集 ………… 松渕寛之

編集協力 ……… 河井佳

翻訳協力 ……… 伊賀山直樹、井口弓夏、池野花、大森美紀、岡崎暢子、片貝亜弓、小滝文、鈴木晃子、

　　　　　　　砂上麻子、名村孝、前田田鶴子、村山哲也、森樹里、李智子　(敬称略、五十音順)

デザイン ……… 佐々木正見　金子英夫

DTP ………… 菅原政美

印刷・製本 …… 大盛印刷株式会社

進　行 ………… 佐々木静代

URL　　http://www.cuon.jp/

ISBN 978-4-904855-93-5　C0074

万一、落丁乱丁のある場合はお取り替え致します。小社までご連絡ください。